上海华东电器(集团)有限公司

KRTUN®

华 东 电 器

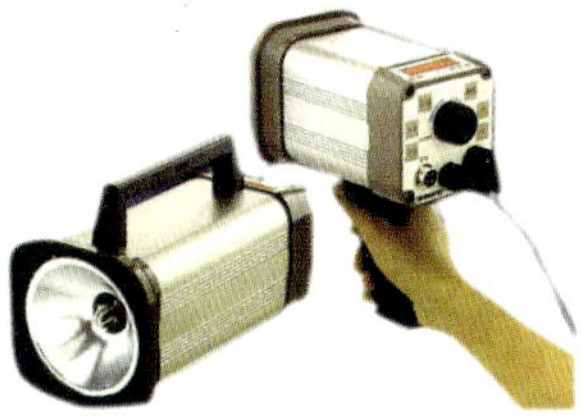

数字式频闪观测仪

上海华东电器(集团)有限公司组建于1997年7月1日。是集工、科、贸于一体，具有外贸进出口权的大型综合性企业集团。在注重"质量是生命，诚信是基础"的前提下，不断通过技术创新、管理创新和诚信经营来扩大业务，加强合作取得发展。已取得ISO9001：2000质量体系认证证书。

日本电产新宝株式会社（SHIMPO）是日本著名的以生产驱动装置和计量测试仪器的专业生产厂家。以SHIMPO公司的全面品质管理为基本理念，以不懈追求提高品质管理为方针。

上海华东电器(集团)有限公司国际贸易三部是日本电产新宝株式会社（SHIMPO）正式授权的中国总代理，惟一指定商务技术服务机构。所代理的仪器有：数显手持式测力仪、手动/电动试验支架、数显张力仪、数字式频闪观测仪、手持式转速表、嵌板式转速表、数字式瓶盖扭矩仪等。计测仪器主要运用于：印刷行业、纺织行业、电子行业、喇叭扬声器、玩具、电机、汽车、医药、化装品、食品饮料、包装器材等多种行业。

公司拥有一支技术力量雄厚，培训有素的技术和专业销售队伍。其宗旨是为客户提供优质全面技术服务，使客户的产品工艺和质量更加完美。

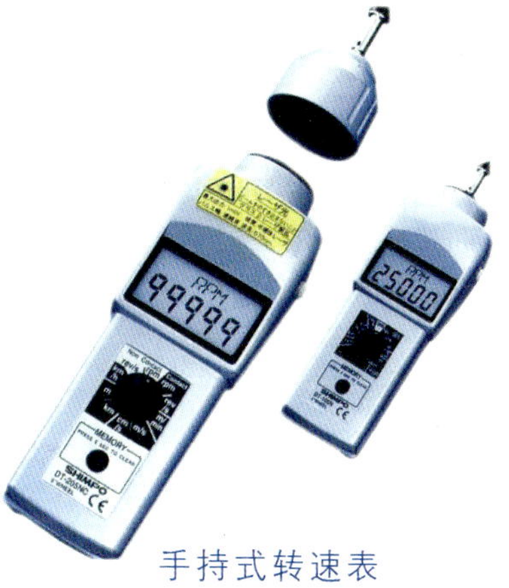

手持式转速表

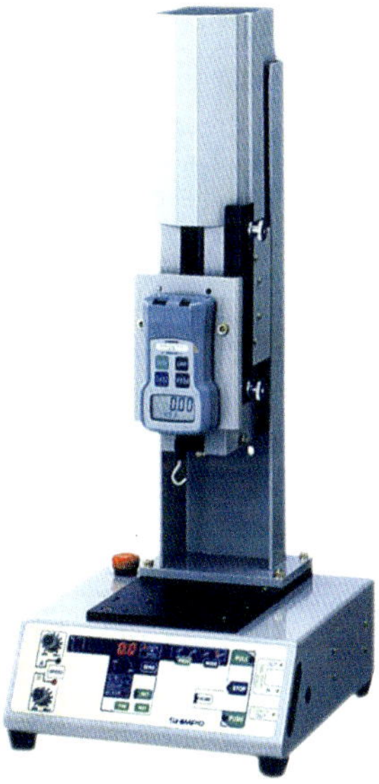

试验支架

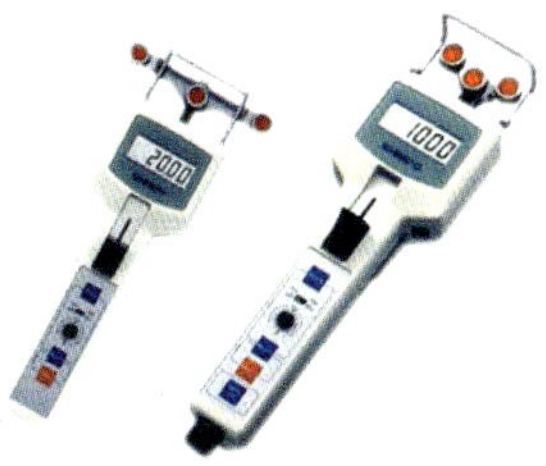

数显张力计

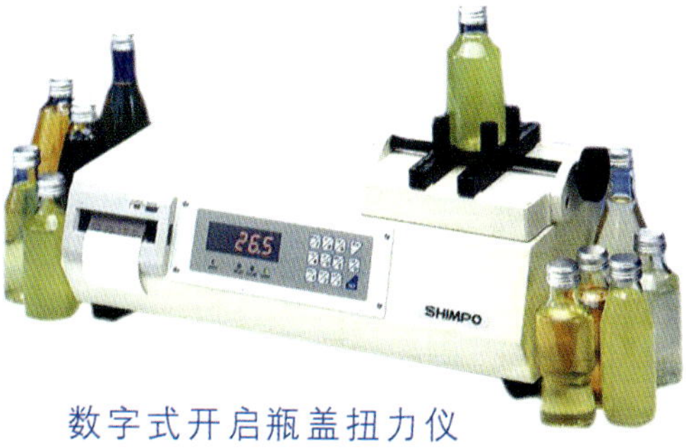

数字式开启瓶盖扭力仪

嵌板式转速表

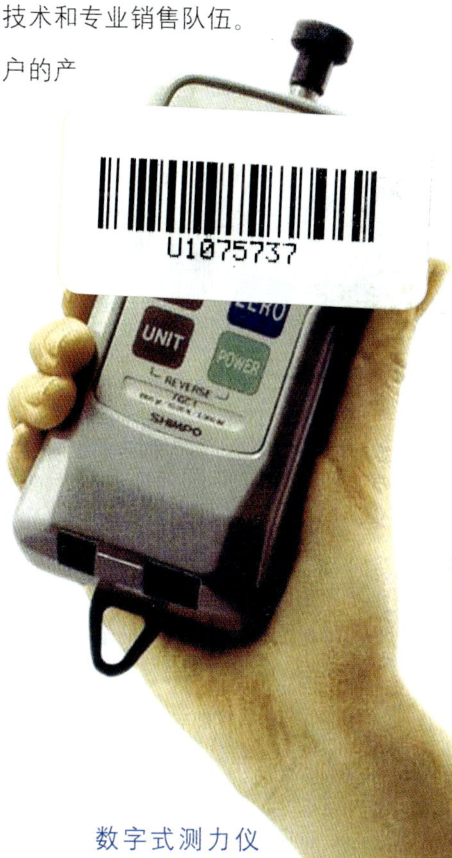

数字式测力仪

上海华东电器(集团)有限公司 国际贸易三部

SHANGHAI KIRTUN ELECTRICAL EQUIPMENT GROUP CO.,LTD.

地址：上海市虎丘路27号　邮编：200002　电话：021-63390618，63390628

http://www.kirtun-it3.com　E-mail：sales@kirtun-it3.com　传真：021-63390698

中国航天科工集团二院二O三所

中国航天科工集团二院二O三所，创建于1957年，是从事微波、无线电电磁兼容、时间频率、电学计量测试研究和量传，从事航天石英晶体元器件、频率综合器、原子频标研制、生产，承担武器装备综合保障工程技术研究、保障资源研制，型号专用和通用自动测试/诊断/校准设备以及信号模拟器、雷达接收机等无线电产品的研制、生产任务。

二O三所被认定为：国防科工委微波、无线电、时间频率计量测试研究中心；计量校准技术国防科技重点实验室；航天电磁兼容检测中心；航天科工集团二院武器装备综合保障工程技术研究中心；中国军用电子元器件质量认证委员会计量机构；航天产品用晶体元器件定点供应单位；国家、国防9001标准认证；国家、国防、军队检测/校准/计量认可实验室，国家进出口商检无线电计量测试仪器认可实验室；宇航学会计量与测试专业委员会主任委员单位；主办《宇航计测技术》全国中文核心期刊；信号与信息处理专业硕士学会授权单位。

二O三所拥有一支技术力量雄厚，经验丰富的科研队伍。现有从业人员400多人，其中研究员、高级工程师100余人，工程师100多人。拥有国内一流的仪器设备和优良的科研环境，在微波、无线电、电磁兼容、时间频率、电学计量与测试及其相关技术方面居于国内领先地位，达到国际先进水平。多年来，获国家级科技进步奖10项，其中两项为国家一等奖；部级以上科技进步奖200余项。近年来，在学术刊物、国际会议、国内会议等发表论文100余篇。

二O三所的全体职工，愿以诚信、合作、创新、服务的经营理念，以“航天企业文化”为管理理论和管理方法，以建设“全国模范职工之家”为载体，以高水平的技术和优质的服务，竭诚与国内外同行和用户合作。

直流电压国家副基准

时间频率参数检测校准系统

十米法电磁兼容检测

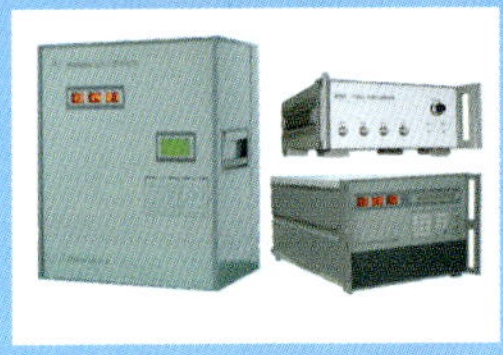

原子频率标准、频率源

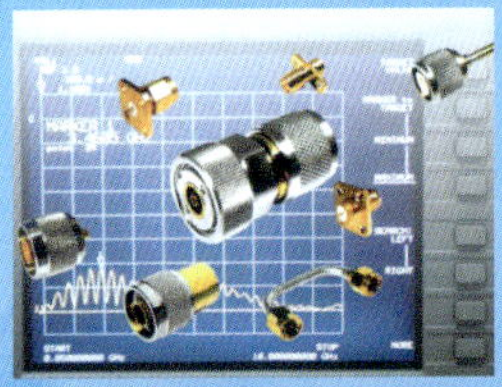

微波连接器

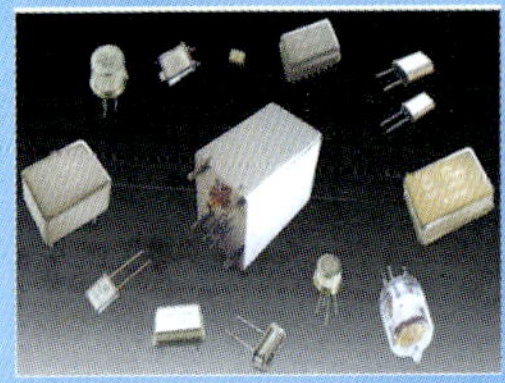

石英晶体谐振器、振荡器

www.casic203.com

地址：北京市海淀区永定路50号　　邮编：100854

信箱：北京142信箱408分箱　　E-mail：market@casic203.com

电话：010-68385464　68385477　　传真：010-68385477

国家大容量第一计量站

领导班子在研究工作

国家大容量第一计量站近年来坚持“科技兴站、人才强站”的方针，使全站检定/检测市场占有率逐年提高，经济效益显著。其先后开发了“计量通掌上电脑”、“大容量检定数据处理软件系统”、“大容量智能检测系统”、“VCF动态链接库”、“油品计量信息管理软件系统”、“油库油品进销存计量综合业务管理系统”、“外浮顶立式金属罐带液检测方法”、“磁吸附六轮分体越障式爬壁检测机器人”等科技项目，目前多个项目取得了国家质检总局、辽宁省科技厅、抚顺市科委的科技立项和科研成果鉴定，其中部分项目获得了国家实用新型专利。部分项目获国家质检总局“科技兴检奖”3等奖、抚顺市“科技成果奖”2等奖等荣誉，并在石化炼厂、油港码头、机场船舶燃料供应油库等广泛应用，取得了良好的经济效益和社会效益。

赴“阿尔及利亚SORALCHIN炼油厂”进行计量检测工作

参加德国举办的油罐计量检测技术培训和交流

目前该站检定业务覆盖了全国近20个省市自治区，参与了国内部分重点工程项目建设的大容量计量检测工作。与此同时积极开发国外市场，2006年为阿尔及利亚SORALCHIN炼油厂进行计量检测工作，实现了走出国门的目标。

研制开发的科研项目通过国家质检总局的科技成果鉴定

积极为企业做好服务工作，帮助企业培训油品计量人员

地址：辽宁省抚顺市顺城区长春街2号
电话：0413-7660988
传真：0413-7650598
E-mail:tmx@sinocapacity.com
http://www.sinocapacity.com

全面提供自动配煤装车、计量与控制技术与装备

国家技术创新重点项目　　国家科技成果重点推广项目

煤矿铁路快速定量装车站

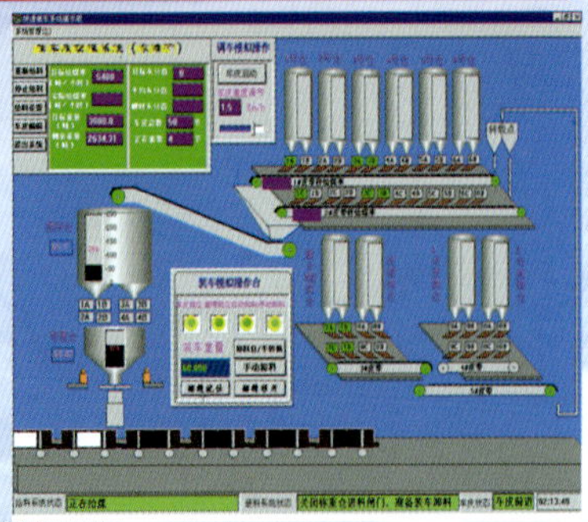

大型定量装车站基于大型料斗秤的工作原理，预先在定量仓中按车皮标重装载，通过闸门和卸料溜槽控制，向行进中的车厢快速卸载，实现一次连续动态行进中快速准确装车。主要由钢结构塔架、机械设备、液压系统、称量系统、电控系统、上位机管理系统等组成。适用于散装物料铁路、公路、水路运输的连续快速定量装车。

技术指标

◆定量仓有效容量80～100t，缓冲仓有效容量200～300t
◆装车速度可达到5300t/h，最高达8000t/h
◆单节装车精度优于0.1%，整列装车精度优于0.01%
◆牵引速度0.8～1.5km/h，牵引方式为调车绞车、电机车、内燃机车

技术特点

◆采用全封闭设计，结合部位采用橡胶软连接，有效地避免粉尘污染
◆平台压式传力复位系统及高精度称重传感器，静态称重，高稳定性、高准确性
◆装车速度快，运输效率高
◆液压、控制及称量关键元件全部采用国际大品牌优质产品
◆系统运行全过程监控，自动化程度高，操作简单、便于维护、可靠性高
◆装车控制方式灵活
◆完善的通讯能力和数据管理报表功能

快速定量散装物料自动化装船系统

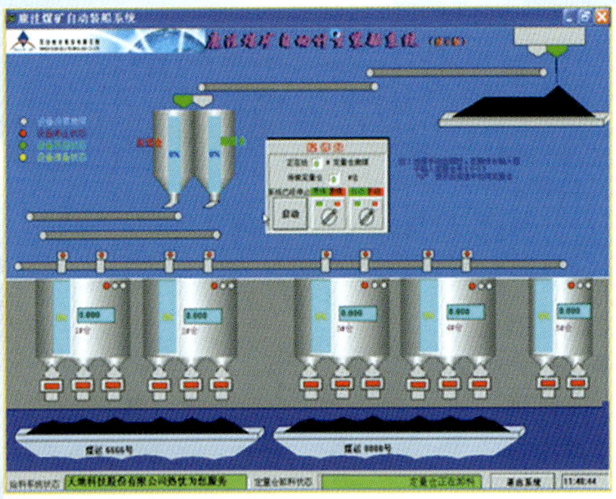

快速定量散装物料自动化装船系统由给料设备、输料设备、称重计量设备、卸料及装船设备、控制及管理系统等部分组成，可实现对散装物料的精确计量和快速连续装船。广泛应用于港口、码头等水路运输中散装物料的装载。

技术指标

◆最大称量50t，额定装载量连续可调
◆称重过载能力≥200%
◆称量精度优于0.1%
◆装船速度可达5000t/h

技术特点

◆采用独特的多定量斗型式，实现连续精确快速装船
◆平台压式传力复位系统及高精度称重传感器，静态称重，稳定准确
◆装船速度快，运输效率高；煤流全封闭，环境无污染
◆液压、控制及称量关键元件全部采用国际大品牌优质产品
◆系统运行全过程监控，自动化程度高，操作维护简单、可靠性高
◆装车控制方式灵活
◆完善的通讯能力和数据管理报表功能

北京天地科技股份有限公司

煤矿列车煤量自动增补系统

煤矿列车煤量自动增补系统与煤矿微机电子轨道衡联网使用，采用多煤口快速欠装，过衡称量后自动按欠装量定量增补的工艺，实现多煤口的快速准确装载，提高装车效率和准确度。该系统适于对多点装车系统的改造和建设，投入少量资金即可实现快速准确装车。1998年通过山西省科委技术鉴定，并获得2000年度山西省科技进步三等奖。

技术指标

◆单车煤量增补范围	500～5000kg
◆允许连续装车行进速度	≤0.58km/h
◆装车效率	≤2500t/h
◆装车准确度	优于0.3%
◆称量精度	优于0.1%

煤矿公路运输动态计量信息管理系统

煤矿公路运输动态计量信息管理系统是以矿用微机电子汽车衡为基础，利用无线射频IC卡技术，计算机软件及仪器仪表、通讯等技术而开发出的适合于煤矿恶劣工况的包含有可识别车辆、客户、承运人身份等车辆信息射频IC卡识别系统、计量信息管理平台以及挡车器自动管控系统在内的煤矿公路运输动态计量信息管理系统，实现了矿区汽运煤炭称重计量、销售外运信息网络化管理，最大限度的克服了以往公路装车计量环节中的干扰因素，实现了计量信息的全面自动采集和上传，提高了汽车称重和结算速度，减轻了劳动强度。系统不仅适用于煤矿，也可以用于其他相关行业散装物料汽车装运系统中，具有良好的市场前景。

天地科技股份有限公司高新技术事业部在国内专业从事计量器具制造、煤矿装车计量、配煤过程控制及矿井提升机自动控制系统的研发、生产和销售，建设有计量检测、电磁兼容性实验室及生产加工车间，产品广泛应用于煤矿、电厂、储煤场、码头等场合。事业部真诚地希望与您合作，为您提供全方位的服务，成为您可以信赖的朋友！

地　址：北京市和平里青年沟路5号天地大厦　邮编：100013
电　话：（010）84263020　传真：（010）84261630
联系人：范韶刚（84263028　13601367153）
刘竞雄（84263032　13501155738）
张广军（84263029　13910211786）

呼和浩特供电局电能计量测试中心

呼和浩特供电局电能计量测试中心位于内蒙古呼和浩特市通道北街，是经内蒙古自治区质量技术监督局依法授权的法定计量技术检定机构。现有员工57名，其中高级工程师2名，工程师9名，助理工程师16名，专业技术人员占98%；中心设有技术业务室、资产管理组、计量外勤班、内勤修校表班；主要承担着呼市地区所属41个变电站、700多高压用户和8万多低压用户的计量管理、维护以及48万用户的电能计量装置检定任务。同时负责全局电能计量装置的选型、订货、安装以及电能计量标准装置的量值传递和周期送检等工作。

经过三十多年来的建设和发展，计量测试中心已建立了一整套符合计量规程要求的质量保证体系，造就了一支作风过硬、技术素质高的员工队伍。计量测试中心主楼占地面积2000平方米，其中试验室占地面积540平方米，固定资产2000万元。建有电能表检定项目12项和互感器10项社会公用计量标准，其中5项为全市最高计量标准。配备了一批性能优良、国内先进的全电子电能表检定装置，并开发和运用了国内先进的电能计量条形码管理和MIS信息系统管理，基本实现了电能计量生产管理的网络化和现代化。

近年来，随着电能计量技术日益发展，呼供计量测试中心以“公平公正、精益求精”为宗旨，努力提高科技内涵，不断完善内部管理，以优质的服务，完善的检测设备，为企业和社会提供可靠、准确、公正的计量技术服务。

地址：内蒙古呼和浩特市通道北街142号

邮编：010050

电话：0471-6947532

传真：0471-6947536

中国科学院
国家授时中心

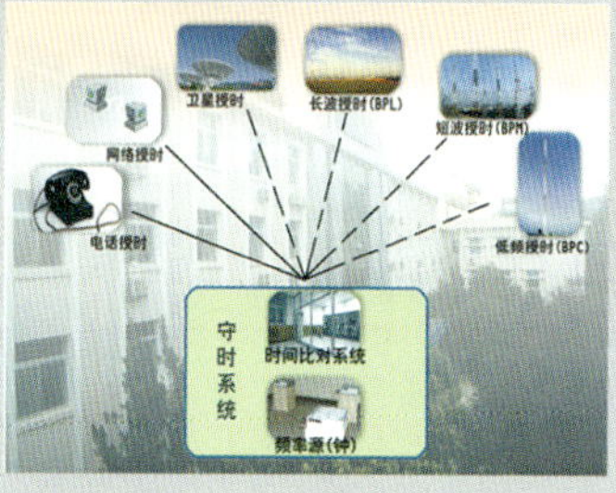

国家授时中心是从事时间频率理论研究和技术研发并负责国家时间服务的基础应用型研究所，建立和维护的国家授时系统承担着我国的标准时间、标准频率的产生、保持和发播任务。

自20世纪70年代初正式承担我国标准时间、标准频率发播任务以来，为我国诸多行业和部门提供了可靠的高精度的授时服务，基本满足了国家经济发展、国防建设和国家安全的需求。特别是为以国家的火箭、卫星发射为代表的航天技术发展做出了重要贡献。目前，国家授时中心拥有手段多样、设施齐全、技术配套、队伍完整的授时服务体系，建立了专业化的时间频率基准实验室、高精度时间频率测量比对实验室，以及授时信号和信息监测室。

国家授时中心自20世纪70年代初建立我国原子时基准以来，一直保持了我国惟一连续的原子时间尺度，维护运转着我国授时时间基准：原子时TA（NTSC）和协调时UTC（NTSC），并不断提高和完善，守时水平已跻身世界先进行列。国家授时中心时间基准是由19台铯原子钟（HP5071A）和4台氢原子钟的钟组通过精密比对和计算实现，并通过卫星双向时间和频率比对（TWSTFT）和GPS共视比对（GPS CV）与国际时间标准相联系，对国际原子时TAI做出贡献。目前，TA（NTSC）频率准确度优于5×10^{-14}；稳定度保持在1.1×10^{-14}（5天）、5×10^{-15}(30天)、2×10^{-15}(100天)，从2002年起，本地协调时与国际协调时的偏差一直控制在50纳秒以内$|UTC-UTC(NTSC)|\leqslant 50ns$，优于国际电联的要求（100ns），达到国际先进水平。

国家授时中心,致力于发展国家授时体系，先后建设了BPM短波授时系统、BPL长波授时系统、BPC低频时码系统，以及网络授时和电话授时系统，并为“北斗”卫星导航系统、中央人民广播电台、交通部海岸电台等提供标准时间溯源服务。

国家授时中心在时频技术研究领域获得重大科技成果奖140余项，取得了许多理论与技术成果，推动了我国该领域的进步与发展；在时频终端应用领域，为用户提供标准化、智能化、小型化和使用方便的时频终端设备。特别是为国防、电力、电信等领域的高新技术工程和项目研制了高精度时频设备，解决了国家急需。

经过40年的发展，国家授时中心逐渐形成“频率源—守时—授时—应用”相对齐备和完善的时间频率学科领域，培养了一支结构相对合理的科研技术队伍，形成了具有自身特色和优势，在国际、国内具有一定影响的时间频率研究和服务中心。

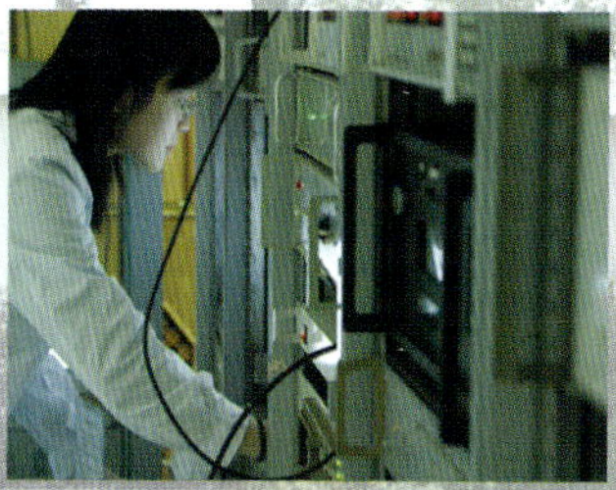
工作人员调试设备

时频设备1

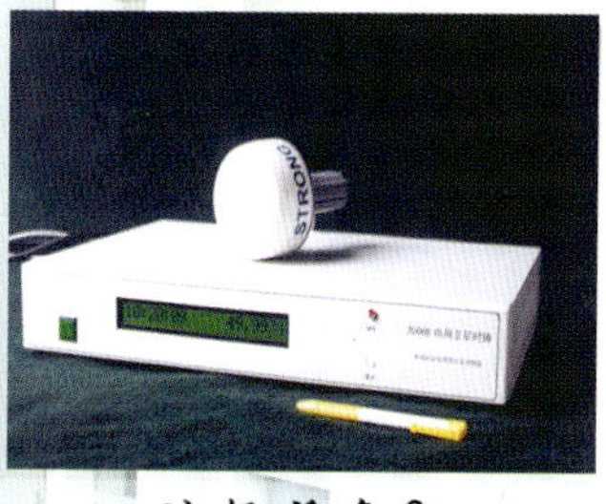
时频设备2

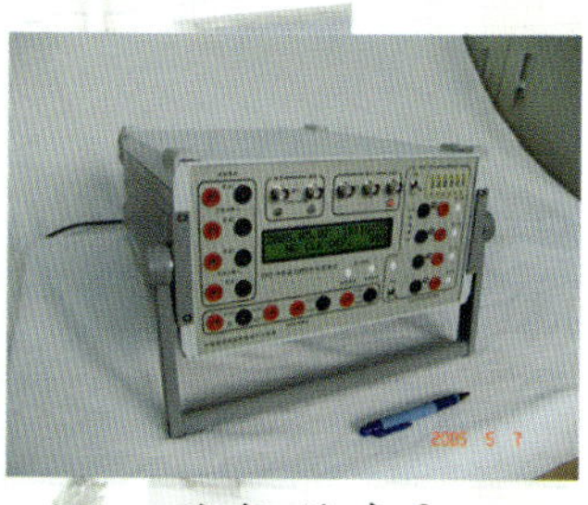
时频设备3

地址：陕西省西安市临潼区书院东路3号
邮编：710600
电话：029-83890326
传真：029-83890326
E-mail：csao@ntsc.ac.cn

中国第一汽车集团公司检测中心

中国第一汽车集团公司检测中心是经法人授权的，在原计量、环保、节能、安全基础之上于2002年组建的相对独立的检验检测部门。于1997年该中心计量（原质量处）检测就通过了ISO9000质量管理体制认证，2005年12月26日通过了《中国实验室国家认可委员会的检测和校准实验室认证》，成为了我国汽车行业中首家上报审批检测/校准实验室并获得批准的实验室国家认可单位。

中国第一汽车集团公司检测中心主要任务是贯彻执行国家计量、环保、节能和特种设备等行业的相关法律法规、检测标准和检定规程，建立保存集团公司最高计量标准，进行各类量值的溯源和传递、计量器具的检定、维修和维护；锅炉、压力容器、管道、起重机械、电梯的监测及检验以及锅炉水质监测和机动车检验；工厂区和生活区的环境监测、职业卫生检测；耗能设备的节能监测、技术改造、节能产品认证；计量器具、仪器仪表及备品备件的采购；执行强检、非强检等任务。并且进行检测技术培训和咨询，同时具有一定的检测仪器研发和机械制造加工能力。

中国第一汽车集团公司检测中心是负责建立第一汽车集团公司最高计量标准，并在内部进行量值传递的技术机构。同时还执行强制、非强制、仲裁的检定、校准及检测等任务。中心设置了长度、温度、力学、电学、无线电、时间频率、理化在内的7大类（专业室）68项标准，其中最高计量标准33项、工作标准35项。开展检定、校准、检测项目290种。主要负责对新装、大修、改造的特种设备（包括：锅炉、压力容器、压力管道、电梯、起重机械等）的技术方案的审查、检验、检测及普查登记工作。对在用特种设备、安全附件等进行特种设备的应急措施及救援预案、金属的X射线、超声波、渗透、磁粉等无损检测、安全阀的校验等业务。

中国第一汽车集团公司检测中心下设长度计量室、热电计量室、力学计量室、节能计量室、安全检测站和环保监测站六大机构，现有工作人员153人，其中高级工程师15人，工程师和技术人员34人，计量专业技术人员77人，使用面积9220平方米，实验室面积2832平方米，恒温室面积1092平方米，拥有仪器设备固定资产241台（套），价值2400万元，拥有三坐标测量仪、流量基地等一批具有国际先进水平的仪器设备。

中国第一汽车集团公司检测中心向用户提供准确可靠的检定、校准、测试数据，出具符合国家标准和国际标准的证书、报告。在检定、校准、测试工作中坚持科学性、公正性，做到质量第一、信誉第一，实现“第一汽车、第一伙伴”的宗旨，愿与各界朋友携手共进、为开创生产企业计量检验检测事业的发展做出更大的贡献。

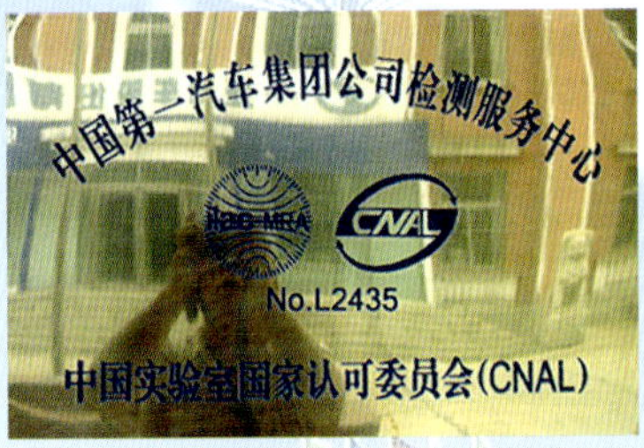

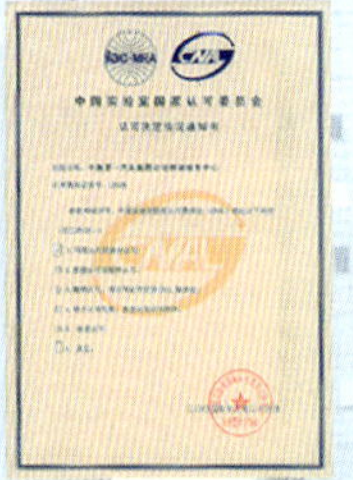

地 址：吉林省长春市东风大街42号
邮 编：130011
电 话：0431-5905329
传 真：0431-5974511
E-mail:zqy_jfz@faw.com.cn

中国计量测试年鉴

CHINA METROLOGY TEST YEARBOOK

（2006）

中国计量测试学会　编

中国计量出版社

图书在版编目(CIP)数据

中国计量测试年鉴/中国计量测试学会编. —北京：中国计量出版社，2007.1

ISBN 978-7-5026-2571-9

Ⅰ. 中…　Ⅱ. 中…　Ⅲ. 计量—中国—年鉴　Ⅳ. TB9-54

中国版本图书馆 CIP 数据核字(2006)第 158155 号

内　容　提　要

本书是一部反映我国计量测试领域科技开发、发展概况的大型综合性年刊。收录了我国计量测试领域2005年的重要事项和重大新闻、计量机构、政策法规、科技成果及国际计量等方面的介绍,共设13个栏目,较为详尽、真实地反映了我国计量测试领域的最新发展动态。

中国计量出版社出版

北京和平里西街甲 2 号

邮政编码　100013

电话 (010)64275360

http://www.zgjl.com.cn

河北省地勘局欣航测绘院印刷厂印刷

新华书店北京发行所发行

★

889mm×1194mm　1×16 开本　印张 28.63　字数 784 千字

2006 年 12 月第 1 版　2006 年 12 月第 1 次印刷

★

印数 1-2000　定价:368.00 元

编辑说明

2006年版《中国计量测试年鉴》(以下简称《年鉴》)是以2005年的资料为主,反映我国计量测试科技开发、发展概况、法律法规及相关产品生产等情况的大型资料工具书。本书收录了中国计量测试领域一年来的重要事项和重大新闻、科技成果、计量认证单位、计量管理、专利等方面的内容,最大限度地保证年鉴内容的翔实和准确可靠,资料较为丰富,内容充实。

为进一步丰富《年鉴》内容,为生产和科研单位提供更多的市场分析发展前景,更好地了解和开拓市场提供帮助,在2006年版《年鉴》中增加了我国试验机、电工仪器仪表等生产领域的数据统计和市场分析等内容,为计量测试相关产品生产企业制定发展规划、深入了解市场状况、更好地服务于社会提供了有力的基础资料。此栏目采用国家统计局权威统计数据和中国海关进出口数据,截止到2005年底,企业范围为国家统计局统计在内的全部国有企业以及销售收入在500万以上的非国有企业。由于数据来源有所不同,统计口径不一致,可能有的数据略有差异,请广大读者在分析有关问题时酌情使用。

由于编辑水平所限,在资料筛选、文字加工和文体统筹等方面,难免有纰漏,恳请读者提出批评与建议。

《中国计量测试年鉴》在编纂和出版的过程中,承蒙有关单位和诸多专家的大力支持,在此,特向为《中国计量测试年鉴》撰稿、审稿和校稿的有关单位和专家致以诚挚的谢意!

《中国计量测试年鉴》编辑部

2006年10月

特邀委员

马相村	西藏自治区质量技术监督局	局　长
支建华	吉林省质量技术监督局	副局长
卢其源	湖北省质量技术监督局	副局长
邱燊功	贵州省质量技术监督局	副局长
张　前	江苏省质量技术监督局	副局长
史子伟	上海市质量技术监督局	副总工程师
丁　勇	内蒙古自治区质量技术监督局计量处	处　长
王有全	河南省质量技术监督局计量处	处　长
王凯军	黑龙江省质量技术监督局计量处	处　长
王继方	宁夏回族自治区质量技术监督局计量处	处　长
冯　林	福建省质量技术监督局计量处	处　长
艾尔明	云南省质量技术监督局计量处	处　长
刘爱国	甘肃省质量技术监督局计量处	处　长
赵秋洪	天津市质量技术监督局计量处	处　长
贾木令	海南省质量技术监督局计量处	处　长
席保吉	河北省质量技术监督局计量处	处　长
崔　勇	山西省质量技术监督局计量处	处　长
曹君林	辽宁省质量技术监督局计量处	处　长
王　承	重庆市计量质量检测研究院	院　长
王大充	湖北省计量测试技术研究院	院　长
吕金华	内蒙古自治区计量测试研究院	院　长
朱小元	江苏省计量科学研究院	院　长
李振韶	浙江省计量科学研究院	院　长
李林筑	贵州省计量测试院	院　长
李德辉	吉林省计量科学研究院	院　长
陈世荣	云南省计量测试技术研究院	院　长
张宋强	新疆维吾尔自治区计量测试研究院	院　长
张瑞林	河北省计量监督检测院	院　长
邵　力	上海市计量测试技术研究院	院　长
高富荣	广东省计量科学研究院	院　长
靳尚刚	宁夏回族自治区计量测试院	院　长
萧懿群	甘肃省计量科学研究院	院　长
晏政权	湖南省计量检测研究院	院　长
韩　威	黑龙江省计量检定测试院	院　长
廖文军	广西自治区计量检测研究院	院　长
谭少华	山东省计量科学研究院	院　长
陈　兴	天津市计量监督检测科学研究院	副院长
江义仙	山东省计量测试学会	秘书长
沈善祖	上海计量测试学会	秘书长
潘嘉声	广东省计量测试学会	秘书长(广东院副院长)
王明葵	福建省计量科学技术研究所	所　长
林尤钊	海南省计量测试所	所　长
周伦彬	广州市计量检测技术研究院	院　长
林建忠	中国计量学院	院　长
罗洪元	国家电子计算机质量监督检验中心	主　任
陆　霖	国家轨道衡计量站	站　长
佟明星	国家大容量第一计量站	站　长
周方勤	国家原油大流量计量站成都天然气流量分站	站　长
张太生	国家环保总局标准样品研究所	所　长
郭　际	中国科学院国家授时中心	主　任
赵国泽	中国地震局地球电磁探测研究中心	主　任
王劲松	中国石油西气东输管道公司南京计量测试中心	主　任
曹英杰	北京长城计量测试技术研究所	所　长
王　伟	北京无线电计量测试研究所	所　长
王　南	信息产业部电信研究院	教　授
王　新	沈阳供电公司电能计量所	所　长
王晓明	沈阳飞机工业(集团)有限公司计量测试中心	处　长
王建国	安徽省汽车检测中心	总工程师
白辽江	天水长城电器试验研究所	所　长
孙大伟	中国第一汽车集团公司检测中心	主　任
李文杰	西安兰华传感器有限公司	总经理
李继东	航天科技集团514所	所　长
张理中	广州电气安全检验所	所　长
杨成波	红塔烟草(集团)有限公司设备计量科	副科长
范韶刚	北京天地科技股份有限公司高新事业部	总经理
郭昌弼	澳门民政总署化验所	所　长
高　南	濮阳市龙祥技术检测有限公司	经　理
高島健一	精工盈司电子科技(上海)有限公司	副总经理
章燕秋	浙江三花股份有限公司	副总经理
温汉璋	西安中航流量技术研究所	总工程师
彭明双	北京双得利科工贸有限责任公司	总经理
蒋德华	北京邮政科研所	副所长

目 录

解放思想　开拓创新
努力提高计量工作对经济社会发展的有效性

国家质量监督检验检疫总局　蒲长城

本次全国计量工作会议的主要任务是：认真学习贯彻党的十六届五中全会和中央经济工作会议精神；认真落实全国质量技术监督局长会议有关要求；总结2005年的计量工作；分析计量工作面临的新形势、新任务、新要求；研究部署2006年的计量工作；动员计量系统广大干部职工认真贯彻落实科学发展观，进一步解放思想，开拓创新，奋发进取，与时俱进，扎实工作，为促进经济社会协调发展发挥更大的作用。

一、提高认识，统一思想，增强贯彻落实科学发展观的责任感和紧迫感

党的十六届五中全会和中央经济工作会议突出强调，要用科学发展观统领经济社会发展的全局。树立和落实科学发展观，关系到党和国家工作的大局，关系到全面建设小康社会，关系到中国特色社会主义事业的长远发展。坚持以科学发展观为统领，也是我们做好计量工作的思想基础和重要前提。

（一）坚持用科学发展观统领计量工作

以胡锦涛同志为总书记的党中央，提出了以人为本，全面、协调、可持续的科学发展观，这是我们党对社会主义现代化建设规律认识的进一步深化，是党的执政理念的一次重要升华，具有重要的现实意义和深远的历史意义。科学发展观凝结着几代共产党人带领人民群众建设中国特色社会主义的心血，也反映了多年来世界各国发展的经验教训，是推动经济社会发展、加快推进社会主义现代化建设必须长期坚持的指导思想，也标志着我们党对发展问题、对社会主义建设规律的认识和把握都达到了一个新的高度。各级计量部门必须不断深化对科学发展观思想内涵和重大意义的认识，认真学习贯彻科学发展观，努力用科学发展观武装全体同志，特别是各级领导干部，不断提高在计量工作中贯彻落实科学发展观的自觉性和坚定性。

用科学发展观统领计量工作，要努力做到"四个结合"和"一个落实"。"四个结合"是：第一，计量工作要与经济发展相结合。思考问题，研究工作，不能就计量谈计量，一定要与中央的部署和各地经济建设和社会发展的中心任务结合起来，努力为当地的经济发展服务；第二，计量工作要与社会发展相结合。不能只考虑解决眼前的问题，而要努力将工作与国家的"十一五"发展规划相结合，要有发展的思路和创新的思路；第三，计量工作要与市场化取向的改革和变化着的形势要求相结合。要用科学的理论指导工作实践，要用改革的举措推动计量事业的发展；第四，计量工作要与群众利益密切结合。要体现以人为本的思想，要维护人民群众的根本利益，要实践为人民服务的宗旨，我们所有的工作都要切实体现为人民群众着想，保护人民的安全，维护人民的利益，同时也不能扰民。各级计量部门都要深刻领会科学发展观的精神实质，用科学的思想解决计量工作中的实际问题，把用科学发展观统领计量工作作为一个自觉的行为，不是只考虑我们计量部门和计量事业的发展，而要通过我们共同的努力，形成政府、企业、社会协调发展、共同进步的新格局。

"一个落实"就是要从机制、体制上保证科学发展观落到实处。

各地质量技术监督部门和各级计量机构，要把科学发展观贯穿于各项工作的始终，把科学发展观落实到本部门、本行业的发展建设中，把科学发展观体现于决策和落实的每一个环节，形成科学论证、有效实施、扎实推

进的良好机制，使计量工作的有效性进一步提高。

(二)“十一五”时期，计量工作面临着难得的发展机遇和严峻的挑战

刚刚结束的十届全国人大四次会议通过了《国民经济和社会发展第十一个五年规划纲要》，这是指导我们做好今后一个时期质检工作的纲领性文件。“十一五”时期，是计量工作发挥更大作用和加速自身事业发展的关键时期；计量事业面临着难得的发展机遇，同时又接受着巨大的挑战和考验。

一是科技进步为计量技术水平的提升带来新的空间。进入21世纪，世界新科技革命发展的势头更加迅猛，正孕育着新的重大突破。信息科技将进一步成为推动经济增长和知识传播应用进程的重要引擎，生命科学和生物技术将进一步对改善和提高人类生活质量发挥关键作用，能源科技将进一步为化解世界性能源和环境问题开辟途径，纳米科技将进一步带来深刻的技术变革，空间科技将进一步促进人类对太空资源的开发和利用，基础研究的重大突破将进一步为人类认知客观规律、推动技术和经济发展展现新的前景。而这一系列重大技术进步都与计量密切相关，都将为计量科学技术带来新的发展空间。作为科学研究领域的重要技术基础，多年来，我国计量科学为国家各项建设做出了贡献。面对新挑战和更加广阔的发展空间，我们要发扬奋发进取的传统，使计量工作在自主创新中发挥更大的作用。

二是能源政策为计量工作拓宽了新领域。“十一五”规划提出：要把节约资源作为基本国策，发展循环经济，保护生态环境，加快建设资源节约型、环境友好型社会；到2010年，资源利用效率显著提高，单位国内生产总值能源消耗比“十五”期末降低20%左右。要实现这一重要指标，计量工作发挥着重要的作用：企业要节能降耗，不配备合理数量的计量器具，就不可能知道企业的能耗情况和产值数据；配备的计量器具如果准确度达不到要求，产生的数据也是没有用的，有时甚至会带来负面的影响；国家要实现阶梯水价、分时计价电费等政策，没有准确的计量作为基础，这些工作也无从谈起；社区要实现按面积计量热能，也必须有先进、可靠的计量仪表才能实现。可以肯定地说：计量是国家资源节约政策的重要技术基础。反过来讲，国家的节能政策，也为计量工作的发展带来了新的机遇。因此，各级计量部门和计量技术机构都要抓住这个机遇，充分发挥我们的职能和技术优势，不断开拓计量工作的新领域。

三是建设和谐社会为计量工作带来了新机遇。促进社会和谐是我国经济社会发展的重要目标和必要条件。要按照以人为本的要求，从解决关系人民群众切身利益的现实问题入手，更加注重经济社会协调发展，更加注重社会公平，使全体人民共享改革发展成果。目前有很多计量器具涉及人身健康和安全，如医疗设施、矿山用计量器具，有些直接涉及公平交易，如电子计价秤、民用四表、出租车计价器、税控加油机等。这些都直接关系到人民生活，与构建和谐社会有着直接或间接的关系。因此，我们要抓住这个机遇，认真做好有关民生计量的各项工作，保证构建和谐社会的顺利进行。

(三)“十一五”时期的经济社会发展对计量工作提出了更高的要求

党的十六届五中全会通过的“十一五”规划建议，提出了“立足科学发展、着力自主创新、完善体制机制、促进社会和谐”的总要求，明确了要以实现科学发展为出发点和落脚点，以科技创新和体制创新为强大动力，以建设社会主义和谐社会为重要保障，促进经济社会和人的全面、协调、可持续发展。按照这一指导思想，总局对计量工作在“十一五”期间提出的总体要求是：坚持以邓小平理论和“三个代表”重要思想为指导，全面贯彻落实科学发展观，坚持走“改革、发展、服务”的道路，解放思想、开拓创新，认真探索并遵循计量工作的基本规律，完善法规体系、建设量传溯源体系和技术服务平台，抓好能源计量工程、民生计量工程。强化监督管理的力度，增强服务经济的能力，拓展国际交流的空间，逐步建立和完善适应社会主义市场经济体制需要的计量体系，为全面建设小康社会做出新贡献。这既是总局对计量工作的要求，也是我国经济社会发展对计量工作的要求。

二、以“打造一个平台、推进两大工程”为突破口，全面提高计量工作的有效性

2006年是全国实施“十一五”规划的第一年。抓好开局之年的各项工作，在科学计量、法制计量、工程计量等各方面取得新进展，是我们各级计量机构和工作者的共同任务。我们要按照总局的统一部署，着力打造一个

平台，即：按照建设创新型国家的要求，以技术创新为重点，形成量传溯源体系为核心的计量技术服务平台。推进两大工程，即：按照建设资源节约型社会的要求，通过全面实施各项节能降耗措施，推进能源计量工程；按照构建和谐社会和建设法治国家的要求，通过广泛开展各种民生计量工作，推进计量放心工程。

（一）以建设创新型国家为动力，打造计量基础服务平台，全面提高科学计量服务科技发展的有效性

胡锦涛总书记在全国科学技术大会上指出：坚持走中国特色自主创新道路，为建设创新型国家而努力奋斗。科学技术是第一生产力，是推动人类文明进步的革命力量。而计量是科学技术的基础，基础研究的重大突破将进一步为人类认知客观规律、推动技术和经济发展展现新的前景。因此，要全面提高科学计量服务科技发展的有效性。要建设一个适应国家科学技术、经济建设和社会发展需要，具有一定先进性和与国际一致性的计量基准体系；要充分利用社会计量资源，完善现有计量基准，使其达到国际先进水平的比率有大幅度的提高；要积极参与国内重大科研课题的研究，在为重大科研项目提供强有力技术支撑的同时，不断提高我们自身的水平；要充分利用科技部建设《国家科技基础条件平台》的有利时机，加快国家计量基标准体系信息共享平台的建设，提升国家计量基标准水平；要加强计量基础研究和新计量基准的研究，追踪国际动态，积极参与有关国际交流和合作；要组织开展量子计量基准所需关键技术的研究，为国家科学的发展、技术的进步做出应有的贡献。

（二）以建设节约型社会为切入点，推进能源计量工程，全面提高能源计量服务经济发展的有效性

"十一五"规划中明确提出：要把节约资源作为基本国策，发展循环经济，保护生态环境，加快建设资源节约型、环境友好型社会。2006年年底前，首先要重点抓好《今明两年能源工作要点》的贯彻落实工作，要对《工作要点》的落实情况在年底前进行一次全面检查。能源计量器具配备和管理导则国家标准颁布后，要抓紧在全国重点耗能企业宣贯实施；要重点抓好1000家重点耗能企业的节能降耗工作，积极为重点耗能企业开展能源平衡测评、能源技术服务等工作；要重点做好重点耗能企业的工作，推进企业节能降耗。要结合开展节能产品的强制性认证，向社会推荐节能产品，国家质检总局也将在总局网站上公布有关节能产品的目录，并使这些节能产品优先被政府采购，同时要在新建大型公用设施和公共单位强制推广采用高效节能产品。要会同国务院有关部委制定强制性淘汰产品目录，包括生产工艺落后、耗能大的设备和不能满足节能要求的产品。在许可证考核或审批市场准入时，要重点审查生产工艺、生产的产品是否在国家强制淘汰的设备、工艺或产品目录内，对目录内的一律不予行政许可。各省级局都要认真落实节约能源这个基本国策，抓住机遇，开拓创新，积极开展能源计量工作，不断提高计量服务能源建设的有效性。

（三）以构建和谐社会和法治国家为目标，推进民生计量工程，全面提高民生计量服务社会进步的有效性

促进和谐是我国经济社会发展的重要目标和必要条件。要按照以人为本的要求，从解决关系人民群众切身利益的现实问题入手，注重经济社会协调发展。各级计量部门要加大对重点市场的计量监督检查力度，努力规范市场经济秩序；要巩固商品量的监管成果，为广大消费者创造良好的购物计量环境；要集中抓好与老百姓生活密切相关的米、面粉等20种定量包装商品生产企业的监管工作，从源头保证定量包装商品足斤足两，切实维护消费者利益；要积极组织开展汽车安检线在用计量器具的计量监督检查工作，为交管部门强化汽车安检工作、为人民群众的交通和人身安全提供可靠的计量技术保障；要积极开展"健康工作进社区"、"光明工程进校园"活动，切实保护人民群众的身体健康。特别要加强煤矿用计量器具的监督管理，建立有效的煤矿安全计量器具量值传递网络，为煤矿的安全生产提供切实而强有力的计量技术支持。要重点安排涉及公平交易以及人民群众身体健康和安全的计量器具的监督检查，全面提高计量为人民生活服务的有效性。

三、以抓好党风廉政建设责任制为关键，全面加强行风建设

年初，总局召开了全国质检系统党风廉政建设工作会议，李长江局长做了重要讲话，李传卿书记做了工作报告，均指出：要把党风廉政建设作为长期任务时时讲，次次提，做到警钟长鸣。结合计量工作，我就党风廉政建设提三点要求：

一是要清醒认识反腐倡廉面临的形势，全面落实总局党风廉政建设领导小组《关于贯彻落实 2006 年反腐倡廉工作部署的实施意见》。近几年来，质检系统坚持从严治党治政，严厉查处违法违纪案件，全系统先后有 581 人受到党纪政纪处分，被司法机关依法判处追究刑事责任的 75 人。“五乱”现象多发势头虽然正在得到遏制，但是有法不依、执法不严、不作为或乱作为的问题仍然是人民群众反映突出的问题。胡锦涛总书记提出的“党内不正之风仍然比较严重”、“反腐倡廉工作仍然存在薄弱环节”的问题在计量系统也同样存在。因此，各级领导干部，特别是各单位的主要负责同志一定要认清形势，敢于正视问题，从党和国家事业发展的大局出发，从巩固党的执政地位、完成党的执政使命的战略高度出发，顺应广大干部群众的愿望，毫不放松地加强党风廉政建设，加快建立健全教育、制度、监督并重的惩治和预防腐败体系，做到在教育上把好“总开关”，在制度上架起“高压线”，在监督上重点管好“一把手”。

二是要坚决依法行政，不断提高依法行政的能力和水平。计量工作中有大量的行政执法任务，因此，计量系统也要大力推进行政执法责任制，进一步深化法制监督。国务院已明确质检部门是落实执法责任制的试点单位之一。各级计量部门一定要按照国务院的要求，按照“有权必有责、用权受监督、侵权须赔偿、违法要追究”的原则，尽快建立健全以“定岗定责，评议考核，责任追究”为主要内容的执法责任制。要深入贯彻《行政许可法》，强化行政审批后的监管工作。计量系统共有九个行政审批项目，要按照“八个公开”、“一个窗口对外”的要求，进一步规范行政许可程序，加快推进“审查-批准-监督”三分离的改革措施，建立健全行政许可后续监管责任制。各级计量部门要逐项确立许可后的监管方式和监管责任，落实到人，做到授予有据、行使有规、监督有效。

三是正确处理监督管理与服务的关系，提高为经济发展服务的综合素质。监督是国务院赋予我们的职能，服务也是我们计量系统的重要任务。服务是为了更好地监督，监督是为了进一步地服务，对违法行为的监督，也是对合法行为的服务。各级计量部门在实施计量监督的过程中，要注意监督方式方法的合理性，要注重监督形式和内容的统一性，更要注意监督程序和手段的合法性，不断提高监督的有效性。各级计量技术机构在完成计量检定任务的同时，要积极开展计量校准服务，不断开拓计量服务的新方法，拓宽计量服务的新领域，开创计量服务的新局面；要把为企业的发展服务、为老百姓的健康服务、为社会的稳定服务作为服务的出发点和立足点，不断提高服务水平和服务能力；要正确处理好自身发展与社会发展的协调并进，努力做到有为、有威、有位。

今年是落实“十一五”规划的第一年。今年的计量工作任务十分繁重。我们要认真贯彻落实党的十六届五中全会和中央经济工作会议精神，用科学发展观统一思想，用“十一五”规划指导工作，振奋精神、真抓实干，为计量工作取得新发展再创辉煌！

——蒲长城副局长在全国质检系统计量工作会议上的讲话

以科学发展观为指导 做好2006年计量工作

国家质量监督检验检疫总局计量司 宣 湘

本次计量工作会议的主要任务，就是要深入学习贯彻党的十六届三中、四中、五中全会和中央经济工作会议精神，在总结交流"十五"以来全国计量工作所取得成绩和经验的基础上，研究部署今后一个时期的计量工作，动员计量战线的广大干部、职工，加强执政能力建设，贯彻落实科学发展观，做好2006年的计量工作，为"十一五"规划开个好头，为我国的经济增长和社会进步发挥更大作用。

一、2005年计量工作的回顾

2005年是"十五"最后一年。"十五"期间，我国经济社会发展取得了巨大成就，计量工作也取得了长足发展。在党中央、国务院和各级质量技术监督部门的正确领导下，全国计量战线的广大干部、职工团结一致，坚持以"三个代表"重要思想为指导，认真履行综合管理和行政执法职能，使计量对经济社会发展的技术保障作用得到充分发挥，计量的技术装备水平和量值传递、溯源能力进一步提升，计量人员的整体素质和精神面貌也焕然一新。总结起来，2005年的计量工作有以下几个特点：一是制定了一批新的计量法规；二是计量基标准建设取得新发展；三是计量改革工作取得新突破；四是依法行政，法制计量取得新成绩；五是服务经济，工程计量做出新贡献；六是计量的国际交流与合作迈出新步伐；七是宣传和信息工作均有新进展。

二、关于"十一五"时期计量工作的展望

21世纪头20年是我国经济社会发展的重要战略机遇期。"十一五"时期尤为重要，不仅承前启后，而且要把今后的发展纳入科学发展的轨道。对计量工作而言，既有难得的发展机遇，也面临着巨大的挑战和考验。

（一）新形势对计量工作提出新要求

一是随着科学技术的迅猛发展，对作为技术创新基础的检测技术和计量保证能力产生了巨大的需求，并要求作为基础支撑的计量科学研究应与科学技术尤其是高新技术产业的发展同步进行，而且应具有一定的超前性。

二是今后5年，我国经济将保持较快发展速度，经济结构战略性调整将取得显著成效，技术进步和创新能力明显增强，经济增长的质量和效益显著提高。这一切都对现有计量基、标准和量值传递、溯源体系提出一系列新的要求。

三是随着经济快速发展和规模不断扩大，对能源、资源的需求迅速增加，能源、资源供应不足已成为制约经济持续、快速、协调发展的主要瓶颈之一。

四是加强法制建设，依法治国，提出了进一步改革计量法律制度的要求。

五是经济全球化的发展，迫切要求建立全球计量体系。

（二）"十一五"时期计量工作的指导思想和目标

1. 指导思想

全面贯彻十六大和十六届三中、四中、五中全会精神，坚持科学发展观，坚持科学执政、民主执政、依法执政，坚持走"改革、发展、服务"的道路，与时俱进、开拓创新，认真探索并遵循计量工作的基本规律，完善法规体

系、量值传递溯源体系和技术保障体系建设，全面实施计量放心工程、计量安全工程、计量服务工程和能源、资源计量工程，加快信息化建设，夯实技术支撑的实力，强化监督管理的力度，增强服务经济的能力，拓展国际交流的空间，逐步建立和完善适应社会主义市场经济体制需要的计量体系，为全面建设小康社会和和谐社会作出新贡献。

2. 目标

第一，建设一个适应国家科学技术、经济建设和社会发展需要，具有一定先进性和与国际一致性的量值传递溯源体系，使国家计量基、标准水平达到国际先进水平的比例由目前的40%增加到70%，整体水平进入世界先进行列；使社会公用计量标准、国家有证标准物质满足全社会90%的量值传递溯源需求。

第二，推进计量法制建设。修改现行《计量法》，修订70%以上与其配套的行政法规、部门规章以及地方性法规。

第三，加强计量执法监督。商贸领域在用强检计量器具受检率达到90%以上，与人民群众生活密切相关的定量包装商品净含量抽样合格率达到90%以上，在用医用强检计量器具受检率达到90%以上。

第四，完善适应市场经济发展的计量技术机构体系基本框架。80%的城市实现一个城市只设置一个综合性的计量技术机构，省级计量院（所）纳入公益科研（或事业）机构进行管理，地市级、县级的计量所争取纳入公益事业机构进行管理。

第五，加快计量校准检测服务体系的建设。逐步完善适应社会主义市场经济体制需要的计量校准服务体系，所有省级以上计量院（所）必须具备向社会开展计量校准服务的综合能力。

第六，帮助企业建立健全计量管理体系和计量检测手段。组织企业学习ISO10012国际标准，引导大中型企业建立适应生产经营需要的自主管理计量工作的自律机制，组织小型企业、乡镇企业、民营企业学习贯彻《中小企业计量检测保证规范》，加强计量管理。

第七，积极、稳妥地推行法定计量单位。中国计量科学研究院要于2006年年底前建立低能X射线、中能X射线和$^{60}Co\gamma$射线等3项空气比释动能国家计量基准；各省级计量院（所）要于2007年年底前完成空气比释动能计量标准的改制工作。

（三）“十一五”时期计量工作的重点

第一，完善计量法规体系，包括完成《计量法》的修订，全面启动并基本完成《计量法》配套行政法规、部门规章以及地方性计量法规的制修订，基本建立起以国家计量立法为主、地方计量立法为辅、适应社会主义市场经济发展要求的计量法规体系。

第二，完善量值传递溯源体系。

第三，完善技术保障体系，包括加快推进计量技术机构的改革与发展，解决同一地区机构重复设置的问题，并对计量技术机构开展的业务项目进行统筹规划，增强科研开发能力；努力加强计量科技人才队伍建设；协调落实计量技术机构建设发展所需的资金渠道和来源，并充分利用社会资源，加大对计量技术机构的投入；加强专业计量站的建设；建立注册计量师制度。

第四，全面实施计量放心工程，重点做好商贸领域计量监管。

第五，全面实施计量安全工程，包括重点做好医疗卫生领域计量专项整治工作，力争实现县级以上所属医疗卫生机构在用医用强检计量器具受检率达到90%以上的总体目标；继续做好眼镜制配场所计量专项整治，确保眼镜制配场所在用强检计量器具受检率达到90%以上；认真开展与交通、矿山安全有关的计量专项整治，力争实现有关在用强检计量器具受检率达到90%以上。

第六，全面实施计量服务工程，包括培育和发展计量校准市场，杜绝各类不规范的计量校准行为；加强对社会公正计量站的监督管理；为企业生产经营做好计量服务，组织社会中介机构依据国家标准GB/T19022—2003《测量管理体系》帮助企业开展完善计量检测体系的评价；调整矿山计量器具量值传递溯源体系，加快天然气高压大流量计量站的建设，继续做好国家重点天然气工程高压大流量计量系统的首检，研究岩洞储油计量技术，组织对国家石油战略储备油库第一期工程的大型储罐进行计量标定；加强国际计量互认；加快计量信息化建设，建立对外开放、全国联网的网络平台，实现政务公开。

第七,全面实施能源、资源计量工程,包括完善能源、资源计量的法律法规和技术标准,提出加强能源计量与节约资源的措施;调整重点能源、资源计量器具许可证的发证权限,强化对节能监测和能源、资源计量仪器仪表的监督管理;组织计量技术机构尽快建立新型能源、资源计量仪表的计量标准、校准装置,制定相应的技术规范,扩大能源、资源计量仪表的检定校准覆盖范围,保证能源、资源计量仪表有量值传递溯源的依据和途径;表彰能源、资源计量管理先进企业。

三、关于做好2006年计量工作的安排

2006年是全国实施"十一五"规划的第一年。根据中央对2006年经济工作的部署和全国质量技术监督局长会议提出的要求,2006年的计量工作要坚持以邓小平理论和"三个代表"重要思想为指导,认真贯彻十六届五中全会精神,坚持科学发展观,落实"改革、发展、服务"的方针,在科学计量、法制计量、工程计量等方面,进一步完善法规体系、量值传递溯源体系、技术保障体系,认真组织实施计量放心工程、计量安全工程、计量服务工程和能源、资源计量工程,更好地为全面建设小康和和谐社会做出新贡献。

(一)加大科学计量的投入,为科技进步和创新提供计量支撑

一是各省级质量技术监督局要积极与财政、科技、发改委等部门进行沟通,建立科学计量投入的多种渠道,特别是要利用科技部系统正在组织的《国家科技基础条件平台》建设计划,包括充分利用社会计量资源,加快更新改造现有的计量基、标准体系,提升量值传递、溯源能力。

二是积极参与并认真做好由国家质检总局计量司牵头、中国计量科学研究院承办的《国家科技基础条件平台》中《国家计量基标准体系信息共享平台建立》项目的有关工作,将各地的计量基标准信息按规定的要求纳入这一平台,提供给全国的用户。

三是积极参与并组织开展计量标准的比对,确保全国量值的一致。要将计量标准的比对结果作为量值传递、溯源以及定型鉴定、计量器具监督抽查等的技术基础。

四是广泛组织开展各种量值传递溯源方法的研究,特别是实际工作中迫切需要的现场检定、校准方法的研究。

(二)落实行政执法责任制,加强法制计量的监管

一是配合做好《计量法》提交国务院后的后续工作,加快制修订相关计量规章,重点做好起草《中华人民共和国强制管理的计量器具目录》的工作,严格界定法制计量监管的范围。

二是继续开展重点市场计量监督检查,包括组织开展汽车安检线在用计量器具的计量监督检查;会同国家税务总局组织开展加油站在用税控燃油加油机的监督检查工作,为国家推行费税体制改革做好前期准备和保障工作,同时,为广大人民群众创造放心购油的良好计量环境;特别是要与国家矿山安全监察局协调,将瓦斯计、粉尘测量仪列入重点管理目录,提高型式评价试验要求,授权承担型式评价实验任务的技术机构相对集中,保证矿山安全计量器具的产品质量,并共同组建8个国家矿山安全计量分站,完善煤矿安全计量器具量值传递的网络。

三是进一步做好商品量计量监管工作。集中抓好与老百姓生活密切相关的米、面粉、食用植物油等20种定量包装商品生产企业的计量监管,从源头保证定量包装商品计量准确,切实维护消费者利益,为构建和谐社会提供计量保障。

四是积极稳妥地做好强制检定工作。继续组织建立强制检定计量器具管理档案和开展动态化、信息化管理工作试点。深入开展计量器具产品质量监督检查,拟重点安排涉及公平交易以及人民群众身体健康和安全的12种计量器具的监督检查,为构建和谐社会做好基础保障工作。

五是配合质量技术监督综合业务系统(SQS)和"金质工程"(一期)的建设,加快计量工作的信息化建设,努力实现计量业务数据的网上报送,逐步推进各项计量行政许可的网上申报和审批。特别是要继续组织建立强制检定计量器具管理档案工作试点,从而不断深化强制检定工作。

六是以学习和贯彻今年1月1日正式实施的《公务员法》为契机,全面加强计量队伍建设,要结合落实行政

执法责任制的试点工作，建立健全以“定岗定责，评议考核，责任追究”为主要内容的计量行政执法责任制，切实加强对各项法制计量工作的监管，切实加强党风廉政建设，严禁各种不作为和乱作为现象。

（三）以能源计量为中心，加强工程计量和企业计量工作

一是全面落实科学发展观，认真贯彻落实《今明两年能源工作要点》，上半年出台新修订的强制性国家标准《企业能源计量器具配备和管理导则》，并针对重点耗能行业生产经营和节能降耗的需要组织制定冶金、有色金属、石油石化、化工、电力、建材等行业的企业能源计量器具配备和管理要求，组织各省级质量技术监督局、行业协会在全国重点耗能企业宣贯实施；下半年依据这些标准对全国重点耗能企业能源计量工作开展监督检查，促进企业节能降耗。

二是组织对重点耗能企业开展节能降耗服务活动，首先从冶金、有色金属、石油石化、化工、电力、建材等6个重点耗能行业的大企业做起，使重点耗能企业达到《节能中长期专项规划》中提出的主要产品单位能耗指标，满足国家标准《能源计量器具配备和管理通则》和国家标准《测量管理体系》的要求。各地要组成开展节能降耗服务活动的工作组，与确定的服务企业建立对口联系机制，落实岗位责任制；在摸清企业情况的前提下，针对不同企业制定出与其相适应的服务措施，制定出开展节能降耗服务活动的实施方案；在年底对达到节能目标要求的先进企业进行表彰，颁发“能源计量达标企业”证书。

三是树立全局意识，确保国家重点工程建设，包括与中石油集团公司等协调，加快国家天然气高压大流量计量站的建设，确保国家重点建设项目如期完成，保证天然气计量交接准确可靠；组织中国计量科学研究院、国家专业计量站研究岩洞储油计量技术，并对国家石油战略储备油库的大型储罐进行计量标定，保障油库的计量数据准确可靠。

四是结合开展能源计量工作，大力推进企业测量管理体系认证工作。支持中启计量体系认证中心依据国家标准 GB/T19022—2003《测量管理体系》开展测量管理体系认证，帮助企业完善计量检测体系；各地的工作站要向广大企业积极宣传，把测量管理体系认证活动广泛开展起来；同时，要继续贯彻落实《中小企业计量检测保证规范》，做好中小企业计量保证能力的评价工作，为企业生产经营和节能降耗做好计量服务；要倡导诚信计量，研讨推广C标志工作，扩大C标志产品发证范围，切实维护广大消费者的合法权益。

（四）加快计量技术机构的改革与发展，提高服务质量和竞争能力

一是各省级质量技术监督局要按照国家科研机构改革的要求，落实总局关于计量技术机构改革的意见，完成省级计量技术机构的改革工作，目标是省级计量院（所）成为计量科研与量值传递并举的非营利科研机构。

二是各省级质量技术监督局要组织对本行政区域法定计量检定机构进行一次监督检查，抽查数量不少于本行政区域法定计量检定机构总数的1/3，并可结合计量器具用户的反馈进行检查；未被抽查的要将自查情况上报省级质量技术监督局。监督检查的重点是：计量标准器不具备条件而超授权范围开展检定；擅自简化检定程序，缩减检定项目；计量检定人员操作水平及业务、法律知识不符合相关要求；计量检定证书不规范，检定证书与原始记录不一致；伪造计量检定证书等。

三是加强授权型式评价技术机构的管理，按照原《计量器具新产品管理办法》由总局授权承担计量器具型式评价或由省级质量技术监督局授权承担样机试验任务的技术机构，在授权证书有效期内仍可继续接受委托开展计量器具型式评价工作，直至证书有效期满止。新申请或要求继续承担授权任务的，由总局或省级质量技术监督局对其进行重新评价。要将《型式评价统一大纲》作为计量授权考核的必备条件，重新评价后重新办理授权手续。总局授权的技术机构，要求必须使用自己的设备条件独立完成所有试验项目，坚决杜绝申请授权时讲分包、承担型式评价任务后不试验的行为。

四是积极推进计量校准工作。要鼓励法定计量检定机构积极申请校准实验室认可，提高服务质量和市场竞争能力；要印发计量校准管理规定，明确校准机构开展校准服务必须具备的条件和义务，规范计量校准活动，引导企业科学、经济、合理地进行量值溯源，使社会计量资源通过市场调节得到合理配置和充分利用，为建设小康社会提供优质低价、方便快捷的计量服务。

五是筹建一批国家计量器具产品质检中心。筹建一批国家计量器具产品质检中心是总局为进一步加强全国计量器具产品质量监督力度，提升省级以上计量院(所)质检能力的举措，相关单位要抓住机遇以点带面，积极争取当地政府的支持，按照要求按时完成筹建工作。

（五）加强对计量标准考核及计量检定人员的管理

一是组织对计量标准技术考核方法及计量校准要求的研究，为进一步提高计量标准的管理水平和实现量值溯源方式由检定向校准转变做好技术准备。

二是会同人事部出台《注册计量师制度暂行规定》，研究计量专业技术人员资格的实施方案构架，并选取长度等专业进行试点。同时，要完成计量检测人员试题库的重新制定，并拟定计量检测人员试题库维护方案。

（六）加强计量的国际合作

一是要按照国际法制计量组织型式批准多边互认协议方案（MAA）文件的要求进一步规范工作程序，研究、改进与荷兰、德国、英国等型式评价结果的互认工作，并积极组织对企业的宣传，鼓励企业申请 OIML 证书等国际互认证书，促进计量器具产品走向国际市场。

二是做好 WTO/TBT 通报咨询工作。要进一步完善计量领域 WTO/TBT 通报咨询快速反应工作机制，利用互联网完善通报评议手段，摸清国内计量器具产品的生产和出口情况，提高 WTO/TBT 通报咨询的效果，促进计量器具产品的出口。

三是积极参加国际计量组织的活动，做好 OIML 湿度秘书处和压力秘书处的工作，积极参加 OIML 国际建议和国际文件的制修订，重点参与电能表、水表等工作组制定计量国际建议的活动，组织落实与各国的双边协议，进一步提高参加国际计量组织活动的实效性，提高我国在国际和区域计量组织中的影响和地位。

——宣湘司长在全国质检系统计量工作会议上的讲话(摘编)

发挥计量基础作用 规范市场经济秩序
为促进重庆经济社会发展做出新贡献

重庆市质量技术监督局局长　张宗清

在全国质量月活动刚刚启动的重要时刻，在重庆市加快建设长江上游经济中心、全面建设小康社会的历史进程中，我们迎来了《中华人民共和国计量法》颁布实施20周年暨重庆计量仪器仪表企业发展论坛大会的召开。

《计量法》颁布实施20年来，我们以邓小平理论和"三个代表"重要思想为指导，认真贯彻落实科学发展观，坚持"贴紧经济、贴紧群众"的工作方针，紧紧围绕经济发展、城市环保和人民群众安全健康，认真履行职责，强化监督服务，加强"三大体系建设"，强化"三大主体工作"，提升"三大服务水平"，全市计量事业有了飞跃发展。

一、关于全市计量工作的基本评估

（一）加强"三大体系建设"，夯实现代计量新基础，全市计量事业发展迈入了现代化轨道

1. 加强了计量法规体系建设

根据重庆经济社会发展需要，按照《计量法》的要求，先后制（修）订了《重庆市计量监督管理条例》、《重庆市工业企业计量监督管理办法》等33个地方性法规及规范性文件、5个省级地方性计量技术规范，有效规范了我市企业和市场的计量行为，为行政监督、行政许可、行政执法提供了可靠的法律依据。

2. 加强了计量监督体系建设

不断完善计量监督网络，狠抓计量执法队伍建设，培养了一批工业界、商业界及社会各界广泛参与的计量监督员，在全市形成了政府执法监督、企业内部监督、消费者社会监督和媒体舆论监督的计量监督体系，从而使企业的计量监督信息得到了有效使用，确保了计量监督管理的及时性和有效性。

3. 加强了计量技术保障体系建设

建立了市计量所、市流量所、国家原油大流量计量站重庆天然气分站、国家矿山安全计量站及市级法定计量授权检定站和区县计量所共51个计量技术机构，形成了完整的计量检测体系。形成了国家-重庆市-区县-企业的量值传递、量值溯源和强制检定工作网络。确保了全市计量单位的统一和量值准确可靠，为政府行政监督执法、规范市场秩序、维护社会稳定、促进企业产品开发、促进重庆科技进步和经济发展提供了可靠的技术保障和强有力的技术支撑。

（二）强化"三大主体工作"，做强现代计量新手段，提高了全市计量事业发展水平

1. 强化科学计量，提高了科学技术水平

着眼于实施"科教兴市"战略，始终抓住科学计量这个重点，研究和建立了满足我市经济社会发展的社会公用计量标准，组织研制开发高科技的计量器具新产品30余项，特别是CNG压缩天然气加气机、税控燃油加油机等产品的科技水平处于国内领先地位，研制的"天然气实流标准装置"技术指标达到国际先进水平，被国家质检总局评为"科技进步二等奖"。

2. 强化法制计量，规范了市场经济秩序

着眼于规范市场经济秩序，始终抓住法制计量这个核心，充分运用法律手段，加大计量执法监督力度，重点

抓了5个方面的工作：一是开展了民用“水电气”三表计量监督检查；二是开展了定量包装商品监督检查；三是开展了集贸市场、加油站计量专项整治；四是开展了煤矿安全用仪器计量监督检查；五是开展了医用强检计量器具监督。通过上述的工作，严厉打击了计量违法行为，有力地规范了市场经济秩序，维护了消费者的合法权益。

3. 强化工程计量，提高了企业的计量水平

着眼于走新型工业化发展道路，始终抓住工程计量这个基础，按照分类指导、分类管理原则，对企业依据ISO10012《测量管理体系 测量过程和测量设备的要求》开展计量检测体系确认工作，帮助企业配备了必要的计量器具，培训了计量技术和计量管理人员，建立了计量检测实验室，提高了企业计量检测水平，增强了企业“造血”功能和市场竞争力。

（三）提升“三大服务水平”，树立现代计量新理念，促进了全市经济社会协调健康发展

1. 提升服务企业水平，帮助企业发展壮大

按照市委市政府关于“转变职能建立服务型政府”的要求，坚持以服务企业为宗旨，利用技术优势、信息优势和先进检测手段，充分发挥计量工作不可替代的技术保障作用，把监督寓于服务之中，帮助企业建立高效的计量管理模式，扶持企业产品上规模、上水平、上档次，打造重庆品牌，创造中国名牌。一是加强分类指导。帮助企业建立完善的计量检测体系，全市现有5000多家企业建立了计量监督管理制度。确保了产（商）品计量准确可靠；实行“直通车服务”，组织计量专家为企业提供“一条龙”服务。二是开展“抓计量，促节能，增效益”活动。帮助企业加大能源计量投入，在生产优化控制、节能降耗方面取得了可喜的经济效益，如耗能大户四川维尼纶厂强化能源计量管理，一年就节约用气1500标方，节约经费150万元。据不完全统计，我市企业因加强能源计量而节约的能源价值折合人民币达20亿元以上。三是计量器具制造业取得了显著成绩。全市计量器具制造业现已发展到207家。全市计量器具产品在品种、数量、性能、质量和科技含量等方面都有了很大发展和提高。年总产值从1995年的3亿元上升到2004年的45亿元；企业亏损面从1995年的87%下降到现在的5%以下；产品出厂合格率从1995年的56%上升到现在的98%以上。全市计量器具制造业已初步走上了法制化、科学化、规范化轨道。

2. 提升服务群众水平，维护群众切身利益

坚持“以人为本”，坚持服务群众，强化民生计量，针对群众反映强烈的计量不准、商品净含量超差、标志不符等问题，开展了集贸市场、加油站、餐饮业、眼镜制配场所、定量包装商品、粮食市场、棉花市场等计量专项整治工作。主城区出租车计价器强检工作步入了有序管理轨道。开展了“光明工程进校园”、创建“计量诚信集贸市场”、“诚信计量加油站”等活动，评审了46个“计量诚信集贸市场”和124个加油站“计量保证体系”。通过这一系列的服务活动，维护了消费者利益，受到了人民群众的广泛赞誉。

3. 提升服务社会水平，营造计量良好氛围

坚持以服务社会为己任，积极宣传计量法律法规，提高全民计量法治意识，营造了“关注计量、重视计量、发展计量”的良好社会氛围。加快了计量社会中介服务平台建设，建立了市计量校准检测中心、社会公正称重计量站等25个中介服务机构，为社会提供科学准确的检测数据，规范了市场计量行为，形成了“公平竞争、秤准量足”的市场环境，促进了构建和谐社会建设。

二、关于今后一个时期的计量工作

当前，全市计量工作既拥有良好的发展机遇，又面临着严峻的挑战。面对新形势、新挑战、新任务，今后计量工作要坚持走“改革、发展、服务”的道路，进一步解放思想，更新观念，按照“五年打基础、三年上台阶、两年达一流”的发展步骤，切实做好“做硬基础、做强手段、做高科技、做宽领域、做活政策、做大事业”六篇大文章，推动我市计量事业不断向前发展。

（一）努力做好“六篇大文章”，实现计量事业新飞跃

六篇大文章是我局党组遵循经济发展规律和社会发展规律确定的发展重点。我们将围绕这六篇大文章，加快建立优质的计量检测大厦，全面实行计量检定、测试、校准的网络化管理，大力推进高科技项目发展，进一步拓宽计量工作领域，在“十一五”期间，实现各区县计量技术机构具备服务地方经济发展的技术能力、市级计量

技术机构建设成为长江上游一流技术机构，跨入全国先进技术机构行列的目标。

（二）大力发展高科技项目，推动科学计量新发展

科学技术是第一生产力，是推进科学计量的基础。我们将紧扣全市经济发展的重点，进一步加强新材料、新能源、生物工程、信息工程以及交通、电子、环保等高、精、尖科技领域的计量检定、校准、测试技术的开发研究，大力开展高等级计量标准的研制，建立一批为我市国民经济建设服务，为人民生活急需的新的社会公用计量标准，填补我市计量检测领域的空白，促进科学技术在计量工作中的运用，全面提升我市科学计量水平。

（三）着眼于构建和谐重庆，拓展法制计量新领域

按照构建和谐重庆的要求，以即将在我市召开的亚太城市市长峰会为契机，强化计量执法监督，加快建立以计量行政部门监督为主，全社会共同监督为辅的监管体系。紧紧围绕与广大人民群众生命安全、身体健康密切相关的热点难点问题，依法检定用于贸易结算、医疗卫生、安全防护、环境监测等方面的强检计量器具，重点加强对煤矿安全计量仪器的监管、民用水电气三表的首检及出租汽车计价器、加油机和衡器的强制检定。不断强化生产领域、流通领域的计量执法监督，确保加油机、出租车计价器、水电气三表、医用强检计量器具受检率达95%以上，定量包装商品抽查合格率达90%以上，集贸市场“公平秤”设置率、受检率达100%，充分发挥法制计量作用，认真打造重庆靓丽窗口，积极营造重庆宽松环境，为圆满召开亚太城市市长峰会作出新的贡献。

（四）真心帮扶企业发展，提高计量服务新水平

为企业做好服务，是计量工作的应尽之责。我们将紧紧围绕与重庆国民经济发展密切相关的基础产业、支柱产业、高新技术产业和重点项目建设，选准切入点，增强参与度，建立测试、咨询、培训三大服务平台，为广大企业提供强有力的技术支撑，为重点企业开展全方位的计量服务，提高“造血”功能；积极帮助企业走新型工业化道路，引导企业加强新产品开发，促进产品升级换代、更新系列；加强技术改造，增强企业的发展后劲；加大市场开拓力度，扩大企业的发展空间；加强内部管理，提高企业经营效益；进一步抓好仪器仪表基地建设；提高产品质量，提升企业产品档次和市场竞争力，打造重庆品牌，创造中国名牌，使重庆企业拓宽领域，提高市场占有率。

（五）加快实施“科技兴检”，促进计量改革新突破

改革是推进计量事业发展的新动力。我们将深入推进技术机构改革，大力引入市场竞争机制，全面实施“科技兴检”战略，积极推进机制、分配、用工等三项制度改革；不断优化资源配置，整合社会资源，改变社会共性计量资源重复建设状况，达到“不求所有，但求我用”；进一步发展规范计量校准市场，搭建以市场为导向、充分整合社会资源的检测、校准平台，全面提升我市的计量检测能力；在全市范围内加快建立三级量值溯源计量检测体系，形成以市级计量技术机构为核心、以区县计量技术机构为基础、以授权技术机构和社会资源为补充，技术能级分明、空间布局合理、设备配置优化、地方特色鲜明、专业项目互补、服务领域更广、适应重庆经济建设和社会发展的计量保障体系，更好地为我市经济发展提供强有力的技术支撑和技术保障。

（六）全面加强人才建设，推动计量队伍新提高

人才是事业发展最重要的决定因素。我们将为优秀人才脱颖而出创造条件，切实加大优秀人才的培养和选拔力度，提高计量管理和检定人员素质。到“十一五”末，全市从事计量工作的人员本科及以上所占比例达到60%，市级技术机构的硕士、博士占5%以上，高级技术职称人员所占比例达到10%以上，十大计量领域每个专业具有2~3名学科带头人，新增国家级考评员20~30人，形成一支经验丰富、检测水平高、科研能力强、专业覆盖全、年龄结构合理的计量检测人员队伍，造就一支团结进取、开拓创新、具备现代化综合能力的计量管理人员队伍。

（七）切实加强舆论宣传，树立计量工作新形象

让全社会深入认识和充分了解计量工作，是我们义不容辞的责任。我们将紧紧围绕群众生产生活，加大计量法律法规宣传，让广大人民群众真切感受到“计量关爱着每个人、计量伴随着每一天”，提高全社会的计量法律意识；紧紧围绕全市经济建设，大力宣传报道我市计量器具生产企业创下“全国第一”的辉煌业绩，提高我市企业知名度，进一步提升计量工作有效性；紧紧围绕构建和谐社会，宣传报道质监部门行政执法、规范市场秩序、严厉打击计量违法行为的动态，让人民群众体会到“放心计量每一天”，进一步树立质监形象。

发挥基础保障作用　服务经济社会大局

湖南省质量技术监督局局长　刘爱才

计量为发展之基，服务为计量之本。在新形势下，计量工作只有找准切入点，加大参与度、提高显示度，认真、全面履行《计量法》赋予质检部门的职责，才能不断提高计量工作对地方经济和社会发展的贡献率和有效性。

一、以经济建设为中心，提高工业计量服务新型工业化发展的有效性

目前，湖南正抓住国家实施"中部崛起"的战略机遇，致力用新型工业化提速全省经济发展。各级质检部门和计量技术机构要把推进新型工业化作为计量工作的主战场，着眼于增强我省产业、企业和产品的竞争力，把工作重点调整到解决企业工艺控制、质量检验、节能降耗、生产经营遇到的计量问题上来，主动上门服务，热忧排忧解难；要认真落实把好厂门的职能，引导大中型企业完善内部计量检测体系，引导中小企业和民营企业贯彻实施建立健全计量检测手段和计量管理制度，引导定量包装商品生产企业增强计量保证能力、扩大"C"标志的应用范围。

省计量检测研究院作为我省量传溯源体系的龙头单位，要进一步提高计量标准水平和技术服务能力，为新能源、新材料、电子技术、信息技术、生物工程、电磁兼容技术等高新技术产业发展提供技术支撑，并要适应工业自动化生产的需要，开展在线检测项目，解决了不少工业计量器具"难拆、难检、难校、难修"的问题。

二、以节能降耗为目标，提高能源计量服务节约型社会建设的有效性

要主动围绕省委、省政府发展循环经济、建设资源节约型社会的总体部署，从宏观上提出对本地加强重点用能单位能源计量管理的指导意见，从微观上组织开展对企业和社会能源计量的技术服务。要坚持依法管理与政策激励相结合、发挥市场机制作用与加强政府监管相结合、突出重点与分类指导相结合、企业主抓和社会参与相结合的原则，发挥好计量管理的促进作用、技术手段的保障作用、检测数据的改进作用、技术改造的推动作用、奖惩措施的激励作用和教育培训的引导作用，狠抓标准宣贯、经验推广、联点帮扶、监督检查、强制认证、周期检定六个环节，利用一切手段帮助企业提高能源、资源的利用率。

实践证明，计量节能可靠有效。地方各级党委、政府及有关部门应充分发挥计量手段在节能降耗上的重要作用，依托计量主管部门加强对本地能源计量工作的有效监管，在发展上争先恐后，在用能上锱铢必较；企业尤其是重点能耗企业要树立"节能就是增收、降耗就是增效"的节约理念，将能源计量工作贯穿到生产经营活动的全过程，用实际行动支持全省节约型社会建设。

三、以科技进步为动力，提高科学计量服务创新型湖南建设的有效性

在日前召开的全省科技大会上，省委书记张春贤再次提出了建设创新型湖南的理念，并把"科技支撑"作为总体要求之一。"没有计量就没有科学"，"科技要发展，计量须先行"，作为科技进步的技术基础，计量工作在创新型湖南建设中责无旁贷、任务艰巨。

要发挥好计量服务科技、助推科技的功能，就必须坚持市场取向的改革原则，以资产为纽带，不断优化资源

配置,改变社会共性计量资源重复建设状况,通过政府引导和市场竞争等方式,加快计量标准及检测技术共享平台建设,力争5年内筹资1亿元,着力打造一个技术能级分明、空间布局合理、设备配置优化、地方特色明显、专业项目互补、服务领域更广、适应湖南经济社会发展和科技进步的计量保障体系;要追踪国内计量技术发展动态,积极参与省内重大科研课题的研究,在为重大科研项目提供强有力技术支撑的同时,不断提高计量自身的水平;要强化计量人才队伍建设,加强计量基础研究,建立计量创新奖励机制,推动计量科技创新活动,为湖南科技进步做出应有的贡献。

四、以维权护法为手段,提高民生计量服务和谐社会建设的有效性

要坚持以人为本的方针,从维护人民群众切身利益的现实问题入手,加大对重点市场的计量监督检查力度,巩固商品量的监管成果,为广大消费者创造良好的购物计量环境。要集中抓好与老百姓生活密切相关的定量包装商品生产企业的监管,从源头保证定量包装商品足斤足两;积极组织汽车安检线在用计量器具的计量监督检查工作,开展"健康计量进社区"、"光明工程进校园"活动,切实保护人民群众的身体健康;特别要加强煤矿用计量器具的监督管理,建立有效的煤矿安全计量器具量值传递网络,为煤矿的安全生产提供强有力的计量技术支持,为遏制频频发生的矿难尽心竭力。

五、以规范秩序为前提,提高诚信计量服务现代市场体系建设的有效性

尽管多年来各职能部门在堵源截流、标本兼治、规范市场计量秩序方面做了大量卓有成效的工作,但信用缺失问题仍然普遍存在,短斤少两现象时有发生。各级质检部门应从这种"反复打、打反复"的简单模式中跳出来,从构建长效机制入手,加强法制计量工作,建立公平竞争、诚实守信的现代市场计量规则和体系:要做到立法与执法相结合,尽快推动《湖南省计量监督管理条例》的出台,使市场计量有法可依;要加大计量专项执法检查的力度,统一部署、上下联动、全面覆盖,达到"开展一个专项,检查一类器具,查处一批案件,整治一方市场"的目的。要做到强检与自检相结合,在普查建档、摸清底数的情况下,强力推进计量器具强制检定计划和定量包装商品省级监督抽查计划,建立"横向到边、纵向到底"的监督管理网络;广大企业也要有"创知名品牌,做长寿企业"的远大目标,严格落实自检自控措施,着力规范生产经营行为。要做到打扶结合、管帮并举,树立一批诚实守信、童叟无欺的示范单位,曝光一批短斤少两、欺蒙顾客的违法企业,用整顿和规范市场经济秩序的实际效果取信于民。

六、以施惠于农为根本,提高涉农计量服务社会主义新农村建设的有效性

推进社会主义新农村建设,是我们党对"三农"问题认识的深化,是实现全面建设小康社会的一项重大历史任务。胡锦涛总书记强调指出,建设社会主义新农村要坚持以解决农民群众最关心、最直接、最现实的利益问题为着力点,这也是我们做好计量工作的出发点和落脚点。要组织好"护农下乡"活动,严厉打击种子、化肥、农药等农资产品和钢材、水泥等建筑材料经营及粮、棉、油、菜、茶、奶、水果、烟叶等大宗农产品收购中的计量少量问题,维护农民兄弟的合法权益;要加强农产品加工龙头企业的计量管理,帮助企业做好国家计量"C"标志产品申报工作,引导企业做大做强,助推农业产业化进程;要通过相关计量器具的测试,分析农作物的生长环境,指导农民加强田间管理,推行科学种田,促进农业增产增收;要加强对农村电表、水表尤其是农业排灌、产品加工所用计量器具的周期检定和校准,最大限度地保护农民兄弟的利益。

《中国计量》

坚持以人为本 狠抓民生计量
努力为构建和谐社会做贡献

江苏省质量技术监督局副局长 张 前

党的十六届四中全会提出要在全国构建社会主义和谐社会的要求。胡锦涛总书记指出，我们所要建设的社会主义和谐社会，是民主法治、公平正义、诚信友爱、充满活力、安定有序、人与自然和谐相处的社会。公平，就是社会各方面的利益关系得到妥善协调，社会公平得到切实维护和实现。贸易公平是社会公平的重要组成部分，而保证公平交易，是法制计量工作的重要职能。构建和谐社会目标的提出进一步明确了今后法制计量工作的主要任务，就是努力实现好维护好发展好广大人民群众的根本利益，要重点加强涉及公众利益和人民群众身心健康和生命安全领域的监督。我们要把今后法制计量的工作重心转移到民生计量上来。

2005年江苏省计量工作的重中之重是：坚持以人为本，强化民生计量。重点开展医疗卫生机构计量执法大检查，积极探索集贸市场计量长效管理之策，创新餐饮行业计量管理途径，努力为构建社会主义和谐社会做出积极有效的贡献。

一、深入开展医疗卫生机构计量执法大检查，促进医疗卫生单位计量工作水平的提高，为广大人民群众身体健康提供计量保证

看病难，费用高是当今社会关注的三大热点问题之一。加强医疗卫生机构的计量监督是我们保护患者利益和健康的光荣职责，是质量技术监督部门义不容辞的责任。统计资料显示，2004年江苏省共有14942余万人到医院就诊，住院409.7余万人；平均每次就诊费用137元，其中检查费约占40%左右；平均每次住院费5960元，其中检查费约占5.6%。由此我们不难看出医疗卫生计量工作的好坏在解决老百姓看病贵、处理医疗纠纷工作中起着十分重要的作用。

1985年《计量法》颁布以来，我省各级质量技术监督部门和医疗卫生主管部门认真履行各自职能，积极宣传、贯彻《计量法》，医疗卫生单位计量意识和法制意识明显增强；计量管理工作逐步规范，计量保证体系进一步健全；医疗卫生计量水平不断提高。但同时也存在着不容忽视的诸多问题，主要表现在以下两个方面：一是少数医疗单位的领导计量法律意识淡薄，对质量技术监督部门正常的依法监督工作不配合，有抵触情绪，甚至设置人为障碍，尤其是在"医用三源"的管理上认识不清，个别地区"医用三源"的强制检定工作很难正常开展，至使使用日益频繁的大型医疗计量器具受检率只有50%左右。二是乡以下医院的计量工作亟待加强。不少乡镇卫生院的计量法制意识差，不重视计量工作，忽视医用计量器具的检定，计量器具不检、漏检、超周期使用的现象时有发生，甚至在极个别县区还出现了乡以下医院的计量器具全部未检的严重情况。

为了给广大患者创造一个放心的医疗计量环境，从去年5月份开始我省各级质监部门对全省乡级以上的医疗卫生机构开展计量执法大检查，整个检查工作持续半年之久。全省共检查医疗卫生机构2330家，检查医用强检计量器具43273台件，合格39339台，合格率为90.9%。大型医疗计量器具的受检率和合格率也提高到了90.3%。对于检查结果我局于11月份通过召开全省医疗卫生机构计量工作会议的形式向社会发布，并在会上表

彰了全省医疗计量工作先进单位和先进个人。此项活动取得了较大的社会反响，促使我省医疗卫生计量工作走上法制化的轨道，有效的规范了全省医疗卫生机构的计量工作，保证了医疗卫生计量器具的准确，促进了医疗卫生机构计量工作水平的提高，为广大人民群众营造了一个初步放心的医疗计量环境。

二、积极研究探索集贸市场计量长效管理之策，努力为广大市民构建放心的生活消费计量环境

集贸市场的计量监督管理工作是一项长期而艰巨的任务，经过自2002年以来的集贸市场计量专项整治，我省集贸市场的计量秩序已明显好转，计量专项整治取得阶段性成果。但在各地的工作过程中也发现了一些不容忽视的问题，不少地区发现了少数经营者利用高科技手段进行计量作弊的情况，严重损害消费者的利益。这种情况在一定意义上比计量器具不检定的危害性还要大。试想一台可以作弊的计量器具堂而皇之的贴着质量技术监督部门的强制检定合格标志，对我们是极大的讽刺，严重影响质量技术监督部门的形象。去年全省花大力气，严厉打击集贸市场计量作弊行为，遏制计量作弊苗头，维护市场计量秩序和质监部门的社会形象，决定在全省集贸市场推行先进的计量管理模式，促进全省集贸市场计量秩序的根本好转。一是对新办集贸市场，实行计量器具"四统一"的市场准入制度。"四统一"即集贸市场的计量器具由主办者实行"统一配置"、"统一管理"、"统一检定"、"统一轮换"。集贸市场主办者统一配备一定数量的、经强制检定合格的计量器具，由摊位经营者交付一定押金租赁使用，并定期轮换，做到人物分离。二是对老市场，逐步采用计量器具产权转移到市场主办方的管理方法。"产权转移"是由市场主办者按统一的折旧标准从经营者手中回购电子秤，将原来分散在各经营者手中的电子秤所有权集中到市场主办者手中，实施"四统一"管理。各经营者再向市场交付一定的押金和租费，租用电子秤。三是鼓励条件较好的新、老市场，采用"超市式"计量管理模式。"超市式"计量管理，即将原先设在各个摊位上的电子秤取消，改由市场统一配备计量计价秤，由专门的司秤人员进行计量报价。这样做的好处一是明确了集贸市场责任主体。市场的主办者实际是市场的最大经营者，理所当然是计量责任人，是其必须对市场计量秩序的好坏负责。二是降低了计量管理难度。此项工作完成后，质监部门将不再面对成千上万的、成分复杂的市场摊位经营者，而是直接面对主办者，行政相对人更加明确。三是有利于从源头上解决计量器具作弊问题。由于明确了主办者是市场的计量责任人，维护良好的市场计量秩序是主办者义不容辞的责任，主办者也就能更加积极主动的配合质监部门打击计量作弊，努力维护良好的市场形象，并获取最大的经济利益。为减少各地的工作难度，经与省工商局多次协商，我局与省工商局联合下发了《关于加强集贸市场计量监督管理工作的通知》，将工作思路变成了对全省质监和工商的共同要求。产权转移是2005年集贸市场管理的重头戏，困难多、难度大，全省各级质监部门从实践"三个代表"、落实执政为民的高度出发，不计部门利益，一心一意全力推进，到2005年年底全省共有32家集贸市场完成了产权转移工作，并取得良好效果，为深入进行产权转移工作取得了宝贵的经验。

三、创新餐饮行业计量管理途径，制定出台江苏省《餐饮计量规范》地方标准，努力在规范餐饮市场计量秩序方面进行探索

随着我国经济的快速增长以及我省富民强省进程的加快，居民收入水平不断提高，江苏省餐饮业发展迅速。据商务部的统计2004年全国餐饮业零售总额为7486亿元，与上年度相比增长21.6%，2005年全国餐饮业零售总额将达到8886.8亿元，同比增长17.7%，连续15年实现两位数高速增长。商务部预测2006年将突破10000亿元大关。餐饮行业对社会消费品零售总额的增长贡献率越来越大。统计资料显示我省2004年餐饮业零售总额为555.6亿元，与上年度相比增长27.9%。2005年餐饮业零售总额为629.1亿元，同比增长19.4%，位于全国第三位，2004年和2005年我省居民在外用餐费用分别为人均750元和850元。随着餐饮行业日趋兴旺发展，餐饮行业计量问题也逐步暴露出来。我省对餐饮业开展的计量专项检查情况表明，餐饮行业的计量工作还存在不少问题：一是短秤少量的现象严重。短秤少量的比例在2003年达46%，到2005年年初比例仍然有30%。问题多数出在海鲜、水产品上，水产品"不去水"，蟹类"不松绑"；二是约50%的饭店没有标出菜肴（主料或食品）

的净含量，只标注大、中、小份（例、块），不符合《江苏省贸易计量监督管理条例》的规定，消费者根本不知道自己所要的菜点份量有多少，引起众多计量欺诈和计量纠纷。三是多数饭店使用的计量器具不按时报法定计量检定机构进行强制检定。以上情况的存在不利于营造餐饮行业公平的竞争环境，不利于餐饮业的健康发展，也不利于营造放心的消费环境，影响了消费者的消费心里和消费欲望。对于餐饮业存在的计量问题，目前我国的计量法律法规还没有具体的解决办法。随着我国社会主义市场经济体制的不断完善和发展，“诚信”问题的重要性日益突出。近年来江苏省委、省政府提出了“打造诚信江苏、构建和谐社会、实现两个率先”的战略目标。个人无信不立，市场无信不旺，政府无信不威，社会无信不稳，国家无信不强。对一个地方、一个行业、一个市场来说“诚信”就是生产力、竞争力。“诚信”问题是首要问题，缺乏了“诚信”，构建和谐社会、实现“两个率先”也成为一句空话。“诚信”从来没有像今天这样受到普遍关注。计量是否诚信是消费者能够最直接、最方便的判断和感受到的。检查情况表明，目前我省的餐饮行业计量诚信不足，诚信工作还有待于进一步加强。

鉴于当前我省餐饮行业存在的问题、省委省政府的工作要求以及我国餐饮计量工作缺乏管理依据的现状，我局发挥质监部门的整体效能，把计量工作与标准化工作有益的结合起来，由标准化处牵头、计量处负责，组织制定了江苏省《餐饮计量规范》地方标准，经国家标准化管理委员会备案，于 2005 年 12 月 21 日在全省正式实施。“规范”主要对餐饮饭店的计量管理；计量器具的配备；计量器具的使用；菜点、饮料、其它食品菜单的标注内容及其净含量标注方法提出了明确要求。同时“规范”还对水产品、活禽、水发物的称重误差做出了明确规定，填补了国家在此领域误差规定的空白。“规范”最大的突破在于要求餐饮饭店标注所售商品（主要原料）的净含量，保护消费者的知情权，把经营者的计量行为置消费者的监督之下。

“规范”一出台就引起了媒体和消费者的广泛关注，并受到广大消费者的欢迎。2006 年全省开展的元旦、春节餐饮计量大检查表明，我省约有 50%的餐饮饭店执行了“规范”，像金陵饭店、钟山宾馆等大型饭店执行的都比较好。有不少饭店是因为不知道或不了解“规范”，而没有执行。绝大多数饭店都表示愿意执行“规范”，但也有少数地区和饭店由于认识上的差距，对规范有抵触情绪。这说明要想使“规范”全面实施，我们还需要进行进一步的宣传，并付出更大的努力，把我省法制计量工作提高到一个新的水平，切实践行党中央提出的执政为民的理念，为实现社会的真正和谐做出积极的贡献。

加强能源计量工作 加快建设节能型社会

国家发改委环资司 徐志强

我国是全球人均能源保有量最低的国家之一，能源问题是直接关系到我国长远发展的战略问题，节约能源、提高能源利用效率是提高我国经济运行质量、改善环境和促进经济可持续发展、提高企业市场竞争力的重要措施。党中央、国务院一直高度重视节能工作，早在20世纪80年代初就提出了“能源开发与节约并重，把节约放在优先位置”的方针，将节能纳入国家经济和社会发展计划，颁布了《中华人民共和国节约能源法》。经过20多年努力，一方面，中国能源开发取得了巨大成就，能源生产总量由1980年的6.37亿吨标准煤增长到2004年的18.46亿吨标准煤，能源结构不断优化，石油、天然气和水电等优质能源的比重逐年增加，太阳能、风能、地热等可再生能源的生产能力也有不同程度的提高，基本满足了经济社会发展对能源的需求。另一方面，中国的能源效率不断提高，2003年全国每万元GDP能耗比1990年下降49%，累计节约和少用能源7亿吨标准煤。火电供电煤耗、吨钢可比能耗、水泥综合能耗、以油气为原料的大型合成氨综合能耗等主要产品单耗不断降低，缩小了与国际先进水平的差距。节能工作的深入开展，为缓解我国能源紧张状况，改善环境做出了重要贡献。

应该指出，虽然我国节能降耗工作取得很大进展，但是目前中国的能源利用效率仍然很低，仅为33%左右，比发达国家低约10个百分点。产值能耗比世界平均水平高2倍多，是世界上产值能耗最高的国家之一，电力、钢铁、有色、石化、建材、化工、轻工、纺织8个行业主要产品单位能耗平均比国际先进水平高40%，主要耗能设备能源效率比国际先进水平低5~20个百分点，机动车燃油经济性水平比欧洲低25%，比日本低20%，比美国整体水平低10%；我国单位建筑面积采暖能耗相当于气候条件相近发达国家的2~3倍。这充分表明，我国提高能源效率潜力巨大。因此，要确保国家经济安全和保障我国经济社会持续快速协调健康发展、改善环境、提高企业经济效益和市场竞争力，就必须大力节约能源、提高能源利用效率。

为解决全面建设小康社会面临的资源约束和环境压力，缓解当前经济和社会发展面临的煤电油等瓶颈制约，保证国民经济持续快速协调健康发展和社会全面进步，去年4月，国务院办公厅下发了关于深入开展资源节约活动的通知，决定2004~2006年在全国范围内组织开展“资源节约年”活动。温家宝总理对开展资源节约活动做出了重要批示。国务院2005年4月15日专门召开了电视电话会议，对深入开展资源节约活动提出了要求，做出了工作部署，曾培炎副总理对搞好资源节约活动作了重要讲话。节约能源是资源节约活动的重要内容。国家发改委作为国务院节能主管部门，正在积极研究和抓紧贯彻落实国务院通知精神，组织开展相关工作：

一是广泛深入地开展节能宣传、教育和培训，不断提高全民节能意识和忧患意识，增强节约能源的紧迫感和责任感，加快建设节能型社会；2005年6月12日至18日在全国举办节能宣传周活动。

二是研究制修订节能法规政策，指导制定国家强制性能效标准。2005年8月与国家质检总局联合发布了《能源效率标识管理办法》，2006年月1日已在家用电冰箱、房间空调器等产品开始实施，并取得较好效果。已会同有关部门制定颁布19项主要耗能产品强制性能效标准；正在研究制定节能设备（产品）财税鼓励政策；制定实施了节能产品政府采购目录等。

三是组织开展节能执法检查，去年11月国家发改委联合有关部门开展了节能、节水专项检查，取得较好推动作用。

四是加大节能降耗技术开发、示范和推广力度。在冶金、电力、建材、石化等行业组织实施的洁净煤燃烧、高效风机水泵、调速、高效电光源、以高新技术改造工业锅炉、窑炉、干法熄焦、高炉炉顶压差发电、放散可燃气体回收等工程建成投运后取得显著节能效果。

五是推广节能新机制。包括合同能源管理、节能融资担保、电力需求侧管理、节能信息传播、节能产品认证、培育和发展节能技术服务体系、企业节能自愿协议、节能产品政府采购等节能新机制。

为推动全社会大力节能降耗，提高能源利用效率，加快建设节能型社会，去年国家发改委经国务院同意并向社会发布了《节能中长期专项规划》。这是我国制定和发布的第一个节能中长期专项规划，提出了"十一五"乃至今后一个时期我国节能的指导思想、原则和目标，节能的重点领域、重点工程及保障措施。规划提出：2003~2010 年年均节能率为 2.2%，形成的节能能力为 4 亿吨标准煤；2003~2020 年年均节能率为 3%，形成的节能能力为 14 亿吨标准煤。主要产品单位能耗指标，2010 年总体达到或接近 20 世纪 90 年代初期国际先进水平，其中大中型企业达到本世纪初国际先进水平；2020 年达到或接近国际先进水平。主要耗能设备能效指标，2010 年新增主要耗能设备能源效率达到或接近国际先进水平，部分汽车、电动机、家用电器等达到国际领先水平。"十一五"时期，工业节能的重点是电力、钢铁、有色金属、石油石化、化学、建材、煤炭和机械等高耗能行业，交通节能的重点是新增机动车，建筑节能的重点是严格执行节能设计标准，商用和民用节能的重点是提高用能设备能效标准。"十一五"期间将组织实施十项节能重点工程，包括燃煤工业锅炉（窑炉）改造工程、区域热电联产工程、余热余压利用工程、节约和替代石油工程、电机系统节能工程、能量系统优化工程、建筑节能工程、绿色照明工程、政府机构节能工程以及节能监测和技术服务体系建设工程等。目前国家发改委正组织分解细化这十大节能重点工程，组织编制《"十一五"十大重点节能工程实施方案》。

能源计量工作是企业加强能源管理、提高能源管理水平的重要基础，是耗能企业有效贯彻执行国家节能法规政策标准制度、合理用能、优化能源结构、提高能源利用效率、降低消耗、降低成本、提高经济效益和市场竞争力的重要保证，是国家依法实施节能监督管理，评判企业能源利用状况，支持企业节能技术改造、享受国家节能优惠政策，促进企业节能降耗上水平、上台阶，提高企业诚信和树立企业良好形象的重要依据。进一步加强企业能源计量管理，建立和完善能源计量管理制度，严格能源计量考核，提高能源计量仪表器具的配备率、完好率、准确率，对于企业能否加快建立节能型、清洁型企业，能否在激烈的市场竞争中立于不败之地、能否实现可持续发展有着十分重要的现实意义。

节约能源是我国经济社会可持续发展的一项长期任务，也是全社会的共同责任。让我们共同努力，树立和落实科学发展观，求真务实、开拓创新，采取各种有效措施，深入开展节能降耗，努力提高能源效率，为加快建设节能型社会，促进全面建设小康社会目标的实现不断做出新的贡献。

《中国计量》

2005年计量管理

国家质量监督检验检疫总局计量司

一、综 述

2005年全国计量战线的全体同志认真履行综合管理和行政执法两大职能，切实落实年初制定的各项计划，与时俱进，确保了各项计量工作的全面完成。

（一）制定了计量事业发展“十一五”规划和一批新的计量法规

1. 按照中央关于制定“十一五”规划的精神，总局计量司组织制定了计量事业发展“十一五”规划，在全国征求意见，形成了共识。“十一五”期间，计量工作要进一步完善计量法规体系、量传溯源体系、技术保障体系，认真抓好计量放心工程、计量安全工程、计量服务工程、能源资源计量工程，更好地适应科学技术进步和经济全球化发展的要求，更好地为经济和社会发展服务。

2. 在全面总结计量法颁布实施20年来所取得成绩和存在问题的基础上，总局计量司与地方、部门、企业以及法律界专家学者共同研究，对《计量法》（修订第五稿）进行了再次修改。目前，已形成《计量法》（修订第六稿），经总局局务会审议后正式报送国务院法制办。

3. 完成了一批计量规章的制度修订。

（二）计量基标准建设取得新进展

1. 从2005年起正式将计量基标准建设（物理部分）、计量基标准建设（化学部分）、标准物质等3项课题纳入国家科技基础条件平台建设计划；组织计量院等落实了建设计量基标准公共信息平台等子项目计划；总局先后下发了与形态分析检测能力建设等3个项目。

2. 组织成立了计量测试专家咨询委员会，由18位计量机构、高校和其他科研机构的专家、学者组成，其中包括7位院士、5位研究员。委员会将致力于协助政府开展计量工作的前瞻性研究，成为政府的政策咨询机构和对一些重大技术问题的决策机构。委员会召开了两次会议，对《完善国家计量基准体系的方案》以及我国计量基本单位定义的发展方向和张钟华院士等专家提出的关于复现质量单位千克的方案进行了研究。

3. 为逐步提升和改进现有计量基标准，提高其测量能力和自动化水平，继续安排落实财政部专款1200万元用于提高和完善密度标准量传溯体系、眼科光学计量基标准体系的量值传递体系的建立、中温基标准升级和服务领域扩展、提高和完善激光波长标准量传溯源体系（532nm）、提升和完善“食品药品放心工程”中关键量检测计量体系——化学元素含量与形态分析检测能力建设等8个项目。

4. 总局批复了耦合腔互易法声压基准（2.5×10^{4}~$1\times10^{5}m/s^{2}$）。冲击加速度基准、石油螺纹参量计量基准和（150~2500）MPa压力基准等4项国家计量基准恢复使用，并批准正式启用约瑟夫森电压基准开展量值传递。

5. 今年是电离辐射专业领域量和单位改制工作的第3年。按照改制工作计划，完成了建立新的国家计量基准、改造旧的国家计量标准的技术基础工作，编制了一整套改制培训、宣贯材料。

6. 为了贯彻实施新的《计量标准考核办法》和《计量标准考核规范》，通过宣贯、培训、座谈会等形式，进一步规范了全国的计量标准的考核和管理工作。根据《计量标准考评员管理规定》，总局组织对计量标准一级考评员进行了岗前培训、考核。目前，全国共有322名国家计量标准一级考评员，有3345名国家计量标准二级考评员。总局还受理并组织考核新建计量标准172项，复查考核计量标准870项，完成考核并颁发计量标准考核证书920项，其中颁发社会公用计量标准415项，办理封存计量标准9项，撤销计量标准21项。省级质量技术监督部门依法组织实施了所辖区域内的计量标准考核工作。

7. 为了满足国内食品安全、环境监测等领域的量值溯源需要，组织开展了“化学元素含量与形态分析检测能力建设”的研究，旨在研制溶液状态和复杂基质中的元素形态系列标准物质8~10种，用于食品安全检测和环境监测仪器的校准，以保证测量结果的准确可靠。该项目已通过专家的论证评审。新研制的标准物质达143种。

为转变政府职能，进一步完善了标准物质的审批和复查换证程序，今年新申报经总局批准的一级标准物质42种，二级标准物质101种；通过标准物质制造许可证复查合格的一级标准物质315种，二级标准物质505种。目前，总局共批准国家一级标准物质1291种，国家二级标准物质1919种。

8. 为保证全国量值统一和与国际的一致性，组织计量院和标物中心参加国际物理、化学量关键比对21项，并在“总光通量比对”、“布氏硬度比对”和“大豆粉中元素的测量比对”等3个项目担任主导实验室。

组织了一等标准金属量器、热能表标准装置、633nm激光波长基准/副基准、熔点测量能力、冲击加速度标准装置、衰减计量基标准(量值)等6项计量基标准的量值比对。

9. 加快了对各全国专业计量技术委员会的改革，增补、调整了部分委员。委员总数在原来基础上增加了1/3，同时增加了质检系统外其他行业和企业委员的比例，已占到委员总数的40%以上。

今年计划完成国家计量技术法规制修订项目148项(包括2004年结转项目)，已完成115项，并已正式批准颁布86项。

成立了“计量名词术语工作组”，组织各全国专业计量技术委员会修订了相关专业的计量名词术语技术规范，并由“计量名词术语工作组”审定后报全国科技名词审定委员会。

10. 组织对1991年出版的《计量检定员考核统一试题库》进行修订。制定了新的《计量检定(测)人员考试题库》及考试大纲编写实施方案、考试大纲编写和试题编写规则，完成了专业考试大纲的编写、试题库软件的需求分析、计量检测人员考试项目分类、题库工作网站的网页制作及计量检测人员考试项目分类上网征求意见，完成了15000题约65%的试题征集，完成了基础知识和声学专业试题的审题，并进行了长度专业考试试点。

按照《计量检定人员管理办法》的要求，总局受理了所属单位及授权单位158名计量检定人员的考核申请，考核并颁发计量检定员证153个。省级以下各级质量技术监督部门依法组织实施了所辖区域内的计量检定人员的考核工作。

（三）计量工作的改革取得新突破

1. 随着科技部批准中国计量科学研究院科研机构改革方案，原中国计量科学研究院和原国家标准物质研究中心已合并组建为新的中国计量科学研究院。新计量院的实验基地也已经正式动工。

2. 根据人事部职业资格管理办法的有关规定，拟对计量专业技术人员实行职业准入制度。凡从事计量工作的专业技术人员(包括法定计量检定机构及企、事业单位开展量传溯源工作的人员)，均可以申请计量专业技术资格，从事计量行政部门授权的计量(强制)检定工作的计量检定人员，必须取得该资格。经过调研，起草了《注册计量师和助理计量师制度暂行规定》、《注册计量师和助理计量师资格考试实施办法》，并报人事部。

3. 为培育和发展计量校准市场，采取了两项措施：

(1) 采取行政管理措施，如总局和部分地方局开始停止办理非强制检定计量器具的计量授权，鼓励计量技术机构对非强制检定计量器具开展校准服务，引导社会各界采用校准方式进行量值溯源；

(2) 针对内地部分质量技术监督系统的计量技术机构对开展计量校准的重要意义认识不足，不赞成向全社会开放计量校准市场的思想，加强引导，重点组织了西北、东北地区省级局计量处长和计量院(所)长开展计量校准管理问题的讨论，引导改变量传工作方式，转变思想认识，促进西北、东北地区校准工作向前发展。

（四）依法行政，法制计量取得新成绩

1. 坚持依法行政，落实职能

(1) 总局向国家发改委和财政部重新上报了计量行政收费项目的收费标准调整方案。经国家发改委组织有关部门和单位的专家进行充分论证后，由国家发改委和财政部最终批准了新的计量行政收费标准。

(2) 为了加强对计量器具生产企业的监督管理,要求各地对生产列入《强检目录》范围的计量器具生产企业进行普查。

(3) 开展了贯彻落实《行政许可法》的执法检查工作,完成了《计量行政许可项目情况调查表》的调查。

(4) 完成了十届全国人大三次会议《关于认真贯彻立法法、行政许可法、计量法等国家法律清理制止部分计量机关擅自扩大强制检定范围牟取不当利益做法的建议》的答复工作,并对近 31 件国务院其他部委行政法规、部门规章等提出修改建议。

2. 重点市场计量专项整治成果显著

(1) 为了贯彻"中央 1 号"文件精神,落实国务院关于整顿和规范市场经济秩序的工作要求,维护粮食和棉花市场的计量秩序,切实保护消费者特别是广大农民的合法权益,总局下发了"关于开展粮食、棉花市场计量专项监督检查工作的通知",要求各地对本行政区域内的粮食、棉花收购、销售环节在用的计量器具进行一次集中的计量专项监督检查。通过监督检查,提高在用计量器具的受检率和合格率,确保被检单位在用计量器具的受检率达到 100%,并力争 3 年内实现本行政区域内粮食、棉花市场在用计量器具受检率达到 100%的目标,使违法计量、缺斤短两等坑害农民的现象得到有效遏制,粮食、棉花市场的计量环境秩序得到有效改善。

(2) 为了贯彻落实国务院关于加强煤矿安全生产工作的有关会议精神,进一步加强煤矿在用计量器具的监督管理,起草并下发了"关于开展煤矿计量专项监督检查工作的通知",要求各地在本行政区域内开展煤矿计量专项监督检查。据不完全统计,全国 31 个省、区、市共有煤矿用计量器具生产企业 120 家,其中有瓦斯计生产企业 56 家,风压表生产企业 5 家,粉尘测量仪生产企业 12 家,其他煤矿用计量器具生产企业 47 家;被授权从事煤矿用强制计量器具检定的机构 197 家,其中质检系统 85 家,煤矿系统授权 112 家。各地共检查了 13213 家煤矿企业的 322797 台在用计量器具,其中瓦斯计 228821 台,受检率从监督检查前的 73.1%提高到 88.9%;风压表 29481 台,受检率从监督检查前的 61.8%提高到 79.9%;粉尘测量仪 3631 台,受检率从监督检查前的 47.1%提高到 69.7%;其他在用计量器具 60864 台,受检率从监督检查前的 74.3%提高到 91.3%。

(3) 组织安徽、江苏、湖南、贵州、重庆和山西、河北、河南、黑龙江等省、市局计量处的有关同志分别在安徽和山西组织开展了煤矿及粮食、棉花市场计量监督检查的现场专项调研。

(4) 下发了"关于开展'十纵十横'交通主干线沿线加油站计量执法检查的通知",要求进一步加强对加油站在用加油机各种计量作弊行为的查处力度。

(5) 组织地方贯彻落实《国务院办公厅关于加强车辆超限超载治理工作的通知》。

3. 商品量计量监管机制日益健全

(1) 跟踪国际法制计量组织(OIML)以及欧盟计量器具指令(MID)等相关商品量计量监管的最新趋势,及时组织修订了《定量包装商品计量监督管理办法》和《定量包装商品净含量计量检验规则》(JJF1070)。

(2) 继续组织开展定量包装商品净含量国家监督专项抽查,分别于第 1 和第 3 季度组织开展了对省会城市部分定量包装商品生产企业进行国家监督专项抽查。

4. 组织安排了称重传感器、电能表、多费率电能表、压力表、瓦斯计、税控加油机、弹簧度盘秤、出租车计价器、水表等 9 种计量器具的产品质量国家监督抽查。称重传感器产品抽样合格率从 2004 年的 50%上升为 64.7%;电能表从 2004 年的 93.8%上升为 96.3%;瓦斯计从 2004 年的 80%上升为 88.9%。首次安排了对多费率电能表、压力表、弹簧度盘秤的产品质量国家监督抽查,抽样合格率分别为 96.8%、61.1%、25%。

5. 为贯彻落实《中华人民共和国道路交通安全法》及其实施条例,做好机动车安全技术检验机构在用计量器具的检定,下发了"关于做好机动车安全技术检验机构监督管理接收工作的通知"。据统计,目前 30 个省、区、市(不含西藏)共有 2010 个机动车安检机构(已接交和未移交的),3127 条检测线,在用计量器具 22152 台,已检定 21261 台,占总台数的 96%。其中,质检系统检定 19178 台,占已检定总数的 90.2%;公安系统检定 1167 台,占已检定总数的 5.5%;安检机构自己检定 257 台,占已检定总数的 1.2%;其他单位检定 659 台,占已检定总数的 3.1%。

(五) 服务经济,工程计量做出新贡献

1. 认真贯彻科学发展观,落实国家有关能源政策和国务院文件精神,切实加强能源计量工作。

(1) 提出了"国家质检总局落实《今明两年能源工作要点》的实施方案",成立了"总局能源工作组",加强了局内各部门和有关单位的协调和合作。

(2) 经过多次反复协商、研究、讨论，和国家发改委联合印发了“加强能源计量工作的意见”，提出了到2010年的能源计量工作目标和措施。

(3) 配合国家标准委，组织修订《企业能源计量器具配备和管理导则》国家标准，拟作为强制性国家标准发布实施。

(4) 组织开展了重点耗能企业能源计量管理状况调查，涉及全国约700多家大中型企业。

2. 密切关注和支持国家能源重点建设项目。

(1) 组织计量院、国家原油大流量计量站等计量技术机构完成了“春晓”、“陕京二线”天然气工程大型流量计和“西气东输”天然气工程大型流量计检定装置的首检工作。

(2) 组织了国家石油战略储备油库大型储油罐的检定工作。

3. 会同国家认监委联合发布了《测量管理体系认证管理办法》。“中启计量体系认证中心”正式成立。该中心在各省、区、市和部分行业设立了30个分中心，形成了覆盖全国的测量管理体系认证网络。

（六）计量的国际交流与合作

1. 按照“重点参与、讲究实效”的方针，总局共组织、参与计量出访团组19个，接待来访团组14个；对外签署计量合作谅解备忘录、会议纪要等4份；为配合国家经济和外交重大活动的开展以及总局领导出访工作，共提供双边合作协议的草案建议39份。

2. 积极参与国际计量组织的活动。组团参加了OIML主席理事会和第40届OIML大会以及第12届APLMF、年会；组织有关技术机构选派专家参与OIML技术活动，参加了3次OIML工作组会议和4次APLMF、计量培训；对25个国际建议和国际文件草案提出了技术性意见；承担了OIML TCl7/SC1湿度和OIML TC10/SC2压力计秘书处的工作。

3. 中国已经正式向国际法制计量组织(OIML)申请加入计量器具型式批准多边互认协议(MAA)，向国际组织提交了相关文件。按照OIML的要求，派出代表和专家积极参与了MAA的合作。作为发证机构，OIML中国秘书处制定了质量手册、程序文件和一系列记录表格。聘请专家对OIML中国秘书处质量体系进行审核，研究中国加入MAA的对应措施，进一步规范了工作程序。

4. 加强了与各国的计量合作。

(1) 与韩国计量测定协会、日本计量仪器联合会共同编写了3国文字的《中日韩计量术语集》。

(2) 在总结与荷兰、德国开展型式批准结果互认工作经验和问题的基础上，与荷兰就进一步扩大互认产品的范围进行了磋商；与英国国家度量衡实验室签署了新的互认协议，为促进更多的中国计量器具产品走向国际市场打下了基础。

5. 计量器具产品WTO通报、咨询系统已经正式开展工作，运行良好。通过网络传递信息，联系有关部门、行业协会、企业和专家小组，及时将来自16个国家28种计量器具产品的技术法规草案通报内容传达到相关单位，进行了审议；并将征求、收集、整理的反馈意见形成代表国家的意见报送有关单位。其中，组织国内企业和专家对巴西通报的电能表标准和瑞士的热量表标准进行了评议；向国际WTO组织通报了我国新制定的《中华人民共和国依法管理的计量器具目录(型式批准部分)》，并组织答复了欧盟等国的咨询提问。

（七）其他工作

1. 广泛开展了计量宣传活动。

(1) 2005年1月组织了国家计量局和计量院成立50周年庆祝活动。

(2) 组织了“5.20世界计量日”系列宣传活动。委托中国计量协会在济南钢铁集团总公司举办了“计量与节能”现场会；委托《中国计量》制作了宣传张贴画，宣传计量在节约资源等方面的作用，各地张贴达6000余套。

(3) 组织了计量法颁布20周年庆祝活动。召开了纪念计量法颁布20周年专题研讨会，组织向全国从事计量工作30年以上的1600多人颁发荣誉性的纪念证书。

2. 计量信息化建设起步。在重庆举办了质监信息系统CQS计量子系统软件应用试点布置培训会，组织现场培训学习，来自重庆等8个省、区、市和重庆市部分区、县的30多位计量部门、信息部门的代表参加了培训。

二、统　计

2005 年度计量法制管理(一)

地区	本年末累计计量标准				本年末累计计量授权					
	建立在依法设置计量检定机构的社会公用计量标准	依法授权的社会公用计量标准	依法授权其他单位开展专项检定工作计量标准	建立在部门、企事业单位的最高计量标准	依法设置的计量检定技术机构	依法授权建立的计量检定机构	其他承担专项授权检定任务的机构和项目		授权承担样机试验的机构和项目	
	项	项	项	项	个	个	个	项	个	项
全国总计	39606	8561	7289	59242	2370	2142	1524	4306	103	3888
北京市	583	2	123	1799	19	9	33	126	10	266
天津市	499	0	498	1647	21	26	0	0	1	45
河北省	2153	482	80	2470	119	86	28	316	8	78
山西省	1021	244	3	597	107	13	1	1	1	3
内蒙古区	962	328	143	417	89	138	27	51	0	0
辽宁省	1804	232	188	3400	96	76	88	125	1	145
吉林省	2233	568	84	950	96	115	40	40	4	548
黑龙江省	1646	346	118	2531	126	153	54	185	2	126
上海市	443	1	189	23	11	27	0	0	0	0
江苏省	2686	289	211	7256	66	73	77	260	6	370
浙江省	2204	331	246	5114	66	29	45	180	2	136
安徽省	1207	341	83	1306	80	13	47	101	2	10
福建省	895	262	221	1017	75	139	82	147	1	57
江西省	932	308	642	1434	97	151	136	385	2	197
山东省	2851	512	534	5902	143	98	176	411	2	74
河南省	3363	332	530	3429	128	115	21	62	1	50
湖北省	1649	463	149	1809	99	118	66	200	3	125
湖南省	1316	366	480	1552	102	242	181	614	1	32
广东省	1855	602	198	2634	70	68	19	98	4	840
广西区	1081	213	232	1076	86	65	41	115	0	0
海南省	104	4	4	42	17	1	6	2	0	0
重庆市	652	49	267	2143	39	11	14	54	4	52
四川省	3378	1162	1219	3005	108	159	170	345	1	137
贵州省	408	63	1	65	88	11	0	3	0	0
云南省	452	109	388	2287	67	55	95	246	1	102
西藏区	7	9	0	0	7	0	0	0	0	0
陕西省	1035	491	244	2256	103	108	39	62	44	495
甘肃省	629	30	8	642	76	10	10	30	0	0
青海省	130	101	35	273	13	8	0	0	0	0
宁夏区	338	159	11	503	19	21	12	30	2	0
新疆区	884	25	115	839	83	4	16	117	0	0
计量研究院	157	0	0	0	0	0	0	0	0	0
标物中心	49	0	0	0	0	0	0	0	0	0

2005年度计量法制管理(一)续表

地区	计量器具新产品				制造、修理计量器具				计量器具质量监督	
	型式批准证书		样机试验合格证书		取得制造计量器具许可证的单位、个体工商户		取得修理计量器具许可证的单位、个体工商户		检查计量器具	合格计量器具
	本年	累计	本年	累计	本年	累计	本年	累计	本年	累计
全国总计	1848	6641	1981	28598	2413	15178	509	3003	2500544	1894873
北京市	127	834	147	2156	176	489	12	50	78496	74659
天津市	0	26	57	839	89	602	9	69	26426	25453
河北省	192	0	0	0	130	893	9	64	246655	227380
山西省	14	60	4	435	4	108	0	5	63229	60067
内蒙古区	3	49	3	23	3	27	2	32	2053	1892
辽宁省	36	613	183	3885	79	1630	61	269	273255	134312
吉林省	0	0	64	743	19	159	4	113	46995	42667
黑龙江省	35	97	83	844	51	518	9	34	44521	41673
上海市	90	489	293	4885	142	946	11	80	223	194
江苏省	190	670	206	4471	209	1836	18	184	24309	23232
浙江省	484	1372	0	0	170	1248	13	100	26613	25784
安徽省	21	265	39	1397	99	668	35	297	14826	13938
福建省	0	0	59	756	64	274	4	28	9275	9043
江西省	48	50	28	514	74	232	45	120	122279	102268
山东省	105	399	142	1775	223	1082	20	184	73743	68048
河南省	90	467	87	752	115	831	29	140	10335	9016
湖北省	14	182	86	1238	18	395	5	41	131452	97909
湖南省	37	38	48	0	171	384	49	254	64410	57117
广东省	103	113	108	869	132	806	10	39	33345	28046
广西区	49	81	45	308	26	65	22	24	11777	11714
海南省	0	0	0	8	0	6	0	1	0	0
重庆市	32	210	0	923	64	223	0	491	132558	118385
四川省	39	69	144	474	172	566	67	149	619931	309302
贵州省	0	0	6	0	55	89	21	59	15744	15208
云南省	0	0	1	29	11	88	1	26	119591	117946
西藏区	0	0	0	0	4	4	8	15	5490	5465
陕西省	9	101	86	867	90	856	24	93	87641	73015
甘肃省	0	0	6	122	12	82	1	8	44014	34430
青海省	1	2	0	0	2	0	1	1	18366	17350
宁夏区	0	10	7	43	4	35	3	6	59015	57254
新疆区	0	0	6	88	5	33	16	27	93977	92106
计量研究院	105	420	0	0	0	0	0	0	0	0
标物中心	24	24	0	0	0	0	0	0	0	0

2005 年度计量法制管理(二)

地区	强制检定计量器具							
	已强检的计量标准器具	已强检的工作计量器具						
		项别	种别	检定数				
				小计	贸易结算	安全防护	医疗卫生	环境监测
全国总计	1294396	60	117	31868858	27600558	2512671	1288620	236805
北京市	10622	48	87	841071	662535	117666	55155	5715
天津市	31649	33	57	909512	806020	74174	23473	5845
河北省	68386	53	101	1688807	1484748	128391	66284	9384
山西省	3861	53	100	390279	279275	77080	28526	5398
内蒙古区	1120	47	87	557134	514679	26823	12901	2731
辽宁省	66717	57	108	1367152	1142332	123587	93741	7492
吉林省	14789	49	86	737509	589944	120025	25248	2292
黑龙江省	33059	52	96	1963892	1797519	130560	29649	6164
上海市	1964	25	44	3392707	3252583	72284	67637	203
江苏省	42709	58	112	4416123	4091737	194532	104172	25682
浙江省	34049	41	81	611724	345185	201781	56962	7796
安徽省	3558	50	93	666729	565910	64786	28082	7951
福建省	56827	53	94	575696	488005	44644	35867	7180
江西省	14274	40	74	455041	370645	60380	22009	2007
山东省	154161	56	105	2314152	1917753	249495	117280	29624
河南省	21359	46	75	1887773	1679171	133731	66573	8298
湖北省	16852	49	92	979242	859282	58405	44254	17301
湖南省	28383	49	95	900393	805495	40244	50627	4027
广东省	168024	49	96	1320557	1087166	147314	66487	19590
广西区	39046	42	73	328282	264604	41564	12165	9949
海南省	31178	24	42	31178	15500	8672	3665	3341
重庆市	7639	41	72	1398178	1334470	42900	14499	6309
四川省	238374	57	108	1516555	1228296	130604	142593	15062
贵州省	3339	38	63	140604	123629	11410	3147	2418
云南省	1872	39	75	165416	120594	28856	9910	6056
西藏区	0	0	0	1028	1023	0	5	0
陕西省	57902	54	102	607259	504287	67920	27884	7168
甘肃省	85452	42	78	384059	339652	25478	14165	4764
青海省	1375	27	44	90928	80340	9065	1463	60
宁夏区	11345	34	61	93441	79863	8199	4557	822
新疆区	34843	47	89	867614	746995	70138	47466	3015
计量研究院	9668	49	85	38295	21312	1866	12086	3031
标物中心	0	11	21	324	0	97	88	130

2005年度计量法制管理(二)续表

地区	计量检定员(人)				抽查定量包装商品净含量		社会公正计量站						定量包装商品生产企业计量保证能力评价			
	依法设置计量检定机构	授权法定计量检定机构	授权的其他单位	企事业单位	抽查批次	合格批次	本年新建	本年末累计	称重类		其他		取得C标志企业数		取得C标志产品规格数	
									本年	累计	本年	累计	本年	累计	本年	累计
全国总计	47236	18580	7998	95746	38871	33570	219	1289	201	1068	18	221	436	1073	6606	13960
北京市	518	271	136	1567	206	165	0	15	0	14	0	1	0	15	0	95
天津市	476	465	205	0	7255	6796	0	9	0	8	0	1	8	33	493	823
河北省	2957	585	41	186	694	1528	8	93	5	63	3	30	23	68	471	1118
山西省	1601	288	0	1309	263	181	1	26	1	26	0	0	0	2	0	425
内蒙古区	1295	1022	104	1331	1403	165	1	16	1	12	0	4	1	6	1	6
辽宁省	3499	709	169	695	0	0	34	61	34	61	0	0	4	7	34	61
吉林省	3034	579	67	1408	111	95	8	8	7	7	1	1	12	16	135	171
黑龙江省	2130	1048	8	996	261	221	5	40	4	12	1	28	12	20	87	199
上海市	548	516	0	8060	121	101	0	4	0	2	0	2	2	6	20	68
江苏省	1958	1384	116	10643	10064	9074	0	16	0	8	0	8	131	311	1060	2033
浙江省	1114	89	125	606	64	2177	0	4	0	4	0	0	4	8	42	97
安徽省	1512	697	247	356	882	629	3	37	3	37	0	0	18	80	235	1233
福建省	1065	517	506	2942	919	620	0	78	0	54	0	24	1	22	20	379
江西省	1276	949	717	3312	0	0	0	7	0	5	0	2	5	6	77	133
山东省	2766	920	1358	10034	774	661	2	9	2	9	0	0	33	43	2043	2268
河南省	5468	2560	257	8501	2663	2398	20	111	12	44	8	67	0	0	0	0
湖北省	2001	74	161	1598	251	229	8	67	7	34	1	33	9	18	155	239
湖南省	1216	934	351	3456	1182	982	0	0	0	0	0	0	3	12	163	626
广东省	2103	489	150	4713	1557	1211	75	455	75	455	0	0	54	96	295	1135
广西区	995	519	248	2964	229	184	0	6	0	3	0	3	0	5	46	192
海南省	134	38	0	105	0	0	0	0	0	0	0	0	0	0	0	0
重庆市	499	57	15	741	374	335	3	16	2	15	1	1	2	16	30	240
四川省	1981	1066	791	461	410	349	17	17	14	14	3	3	34	49	480	849
贵州省	572	61	17	316	73	73	0	0	0	0	0	0	8	12	171	276
云南省	496	260	320	935	112	85	2	9	2	7	0	2	6	10	24	46
西藏区	0	0	0	0	0	0	0	0	0	0	0	0	0	0	0	0
陕西省	2478	566	363	6052	568	540	1	43	1	43	0	0	13	53	0	0
甘肃省	600	54	8	1485	4133	3217	1	8	1	4	0	4	46	130	430	1035
青海省	149	198	26	721	37	32	0	1	0	1	0	0	0	2	0	19
宁夏区	386	164	10	914	78	25	0	11	0	4	0	7	4	11	74	97
新疆区	1339	185	170	1339	587	497	30	122	30	122	0	0	3	16	20	97
计量研究院	391	0	0	0	0	0	0	0	0	0	0	0	0	0	0	0
标物中心	144	0	0	0	0	0	0	0	0	0	0	0	0	0	0	0

2005 年度计量仪器检定情况

地区	合计	长度	湿度	力学		电磁
					衡器	
全国总计	36210234	2632844	1385405	18116433	6138724	10798067
北京市	1099278	63804	22868	928387	89617	25624
天津市	1027813	40536	63081	347050	69384	541682
河北省	2019186	151962	60615	1252033	543791	384627
山西省	467453	35714	10209	263112	111697	73342
内蒙古区	676061	18310	6646	378788	188660	233502
辽宁省	1490034	103688	44578	1174761	523546	89057
吉林省	684844	16463	15983	272366	93381	304405
黑龙江省	2417195	70956	46229	848682	271659	1266711
上海市	967226	201393	88883	419657	133360	175660
江苏省	5300745	540462	241428	1308563	280948	2934061
浙江省	1348728	314517	149633	570998	138885	112830
安徽省	884102	37752	36824	569785	161609	128459
福建省	514869	50593	28578	293210	85942	94590
江西省	547345	21920	9238	289201	142205	191761
山东省	3240729	231081	90049	2098244	880579	457699
河南省	2336486	65427	120230	1105085	377142	844974
湖北省	1202931	63707	34204	706187	220311	340589
湖南省	1119663	33470	47746	530247	246383	3440589
广东省	2173470	291188	123366	1349548	282783	104078
广西区	422313	22471	25506	238567	98422	90775
海南省	67439	7321	511	49663	25917	6691
重庆市	1814904	47185	14142	748978	233481	910102
四川省	1690398	108282	38801	979809	388872	463462
贵州省	157223	4922	9216	106050	56842	26619
云南省	235909	8979	3323	108497	41104	50421
西藏区	5303	0	31	5160	4129	0
陕西省	658912	36632	26706	374772	168785	101251
甘肃省	476958	7021	5090	238597	125871	121318
青海省	97800	1980	928	73191	10043	13205
宁夏区	112842	11114	2284	51595	15835	7520
新疆区	904635	15530	13456	422935	126370	353689
计量研究院	47116	8464	4953	11715	1171	3735
标物中心	324					

2004 年度计量仪器检定情况

地区	光学	声学	化学	电离辐射	无线电	时间频率	其他
全国总计	449592	69376	479283	101392	224285	475873	1478684
北京市	19439	3457	15230	2001	8009	9862	597
天津市	426	576	2126	390	455	1265	30226
河北省	15788	1799	37074	3200	6817	11336	93935
山西省	9083	759	21077	8744	2279	10566	32568
内蒙古区	8502	644	4316	736	366	1230	23021
辽宁省	4970	3778	18078	2093	14558	13996	20477
吉林省	1648	1164	14489	533	211	14018	43564
黑龙江省	10043	2858	28802	3158	2637	9600	127449
上海市	7300	181	24467	4709	31239	281	13456
江苏省	74156	6032	64181	6524	41099	24425	59814
浙江省	4865	6110	19485	2613	9212	26505	131960
安徽省	8564	981	16648	548	2138	24328	58075
福建省	1676	2424	14649	751	2599	8869	16930
江西省	4751	582	2757	1604	2604	427	22500
山东省	65977	8212	53468	33352	25255	118624	58768
河南省	18941	4185	18942	2749	7476	54956	93521
湖北省	21547	2002	10898	1009	2230	11702	8856
湖南省	16341	1445	7933	1711	19118	9094	107910
广东省	32969	6331	36751	6250	25846	6057	191086
广西区	7029	820	9566	1507	1866	14090	10136
海南省	0	0	3200	0	0	0	53
重庆市	653	564	6106	559	1482	5366	79767
四川省	31439	3655	13703	3299	1923	23882	22143
贵州省	373	307	2780	396	938	3720	1902
云南省	47293	788	3170	872	821	1756	9989
西藏区	0	0	0	0	0	0	112
陕西省	5643	2619	12532	7204	4117	2931	84505
甘肃省	1865	842	2435	889	1166	16745	80990
青海省	286	95	6500	1091	58	67	399
宁夏区	7279	151	1331	125	836	1826	27781
新疆区	16891	995	6265	975	1834	47719	24346
计量研究院	3855	5020		1800	5096	630	1848
标物中心			324				

三、推行法定计量单位

(一) 参加第17届单位咨询委员会会议

国家质检总局派出由赵燕同志、中国计量科学研究院张钟华院士、电磁处处长陆祖良同志组成的中国代表团,出席了第17届单位咨询委员会会议。会议主要讨论两个问题:

(1) 第8版国际单位制手册问题;

(2) 以重新定义质量单位千克为代表的将基本单位定义建立在基本物理常数基础上的问题。

会前,质检总局计量司召集全国量和单位标准化技术委员会及有关专家会议,综合各方面的意见形成了中国代表团参加本次会议的基本意见,内容如下:

(1) 将基本单位建立在基本常数的基础上是计量科学发展的方向,最近提出的对质量单位重新定义的建议具有重要的科学意义,引起了全世界的重视和讨论,促进了这项工作的进展,起到了积极的作用。

(2) 目前两个实验结果之间存在的1×10^{-6}的偏差需要解决,CCEM和CCQM认为短期内不可能解决这个问题。我们认为2011年再予以讨论这个问题是适宜的。

(3) 阿伏加德罗常数定义千克具有直观性,容易为人理解,普朗克常数是量子力学中的一个关键常数,两者互有优缺点,尽管按照目前的理解,我们倾向于普朗克常数,但还是建议到2011年再来讨论这个问题。

(4) CCM提出的问题反映了计量在社会生活中的重要性,应该被重视。

(5) 要在常数确定和千克复现方法两个方面继续努力。

中国代表在CCU会议上对上述意见,做了说明,并被作为第39号会议文件。

第17届单位咨询委员会会议最终达成以下结论:

(1) 要求CIPM(国际计量委员会)2005年10月会议原则同意将质量单位"千克"重新定义,例如建立在固定普朗克常数的基础上。

同时重新定义电流单位"安培"(通过固定基本电荷的量值),重新定义温度单位"开尔文"(通过固定布尔兹曼常数)。

(2) 考虑同时重新定义物质的量单位"摩尔"(通过固定阿伏加德罗常数)。

(3) CIPM为2007年第23届CGPM大会准备决议,向成员国预告这件事情,以期引起重视。

(4) 鼓励成员国的计量院向本国政府申请经费,继续开展研究。

这次会议还决定:CCU本次会议后,所涉及的问题,将在2005年10月的CIPM会议上讨论并作出结论;CCU下次会议将于2007年5月召开,以便为随后的CGPM作必要的准备。

(二) 变更全国量和单位标准化技术委员会TC 16秘书处挂靠单位

TC 16(全国量和单位标准化技术委员会)秘书处原一直挂靠在国家质检总局计量司。随着中国加入世贸组织,标准化工作的迅速发展,考虑到秘书处的工作量越来越大,质检总局计量司人员有限,经与中国计量科学研究院协商,将TC 16秘书处的挂靠单位由国家质检总局计量司变更为中国计量科学研究院。

四、计量基标准及标准物质管理

(一) 计量基准

国家计量基准是国家统一单位量值的依据,现有177项(含副基准48项,作证基准2项,比较基准1项)。

为了加强计量基准的监督管理,加快国家计量基准体系的建设,2005年组织计量测试专家咨询委员会对《完善国家计量基准体系的方案(讨论稿)》进行了讨论,并启动了《计量基准管理办法》的修订工作。

近年来,国际计量界正在酝酿改变国际计量基本单位的定义,这将对我国的计量基准体系产生重要影响。2005年,质检总局多次组织有关专家对该问题及应对策略进行了研究,并向国务院呈报了报告反映该问题。

另外,2005年国家质检总局批复了中国计量科学研究院的耦合腔互易法声压基准、$(2.5\times10^{4}\sim1\times10^{5})m/s^{2}$

冲击加速度基准、石油螺纹参量计量基准和上海计量测试技术研究院的(150~2500)MPa 压力基准等 4 项国家计量基准恢复使用,并批准正式启用约瑟夫森电压基准的值开展量值传递。

(二) 计量标准

为了进一步规范全国的计量标准考核工作,2005 年国家质量监督检验检疫总局发布了《计量标准考核办法》,并组织了宣贯、实施。

截止到 2005 年底,全国共建立社会公用计量标准 35028 项,计量行政部门授权开展计量检定单位建立的计量标准共有 6975 项,建立在部门,企、事业单位最高等级的计量标准共有 50830 项。已有国家计量标准考评员 3687 名,其中一级计量标准考评员 317 名,二级计量标准考评员 3370 名。

2005 年国家质量监督检验检疫总局共受理计量标准考核申请 981 项,其中新建计量标准考核申请 158 项,计量标准复查考核申请 823 项,办理暂时封存计量标准 9 项,撤销计量标准 11 项。签发计量标准考核证书 920 项,其中颁发社会公用计量标准证书 415 项。

省及以下各级计量行政部门也按照计量法的有关规定组织实施所辖区域内的计量标准考核工作。

标准物质量值的准确可靠,根据《计量法》、《计量法实施细则》和《标准物质管理办法》的有关规定,2005 年,国家质检总局 3 次共准经专家评审的 42 种国家一级标准物质和 145 种国家二级标准物质,对 2005 年许可证到期物质进行复查,其中批准换发 300 种国家一级标准物质和 13 种国家一级标准物质和 1 种国家二级标准物质被重新复制和重新定值。截止到 2005 年底,我国共有国家一级标准物质 1291 种,国家二级标准物质 1919 种。

(三) 计量检定员

2005 年,国家质量监督检验检疫总局组织了计量检定人员考试题库的修订,现已完成题库以及考试大纲编写实施方案、考试大纲编写和试题编写规则、各专业考试大纲的编写,试题库软件的需求分析,计量检定人员考试项目分类,试题征集等工作,进入试题审定阶段;组织进行了计量检定人员考核情况的调研、计量专业职业资格方案研讨和注册计量师制度暂行规定的起草工作,为计量专业职业资格的实施奠定了基础。

截止到 2005 年底,全国法定计量检定机构共有计量检定员 39504 名,执行授权计量检定任务的单位共有计量检定员 20989 名。各级政府计量行政部门还对企、事业单位的 101415 名计量检定人员颁发了计量检定员证。

五、计量技术法规管理

(一) 计量检定规程

2005 年颁布实施的国家计量检定规程 78 个;已备案的部门和地方计量检定规程 48 个。截至 2005 年底,经国家质量监督检验检疫总局批准颁布的国家计量检定规程 847 个;已备案的部门和地方计量检定规程共计 1549 个。

2005 年制修订国家计量检定规程目录

编号	名称	批准日期	实施日期	备注
JJG 10—2005	专用玻璃量器检定规程	2005-03-03	2005-09-03	代替 JJG 10 —1987 JJG 11 —1987 JJG 12 —1987 JJG 284—1982 JJG 514—1987
JJG 117—2005	平板检定规程	2005-03-03	2005-09-03	代替 JJG 117—1991
JJG 147—2005	标准金属布氏硬度块检定规程	2005-03-03	2005-09-03	代替 JJG 147—1991
JJG 150—2005	金属布氏硬度计检定规程	2005-03-03	2005-09-03	代替 JJG 150—1990
JJG 165—2005	钟罩式气体流量标准装置检定规程	2005-03-03	2005-09-03	代替 JJG 165—1989
JJG 211—2005	亮度计检定规程	2005-03-03	2005-09-03	代替 JJG 211—1989 JJG 554—1988
JJG 246—2005	发光强度标准灯检定规程	2005-03-03	2005-09-03	代替 JJG 246—1991 JJG 732—1991

2005年制修订国家计量检定规程目录(续表1)

编号	名称	批准日期	实施日期	备注
JJG 288—2005	颠倒温度表检定规程	2005-03-03	2005-09-03	代替 JJG 288—1982
JJG 289—2005	表层水温表检定规程	2005-03-03	2005-09-03	代替 JJG 289—1982
JJG 621—2005	液压千斤顶检定规程	2005-03-03	2005-09-03	代替 JJG 621—1996
JJG 623—2005	电阻应变仪检定规程	2005-03-03	2005-09-03	代替 JJG 623—1989
JJG 704—2005	焊接检验尺检定规程	2005-03-03	2005-09-03	代替 JJG 704—1990
JJG 740—2005	研磨面平尺检定规程	2005-03-03	2005-09-03	代替 JJG 740—1991
JJG 863—2005	V棱镜折射仪检定规程	2005-03-03	2005-09-03	代替 JJG 863—1994
JJG 997—2005	液化石油气加气机检定规程	2005-05-11	2005-08-11	
JJG 37—2005	正弦规检定规程	2005-09-05	2006-03-05	代替 JJG 37—1992
JJG 73—2005	高等别线纹尺检定规程	2005-09-05	2006-03-05	代替 JJG 73—1994 JJG 170—1994
JJG 119—2005	实验室pH(酸度)计检定规程	2005-09-05	2006-03-05	代替 JJG 119—1984
JJG 133—2005	汽车油罐车容量检定规程	2005-09-05	2006-03-05	代替 JJG 133—1987
JJG 168—2005	立式金属罐容量检定规程	2005-09-05	2006-03-05	代替 JJG 168—1987
JJG 181—2005	石英晶体频率标准检定规程	2005-09-05	2006-03-05	代替 JJG 181—1989
JJG 205—2005	机械式温湿度计检定规程	2005-09-05	2006-03-05	代替 JJG 205—1980
JJG 259—2005	标准金属量器检定规程	2005-09-05	2006-03-05	代替 JJG 259—1989 JJG 402—1985
JJG 371—2005	量块光波干涉仪检定规程	2005-09-05	2006-03-05	代替 JJG 371—1992 JJG 770—1992
JJG 500—2005	电解法湿度仪检定规程	2005-09-05	2006-03-05	代替 JJG 500—1987
JJG 702—2005	船舶液货计量舱容量检定规程	2005-09-05	2006-03-05	代替 JJG 702—1990
JJG 754—2005	光学传递函数测量装置检定规程	2005-09-05	2006-03-05	代替 JJG 754—1991
JJG 768—2005	发射光谱仪检定规程	2005-09-05	2006-03-05	代替 JJG 768—1994
JJG 821—2005	总有机碳分析仪检定规程	2005-09-05	2006-03-05	代替 JJG 821—1993
JJG 892—2005	验光机检定规程	2005-09-05	2006-03-05	代替JJG 892—1995
JJG 998—2005	激光小角度测量仪检定规程	2005-09-05	2005-12-05	
JJG 999—2005	秤量式数显液体密度计检定规程	2005-09-05	2005-12-05	
JJG 1000—2005	电动水平振动试验台检定规程	2005-09-05	2005-12-05	
JJG 1001—2005	机动车近光检测仪校准器检定规程	2005-09-05	2005-12-05	
JJG 1002—2005	旋转黏度计检定规程	2005-09-05	2005-12-05	
JJG 1003—2005	流量积算仪检定规程	2005-09-05	2005-12-05	
JJG 1004—2005	氢原子频率标准检定规程	2005-09-05	2005-12-05	
JJG 71—2005	三等标准金属线纹尺检定规程	2005-12-20	2006-06-20	代替 JJG 71 —1991
JJG 74—2005	工业过程测量记录仪检定规程	2005-12-20	2006-06-20	代替 JJG 74 —1992 JJG 706—1990
JJG 298—2005	中频标准振动台(比较法)检定规程	2005-12-20	2006-06-20	代替 JJG 298—1995
JJG 412—2005	水流型气体热量计检定规程	2005-12-20	2006-06-20	代替 JJG 412—1986
JJG 494—2005	高压静电电压表检定规程	2005-12-20	2006-06-20	代替 JJG 494—1987
JJG 577—2005	膜式燃气表检定规程	2005-12-20	2006-06-20	代替 JJG 577—1994 JJF 1086—2002
JJG 580—2005	焦度计检定规程	2005-12-20	2006-06-20	代替 JJG 580—1996
JJG 597—2005	交流电能表检定装置检定规程	2005-12-20	2006-06-20	代替 JJG 597—1989
JJG 619—2005	pVTt法气体流量标准装置检定规程	2005-12-20	2006-03-05	代替 JJG 619—1989
JJG 624—2005	动态压力传感器检定规程	2005-12-20	2006-06-20	代替 JJG 624—1989
JJG 741—2005	标准钢卷尺检定规程	2005-12-20	2006-06-20	代替 JJG 741—1991
JJG 818—2005	磁性、电涡流式覆层厚度测量仪检定规程	2005-12-20	2006-06-20	代替 JJG 818—1993 JJG 889—1995

2005 年制修订国家计量检定规程目录(续表 2)

编号	名称	批准日期	实施日期	备注
JJG 875—2005	数字压力计检定规程	2005-12-20	2006-06-20	代替 JJG 875—1994
JJG 1007—2005	直流高压分压器检定规程	2005-12-20	2006-03-20	
JJG 124—2005	电流表、电压表、功率表及电阻表检定规程	2005-10-09	2006-04-09	代替 JJG 124—1993
JJG 182—2005	奇数沟千分尺检定规程	2005-10-09	2006-04-09	代替 JJG 182 1993
JJG 330—2005	机械式深度温度计检定规程	2005-10-09	2006-04-09	代替 JJG 330—1983
JJG 482—2005	实验室标准传声器(自由场互易法)检定规程	2005-10-09	2006-04-09	代替 JJG 482—1987
JJG 739—2005	激光干涉仪检定规程	2005-10-09	2006-04-09	代替 JJG 739—1991
JJG 790—2005	实验室标准传声器(耦合腔互易法)检定规程	2005-10-09	2006-04-09	代替 JJG 790—1992
JJG 850—2005	光学角规检定规程	2005-10-09	2006-04-09	代替 JJG 850—1993
JJG 925—2005	净全辐射表检定规程	2005-10-09	2006-04-09	代替 JJG 925—1997
JJG 1005—2005	电子式绝缘电阻表检定规程	2005-10-09	2006-01-09	
JJG 1006—2005	煤中全硫测定仪检定规程	2005-10-09	2006-01-09	
JJG 103—2005	电子水平仪和合像水平仪检定规程	2005-04-28	2005-10-28	代替 JJG 103—1988 JJG 712—1990
JJG 176—2005	声校准器检定规程	2005-04-28	2005-10-28	代替 JJG 176—1995
JJG 245—2005	光照度计检定规程	2005-04-28	2005-10-28	代替 JJG 245—1991
JJG 344—2005	镍铬-金铁热电偶检定规程	2005-04-28	2005-10-28	代替 JJG 344—1984
JJG 387—2005	同轴电阻式衰减器检定规程	2005-04-28	2005-10-28	代替 JJG 387—1985 JJG 419—1986 JJG 507—1987
JJG 444—2005	标准轨道衡检定规程	2005-04-28	2005-10-28	代替 JJG 444—1986
JJG 448—2005	瓦级超声功率计检定规程	2005-04-28	2005-10-28	代替 JJG 448—1993
JJG 520—2005	粉尘采样器检定规程	2005-04-28	2005-10-28	代替 JJG 520—2002
JJG 541—2005	落体式冲击试验台检定规程	2005-04-28	2005-10-28	代替 JJG 541—1988
JJG 633—2005	气体容积式流量计检定规程	2005-04-28	2005-10-28	代替 JJG 633—1990
JJG 662—2005	顺磁式氧分析器检定规程	2005-04-28	2005-10-28	代替 JJG 662—1990
JJG 738—2005	出租汽车计价器标准装置检定规程	2005-04-28	2005-10-28	代替 JJG 738—1991
JJG 778—2005	噪声统计分析仪检定规程	2005-04-28	2005-10-28	代替 JJG 778—1992
JJG 995—2005	静态扭矩测量仪检定规程	2005-04-28	2005-07-28	
JJG 996—2005	压缩天然气加气机检定规程	2005-04-28	2005-07-28	
JJG 997—2005	液化石油气加气机检定规程	2005-04-28	2005-07-28	

(二)计量检定系统表

2005 年颁布实施的国家计量检定系统表 5 个。截至 2005 年底,经国家质量监督检验检疫总局批准颁布的国家检定系统表 93 个。

编号	名称	批准日期	实施日期	备注
JJG 2017—2005	水声声压计量器具检定系统表	2005-04-28	2005-10-28	代替 JJG 2017—1987
JJG 2032—2005	光照度计量器具检定系统表	2005-03-03	2005-09-03	代替 JJG 2032—1989
JJG 2034—2005	发光强度计量器具检定系统表	2005-03-03	2005-09-03	代替 JJG 2034—1989
JJG 2069—2005	镜向光泽度计量器具检定系统表	2005-03-03	2005-09-03	代替 JJG 2069—1990
JJG 2083—2005	光谱辐射亮度、光谱辐射照度计量器具检定系统表	2005-03-03	2005-09-03	代替 JJG 2083—1990

(三)计量技术规范

2005 年颁布实施的国家计量技术规范 15 个。截至 2005 年底,经国家质量监督检验检疫总局批准颁布的国家计量技术规范 126 个,国家计量基准,副基准操作技术规范 179 个。

编号	名称	批准日期	实施日期	备注
JJF1130—2005	几何量测量设备校准中的不确定度评定指南	2005-04-28	2005-07-28	
JJF1131—2005	TDMA-GSM 数字移动通信综合测试仪校准规范	2005-04-28	2005-07-28	
JJF1132—2005	组合式角度尺校准	2005-04-28	2005-10-28	代替 JJG 132—1994
JJF1133—2005	X 射线荧光光谱法黄金含量分析仪校准规范	2005-04-28	2005-10-28	代替 JJG 125—1986
JJF1134—2005	专用工作测力机校准规范	2005-04-28	2005-10-28	代替 JJG 333—1996 JJG 609—1989 JJG 787—1992
JJF1135—2005	化学分析测量不确定度评定技术规范	2005-09-05	2005-12-05	
JJF1136—2005	音准仪校准规范	2005-10-09	2006-01-09	
JJF1137—2005	传声器前置放大器校准规范	2005-10-09	2006-01-09	
JJF1138—2005	铣刀磨后检查仪校准规范	2005-10-09	2006-01-09	
JJF1139—2005	计量器具检定周期确定原则和方法	2005-12-20	2006-03-20	
JJF1005—2005	标准物质常用术语和定义	2005-10-09	2006-04-09	代替 JJF 1005—1986
JJF1034—2005	声学计量名词术语及定义	2005-10-09	2006-04-09	代替 JJF 1034—1992
JJF1032—2005	光学辐射计量名词术语及定义	2005-10-09	2006-04-09	代替 JJF 1032—1992
JJF1070—2005	定量包装商品净含量计量检验规则	2005-10-09	2006-04-09	代替 JJF 1070—2000
JJF1129—2005	尿液分析仪校准规范			

（四）计量技术委员会

截至 2005 年底,经国家质量监督检验检疫总局批准成立的全国专业计量技术委员会共 19 个。

技术委员会名称	秘书处所在单位
全国法制计量管理计量技术委员会	中国计量协会
全国几何量长度计量技术委员会	中国计量科学研究院
全国几何量角度计量技术委员会	陕西省质量监督局
全国几何量工程参量计量技术委员会	黑龙江省计量检定测试所
全国无线电计量技术委员会	中国计量科学研究院
全国振动、冲击、转速计量技术委员会	航空第一集团公司 304 所
全国力值、硬度计量技术委员会	中国计量科学研究院
全国流量、容量计量技术委员会	北京市计量检测科学研究院
全国质量、密度计量技术委员会	中国计量科学研究院
全国压力计量技术委员会	上海市计量测试技术研究院
全国温度计量技术委员会	中国计量科学研究院
全国声学计量技术委员会	中国计量科学研究院
全国物理化学计量技术委员会	国家标准物质研究中心
全国环境化学计量技术委员会	上海市计量测试技术研究院
全国光学计量技术委员会	中国测试技术研究院
全国电磁计量技术委员会	中国计量科学研究院
全国时间频率计量技术委员会	中国计量科学研究院
全国衡器计量技术委员会	青岛市质量技术监督局
全国电离辐射计量技术委员会	北京市计量检测科学研究院

（五）制造、修理计量器具许可证管理

总局组织修订依法管理的计量器具目录,在全国范围内征求了意见,经商国务院法制办后,公布了《中华人民共和国依法管理的计量器具目录(型式批准部分)》,自 2006 年 5 月 1 日起施行;共列入计量器具 75 类,数量

约为原来的三分之一，适用于国内计量器具型式批准、颁发计量器具许可证和进口计量器具检定。

各地方质监局共颁发制造计量器具许可证 2340 张，颁发修理计量器具许可证 459 张，并且加强了计量器具生产企业的监督管理，对无证生产、超范围生产等违法行为进行了严厉处罚。

通过继续宣传贯彻《制造、修理计量器具许可证监督管理办法》，组织培训制造、修理计量器具许可证考评员，全国分 8 批培训考核考评员 342 名，办理考评员延期换证 578 名。

（六）计量器具新产品管理

为规范计量器具型式批准管理，总局组织修订并颁布了《计量器具新产品管理办法》，自 2005 年 8 月 1 日实施。全年全国各省级质监局共批准计量器具新产品 3579 个系列。

（七）进口计量器具型式批准

总局组织办理进口计量器具型式批准，对进口计量器具严格把关，全年共颁发进口计量器具型式批准证书 204 个系列（获证产品见下表），颁发临时型式批准证书 96 张。

（八）计量器具产品质量国家监督抽查

2005 年国家质检总局先后组织安排了称重传感器、电能表、多费率电能表、压力表、瓦斯计（低浓度甲烷传感器）、税控加油机、弹簧度盘秤、出租车计价器、水表等 9 种计量器具的产品质量国家监督抽查。

序号	产品名称	抽查企业数	抽查产品数	产品抽样合格率(%)
1	称重传感器	17	17	64.7
2	电能表	54	54	96.3
3	多费率电能表	31	31	96.8
4	压力表	36	36	61.1
5	瓦斯计	27	27	88.9
6	税控加油机	20	20	85.0
7	弹簧度盘秤	12	16	25.0
8	出租车计价器	5	5	100.0
9	水表	40	40	92.5

1. 称重传感器

2005 年第 1 季度，国家质检总局对称重传感器进行了产品质量国家监督抽查，共抽查了全国 7 个省市 17 家企业的 17 种产品，合格 11 种，产品抽样合格率为 64.7%。其中大、中、小型企业的抽样合格率分别为 90%、100%、16.7%。

2. 电能表

2005 年第 1 季度，国家质检总局对电能表进行了产品质量国家监督抽查，共抽查了全国 11 个省市 54 家企业的 54 种产品，合格 52 种，产品抽样合格率为 96.3%。其中大、中、小型企业的抽样合格率分别为 100%、100%、94.9%。

3. 多费率电能表

2005 年第 1 季度，国家质检总局对多费率电能表进行了产品质量国家监督抽查，共抽查了全国 12 个省市 31 家企业的 31 种产品，合格 30 种，产品抽样合格率为 96.8%。其中大、中型企业的抽样合格率分别为 100%、94.1%。

4. 压力表

2005 年第 2 季度，国家质检总局对压力表进行了产品质量国家监督抽查，共抽查了全国 16 个省市 36 家企业的 36 种产品，合格 22 种，产品抽样合格率为 61.1%。其中大、中、小型企业的抽样合格率分别为 72.7%、66.7%、52.6%。

5. 瓦斯计（低浓度甲烷传感器）

2005 年第 2 季度，国家质检总局对瓦斯计（低浓度甲烷传感器）进行了产品质量国家监督抽查，共抽查了全国 12 个省市 27 家企业的 27 种产品，24 种产品合格，产品的抽样合格率为 88.9%。其中大、中、小型企业的抽样合格率分别为 100%、100%、83.3%。

6. 税控加油机

2005 年第 3 季度，国家质检总局对税控加油机进行了产品质量国家监督抽查，共抽查了全国 11 个省市 20 家企业的 20 种产品，17 家企业的 17 种产品合格，产品的抽样合格率为 85%。其中大、中、小型企业的抽样合格率分别为 75%、90%、80%。

7. 弹簧度盘秤

2005 年第 3 季度，国家质检总局对弹簧度盘秤进行了产品质量国家监督抽查，共抽查了全国 5 个省市 12 家企业的 16 种产品，4 种产品合格，产品抽样合格率为 25%。其中大、中、小型企业的抽样合格率分别为 50%、50%、16.7%。

8. 出租车计价器

2005 年第 4 季度，国家质检总局对出租车计价器进行了产品质量国家监督抽查，共抽查了全国 4 个省市 5 家企业的 5 台样品，合格 5 台，产品的抽样合格率为 100%。

9. 水表

2005 年第 4 季度，国家质检总局还对水表进行了产品质量国家监督抽查，共抽查了全国 16 个省市 40 家企业的 40 个批次的水表，有 37 家企业的 37 个批次的产品合格，产品的抽样合格率为 92.5%。其中大、中、小型企业的抽样合格率分别为 100%、83.3%、93.8%。

（九）计量器具强制检定

2005 年，在计量器具强制检定方面，主要出台了以下政策：

1. 为了进一步加强对计量检定证书的管理，维护检定证书的权威性、法制性和统一性，经书面征求各有关单位意见（质检办量函[2005]85 号和质检量函[2005]10 号），起草并印发了新版的《检定证书》和《检定结果通知书》封面格式式样（国质检量函[2005]861 号），自 2006 年 7 月 1 日起，各级法定计量检定机构以及其他承担计量检定任务的各有关单位出具的检定证书和检定结果通知书封面格式将按照新版《检定证书》和《检定结果通知书》封面格式式样进行印制；

2. 为了使当事人更好地参与仲裁检定和计量调解活动，也为了使计量行政部门的仲裁检定和计量调解工作更加地规范化和法制化，根据《仲裁检定和计量调解办法》（[87]量局法字第 373 号文）的有关规定，制定并发布了仲裁检定和计量调解活动中适用的《仲裁检定申请书》、《仲裁检定委托书》、《仲裁检定通知书》、《仲裁检定结果通知书》、《计量调解书》和《仲裁检定证书》格式式样（质检办量函[2005]371 号）；

3. 为了加强对强制检定工作计量器具的管理，更加科学、有效地指导全国的强制检定工作，委托湖南省局开展了强制检定工作计量器具档案试点工作（质检量函[2005]15 号）；

4. 针对“医用三源”和电话计时计费装置强制检定的有关问题，向国务院法制办提交了“关于‘医用三源’和电话计时计费装置强制检定的意见”（质检办量函[2005]57 号），重申对“医用三源”和电话计时计费装置实施强制检定是计量法赋予质量技术监督部门的法律责任；

5. 为贯彻落实《中华人民共和国道路交通安全法》及其实施条例，做好机动车安全技术检验机构在用计量器具的检定工作，配合监督司共同下发了“关于做好机动车安全技术检验机构监督管理接收工作的通知”（国质检监联[2005]77 号）。

六、商品量计量监督

（一）定量包装商品计量监督

1. 重新发布《定量包装商品计量监督管理办法》和《定量包装商品净含量计量检验规则》

2005 年，总局跟踪国际法制计量组织（OIML）以及欧盟发布计量器具指令（MII））等相关商品量计量监管的最新趋势，及时组织修订并发布了《定量包装商品计量监督管理办法》（总局令第 75 号）和《定量包装商品净含量计量检验规则》（JJF 1070—2005），使得商品量的计量监管工作更加科学、更加公平、更加规范，《办法》和《规则》将于 2006 年 1 月 1 日起正式实施。

2. 继续组织开展定量包装商品净含量国家监督专项抽查

总局分别于2005年第1季度和第3季度组织开展了对省会城市的部分定量包装商品生产企业进行国家监督专项抽查。其中，第1季度安排山西、浙江、安徽、福建、江西、河南、湖南、广西、海南、贵州、云南、陕西、青海、新疆、甘肃等15个省、自治区的省会城市，抽查米、面粉、食用植物油、牛奶、味精、白酒、啤酒、纯净水、洗衣粉、洗发液等10种定量包装商品。共抽查企业600家，抽查产品1548批次，合格1300批次，平均抽样合格率为84%；第3季度安排北京、天津、上海、重庆、黑龙江、辽宁、吉林、河北、内蒙、山东、江苏、湖北、广东、四川、宁夏等4个直辖市和11个省（自治区）的省会城市，抽查方便面（挂面）、奶粉、茶叶、葡萄酒、茶饮料、速冻食品、合成洗涤剂（洗餐具、水果、蔬菜等用的洗涤剂）、化妆品、涂料、油漆等10种定量包装商品。共抽查企业539家，抽查产品1524批次，合格1355批次，平均抽样合格率为88.9%。

2005年第1季度定量包装商品净含量国家监督专项抽查统计（一）

抽查省份和城市		抽查企业（家）	抽查批次（批）	合格批次（批）	不合格批次（批）	抽样合格率（%）
山西省	太原市	37	96	84	12	87.5
浙江省	杭州市	34	55	43	12	78.2
安徽省	合肥市	59	120	99	21	82.5
福建省	福州市	22	46	43	3	93.5
江西省	南昌市	55	145	123	22	84.8
河南省	郑州市	69	138	118	20	85.5
湖南省	长沙市	48	134	126	8	94.0
广西壮族自治区	南宁市	61	140	97	43	69.3
海南省	海口市	24	68	55	13	80.9
贵州省	贵阳市	38	73	58	15	79.5
云南省	昆明市	39	112	85	27	75.9
陕西省	西安市	42	101	87	14	86.0
青海省	西宁市	22	37	32	5	86.5
新疆维吾尔自治区	乌鲁木齐市	26	91	77	14	84.6
甘肃省	兰州市	24	192	173	19	90.1
合计		600	1548	1300	248	
平均合格率（%）		84.0%				

2005年第1季度定量包装商品净含量国家监督专项抽查统计（二）

抽查省份和城市		米		面粉		食用植物油		牛奶		味精	
		抽查批次	合格批次	抽查批次	合格批次	抽查批次	合格批次	抽查批次	合格批次	抽查批次	合格批次
山西省	太原市	--	--	15	15	2	2	28	28	2	2
浙江省	杭州市	7	7	3	3	4	2	5	5	6	4
安徽省	合肥市	16	4	2	1	12	8	14	14	--	--
福建省	福州市	7	5	6	6	6	6	4	4	8	8
江西省	南昌市	65	56	1	1	43	36	16	12	--	--
河南省	郑州市	9	9	35	24	14	13	15	13	--	--
湖南省	长沙市	34	29	5	5	20	20	18	18	5	5
广西壮族自治区	南宁市	59	26	5	3	27	24	13	11	--	--
海南省	海口市	18	12	5	5	11	5	14	13	--	--
贵州省	贵阳市	5	3	4	4	1	1	15	13	--	--
云南省	昆明市	7	5	12	7	8	6	11	9	6	6

2005 年第 1 季度定量包装商品净含量国家监督专项抽查统计(二)续表

抽查省份和城市		米		面粉		食用植物油		牛奶		味精	
		抽查批次	合格批次	抽查批次	合格批次	抽查批次	合格批次	抽查批次	合格批次	抽查批次	合格批次
陕西省	西安市	18	11	25	22	7	7	17	17	--	--
青海省	西宁市	--	--	5	3	2	2	4	4	--	--
薪疆维吾尔自治区	乌鲁木齐市	5	0	15	15	14	12	9	9	5	5
甘肃省	兰州市	9	2	35	28	2	2	51	46	38	38
合计		259	169	173	142	173	146	234	216	70	68
合格率		65.3%		82.1%		84.4%		92.3%		97.1%	

抽查省份和城市		白酒		啤酒		纯净水		洗衣粉		洗发液	
		抽查批次	合格批次	抽查批次	合格批次	抽查批次	合格批次	抽查批次	合格批次	抽查批次	合格批次
山西省	太原市	10	10	5	5	34	22	--	--	--	--
浙江省	杭州市	7	5	6	6	5	5	4	4	8	2
安徽省	合肥市	45	41	5	5	14	14	8	8	4	4
福建省	福州市	--	--	5	5	6	5	--	--	4	4
江西省	南昌市	9	7	5	5	3	3	--	--	3	3
河南省	郑州市	1	1	16	15	46	41	1	1	1	1
湖南省	长沙市	13	13	8	8	18	18	8	5	5	5
广西壮族自治区	南宁市	1	0	5	5	20	19	1	1	9	8
海南省	海口市	2	2	3	3	6	6	5	5	4	4
贵州省	贵阳市	21	18	3	1	12	12	6	3	6	3
云南省	昆明市	11	11	5	5	28	23	21	10	3	3
陕西省	西安市	5	3	6	6	12	10	5	5	6	6
青海省	西宁市	18	16	--	--	8	7	--	--	--	--
薪疆维吾尔自治区	乌鲁木齐市	14	10	6	6	10	7	6	6	7	7
甘肃省	兰州市	14	14	23	23	4	4	16	16	--	--
合计		171	151	101	98	226	196	81	64	60	50
合格率		88.3%		97.0%		86.7%		79.0%		83.3%	

2005 年第 1 季度定量包装商品净含量国家监督专项抽查统计(三)

抽查省份和城市		大型企业			中型企业			小型企业		
		总数（家）	其中		总数（家）	其中		总数（家）	其中	
			合格批次	不合格批次		合格批次	不合格批次		合格批次	不合格批次
山西省	太原市	2	10	0	11	41	0	24	33	12
浙江省	杭州市	9	15	0	10	13	6	15	15	6
安徽省	合肥市	2	9	0	8	23	1	49	67	20
福建省	福州市	3	7	0	6	17	0	13	19	3

2005 年第 1 季度定量包装商品净含量国家监督专项抽查统计(三)续表

抽查省份和城市		大型企业			中型企业			小型企业		
		总数(家)	其中		总数(家)	其中		总数(家)	其中	
			合格批次	不合格批次		合格批次	不合格批次		合格批次	不合格批次
江西省	南昌市	4	16	0	16	42	3	35	65	19
河南省	郑州市	6	32	2	32	57	10	31	29	8
湖南省	长沙市	11	43	0	14	40	0	23	43	8
广西壮族自治区	南宁市	4	14	0	21	42	15	36	41	28
海南省	海口市	1	2	0	6	24	1	17	29	12
贵州省	贵阳市	1	2	0	8	19	3	29	37	12
云南省	昆明市	0	0	0	20	57	8	19	28	19
陕西省	西安市	5	16	0	22	50	4	15	21	10
青海省	西宁市	1	2	0	3	7	0	18	23	5
新疆维吾尔自治区	乌鲁木齐市	4	11	0	5	19	0	17	47	14
甘肃省	兰州市	4	32	6	12	93	10	8	48	3
合计		57	211	8	194	544	61	349	545	179

2005 年第 3 季度定量包装商品净含量国家监督专项抽查统计(一)

抽查省份和城市		抽查企业(家)	抽查批次(批)	合格批次(批)	不合格批次(批)	抽样合格率(%)
	北京市	24	53	46	7	86.8
	上海市	59	59	51	8	86.4
	重庆市	31	130	117	13	90.0
	天津市	44	82	68	14	82.9
黑龙江省	哈尔滨市	58	237	200	37	84.4
辽宁省	沈阳市	31	60	45	15	75.0
吉林省	长春市	38	115	101	14	87.8
内蒙古自治区	呼和浩特市	35	100	94	6	94.0
湖北省	武汉市	17	51	48	3	94.1
山东省	济南市	24	44	30	14	68.2
江苏省	南京市	80	346	330	16	95.4
四川省	成都市	30	101	93	8	92.1
广东省	广州市	27	50	47	3	94.0
宁夏回族自治区	银川市	11	23	21	2	91.3
河北省	石家庄市	30	73	64	9	87.7
合计		539	1524	1355	169	88.9
平均抽样合格率		88.9%				

2005 年第 3 季度定量包装商品净含量国家监督专项抽查统计(二)

抽查省份和城市		方便面		奶粉		茶叶		葡萄酒		茶饮料	
		抽查批次	合格批次	抽查批次	合格批次	抽查批次	合格批次	抽查批次	合格批次	抽查批次	合格批次
	北京市	6	6	5	5	3	3	3	3	6	6
	上海市	5	4	5	5	6	5	5	4	6	6
	重庆市	13	13	--	--	87	74	--	--	5	5
	天津市	12	10	7	7	9	9	9	8	7	6
黑龙江省	哈尔滨市	41	33	24	24	1	1	11	11	12	12
辽宁省	沈阳市	8	7	--	--	4	4	4	4	5	5
吉林省	长春市	12	11	--	--	--	--	37	35	--	--
内蒙古自治区	呼和浩特市	23	19	11	11	--	--	6	6	--	--
湖北省	武汉市	6	6	5	5	5	5	--	--	5	5
山东省	济南市	6	2	2	2	6	4	--	--	--	--
江苏省	南京市	27	27	--	--	51	51	3	3	--	--
四川省	成都市	13	13	--	--	18	15	5	5	3	3
广东省	广州市	6	6	5	5	6	5	--	--	6	6
宁夏回族自治区	银川市	7	7	4	3	--	--	6	6	--	--
河北省	石家庄市	11	8	6	6	1	0	--	--	9	9
合计		196	172	74	73	197	176	89	85	64	63
合格率		87.8%		98.6%		89.3%		95.5%		98.4%	

抽查省份和城市		速冻食品		合成洗涤剂		化妆品		涂料		油漆	
		抽查批次	合格批次	抽查批次	合格批次	抽查批次	合格批次	抽查批次	合格批次	抽查批次	合格批次
	北京市	6	6	5	4	7	5	4	4	8	4
	上海市	6	6	6	5	8	8	6	4	6	4
	重庆市	2	2	6	6	13	13	2	2	2	2
	天津市	9	9	5	3	8	6	9	7	7	3
黑龙江省	哈尔滨市	100	87	8	3	20	14	16	14	4	1
辽宁省	沈阳市	5	4	4	3	17	8	7	6	6	4
吉林省	长春市	32	24	--	--	15	13	8	7	11	11
内蒙古自治区	呼和浩特市	39	39	13	11	8	8	--	--	--	--
湖北省	武汉市	6	6	7	6	7	7	5	5	5	3
山东省	济南市	6	2	6	5	7	6	5	5	6	4
江苏省	南京市	46	46	22	22	64	64	80	68	53	49
四川省	成都市	13	13	5	5	12	12	9	6	23	21
广东省	广州市	6	6	5	5	5	5	6	5	5	4
宁夏回族自治区	银川市	--	--	--	--	--	--	3	2	3	3
河北省	石家庄市	19	18	6	6	3	3	8	7	10	7
合计		295	268	98	84	194	172	168	142	149	120
合格率		90.8%		85.7%		88.7%		84.5%		80.5%	

2005 年第 3 季度定量包装商品净含量国家监督专项抽查统计(三)

抽查省份和城市		大型企业			中型企业			小型企业		
		总数(家)	其中		总数(家)	其中		总数(家)	其中	
			合格批次	不合格批次		合格批次	不合格批次		合格批次	不合格批次
	北京市	4	9	0	10	21	1	10	16	6
	上海市	7	7	0	26	26	0	26	18	8
	重庆市	5	18	0	13	55	7	13	44	6
	天津市	1	2	0	12	18	5	31	48	9
黑龙江省	哈尔滨市	14	75	13	17	74	4	27	51	20
辽宁省	沈阳市	8	18	0	14	19	12	9	8	3
吉林省	长春市	5	18	2	14	35	3	19	48	9
内蒙古自治区	呼和浩特市	6	38	0	9	24	0	20	32	6
湖北省	武汉市	2	9	0	7	21	0	8	18	3
山东省	济南市	1	2	0	3	4	1	20	24	13
江苏省	南京市	0	0	0	5	30	0	75	300	16
四川省	成都市	9	27	0	11	37	3	10	29	5
广东省	广州市	7	13	1	14	25	1	6	9	1
宁夏回族自治区	银川市	0	0	0	9	19	1	2	2	1
河北省	石家庄市	2	10	0	9	19	1	19	35	8
合计		71	246	16	173	427	39	295	682	114
合格率		93.9%			91.6%			85.7%		

(二)市场计量监督

1. 组织开展粮食、棉花市场计量专项监督检查。为了贯彻中央"一号文件"精神,切实保护广大农民的合法权益,同时落实国务院关于整顿和规范市场经济秩序的工作要求,维护粮食和棉花市场的计量秩序,总局下发了"关于开展粮食、棉花市场计量专项监督检查工作的通知"(国质检量函[2005]253 号),要求各地对本行政区域内的粮食、棉花收购、销售环节在用的计量器具进行一次集中的计量专项监督检查。据统计,在此次粮食市场计量专项监督检查工作中,全国共检查了 27799 家粮食收购站在用的 80874 台计量器具,受检率从监督检查前的 86.8%提高到监督检查后的 98.5%;检查了 33009 家粮食销售企业在用的 74585 台计量器具,受检率从监督检查前的 86.5%提高到监督检查后的 97.8%;检查了 35863 批次定量包装商品,合格率为 90.8%;查处了计量违法案件 4308 起,其中未申请检定、经检定不合格或者超过检定周期继续使用计量器具的违法案件 2832 起,通过计量作弊等方式缺斤短两违法案件 1065 起,其他违法案件 411 起。在此次棉花市场计量专项监督检查工作中,全国共检查了 7714 家棉花收购站在用的 26048 台计量器具,受检率从监督检查前的 89.6%提高到监督检查后的 99.3%;检查了 4674 家棉花销售企业在用的 16771 台计量器具,受检率从监督检查前的 88.1%提高到监督检查后的 99.9%;查处计量违法案件 559 起,其中未申请检定、经检定不合格或者超过检定周期继续使用计量器具的违法案件 404 起,通过计量作弊等方式缺斤短两违法案件 110 起,其他违法案件 45 起。

2. 组织开展煤矿计量专项监督检查。为了贯彻落实国务院关于加强煤矿安全生产工作的有关会议精神,进一步加强煤矿在用计量器具的计量监督管理,总局起草并下发了"关于开展煤矿计量专项监督检查工作的通知"(国质检量函[2005]193 号),要求各地在本行政区域内开展煤矿计量专项监督检查。通过检查,加强对煤矿用计量器具生产企业的计量监管,从源头上确保煤矿用计量器具的产品质量;加强对被授权从事煤矿用强检计量器具检定的单位的计量监督,确保各项计量检定工作依法正常开展。据此次监督检查统计,全国 31 个省、自治区、直辖市共有煤矿用计量器具生产企业120家，其中有瓦斯计生产企业56家，风压表生产企业5家，粉尘测量仪生产企业12家，其他煤矿用计量器具生产企业47家；被授权从事煤矿用计量器具强制检定的机构共有197家，其中质检系统内有85家，煤矿系统授权112家。在此次监督检查中，各地共检查了13213家煤矿企业的322797台在用计量器具，其中瓦斯计228821台，受检率从监督检查前的73.1%提高到88.9%；风压表29481台，受检率从监督检查前的61.8%提高到79.9%；粉尘测量仪3631台，受检率从监督检查前47.1%提高到69.7%；其他在用计量器具60864台，受检率从监督检查前的74.3%提高到91.3%。通过开展煤矿计量专项监督检查，扩大了对计量法律法规的宣传，促进了各地质监部门与煤矿安全监察等部门的协调和配合，推动了煤矿计量工作的深入开展，并为进一步加强煤矿计量监督管理工作奠定了基础。

七、工业计量

(一) 计量检测体系和计量保证能力工作

总局组织研究落实帮助企业完善计量检测体系工作调整的具体实施方案，支持开展测量管理体系认证。按照国际通行做法，总局与国家认监委联合发布了《测量管理体系认证管理办法》，在政府推动、企业自愿的原则下，对测量管理体系实行统一的认证制度。为了保证测量管理体系认证工作的质量，支持中国计量测试学会牵头组建全国性的计量体系认证中心，统一实施全国的测量管理体系认证工作。“中启计量体系认证中心”已正式批准成立，该中心在各省级质量技术监督系统和部分行业设立了30个分中心，形成了覆盖全国的测量管理体系认证网络。

各地继续积极开展并加强中小企业计量保证能力的评价工作。

(二) C标志管理工作

各地质量技术监督局积极开展定量包装商品生产企业计量保证能力评价工作，2005年全国新取得C标志的企业有416家，取得C标志产品有6521个规格。

总局印发了“关于做好2005年度免检工作有关问题的通知”(质检监函[2005]18号)，规定定量包装商品生产企业要获得国家免检产品资格的条件之一，就是“定量包装商品必须符合《定量包装商品计量监督规定》的要求，开展计量保证能力评价的定量包装商品要取得C标志”；印发了“关于进一步做好C标志评价工作的通知”(质检量函[2005]17号)，鼓励定量包装商品生产企业积极参与计量保证能力评价工作，提高获得C标志企业的社会知名度，推动形成诚实守信的良好社会风气。

(三) 社会公正计量行(站)

各省级质量技术监督部门加强了对社会公正计量站的监督管理，坚持帮扶与监管相结合，2005年全国新增社会公正计量站201家。

(四) OIML计量器具国际证书管理

中国已经正式向国际法制计量组织(OIML)申请加人计量器具型式批准多边互认协议(MAA)，向国际组织提交了相关文件，并派出代表和专家积极参与了MAA的合作。作为发证机构，OIML中国秘书处制定了质量手册、程序文件和一系列记录表格；聘请专家对OIML中国秘书处质量体系进行审核，研究中国加入MAA的对应措施，进一步规范了工作程序。2005年共颁发10张OIMI。计量器具型式合格证书，其中称重传感器5张，电子计价秤5张。

序号	企业名称	产品及型号	证书编号
1	余姚太平洋称重工程有限公司	称重传感器PA6140(中国)	R60/2000-CNl-05.01
2	余姚太平洋称重工程有限公司	称重传感器PA6110(中国)	R60/2000-CNl-05.02
3	美国Virtual Measurements & Control Inc.	称重传感器VLC-100(USA)	R60/2000-CNl-05.03
4	美国Virtual Measurements & Control Inc.	称重传感器VLC-110(USA)	R60/2000-CNl-05.04
5	杭州南洋传感器有限公司	称重传感器GX	R60/2000-CNl-05.05
6	惠而邦电子衡器(昆山)有限公司	电子计价秤QTP-30kg型	R76/1992-CNl-05.01

续表

序号	企业名称	产品及型号	证书编号
7	上海耀华称重系统有限公司	称重显示控制器 XK3190-D2+型	R76/1992-CNl-05.02
8	常州市宏事达电气制造有限公司	电子计价秤 ACS-15-JJ(F902-15)	R76/1992-CNl-05.03
9	惠而邦电子衡器(昆山)有限公司	电子计重秤 M10010-15 型	R76/1992-CNl-05.04
10	上海大华电子秤厂	条形码打印计价秤 TM-Aa 型	R76/1992-CNl-05.05

(五) 能源计量工作

为了认真贯彻科学发展观,落实国家有关能源政策和国务院文件精神,切实加强能源计量工作,总局与国家发改委联合印发了《加强能源计量工作的意见》,提出了到 2010 年的能源计量工作目标和措施;配合国家标准委,组织修订《企业能源计量器具配备和管理导则》国家标准,拟作为强制性国家标准发布实施,并针对冶金、有色金属、石油石化、化工、电力、建材等重点耗能行业,组织制定重点耗能行业能源计量器具配备和管理要求;组织开展了重点耗能企业能源计量管理状况调查,涉及全国约 700 多家大中型企业;支持中国计量协会、工业计量杂志社等在青岛举办能源计量技术和计量管理的培训教育;组织各省级质量技术监督局和计量技术机构在"世界计量日"前后以"计量与节能"为主题开展宣传教育活动,深入本地区有关企业调研,把工业计量工作的重点调整到如何促进企业节能降耗、充分利用资源上来,推动能源计量工作。

八、法定计量检定机构管理

(一) 组织法定计量检定机构量值传递保证体系运行情况监督检查

为了加强法定计量检定机构的监督,促进法定计量检定机构规范化管理,根据《法定计量检定机构监督管理办法》,总局组织了对国家家用电器计量站、山西省计量监督检定测试所、浙江省衡器管理所等 11 家省级以上法定计量检定机构的监督检查。监督检查以《法定计量检定机构考核规范》(JJF 1069—2003)为依据,重点检查了《规范》执行情况、质量管理体系的"持续改进"情况,以及前次考核中缺陷项的整改情况。

(二) 计量技术机构的改革和事业发展

2005 年 7 月,总局批准了《中国计量科学研究院科技体制改革实施方案》(国质检科[2005]232 号)。按照方案的要求,由中国计量科学研究院、国家标准物质中心、中国计量科学研究院基准器具工艺研究所合并组建新的中国计量科学研究院,属非营利科研机构。

在总局党组和总局"中国计量科学研究院科技体制改革领导小组"的领导下,计量院领导班子对改革工作高度重视,认真贯彻落实国家有关科技体制改革政策以及"两部一办"和总局的批复精神,采取民主集中制原则,以"三个代表"重要思想统领各项工作,提出了"精心部署、政策先行、稳步推进、促进发展"的工作思路。通过改革,全面推行人员聘用制,积极探索建立"开放、流动、竞争、协作"的运行机制,调整和优化了计量科技力量和科研机构布局,完成了政策制定、机构调整、人员聘任、调整分流等主要工作内容,改革取得初步成效。

(三) 组织对西藏计量技术机构人员进行教育培训

根据工作计划安排和领导的指示,总局组织 7 个国家大区中心,对西藏自治区计量所进行全员系统培训。至 2005 年 10 月,已完成西藏自治区计量所 8 人次的培训工作,主要内容包括:计量法律法规、计量管理、计量标准考核、机构考核知识以及光学经纬仪、电子经纬仪等项目的检定和修理知识,学习效果显著,有的学员还在培训期间参加了国家检定员考试,考试合格,并取得了国家级证书。

九、大区国家计量测试中心

2005 年 7 个国家计量测试中心对大区计量标准设备改造共有 17 项,每项改造分别与国家质检总局签署了专项项目任务书。进行了 14 项大区标准的比对。其中全国铁路罐车容积量值比对在全国是首次开展,从大区经费中给予了一定支持。

2005 年 11 月 5 日在广州召开了"2005 年度大区国家计量测试中心工作座谈会"。参会代表主要为 7 个国家计量测试中心主任、大区办公室主任，国家质检总局主管局领导、计财司、计量司等领导。

会上总局领导们对大区工作作了重要讲话。结合新形势和对大区工作的分析从 3 个方面，对大区国家计量测试中心提出了工作要求，同时也是当前和今后一段时间大区计量工作重要的指导思想。

十、国家专业计量站

1. 开展了全国铁路罐车容积量值比对工作。

总局下达任务，由国家铁路罐车容积计量站负责组织实施，主导试验室为国家铁路罐车容积计量站。参加单位有 9 个国家铁路罐车容积计量站、分站。比对工作按照《铁路罐车容积检定量值比对实施细则》的要求，于 20。5 年 10 月 13~18 日在西安车辆厂进行。这次比对实际上是对国家铁路罐车容积计量站、分站等 9 个单位检定能力的验证，比对过程客观公正、科学严谨、协调有序，比对结果证明铁路罐车容积检定机构的检定能力能够满足对铁路罐车量值传递的需要。客观地反映了目前铁路罐车检定工作实际水平。

2. 调整、合并了部分国家轨道衡计量分站，批准成立了国家轨道衡计量站昆明分站。

由于铁道部对部分铁路局管辖区域进行了重新划分，总局发文调整了部分国家轨道衡计量分站授权任务。包括对上海、南昌、成都轨道衡计量分站的授权区域进行了调整，合并哈尔滨和齐齐哈尔分站，同时成立了国家轨道衡计量站昆明分站。

3. 组织国家石油战略储备油库大型储罐检定工作。

为便于国家石油储备基地计量检定工作的统-管理，保证油罐计量检定数据的权威性、准确性和可靠性，并针对国家石油储备油库镇海一期工程完工后出现无序争抢检定任务的情况，总局与国家发改委储备油办公室和中石油集团公司、中石化集团公司等单位进行了协调，统一了思想，印发了保证国家重点工程建设的文件，明确了承担检定任务单位和检定要求。

4.全国 52 个国家专业计量站完成了《2005 年国民经济与社会发展统计公报》要求的强检计量器具数据的统计报送。

5.完成了国家气象计量站计量技术机构到期复查考核。

十一、国际计量交流

（一）与国际法制计量组织的交流与合作

总局组织有关技术机构积极参 OIML 技术活动。2005 年我国对 25 个国际建议、国际文件草案提出了技术意见，并代表中国 CIML。委员对 OIML 国际建议草案进行意见表决。

2005 年我国共参加 OIML，技术委员会国际工作组会议、OIML，大会、OIML 主席理事会等有关会议 5 次。

2005 年我国继承担 OIML，TCl7/SC1 湿度计秘书处后，又承担了 OIML TC10/SC3 压力秘书处的工作。

总局加强了国际计量互认工作，在总结与荷兰、德国开展型式批准结果互认工作的基础上，与荷兰计量院（NMI）就进一步扩大互认产品的范围进行了磋商；与英国国家度量衡实验室（NWML）签署了新的互认协议；组织研究落实 OIML 型式评价多边互认协议方案（MAA），按照国际文件的要求规范了工作程序，促进了中国计量器具产品走向国际市场。

总局积极推进与国际法制计量组织的交流与合作，继续组织专家开展了《国际法制计量组织（OIML）国际建议》丛书的翻译编写工作。

OIML 中国秘书处网站已初步建立，正在试运行。网站的建立将扩大国际建议草案征求意见的范围，及时介绍国际国内计量发展情况和最新动态，并促进 OIML 证书制度在我国的推行。

（二）与亚太法制计量论坛的交流与合作

总局参加了第 12 届 APLMF 年会，并积极参与 APLMF 各工作组（包括相互承认工作组、定量包装工作组、培训工作组、大米湿度工作组、日用计费表工作组）的活动，参与制定工作组计划。同时组织国内有关人员参加了 4 次 APMLF 计量培训，完成"2005 年度和未来培训项目需求"、"2005 年~2006 年度经济法制计量活动"、"电子心电图仪”和“APLMF 培训效果”等 4 次调查问卷工作。

(三) 参加国际米制公约的有关活动

2005 年 9 月计量院童光球院长参加了国际米制公约组织的国家计量院院长会议。2005 年总局共组织参加了 13 次国际计量委员会的咨询委员会议。

(四) 国际计量双边合作

2005 年总局共组织计量出访团组 19 个,接待来访团组 14 个。加强了与世界发达国家计量机构的合作关系,对外签署计量合作谅解备忘录、会议纪要 4 份。

2005 年 5 月 31 日在日本东京举行了第十次中日计量定期协议会,签署了《第十次中日计量定期协议会议纪要》。

2005 年 7 月 15 日在北京签署了《中华人民共和国国家质量监督检验检疫总局与英国在不列颠及北爱尔兰联合王国国家度量衡实验室计量器具型式试验报告相互承认协议》。

2005 年 9 月 5 日在日本东京举行了第三次中日计量政府工作会议,签署了《第三次中日计量标准会议纪要》。

2005 年 9 月 12 日签署了《中华人民共和国国家质量监督检验检疫总局与瑞士联邦计量与认可局关于计量领域合作备忘录》。

为配合国家经济和外交重大活动的开展以及总局领导出访合作,共提供双边合作协议的草案建议和口径 40 份。

与韩国计量测定协会、日本计量仪器联合会共同组织并翻译编写了《中日韩计量术语集》。

按照总局人事司教育培训计划和外国专家局出国境培训计划,组织有关单位的计量管理人员和技术业务骨干赴澳大利亚进行了检定/校准机构信息管理系统和确认体系的培训。

2005 年 5 月邀请德国联邦物理技术研究院专家在北京召开了《欧洲天然气计量技术发展状况报告会》;2005 年 10 月在武汉举办了《计量器具软件技术管理培训》。

2005年计量工作

国家质量监督检验检疫总局计量司

2005年，计量工作努力贯彻党的十六届三中、四中、五中全会精神，认真履行综合管理和行政执法两大职能，切实落实年初制定的各项计划，与时俱进，确保了各项计量工作的全面完成。

一、制定了计量事业发展“十一五”规划和一批新的计量法规

1. 组织制定了计量事业发展“十一五”规划

“十一五”期间，要进一步完善计量法规体系、量传溯源体系、技术保障体系，抓好计量放心工程、计量安全工程、计量服务工程、能源资源计量工程。

2. 对《计量法》(修订第五稿)进行了再次修改

与地方、部门、企业以及法律界专家学者共同研究，对《计量法》(修订第五稿)进行了再次修改。目前，已形成《计量法》(修订第六稿)，经总局局务会审议后正式报送国务院法制办。

3. 完成了一批计量规章的制度修订

包括《计量标准考核办法》、《计量器具新产品管理办法》、《定量包装商品计量监督管理办法》等；《参与计量国际比对监督管理办法》、《计量基准管理办法》、《计量检定人员管理办法》已完成征求意见稿，正在全国征求意见。

4. 组织修订了依法管理的计量器具目录和进口计量器具型式审查目录。

5. 进一步加强对计量证书的管理，维护其权威性、法制性和统一性。

一是起草并印发了新版的《检定证书》和《检定结果通知书》封面格式式样。

二是统一规定了《仲裁检定申请书》、《仲裁检定委托书》、《仲裁检定通知书》、《仲裁检定结果通知书》、《计量调解书》以及《仲裁检定证书》等格式式样。

二、计量基标准建设取得新发展

1. 积极参与国家科技基础条件平台建设

从今年起，正式将计量基标准建设(物理部分)、计量基标准建设(化学部分)、标准物质等三项课题纳入国家科技基础条件平台建设计划。

先后下发了《关于落实科技基础条件平台建设纲要，加强计量科技基础建设的通知》等文件，要求各地也要与科技管理部门密切合作，将各地计量基标准建设纳入当地科技经济发展规划，保证同步发展。

2. 组织成立计量测试专家咨询委员会

组织成立了计量测试专家咨询委员会，对《完善国家计量基准体系的方案》以及我国计量基本单位定义的发展方向和张钟华院士等专家提出的关于复现质量单位千克的方案进行了研究。

3. 继续安排落实财政部专款

继续安排落实财政部专款1200万元用于提高和完善密度标准、眼科光学基标准、电能量值、紧凑型荧光灯总光通量标准、中温基标准和激光波长标准(532nm)、γ射线照射量基准量传溯源体系和“食品药品放心工程”中关键量检测--化学元素含量与形态分析检测能力建设等8个项目。

4. 批复国家基准

批复了耦合腔互易法声压基准、$(2.5\times10^4\sim1\times10^5)m/s^2$ 冲击加速度基准、石油螺纹参量计量基准和（150~2500）MPa 压力基准等 4 项国家计量基准恢复使用，并批准正式启用约瑟夫森电压基准开展量值传递。

5. 电离辐射专业领域量和单位改制

今年是电离辐射专业领域量和单位改制工作的第 3 年。按照改制工作计划，目前，完成了建立新的国家计量基准、改制旧的国家计量标准的技术基础工作，编制了一整套改制培训、宣贯材料。

6. 贯彻实施新的《计量标准考核办法》和《计量标准考核规范》

通过宣贯、培训、座谈会等形式，进一步规范了全国的计量标准的考核和管理工作。

7. 组织开展"化学元素含量与形态分析检测能力建设"研究

研制溶液状态和复杂基质中的元素形态系列标准物质(8~10)种，用于食品安全检测和环境监测仪器的校准，以保证测量结果的准确可靠。该项目已通过专家的论证评审。

8. 组织参加国际关键比对

为保证全国量值统一和与国际的一致性，组织计量院和标物中心参加国际物理、化学量关键比对 21 项，并在"总光通量比对"、"布氏硬度比对"和"大豆粉中元素的测量比对"等三个项目担任主导实验室。

9. 加快了对各全国专业计量技术委员会的改革，增补、调整了部分委员

委员总数在原来基础上增加了 1/3，同时增加了质检系统外其他行业和企业委员的比例，已占到委员总数的 40%以上。

成立了"计量名词术语工作组"，组织各全国专业计量技术委员会修订了相关专业的计量名词术语技术规范，并由"计量名词术语工作组"审定后报全国科技名词审定委员会。

10. 进一步规范和完善计量检定人员考核及管理

组织了对 1991 年出版的《计量检定员考核统一试题库》进行修订。制定了新的《计量检定(测)人员考试题库》及考试大纲编写实施方案、考试大纲编写和试题编写规则，完成了专业考试大纲的编写、试题库软件的需求分析、计量检测人员考试项目分类、题库工作网站的网页制作及计量检测人员考试项目分类上网征求意见。

11. 检查计量技术机构

依据《法定计量检定机构监督管理办法》的有关规定，组织 5 个专家小组，抽查了国家家用电器计量站、山西省计量监督检定测试所等 10 个国家专业计量站和省级计量院(所)，对这些机构的量传保证体系运行情况进行监督检查。部分地方省级局也通过抽查、考核等形式对所属计量技术机构进行了检查。

12. 支援西藏自治区计量技术基础建设

总局决定对西藏自治区计量所全体职工进行一次系统培训，费用由总局负责，通过 7 个大区国家计量测试中心具体落实。

三、计量工作的改革取得新突破

1. 随着科技部批准中国计量院科研机构改革方案，原中国计量科学研究院和原国家标准物质研究中心已合并组建为新的中国计量科学研究院(国家标准物质研究中心)。新计量院的内部机构改革正在有条不紊地进行。

2. 科研机构体制改革在全国质量技术监督系统已陆续展开，法定计量检定机构的重组与改革也在推进。

3. 根据人事部职业资格管理办法的有关规定，拟对计量专业技术人员实行职业准入制度。经过调研，起草了《注册计量师和助理计量师制度暂行规定》、《注册计量师和助理计量师资格考试实施办法》，并报人事部。

4. 采取措施培育和发展计量校准市场。

四、依法行政，法制计量取得新成绩

1. 坚持依法行政，落实职能

一是向国家发改委和财政部重新上报了计量行政收费项目的收费标准调整方案，并获批准。

二是向国务院法制办提交了"关于'医用三源'和电话计时计费装置强制检定的意见"，重申对"医用三源"和电话计时计费装置实施强制检定是《计量法》赋予质量技术监督部门的法律责任。

三是针对《中国铁通关于湖南分公司在用局用交换机设备计时计费性能检测问题的报告》，制定并下发了《关于对在用局用交换机设备计时计费性能检测问题的复函》，强调了电话计时计费装置属于强制检定的工作计量器具，县级以上人民政府计量行政部门应当依法对其实施强制检定。

四是为了加强对强制检定工作计量器具的管理，委托湖南省局开展了强制检定工作计量器具档案试点工作。

五是为了加强对计量器具生产企业的监督管理，要求各地对生产列入《强检目录》范围的计量器具生产企业进行普查，目前数据正在统计和汇总。

六是开展了贯彻落实《行政许可法》的执法检查工作，完成了《计量行政许可项目情况调查表》的调查。

七是完成了十届全国人大三次会议《关于认真贯彻立法法、行政许可法、计量法等国家法律清理制止部分计量机关擅自扩大强制检定范围牟取不当利益做法的建议》的答复工作，并对近 31 件国务院其他部委行政法规、部门规章等提出修改建议。

2. 重点市场计量专项整治成果显著

一是为了贯彻中央一号文件精神，落实国务院关于整顿和规范市场经济秩序的工作要求，下发了“关于开展粮食、棉花市场计量专项监督检查工作的通知”，要求各地对本行政区域内的粮食、棉花收购、销售环节在用的计量器具进行一次集中的计量专项监督检查。

二是为了贯彻落实国务院关于加强煤矿安全生产工作的有关会议精神，起草并下发了“关于开展煤矿计量专项监督检查工作的通知”，要求各地在本行政区域内开展煤矿计量专项监督检查。

三是为了了解各地在煤矿、粮食、棉花市场计量监督检查工作的进展情况、存在的问题以及有关的工作建议，组织有关省市局计量处分别在安徽和山西组织开展了煤矿及粮食、棉花市场计量监督检查的现场专项调研，完成了相关的调研报告。

四是会同总局执法督查司下发了“关于开展‘十纵十横’交通主干线沿线加油站计量执法检查的通知”，要求进一步加强对加油站在用加油机各种计量作弊行为的查处力度。

五是下发了国家质检总局关于组织地方贯彻落实《国务院办公厅关于加强车辆超限超载治理工作的通知》的通知，对做好超限超载检测站在用计量器具计量检定工作提出了要求。

3. 商品量计量监管机制日益健全

一是组织修订了《定量包装商品计量监督管理办法》和《定量包装商品净含量计量检验规则》(JJF1070)。

二是继续组织开展定量包装商品净含量国家监督专项抽查，分别于第 1 和第 3 季度组织开展了对省会城市部分定量包装商品生产企业进行国家监督专项抽查。

4. 组织安排计量器具产品质量国家监督抽查

组织安排了称重传感器、电能表、多费率电能表、压力表、瓦斯计、税控加油机、弹簧度盘秤、出租车计价器、水表等 9 种计量器具的产品质量国家监督抽查。从监督抽查的结果来看，电能表、水表、出租车计价器和税控加油机等产品近年来一直保持了比较高的抽样合格率，质量比较稳定。但仍有部分计量器具产品质量问题严重，特别是贸易结算用的弹簧度盘秤、承重传感器和安全防护用的压力表等产品，今后需要继续加大监督力度。

5. 做好机动车安全技术检验机构在用计量器具的检定

为贯彻落实《中华人民共和国道路交通安全法》及其实施条例，做好机动车安全技术检验机构在用计量器具的检定，下发了《关于做好机动车安全技术检验机构监督管理接收工作的通知》。

五、服务经济，工程计量做出新贡献

1. 落实国家有关能源政策和国务院文件精神，切实加强能源计量工作

一是提出了“国家质检总局落实《今明两年能源工作要点》的实施方案”，成立了“总局能源工作组”，加强了局内各部门和有关单位的协调和合作。

二是经过多次协商、研究、讨论，和国家发改委联合印发了“加强能源计量工作的意见”，提出了到 2010 年的能源计量工作目标和措施。

三是配合国家标准委，组织修订“企业能源计量器具配备和管理导则”国家标准。另外，组织制定重点耗能行业能源计量器具配备和管理标准。

四是组织开展了重点耗能企业能源计量管理状况调查，涉及全国约100家大中型企业。

五是布置各省级局和计量技术机构，在“世界计量日”前后结合“计量与节能”的主题开展宣传教育活动。

2. 密切关注和支持国家能源重点建设项目

一是组织计量院、国家原油大流量计量站等计量技术机构完成了“春晓”、“陕京二线”天然气工程大型流量计和“西气东输”天然气工程大型流量计检定装置的首检工作。

二是组织了国家石油战略储备油库大型储油罐的检定工作。

3.支持开展测量管理体系认证

会同国家认监委联合发布了《测量管理体系认证管理办法》，在政府推动、企业自愿的原则下，对测量管理体系实行统一的认证制度。支持中国计量测试学会开展相关工作。

六、计量的国际交流与合作迈出新步伐

1. 组织外事活动

总局共组织、参与计量出访团组19个，接待来访团组14个；对外签署计量合作谅解备忘录、会议纪要等4份；为配合国家经济和外交重大活动开展以及总局领导出访工作，共提供双边合作协议的草案建议和口径39份。

2. 积极参与国际计量组织的活动

组团参加了OIML主席理事会和第40届CIML大会以及第12届APLMF年会；组织有关技术机构选派专家参与OIML技术活动；对25个国际建议和国际文件草案提出了技术意见；承担了OIML TC17/SC1湿度和OIML TC10/SC2压力计秘书处的工作。

3. 申请加入计量器具型式批准多边互认协议(MAA)

已经正式向国际法制计量组织(OIML)申请加入计量器具型式批准多边互认协议(MAA)。按照OIML的要求，派出代表和专家积极参与了MAA的合作。作为发证机构，OIML中国秘书处制定了质量手册、程序文件和一系列记录表格。聘请专家对OIML中国秘书处质量体系进行审核，研究中国加入MAA的对应措施，进一步规范了工作程序。

4. 加强了与各国的计量合作

一是与韩国计量测定协会、日本计量仪器联合会共同编写了三国文字的《中日韩计量术语集》。

二是在总结与荷兰、德国开展型式批准结果互认工作经验和问题的基础上，与荷兰就进一步扩大互认产品的范围进行了磋商；与英国国家度量衡实验室签署了新的互认协议，为促进更多的中国计量器具产品走向国际市场打下了基础。

5. 计量器具产品WTO通报、咨询系统已经正式开展工作，并且运行良好

七、其他工作也都有新进展

1. 广泛开展了计量宣传活动

一是今年1月组织了国家计量局和计量院成立50周年庆祝活动。

二是组织了“5.20世界计量日”系列宣传活动。包括：组织各地建立计量免费咨询服务日制度，定期开展计量免费咨询服务活动；委托中国计量协会在济南钢铁集团总公司举办了“计量与节能”现场会，推广部分企业的成功经验；委托《中国计量》杂志社制作了宣传张贴画，宣传计量在节约资源等方面的作用，各地张贴达6000余套。

三是组织《计量法》颁布20周年庆祝活动。召开了纪念《计量法》颁布20周年专题研讨会，组织向全国从事计量工作30年以上的人员颁发荣誉性的纪念证书。

2. 计量信息化建设起步

在重庆举办了质监信息系统CQS计量子系统软件应用试点布置培训会，总局还对质监信息系统CQS计量子系统的试点应用工作做了布置。

2005年上海市计量工作

上海市质量技术监督局计量处　陆　敏

根据2005年上海市计量工作要点，计量处已完成《目标管理展开计划表》共12个方面71项措施中的65项，需调整6项。调整的项目中，均已作了前期工作，其中建立和完善各类人员、行政许可数据库、强制检定计量器具信息管理系统属于局金质工程，由局统一安排。制订水表、煤气表强制检定监督管理规定，在制订地方管理条例的时候加入。

一、加强计量监管，突出民生计量，打造计量放心

1. 集贸市场：专项整治与长效管理相结合，行政执法与技术措施双管齐下

2005年元旦春节期间，在全市开展"保两节、反欺诈、打击作弊电子计价秤"为主题的计量专项整治活动，整个活动历时两个月，共出动2200人次，检查了483个集贸市场共36618个摊位，检查在用计价电子秤31000余台，查获利用电了秤作弊事件689起。在"3.15"消费者权益保护日前后用了1个月左右的时间对本市固定集贸市场的公平秤开展了专项整顿，提出了公平秤管理"两必须、五应当"要求。共出动500多人次，检查集贸市场687家。通过专项整顿，目前各集贸市场均已配置了强检合格有效的公平秤，做到公平秤建账立卡且有专(兼)职人员管理，基本达到了法律法规的要求。

为了提高集贸市场计量管理的长期性和有效性，我们把有关计量管理要求写入了地方标准，对于新建的标准化菜市场严格按照地方标准的计量管理要求进行验收。对原有菜市场重点推行电子计价秤"四统一"(统一管理、统一检定、统一计量、统一设置)管理和"谁主办谁负责"的管理第一责任人制度。

为了提高行政执法的技术保障能力，上海市计测院研制成功了遥控作弊秤干扰器和搜索器，运用高科技手段严防电子秤作弊。目前，干扰器已分发到全市19个区县质监部门手中，并已取得实效，基本解决了以往执法检查中"发现难、取证难、查处难"的问题，提高区县计量执法人员反电子计价秤作弊水平。引起了广大市民和媒体的广泛关注。

2. 加油(气)站：企业自查与监督检查相结合，市局与总局检查相结合

市局2005年组织开展加油(气)站计量监督检查，检查分两个阶段，上半年督促本市加油站广泛开展计量情况自查，下半年结合国家总局"十纵十横"交通主干线沿线加油站计量执法检查通知要求，组织各区县局、强检中心对加油站开展计量专项监督抽查，通过这次检查，摸清了情况，据统计，目前上海市共有加油站806家，在用加油机3047台，加油枪5261枪。其中，中石油、中石化两大公司自有的加油站占加油站总数的90%。在摸清现状的基础上，我局对交通主干线沿线和城乡结合部路段沿线的加油站，全面展开计量执法检查。对消费者有过投诉的加油站、社会加油站、以及中石化、中石油特许加盟的加油站进行重点检查。执法检查采取突击检查的方式，共出动检查人员900多人次，检查加油站349家，检查在用加油机1350台，受检率为99.9%，合格率为98.9%。从检查情况看，大部分加油站计量管理制度比较完善，能够积极配合计量管理部门做好工作，大部分站点的加油机也都按照法律规定和检定周期正确使用。其中，中石化、中石油两大公司对加油站计量工作非常重视，制定了较完善的计量管理制度，明示计量投诉电话，所辖加油站加油机计量合格率较高。但是，仍有个别加油站存在一些问题：个别加油站违规使用未经检定、超检定周期的加油机；少数加油站的加油机修理后未经

检定就投入使用；少数加油站配置的加油机因机器老化等原因导致稳定性较差。针对检查中发现的问题，我局对有关加油站提出了具体整改要求。

加油站的计量监督管理是一项长期工作，今后我局将继续加强对加油站的计量监管，建立和完善计量监管长效机制；督促加油站建立完善计量管理制度，加强行业自律，打造诚信经营的社会环境，充分发挥计量工作在公平交易、诚信经营中的重要作用，努力构建"计量安全"、营造"计量放心"的社会氛围。

3. 开展定量包装专项监督抽查

我局于2005年4月下旬对在全市销售的定量包装熟食制品等开展净含量专项监督抽查。共抽查60批次，不合格12批次，合格率为80%。从8月份到9月份对本市生产的方便面、奶粉、茶叶、葡萄酒等10类定量包装商品进行2005年第3季度定量包装商品净含量国家监督专项抽查。共抽查了58批次，合格50批次，合格率为86.2%。对检查中不合格企业积极落实后处理工作，分析定量包装商品净含量不合格原因，宣传有关定量包装商品方面的法律法规和技术要求，帮助不合格企业整改。

4. 粮食、棉花市场计量专项检查

按照国家质检总局通知精神，2005年5月中旬起组织开展对粮食、棉花市场进行为期3个月的计量专项检查。共出动计量执法检查人员400多人次，检查收购站87家，检查计量器具428台(件)；检查粮食销售企业213家，检查计量器具698台(件)；检查粮食类定量包装商品314批次，合格率为92.6%。

二、规范办事程序，做好行政许可审批工作

1. 迎接了市人大、市监察委、市法制办的检查

为了进一步贯彻执行《行政许可法》，强化对行政机关实施行政许可行为的规范和监督力度，进一步提高依法行政的能力和水平，根据《关于对局系统执行行政许可法情况进行执法检查的通知》的要求，在行政许可的设定情况、实施情况、制度执行情况和文书执行情况等四个方面认真自查，通过了市人大、市监察委、市法制办的检查。

2. 完善许可证审批制度，深化计量器具的监管

结合上海实际情况，根据《上海市制造计量器具简易审批若干规定》的规定，发布了《简易审批的计量器具目录(第三批)》50项，使全市简易审批的计量器具达到150项，进一步方便了企业，使产品早上市，并在市或部分区探索试行了计量器具许可证的分类管理做法。

开展区县制造计量器具许可证考核发证工作检查。在组织起草、宣贯《制造(修理)计量器具许可证办理作业指导书》的基础上，开展了区县考核发证工作的自查活动，根据自查情况，组织各区、县进行了互查，对检查结果进行了通报，同时要求各区县局找出原因，制订措施，进行整改。通过这次检查，进一步强化了计量器具发证和证后管理，做到市、区发证一个样，产品批量不走样。

积极实行《计量器具新产品管理办法》，完善计量器具新产品封样制度。国家质检总局《计量器具新产品管理办法》2005年8月1日起实施。为配合《办法》的公布实行，我局立即发文转发给各区县局，并及时更新网上政务公开，完善计量器具型式批准申请书，方便企业下载，同时通过"计量信息汇编"将《办法》修订说明发给各相关单位进行宣传。召开本市样机试验工作研讨会，进一步完善计量器具新产品封样制度，特别是从源头上防止利用电子计价秤的作弊行为。10月8日国家总局公布了《依法管理的计量器具目录(型式批准部分)》，将原有的400多项缩减到75项，为积极应对目录减少带来的影响，我处精心准备，及时召开全市学习宣贯会议，积极贯彻落实新颁的国家《目录》。同时制定具体的措施，结合新目录的实施，规范计量器具的命名，并积极处理好相关事宜，做到不断不乱。

3. 按时、按质做好各项行政许可审批工作

根据《道路交通安全法》要求，经过多方共同努力，机动车安检机构首次计量认证工作7月底顺利完成。共有97家安检机构通过计量认证评审，获得计量认证合格证书。召开了上海市机动车安全技术检验机构计量认

证首批颁证大会，翁局长到会为首批获得计量认证合格证书的 27 家单位颁证，对其他安检机构起到了较好的引导作用。

全年共受理计量标准考核申请 100 项，核发计量标准证书 90 项。颁发市级社会公用计量标准证书 50 项。处理建标单位计量标准更换、停用、撤消 40 项。受外省质量技术监督局委托，受理、安排计量标准考核 32 项。

受理授权申请（扩项）3 家，发证 3 家。受理上海机动车检测中心等 12 家校准机构的申请，组织专家进行现场评审。已发证 10 家。

分别完成 2 月份、8 月份计量检定人员加急考（人员 376 人，考核项次近 500 项）、5 月份计量检定人员春季考（人员 1100 人，考核项次 1500 余项，其中计量基础不合格 80 人，计量理论不合格 214 人，计量专业操作不合格 138 人）。组织秋季全市计量检定人员考核工作，共有 1250 人参加本次考试，考核项目 1750 余项。全年总计有 2726 人次参加本年度考试，考核项次 3750 余项。完成 4 家法定机构的计量检定人员的年度审证登记备案工作。

完成对扬子江药业集团上海海尼药业有限公司的完善计量检测体系的审核，上报国家总局。完成对上海嘉里粮油、上海海牌润滑油有限公司的定量包装商品生产企业计量保证能力评价（C 标志）以及上海汉高化妆品有限公司的复查换证工作。完成烟草（集团）公司、宝钢化工有限公司的完善计量检测体系的审核发证工作。

三、强化技术基础建设，加强技术机构管理

1. 加强计量标准立项审批，合理配置资源网络

对区县法定计量检定机构进行调研，包括社会公用计量标准的建立、维护和使用情况，联合建标、跨区开展检定的可行性和开拓校准市场的经验和体会等。对市区两级 2006 年社会公用计量标准申请项目立项必要性进行评审，审核各类新建社会公用计量标准申请项目 23 项。其中“粉尘采样器检定装置”等 7 个项目列入市级项目，“衡器检定装置”等 16 个项目列入区（县）级项目，我局将根据费用情况，按照上述顺序逐项组织实施。

2. 加强对获证计量认证机构的监管

为加强对计量认证工作监管，2005 年上半年完成了获证单位年度情况报告，组织并督促本市 345 家计量认证获证单位参加了全国实验室资源调查工作。9 月份组织本市 11 家检验机构开展木家具中有害物质限量检测能力比对试验活动。9 月底到 11 月底开展对本市计量认证获证单位 2005 年度监督检查，重点对本市食品检验检测机构进行监督检查，对老百姓反映比较大的室内空气环境污染检测机构进行了抽查，同时根据有重点、有区别管理的原则，对部分获证单位进行了监督检查，实行“近距离”监管。

3. 加强考评员队伍建设，使队伍结构更加合理

加强计量标准考评员队伍建设，及时对即将到期的 74 名二级计量标准考评员进行了复查，确认延期 68 人。根据计量标准考评员队伍的现状，进行第二批计量标准考评员培训和考核工作，通过扩大考评员队伍，将进一步完善队伍的专业结构和年龄结构，为加强和提高计量标准的管理水平打好基础。

4. 加强对计量校准机构的管理

2005 年对 22 家校准机构进行监督检查，组织衡器、千分表、电子经纬仪等 3 个项目的比对试验，召开 04 年开展的 pH 计等三个项目的比对试验总结分析会，组织专家、技术机构就比对试验进行研讨，分析原因，提高实验室的量值保证能力。制定《上海市校准实验室计量标准考核办法》，对校准机构和检定机构的标准考核实施分类管理，并对《办法》进行宣贯。

5. 完成编制“十一五”计量规划

以科学发展观为指导，贯彻“计量放心”的要求，编制“十一五”技术基础规划和局“十一五”事业发展规划。现已基本完成上海市“十一五”技术基础规划、市局“十一五”事业发展规划（计量部分）的编制工作。

6. 组织技术法规的宣贯，根据需要编制地方规程

贯彻和实施国家总局《零售商品称重计量监督管理办法》、《定量包装商品计量监督管理办法》、《计量标准考核办法》，结合上海的实际向各区县质量技术监督局、有关行业和技术机构进行了宣贯。根据上海开展检定工

作的需要，组织“电话计时计费装置”地方检定规程和“光子相关光谱法粒度分析仪”地方校准规范审定工作，完成“电话计时计费装置”报批和发布。

7、积极配合金质工程，完善办事流程

对全处办事流程按照“金质工程”的要求进行了梳理和交流，进一步完善了各自的工作流程，同时也增加了对相互间工作流程的了解，大家疑义相析，取长补短，业务相长。作为金质工程的首批试点部门，我处积极配合金质工程完成本处的信息化工作，特别是工作流程、网上问答等。结合金质工程，研究强制检定计量器具信息管理模式，提出系统各功能块的需求分析，目标是市局、区县局、强检中心、各计量检定机构均能做到信息共享和信息互通。全年接待网上咨询共300余条，网上申请近50项，处理各类电话投诉22起，信件投诉26起。

四、加强计量宣传，打造“计量放心”的社会氛围

1. 积极迎接市人大对《上海市计量监督管理条例》实施情况进行检查

2005年是《条例》公布实施五周年，为进一步推动《计量法》和《条例》的贯彻实施，不断完善计量管理制度，继续推进本市计量工作，我局提请市人大于9月份对《条例》公布实施5年来的情况进行检查。市人大常委会副主任朱晓明率领的检查组，以明察暗访的形式对《条例》的贯彻落实情况开展了执法检查。通过检查，使人大代表们对本市的计量工作情况有了更深一步的了解，对市质量技监局五年来的工作进行了充分的肯定，同时也了解了《条例》实施过程中存在的如调整范围不适应、行政执法手段缺乏、对违法行为的惩戒力度不够、有关行业投入不够等问题，考虑在适当和必要的时候对《条例》进行修订。结合这次检查，我们也在主要新闻媒体上对《条例》5年来的实施情况进行了宣传。

2. 组织开展“5.20世界计量日”宣传教育活动

为营造“计量安全”，打造“计量放心”的社会氛围，在“5.20世界计量日”活动期间，以“计量与节能”、“计量与市民”为主题，联合新民晚报、新闻晨报等本市新闻媒体，组织策划了100多项活动，旨在宣传计量法律法规知识，创造公平消费的市场环境。

同时根据国家总局的要求，组织了“计量免费咨询服务日活动暨血压计计量门诊小分队成立仪式”的大型活动。翁局长向社会公布建立上海市计量免费咨询服务日活动制度。每年的3月15日“国际消费者权益保护日”、5月20日“世界计量日”、和9月9日“眼镜配镜计量日”为本市的计量免费咨询服务日。在服务日，各区县技术监督局应组织人员进“五区”（厂区、商区、社区、校区、园区）开展各种计量免费咨询、免费或优惠检测、校验等服务。

3. 举办了计量系列专题报告会

聘请了一批从事计量工作的老领导、老专家和老计量工作者组成计量宣讲团，开设系列讲座，讲述他们的计量亲历、计量发展和对计量明天的期望。宣讲团由原市标准计量管理局局长、全国老干部先进个人汤道林，市局老领导、市政协委员、市计量协会会长沈思，中国工程院院士、博导、教授李同保，交通大学人文学院副院长、博导、教授关增健四位同志组成。系列讲座的第一讲——“激情燃烧的岁月”，由汤道林同志主讲。第二讲《计量春秋》，由关增健教授就维持国家机器正常运转的技术保障、确保国家的经济和科学技术正常发展的技术保障、构建诚信社会的技术保障等内容作专题讲座。第三讲《国内外计量及化学计量》，沈思会长从环境、资源、健康、可持续发展等方面入手，深入浅出地阐述了化学计量的重要性。

4. 组织开展3.15系列活动

组织开展了以“计量放心”和“民生计量”为主题的3.15系列活动。在3月15日这一天，各区县都开展了形式多样的现场咨询活动，大力宣传计量常识和计量法律法规，发放了大量的宣传资料，在全市张贴计量公益宣传画1万余张。如闵行区举行了集贸市场作弊电子秤的集中销毁活动；杨浦区，在社区设摊进行计量宣传活动，接收相关咨询和有关事件的投诉；青浦区联合区消协委、区电台、区报社、区政府网站进行计量法问题投诉等相关报道；闸北区、静安区、崇明县等举办3.15大型宣传活动，包括计量法律法规咨询服务、发放资料、如何鉴别

作弊秤、现场受理投诉;卢湾区围绕“健康、安全”,举办正确佩戴眼镜知识讲座。浦东新区有关人员会同区人大代表、政协委员、市民代表、媒体记者对浦东新区2家医院在用计量器具的强检情况进行了检查;奉贤区、徐汇区进行加油站计量监督检查;金山区开展对个体、私营诊所计量专项检查活动,确保强制检定率100%和消费者的健康,同时对《金山报》等新闻媒体开展法定计量单位使用情况专项检查,贯彻国家法定计量单位制度,保证计量单位的统一。

5. 组织开展“9.9 眼镜计量日”宣传教育活动

组织开展“9.9眼镜配镜计量日”系列活动。活动内容包括:组织本市各眼镜制配企业和门店,在2005年9月9日当天,向广大市民推出“免费验光、免费校准、免费小修”的“三免”服务,同时为广大市民提供保护视力和选购眼镜的咨询,促进了眼镜制配企业加强诚信建设,进一步提高服务水平和服务质量;动员各区县质量技术监督局及有关单位,组织人员开展“计量免费咨询服务日”活动,组织“血压计计量门诊小分队”为市民提供免费的血压计校验服务;动员有关计量技术机构,结合本单位特点,组织人员开展各种计量免费咨询服务,并提供免费或优惠的检测和校准。

2005年天津市计量工作

天津市质量技术监督局计量处　赵秋洪

按照《二〇〇五年天津市计量工作安排意见》的要求，天津市质量技术监督局计量处在搞好先进性教育的同时，克服困难，努力做到两促进、两不误，圆满完成了各项工作任务，全年计量工作如下：

一、企业计量工作

计量工作是企业重要的基础工作，企业计量工作水平高低直接影响企业的科学化管理、企业的节能降耗、企业的产品（工程）质量、企业的经济效益，认真抓好企业计量工作是计量服务于天津经济发展的重要体现。

1. 贯彻ISO10012—2003标准和JJF1112—2003年《计量检测体系确认规范》，进一步抓好确认合格企业的计量体系文件的换版工作

在2004年对有关企业培训试点的基础上，2005年重点抓了具有代表性的大型企业一建、二建、三建、港埠四公司、城建集团、塘沽供热等单位的计量体系文件换版工作，使企业不仅做到统管好企业的测量设备，同时更要注重测量过程的控制，最终达到使企业的计量检测数据更准确。

2. 努力推动国家级、市级计量确认工作，树立更多的大型企业计量工作典型

2005年，经过多方努力工作，与国家局协商，与区县局协调，大型国有企业中新药业乐仁堂制药厂、大型民营企业天津荣亨集团股份有限公司、天士力中药资源股份有限公司、大型股份制企业天津蓝巢电力检修公司四个单位达到国家级计量确认水平，目前已取得了国家完善计量体系证书，到目前为止，我市国家级计量确认单位已达35个。市级计量确认和复查共完成27个单位。使企业的计量检测体系运行更进一步规范。

3. 加强企业计量人员的培训，不断提高计量人员素质

按照中国计量协会中计协函(2004)22号文“关于开展企业计量管理培训工作的通知”的要求，从2004年开始，用3年左右的时间，在全国范围内开展企业计量管理培训工作的安排意见。今年配合计量测试学会组织一期师资人员的培训，包括各集团、各局计量管理人员，为下一步继续开展培训打下了基础。

4. 定量包装商品生产企业“C”标志工作

定量包装商品生产企业“C”标志是推动定量包装商品生产企业提高计量管理水平和计量保证能力的重要手段，2005年，国家局下发文件，要求申请国家质量免检产品的定量保证商品必须取得“C”标志，结合贯彻国家局要求，要求各区县局积极推动“C”标志的开展。2005年，已为10余家企业颁发了新证，另有6家企业已提出申请，正在准备考核。

5. 举办“计量与集约型、节约型经济发展论坛”，全面推动我市节能降耗工作

为贯彻落实温家宝总理在“全国建设节约型社会”电视电话会议上的讲话，坚持科学发展观，努力构建集约型、节约型生态型的发展模式，加快建设节约型社会步伐。为进一步推动全市企业计量工作，加强企业计量检测，促进企业节能降耗和提高产品（工程）质量推动全市计量工作上水平，促进天津经济的发展，2005年计量处举办了“计量与集约型、节约型经济发展论坛”，全市各局、集团总公司的计量主管领导和计量人员、有关企业计

量主管领导和计量人员以及我市质量技术监督系统共计160余人参加了此次论坛。国家质检总局王秦平副局长、市政府陈宗胜秘书长出席论坛并讲话。天津市经委、建委的有关领导也参加了会议。天津市主要媒体“天津日报”、“今晚报”、“天津电台”、“天津电视台”和“中国质量报”报道了论坛的内容。

论坛由天津市质量技术监督局杨振林副局长主持，吴初局长做了主旨发言。会上共发表了论文27篇，中国计量科学研究院童光球院长进行了“计量科学研究的作用、现状和发展趋势”的演讲，中法王朝葡萄酿酒有限公司、天津港(集团)有限公司、大沽化工股份有限公司等也分别做了演讲。

王秦平副局长高度评价此次论坛：是天津市技术监督局在天津市委、市政府领导下，以实际行动落实党中央国务院提出的科学发展观，构建和谐社会和建设节约型社会，建设循环经济等重要指示的一项很重要活动 。将对天津市的经济发展起到一定的促进作用，对天津市的企业计量工作起到深远的影响。

6. 表彰先进，提高企业计量人员工作热情

“十五” 期间天津市按照国家局的统一要求，以贯彻ISO10012标准和国家完善计量检测体系原则要求、JJF1112—2003为主线重点抓好企业的计量确认工作，涌现出一大批计量工作先进集体和个人，为表彰先进，促进后进，全面推动全市企业计量工作的开展，2005年经过层层推荐市局审核，最终确定65个先进集体和47个先进个人，并以市质量技术监督局的名义进行表扬。

二、计量技术机构建设

1. 2005年初召开授权计量技术机构工作会议，总结2004年按照JJF1069—2003考核的整体情况，对各授权机构取得的成绩表示认可。对存在的问题提出了整改要求。会上对证后监管工作提出了具体的要求，证后监督的必要性，证后监督的实施等。会上对考核合格的26个计量站颁发了计量授权证书。

2. 完成对法定计量检定机构，授权计量检定机构，及企事业单位到期计量标准复查。共受理行政许可法定计量检定机构230项，授权计量检定机构88项，及企事业单位3项，(共计完成321项)对1个房屋面积公正计量站，4个称重计量站的到期复查进行了重新计量认证工作。

3. 为了确保测量结果的可比性和可溯源性，实现全市计量技术机构相应计量标准所出具的计量数据准确一致按照天津市计量工作安排意见的要求组织了13个区县所对砝码。一般压力表进行了比对工作。在这次比对工作中。各区县局主管计量工作的领导，主导试验室及参加比对试验室都对比对工作给予了高度重视。做了大量认真细致的工作。通过比对，即反映了参加比对的有关计量技术机构计量标准装置的实际状况，包括测量范围，数据不决定度分析，量值溯源方式等，也考察了有关实验室测量能力。包括环境条件，仪器设备，检定人员的技术水平和检定出证的正确程度，通过比对，还帮助参加比对的计量技术机构的有关实验室分析找出量值产生差异的原因，有利于提高相关实验室的技术能力，比队工作取得了明显的效果。

4. 按照JJF1069—2003《法定计量检定机构考核规范》10.2款证后监督的有关规定，组织考核组对我市武清，宝坻，静海，大港，北辰，西青，开发区计量所，进行了证后监督检查，重点查看2003年考核工作中提出的整改要求及落实情况标准器及配套设备溯源情况。标准装置测量重复性及稳定性记录，原始记录及出具的检定证书等技术文件的落实。通过证后监督检查，考核组认为上述单位，思想上重视，能认真组织技术人员进行整改和落实，使各机构质量体系文件运行基本正常，有效，取得了较好效果，各机构管理水平，人员素质，服务水平都有了很大提高。

三、计量器具许可证工作

1. 结合贯彻实施行政许可法，修改相应的工作程序，明确市局及区县局各自职责，规范对计量器具的制造、修理行业的监督管理

行政许可法的实施，进一步规范了行政机关的行政行为，根据行政许可法的要求，对原来不符合规定的工作程序进行了修改，明确了市局及区县局各自的管理权限，调动区县局整体力量，加大查处违法制造、修理计量器具案件的力度，取得了明显的效果；严格许可证发放、复查考核工作程序，充分发挥计量技术机构的技术优势，考核时聘请技术人员对生产条件和出厂检定条件严格把关，保证了取证企业的产品质量；与高校联合开发许可证监督管理联网计算机管理软件，加强市局和区县局发证、换证和证后监督的信息沟通。

2. 提高工作效率、按时完成行政许可事项

2005年，市局受理计量器具样机试验申请69件，受理取证申请23件，受理换证申请近60件，均在规定时间内办理完毕，其中大部分提前办结，收到企业和单位的好评。

3. 按照国家总局要求，及时调整工作内容，保证依法行政

2005年10月份，国家总局调整了“依法管理目录”，计量许可证产品的发证范围有较大变动，针对这种情况，及时将国家局文件精神通知系统各相关部门，并做出相关规定，避免出现换、发证的混乱现象。

四、市场计量监督工作

1. 开展了粮食、棉花收购市场专项计量监督检查

2005年上半年，国家局布置了粮食、棉花收购市场专项计量监督检查，按照要求，具体部署了全市此项工作的开展，在粮食和棉花收购季节开始后，到相关区县局现场检查工作落实情况，推动此项工作深入有效地开展。开展此项工作，共检查粮、棉收购站475个，检查收购粮食、棉花用计量器具640台件，其中经过强制检定的539台件，检查粮食销售单位145家，在用计量器具198台件，其中经过强制检定的180台件，检查粮食类定量包装商品352批次，合格率86%，立案处罚计量违法行为32起，通过开展专项检查，提高了粮食、棉花收购用计量器具的受检率，同时，提高了粮食、棉花购销双方的计量意识，维护了市场正常经济秩序。

2. 完成了定量包装商品净含量国家监督抽查任务

2005年3季度，国家局安排包括天津市在内的10个直辖市和省会城市进行方便面、油漆等10类定量包装商品净含量国家监督抽查，经过周密布置，各区县局和市计量技术研究所密切配合，共抽查了定量包装商品生产企业57家，抽查产品82批次，合格率达86%以上。抽查不合格企业经整改后，复验达到全部合格。

3. 继续开展集贸市场和餐饮业的计量监督检查，巩固前期取得的成果

集贸市场和餐饮业的计量准确与否，直接关系到消费者的利益，2005年5月和9月，分别组织全市规模的集贸市场和餐饮业的计量监督检查，巩固了以前专项整治的成果，进一步提高了餐饮业的计量管理水平。

4. 加大力量严厉打击加油站“缺斤短两”的违法行为

加油站利用作弊手段坑害消费者利益的违法行为由于隐蔽性强，一直是执法工作的难点，2005年利用计量所新装备的流动检查车，针对违法行为易发路段，先后在静海、宁河、宝坻、蓟县等国道和主要交通干路进行了突击检查，罚没款近20万元，极大地震慑了违法者。下一步还要在防范加油机计量作弊采取相应措施，做到标本兼治、打防结合。

五、强检工作

1. 强化燃油加油机强制检定及监督管理，进一步加强对加油机加贴强制检定合格标志管理工作。针对加贴的统一易碎不干胶纸的强制检定合格标志容易因潮湿出现字迹不清的问题，采取措施加以改正。

2. 按照《进口计量器具监督管理办法》的有关规定，受理进口计量器具销售前检定申请，从源头上保证了其量值准确可靠。截止目前，共接受中翰、欧姆龙有限公司、力生公司的包括全站仪、温度控制器在内共计的7000余台(件)的检定申请。与天津市外经贸委机电审查办公室协调有关进口计量器具信息沟通的事宜。

六、地方计量检定规程工作

规范地方计量检定规程制定程序，发布实施《机械式温湿度表》、《停车咪表》、《四轮定位仪》、《胶囊填充机》等天津市地方计量检定规程。

七、做好计量宣传工作

1. 以“3.15”、“5.20 世界计量日”为宣传契机，充分宣传计量的不可替代作用，推动计量工作的深入开展。在天津女人街门前集中举办现场宣传咨询活动，内容包括发放宣传资料和现场咨询及免费检测服务活动，如眼镜光学指标的免费检测等。活动取得了良好的效果，据不完全统计，此次活动共发放宣传单 1500 张，宣传册及书籍 400 本，共接受 200 位消费者的现场咨询，免费检测计量器具 50 余件，现场解决计量问题受到消费者的热烈欢迎和广泛赞誉，使计量进一步深入民心。

2. “爱眼日”在金街组织市计量所及相关企业、单位开展计量免费咨询服务活动，现场介绍眼科光学计量知识，现场开展对眼镜光学计量参数的免费检测，现场解决有关眼镜配制过程中的计量问题，收到了良好的效果。据统计，当天共发放宣传资料约 500 余份，共接受 120 人(次)的咨询和检测。市局主管领导杨振林局长到现场并参加了咨询服务活动。

2005年宁夏回族自治区计量工作

宁夏质量技术监督局　　张亚萍

2005年，宁夏回族自治区计量工作在省局党组的领导下，紧紧围绕提高产品质量这一主线，坚持“深化改革、科学发展、开拓创新、突出重点、务求实效”，以法制计量为重点，努力提高计量工作在全区社会、经济发展中的有效性。认真全面履行了计量监管职能，完成了上级布置的各项工作，全区的计量工作在2005年上了一个新台阶。

一、加强法制计量，整顿和规范市场计量秩序，为创造“三个环境”服务

1. 转变职能、依法行政，提高计量监管能力。根据局党组的要求，计量处坚决下放了计量检定员证、计量标准考核证书、计量确认证书三项行政审批事项，转变工作职能，站在全区的高度，集中精力抓好垂管，抓好全局计量工作。努力改善自治区区投资环境、企业发展环境、老百姓消费环境。

2. 全面完成计量器具强制检定工作责任目标。各市、县局通过进一步完善了强检计量器具年审备案制度，实现对强检计量器具的动态管理，加强监督，严格执行强检周期制度，全区共检定计量器具92114台(件)。强制检定计量器具84702台(件)，受检率达到95%以上。重点加强民用“四表”首次强检工作的落实及首检标志的推广，加大监管力度，对于拒绝检定的单位和个人都依法进行了严肃处罚，全区基本实现了民用“四表”的首检。

3. 加强市场计量监督管理，加大对计量违法行为的打击和查处力度。2005年计量处多次组织协调了全区计量专项监督检查，组织了对全区大型超市和集贸市场的专项计量监督检查，共检定超市和集贸市场的计量器具21821台(件)，受检率94.6%以上，合格率90%以上，公平秤167台，受检率98%以上，合格率达到98%，大型超市定量包装商品的合格率达到了95%以上；2005年5月至7月组织了对全区粮食市场计量专项监督检查，全区共检查粮食收购站142家，粮食加工企业37家，出动执法人员336人次，检查各种计量器具1461台(件)，对少数使用不合格计量器具坑农害农的违法行为进行了严厉的打击，有效的维护了粮食市场的秩序和农民的利益。

4. 根据国家总局的统一部署，2005年7月至9月开展了全区煤矿计量专项监督检查，重点检查了涉及煤矿安全的计量器具，此次专项检查共检查被授权计量检定机构2家，各类煤矿44家，检查各类计量器具3964台(件)，其中：瓦斯计1430台，风压表101只，粉尘测量仪13台，压力表329块，其他在用计量器具2091台。大型煤矿企业强制检定的计量器具的受检率达到了90%以上。

5. 组织完成了全区2005年第三季度定量包装商品净含量国家监督专项抽工作，此次在银川市抽查了5类定量包装商品(挂面、奶粉、葡萄酒、涂料、油漆)，共抽查生产企业11家，抽查产品23个批次，合格的21个批次，平均抽查合格率为91.3%，圆满完成了国家抽查任务。

6. 稳步推进“光明工程”工作。重点监督验光、配镜使用的计量器具，检定计量器具791台，全区眼镜行业的计量器具的受检率达到98.3%，眼镜的光学性能指标抽检合格率达到92%以上。

7. 继续做好加油站的计量专项整治工作，重点加强对加油机的强检工作，全区共检定加油机5637台，受检率达到99.7%。各市、县质监部门积极开展计量体系合格确认，帮助加油站建立计量保证体系，完善自我管理机制。

二、加强企业计量管理工作,提高企业计量保证能力

1. 帮助企业开展完善计量检测体系和中小企业计量合格确认工作,全区完成1家大型企业国家计量检测体系确认和19家中小型企业计量合格确认发证。通过对计量体系的完善,企业建立健全计量检测手段和计量管理制度,提高了计量管理水平和计量保证能力。

2. 加强对重点计量器具生产企业的监督管理。开展了对重点计量器具生产企业的监督抽查,督促企业提高计量质量,全年共抽查15家生产企业的41台(件)产品,合格率为92.6%;严格计量器具许可证的行政审批,2005年全局共受理批准了5家制造计量器具许可证的首次和复查申请;加大监督执法力度,坚决查处无证生产计量器具的违法行为,加强对市场销售计量器具和进口计量器具的监督检查,为计量器具产业的发展创造良好的竞争环境。

3. 认真做好定量包装商品生产企业计量保证能力评价("C"标志评价)工作。按照国家质检总局的要求,在全区推行定量包装商品生产企业使用"C"标志的评价试点工作,2005年全区共完成6家定量包装商品生产企业的"C"标志的评价,引导定量包装商品生产企业建立计量保证体系。

4. 加强能源计量工作,发挥计量在节能降耗工作中的重要作用,提高能源利用效率。根据国家质检总局的要求,省局组织开展了全区重点耗能企业能源计量状况的抽样调查,对全区年耗能5000吨标准煤的企业进行了调查,基本了解掌握全区企业能源计量基本情况、能源计量工作的先进经验和存在的问题。

三、依法管理计量检定/校准机构,提高技术保障能力

1. 提高计量机构检定检测水平和全面提升计量技术的综合能力。2005年10月份在全区开展了衡器比对工作,共有19家检测机构(区、市、县级)参加了比对,通过这次比对工作,总结了经验,找出了问题,及时解决了多年存在的技术问题,锻炼了队伍,进一步提高了计量检定机构的综合水平;加强对法定机构的考核,促进提高技术保证能力,全区完成了3家法定计量技术机构的复查考核及3家专项计量授权,日常监督检查1家。

2. 加强量值传递工作,严格计量标准考核制度及检测人员培训、考核、发证工作。全区计量标准考核104项,举办各种专业培训班4期,360多人参加了培训,发放各类专业人员资质证件190个,确保了全区量值传递的准确和计量单位的统一。

四、认真做好认证认可监管工作

2005年认证认可工作围绕着"总结、巩固、发展"这一主题,全面提高认证认可监管能力,使全区认证认可工作得到全面、协调、可持续发展。

1. 根据国家质检总局的要求,协助局里做好设立认证认可机构的工作,区、市、县三级认监机构已建立健全,工作关系已基本理顺。

2. 明确了区、市、县认证认可的机构监管的职责和工作范围。

3. 认真做好全区实验室计量认证与监管工作。2005年全区共计量认证实验室22家,复查7家,增项目2家。在严格评审的同时,按计划对已获得计量认证证书的13家实验室进行了监督抽查。根据全区实验室的实际需要,省局组织了全区实验室内审员培训班,培训实验室内审员140名。计量处配合国家认监委宁夏检查组完成了对4家食品质检实验室的检查,检查结果是管理规范,满足要求,通过监督检查。

4. 努力提高认证监管人员的素质,结合国家认监委对全国认监人员考核工作,对全区45名认证认可监管人员进行了培训发证,使监管人员具备了相关的法律知识和专业知识,全面提高监管人员的业务素质。

5. 加大对强制认证产品监督检查力度。2005年9月至11月组织开展了全区强制性认证装饰装修产品专项监督检查;2005年10月份组织开展了开展全区开展食品和农产品认证标志专项监督检查,共出动执法人员40多人次,对银川市商场、超市里的上千种食品和农产品认证标志逐一检查,检查的商品涉及生产企业近90家,共登记备案169条食品、农产品认证标志记录。重点查处了无证生产、销售强制性认证产品的违法行为,贯彻落实《认证认可条例》,净化全区认证认可市场,为企业创造了一个公平竞争的环境。

2005年河北省计量工作

河北省质量技术监督局

2005年全省计量工作在省局党组和主管局长的领导下，以十六大精神和"三个代表"重要思想为指导，按照全局工作的总体部署和全省计量工作要点，紧紧围绕当地经济建设和质量技术监督中心工作，坚持以法制计量为重点，以科学计量为基础，以整合计量技术机构资源、优化资源配置为努力方向，全面加强了计量监督管理，提升了计量服务质量，进一步拓展了计量工作领域。全系统广大计量工作者以饱满的工作热情和高度负责的精神，圆满完成了全年目标任务，为维护市场经济秩序，保护国家和消费者的合法权益，促进全省经济发展作出了应有的贡献。

一、规范量传行为，提高人员素质，整合计量资源，推动计量技术机构改革与发展

1. 规范检定行为，整合计量资源，推动计量合作，实现双赢

随着市场经济的发展，国外计量检定机构的逐步渗透，计量资源的整合、计量技术机构整体竞争能力的提高等有关问题已成为我们极为关注、努力探索的重要问题。为此，我们加大了对计量技术机构的管理力度，引导技术机构走上了改革发展共赢的路子。

2. 规范衡器检定行为，整合衡器检定资源

长期以来，我省法定计量检定机构尤其是县级机构，在大型衡器检定工作中标准砝码配备量不足，严重影响着衡器的检定质量和行业形象。为此，省局印发了《关于加强衡器检定工作监督管理的通知》(冀质监局函[2005]121号)。要求各检定机构，按照检定规程配备足量标准砝码，规范衡器检定行为，提高检定质量。唐山、秦皇岛、邢台、张家口、邯郸、承德等市局从当地的实际情况出发，在大型衡器检定方面做了大量的工作。唐山市局根据省局文件精神，结合该市工矿企业多大型衡器多的具体情况进行了专题研究，并召开了由市、县区计量所长参加的专题会议，对各所已建的衡器检定装置的整改工作进行了安排部署，提出了具体要求。目前市计量所及12个县区计量所的标准砝码配备量均已达到要求，其中10个计量所还购置了检衡车。

秦皇岛市局按照省局的要求，结合本地的实际情况，采取有力措施使全市四县全部按照检定规程要求配足了50%以上的标准砝码，市所配备了100%以上的标准砝码。

邢台市局针对市所与邢台县所行政区域交叉，长期以来存在的互相争抢地盘的现象，从大型衡器和加油机等项目合作入手，整合部分检定项目资源，实行同一检定项目"一口对外，内部分成"的合作模式。运行一年来，收到了良好的效果。一是增加了收入，市县两级均有大幅度增加，同比增长66%。二是优化了部门形象，避免了漏检和"争市场，抢饭吃"等现象的发生。三是整合了资源，节约了成本。同时，邢台市局对其他各县(市)辖区内的大型衡器的检定项目也进行了整合，有8个县级所1吨以上衡器与市所实行"一口对外，内部分成"的合作机制，8个县级所10吨以上衡器与市所联合检定，并成立了联合检定站。邢台市衡器检定整合迈出了坚实成功的一步。

张家口市局根据当地煤炭运输的实际情况出台了《关于加强西煤东运煤炭市场计量监督管理的通知》，规定各县计量所要严格按照省局授权的检定范围开展工作，超出检定范围的大型衡器一律由市计量所进行检

定，各县局配合，收入分成。市所按照规程要求配备相应标准砝码和检衡车。运行半年多来，收到了较好的社会效益和经济效益。既规范了衡器检定行为，又使有限的资金得到了充分利用，发挥了最大效益；邯郸市局也促成了邯郸市计量所与邯郸县计量所衡器检定工作的协作与联合；承德市局购置了3台检衡车，对全市各县大型衡器的检定工作进行统一管理，分时分片利用检衡车进行检定。

目前，石家庄、保定、沧州、衡水、廊坊等市大型衡器的检定工作正在规范和整合之中。

3. 规范电能表检定行为，利用外部检定资源，落实电能表监管职能

几年来，电能表的检定工作，得不到电力部门的积极配合，技术监督部门对电能表的监管职能难以到位。通过长时期的反复思考、调研，以及目前电能表检定不得向居民和农民收费的问题，省局于2005年同省电力公司进行了再一轮的协谈。省电力公司最终承认贸易结算电能表强制检定的行政监督管理职能归质监部门，并表示接受质监部门的监督管理。为此，达成了共识。并以冀质监局发[2005]133号文件共同发出了《关于加强贸易结算用电能表强制检定监督管理的通知》，明确了对贸易结算用电能表的监督管理是法律和政府赋予质监部门的职责。并强调了要充分利用质监部门法定计量检定机构和电力部门计量技术机构的技术能力，发挥各自优势，因地制宜、统筹规划、合理布局、整合计量检定资源，做好监督管理工作。各级电力企业和用电单位要自觉接受当地质监部门的计量监督。当地质监局部门不能全部承担电能表强制检定工作的，要支持其电力部门的计量技术机构申请授权，开展电能表的强制检定工作，但要做好监督管理工作，确保电能表准确可靠。

到此，可望这项工作能够顺利展开，使多年未能很好解决的电能表监管职能得到有效落实。

4. 提高人员素质，规范检定行为，确保量值准确可靠

我国加入WTO后，计量工作正在积极与国际惯例接轨，出具的数据要求准确无误。这就要求计量人员的理论功底越来越深，专业技能越来越高，处理问题的能力越来越强。为此，我们通过办班培训、计量技术比武、量值比对等形式，加强了计量队伍人才建设，规范其检定行为，以保证全省量值准确可靠。

委托省计量协会举办了11期各种形式的专业技术培训班，共培训各类计量人员802人。提高了我省计量工作的管理水平和业务技术水平。

开展了计量检定人员技术比武活动。邯郸市局开展了衡器、加油机两个项目的检定技术比武；保定市局开展了压力表项目的检定技术比武；邢台市局开展了大型衡器项目的检定技术比武；衡水开展了加油机项目的检定技术比武。通过技术比武活动，调动了广大计量检定人员学习技术、钻研业务、研究检定规程的积极性，提高了检定质量和检定水平。

多渠道培训人才。随着市场经济的深入发展，行政许可法的实施，我省各级计量技术机构对人才的培养都提到了较高的认识。省计量院多次派出技术骨干到国内外进行学术交流和培训，与高等院校联合举办大专计量培训班，培训60多人次；保定、承德、邢台、沧州等计量所与大专院校建立了人才培训联系，或请进来或走出去，多渠道培训提高人才的整体素质。

为了加强国际交流，拓展工作视野，2005年省局派出两人分别赴日本、韩国、澳大利亚进行了参观考察。省计量院、唐山、保定市计量所也分别赴日本、韩国、欧洲等国家和地区进行了参观考察。通过考察学习，了解了国外的计量管理模式和计量体系，学习了国外先进的管理理念和管理方法，与日本、韩国的计量机构建立了业务联系。省计量院与韩国的现代校正认证技术院已初步达成了合作协议，在计量校准、计量市场开发等方面进行合作。

组织开展了水表检定装置的比对工作。为加强水表检定工作的监督管理，提高计量检定人员的检定水平，保证全省水表量值统一、准确和可靠，省局安排了全省水表检定装置的量值比对工作。全省共有21家计量检定机构，37家生产企业的71套水表检定装置参加了比对。其中量值比对合格的26套，有缺陷的35套，不合格的10套。在比对工作中唐山、廊坊、沧州、秦皇岛等市局对比对工作认识高，配合好。通过水表装置的量值比对摸清了我省水表检定装置的技术状况和检定人员的能力状况，指出了存在的问题，为后续管理提出了改进的方向。

5. 加强了对地方计量检定规程的规范管理

2005年初,省局印发了《关于加强地方计量检定规程管理的通知》(冀质监局函[2005]20号)和《关于下达2005年度河北省地方计量检定规程/规范制、修订计划的通知》(冀质监局函[2005]86号),对全省地方计量检定规程的制、修订工作提出了明确的要求和制定计划。现已组织完成了对《智能水表》等8个地方计量检定规程的审定工作。

6. 组织完成了计量标准的考核和复查工作

进行计量标准考核是保证量值准确可靠的重要手段,今年,全省共组织了655项计量标准的考核。

7. 全省检定总量和检定收入达到历史最高

全省强检计量器具1379286台件,技术机构总收入14935万元,同比增长14%;全省计量设备投入1247万元。

二、加强企业计量管理,为企业节能、降耗、增效做好计量服务

1. 进行企业能源计量状况调查,了解企业能源计量需求

为了掌握全省企业能源计量基本情况、能源计量工作的先进经验和存在的薄弱环节,为政府有关部门管理决策提供依据,组织开展了全省重点耗能企业能源计量状况的抽样调查活动,全省共有185家企业参加了调查。其中大型企业65家,中型企业89家,小型企业31家,涉及建材、煤炭、钢铁、化工、机械、电力、有色金属、石油化工等行业。34家企业通过了国家完善计量检测体系确认,38家企业通过了省级计量保证能力合格确认。所调查企业都具有能源计量管理机构及管理人员和管理制度。衡器、电能表、温度计、压力表等计量器具配备率在97%以上,其他器具配备率相对较低。各企业能源计量人员配备情况大不相同,有的大型企业上百人管计量,有的企业只有几个人,甚至更少。属于强检的能源计量器具基本上实行了周期检定,能源计量检测数据都得到了有效应用。企业与企业之间各项能源计量投入的情况差距很大,有的企业每年投入达上千万元,有的企业几万元,但总体上投入在逐年增加,多数企业能够通过煤、电力、水的计量管理达到了节约能源的目的。我们将对调查的情况做进一步整理,以求更好的帮助指导企业的能源计量工作。

2. 加强企业能源计量管理,指导企业能源计量工作。加强企业能源计量管理,建立和完善能源计量管理制度,对于节能降耗、保护环境、降低成本、增加效益具有十分重要的意义。为此,我们通过调研和征求部分企业的意见起草了《加强全省企业能源计量管理的意见》,对如何发挥能源计量管理在建设节约型和环保型社会中的重要作用提出了具体的措施,目前正在与有关部门会签。

为引导中小企业增强计量意识,提高中小企业计量检测水平和计量管理水平,促进节能降耗增效,今年六月份与河北省中小企业局联合印发了《关于进一步加强我省中小企业计量工作的意见》,要求全省中小企业加强能源计量管理,为企业节能增效提供保障,并提出了具体的指导意见。

3. 开展计量检测体系确认工作

为了加快全省企业计量工作与国际惯例接轨的步伐,引导大型企业采用国际先进的计量管理模式,安排了具有丰富工作经验的国家级计量确认考评员按照ISO10012:2003国际新标准的要求对神威药业公司、张家口双环化肥有限责任公司、河北省迁安化工有限责任公司等8家大型企业进行了咨询服务,帮助企业完善计量检测体系,提高计量管理水平。目前,已有4家企业通过了国家级评审。

按照《中小企业计量检测保证规范》的要求对中小企业进行计量保证能力咨询服务。2005年已有270多家中小企业通过了河北省计量保证能力合格确认。

4. 推行"C"标志,确保定量包装商品净含量合格

对2004年申请"C"标志并通过核查的16家企业186个品种的定量包装商品颁发了证书,并进行了公布和公告。2005年共有23家定量包装商品生产企业320个商品获得了"C"标志。获证企业和品种逐年增加,"C"标志工作得到了越来越多的企业和消费者的认可。但是离大众公认和普遍认可还有相当的距离,还需我们继续努

力，加大宣传力度，做艰苦细致的引导工作。

5. 制造计量器具企业发展迅速，产品质量显著提高

按照《制造计量器具许可证监督管理办法》和《计量器具新产品管理办法》的要求，帮助、引导计量器具生产企业改善生产条件，调整产品结构，走科技创新、质量效益之路，使全省的制造计量器具企业逐步走向健康、快速发展轨道。

2005 年受理型式评价 180 家企业的 261 种产品，颁发制造计量器具许可证 104 家，其中市级发证 76 家，省级发证 28 家。按照《制造计量器具许可证监督管理办法》和《制造计量器具许可证考核规范》的要求，严格考核程序和生产条件的考核。全部实行了考评员制度，考核质量明显提高。同时对授权进行型式评价的机构出具的数据严格审核把关，对技术机构不规范、不公正的做法予以纠正，建立了对被授权机构的监督机制，统一了计量器具型式评价报告的形式。通过监督检查，全省制造计量器具企业产品平均合格率提高了 6 个百分点。

同时，各地加大了对假冒伪劣产品、无证产品的打击力度。采取有效措施，重点查处无证生产、超范围生产的企业，严肃了许可证制度，保护了计量器具生产企业的正当权益，维护了正常的市场秩序。今年查处无证和超范围生产企业 28 家，进行了严肃处理。

三、加大计量监督力度，维护市场计量秩序

1. 开展定量包装商品净含量监督抽查，维护消费者的合法权益

组织开展了全省定量包装商品净含量计量监督抽查。2005 年改变了监督抽查方式，以市为单位根据当地实际情况确定抽查品种和批次。共抽查 1415 家企业的 1694 个批次，平均抽样合格率为 90%。其中食用油、肉制品、方便面、面粉等比 2004 年都有较大幅度的提高；大型企业的抽样合格率仍好于中小企业，但差距在逐步缩小；地区之间抽样合格率仍存在较大的差异，有的地区之间相差近 20 个百分点。这一方面说明确实存在差异，另一方面也说明各市局的工作质量也存在差异。

根据国家质检总局的要求，组织并部署了定量包装商品净含量的国抽工作。本次国抽共抽查生产企业 30 家，抽查定量包装商品 73 个批次，合格 64 个批次，总体合格率为 87.6%，对不合格企业按有关规定进行了处理。

2. 组织开展了煤矿计量专项监督检查

为了全面贯彻落实计量法和国务院关于加强煤矿安全生产工作的有关会议精神，进一步加强煤矿在用计量器具的计量监督管理，与省煤矿安全监察局联合开展了煤矿计量专项监督检查工作。本次共检查煤矿企业 414 家，瓦斯计 14882 台件，检查风压表 1393 台件，粉尘测量仪（粉尘采样器）102 台件，检查其他在用计量器具 4451 台件，检查瓦斯计生产企业 1 家；其他煤矿用计量器具生产企业 2 家；质监系统内技术机构 5 家；煤矿系统被授权建站 9 家；煤矿企业 425 家。

3. 开展粮食、棉花市场计量专项监督检查

按照国家质检总局的要求，我省于 2005 年 6~8 月、9~11 月分别对全省粮食市场和棉花市场开展了计量专项监督检查。

通过对粮食销售市场的监督检查，基本摸清了当前粮食市场的计量基本状况。全省共检查了粮食企业 4478 家，检查计量器具 9959 件，受检率从检查前的 92%上升到检查后的 98.9%，检查粮食类定量包装商品 2851 批次，合格率为 93.6%，查处未经检定或超过检定周期继续使用的计量器具案件 314 件，通过计量器具作弊缺斤短两案件 71 件，其他案件 28 起。

通过对棉花销售市场监督检查，基本摸清了当前棉花销售市场的计量基本状况。全省共检查了棉花收购企业 1722 家，检查计量器具 5468 件，受检率从监督检查前的 92.4%上升到监督检查后的 99.7%；检查棉花销售企业 1561 家，检查计量器具 3939 件，受检率从监督检查前的 91%上升到监督检查后的 99.6%，查出未申请检定、经检定不合格或者超过检定周期继续使用计量器具的案件 100 件，通过计量作弊等方式缺斤短两案件 35 件，其他违法案件 5 件。

4. 组织开展了节日期间的监督检查

为在中秋和国庆节“双节”期间以及元旦和春节期间创造一个计量放心的购物环境，打击各种缺斤少两的违法行为，保护消费者的合法权益，省局安排节日期间对全省集贸市场、商场、超市等流通领域的计量器具、零售商品、定量包装商品等进行了计量监督检查。全省共出动检查人员10998人次，检查集贸市场1294家，商场743家，超市831家；检查在用称重计量器具17280件，不合格称重计量器具865件；检查零售商品9292件，零售商品计量负偏差不合格445件；检查定量包装商品10521件，定量包装商品净含量标注不合格536件；定量包装商品计量负偏差不合格515件，罚款56.7万元。

5. 开展了计量器具的专项监督检查

为确保贸易结算家用燃气表量值准确可靠，做到公平交易，维护国家和消费者的合法权益，根据省局2005年计量工作要点安排，对我省家用燃气表计量性能进行了专项监督检查，本次全省共检查新安装燃气表的生活小区41个，检查新安装燃气表8940多块；检查燃气表经销企业6家，检查燃气公司36家，抽样合格率为92.5%。同比2001年提高近20 个百分点。通过监督检查表明，一是我省生产经营和使用的燃气表计量性能明显提高。其中，我省四家燃气表生产企业和外地大型企业生产的燃气表计量性能全部合格。二是个别小企业生产的燃气表存在一定的问题，主要是小流量不合格。三是有些燃气公司和安装单位的燃气表未经首次检定就安装投入使用不能保证计量性能全部合格。各市局对在检查中发现的问题按照《计量法》的有关规定进行了处罚。

6. 进一步加强了对加油机的监督管理

作为防范加油机计量作弊的一项措施，2005年上半年，我们组织人员对各市加油机铅封的情况和执行周期检定的情况进行了监督抽查。抽查结果表明，各市对在用加油机的主板或芯片一律进行了铅封，并能够按时检定，对检定合格的加油机也加贴了强检合格标志。由于各市局强化了对加油机的监管，我们接待投诉或举报加油机计量作弊的数量明显减少。

按照国家局要求，对我省境内十纵十横交通干线沿线的加油站进行了监督检查，共检查加油站305家，查处违法加油站35家。为了加强对全省加油站的监督管理，省局组织建立了“加油机计量信息监管网”使全省每一台加油机都处于质监部门的监控之下。目前各市局的加油机数据已录入完毕，只是有的市局录入的数据还不够完整，2005年将录入各县的加油机数据，届时对全省每一台加油机的检定日期、检定周期、检修日期、运行状况都将一目了然，加油机计量作弊的现象将会得到有效遏制。

四、其他工作

1. 加大了计量宣传力度，促进各项工作的开展

在《燕赵晚报》开办了计量专栏。2005年初，我们在《燕赵晚报》财经新闻版开办了计量专栏，每周四刊登一期，内容涉及到计量法律法规、省内计量动态、以及与日常生活相关的一些计量常识、识别计量作弊的方法等等。内容通俗易懂，深受读者欢迎。自开办以来，该栏目共刊登计量新闻类文章42篇，扩大了计量工作在社会的影响。

组织开展全省“世界计量日”宣传活动。2005年的5月20日是第五个世界计量日。国家和省局都非常重视“世界计量日”的宣传活动，专门进行了安排部署。为了突出“计量与节能”这一主题，在“5·20世界计量日”期间组织开展了百家企业联合宣言“抓计量 促节能 增效益”活动。经过企业自愿申报，各市局初审、推荐，省局审批等环节，最终确定了包括电力、钢铁、石化、建材等高耗能行业的112家知名企业为本次活动的宣言单位。5月20日，河北日报第十版、河北工人报第四版、河北经济报第四版整版刊登计量与节能等内容，同时李瑞昌副局长专门发表了题为《能源计量，落实科学发展观的一把“钥匙”》的文章，同时提出了开展“优秀节能企业”评选活动的要求。

《计量法》颁布20年宣传活动。为了总结《计量法》颁布20年来计量工作的经验，积极宣传法制计量、科学计量和工业计量的重大成果，省局于2005年8月15日至9月15日在全省范围内组织开展《计量法》颁布20

周年纪念活动。9月9日省质监局在南三楼会议室召开了纪念《计量法》颁布20周年座谈会，省局、石家庄、邯郸、沧州、衡水市局领导以及从事过计量管理工作的老同志、老前辈，石家庄企业的代表参加了座谈会。

邢台、承德、秦皇岛、张家口等市局也于9月6日召集部分企业紧紧围绕“计量与节能”这一主题，深入探讨计量在企业节能降耗、增加效益方面的重要作用。石家庄、保定、衡水、廊坊、沧州等市局开展了“计量专家进社区”活动。进行了义务咨询、免费检定、受理群众投诉、图片展览、发放宣传单等声势浩大的义务服务活动。邯郸、唐山等市局带领技术人员分别为所属8所院校的师生免费验光、检测眼镜瞳距、眼镜维修和用眼卫生咨询等服务，使老百姓知道计量，了解计量，信任计量。

2. 贯彻《行政许可法》，优质、高效做好计量服务

按照便民、高效、优质、服务的原则，我局设立了行政服务大厅。省质量技术监督系统实施行政许可的项目有23项，计量行政许可项目就占了7项。截止到2005年11月底，计量行政许可受理申请227家，446项。其中，计量器具型式批准163家，273(项)种；计量标准器具核准受理33家，复查(建标)118 项；法定计量检定机构任务的授权13家，37 项；建立社会公正计量行(站)受理18家，18项。做到了当天受理，当天转交，不拖不压，及时将材料转交办理人。受到了行政服务大厅和广大企业的好评。

3. 充分发挥计量协会的职能，为企业做好计量服务

普及计量基础知识，提高计量管理人员和计量技术人员的业务素质。省计量协会受省质监局的委托，于2005年举办了11期各种形式的专业技术培训班，共培训各类计量人员802人。通过培训工作的不断开展，提高了我省计量工作的管理水平和业务技术水平，为计量系统培养了众多的计量管理和计量技术人才，充分发挥了计量协会的培训教育作用。

利用“河北计量网”，为企业服务。网站运行一年多来，为省计量管理工作提供了非常方便、快捷的办公平台，同时作为企业在互联网上的信息平台，推动了我省计量器具企业发展。企业通过河北计量网及时了解政策法规、计量工作动态，还可以在计量网上进行企业宣传、产品推广、发布供求信息等等。

编制计量管理软件，为计量管理服务。为了配合计量管理工作的进一步开展，省计量协会研究开发了多种计算机管理软件，目前已开发了河北省加油站计量信息管理软件、河北省计量器具生产企业管理软件、河北省法定计量技术机构管理软件。提升了工作效率和管理水平。

帮助企业开拓思路，加强自律。2005年，省计量协会积极探索新形势下加强协会工作的新思路、新内容和新举措，协会组织衡器工作委员会、电能表工作委员会、水表、燃气表工作委员会及冶金行业工作委员会等专业工作委员会多次召开会议，研究探讨新的工作思路。帮助企业加强内部管理，提高产品质量，完善企业的售后服务，提高我省计量器具产品在市场上的竞争力，同时敦促各行业工作委员会出台了行业自律规范，促进公平、有序的良性竞争。

发挥桥梁与纽带作用，为企业进行咨询服务。为了帮助企业按照新版ISO10012国际新标准搞好国家级计量检测体系确认工作，省计量协会组织了对8家大型企业，上百家中小企业进行了咨询服务工作。受到了企业的好评。充分发挥了政府与企业之间的桥梁与纽带作用。

2005年的计量工作取得了很大的成绩，得到了政府和国家质检总局的肯定，受到了广大企业和消费者的好评，但是我们也必须清醒地认识到，今后的计量工作还面临着更加艰巨的任务，还存在着不少困难和问题：随着市场经济的深入发展，面临的计量问题会越来越多和越来越复杂，计量工作有待进一步加大宣传力度和范围，使消费者自我保护意识得到提高，形成良好的社会氛围和有效的社会监督；另外需进一步加大对集贸市场、加油站的计量监管力度，使集贸市场“缺斤短两”现象和加油站计量作弊行为得到有效遏制；系统内计量技术机构的管理还有待加强，人员素质有待提高，计量检定资源有待进一步整合；电能表强制检定的监督管理存在诸多问题，更好地履行监管职能还任重道远，需要我们认真探索，加倍努力！

计量法律法规的贯彻执行必须得到人大、政府的支持才能得到有效的保障

贵州省质量技术监督局　　徐建华

《中华人民共和国计量法》规定了对贸易结算、医疗卫生、环境检测、安全防护用的工作计量器具列为强制检定,强制检定工作的开展按计量法的规定进行,国家质检总局受国务院的委托公布强检计量器具目录,各级法定计量检定机构按照认证授权的项目来实施强制检定。

一、贵州省强制检定计量器具现状

我省强检工作自1986年《计量法》实施以来已建立省、市(州、地)县(区、特区)三级计量网络,贵州省计量测试院建立107项最高计量标准,可开展长、热、力、电、无线电、化学等十项200多种计量器具的检定。各市(州、地)县(区、特区)质量技术监督检测所根据当地具体情况,建立相应的计量标准项目,开展计量检定。

目前全省已基本具备对列入《中华人民共和国强制检定计量器具目录》的59项116种计量器的强制检定工作。多年来在强检工作中,全省法定计量技术检定机构和授权的计量技术机构做了大量工作,保证了强检计量器具的准确可靠。但一些涉及垄断的企业,其强检工作屡屡受阻,这些企业的管理部门从自身部门利益出发,强调属于强检的计量器具由其自己开展"检定"或测试。

我省在"医疗三源"的检定中,在2002年"非典"情况严重时与防疫站放射性防护所就"医疗三源"问题发生冲突,省政府责成省法制办进行协调。经过现场实地考察,省法制办从中协调,由省政府行文规定,"双方各按职责分工进行检测工作,一方已检过的项目,另一方不得再重复检测"。几年来除个别大医院有抵触外,一般医疗卫生机构都能接受检定。

电话计时计费系统装置的检定。我局在2001年与省通信管理局共同行文,由省计量院对五大通信营运企业开展强制检定工作,双方协调配合默契,同时对营运企业在工作中存在的问题,给予指导帮助,不予暴光。2004年由信息产业部司发文强调"电话计时计费系统装置"不属于计量器具等,使得电话计时计费系统装置的检定受到很大的干扰,最终由省政府签署暂停检定的意见。

电力企业在电能表的强检方面,一再强调"水电八条"已"授权"由电力企业对电能表进行检定,国务院文件没有作废,"授权应该继续有效。"我局坚持计量授权是对技术机构进行授权,而不是对某一个企业单位授权。经过多次协调不能达成协议,因而致使电能表的监督管理长期不能到位。

二、充分发挥《贵州省计量监督管理条例》的权威性,认真接受省人大财经委组织的执法检查

2005年7月省人大财经委决定对《贵州省计量监督管理条例》执行情况进行监督检查。

我局接到通知后,局领导十分重视,对《贵州省计量监督管理条例》颁布后的实施情况和存在的突出问题,认真进行了汇报材料的准备,对社会关注、人民群众关心的涉及贸易结算、医疗卫生、的强检工作分别举例进行了汇报。引起省人大财经委领导的高度重视。这次执法检查共对质量技监部门、医控中心、医院、通信营运公司、

供电局、自来水公司等五个系统14个单位(企业)。

执法检查结束后,省人大财经委召集所有被检查单位,召开了《贵州省计量监督管理条例》执法检查情况通报会。省人大副主任顾庆金同志出席会议,省人大财经委主任张佩良同志和省人大财经委委员主持会议,省人大财经委常务副主任刘永年同志作总结发言,刘主任充分肯定《贵州省计量监督管理条例》在贵州省经济建设、维护用户和消费者权益方面所发挥的作用。同时指出要深入广泛宣传《条例》,保障国家计量单位制的统一和量值准确可靠,维护社会经济秩序,保护用户、生产者、经营者的合法权益。计量执法部门要增加责任感,依法开展计量监督检查,对严重违反计量法律法规的予以暴光,充分发挥社会舆论的引导作用,促进计量法制意识。

他强调:任何行业和部门不得以行业的特殊性影响《条例》在本行政区域范围内的普遍适用性;不能以内部管理工作取代政府职能部门的法定职责;不能以部门规章为由拒不执行《条例》。

对质量技监部门应站在贯彻实践"三个代表"重要思想的高度,积极主动开展好水表、电能表首检和电话计时计费装置的强制检定的监督检查工作,做好机关企业的协调,从实际出发努力做好"引导、监督、协调、服务"工作。

根据省人大、省政府的工作指导精神,我局分别与电力、通信行业进行了协调,对他们提出的意见,我们认真研究相互协商,目前电话计时计费装置的检定工作已较顺利的开展。电力系统已同意在分级授权的前提下,继续商议对电能表的监管方案。

三、认真总结把我省强检计量器具检定工作进一步落到实处

通过检查我们认真进行总结,强制检定工作是《计量法》赋予我们的任务,他关系到用户和消费者的根本利益,在履行职能上必须依法监督,同时在重大问题上及时向上级领导报告,我们在汇报中主要阐述了以下几个问题:

1. 关于国务院转发中编委"关于国家质检总局人员职能划分的有关规定",明确"由原邮电部,国家电力公司电话计时计费装置,电能表的检定,划归国家质检总局管理。"

2. 原国家计量局,原水利电力部"关于发布《水利电力部门电则热工计量仪表和装置,管理的规定》的通知",根据职能划分,该文件已失效。

3. 质检部门监管电能表和电话计时计费器,完全是依法依国家赋予的职责进行监管。

4. 各部门的文件不能违背《计量法》的有关规定,计量法律法规的解释权应在全国人大,有关强检工作的解释应是国家质检总局,而不是某个部门想作什么解释就作什么解释的。必须保证计量法律法规的权威性、统一性。

我们根据以上意见向人大财经委和省政府汇报,完全是符合程序的,因此得到省人大、省政府的支持。在执法检查中,对我们在履行职责和工作中存在的问题,上级部门也予以指出,要求依法做好两个方面的工作,加强监管力度,又得考虑各单位的实际工作,充分利用社会资源,进行整合,节约不必要的投资,达到监管目的。通过这次的监督检查,较好解决了我们在强检领域中的两个难题,目前我省电力和电信企业的强检工作正在有序的开展,通过省人大、省政府的支持,以及自身的努力,贵州省强检工作的局面将会进一步理顺,《计量法》和《贵州省计量监督管理条例》将最终得以贯彻实施。

以重点行业开展企业节能降耗服务为突破口 强化计量监管全面推进能源计量工程

甘肃省质量技术监督局

甘肃省地处西北内陆，工业产品主要以能源和原材料产品为主，相当一部分企业属于耗能源耗物料大户，有些企业的成本构成中能耗和物耗占成本的70%左右。节能降耗工作对于提高甘肃省企业竞争力，实现甘肃经济加快发展具有十分重要的意义。

一、基本情况和存在的问题

近年来，在省委、省政府的领导下，在国家质检总局的指导下，结合我省特点，各级质监部门和广大企业共同努力，企业计量工作，特别是重点行业和高耗能企业节能降耗工作有了很大的发展。各级质监部门按照解放思想，加快计量工作发展；严格执法，净化计量市场；理顺关系，优化计量资源配置；完善服务，为经济发展提供可靠的计量保障的工作思路，针对不同行业和不同企业的具体特点，坚持分类指导，积极促进企业加强计量基础工作。引导和鼓励大型企业积极推进ISO10012完善计量检测体系工作；在计量基础工作较好的企业，积极推进计量保证能力确认工作；在中小企业推行计量合格确认工作；在重点行业和高耗能企业中，开展节能降耗工作；在定量包装商品生产企业，引导鼓励参与计量保证能力评价，推行“C”标志工作。对于促进企业加强计量工作，起到了十分重要的作用。

全省广大企业特别是一些重点行业和企业，结合产业结构、产品结构、产品质量和项目建设实际，不断夯实计量管理和计量技术基础，使计量工作为提高企业的质量和效益发挥了重要作用。一是严格按照国家计量法律、法规和技术规范强化企业内部计量管理和监督，明确岗位职责，初步形成了企业内部依法自主管理为主的格局。二是采用国际先进的计量管理模式，按照ISO10012标准建立和完善企业计量检测体系，进一步提升了企业管理水平和参与市场竞争的能力。三是加大计量检测设备的投入与改造，实施对物料进厂，工艺过程、质量检测和产品销售全过程的计量检测与控制，逐步实现从计量器具的管理转变为对计量数据的管理，计量工作的作用得到充分发挥。四是强化定量包装商品净含量的计量把关，合格率呈逐年上升的良好势态，用户的投诉明显下降。五是重视能源计量工作，尤其是冶金、有色金属加工、建材和石油化工等一些高耗能企业，通过合理配备能源计量器具，对水电油气实行分类管理、分级考核，单位产值能耗逐年降低，取得了明显的经济效益和社会效益。

我省企业计量和能源计量工作虽然取得了较大的发展。但总体状况仍不容乐观，与全省的经济发展的要求还不适应，与全国工业计量工作的发展水平相比尚有很大差距。部分企业对计量工作不够重视，片面地认为计量工作只有投入，没有产出，削弱了对计量工作的领导；企业计量管理模式滞后于企业改革和生产发展对计量工作的要求，许多先进的管理方法未能得到有效实施；一些企业在改制、重组、兼并时，首先将企业计量管理人员精简、调岗、内退，致使企业原有的计量管理资料遗失，计量器具账卡不符，计量工作明显滑坡。特别是不少中小型企业和个体私营企业，非强检计量器具严重超周期或多年不检定仍然在线使用的现象大量存在。据对1585户年销售收入100万元以上的工业企业调查，有健全计量管理制度的只有688户，仅占43.41%，有计量检测机构的企业还不到25%。此外，还有为数不少的小企业计量工作几乎处于空白。我省企业计量工作亟待加强，这既是企业必须高度重视，切实抓好的工作，也是政府计量行政主管部门重要而紧迫的任务。

二、围绕“节能降耗”开展的主要工作和做法

为实现“十一五规划”中提出的“资源利用效率显著提高，单位国内生产总值能源消耗比‘十五’末期降低20%左右”的目标，把《节能中长期专项规划》、《加强能源计量工作的意见》和国家质检总局在“十一五”期间组织对重点耗能企业开展节能降耗服务活动的具体部署落到实处，我省各级质监部门主要做了以下工作：

（一）对重点行业耗能企业进行摸底调查，完善计量管理档案

从2005年9月开始，组织全省各级质监部门对钢铁、有色金属、电力、石油石化、化工、建材等行业的89家企业能源计量状况进行了调查。采取按照行政区划以企业填报《企业能源计量状况调查表》为主，质量技术监督部门现场核实为辅的方式进行，为了确保调查数据资料的真实可靠，我省根据《企业能源计量器具配备和管理导则》国家标准，对能源计量器具定义、企业能源计量工作的范围、能源计量器具的配备和准确度要求、各类能源的热值换算关系进行了统一界定，为有针对性地开展节能降耗服务活动打下基础。

（二）深入贯彻国家质检总局、国家发改委《关于加强能源计量工作的意见》，强化能源计量监管

与省发改委一道及时对《意见》进行了转发，提出了建立能源计量工作责任制、开展对企业能源计量器具配备和管理专项检查和技术服务等具体要求和措施，不断提高企业能源计量管理。

（三）召开企业计量工作座谈会，提出了进一步加强企业计量工作的建议和措施

2005年12月13日，省局在兰州召开了全省企业计量工作座谈会。省国防工办、省监狱管理局、兰州铁路局以及机械、石油、化工、有色、冶金、电力、通信、电子、建材等行业和企业的代表参加了会议。省质量技术监督局分管领导主持会议并做了重要讲话。会议总结交流了近年来我省强化企业计量管理、节能降耗和完善计量检测体系方面的主要作法和经验，深入分析了企业计量工作的现状和存在的问题，提出了进一步加强企业计量工作的建议和措施，并印发了会议纪要，明确了企业和质监部门各自职责。建议企业在具体工作中要着力抓好以下6个环节：一是进一步建立健全计量保证体系。各类企业要建立适应企业发展的计量管理体系，大型企业要积极采用ISO10012国际先进计量管理标准，完善企业计量检测体系，提高参与国际竞争的能力；在计量基础工作较好的企业中，要积极推进计量保证能力确认工作，不断提高产品的市场占有率；在中小企业推行计量合格确认工作，进一步促进企业管理水平的提高。二是切实落实各项计量管理制度。要结合企业的生产经营实际，建立和完善计量管理机构，明确工作职责。要健全人员岗位责任制度，计量器具的管理制度，计量器具的选型、采购、入库、流转、报废制度，计量器具的使用、维护、保养制度，计量器具的周期检定（校准）制度，计量数据采集、处理、使用、保管及监督制度，保证企业计量工作依法有序进行。三是努力提高计量检测水平。要不断提高计量检测能力，提高计量器具的配备率和计量检测过程的控制水平。在生产经营的全过程配备满足生产经营需要的计量器具，确保计量器具的准确可靠，用科学、准确的计量数据指导和促进生产发展，使计量工作在提高产品质量和企业的生产经营中充分发挥应有的作用。四是深化能源计量。要认真贯彻国家质检总局和国家发改委《加强能源计量工作的意见》，重点耗能企业要依据《企业能源计量器具配备和管理导则》国家标准，合理配备能源计量器具，制定单位产值节能降耗目标，实行量化考核，不断提高企业经济效益。五是严格遵守国家定量包装商品净含量的有关规定。生产定量包装商品的企业要严格按照国家《定量包装商品计量监督管理办法》的有关规定组织生产，确保定量包装商品净含量满足国家规定，保证用户和消费者合法权益不受侵害。规模以上企业要积极参与计量保证能力评价，取得“C”标志证书。六是大力加强计量人才队伍建设。要根据企业生产经营的实际需要配备相应的计量技术人员，并保证其工作的稳定性和连续性；要采取措施、创造条件，积极支持计量管理和技术人员更好地开展工作；要采取定期培训、继续教育、委培等多种形式，不断提高计量人员的业务技术素质。会议还要求各级质监部门必须进一步加强工作力度，改进工作方法，“面向企业、分类指导、加大力度、增强实效”的工作方针，从6个方面切实加强企业计量基础工作。一是加强企业计量工作宣传力度。各级质量技术监督

部门要利用日常的各种计量工作和活动，向企业领导积极宣传有关计量法律法规，宣传计量工作的重要性，督促企业认真贯彻国家计量法律法规，合理设置计量机构配备计量人员，加大对计量工作的投入，采用先进有效的计量管理方式、方法，加强计量管理。二是通过各种形式，推动企业计量工作。要把加强企业计量工作与整个质量技术监督工作有机地结合起来，发挥质监系统的整体效能，促使企业加强计量工作。将计量合格确认、计量保证能力确认、完善计量检测体系确认和“C”标志的推行与评审免检产品、评选名牌产品、质量效益型企业挂起钩来，作为企业质量、素质考核的基本条件，以此推动企业强化计量工作。三是加强计量工作的监督管理。严肃查处计量违法行为，进一步规范计量工作。对企业最高计量器具和用于贸易结算、环境检测、安全防护的强制检定工作计量器具，加大监管力度，依法实施有效的监督。四是增强为企业服务的意识。计量行政管理和执法工作，都要以促进企业计量工作，提高企业的质量效益为目标。积极帮助、督促和指导企业制定完善计量器具的管理制度和操作规范，强化计量器具分类管理、计量数据管理、计量工作计算机管理等措施，按期检定、校准计量器具，实现企业计量管理科学化、规范化。五是切实为企业解决实际问题。各级质监部门依法设置的计量技术机构要切实转变重效益、轻服务的观念，积极为企业服务。要积极协助企业分析和解决计量检测方面的实际问题，为企业提供包括新的计量检定规程等信息、咨询服务。同时，根据企业需求承担重大的计量测试项目，为企业解决实际问题。六是改进工作方式方法。各级质监部门要加强与企业的联系，听取企业的意见和要求，不断改进工作。要注意总结推广企业加强计量工作的好的经验和作法，适时予以介绍和推广。要根据企业计量工作和新的计量检定规程宣贯的需要，及时开展教育培训活动，帮助企业提高计量技术素质。不断加强和深化计量工作，为提高企业的质量和效益，促进全省经济和社会的发展做出新的贡献。

（四）确定重点服务企业，落实服务方案和工作内容

根据国家质检总局《关于对重点耗能企业开展节能降耗服务活动的通知》要求，制定了我省节能降耗服务工作规划和实施方案，在征求各市州局意见的基础上，决定先从冶金、有色金属、石油石化、化工、电力、建材等重点行业的71户企业开展节能降耗服务活动（其中14户是国家选定的重点耗能企业开展节能降耗服务活动单位），2007年再扩展到各行业年消耗能源5万吨标准煤以上的其他企业。3项目标一是使开展节能降耗服务活动的企业达到《节能中长期专项规划》中提出的主要产品（工作量）单位能耗指标：2010年总体达到或接近20世纪90年代初期国际先进水平，其中大中型企业达到本世纪初国际先进水平；二是使开展节能降耗服务活动的企业满足“能源计量器具配备和管理通则”国家标准及有关重点耗能行业的能源计量器具配备和管理要求三是力争14户被国家选定为重点耗能企业开展节能降耗服务活动的企业满足国家标准GB/T19022—2003《测量管理体系》（等效采用ISO10012国际标准）对企业计量管理方面的要求；其他企业达到计量保证能力确认合格水平。具体措施一是针对不同企业制定出与其相适应的服务内容，对开展节能降耗服务企业进行分解，与确定的服务企业建立对口联系机制，明确对口联系单位和具体的人员，明确服务项目，与企业共同协商“十一五”期间节能降耗的总体和年度目标，并落实岗位责任制。二是组织技术机构的专家深入企业，了解企业的所急所需，积极为企业节能降耗献计献策，切实帮助企业解决节能技术改造、设备更新中的实际问题，帮助企业达到节能降耗指标要求。三是建立节能降耗服务活动联系卡。要求被国家选定的重点耗能企业开展节能降耗服务活动的14户企业，市州局要指派一名局领导分管，计量科长具体负责。四是每年及时对企业开展能源计量和节能降耗的服务情况进行总结，对定点服务企业全年节能降耗情况进行评估。对积极组织参加节能降耗服务活动的县区、行业、企业，要通过新闻媒体进行宣传报道，逐步形成全社会参与建设节约型社会的良好氛围。五是规范服务行为。在开展节能降耗服务活动中，除国家明确规定的开展计量器具强制检定的收费项目外，各级质量技术监督部门帮扶企业开展节能活动，组织企业学习培训等，不能以任何名义收取咨询费、服务费等其他费用；要严格执行廉洁自律、无偿服务制度，坚决不能额外增加企业负担。六是对71户企业2005年主要产品实际能耗指标进行调查核实，更新和完善企业能源计量状况源计量管理档案数据。

（五）抓好典型，以点带面

省局领导十分重视抓好典型，以点带面工作。一方面积极支持企业节能降耗技术改造项目。目前，一些重点

项目如金川公司镍精炼改造和热电联产项目、中石油兰州60万吨乙烯改扩建和靖远煤业集团加快发展瓦斯发电等项目正在实施。通过这些大项目的实施，可不断提高我省工业经济增长的质量和效益，增强我省经济社会发展的后劲。另一方面认真总结和推广企业节能降耗方面的成功经验。5月9日至10日，省局孙乔玉局长助理、计量处和省计量院负责同志共同对金川集团有限公司节能降耗情况进行了调研。该公司是我省最大的有色金属生产企业和重点耗能大户，年消耗标准煤150万吨，近年来，金川公司在政府和质监部门的指导下，坚持“开发与节约并举，把节约放在首位”的能源方针，把节能降耗和技术改造结合起来，走工艺节能和效率节能的路子，不断加强能源、原材料管理，取得了显著效果。2005年与2001年相比，万元产值能耗、电镍综合能耗和电铜综合能耗年均分别下降5.1%、5.8%和14.4%；万元产值耗电和万元产值耗水年均下降6.6%和12.6%；万元产值物耗年均下降5.3%。公司能耗指标在国内同行业中处于领先水平，主要产品能耗指标达到国际平均先进水平。目前，已形成年产13万吨镍、20万吨铜、6000吨钴、3500公斤铂族金属、8吨黄金、150吨白银、50吨硒及120万吨无机化工产品的生产能力。2005年实现营业收入206亿元，利税38亿元。是目前国内最大的镍钴铂族金属生产企业，也是北方最大的铜生产企业。我们准备在条件成熟时召开一次企业节能降耗现场会，推广企业节能降耗和能源计量方面的成功经验。

2005年计量认证专项监督检查有关情况通报

国家质量监督检验检疫总局

各直属出入境检验检疫局,各省、自治区、直辖市质量技术监督局:

在总结2004年开展计量认证专项监督检查工作经验的基础上,结合国家加强食品安全的战略决策,国家认监委下达了《关于开展2005年计量认证专项监督检查工作的通知》(国认实函[2005]167号)。在各省级质量技术监督局、直属出入境检验检疫局、国家计量认证行业评审组和中国实验室国家认可委员会秘书处的积极支持与配合下,2005年计量认证专项监督检查工作已顺利完成,2005年12月20日至21日,国家认监委在长沙召开了"2005年计量认证专项监督检查工作总结会",对2005年的计量认证专项监督检查工作进行了全面总结。现将2005年计量认证专项监督检查有关情况通报如下:

一、总体情况

2005年的计量认证监督检查以食品检测类实验室为重点,对获得计量认证的食品检验检测机构及实验室的资质状况进行监督检查,进一步强化食品检验检测机构计量认证的有效性,促进食品检验检测机构及实验室的技术水平和能力的提高,保证检验检测结果的准确、科学和公正。

监督检查工作采取了以省内自查为主跨省检查相辅的方式进行。要求各省级质量技术监督局对辖区内具有食品检测能力的实验室进行拉网式检查,完成并上报《计量认证(食品检测实验室)技术能力核查表》。各直属检验检疫局和国家计量认证行业评审组也要对所属涉及食品检测的实验室进行检查。在省内自查的基础上,国家认监委确定了河北、北京、天津、吉林、辽宁、山东、湖北、四川、湖南、浙江、贵州、福建、广东、广西、陕西15家省级质量技术监督局作为2005年计量认证监督检查工作组长单位,对从全国实验室资源调查数据库中随机抽取出的140家食品检测实验室进行了跨省监督检查。

监督检查内容除了继续使用2004年监督检查使用的有关检查表格,对包括组织和管理体系、仪器设备和环境、人员、检测报告和计量认证标志、公正性地位和行为、日常管理6大方面34项内容进行监督检查之外,还增加了对食品检验机构的部分食品添加剂和非法食品添加物的检测能力进行核查的"技术能力核查表"。

各省、自治区、直辖市质量技术监督局积极组织落实计量认证专项监督检查工作,将国家认监委的文件及时传达到每一个从事食品检验检测的实验室,不留死角、不误时机,组织食品检验检测实验室进行自查。为了规范操作,各地进行了认真的和有针对性的培训工作。培训内容包括食品安全检验检测有关标准、食品安全检验检测的基础知识、计量认证评审规范及评审程序,以及食品安全检验所需的人员、设施环境、检测设备、检测程序、检验报告以及作业指导文件等方面的要求。培训还对认监委下发的各个评审工作表格进行了学习和讲解。这次监督检查工作对检查人员作了明确的廉政纪律要求。

各检查组认真按要求组织实施现场监督检查和食品检测能力检查,通过各种方式准确确认被查实验室的检测能力。接受检查的实验室按照检查组提出的整改要求进行了认真的整改,向检查组提交了整改报告。各省、自治区、直辖市质量技术监督局对实验室整改情况进行了验证。对于需现场验证的机构,安排当地质量技术监督局评审人员赴现场进行验证。

浙江、四川、云南、湖南、河南、广东、江苏、河北、辽宁、福建、贵州、江西、黑龙江、重庆、吉林、新疆等省(区)质量技术监督局领导重视,工作落实到位,完成工作总结及时认真,总结报告质量较高。黑龙江省质量技术监督局接到认监委部署的食品检测机构计量认证技术能力核查任务时，正值全局系统都投入到为有关松花江流域受污染的相关检测和技术服务中,但他们还是克服困难,对全省食品检测实验室技术能力进行了核查,同时,他们还启动应急机制,及时组织专家对所有对松花江水取样检测的实验室进行有关检测项目的计量认证扩项,受到了有关方面的好评。

大多数直属出入境检验检疫局也都按时报送了本局所属的食品检测实验室的技术能力核查表。

二、监督检查结果

(一) 食品检测实验室技术能力状况

此次对食品检验检测机构的技术能力核查,共收到核查表2745张。由于从食品中检测出非食用蛋白水解液、工业冰醋酸、工业盐、香料香精四个检测参数尚无检测标准,因此,我国大多数检测机构不具备这几项的检测能力。其余六项参数的检测能力如下:

具有食品中微生物检测能力的实验室有2655家,占被检查实验室总数的96.72%;具有胭脂红检测能力的实验室有968家,占被检查实验室总数的35.26%,具有苯甲酸检测能力的实验室有1344家,占被检查实验室总数的48.96%,具有苏丹红检测能力的实验室有226家,占被检查实验室总数的8.23%,具有对羟基苯甲酸酯检测能力的实验室有230家,占被检查实验室总数的8.38%,具有甜味剂检测能力的实验室有1175家,占被检查实验室总数的42.81%。

从这次检查结果的情况看,我国的食品检验机构近几年来已有较大发展。主要表现在几个方面:一是组织管理水平有很大提高,基本上按照要求建立了质量保证体系;二是随着中央和各级政府对食品安全问题的日益重视,食品检验机构的仪器设备条件得到了一定的改善;三是人员素质水平有了较大的提高;四是食品检验能力普遍有所提升。

但我国食品检验机构的检测能力还有待进一步提高，特别是一些社会关注的项目还缺少检测标准和足够的检测能力,有些检测项目的准确性有待进一步提高。

(二) 跨省监督检查情况

被检查的140家实验室主要分布在4个行业:技术监督系统58家,卫生系统18家,粮食系统22家,农业系统37家,其他社会实验室5家。

检查结论属于第一档即“满足要求”的有18家,占被查实验室总数的12.86%;属于第二档即“基本满足要求,需要改进”的有94家,占被检查实验室总数的67.14%;属于第三档即“不能完全满足要求,需要整改”的有20家,占被检查实验室总数的14.26%。属于第四档即“不满足要求,建议暂停(或取消)计量认证资格”的有8家,占被检查实验室总数的5.71%。有关撤消和暂停计量认证资格的实验室名单(含地方),国家认监委将另文发布。

三、存在的主要问题

从检查结果来看,我国食品检验机构的检测能力和组织管理水平总体上有了一定提高,但仍然存在着如下一些主要问题:

(一) 质量体系文件的水平及其运行的有效性有待提高;

(二) 质量体系内审和管理评审不到位的问题比较突出;

(三) 有些实验室存在仪器设备超期未进行计量检定的现象;

(四) 普遍缺乏人员的长期培训计划,现有的培训计划专业性和针对性不强;

(五) 检测报告原始记录信息量不足,无法保证检测过程的再现。

此外，此次专项监督检查还暴露出了一些计量认证管理上的问题：一是主管部门对实验室的日常管理松懈,监管不到位,不能掌握实验室的工作动态和变化;二是缺乏对实验室的有效指导,没有为实验室创造良好的沟通、学习、提高的机会。三是信息沟通不畅，各省计量认证的情况有的未能及时上报国家认监委，不利于计量认证工作的统一规划和管理。

四、**2006**年的重点工作

2006年主要围绕国家质检总局和国家认监委的重点工作，不断规范计量认证工作，提高计量认证的有效性，进一步改革和完善计量认证工作制度，着重解决计量认证专项监督检查发现的主要问题，主要抓好以下几项工作。

（一）按行政许可法的要求，进一步规范计量认证工作。

要结合行政许可法的贯彻实施，明确计量认证的行政责任，进一步完善计量认证的工作制度和工作程序，规范计量认证工作，促进计量认证评审质量水平的提高。

（二）建立计量认证专项监督检查的长效机制，提高专项监督检查的有效性。

2004、2005年计量认证专项监督的经验表明，计量认证专项监督检查对提高计量认证的有效性和工作质量具有重要的作用。因此，需要继续开展计量认证专项监督检查，确立专项监督检查的长效机制。各地区要加强计量认证专项监督检查的后处理，防止监督检查工作走过场，要对国家认监委组织跨省检查被查单位的整改工作进行监督和指导，并将处理的情况报国家认监委。

（三）加强质量体系文件评审，全面提高质量体系文件水平。

要重点解决部分实验室质量体系文件不完整或操作性不强的问题。各级计量认证管理部门要把组织实施质量体系文件的评审作为一项重要工作来抓，要对评审组文件评审的情况进行监督检查。未进行质量体系文件评审或文件评审不合格的，不得进入现场评审。 要采取有效措施，帮助实验室建立切实可行的质量管理体系文件，为实验室实施有效的质量管理奠定基础。

（四）切实解决质量体系内审和管理评审不到位的问题。

要加强内审员的培训，通过培训帮助质检机构获得质量体系内审和管理评审的能力。各地质监部门要把是否进行了质量体系内审和管理评审作为现场评审的前提条件之一。凡未进行质量体系内审、管理评审或质量体系内审、管理评审不合格不得进行现场评审。

（五）加强对评审组的管理，严格评审纪律，切实提高评审质量。

要加强对评审组的管理，解决评审不严格和评审不到位的问题，严格评审纪律。要把计量认证专项监督检查发现的问题与计量认证的行政责任结合起来，把计量认证评审质量纳入各级计量认证管理部门考核的内容，切实提高评审质量。

（六）建立计量认证信息电子版上报制度，解决计量认证信息沟通不畅的问题。

目前，各评审组已将计量认证信息的电子版上报到各省级质量技术监督局。请各省、直辖市质量技术监督局定期将计量认证信息的电子版报到国家认监委，解决计量认证信息沟通不畅问题。

2006年我们要进一步规范计量认证工作，注重计量认证有效性的提高。

二〇〇六年一月二十七日

关于煤矿计量专项监督检查情况的通报

国质检量函[2005]906号

各省、自治区、直辖市质量技术监督局：

2005年4月至9月，各有关质量技术监督机构根据总局的部署，开展了煤矿计量专项监督检查。现将有关情况通报如下：

一、基本情况

各省级质量技术监督局对此次煤矿计量专项监督检查工作非常重视，成立了领导小组，对监督检查工作进行部署和安排，并根据当地实际情况制定了切实可行的实施方案，组成由计量管理人员、检定人员和执法人员参加的联合检查队伍，将责任具体落实到人，确保了各项计量监督检查工作真正落到实处。通过此次检查，取得了如下成效：

(一)基本摸清了煤矿用计量器具生产企业的基本情况，加强了对煤矿用计量器具生产企业的计量监管力度，促进了煤矿用计量器具产品质量的提高。据不完全统计，全国31个省、自治区、直辖市共有煤矿用计量器具生产企业120家，其中有瓦斯计生产企业56家，风压表生产企业5家，粉尘测量仪生产企业12家，其他煤矿用计量器具生产企业47家。经检查发现，绝大部分生产企业的生产设施、技术条件和管理制度等基本符合原制造计量器具许可证发放时考核条件的要求；对个别不符合要求的企业，有关质量技术监督部门已经责令其限期整改。

(二)基本摸清了全国被检查煤矿企业在用计量器具的基本情况，建立了煤矿企业的计量管理档案，提高了煤矿在用计量器具的受检率，加强了对煤矿企业计量工作的监督和指导。在此次监督检查中，各地共检查了13213家煤矿企业的322797台在用计量器具，其中瓦斯计228821台，受检率从监督检查前的73.1%提高到88.9%；风压表29481台，受检率从监督检查前的61.8%提高到79.9%；粉尘测量仪3631台，受检率从监督检查前的47.1%提高到69.7%；其他在用计量器具60864台，受检率从监督检查前的74.3%提高到91.3%。为做好对煤矿企业的计量监督检查，许多地方克服煤矿企业数量多、分布散、山路难行等困难，深入矿井数十日进行实地检查，帮助企业分析存在的问题，提出有关的整改要求，确保监督检查工作真正落到实处、取得实效。

(三)基本摸清了被授权从事煤矿用计量器具强制检定机构的分布情况，加强了对被授权机构的监督管理，进一步规范了被授权机构的计量检定行为。据了解，目前全国31个省、自治区、直辖市被授权从事煤矿用计量器具强制检定的机构共有197家，其中质检系统内有85家，煤矿系统授权112家。对部分计量检定工作不规范、检定条件较差的计量检定机构，各地都按要求及时进行了整改。

(四)加大了计量法律法规的宣传力度，进一步提高了煤矿企业的计量法制意识和矿工的自我保护意识。目前各大型煤矿对计量工作都非常重视，建立了较为先进的煤矿安全监测系统和相关的计量管理制度，煤矿用计量器具都能保证按期送检或校准，计量工作更加深入人心。

(五)通过开展煤矿计量专项监督检查，促进了各地质监部门与煤矿安全监察等部门的协调和配合，推动了煤矿计量工作的深入开展，并为进一步加强煤矿计量监督管理工作奠定了基础。

二、存在的主要问题

(一)部分煤矿企业，特别是小型煤矿企业的问题比较突出。从监督检查发现，目前各国有大型煤矿对计量工作比较重视，计量管理整体水平较高，计量管理制度也比较健全，在用计量器具的受检率较高。但是多数乡镇、个体小煤矿的问题却比较严重:一是计量法律意识十分淡薄,对计量法律法规不了解;二是对该配备的计量器具不配备、配备不全或配而不用,计量器具的配备率比较低。从此次监督检查的统计结果分析,被检查的煤矿企业平均每个煤矿配备瓦斯计约17台、风压表2台、粉尘测量仪0.27台。其中对于煤矿安全生产至关重要的瓦斯计,配备最多的省平均每个煤矿约290台,配备最低的省平均每个煤矿仅为1.5台;三是瞒报和漏检的现象比较普遍,计量器具的受检率较低,个别地方的煤矿企业瓦斯计的受检率极低,还不到5%,几乎处于失控状态;四是没有建立相应的计量器具台账,没有专兼职的计量管理人员,计量管理制度比较混乱,煤矿安全根本无法得到保证。

(二)从事煤矿用计量器具强制检定工作的检定机构布局不太合理。目前,有的省尚不具备煤矿用计量器具的强制检定能力(例如,有相当一部分省目前尚未建立粉尘测量仪的计量标准,不能开展相应的检定工作),或者全省只有一、两家检定机构能够开展煤矿用计量器具的强制检定,煤矿企业送检比较困难,计量器具的受检率普遍较低;但有的地方,又有多个部门同时在建煤矿用计量器具的检定(检测)站,重复对一些大中型的煤矿进行检定(检测),而对一些偏远的容易发生事故的小型煤矿却无人去开展检定,多头监管、重复建设的问题比较严重。

(三)从事煤矿用计量器具强制检定工作的检定机构有待于进一步规范检定工作。经检查发现,部分被授权开展煤矿用计量器具强制检定的机构,未能严格按照计量检定规程的要求进行检定,甚至不检定便出具检定证书,检定原始记录和证书等也不太规范;个别机构甚至未经授权或超授权范围开展煤矿用计量器具的强制检定,对计量检定机构的管理亟待进一步加强。

(四)对煤矿用计量器具生产企业的计量监管有待于进一步加强。经检查发现,大多数煤矿用计量器具生产企业的生产设施、人员技术状况和检测条件等基本符合要求,但也有个别生产企业对计量工作重视不够,日常管理制度不够健全,直接影响了煤矿用计量器具产品质量的提高。

(五)部分煤矿用计量器具尚无相应的计量检定规程和检定手段,量值溯源很难保证。如目前相当一部分煤矿已经广泛使用的低浓度甲烷传感器、风速传感器、一氧化碳传感器、直读式粉尘测量仪等都没有计量检定规程,各地基本上也都没有开展这些项目的计量检定工作,但这些计量器具又直接关系着煤矿的生产安全,煤矿企业十分焦急,急需有关部门尽快出台相关的计量检定规程。

三、下一步工作要求

(一)各地质监部门要会同煤矿安全监察等有关部门进一步强化对煤矿企业特别是小型煤矿企业的计量监管,引导和帮助煤矿企业提高计量法律意识,督促煤矿企业配备和正确使用各种煤矿用计量器具,并尽快建立和完善计量器具的周期检定制度和计量器具报废、更新制度,以及各种日常的不定期自查制度等,全面提高计量器具的配备率和受检率,建立健全对煤矿企业的长效计量监管机制。

(二)对从事煤矿用计量器具强制检定工作的检定机构进行统筹规划和合理布局,要结合当地实际,充分发挥煤矿系统的资源和技术优势,对确实具备条件的煤矿企业,授权其开展煤矿用计量器具的强制检定,共同做好煤矿企业在用计量器具的计量监督管理工作。

(三)加强对被授权从事煤矿用计量器具强制检定工作的检定机构的计量监管,及时纠正其不规范的计量检定行为,对未经授权或超出授权范围开展检定的机构,要依法予以严肃查处,切实做到谁授权、谁负责,谁检定、谁负责,进一步强化行政许可的后续监督。

(四)进一步加强对煤矿用计量器具生产企业的发证后监督。对不符合制造计量器具许可证考核要求或者监督抽查产品质量不合格的,要及时进行整改;整改后仍不合格的,要依法吊销其制造计量器具许可证。

(五)各地要将本地区煤矿计量专项监督检查的总体情况报当地政府和煤矿安全监察等有关部门,并以此次计量专项监督检查工作为契机,积极与当地煤矿安全监察等有关部门沟通和配合,充分发挥部门的资源优势,共同研究解决煤矿安全计量方面的有关问题,制定相关的煤矿安全计量监督管理措施,探索和建立长效的计量监管机制,推动煤矿计量监督管理工作再上一个新台阶。

中华人民共和国国家质量监督检验检疫总局(印)

二〇〇五年十一月十七日

关于定量包装商品净含量国家监督三年（2003年~2005年）跟踪抽查情况的通报

国质检量函[2005]983号

各省、自治区、直辖市质量技术监督局：

2003年至2005年，总局连续3年在同一地区针对同一种定量包装商品组织开展了定量包装商品净含量国家监督专项抽查。现将3年跟踪抽查结果通报如下：

一、基本情况

2003年至2005年第1季度，安排山西、浙江、安徽、福建、江西、河南、湖南、广西、海南、贵州、云南、陕西、青海、新疆、甘肃等15个省、自治区的省会城市，对米、面粉、食用油、牛奶、纯净水、啤酒、味精、白酒、洗衣粉、洗发液等10种定量包装商品的净含量进行了国家监督专项抽查，抽查企业分别为420家、541家、600家，抽查定量包装商品分别为1160批次、1319批次、1548批次，平均总体抽样合格率分别为76.2%、81.9%、84%。

2003年至2005年第3季度，安排黑龙江、辽宁、吉林、河北、内蒙古、山东、江苏、湖北、广东、四川、宁夏等11个省、自治区的省会城市和北京、天津、上海、重庆等4个直辖市，对方便面（挂面）、奶粉、茶叶、葡萄酒、茶饮料、速冻食品、合成洗涤剂（洗餐具、水果、蔬菜等用的洗涤剂）、化妆品、涂料、油漆等10种定量包装商品的净含量进行了国家监督专项抽查，抽查企业分别为459家、521家、539家，抽查定量包装商品分别为1139批次、1400批次、1524批次，平均总体抽样合格率分别为88%、86.6%、88.9%。

二、结果分析

（一）平均总体抽样合格率稳中有升

连续3年1季度的平均总体抽样合格率逐年上升，连续3年3季度的平均总体抽样合格率基本稳定，保持在85%以上。由此可见，连续3年对固定地区、固定产品的跟踪抽查工作，推动了定量包装商品生产企业加强计量基础工作，提高了定量包装商品净含量计量合格率，收到了较好的效果。

（二）同一地区平均总体抽样合格率未出现明显滑坡

30个地区的平均抽样合格率见表1（↑表示平均抽样合格率逐年上升）。

通过表1比较可见，同一地区3年跟踪抽查未出现平均总体抽样合格率逐年下降的情况，有10个地区的平均总体抽样合格率逐年上升，同时有10个地区的平均总体抽样合格率达到了90%以上。个别城市的平均总体抽样合格率出现波动，据了解，主要是由于抽查的企业类型所占比例变化引起的波动。

内蒙古、江苏、湖北等地区重视定量包装商品的计量监管工作，建立了比较完善的监管机制，稳步推进定量包装商品生产企业计量保证能力评价工作，对重点企业建立重点跟踪制度，实现了抽查一批企业，规范一批企业的目标，以抽查工作促进了管理工作。

（三）各种商品之间的抽样合格率不平衡

3年共抽查的20种定量包装商品中，有7种商品的抽样合格率稳步提高，其中：味精的抽样合格率分别为56.4%、82%、97.1%；白酒的抽样合格率分别为75.3%、80.7%、88.3%；纯净水的抽样合格率分别为78.8%、80.6%、86.7%；洗衣粉的抽样合格率分别为73.7%、76%、79%；奶粉的抽样合格率分别为87.7%、95.9%、98.6%；葡萄酒的

表1 30个地区的平均抽样合格率

单位:%

省份＼年份	2003年	2004年	2005年
北京市	88.2	91.8	86.8
上海市	94.1	96.4	86.4
天津市	86.7	76.5	82.9
重庆市	82.7	93.0	90.0
河北省	84.2	77.9	87.7
山西省	70.8	85.0	87.5↑
内蒙古自治区	83.3	91.3	94.0↑
辽宁省	79.6	76.1	75.0
吉林省	84.3	85.6	87.8↑
黑龙江省	91.9	88.3	84.4
江苏省	98.9	90.8	95.4
浙江省	82.4	96.3	78.2
安徽省	72.4	86.2	82.5
福建省	66.7	76.0	93.5↑
江西省	65.8	75.4	84.8↑
山东省	84.8	68.4	68.2
河南省	88.5	82.3	85.5
湖北省	82.0	92.0	94.1↑
湖南省	77.6	68.0	94.0
广东省	82.0	86.5	94.0↑
广西壮族自治区	69.6	73.2	69.3
海南省	63.9	59.5	80.9
四川省	85.5	82.6	92.1
贵州省	80.0	89.7	79.5
云南省	73.9	75.3	75.9↑
陕西省	81.8	97.0	86.0
甘肃省	84.2	85.3	90.1↑
宁夏回族自治区	85.0	87.2	91.3↑
青海省	82.1	80.5	86.5
新疆维吾尔自治区	85.7	90.1	84.6

抽样合格率分别为85.6%、88.9%、95.5%;油漆的抽样合格率分别为76.2%、78.4%、80.5%。11种商品的抽样合格率略有波动,其中:米的抽样合格率分别为59.8%、59.2%、65.3%;面粉的抽样合格率分别为73.7%、90.5%、82.1%;食用植物油的抽样合格率分别为76.5%、87.4%、84.4%;牛奶的抽样合格率分别为84%、92.8%、92.3%;啤酒的抽样合格率分别为97.7%、95.2%、97%;洗发液的抽样合格率分别为75.4%、84.2%、83.3%;方便面(挂面)的抽样合格率分别为88.5%、88.2%、87.8%; 茶叶的抽样合格率分别为82.8%、82.5%、89.3%; 茶饮料的抽样合格率分别为97.7%、89.1%、98.4%; 速冻食品的抽样合格率分别为92.1%、92.9%、90.8%; 涂料的抽样合格率分别为86.8%、76.9%、84.5%。2种商品的抽样合格率略有下降,其中:合成洗涤剂的抽样合格率分别为93.3%、89.2%、85.7%;化妆品的抽样合格率分别为92.2%、90.2%、88.7%。

造成部分产品抽样合格率略有下降和出现波动的主要原因:一是某些液体类定量包装商品,企业在灌装时仅控制液位,由于包装容器不标准,容积得不到保证,即便装满也不符合要求;二是每次抽查不同规模企业所占的比例不同，导致整体抽样合格率不稳定；三是由于面粉等商品属于含水量较大的定量包装商品，其在不同地区、不同季节水分散失的比例不尽相同，生产企业尤其是中小型企业，对此缺乏实验数据，缺少控制手段；四是我国的定量包装商品生产企业的计量保证能力不够稳定，特别是小型企业、季节性生产企业，计量人员变动大，素质低，个别企业甚至不具备计量控制能力。

(四)中小型企业的抽样合格率呈上升势头

连续3年1季度抽查的大型企业的抽样合格率分别为98.1%、96.4%、96.3%；中型企业的抽样合格率分别为86.2%、87.6%、89.9%；小型企业的抽样合格率为59.2%、72.1%、75.3%。连续3年3季度抽查的大型企业的抽样合格率分别为96.3%、95%、93.9%；中型企业的抽样合格率分别为91.5%、87.1%、91.6%；小型企业的抽样合格率分别为83%、82.7%、85.7%。总的看，各类型企业的抽样合格率都大体保持稳定，特别是中小型企业的抽样合格率呈上升趋势，表明中小型企业的计量工作得到了加强，取得了一定成绩。

三、抽查工作存在的问题

连续3年的跟踪抽查，推动了定量包装商品生产企业加强计量基础工作，提高了定量包装商品净含量的计量合格率，收到了较好成效。但是，从抽查工作看，也还存在一些亟待解决的问题：

一是地区间的抽样合格率不平衡。从抽查情况看，经济较发达的内陆及沿海地区抽样合格率普遍较高，经济欠发达的西部地区抽样合格率普遍偏低。这种地区间的不平衡，反映了地区间经济结构、企业的计量意识、市场的计量环境以及质量技术监督部门的工作侧重点等方面都不同程度地存在差异。

二是个别商品的抽样合格率持续偏低。连续3年抽查中米的净含量合格率分别为59.8%、59.2%、65.3%，合格率不高，而且上升幅度不大，尚未达到70%，影响了抽查的平均总体抽样合格率。

三是抽查后处理工作亟待完善。对抽查不合格企业的整改工作不够规范，整改工作不能及时到位，对拒绝整改的企业缺少强制性措施。

四、下一步工作重点

(一)各级领导要高度重视，提高认识。定量包装商品计量监督管理工作是我国计量工作的重要组成部分，是政府法制计量工作的重要内容。建立健全定量包装商品计量监督管理机制，完善计量监督管理制度，强化计量监督管理力度，是今后计量工作的一项长期而重要的任务。各级质量技术监督部门要把加强定量包装商品计量监督管理工作作为政府法制计量工作的一项重要内容抓紧抓好。

(二)《定量包装商品计量监督管理办法》(总局令第75号)、《定量包装商品净含量计量检验规则》(JJF1070—2005)将于2006年1月1日起正式实施。各级质量技术监督部门要做好新规章和技术规范的贯彻和落实工作，并严格遵守，使我国的定量包装商品计量监督管理工作更加法制化、规范化和科学化。

(三)从源头抓管理。各级质量技术监督部门要在2003年对部分定量包装商品生产企业基本情况调查统计的基础上，建立定量包装商品生产企业计量管理档案，实施动态化管理，并根据企业实际，实行分类指导，加大定量包装商品生产企业计量保证能力合格标志(C标志)的推行力度。

(四)按照《计量工作"十一五"规划》的要求，"十一五"期间，全国要力争实现米、面粉、方便面、食用植物油、牛奶、奶粉、茶叶、味精、白酒、啤酒、葡萄酒、纯净水、茶饮料、速冻食品、合成洗涤剂、洗衣粉、洗发液、化妆品、涂料、油漆等20种定量包装商品的抽查合格率达到90%以上的目标。2006年是执行"十一五"规划的第一年，各省级质量技术监督部门要结合当地实际，着手制定工作计划，切实组织落实此项工作，以保证目标的实现。

中华人民共和国国家质量监督检验检疫总局(印)

二〇〇五年十二月八日

关于粮食、棉花市场计量专项监督检查情况的通报

国质检量函[2005]984号

各省、自治区、直辖市质量技术监督局：

2005年4月至11月，各有关质量技术监督局根据总局的部署，开展了粮食、棉花市场计量专项监督检查。现将有关情况通报如下：

一、基本情况

各省级质量技术监督局对此次粮食、棉花市场计量专项监督检查工作给予了高度重视，从实践“三个代表”精神和服务“三农”工作的高度来充分认识此次计量专项监督检查工作的重要性，成立了专门的领导小组，对检查工作进行详细部署和安排，制定了具体的实施方案，明确了具体的责任人员，确保了监督检查工作的顺利进行。通过此次检查，取得了如下成效：

(一)基本摸清了被检查的粮食市场在用计量器具的基本情况。在此次粮食市场计量专项监督检查工作中，全国共检查了27799家粮食收购站在用的80874台计量器具，受检率从监督检查前的86.8%提高到监督检查后的98.5%；检查了33009家粮食销售企业在用的74585台计量器具，受检率从监督检查前的86.5%提高到监督检查后的97.8%；检查了35863批次定量包装商品，合格率为90.8%；查处了计量违法案件4308起，其中未申请检定、经检定不合格或者超过检定周期继续使用计量器具的违法案件2832起，占违法案件总数的65.8%；通过计量作弊等方式缺斤短两违法案件1065起，占违法案件总数的24.7%；其他违法案件411起，占违法案件总数的9.5%。

(二)基本摸清了被检查的棉花市场在用计量器具的基本情况。在此次棉花市场计量专项监督检查工作中，全国共检查了7714家棉花收购站在用的26048台计量器具，受检率从监督检查前的89.6%提高到监督检查后的99.3%；检查了4674家棉花销售企业在用的16771台计量器具，受检率从监督检查前的88.1%提高到监督检查后的99.9%；查处计量违法案件559起，其中未申请检定、经检定不合格或者超过检定周期继续使用计量器具的违法案件404起，占违法案件总数的72.2%；通过计量作弊等方式缺斤短两违法案件110起，占违法案件总数的19.7%；其他违法案件45起，占违法案件总数的8.1%。

(三)加大了计量法律法规的宣传力度，提高了粮食、棉花市场经营者的计量法制意识和广大农民与消费者的自我保护意识。一是通过新闻媒体对监督检查的有关情况进行跟踪报道，扩大舆论宣传，争取舆论支持；二是通过张贴标语、发放传单、义务咨询等方式使得计量工作深入人心；三是在粮食、棉花收购、销售市场设立了举报箱、投诉电话和“公平秤”等，极大地方便了消费者和农民的投诉，深受大家的欢迎；四是在实施监督检查的同时搞好技术服务，为用户提供现场维修和上门检定，耐心讲解计量器具的使用、维护知识，解决有关的技术难题等。

(四)加大了计量违法案件的查处力度，促进了粮食、棉花市场计量环境秩序的进一步改善。各地坚持监督检查和治理整顿相结合的原则，对计量基础较差的企业，通过集中培训、技术咨询等多种形式帮助企业进行整改；对未按照规定申请检定、经检定不合格或者超过检定周期继续使用计量器具的，及时予以了纠正；对故意破坏计量器具准确度、坑害农民或其他消费者利益的计量违法案件依法进行了严肃查处。

(五)通过开展粮食、棉花市场计量专项监督检查,促进了各地质监部门与粮食、工商、纤检等部门的沟通和配合,推动了粮食、棉花市场计量工作的深入开展,并为进一步加强粮食、棉花市场计量监督管理工作奠定了基础。

二、存在的主要问题

(一)部分粮食、棉花市场经营者,特别是流动个体粮食、棉花收购点,计量法律意识淡薄,对计量器具按周期检定的规定不了解、不支持,在用计量器具未依法申请检定或逃避检定的情况比较严重。

(二)个别计量器具,如谷物容重器、谷物水分测定仪、棉花水分测量仪等计量器具的配备和使用情况不太理想,许多收购站仅凭眼看手摸等感官进行经验判断,计量基础比较薄弱,计量技术手段落后,由此带来的计量误差较大。

(三)使用未经检定的计量器具或者通过计量作弊等方式缺斤短两、坑害农民和其他消费者利益的现象还在一定范围内存在,特别是在个体经营者中此类问题更加突出。

(四)部分粮食类定量包装商品生产、经销企业的计量管理意识还比较薄弱,计量技术手段落后,计量检测体系不完善,对定量包装商品净含量的具体规定不了解,出厂或进货把关不严,造成粮食类定量包装商品的净含量不合格、标识标注不符合法定要求等。在此次监督检查中,各地发现25公斤规格大米净含量不合格的情况比较严重。

三、下一步工作要求

(一)提高认识、加强领导,树立粮食、棉花市场计量检查工作常抓不懈的思想。各地要充分认识做好粮食、棉花市场计量工作的重要性,要以此次监督检查工作为契机,结合当地实际,在今后几年内定期地组织开展粮食、棉花市场计量专项监督检查,将日常监督与专项检查相结合,逐渐形成制度,坚持常抓不懈。

(二)密切配合、协同作战,促进粮食、棉花市场计量管理水平不断提高。各地要将此次粮食、棉花市场计量专项监督检查的总体情况报当地政府和粮食、工商等有关部门,加强与其沟通和配合,共同引导和帮助粮食、棉花市场经营者提高计量法律意识,配备和正确使用各类必需的计量器具(如谷物容重器、谷物水分测定仪和棉花水分测量仪等),不断提高计量技术水平,建立和完善各项计量管理制度。

(三)扩大宣传、加强执法,促进粮食、棉花市场计量环境秩序不断改善。各地要继续加大对计量法律法规的宣传,特别是扩大《计量法》关于对计量器具实行强制检定制度的宣传,使经营者了解和自觉遵守我国强检制度的有关规定。同时,还要继续加大对计量违法案件的查处力度,对故意破坏计量器具准确度、坑害农民或其他消费者利益的,要依法进行严肃查处,并及时予以曝光;对存在问题较多的粮食类定量包装商品也要进行重点跟踪检查。

(四)完善法规,建章立制,实现粮食、棉花市场的长效计量监管。各地要在此次监督检查的基础上,建立粮食、棉花市场在用计量器具的管理档案,结合日常的强制检定工作,进一步加强对粮食、棉花市场的计量监管,并把加强法制建设作为一项重要工作抓紧做好,努力实现粮食、棉花市场的长效动态监管。

附表:1. 粮食市场计量专项监督检查情况表(略)
　　2. 棉花市场计量专项监督检查情况表(略)

中华人民共和国国家质量监督检验检疫总局(印)

二〇〇五年十二月八日

计量技术法规

国家质量监督检验检疫总局公告

(2005年第36号)

根据《中华人民共和国计量法》有关规定,现批准《专用玻璃量器》等19个国家计量技术法规发布实施。

编 号	名 称	批准日期	实施日期	备 注
JJG10—2005	专用玻璃量器检定规程	2005-03-03	2005-09-03	代替JJG10—1987 JJG11—1987 JJG12—1987 JJG284—1982 JJG514—1987
JJG117—2005	平板检定规程	2005-03-03	2005-09-03	代替JJG117—1991
JJG147—2005	标准金属布氏硬度块检定规程	2005-03-03	2005-09-03	代替JJG147—1991
JJG150—2005	金属布氏硬度计检定规程	2005-03-03	2005-09-03	代替JJG150—1990
JJG165—2005	钟罩式气体流量标准装置检定规程	2005-03-03	2005-06-03	代替JJG165—1989
JJG211—2005	亮度计检定规程	2005-03-03	2005-09-03	代替JJG211—1989 JJG554—1988
JJG246—2005	发光强度标准灯检定规程	2005-03-03	2005-09-03	代替JJG246—1991 JJG732—1991
JJG288—2005	颠倒温度表检定规程	2005-03-03	2005-09-03	代替JJG288—1982
JJG289—2005	表层水温表检定规程	2005-03-03	2005-09-03	代替JJG289—1982
JJG621—2005	液压千斤顶检定规程	2005-03-03	2005-09-03	代替JJG621—1996
JJG623—2005	电阻应变仪检定规程	2005-03-03	2005-09-03	代替JJG623—1989
JJG704—2005	焊接检验尺检定规程	2005-03-03	2005-09-03	代替JJG704—1990
JJG740—2005	研磨面平尺检定规程	2005-03-03	2005-09-03	代替JJG740—1991
JJG863—2005	V棱镜折射仪检定规程	2005-03-03	2005-09-03	代替JJG863—1994
JJG2032—2005	光照度计量器具检定系统表	2005-03-03	2005-06-03	代替JJG2032—1989
JJG2034—2005	发光强度计量器具检定系统表	2005-03-03	2005-06-03	代替JJG2034—1989
JJG2069—2005	镜向光泽度计量器具检定系统表	2005-03-03	2005-06-03	代替JJG2069—1990
JJG2083—2005	光谱辐射亮度、光谱辐射照度计量器具检定系统表	2005-03-03	2005-06-03	代替JJG2083—1990
JJF1129—2005	尿液分析仪校准规范	2005-03-03	2005-06-03	

国家质量监督检验检疫总局公告

（2005年第85号）

根据《中华人民共和国计量法》有关规定，现批准《声校准器检定规程》等22个国家计量技术法规发布实施。

编　号	名　称	批准日期	实施日期	备　注
JJG103—2005	电子水平仪和合像水平仪检定规程	2005-04-28	2005-10-28	代替JJG103—1988 JJG712—1990
JJG176—2005	声校准器检定规程	2005-04-28	2005-10-28	代替JJG176—1995
JJG245—2005	光照度计检定规程	2005-04-28	2005-10-28	代替JJG245—1991
JJG344—2005	镍铬-金铁热电偶检定规程	2005-04-28	2005-10-28	代替JJG344—1984
JJG387—2005	同轴电阻式衰减器检定规程	2005-04-28	2005-10-28	代替JJG387—1985 JJG419—1986 JJG507—1987
JJG444—2005	标准轨道衡检定规程	2005-04-28	2005-10-28	代替JJG444—1986
JJG448—2005	瓦级超声功率计检定规程	2005-04-28	2005-10-28	代替JJG448—1993
JJG520—2005	粉尘采样器检定规程	2005-04-28	2005-10-28	代替JJG520—2002
JJG541—2005	落体式冲击试验台检定规程	2005-04-28	2005-10-28	代替JJG541—1988
JJG633—2005	气体容积式流量计检定规程	2005-04-28	2005-10-28	代替JJG633—1990
JJG662—2005	顺磁式氧分析器检定规程	2005-04-28	2005-10-28	代替JJG662—1990
JJG738—2005	出租汽车计价器标准装置检定规程	2005-04-28	2005-10-28	代替JJG738—1991
JJG778—2005	噪声统计分析仪检定规程	2005-04-28	2005-10-28	代替JJG778—1992
JJG995—2005	静态扭矩测量仪检定规程	2005-04-28	2005-10-28	
JJG996—2005	压缩天然气加气机检定规程	2005-04-28	2005-10-28	
JJG997—2005	液化石油气加气机检定规程	2005-05-11	2005-08-11	
JJG2017—2005	水声声压计量器具检定系统表	2005-04-28	2005-10-28	代替JJG2017—1987
JJF1130—2005	几何量测量设备校准中的不确定度评定指南	2005-04-28	2005-07-28	
JJF1131—2005	TDMA-GSM数字移动通信综合测试仪校准规范	2005-04-28	2005-07-28	
JJF1132—2005	组合式角度尺校准规范	2005-04-28	2005-10-28	代替JJG132—1994
JJF1133—2005	X射线荧光光谱法黄金含量分析仪校准规范	2005-04-28	2005-10-28	
JJF1134—2005	专用工作测力机校准规范	2005-04-28	2005-10-28	代替JJG333—1996 JJG609—1989 JJG787—1992

国家质量监督检验检疫总局公告

（2005年第133号）

根据《国家计量检定规程管理办法》第二十八规定：对不需要修订的国家计量检定规程，确认继续有效。现确认如下：

序号	编 号	规 程 名 称	确认后编号
1	JJG 154—1979	标准毛细管粘度计检定规程	JJG 154—2005
2	JJG 155—1991	工作毛细管粘度计检定规程	JJG 155—2005
3	JJG 214—1980	滚动落球粘度计试行检定规程	JJG 214—2005
4	JJG 228—1993	静态激光小角光散射光度计检定规程	JJG 228—2005
5	JJG 342—1993	凝胶色谱仪检定规程	JJG 342—2005
6	JJG 390—1985	船用小pH计检定规程	JJG 390—2005
7	JJG 392—1996	感应式盐度计检定规程	JJG 392—2005
8	JJG 464—1996	生化分析仪检定规程	JJG 464—2006
9	JJG 549—1988	方波极谱仪试行检定规程	JJG 549—2005
10	JJG 550—1988	扫描电子显微镜试行检定规程	JJG 550—2005
11	JJG 656—1990	硝酸根自动监测仪检定规程	JJG 656—2005
12	JJG 658—1990	烘干法谷物水分测定仪检定规程	JJG 658—2005
13	JJG 674—1990	标准海水检定规程	JJG 674—2005
14	JJG 681—1990	色散型红外分光光度计检定规程	JJG 681—2005
15	JJG 694—1990	原子吸收分光光度计检定规程	JJG 694—2005
16	JJG 714—1990	血细胞分析仪检定规程	JJG 714—2005
17	JJG 742—1991	恩氏粘度计检定规程	JJG 742—2005
18	JJG 743—1991	流出杯式粘度计检定规程	JJG 743—2005
19	JJG 761—1991	电极式盐度计检定规程	JJG 761—2005
20	JJG 800—1993	电位溶出分析仪检定规程	JJG 800—2005
21	JJG 814—1993	自动电位滴定仪检定规程	JJG 814—2005
22	JJG 820—1993	手持糖量(含量)计及手持折射仪检定规程	JJG 820—2005
23	JJG 823—1993	离子色谱仪检定规程	JJG 823—2005
24	JJG 826—1993	二级标准分流式湿度发生器检定规程	JJG 826—2005
25	JJG 844—1993	回潮率测定仪检定规程	JJG 844—2005
26	JJG 871—1994	远红外生丝水分检测机检定规程	JJG 871—2005
27	JJG 877—1994	蒸汽压渗透仪检定规程	JJG 877—2005
28	JJG 878—1994	熔体流动速率仪检定规程	JJG 878—2005
29	JJG 891—1995	电容法和电阻法谷物水分测定仪检定规程	JJG 891—2005
30	JJG 899—1995	石油低含水率分析仪检定规程	JJG 899—2005
31	JJG 901—1995	电子探针分析仪检定规程	JJG 901—2005
32	JJG 917—1996	棉花测色仪检定规程	JJG 917—2005
33	JJG 175—1998	测试电容传声器检定规程	JJG 175—2005
34	JJG 185—1997	500Hz~1MHz测量水听器检定规程	JJG 185—2005
35	JJG 199—1996	猝发音信号源检定规程	JJG 199—2005
36	JJG 277—1998	标准声源检定规程	JJG 277—2005
37	JJG 639—1998	医用超声诊断仪超声源检定规程	JJG 639—2005

续表

序号	编　号	规 程 名 称	确认后编号
38	JJG 655-1990	噪声剂量计检定规程	JJG 655—2005
39	JJG 868—1994	毫瓦级标准超声源检定规程	JJG 868—2005
40	JJG 157—1995	非金属拉力、压力和万能试验机检定规程	JJG 157—2005
41	JJG 269—1981	扭转试验机试行检定规程	JJG 269—2005
42	JJG 333—1996	预应力钢丝张拉机检定规程	JJG 333—2005
43	JJG 276—1988	高温蠕变、持久强度试验机检定规程	JJG 276—2005
44	JJG 297—1997	标准硬质合金洛氏(A标尺)硬度块检定规程	JJG 297—2005
45	JJG 346—1991	肖氏硬度计检定规程	JJG 346—2005
46	JJG 347—1991	标准肖氏硬度块检定规程	JJG 347—2005
47	JJG 369—1993	塑料球压痕硬度计检定规程	JJG 369—2005
48	JJG 373—1997	四球摩擦试验机检定规程	JJG 373—2005
49	JJG 391—1985	负荷传感器试行检定规程	JJG 391—2005
50	JJG 411—1997	锤击式布氏硬度计检定规程	JJG 411—2005
51	JJG 450—1986	果品硬度计试行检定规程	JJG 450—2005
52	JJG 474—1986	木材万能试验机检定规程	JJG 474—2005
53	JJG 556—1988	轴向加荷疲劳试验机检定规程	JJG 556—2005
54	JJG 583—1988	杯突试验机检定规程	JJG 583—2005
55	JJG 608—1989	悬臂梁式冲击试验机检定规程	JJG 608—2005
56	JJG 609—1989	弹簧拉压试验机检定规程	JJG 609—2005
57	JJG 610—1989	巴克尔硬度计检定规程	JJG 610—2005
58	JJG 632—1989	动态力传感器检定规程	JJG 632—2005
59	JJG 652—1990	旋转纯弯曲疲劳试验机检定规程	JJG 652—2005
60	JJG 654—1990	超声硬度计检定规程	JJG 654—2005
61	JJG 805—1993	滑轮式预加张力检具检定规程	JJG 805—2005
62	JJG 831—1993	铸造用湿型表面硬度计试行检定规程	JJG 831—2005
63	JJG 870—1994	携带式布氏硬度计检定规程	JJG 870—2005
64	JJG 884—1994	塑料洛氏硬度计检定规程	JJG 884—2005
65	JJG 808—1993	标准测力杠杆检定规程	JJG 808—2005

国家质量监督检验检疫总局公告

(2005年第135号)

根据《中华人民共和国计量法》有关规定，现批准《正弦规检定规程》等23个国家计量技术法规发布实施。

编　号	名　称	批准日期	实施日期	备　注
JJG 37—2005	正弦规检定规程	2005-09-05	2006-03-05	代替 JJG 37—1992
JJG 73—2005	高等别线纹尺检定规程	2005-09-05	2006-03-05	代替 JJG 73—1994 JJG 170—1994
JJG 119—2005	实验室 pH(酸度)计检定规程	2005-09-05	2006-03-05	代替 JJG 119—1984
JJG 133—2005	汽车油罐车容量检定规程	2005-09-05	2006-03-05	代替 JJG 133—1987
JJG 168—2005	立式金属罐容量检定规程	2005-09-05	2006-03-05	代替 JJG 168—1987
JJG 181—2005	石英晶体频率标准检定规程	2005-09-05	2006-03-05	代替 JJG 181—1989
JJG 205—2005	机械式温湿度计检定规程	2005-09-05	2006-03-05	代替 JJG 205—1980

续表

编　号	名　称	批准日期	实施日期	备　注
JJG 259—2005	标准金属量器检定规程	2005-09-05	2006-03-05	代替 JJG259—1989 JJG402—1985
JJG 371—2005	量块光波干涉仪检定规程	2005-09-05	2006-03-05	代替 JJG371—1992 JJG770—1992
JJG 500—2005	电解法湿度仪检定规程	2005-09-05	2006-03-05	代替 JJG500—1987
JJG 702—2005	船舶液货计量舱容量检定规程	2005-09-05	2006-03-05	代替 JJG702—1990
JJG 754—2005	光学传递函数测量装置检定规程	2005-09-05	2006-03-05	代替 JJG754—1991
JJG 768—2005	发射光谱仪检定规程	2005-09-05	2006-03-05	代替 JJG768—1994
JJG 821—2005	总有机碳分析仪检定规程	2005-09-05	2006-03-05	代替 JJG821—1993
JJG 892—2005	验光机检定规程	2005-09-05	2006-03-05	代替 JJG892—1995
JJG 998—2005	激光小角度测量仪检定规程	2005-09-05	2005-12-05	
JJG 999—2005	称量式数显液体密度计检定规程	2005-09-05	2005-12-05	
JJG 1000—2005	电动水平振动试验台检定规程	2005-09-05	2005-12-05	
JJG 1001—2005	机动车近光检测仪校准器检定规程	2005-09-05	2005-12-05	
JJG 1002—2005	旋转黏度计检定规程	2005-09-05	2005-12-05	
JJG 1003—2005	流量积算仪检定规程	2005-09-05	2005-12-05	
JJG 1004—2005	氢原子频率标准检定规程	2005-09-05	2005-12-05	
JJF 1135—2005	化学分析测量不确定度评定技术规范	2005-09-05	2005-12-05	

国家质量监督检验检疫总局公告

(2005 年第 148 号)

根据《中华人民共和国计量法》有关规定，现批准《电流表、电压表、功率表及电阻表检定规程》等 18 个国家计量技术法规发布实施。

编　号	名　称	批准日期	实施日期	备　注
JJG 124—2005	电流表、电压表、功率表及电阻表检定规程	2005-10-09	2006-04-09	代替 JJG124—1993
JJG 182—2005	奇数沟千分尺检定规程	2005-10-09	2006-04-09	代替 JJG182—1993
JJG 330—2005	机械式深度温度计检定规程	2005-10-09	2006-04-09	代替 JJG330—1983
JJG 482—2005	实验室标准传声器(自由场互易法)检定规程	2005-10-09	2006-04-09	代替 JJG482—1987
JJG 739—2005	激光干涉仪检定规程	2005-10-09	2006-04-09	代替 JJG739—1991
JJG 787—2005	量仪测力仪检定规	2005-10-09	2006-04-09	代替 JJG787—1992
JJG 790—2005	实验室标准传声器(耦合腔互易法)检定规程	2005-10-09	2006-04-09	代替 JJG790—1992
JJG 850—2005	光学角规检定规程	2005-10-09	2006-04-09	代替 JJG850—1993
JJG 925—2005	净全辐射表检定规程	2005-10-09	2006-04-09	代替 JJG 925—1997
JJG 1005—2005	电子式绝缘电阻表检定规程	2005-10-09	2006-01-09	
JJG 1006—2005	煤中全硫测定仪检定规程	2005-10-09	2006-01-09	
JJF 1005—2005	标准物质常用术语和定义	2005-10-09	2006-04-09	代替 JJF 1005—1986
JJF 1034—2005	声学计量名词术语及定义	2005-10-09	2006-04-09	代替 JJF 1034—1992
JJF 1032—2005	光学辐射计量名词术语及定义	2005-10-09	2006-04-09	代替 JJF 1032—1995
JJF 1070—2005	定量包装商品净含量计量检验规则	2005-10-09	2006-01-01	代替 JJF 1070—2000
JJF 1136—2005	音准仪校准规范	2005-10-09	2006-01-09	
JJF 1137—2005	传声器前置放大器校准规范	2005-10-09	2006-01-09	
JJF 1138—2005	铣刀磨后检查仪校准规范	2005-10-09	2006-04-09	代替 JJG 87—1987

国家质量监督检验检疫总局公告

（2005 年第 184 号）

根据《中华人民共和国计量法》有关规定，现批准《三等标准金属线纹尺检定规程》等 15 个国家计量技术法规发布实施。

编　号	名　称	批准日期	实施日期	备　注
JJG 71—2005	三等标准金属线纹尺检定规程	2005-12-20	2006-06-20	代替 JJG71—1991
JJG 74—2005	工业过程测量记录仪检定规程	2005-12-20	2006-06-20	代替 JJG74—1992 JJG706—1990
JJG 298—2005	中频标准振动台(比较法)检定规程	2005-12-20	2006-06-20	代替 JJG298—1995
JJG 412—2005	水流型气体热量计检定规程	2005-12-20	2006-06-20	代替 JJG412—1986
JJG 494—2005	高压静电电压表检定规程	2005-12-20	2006-06-20	代替 JJG494—1987
JJG 577—2005	膜式燃气表检定规程	2005-12-20	2006-06-20	代替 JJG577—1994 JJF1086—2002
JJG 580—2005	焦度计检定规程	2005-12-20	2006-06-20	代替 JJG580—1996
JJG 597—2005	交流电能表检定装置检定规程	2005-12-20	2006-06-20	代替 JJG597—1989
JJG 619—2005	pVTt 法气体流量标准装置检定规程	2005-12-20	2006-03-05	代替 JJG619—1989
JJG 624—2005	动态压力传感器检定规程	2005-12-20	2006-06-20	代替 JJG624—1989
JJG 741—2005	标准钢卷尺检定规程	2005-12-20	2006-06-20	代替 JJG741—1991
JJG 818—2005	磁性、电涡流式覆层厚度测量仪检定规程	2005-12 20	2006-06-20	代替 JJG818—1993 JJG889—1995
JJG 875—2005	数字压力计检定规程	2005-12-20	2006-06-20	代替 JJG875—1994
JJG 1007—2005	直流高压分压器检定规程	2005-12-20	2006-03-20	
JJF 1139—2005	计量器具检定周期确定原则和方法	2005-12-20	2005-03-20	

定量包装商品计量监督管理办法

《定量包装商品计量监督管理办法》经 2005 年 5 月 16 日国家质量监督检验检疫总局局务会议审议通过，现予公布，自 2006 年 1 月 1 日起施行。原国家技术监督局发布的《定量包装商品计量监督规定》(国家技术监督局令第 43 号)同时废止。

局　长

二〇〇五年五月三十日

第一条　为了保护消费者和生产者、销售者的合法权益，规范定量包装商品的计量监督管理，根据《中华人民共和国计量法》并参照国际通行规则，制定本办法。

第二条　在中华人民共和国境内，生产、销售定量包装商品，以及对定量包装商品实施计量监督管理，应当遵守本办法。

本办法所称定量包装商品是指以销售为目的，在一定量限范围内具有统一的质量、体积、长度、面积、计数标注等标识内容的预包装商品。

第三条　国家质量监督检验检疫总局对全国定量包装商品的计量工作实施统一监督管理。

县级以上地方质量技术监督部门对本行政区域内定量包装商品的计量工作实施监督管理。

第四条　定量包装商品的生产者、销售者应当加强计量管理，配备与其生产定量包装商品相适应的计量检测设备，保证生产、销售的定量包装商品符合本办法的规定。

第五条　定量包装商品的生产者、销售者应当在其商品包装的显著位置正确、清晰地标注定量包装商品的净含量。

净含量的标注由“净含量”(中文)、数字和法定计量单位(或者用中文表示的计数单位)三个部分组成。法定计量单位的选择应当符合本办法附表 1 的规定。

以长度、面积、计数单位标注净含量的定量包装商品，可以免于标注“净含量”三个中文字，只标注数字和法定计量单位(或者用中文表示的计数单位)。

第六条　定量包装商品净含量标注字符的最小高度应当符合本办法附表 2 的规定。

第七条　同一包装内含有多件同种定量包装商品的，应当标注单件定量包装商品的净含量和总件数，或者标注总净含量。

同一包装内含有多件不同种定量包装商品的，应当标注各种不同种定量包装商品的单件净含量和各种不同种定量包装商品的件数，或者分别标注各种不同种定量包装商品的总净含量。

第八条　单件定量包装商品的实际含量应当准确反映其标注净含量，标注净含量与实际含量之差不得大于本办法附表 3 规定的允许短缺量。

第九条　批量定量包装商品的平均实际含量应当大于或者等于其标注净含量。

用抽样的方法评定一个检验批的定量包装商品，应当按照本办法附表 4 中的规定进行抽样检验和计算。样本中单件定量包装商品的标注净含量与其实际含量之差大于允许短缺量的件数以及样本的平均实际含量应当符合本办法附表 4 的规定。

第十条　强制性国家标准、强制性行业标准对定量包装商品的允许短缺量以及法定计量单位的选择已有规定的，从其规定；没有规定的按照本办法执行。

第十一条 对因水份变化等因素引起净含量变化较大的定量包装商品，生产者应当采取措施保证在规定条件下商品净含量的准确。

第十二条 县级以上质量技术监督部门应当对生产、销售的定量包装商品进行计量监督检查。

质量技术监督部门进行计量监督检查时，应当充分考虑环境及水份变化等因素对定量包装商品净含量产生的影响。

第十三条 对定量包装商品实施计量监督检查进行的检验，应当由被授权的计量检定机构按照《定量包装商品净含量计量检验规则》进行。

检验定量包装商品，应当考虑储存和运输等环境条件可能引起的商品净含量的合理变化。

第十四条 定量包装商品的生产者、销售者在使用商品的包装时，应当节约资源、减少污染、正确引导消费，商品包装尺寸应当与商品净含量的体积比例相当。不得采用虚假包装或者故意夸大定量包装商品的包装尺寸，使消费者对包装内的商品量产生误解。

第十五条 国家鼓励定量包装商品生产者自愿参加计量保证能力评价工作，保证计量诚信。

省级质量技术监督部门按照《定量包装商品生产企业计量保证能力评价规范》的要求，对生产者进行核查，对符合要求的予以备案，并颁发全国统一的《定量包装商品生产企业计量保证能力证书》，允许在其生产的定量包装商品上使用全国统一的计量保证能力合格标志。

第十六条 获得《定量包装商品生产企业计量保证能力证书》的生产者，违反《定量包装商品生产企业计量保证能力评价规范》要求的，责令其整改，停止使用计量保证能力合格标志，可处5000元以下的罚款；整改后仍不符合要求的或者拒绝整改的，由发证机关吊销其《定量包装商品生产企业计量保证能力证书》。

定量包装商品生产者未经备案，擅自使用计量保证能力合格标志的，责令其停止使用，可处30000元以下罚款。

第十七条 生产、销售定量包装商品违反本办法第五条、第六条、第七条规定，未正确、清晰地标注净含量的，责令改正；未标注净含量的，限期改正，逾期不改的，可处1000元以下罚款。

第十八条 生产、销售的定量包装商品，经检验违反本办法第九条 规定的，责令改正，可处检验批货值金额3倍以下，最高不超过30000元的罚款。

第十九条 本办法规定的行政处罚，由县级以上地方质量技术监督部门决定。

县级以上地方质量技术监督部门按照本办法实施行政处罚，必须遵守国家法律、法规和国家质量监督检验检疫总局关于行政案件办理程序的有关规定。

第二十条 行政相对人对行政处罚决定不服的，可以依法申请行政复议或者提起行政诉讼。

第二十一条 从事定量包装商品计量监督管理的国家工作人员滥用职权、玩忽职守、徇私舞弊，情节轻微的，给予行政处分；构成犯罪的，依法追究刑事责任。

从事定量包装商品计量检验的机构和人员有下列行为之一的，由省级以上质量技术监督部门责令限期整改；情节严重的，应当取消其从事定量包装商品计量检验工作的资格，对有关责任人员依法给予行政处分；构成犯罪的，依法追究刑事责任：

（一）伪造检验数据的。

（二）违反《定量包装商品净含量计量检验规则》进行计量检验的。

（三）使用未经检定、检定不合格或者超过检定周期的计量器具开展计量检验的。

（四）擅自将检验结果及有关材料对外泄露的。

（五）利用检验结果参与有偿活动的。

第二十二条 本办法下列用语的含义是：

（一）预包装商品是指销售前预先用包装材料或者包装容器将商品包装好，并有预先确定的量值（或者数量）的商品。

（二）净含量是指除去包装容器和其他包装材料后内装商品的量。

（三）实际含量是指由质量技术监督部门授权的计量检定机构按照《定量包装商品净含量计量检验规则》通过计量检验确定的定量包装商品实际所包含的量。

（四）标注净含量是指由生产者或者销售者在定量包装商品的包装上明示的商品的净含量。

（五）允许短缺量是指单件定量包装商品的标注净含量与其实际含量之差的最大允许量值(或者数量)。

（六）检验批是指接受计量检验的,由同一生产者在相同生产条　件下生产的一定数量的同种定量包装商品或者在销售者抽样地点现场存在的同种定量包装商品。

（七）同种定量包装商品是指由同一生产者生产,品种、标注净含量、包装规格及包装材料均相同的定量包装商品。

（八）计量保证能力合格标志(也称C标志,C为英文“中国”的头一个字母)是指由国家质检总局统一规定式样,证明定量包装商品生产者的计量保证能力达到规定要求的标志。

第二十三条　本办法由国家质量监督检验检疫总局负责解释。

第二十四条　本办法自2006年1月1日起施行。原国家技术监督局发布的《定量包装商品计量监督规定》(国家技术监督局令第43号)同时废止。

附件:(略)

计量器具新产品管理办法

国家质量监督检验检疫总局令 第74号

《计量器具新产品管理办法》经2005年5月16日国家质量监督检验检疫总局局务会议审议通过，现予公布，自2005年8月1日起施行。原国家计量局1987年7月10日公布的《计量器具新产品管理办法》([87]量局法字第231号)同时废止。

二〇〇五年五月二十日

第一章　总　则

第一条　根据《中华人民共和国计量法》和《中华人民共和国计量法实施细则》的有关规定，制定本办法。

第二条　在中华人民共和国境内，任何单位或个体工商户(以下简称单位)制造以销售为目的的计量器具新产品，必须遵守本办法。

计量器具新产品是指本单位从未生产过的计量器具，包括对原有产品在结构、材质等方面做了重大改进导致性能、技术特征发生变更的计量器具。

第三条　本办法适用的计量器具范围，是指列入《中华人民共和国依法管理的计量器具目录》(以下简称《目录》)的装置、仪器仪表和量具。

标准物质新产品，按《标准物质管理办法》执行。

第四条　凡制造计量器具新产品，必须申请型式批准。型式批准是指质量技术监督部门对计量器具的型式是否符合法定要求而进行的行政许可活动，包括型式评价、型式的批准决定。型式评价是指为确定计量器具型式是否符合计量要求、技术要求和法制管理要求所进行的技术评价。

第五条　国家质量监督检验检疫总局(以下简称国家质检总局)负责统一监督管理全国的计量器具新产品型式批准工作。省级质量技术监督部门负责本地区的计量器具新产品型式批准工作。

列入国家质检总局重点管理目录的计量器具，型式评价由国家质检总局授权的技术机构进行；《目录》中的其他计量器具的型式评价由国家质检总局或省级质量技术监督部门授权的技术机构进行。

第二章　型式批准的申请

第六条　单位制造计量器具新产品，在申请制造计量器具许可证前，应向当地省级质量技术监督部门申请型式批准。

申请型式批准应递交申请书以及营业执照等合法身份证明。

第七条　受理申请的省级质量技术监督部门，自接到申请书之日起在5个工作日内对申请资料进行初审，初审通过后，依照本办法第五条的规定委托技术机构进行型式评价，并通知申请单位。

第八条　承担型式评价的技术机构，根据省级质量技术监督部门的委托，在10个工作日内与申请单位联系，做出型式评价的具体安排。

第九条　申请单位应向承担型式评价的技术机构提供试验样机，并递交以下技术资料：

(一) 样机照片；

(二) 产品标准(含检验方法)；

（三）总装图、电路图和主要零部件图；

（四）使用说明书；

（五）制造单位或技术机构所做的试验报告。

第三章　型式评价

第十条　承担型式评价的技术机构必须具备计量标准、检测装置以及场地、工作环境等相关条件，按照《计量授权管理办法》取得国家质检总局或省级质量技术监督部门的授权，方可开展相应的型式评价工作。

第十一条　承担型式评价的技术机构必须全面审查申请单位提交的技术资料，并根据国家质检总局制定的型式评价技术规范拟定型式评价大纲。型式评价大纲由承担型式评价技术机构的技术负责人批准。

型式评价应按照型式评价大纲进行。国家计量检定规程中已经规定了型式评价要求的，按规程执行。

第十二条　型式评价一般应在3个月内完成。型式评价结束后，承担型式评价的技术机构将型式评价结果报委托的省级质量技术监督部门，并通知申请单位。

第十三条　型式评价过程中发现计量器具存在问题的，由承担型式评价的技术机构通知申请单位，可在3个月内进行一次改进；改进后，送原技术机构继续进行型式评价。申请单位改进计量器具的时间不计入型式评价时限。

第十四条　承担型式评价的技术机构在型式评价后，应将全部样机、需要保密的技术资料退还申请单位，并保留有关资料和原始记录，保存期不少于3年。

第四章　型式批准

第十五条　省级质量技术监督部门应在接到型式评价报告之日起10个工作日内，根据型式评价结果和计量法制管理的要求，对计量器具新产品的型式进行审查。经审查合格的，向申请单位颁发型式批准证书；经审查不合格的，发给不予行政许可决定书。

第十六条　对已经不符合计量法制管理要求和技术水平落后的计量器具，国家质检总局可以废除原批准的型式。

任何单位不得制造已废除型式的计量器具。

第五章　型式批准的监督管理

第十七条　承担型式评价的技术机构，对申请单位提供的样机和技术文件、资料必须保密。违反规定的，应当按照国家有关规定，赔偿申请单位的损失，并给予直接责任人员行政处分；构成犯罪的，依法追究刑事责任。技术机构出具虚假数据的，由国家质检总局或省级质量技术监督部门撤销其授权型式评价技术机构资格。

第十八条　任何单位制造已取得型式批准的计量器具，不得擅自改变原批准的型式。对原有产品在结构、材质等方面做了重大改进导致性能、技术特征发生变更的，必须重新申请办理型式批准。地方质量技术监督部门负责进行监督检查。

第十九条　申请单位对型式批准结果有异议的，可申请行政复议或提出行政诉讼。

第二十条　制造、销售未经型式批准的计量器具新产品的，由地方质量技术监督部门按照《中华人民共和国计量法》及其实施细则和《计量违法行为处罚细则》的有关规定予以行政处罚。

第六章　附　则

第二十一条　进口计量器具型式批准，按照《中华人民共和国进口计量器具监督管理办法》执行。

第二十二条　与本办法有关的申请书、型式批准证书、型式批准标志和编号的式样，由国家质检总局统一规定。

第二十三条　申请型式批准、型式评价，应按规定缴纳费用。

第二十四条　本办法由国家质检总局负责解释。

第二十五条　本办法自2005年8月1日起施行。1987年7月10日原国家计量局颁布的《计量器具新产品管理办法》([87]量局法字第231号)同时废止。

关于调整计量收费标准的通知

发改价格[2005]711号

国家质量监督检验检疫总局:

为完善计量体系,进一步加强计量收费管理,确保计量工作的顺利开展,根据《中华人民共和国计量法实施细则》的有关规定,财政部、原国家计委已同意调整计量收费项目。现将调整后的计量收费标准及有关问题通知如下:

一、县级以上计量行政部门在实施计量标准考核、计量授权、计量器具型式批准、制造和修理计量器具许可证考核、计量认证、计量人员考核时,按附件《计量收费标准》规定向申请人收费。

二、收费单位应按规定到指定的价格主管部门申领收费许可证,并按财务隶属关系分别使用财政部和各省、自治区、直辖市财政部门统一印制的票据。

三、收费单位应严格执行规定的收费项目、收费范围和收费标准,自觉接受价格主管部门和财政部门的监督检查。

四、本通知自2005年5月1日起执行,有效期2年,有效期满后按规定程序,由你局报国家发展改革委、财政部重新审批。

国家发展改革委、财政部

二OO五年四月三十日

附表:计量收费标准

一、计量标准考核、计量授权

县级以上计量行政部门实施计量标准考核和计量授权时,按下列标准向申请人收费。

序号	项目名称	收费级次	单位	收费标准(元)	备注
1	计量标准考核证书费	国家、省、市、县级	每证	10	
2	计量授权证书费	国家、省、市、县级	每证	10	
3	社会公用计量标准证书费	国家、省、市、县级	每证	10	
4	计量标准考核费	国家级	每项	1200	复查考核收费按考核收费标准的50%收取。差旅费由申请考核单位支付。
		省　级	每项	600	
		市　级	每项	300	
		县　级	每项	150	
5	计量授权考核费	国家级	每个机构	2000	100项以上(不含100项),每增加1项加收100元,每个机构最高不超过3万元。
		省　级	每个机构	1500	100项以上(不含100项),每增加1项加收70元,每个机构最高不超过2万元。
		市　级	每个机构	1000	50项以上(不含50项),每增加1项加收70元,每个机构最高不超过3500元。
		县　级	每个机构	600	10项以上(不含10项),每增加1项加收60元,每个机构最高不超过2000元。

注:计量授权包括对法定计量检定机构、计量检验机构及其他计量技术机构的授权。

二、计量器具型式批准

省级以上计量行政部门实施计量器具型式批准、标准物质定级鉴定审查，经省级以上计量行政部门授权的技术机构实施计量器具定型鉴定、样机试验（包括标准物质定级鉴定检验）时，按下列标准向申请人收费。

序号	项目名称		收费级次	单 位	收费标准（元）	备 注
1	国内计量器具新产品	型式批准证书费	国家、省级	每 证	10	
		标准物质定级证书费	国家级	每 证	10	
		定型鉴定、样机试验（包括标准物质定级鉴定检验）费	国家、省级	每个系列	40000	特殊、复杂
				每个品种	7000	
				每个系列	20000	比较特殊、复杂
				每个品种	5000	
				每个系列	6000	一般
				每个品种	1000	
		标准物质定级鉴定审查费	国家级	每个系列	500	
				每个品种	200	
2	进口计量器具	正式型式批准费	国家级	每个系列	2000	
		临时型式批准费	国家级	每个批量	500	
		定型鉴定费	国家、省级	每个系列	40000	特殊、复杂
				每个品种	7000	
				每个系列	20000	比较特殊、复杂
				每个品种	5000	
				每个系列	6000	一般
				每个品种	1000	
3	OIML计量器具	型式批准费	国家级	每个系列	2000	
		定型鉴定费	国家、省级	每个系列	40000	特殊、复杂
				每个品种	7000	
				每个系列	20000	比较特殊、复杂
				每个品种	5000	
				每个系列	6000	一般
				每个品种	1000	

注：① 只做计量性能实验的为“一般”试验；同时做计量性能实验和环境实验的为“比较特殊、复杂”试验；同时做计量性能实验、环境实验以及电磁兼容实验的为“特殊、复杂”试验。

② 定型鉴定、样机试验（包括标准物质定级鉴定检验）是按每个系列还是按每个品种计费，由交费单位自行选择。

③ 定型鉴定、样机试验（包括标准物质定级鉴定检验）收费标准为每个系列、每个品种最高不得超过的标准。OIML计量器具定型鉴定收费低于1万元加收30%。

三、制造、修理计量器具许可证

县级以上计量行政部门实施制造、修理计量器具许可证考核时，按下列标准向申请人收费。

序号	项 目 名 称	收费级次	单 位	收费标准(元)	备 注
	制造、修理计量器具许可证证书费	国家、省、市、县级	每 证	10	
2	制造计量器具许可证考核费	国家级	每个系列	2000	含标准物质考核
			每个型号	200	
		省 级	每个系列	1500	
			每个型号	150	
		市、县级	每个系列	800	
			每个型号	100	
3	修理计量器具许可证考核费	县级	每个系列	800	
			每个型号	160	

注：制造、修理计量器具许可证考核是按每个系列还是按每个品种计费，由交费单位自行选择。

四、计量认证

省级以上计量行政部门实施计量认证时，按下列标准向申请人收费。

序号	项 目 名 称	收费级次	单 位	收费标准(元)	备 注
1	计量认证(合格)证书费	国家、省级	每 证	10	
2	计量认证费	国家级	每个机构	1500	
		省 级	每个机构	1200	

注：① 产品质量检验机构的计量认证分别为国家级、省级。
② 社会公正计量行(站)的计量认证为省级。

五、计量人员考核

县级以上计量行政部门实施计量人员考核时，按下列标准向申请人收费。

序号	项 目 名 称		收费级次	单位	收费标准(元)	备注
1	计量考评员证书费		国家、省级	每证	10	
2	计量检定员证书费		国家、省、市、县级	每证	10	
3	计量考评员考核费		国家、省级	每项	150	含笔试、面试
4	计量检定员考核费	基础理论	国家、省、市、县级	每项	30	
		专业理论		每项	80	
		操作技能		每项	200	

注：计量考评员包括计量标准考评员、计量器具许可证考评员、法定计量检定机构考评员及社会公正计量行(站)考评员。

放射性同位素与射线装置安全和防护条例

中华人民共和国国务院令第 449 号

《放射性同位素与射线装置安全和防护条例》已经 2005 年 8 月 31 日国务院第 104 次常务会议通过，现予公布，自 2005 年 12 月 1 日起施行。

总理　温家宝

二 OO 五年九月十四日

第一章　总则

第一条　为了加强对放射性同位素、射线装置安全和防护的监督管理，促进放射性同位素、射线装置的安全应用，保障人体健康，保护环境，制定本条例。

第二条　在中华人民共和国境内生产、销售、使用放射性同位素和射线装置，以及转让、进出口放射性同位素的，应当遵守本条例。

本条例所称放射性同位素包括放射源和非密封放射性物质。

第三条　国务院环境保护主管部门对全国放射性同位素、射线装置的安全和防护工作实施统一监督管理。

国务院公安、卫生等部门按照职责分工和本条例的规定，对有关放射性同位素、射线装置的安全和防护工作实施监督管理。

县级以上地方人民政府环境保护主管部门和其他有关部门，按照职责分工和本条例的规定，对本行政区域内放射性同位素、射线装置的安全和防护工作实施监督管理。

第四条　国家对放射源和射线装置实行分类管理。根据放射源、射线装置对人体健康和环境的潜在危害程度，从高到低将放射源分为Ⅰ类、Ⅱ类、Ⅲ类、Ⅳ类、Ⅴ类，具体分类办法由国务院环境保护主管部门制定；将射线装置分为Ⅰ类、Ⅱ类、Ⅲ类，具体分类办法由国务院环境保护主管部门商国务院卫生主管部门制定。

第二章　许可和备案

第五条　生产、销售、使用放射性同位素和射线装置的单位，应当依照本章规定取得许可证。

第六条　生产放射性同位素、销售和使用Ⅰ类放射源、销售和使用Ⅰ类射线装置的单位的许可证，由国务院环境保护主管部门审批颁发。

前款规定之外的单位的许可证，由省、自治区、直辖市人民政府环境保护主管部门审批颁发。

国务院环境保护主管部门向生产放射性同位素的单位颁发许可证前，应当将申请材料印送其行业主管部门征求意见。

环境保护主管部门应当将审批颁发许可证的情况通报同级公安部门、卫生主管部门。

第七条　生产、销售、使用放射性同位素和射线装置的单位申请领取许可证，应当具备下列条件：

（一）有与所从事的生产、销售、使用活动规模相适应的，具备相应专业知识和防护知识及健康条件的专业技术人员；

（二）有符合国家环境保护标准、职业卫生标准和安全防护要求的场所、设施和设备；

（三）有专门的安全和防护管理机构或者专职、兼职安全和防护管理人员，并配备必要的防护用品和监测仪器；

（四）有健全的安全和防护管理规章制度、辐射事故应急措施；

（五）产生放射性废气、废液、固体废物的，具有确保放射性废气、废液、固体废物达标排放的处理能力或者可行的处理方案。

第八条　生产、销售、使用放射性同位素和射线装置的单位，应当事先向有审批权的环境保护主管部门提出许可申请，并提交符合本条例第七条规定条件的证明材料。

使用放射性同位素和射线装置进行放射诊疗的医疗卫生机构，还应当获得放射源诊疗技术和医用辐射机构许可。

第九条　环境保护主管部门应当自受理申请之日起20个工作日内完成审查，符合条件的，颁发许可证，并予以公告；不符合条件的，书面通知申请单位并说明理由。

第十条　许可证包括下列主要内容：

（一）单位的名称、地址、法定代表人；

（二）所从事活动的种类和范围；

（三）有效期限；

（四）发证日期和证书编号。

第十一条　持证单位变更单位名称、地址、法定代表人的，应当自变更登记之日起20日内，向原发证机关申请办理许可证变更手续。

第十二条　有下列情形之一的，持证单位应当按照原申请程序，重新申请领取许可证：

（一）改变所从事活动的种类或者范围的；

（二）新建或者改建、扩建生产、销售、使用设施或者场所的。

第十三条　许可证有效期为5年。有效期届满，需要延续的，持证单位应当于许可证有效期届满30日前，向原发证机关提出延续申请。原发证机关应当自受理延续申请之日起，在许可证有效期届满前完成审查，符合条件的，予以延续；不符合条件的，书面通知申请单位并说明理由。

第十四条　持证单位部分终止或者全部终止生产、销售、使用放射性同位素和射线装置活动的，应当向原发证机关提出部分变更或者注销许可证申请，由原发证机关核查合格后，予以变更或者注销许可证。

第十五条　禁止无许可证或者不按照许可证规定的种类和范围从事放射性同位素和射线装置的生产、销售、使用活动。

禁止伪造、变造、转让许可证。

第十六条　国务院对外贸易主管部门会同国务院环境保护主管部门、海关总署、国务院质量监督检验检疫部门和生产放射性同位素的单位的行业主管部门制定并公布限制进出口放射性同位素目录和禁止进出口放射性同位素目录。

进口列入限制进出口目录的放射性同位素，应当在国务院环境保护主管部门审查批准后，由国务院对外贸易主管部门依据国家对外贸易的有关规定签发进口许可证。进口限制进出口目录和禁止进出口目录之外的放射性同位素，依据国家对外贸易的有关规定办理进口手续。

第十七条　申请进口列入限制进出口目录的放射性同位素，应当符合下列要求：

（一）进口单位已经取得与所从事活动相符的许可证；

（二）进口单位具有进口放射性同位素使用期满后的处理方案，其中，进口Ⅰ类、Ⅱ类、Ⅲ类放射源的，应当具有原出口方负责回收的承诺文件；

（三）进口的放射源应当有明确标号和必要说明文件，其中，Ⅰ类、Ⅱ类、Ⅲ类放射源的标号应当刻制在放射源本体或者密封包壳体上，Ⅳ类、Ⅴ类放射源的标号应当记录在相应说明文件中；

（四）将进口的放射性同位素销售给其他单位使用的，还应当具有与使用单位签订的书面协议以及使用单位取得的许可证复印件。

第十八条　进口列入限制进出口目录的放射性同位素的单位，应当向国务院环境保护主管部门提出进口申请,并提交符合本条例第十七条规定要求的证明材料。

国务院环境保护主管部门应当自受理申请之日起10个工作日内完成审查,符合条件的,予以批准;不符合条件的,书面通知申请单位并说明理由。

海关验凭放射性同位素进口许可证办理有关进口手续。进口放射性同位素的包装材料依法需要实施检疫的,依照国家有关检疫法律、法规的规定执行。

对进口的放射源,国务院环境保护主管部门还应当同时确定与其标号相对应的放射源编码。

第十九条　申请转让放射性同位素,应当符合下列要求:

(一)转出、转入单位持有与所从事活动相符的许可证;

(二)转入单位具有放射性同位素使用期满后的处理方案;

(三)转让双方已经签订书面转让协议。

第二十条　转让放射性同位素,由转入单位向其所在地省、自治区、直辖市人民政府环境保护主管部门提出申请,并提交符合本条例第十九条规定要求的证明材料。

省、自治区、直辖市人民政府环境保护主管部门应当自受理申请之日起15个工作日内完成审查,符合条件的,予以批准;不符合条件的,书面通知申请单位并说明理由。

第二十一条　放射性同位素的转出、转入单位应当在转让活动完成之日起20日内,分别向其所在地省、自治区、直辖市人民政府环境保护主管部门备案。

第二十二条　生产放射性同位素的单位,应当建立放射性同位素产品台账,并按照国务院环境保护主管部门制定的编码规则,对生产的放射源统一编码。放射性同位素产品台账和放射源编码清单应当报国务院环境保护主管部门备案。

生产的放射源应当有明确标号和必要说明文件。其中,Ⅰ类、Ⅱ类、Ⅲ类放射源的标号应当刻制在放射源本体或者密封包壳体上,Ⅳ类、Ⅴ类放射源的标号应当记录在相应说明文件中。

国务院环境保护主管部门负责建立放射性同位素备案信息管理系统,与有关部门实行信息共享。

未列入产品台账的放射性同位素和未编码的放射源,不得出厂和销售。

第二十三条　持有放射源的单位将废旧放射源交回生产单位、返回原出口方或者送交放射性废物集中贮存单位贮存的,应当在该活动完成之日起20日内向其所在地省、自治区、直辖市人民政府环境保护主管部门备案。

第二十四条　本条例施行前生产和进口的放射性同位素，由放射性同位素持有单位在本条例施行之日起6个月内,到其所在地省、自治区、直辖市人民政府环境保护主管部门办理备案手续,省、自治区、直辖市人民政府环境保护主管部门应当对放射源进行统一编码。

第二十五条　使用放射性同位素的单位需要将放射性同位素转移到外省、自治区、直辖市使用的,应当持许可证复印件向使用地省、自治区、直辖市人民政府环境保护主管部门备案,并接受当地环境保护主管部门的监督管理。

第二十六条　出口列入限制进出口目录的放射性同位素，应当提供进口方可以合法持有放射性同位素的证明材料,并由国务院环境保护主管部门依照有关法律和我国缔结或者参加的国际条约、协定的规定,办理有关手续。

出口放射性同位素应当遵守国家对外贸易的有关规定。

第三章　安全和防护

第二十七条　生产、销售、使用放射性同位素和射线装置的单位,应当对本单位的放射性同位素、射线装置的安全和防护工作负责,并依法对其造成的放射性危害承担责任。

生产放射性同位素的单位的行业主管部门,应当加强对生产单位安全和防护工作的管理,并定期对其执行法律、法规和国家标准的情况进行监督检查。

第二十八条 生产、销售、使用放射性同位素和射线装置的单位，应当对直接从事生产、销售、使用活动的工作人员进行安全和防护知识教育培训，并进行考核；考核不合格的，不得上岗。

辐射安全关键岗位应当由注册核安全工程师担任。辐射安全关键岗位名录由国务院环境保护主管部门商国务院有关部门制定并公布。

第二十九条 生产、销售、使用放射性同位素和射线装置的单位，应当严格按照国家关于个人剂量监测和健康管理的规定，对直接从事生产、销售、使用活动的工作人员进行个人剂量监测和职业健康检查，建立个人剂量档案和职业健康监护档案。

第三十条 生产、销售、使用放射性同位素和射线装置的单位，应当对本单位的放射性同位素、射线装置的安全和防护状况进行年度评估。发现安全隐患的，应当立即进行整改。

第三十一条 生产、销售、使用放射性同位素和射线装置的单位需要终止的，应当事先对本单位的放射性同位素和放射性废物进行清理登记，作出妥善处理，不得留有安全隐患。生产、销售、使用放射性同位素和射线装置的单位发生变更的，由变更后的单位承担处理责任。变更前当事人对此另有约定的，从其约定；但是，约定中不得免除当事人的处理义务。

在本条例施行前已经终止的生产、销售、使用放射性同位素和射线装置的单位，其未安全处理的废旧放射源和放射性废物，由所在地省、自治区、直辖市人民政府环境保护主管部门提出处理方案，及时进行处理。所需经费由省级以上人民政府承担。

第三十二条 生产、进口放射源的单位销售Ⅰ类、Ⅱ类、Ⅲ类放射源给其他单位使用的，应当与使用放射源的单位签订废旧放射源返回协议；使用放射源的单位应当按照废旧放射源返回协议规定将废旧放射源交回生产单位或者返回原出口方。确实无法交回生产单位或者返回原出口方的，送交有相应资质的放射性废物集中贮存单位贮存。

使用放射源的单位应当按照国务院环境保护主管部门的规定，将Ⅳ类、Ⅴ类废旧放射源进行包装整备后送交有相应资质的放射性废物集中贮存单位贮存。

第三十三条 使用Ⅰ类、Ⅱ类、Ⅲ类放射源的场所和生产放射性同位素的场所，以及终结运行后产生放射性污染的射线装置，应当依法实施退役。

第三十四条 生产、销售、使用、贮存放射性同位素和射线装置的场所，应当按照国家有关规定设置明显的放射性标志，其入口处应当按照国家有关安全和防护标准的要求，设置安全和防护设施以及必要的防护安全联锁、报警装置或者工作信号。射线装置的生产调试和使用场所，应当具有防止误操作、防止工作人员和公众受到意外照射的安全措施。

放射性同位素的包装容器、含放射性同位素的设备和射线装置，应当设置明显的放射性标识和中文警示说明；放射源上能够设置放射性标识的，应当一并设置。运输放射性同位素和含放射源的射线装置的工具，应当按照国家有关规定设置明显的放射性标志或者显示危险信号。

第三十五条 放射性同位素应当单独存放，不得与易燃、易爆、腐蚀性物品等一起存放，并指定专人负责保管。贮存、领取、使用、归还放射性同位素时，应当进行登记、检查，做到账物相符。对放射性同位素贮存场所应当采取防火、防水、防盗、防丢失、防破坏、防射线泄漏的安全措施。

对放射源还应当根据其潜在危害的大小，建立相应的多层防护和安全措施，并对可移动的放射源定期进行盘存，确保其处于指定位置，具有可靠的安全保障。

第三十六条 在室外、野外使用放射性同位素和射线装置的，应当按照国家安全和防护标准的要求划出安全防护区域，设置明显的放射性标志，必要时设专人警戒。

在野外进行放射性同位素示踪试验的，应当经省级以上人民政府环境保护主管部门商同级有关部门批准方可进行。

第三十七条 辐射防护器材、含放射性同位素的设备和射线装置，以及含有放射性物质的产品和伴有产生

X射线的电器产品，应当符合辐射防护要求。不合格的产品不得出厂和销售。

第三十八条 使用放射性同位素和射线装置进行放射诊疗的医疗卫生机构，应当依据国务院卫生主管部门有关规定和国家标准，制定与本单位从事的诊疗项目相适应的质量保证方案，遵守质量保证监测规范，按照医疗照射正当化和辐射防护最优化的原则，避免一切不必要的照射，并事先告知患者和受检者辐射对健康的潜在影响。

第三十九条 金属冶炼厂回收冶炼废旧金属时，应当采取必要的监测措施，防止放射性物质熔入产品中。监测中发现问题的，应当及时通知所在地设区的市级以上人民政府环境保护主管部门。

第四章 辐射事故应急处理

第四十条 根据辐射事故的性质、严重程度、可控性和影响范围等因素，从重到轻将辐射事故分为特别重大辐射事故、重大辐射事故、较大辐射事故和一般辐射事故四个等级。

特别重大辐射事故，是指Ⅰ类、Ⅱ类放射源丢失、被盗、失控造成大范围严重辐射污染后果，或者放射性同位素和射线装置失控导致3人以上(含3人)急性死亡。

重大辐射事故，是指Ⅰ类、Ⅱ类放射源丢失、被盗、失控，或者放射性同位素和射线装置失控导致2人以下(含2人)急性死亡或者10人以上(含10人)急性重度放射病、局部器官残疾。

较大辐射事故，是指Ⅲ类放射源丢失、被盗、失控，或者放射性同位素和射线装置失控导致9人以下(含9人)急性重度放射病、局部器官残疾。

一般辐射事故，是指Ⅳ类、Ⅴ类放射源丢失、被盗、失控，或者放射性同位素和射线装置失控导致人员受到超过年剂量限值的照射。

第四十一条 县级以上人民政府环境保护主管部门应当会同同级公安、卫生、财政等部门编制辐射事故应急预案，报本级人民政府批准。辐射事故应急预案应当包括下列内容：

(一) 应急机构和职责分工；

(二) 应急人员的组织、培训以及应急和救助的装备、资金、物资准备；

(三) 辐射事故分级与应急响应措施；

(四) 辐射事故调查、报告和处理程序。

生产、销售、使用放射性同位素和射线装置的单位，应当根据可能发生的辐射事故的风险，制定本单位的应急方案，做好应急准备。

第四十二条 发生辐射事故时，生产、销售、使用放射性同位素和射线装置的单位应当立即启动本单位的应急方案，采取应急措施，并立即向当地环境保护主管部门、公安部门、卫生主管部门报告。

环境保护主管部门、公安部门、卫生主管部门接到辐射事故报告后，应当立即派人赶赴现场，进行现场调查，采取有效措施，控制并消除事故影响，同时将辐射事故信息报告本级人民政府和上级人民政府环境保护主管部门、公安部门、卫生主管部门。

县级以上地方人民政府及其有关部门接到辐射事故报告后，应当按照事故分级报告的规定及时将辐射事故信息报告上级人民政府及其有关部门。发生特别重大辐射事故和重大辐射事故后，事故发生地省、自治区、直辖市人民政府和国务院有关部门应当在4小时内报告国务院；特殊情况下，事故发生地人民政府及其有关部门可以直接向国务院报告，并同时报告上级人民政府及其有关部门。

禁止缓报、瞒报、谎报或者漏报辐射事故。

第四十三条 在发生辐射事故或者有证据证明辐射事故可能发生时，县级以上人民政府环境保护主管部门有权采取下列临时控制措施：

(一) 责令停止导致或者可能导致辐射事故的作业；

(二) 组织控制事故现场。

第四十四条 辐射事故发生后，有关县级以上人民政府应当按照辐射事故的等级，启动并组织实施相应的应急预案。

县级以上人民政府环境保护主管部门、公安部门、卫生主管部门，按照职责分工做好相应的辐射事故应急工作：

（一）环境保护主管部门负责辐射事故的应急响应、调查处理和定性定级工作，协助公安部门监控追缴丢失、被盗的放射源；

（二）公安部门负责丢失、被盗放射源的立案侦查和追缴；

（三）卫生主管部门负责辐射事故的医疗应急。

环境保护主管部门、公安部门、卫生主管部门应当及时相互通报辐射事故应急响应、调查处理、定性定级、立案侦查和医疗应急情况。国务院指定的部门根据环境保护主管部门确定的辐射事故的性质和级别，负责有关国际信息通报工作。

第四十五条　发生辐射事故的单位应当立即将可能受到辐射伤害的人员送至当地卫生主管部门指定的医院或者有条件救治辐射损伤病人的医院，进行检查和治疗，或者请求医院立即派人赶赴事故现场，采取救治措施。

第五章　监督检查

第四十六条　县级以上人民政府环境保护主管部门和其他有关部门应当按照各自职责对生产、销售、使用放射性同位素和射线装置的单位进行监督检查。

被检查单位应当予以配合，如实反映情况，提供必要的资料，不得拒绝和阻碍。

第四十七条　县级以上人民政府环境保护主管部门应当配备辐射防护安全监督员。辐射防护安全监督员由从事辐射防护工作，具有辐射防护安全知识并经省级以上人民政府环境保护主管部门认可的专业人员担任。辐射防护安全监督员应当定期接受专业知识培训和考核。

第四十八条　县级以上人民政府环境保护主管部门在监督检查中发现生产、销售、使用放射性同位素和射线装置的单位有不符合原发证条件的情形的，应当责令其限期整改。

监督检查人员依法进行监督检查时，应当出示证件，并为被检查单位保守技术秘密和业务秘密。

第四十九条　任何单位和个人对违反本条例的行为，有权向环境保护主管部门和其他有关部门检举；对环境保护主管部门和其他有关部门未依法履行监督管理职责的行为，有权向本级人民政府、上级人民政府有关部门检举。接到举报的有关人民政府、环境保护主管部门和其他有关部门对有关举报应当及时核实、处理。

第六章　法律责任

第五十条　违反本条例规定，县级以上人民政府环境保护主管部门有下列行为之一的，对直接负责的主管人员和其他直接责任人员，依法给予行政处分；构成犯罪的，依法追究刑事责任：

（一）向不符合本条例规定条件的单位颁发许可证或者批准不符合本条例规定条件的单位进口、转让放射性同位素的；

（二）发现未依法取得许可证的单位擅自生产、销售、使用放射性同位素和射线装置，不予查处或者接到举报后不依法处理的；

（三）发现未经依法批准擅自进口、转让放射性同位素，不予查处或者接到举报后不依法处理的；

（四）对依法取得许可证的单位不履行监督管理职责或者发现违反本条例规定的行为不予查处的；

（五）在放射性同位素、射线装置安全和防护监督管理工作中有其他渎职行为的。

第五十一条　违反本条例规定，县级以上人民政府环境保护主管部门和其他有关部门有下列行为之一的，对直接负责的主管人员和其他直接责任人员，依法给予行政处分；构成犯罪的，依法追究刑事责任：

（一）缓报、瞒报、谎报或者漏报辐射事故的；

（二）未按照规定编制辐射事故应急预案或者不依法履行辐射事故应急职责的。

第五十二条　违反本条例规定，生产、销售、使用放射性同位素和射线装置的单位有下列行为之一的，由县级以上人民政府环境保护主管部门责令停止违法行为，限期改正；逾期不改正的，责令停产停业或者由原发证机关吊销许可证；有违法所得的，没收违法所得；违法所得10万元以上的，并处违法所得1倍以上5倍以下的罚款；没有违法所得或者违法所得不足10万元的，并处1万元以上10万元以下的罚款：

（一）无许可证从事放射性同位素和射线装置生产、销售、使用活动的；

（二）未按照许可证的规定从事放射性同位素和射线装置生产、销售、使用活动的；

（三）改变所从事活动的种类或者范围以及新建、改建或者扩建生产、销售、使用设施或者场所，未按照规定重新申请领取许可证的；

（四）许可证有效期届满，需要延续而未按照规定办理延续手续的；

（五）未经批准，擅自进口或者转让放射性同位素的。

第五十三条　违反本条例规定，生产、销售、使用放射性同位素和射线装置的单位变更单位名称、地址、法定代表人，未依法办理许可证变更手续的，由县级以上人民政府环境保护主管部门责令限期改正，给予警告；逾期不改正的，由原发证机关暂扣或者吊销许可证。

第五十四条　违反本条例规定，生产、销售、使用放射性同位素和射线装置的单位部分终止或者全部终止生产、销售、使用活动，未按照规定办理许可证变更或者注销手续的，由县级以上人民政府环境保护主管部门责令停止违法行为，限期改正；逾期不改正的，处1万元以上10万元以下的罚款；造成辐射事故，构成犯罪的，依法追究刑事责任。

第五十五条　违反本条例规定，伪造、变造、转让许可证的，由县级以上人民政府环境保护主管部门收缴伪造、变造的许可证或者由原发证机关吊销许可证，并处5万元以上10万元以下的罚款；构成犯罪的，依法追究刑事责任。

违反本条例规定，伪造、变造、转让放射性同位素进口和转让批准文件的，由县级以上人民政府环境保护主管部门收缴伪造、变造的批准文件或者由原批准机关撤销批准文件，并处5万元以上10万元以下的罚款；情节严重的，可以由原发证机关吊销许可证；构成犯罪的，依法追究刑事责任。

第五十六条　违反本条例规定，生产、销售、使用放射性同位素的单位有下列行为之一的，由县级以上人民政府环境保护主管部门责令限期改正，给予警告；逾期不改正的，由原发证机关暂扣或者吊销许可证：

（一）转入、转出放射性同位素未按照规定备案的；

（二）将放射性同位素转移到外省、自治区、直辖市使用，未按照规定备案的；

（三）将废旧放射源交回生产单位、返回原出口方或者送交放射性废物集中贮存单位贮存，未按照规定备案的。

第五十七条　违反本条例规定，生产、销售、使用放射性同位素和射线装置的单位有下列行为之一的，由县级以上人民政府环境保护主管部门责令停止违法行为，限期改正；逾期不改正的，处1万元以上10万元以下的罚款：

（一）在室外、野外使用放射性同位素和射线装置，未按照国家有关安全和防护标准的要求划出安全防护区域和设置明显的放射性标志的；

（二）未经批准擅自在野外进行放射性同位素示踪试验的。

第五十八条　违反本条例规定，生产放射性同位素的单位有下列行为之一的，由县级以上人民政府环境保护主管部门责令限期改正，给予警告；逾期不改正的，依法收缴其未备案的放射性同位素和未编码的放射源，处5万元以上10万元以下的罚款，并可以由原发证机关暂扣或者吊销许可证：

（一）未建立放射性同位素产品台账的；

（二）未按照国务院环境保护主管部门制定的编码规则，对生产的放射源进行统一编码的；

（三）未将放射性同位素产品台账和放射源编码清单报国务院环境保护主管部门备案的；

（四）出厂或者销售未列入产品台账的放射性同位素和未编码的放射源的。

第五十九条　违反本条例规定，生产、销售、使用放射性同位素和射线装置的单位有下列行为之一的，由县级以上人民政府环境保护主管部门责令停止违法行为，限期改正；逾期不改正的，由原发证机关指定有处理能力的单位代为处理或者实施退役，费用由生产、销售、使用放射性同位素和射线装置的单位承担，并处1万元以上10万元以下的罚款：

（一）未按照规定对废旧放射源进行处理的；

（二）未按照规定对使用Ⅰ类、Ⅱ类、Ⅲ类放射源的场所和生产放射性同位素的场所，以及终结运行后产生放射性污染的射线装置实施退役的。

第六十条　违反本条例规定，生产、销售、使用放射性同位素和射线装置的单位有下列行为之一的，由县级以上人民政府环境保护主管部门责令停止违法行为，限期改正；逾期不改正的，责令停产停业，并处2万元以上20万元以下的罚款；构成犯罪的，依法追究刑事责任：

（一）未按照规定对本单位的放射性同位素、射线装置安全和防护状况进行评估或者发现安全隐患不及时整改的；

（二）生产、销售、使用、贮存放射性同位素和射线装置的场所未按照规定设置安全和防护设施以及放射性标志的。

第六十一条　违反本条例规定，造成辐射事故的，由原发证机关责令限期改正，并处5万元以上20万元以下的罚款；情节严重的，由原发证机关吊销许可证；构成违反治安管理行为的，由公安机关依法予以治安处罚；构成犯罪的，依法追究刑事责任。

因辐射事故造成他人损害的，依法承担民事责任。

第六十二条　生产、销售、使用放射性同位素和射线装置的单位被责令限期整改，逾期不整改或者经整改仍不符合原发证条件的，由原发证机关暂扣或者吊销许可证。

第六十三条　违反本条例规定，被依法吊销许可证的单位或者伪造、变造许可证的单位，5年内不得申请领取许可证。

第六十四条　县级以上地方人民政府环境保护主管部门的行政处罚权限的划分，由省、自治区、直辖市人民政府确定。

第七章　附　则

第六十五条　军用放射性同位素、射线装置安全和防护的监督管理，依照《中华人民共和国放射性污染防治法》第六十条的规定执行。

第六十六条　劳动者在职业活动中接触放射性同位素和射线装置造成的职业病的防治，依照《中华人民共和国职业病防治法》和国务院有关规定执行。

第六十七条　放射性同位素的运输，放射性同位素和射线装置生产、销售、使用过程中产生的放射性废物的处置，依照国务院有关规定执行。

第六十八条　本条例中下列用语的含义：

放射性同位素，是指某种发生放射性衰变的元素中具有相同原子序数但质量不同的核素。

放射源，是指除研究堆和动力堆核燃料循环范畴的材料以外，永久密封在容器中或者有严密包层并呈固态的放射性材料。

射线装置，是指X线机、加速器、中子发生器以及含放射源的装置。

非密封放射性物质，是指非永久密封在包壳里或者紧密地固结在覆盖层里的放射性物质。

转让，是指除进出口、回收活动之外，放射性同位素所有权或者使用权在不同持有者之间的转移。

伴有产生X射线的电器产品，是指不以产生X射线为目的，但在生产或者使用过程中产生X射线的电器产品。

辐射事故，是指放射源丢失、被盗、失控，或者放射性同位素和射线装置失控导致人员受到意外的异常照射。

第六十九条　本条例自2005年12月1日起施行。1989年10月24日国务院发布的《放射性同位素与射线装置放射防护条例》同时废止。

加强能源计量工作的意见

国质检量联[2005]247号

各省、自治区、直辖市质量技术监督局，发展改革委（计委）、经贸委（经委），有关单位：

为了加强企业能源计量工作，提高能源计量管理水平，落实《节能中长期专项规划》提出的节能目标，根据《中华人民共和国计量法》、《中华人民共和国节约能源法》，国家质量监督检验检疫总局、国家发展和改革委员会共同研究制定了《加强能源计量工作的意见》，现印发给你们。请结合实际情况，认真贯彻落实。

国家质量监督检验检疫总局、国家发展和改革委员会

二OO五年七月二十三日

一、加强能源计量工作的重要意义

能源是经济社会可持续发展的重要物质基础。加强能源管理，提高能源利用效率，是提高我国经济运行质量、改善环境和增强企业市场竞争力的重要措施，也是缓解当前经济社会发展面临的能源约束矛盾、建设节约型社会、实现经济社会可持续发展的根本保障。

能源计量工作是企业加强能源管理、提高能源管理水平的重要基础，是企业贯彻执行国家节能法规、政策、标准，合理用能，优化能源结构，提高能源利用效率，提高经济效益和市场竞争力的重要保证，是国家依法实施节能监督管理，评价企业能源利用状况的重要依据。进一步加强企业能源计量管理，建立和完善能源计量管理制度，对于减少能源消耗、保护环境、降低成本、增加效益具有十分重要的意义。

二、能源计量工作存在的主要问题

当前，能源计量工作存在的主要问题：一是对能源计量的重要性认识不足，片面追求产量和产值，忽视能源计量管理；二是一些企业能源计量器具配备不符合国家计量法律法规和标准的要求，有些能源计量器具老化、落后，导致计量数据的准确性和可靠性降低；三是企业能源计量管理体系不完善，制度不健全，执行不严格，计量器具不能按期检定或校准，对不合格的计量器具不能及时更新；四是在能源计量数据管理和使用方面，没有把计量数据作为企业能源量化管理、实现真实成本核算的基础，存在“各自为政、数出多门”的现象；五是一些计量管理人员和技术人员缺少系统的能源计量知识和专业化的管理经验，人员素质有待提高；六是国家能源计量的法规、标准有待完善，政府管理部门对企业能源计量的监督管理力度不够，对企业能源计量的指导和信息服务不到位；技术机构和中介机构未能充分发挥其对企业能源计量工作的服务功能。

三、加强能源计量工作的指导思想、原则和目标

（一）指导思想

认真贯彻党的十六大和十六届三中、四中全会精神，以科学发展观为指导，切实落实《节能中长期专项规划》，以节能降耗为中心任务，完善法规，强化标准，加强监督管理，组织宣传培训，夯实企业能源计量的基础，提高能源量化管理水平，推动企业的节能降耗，提高企业的竞争能力，促进经济社会可持续发展与和谐社会的建

立。

（二）原则

1. 坚持依法管理与政策激励相结合。政府有关部门要依法督促企业加强计量器具和计量数据的管理，对能源计量先进企业要给予鼓励和支持。

2. 坚持发挥市场机制作用与政府监督管理相结合。在市场经济条件下，企业是独立经营的实体，节能降耗是企业自身生产经营的必然需要，同时，政府有关部门要加强节能和计量工作的监督管理。

3. 坚持突出重点，分类指导。针对钢铁、有色金属、石油石化、化工、电力、建材等高能耗行业的特点，进一步落实能源计量器具的配备和管理要求，完善计量管理，提高计量检测水平。

4. 坚持全社会共同参与。节能是全社会的共同责任，政府有关部门要加强对企业能源计量工作的指导，积极组织计量技术机构和社会中介机构为企业提供计量检测、培训教育等服务。

（三）目标

经过5年多的努力，到2010年底，能源计量的政策、法规和标准不断完善并得到有效实施，企业节能意识和计量意识显著增强，部分企业能源计量薄弱和严重浪费能源的现象得到有效遏制，能源计量技术和管理水平有明显提高，年消耗能源5000吨标准煤以上的企业能源计量工作达到科学、规范的管理水平。

四、加强能源计量工作的主要措施

（一）完善能源计量的法律法规和技术标准

国家质检总局、国家发展改革委将根据《中华人民共和国计量法》、《中华人民共和国节约能源法》的要求，进一步完善有关能源计量的规章和办法，建立企业能源计量管理的激励机制，推动企业能源计量工作深入开展。

国家质检总局已发布了十多项能源计量管理和节能监测方面的国家标准，今后还将根据经济发展需要，继续组织制定相关的国家标准，修订现行的不适应经济发展和企业生产经营需要的国家标准。政府有关部门、高耗能行业和企业要积极参与标准的制定、宣传和贯彻落实工作。

（二）引导企业加强能源计量基础工作

加强能源计量工作的主体是企业。各级质量技术监督部门、节能主管部门要从加强能源计量管理、提高能源计量检测能力和发挥计量检测数据在节能降耗中的作用等方面入手，帮助、引导企业全面加强能源计量工作。

加强企业能源计量管理，领导是关键，制度是保证，人员是基础。企业领导要重视能源计量工作，熟悉国家能源、计量管理方面的法律、法规、政策；要建立健全能源计量管理体系，形成相应的计量管理制度，包括能源计量管理机构职责及人员岗位责任制度、能源计量器具的管理制度、能源计量数据的管理等规章制度；要加强能源计量人才队伍的建设，切实提高能源计量人员的综合素质，以适应现代能源计量管理的需要。

企业要不断提高能源计量检测能力，提高能源计量器具的配备率和对能源计量检测过程的控制水平。要依据《企业能源计量器具配备和管理导则》国家标准的要求，在生产经营的全过程配备满足生产经营需要的能源计量器具，并认真做好计量器具的检定、校准工作，确保计量器具的准确可靠。

企业要对能源计量数据的采集、处理、使用实施有效管理，充分发挥能源计量检测数据在生产经营、成本核算、能源平衡和能源利用状况统计分析等各项工作中的作用，用科学、准确的计量数据指导生产，通过量化考核发现工艺缺陷、管理漏洞和技术潜力，及时加以改进提高，把节能挖潜落到实处。

（三）建立能源计量工作的责任制，开展对企业能源计量管理的检查

各级质量技术监督部门、节能主管部门要加强对企业能源计量工作的指导，督促企业进一步完善计量管理制度，把企业能源计量的责任纳入各个工作岗位的职责之中，纳入各单位的日常管理之中，做到层层有责任，逐级抓落实。

各省级政府质量技术监督部门、节能主管部门要依据国家节能、计量法律法规和《企业能源计量器具配备和管理导则》国家标准，组织对高耗能企业的能源计量器具的配备、能源计量器具的管理和能源计量检测数据

的使用情况进行检查，促进企业能源计量工作满足节能降耗的需要。对不能按照规定保证能源计量器具周期检定、校准的，以及出具虚假能源计量检测数据的，要进行曝光和批评教育。

（四）提高能源计量检测设备的质量和水平

政府质量技术监督部门要通过颁发制造计量器具许可证、型式批准、组织后续监督抽查等手段，强化对节能监测和能源计量仪器仪表的监督管理，对技术落后的能源计量仪表及设备要坚决淘汰。

计量技术机构要加强能源计量仪器仪表的基础研究和技术开发，为企业提供现场计量检测服务；要尽快建立新型能源计量仪表的计量标准、校准装置，制定相应的技术规范，扩大能源计量仪表的检定校准覆盖范围，保证能源计量仪表有量值溯源的依据和途径；要针对能源计量仪表的综合性、难以拆卸性等特点，引进和研制能源计量仪表在线检定校准装置，研究推广在线检定校准方法。

各级质量技术监督部门要组织计量技术机构积极参与国家重大工程项目和高耗能行业、企业的能源计量技术的研究与推广。

（五）加强能源计量的宣传、教育和培训，建立为能源计量服务的技术平台

要充分发挥节能监测中心、计量协会等计量技术机构和社会中介机构的作用，利用电视、广播、报刊、网络等媒体广泛宣传能源计量工作，在政府有关部门的指导下逐步建立为能源计量服务的技术平台，在节能计量仪表配备情况的检查、企业能源计量状况的评判、人员资质的培训考核方面发挥桥梁和纽带作用；组织能源计量和节能监测方面的学习培训，推广先进的能源计量检测技术，提高企业能源计量技术和管理人员的素质。

关于做好机动车安全技术检验机构计量认证工作有关问题的通知

国认实函[2005]64号

各省、自治区、直辖市质量技术监督局：

根据国家质检总局、公安部、国家认监委《关于加强机动车安全技术检验机构管理有关工作的通知》（国质检监联[2005]39号），依据《中华人民共和国道路交通安全法》、《中华人民共和国道路交通安全法实施条例》，机动车安全技术检验机构应当取得计量认证，方可从事机动车辆的安全检验检测工作。现就贯彻落实39号通知精神，开展机动车安全技术检验机构计量认证的有关事项通知如下：

一、关于机动车安全技术检验机构申请计量认证法人资格问题

（一）根据国家有关法律、行政法规规定，机动车安全技术检验机构应当对出具的安全检验检测结果，独立承担法律责任。凡申请计量认证的机动车安全技术检验机构，应当是法人单位。

（二）目前暂不具备独立法人资格的公安交通管理部门管理（或委托）的机动车安全技术检验机构，应当自本通知之日起的一年内取得相应的独立法人资格。在此期间，需凭其所属法人单位的法人代表出具的“授权书”办理计量认证的申请事宜，其安全检验检测活动及检测结果由出具“授权书”的法人单位承担相关法律责任。

（三）自2005年8月1日起，新从事机动车安全技术检验的机构，必须先取得独立法人资格，方可申请办理计量认证。

二、关于机动车安全技术检验机构计量认证评审执行准则和评审中应注意的问题

机动车安全技术检验机构计量认证评审，主要依照计量认证评审准则进行。同时，可参照《机动车安全检测站条件》（GA/T134）有关条款的要求实施评审。检测设备和人员资质的具体要求如下：

（一）检测设备要求：

1. 机动车安全技术检验机构应配备符合GB7258—2004《机动车运行安全技术条件》和GA468—2004《机动车安全检验项目和方法》规定的检测项目要求的检测仪器设备，并经计量检定（校准）合格。

暂不能按照GB7258—2004和GA468—2004标准满足全部检测项目要求的，发证时应当注明具体检测范围，不得超出实际检测设施的能力范围。

2. 检测仪器设备，应当有清晰的产品铭牌、产品检验合格证和制造计量器具许可证等标志。没有或标识不清的，应当监督其整改符合后再予认定。

3. 检测线检测仪器设备应采用计算机联网，实现自动检测。检测报告应当采用标准规定的规范格式，并用计算机打印，不得手写。

（二）检测人员资质要求：

在机动车安全技术检验机构直接从事检验检测工作的有关人员，应当具有相应岗位的上岗资格证书。

鉴于统一的有关机动车安全技术检验人员资格管理办法和培训教材正在制定过程中，在有关规定和培训实施前办理计量认证评审时，可暂承认上述人员以前取得的相关资质。但同时，各计量评审组应对技术/质量负责人、检验检测人员、引车员、外观检查员和底盘检查员等人员进行笔试，验证其操作的规范性和准确性等方面的能力。

机动车安全技术检验机构各岗位人员资质的具体要求：

1. 机动车安全技术检验机构的负责人，应当熟悉汽车检测业务，了解与机动车安全技术检验检测相关的法律法规和标准。

2. 技术/质量负责人，应当具备以下资质要求：

（1）熟悉机动车安全技术检验检测业务和相关的法律法规和标准；

（2）具有机动车相关专业的大专以上学历，或者中级以上工程技术职称；

（3）有三年以上的机动车检验检测的工作经历；

（4）熟悉计量认证/审查认可评审准则；

（5）熟悉本单位的质量体系文件，并具有确保其有效运行和持续改进的能力。

3. 检验检测人员，应当具备以下资质要求：

（1）具有高中或中专及以上学历；

（2）熟悉机动车性能、构造及有关使用的一般知识；

（3）熟悉检测仪器设备的结构及性能，熟练掌握检测仪器设备的操作规程；

（4）掌握检测项目的技术标准；

（5）掌握计算机操作技能及计算机网络系统使用维护基本知识，能熟练使用、操作计算机；

（6）了解本检验机构的检测工艺流程及相关标准。

4. 引车员、外观检查员和底盘检查员，应当具备以下资质要求：

（1）具有高中或中专及以上学历；

（2）引车员应持有与检测车型相对应的有效的机动车驾驶证；

（3）外观检查员和底盘检查员还应当熟悉相应的机动车性能、构造及有关使用的专业知识；

（三）机动车安全技术检验机构的计算机联网检测系统要求：

1. 计算机联网检测系统应当具有车辆登录、规定检测项目、参数的自动检测、检测结果数据的自动传输，以及符合标准要求的检测报告的自动生成、检测数据自动存档、查询、生成统计报表等功能。

2. 计算机联网检测系统配置的计算机等硬件和操作系统等软件，应当符合相关标准的要求。

3. 计算机联网检测控制系统，不得改变联网检测仪器设备的测试原理、分辨力、测量结果数据的有效位数和检测结果数据。检测参数的采集、计算、判定应当符合有关标准。

4. 计算机联网检测系统应当建立适用的检测车型数据库和适用的检测标准项目、参数限值数据库，符合行业管理的要求，应当与公安交通管理部门和质量技术监督部门联网。

5. 计算机联网检测控制系统应当设置检测标准、系统参数等数据修改的访问权限，防止随意更改检验报告。

三、其他问题

（一）对有关机动车安全技术检验机构的质量体系监督员活动记录、检验检测结果的技术检查活动、实验室比对活动、仪器设备的期间核查等的评审，可在首次计量认证后的监督评审逐步开展。

（二）有关制定机动车动态检测数据重复性的允差，在现场评审时的人员比对、仪器比对所出现的数据偏差，应以不影响检验结果的合格判断为考核内容。

（三）鉴于目前全国机动车安全技术检验机构所用检测软件不一致，在计量认证评审时，可以暂沿用现有的检验记录和检验报告格式。有关新的规定出台后，按照新规定执行。

（四） 关于部分符合技术条件但尚未建立和运行质量体系的机动车安全技术检验机构是否颁发临时性的计量认证证书问题。

已获得所在地的公安交通管理部门委托（或授权）开展机动车安全技术检验检测的检验机构，鉴于其质量体系的建立和运行尚需一定时间，在确认其满足以下条件时，省级质量技术监督局可颁发有效期为一年的计量认证证书。

1. 具备开展机动车安全技术检验所需的设备，并经过计量检定合格。场地设施和人员资质满足相关检测要求；

2. 有3年以上的机动车安全技术检验的工作经验；

3. 连续3年获得公安交通管理部门的委托或授权，且无不良记录（投诉、质量事故等）；

4. 机构的质量负责人和技术负责人参加过省级计量认证监督管理部门的计量认证培训，并建立了文件化质量体系 ；

5. 经县级以上（含县级）公安交通管理部门推荐，并报省级公安交通管理部门核准同意。

四、工作要求

对机动车安全技术检验机构的计量认证，必须建立明确的评审和审批责任制，评审组组长要对评审结果负责，各省级质量技术监督局作为机动车安全技术检验机构的计量认证审批单位，要对审批结果的准确性和有效性负责。国家认监委将适时组织监督抽查，凡给不具备条件的机构颁发了计量认证证书的，要实行责任追究。属于申请单位弄虚作假骗取计量认证资质证书的，由发证机关吊销其计量认证证书，并追究相关责任人的责任。

各省级质量技术监督局要督促计量认证现场评审组切实提高工作效率，并加快审批环节工作进度，以保证机动车安全技术检验机构在规定的时间内完成计量认证工作。

国家认证认可监督管理委员会

二〇〇五年四月四日

金融工具确认和计量暂行规定(试行)

财会[2005]14号

国务院有关部委、有关直属机构,各省、自治区、直辖市、计划单列市财政厅(局),新疆生产建设兵团财务局,有关金融机构:

为规范金融工具确认和计量,真实地反映金融工具对金融机构财务状况和经营成果的影响,揭示金融工具的潜在风险,提高金融机构的会计信息质量,根据《中华人民共和国会计法》等有关法律法规,我部制定了《金融工具确认和计量暂行规定(试行)》,现予印发,自2006年1月1日起在上市和拟上市的商业银行范围内试行。

试行中有何问题,请及时反馈我部。

附件:金融工具确认和计量暂行规定(试行)

二○○五年八月二十五日

第一章 总则

第一条 为了规范企业金融工具确认和计量,根据《中华人民共和国会计法》等有关法律法规,制定本规定。

第二条 金融工具,指形成一个企业的金融资产,并形成其他单位的金融负债或权益工具的合同。

(一) 金融资产,指企业持有的现金、权益工具投资、从其他单位收取现金或其他金融资产的合同权利,以及在有利条 件下与其他单位交换金融资产或金融负债的合同权利,如应收款项、贷款、债权投资、股权投资以及衍生金融资产等。

(二) 金融负债,指企业向其他单位支付现金或其他金融资产的合同义务,以及在不利条件下与其他单位交换金融资产或金融负债的合同义务,如应付款项、借款、应付债券以及衍生金融负债等。

(三) 权益工具,指能够证明企业资产扣除负债后的剩余权益的合同,如普通股等。

第三条 衍生金融工具,指本规定涉及的、具有以下全部特征的金融工具:

(一) 其价值随特定利率、金融工具价格、商品价格、汇率、价格指数、费率指数、信用等级、信用指数或类似变量的变动而变动;

(二) 不要求初始净投资,或与对市场情况变化有类似反应的其他类型合同相比,要求很少的初始净投资;

(三) 在未来某一日期结算。

衍生金融工具包括金融远期合同、金融期货合同、金融互换和期权,以及具有金融远期合同、金融期货合同、金融互换和期权中一种或多种特征的混合工具。

第四条 企业能以现金或其他金融资产进行净额结算,或通过交换其他金融工具结算的不可撤销的贷款承诺适用本规定,其他贷款承诺除外。

第五条 本规定不涉及下列各项:

(一) 金融资产转移业务和套期保值业务;

（二）企业发行的权益工具；
（三）采用权益法处理的股权投资；
（四）租赁合同的权利和义务；
（五）保险合同的权利和义务；
（六）企业合并购买方在或有对价合同中的权益；
（七）债务重组交易和非货币性交易。
第六条 企业涉及的与衍生金融工具有类似特征的其他衍生工具，应当比照本规定处理。

第二章 金融资产和金融负债的分类

第七条 金融资产应当在初始确认时划分为以下四类：
（一）交易性金融资产；
（二）持有至到期投资；
（三）贷款和应收款项；
（四）可供出售金融资产。
金融资产分类一经确定，不得随意变更。
第八条 金融负债应当在初始确认时划分为以下两类：
（一）交易性金融负债；
（二）其他金融负债。
金融负债分类一经确定，不得随意变更。
第九条 符合以下条件之一的，属于交易性金融资产或金融负债：
（一）企业持有金融资产或承担金融负债的目的，主要是为了近期内以公允价值出售或回购；
（二）金融资产或金融负债是企业采用短期获利模式进行管理的金融工具投资组合中的一部分；
（三）衍生金融工具。

第十条 持有至到期投资，指企业有明确意图并有能力持有至到期，到期日固定、回收金额固定或可确定的非衍生金融资产。以下非衍生金融资产不应划分为持有至到期投资：

（一）初始确认时划分为交易性非衍生金融资产；
（二）初始确认时被指定为可供出售非衍生金融资产；
（三）符合贷款和应收款项定义的非衍生金融资产。
第十一条 存在以下情况之一的，表明企业没有明确意图将某项金融资产投资持有至到期：
（一）企业持有该金融资产投资的期限不确定；

（二）发生市场利率变化、流动性需要变化、其他投资机会及投资收益率变化、融资来源和期限变化、外汇风险变化等情况时，企业将出售该金融资产。企业无法控制、预期不会重复发生且难以合理预期的事项引起的金融资产出售除外；

（三）该金融资产发行方可以按明显低于其摊余成本的金额清偿；
（四）其他表明企业没有明确意图将该金融资产投资持有至到期的情况。

第十二条 金融资产或金融负债的摊余成本，指该金融资产或金融负债的初始确认金额经以下调整后的结果：

（一）扣除偿还的本金；
（二）加上或减去采用实际利率法将该初始确认金额与到期日金额之间的差额进行摊销形成的累计摊销额；
（三）扣除该金融资产发生的减值损失或无法收回的金额。

第十三条 实际利率法，指按金融资产或金融负债（含一组金融资产或金融负债）的实际利率计算其摊余成本及利息收入和利息费用的方法。实际利率是将金融资产或金融负债在预计期限内的未来现金流量，折现为该金融资产或金融负债当前账面价值所使用的利率。

企业计算实际利率，应当在考虑金融资产或金融负债所有合同条款（包括提前还款权、回购和类似期权等）的基础上对未来现金流量作出预计，但不应考虑未来信用损失。金融资产或金融负债合同各方之间支付或收取的手续费等交易成本以及溢价或折价，计算实际利率时应当予以考虑。金融资产或金融负债的未来现金流量或期限难以可靠预计时，应当采用该金融资产或金融负债在整个合同期内的合同现金流量。

第十四条　存在以下情况之一的，表明企业没有能力将具有固定期限的金融资产投资持有至到期：

（一）企业没有可利用的财务资源持续地为金融资产投资提供资金支持，以使金融资产持有至到期；

（二）企业受现行法规的限制，使其难以将金融资产持有至到期；

（三）其他表明企业没有能力将具有固定期限的金融资产持有至到期的情况。

第十五条　企业将尚未到期的某持有至到期投资在本会计年度内出售或重分类为可供出售金融资产的金额，相对于该类投资在出售或重分类前的总额较大（通常指超过5%，不含5%）时，应当将该类投资的剩余部分重分类为可供出售金融资产，且在本会计年度及以后两个完整的会计年度内不能再将金融资产划分为持有至到期投资。以下情形除外：

（一）出售日或重分类日距离该投资到期日或赎回日较近（通常指不超过3个月，不含3个月），市场利率变化对该投资的公允价值没有显著影响；

（二）出售日或重分类日之前已根据合同的约定收回该投资的几乎所有本金（通常指超过该类投资出售前本金总额的95%，不含95%）；

（三）出售或重分类是由于企业无法控制、预期不会重复发生且难以合理预期的事项所引起。此种情形主要包括：

1. 出售源于被投资单位信用状况严重恶化；

2. 出售源于税收法规取消了该投资的利息税前可抵扣政策，或显著减少了税前可抵扣金额；

3. 因发生重大企业合并或重大处置（通常指出售一个分部等），为保持现行利率风险头寸或维持现行信用风险管理政策，企业将该投资予以出售；

4. 有关法规作出修改，对允许投资的范围或特定投资品种的投资额度有重大调整，企业为此出售该投资；

5. 监管部门要求大幅度增加核心资本，企业出售该投资以缩减持有至到期投资的规模；或要求大幅度提高持有至到期投资在计算资本充足率中的风险权重，企业为此出售该投资。

第十六条　贷款和应收款项，指在活跃市场中没有报价、回收金额固定或可确定的非衍生金融资产。企业不应将以下非衍生金融资产划分为贷款和应收款项：

（一）将立即出售或于近期出售的非衍生金融资产；

（二）初始确认时被指定为可供出售的非衍生金融资产；

（三）可能难以收回几乎所有初始投资的非衍生金融资产（不包括发行方信用恶化的原因导致的结果）。

第十七条　可供出售金融资产，指初始确认时即被指定为可供出售的非衍生金融资产，以及下列各类资产之外的非衍生金融资产：

（一）贷款和应收款项；

（二）持有至到期投资；

（三）交易性金融资产。

第三章　嵌入衍生金融工具

第十八条　嵌入衍生金融工具，指嵌入到非衍生合同（以下简称主合同）中的衍生金融工具，该衍生工具使主合同的部分或全部现金流量，将按照特定利率、金融工具价格、汇率、价格或利率指数、信用等级或信用指数，或类似变量的变动而发生调整，如嵌在购入的可转换公司债券中的转换权等。

第十九条　嵌入衍生金融工具符合以下全部条件的，应当从主合同中予以分拆，作为独立的衍生金融工具处理：

（一）该嵌入衍生金融工具和主合同在经济特征及风险方面不存在紧密关系；

（二）该嵌入衍生金融工具符合衍生金融工具定义。

嵌入衍生金融工具从主合同分拆后，主合同是金融工具的，应当按照本规定进行处理。

第二十条　对于没有活跃市场报价的嵌入衍生金融工具，企业应当按照混合工具整体的公允价值与主合同的公允价值之间的差额，确定该嵌入衍生金融工具的公允价值。

第四章　金融工具确认和计量

第二十一条　企业成为金融工具合同的一方时，应当确认一项金融资产或金融负债。

第二十二条　企业收取金融资产未来现金流量的合同权利终止时，应当将该金融资产终止确认。

第二十三条　企业金融负债的现时义务全部或部分已解除时，才能终止确认该金融负债或其一部分。

第二十四条　企业初始确认金融资产或金融负债，应当按其公允价值计量。对于交易性金融资产或金融负债，相关交易成本应当直接计入当期损益；对于其他类别的金融资产或金融负债，相关交易成本应当计入初始计量金额。

第二十五条　交易成本，指可直接归属于取得或处置金融资产或承担金融负债的新增外部成本。新增外部成本，指企业不购买、发行或处置某金融工具业务就不会发生的成本。

交易成本包括支付给代理机构、咨询公司、券商的手续费和佣金，以及证券交易所代征的税金及其他必要支出，不包括债券溢折价、融资费用和内部管理成本及其他与交易不直接相关的费用。

第二十六条　企业应当按照下列规定对金融资产进行后续计量，且不扣除将来该金融资产处置时可能发生的交易成本：

（一）交易性金融资产和可供出售金融资产，应当按公允价值计量；

（二）持有至到期投资，以及贷款和应收款项，应当按实际利率法，以摊余成本计量。

第二十七条　企业对交易性金融负债，应当按公允价值进行后续计量；对其他负债应当按实际利率法，以摊余成本进行后续计量。

第二十八条　金融资产或金融负债公允价值变动形成的利得或损失，应当按照下列规定进行处理：

（一）交易性金融资产或金融负债公允价值变动形成的利得或损失，应当计入当期损益；

（二）可供出售金融资产公允价值变动形成的利得或损失，应当直接计入资本公积，直至该金融资产终止确认时再转出，计入当期损益。

第二十九条　以摊余成本计量的金融资产或金融负债，在终止确认、发生减值或摊销时产生的利得或损失，应当计入当期损益。

第三十条　企业在初始确认时将某金融资产或某金融负债划分为交易类，或将某金融资产划分为贷款和应收款项后，不能重分类为其他类金融资产或金融负债；其他类金融资产或金融负债也不能重分类为交易类金融资产或金融负债，或贷款和应收款项。

第三十一条　持有至到期投资部分出售或重分类的金额较大（通常指超过5%，不含5%），且不属于第十五条　所指例外情形，使该投资剩余部分仍作为持有至到期投资不恰当的，企业应当将该投资剩余部分重分类为可供出售金融资产，并以重分类日的公允价值结转。在重分类日，该剩余部分的摊余成本与其公允价值之间的差额，应当计入资本公积，直至该可供出售金融资产终止确认或发生减值时转出，计入当期损益。

第三十二条　因持有意图或能力等因素发生变化，或公允价值不再能够可靠地计量，或持有期限已超过两个完整的会计年度，使金融资产或金融负债仍按公允价值计量不恰当时，企业应当将该金融资产或金融负债改按摊余成本计量。重分类日，该金融资产或金融负债的账面价值作为其摊余成本。

原直接计入资本公积的该金融资产利得或损失，应当分别以下两种情况处理：

（一）该金融资产有确定期限的，应当在该金融资产的剩余期限内采用实际利率法摊销，计入当期损益。该金融资产的摊余成本与到期日金额之间的差额，也应当在该金融资产的剩余期限内，采用实际利率法摊销，计入当期损益。该金融资产在随后的会计期间发生减值的，应当将原直接计入资本公积的相关利得或损失转出，计入当期损益。

（二）该金融资产没有确定期限的，仍作为资本公积，直至该金融资产在随后的会计期间发生减值或终止确认时转出，计入当期损益。

第五章　金融资产减值

第三十三条　企业应当在资产负债表日对交易性金融资产以外的金融资产的账面价值进行检查，有客观证据表明该金融资产发生减值的，应当计提减值准备。

企业所持国家发行的特别金融工具，如特别国债等，其名义收益率低于市场类似工具收益率时，不表明该金融工具(资产)已发生减值。

第三十四条　金融资产发生减值的客观证据，指金融资产初始确认后发生的、对该金融资产的预计未来现金流量有影响，且企业能够对该影响进行可靠计量的事项。金融资产发生减值的客观证据，包括以下方面：

（一）发行人或债务人发生严重财务困难；

（二）债务人违反了合同条　款，如偿付利息或本金时违约或逾期；

（三）债务人很可能倒闭或进行其他方式的财务重组；

（四）因发行人发生重大财务困难，该金融资产无法在活跃市场继续交易；

（五）有公开的数据表明，某组金融资产虽无法辨认其中的单项资产的现金流量在减少，但总体评价后发现，该组金融资产自初始确认以来，其预计未来现金流量确已减少且可计量，如该组金融资产的债务人支付能力逐步恶化，或债务人所处行业不景气、所在国家或地区失业率提高、抵押物价格明显下降等；

（六）债务人经营所处的技术、市场、经济或法律环境发生重大不利变化，使权益工具投资人可能无法收回初始投资成本；

（七）权益证券市价发生严重或持久性下跌；

（八）其他表明金融资产发生减值的客观证据。

第三十五条　企业以摊余成本计量的金融资产发生减值，应当将该金融资产的账面价值减记至可收回金额，减记的金额确认为资产减值损失，计入当期损益。可收回金额应当通过对该金融资产的未来现金流量(不包括尚未发生的信用损失)按原实际利率折现确定，并考虑相关担保物的价值(扣除预计处置费用等)。原实际利率是初始确认该金融资产时计算确定的实际利率。企业的贷款、应收款项、持有至到期投资是浮动利率金融资产的，在计算可收回金额时可采用合同规定的当期实际利率作为折现率。

第三十六条　企业对按摊余成本计量的金融资产计提减值准备，对单项金额重大的金融资产应当单独计提减值准备；对单项金额不重大的金融资产可单独计提减值准备，也可按类似金融资产组合计提减值准备。

对不存在减值客观证据的单项金融资产，应当包括在具有类似信用风险特性的金融资产组合内进行减值测试；以单项为基础计提减值准备的金融资产，不应当再包括在此类金融资产组合中进行减值测试。

第三十七条　按摊余成本计量的金融资产实际发生损失时，应当冲减已计提的相关减值准备。该类金融资产的减值损失一经确认，不得转回。

第三十八条　可供出售金融资产发生减值，即使该金融资产没有终止确认，原直接计入资本公积的公允价值下降形成的累计损失，应当予以转出计入当期损益。累计损失是该可供出售金融资产的初始取得成本，扣除已收回本金和摊销金额、发生减值时的公允价值和原计入损益的减值损失后的净额。

第三十九条　划分为可供出售金融资产的权益工具投资的减值损失一经确认，不得通过损益转回；划分为可供出售金融资产的债务工具的减值损失一经确认，不得转回。

第六章　公允价值确定

第四十条　公允价值，指在公平交易中，熟悉情况并自愿的交易双方进行资产交换或债务清偿的金额。

第四十一条　金融工具存在活跃市场的，活跃市场中的报价应当用于确定其公允价值。活跃市场中的报价，指易于定期从交易所、行业协会、定价服务机构等获得的价格，且代表了在公平交易中定期实际发生的市场交易的价格。

（一）在活跃市场上，企业持有的金融资产或拟承担的金融负债的报价，通常是现行出价；企业拟购入的金融资产或已承担的金融负债的报价，通常是现行要价。

（二）企业持有可抵销市场风险的资产和负债时，应当采用市场中间价确定可抵销市场风险头寸的公允价值；同时，用出价或要价作为确定净敞口的公允价值。

（三）金融资产或金融负债没有现行出价或要价，且最近交易后经济环境没有发生重大变化的，企业应当采用最近交易的市场报价确定该金融资产或金融负债的公允价值。

最近交易后经济环境发生了重大变化的，企业应当参考类似金融资产或金融负债的现行价格或利率，调整最近交易的市场报价，以确定该金融资产或金融负债的公允价值。

企业有足够的证据表明最近交易的市场报价不是公允价值的，应当对最近交易的市场报价作出调整，以确定该金融资产或金融负债的公允价值。

（四）金融工具组合的公允价值，应当根据该组合内单项金融工具的数量与单位市场报价共同确定。金融工具组合没有市场报价，但该组合内各组成部分有市场报价的，应当以各组成部分的相关市场报价为基础确定该金融工具组合的公允价值。

第四十二条　金融工具不存在活跃市场的，企业应当采用估值技术作为确定其公允价值的基础。运用估值技术得出的结果，应当反映估值日在公平交易中进行正常商业交易所采用的交易价格。估值技术包括参照实质上相同的其他金融工具当前的公允价值、现金流量折现法和期权定价模型等。

企业应当选择市场参与者普遍认同，且被以往市场实际交易价格验证具有可靠性的估值技术，确定金融工具的公允价值。

（一）采用估值技术确定金融工具的公允价值时，应当尽可能使用市场参与者在金融工具定价时考虑的所有市场参数，包括无风险利率、信用风险、外汇汇率、商品价格、股价或股价指数、金融工具价格未来波动率、提前偿还风险、金融资产或金融负债的服务成本等，尽可能不使用与企业特定相关的参数。

（二）企业应当定期使用金融工具的实际交易价格校正所采用的估值技术，并测试该估值技术的有效性。

（三）金融工具的交易价格应当作为其初始确认时的公允价值的最好证据，但有明确的证据表明同样金融工具可观察到的交易价格更公允，或基于只考虑可观察到的市场参数的估值技术的估计结果更公允时，不应当采用交易价格作为初始确认时的公允价值。

第四十三条　企业初始取得或发行的金融资产或承担金融负债的市场交易是确定金融资产或金融负债公允价值的基础。

金融工具是债务工具的，其公允价值应当根据取得日或发行日的市场情况和当前市场情况，或其他类似债务工具（即具有类似的剩余期限、现金流量模式、标价币种、信用风险、担保和利率基础等）的当前市场利率确定。

第四十四条　活期性质存款的公允价值，应当不少于存款人可支取时应付的金额。

第四十五条　企业采用未来现金流量折现法确定金融工具公允价值的，应当使用合同条　款和特征实质上相同的其他金融工具的市场收益率作为折现率。金融工具的条　款和特性，包括金融工具本身的信用质量、合同规定采用固定利率计息的剩余期间、支付本金的剩余期间以及支付时采用的货币等。

没有明确利率的短期应收款项和应付款项，如其现值与实际交易价格相差很小，可按实际交易价格计量。

第七章　附　则

第四十六条　企业应当在本规定试行之日，按下列原则进行衔接处理：

（一）对本规定试行之日前没有在资产负债表内反映的衍生金融工具，应在本规定试行之日按公允价值入账，同时调整期初未分配利润；如衍生金融工具已在资产负债表内反映但按历史成本计量的，应在本规定试行之日改按公允价值计量，其公允价值与历史成本之间的差额调整期初未分配利润。

（二）原投资（不含权益法核算的股权投资）应在本规定试行之日分别划分为交易性金融资产、持有至到期投资、贷款和应收款项,或可供出售金融资产。

1. 原投资划分为交易或可供出售类的,应在本规定试行之日将其调整为按公允价值计量,同时将公允价值与账面价值之间的差额调整期初未分配利润或资本公积。

2. 原投资划分为持有至到期投资、贷款和应收款项的,应在本规定试行之日起计算实际利率,并在随后的会计期间采用摊余成本计量;原对应的减值准备余额在本规定试行之日不作调整。

3. 对原短期投资持有期间确认的利息或股利收入,应在本规定试行之日追溯调整,调整期初未分配利润和资产负债表相关项目。

(三) 对于划分为贷款和应收款项的信贷资产,应在本规定试行之日起计算实际利率,并在随后的会计期间采用摊余成本计量,原对应的减值准备余额在本规定试行之日不作调整。

(四) 对于嵌入衍生金融工具,如按本规定要求应与主合同分拆并单独处理的,企业应在本规定试行之日将其与主合同分拆并单独处理,但嵌入衍生金融工具的公允价值确实难以合理确定的除外。

(五) 对在本规定试行之日指定为交易性金融负债,应在本规定试行之日按公允价值计量,公允价值与账面价值之间的差额调整期初未分配利润。

(六) 对于本条(一)至(五)涉及的交易或事项以外的交易或事项,均应自本规定试行之日起采用未来适用法进行处理。

第四十七条　本规定由财政部负责解释。

第四十八条　本规定自 2006 年 1 月 1 日起试行。

水利计量认证程序规定

（2003年2月19日水利部水国科[2003]60号发布　2005年7月8日修改）

第一条　为提高水利计量认证评审工作质量，规范水利计量认证评审工作程序，根据《中华人民共和国计量法》和《计量认证/审查认可（验收）工作程序》，结合水利计量认证评审工作的实际情况，制定本规定。

第二条　部国际合作与科技司是水利部计量认证主管机构（以下简称部主管机构）。部主管机构在国家计量认证行政主管部门（以下简称国家主管部门）的指导下，负责监督管理水利计量认证工作。国家计量认证水利评审组办公室（以下简称办公室）受国家主管部门和部主管机构委托，具体组织水利计量认证评审工作。

第三条　部主管机构应在国家有关评审标准的基础上，参照相关国际标准，结合水利计量认证工作的实际情况，制定水利计量认证评审标准。

第四条　部主管机构监督管理以下水利质量检测机构（以下简称质检机构）的计量认证工作。

（一）部属水利水电工程与产品的安全、质量检测机构；

（二）各流域机构的工程与产品质检机构及水资源水环境监测机构；

（三）水利行业科研院所和设计、施工等单位的质检机构；

（四）水利行业承担水资源、水环境监测任务的水文、水质监测机构；

（五）其他面向全国或跨地区执行水利工程与产品质检任务的质检机构。

第五条　水利计量认证的评审工作包括首次评审、复查评审、监督评审和扩项评审。

第六条　首次评审、复查评审和扩项评审应由质检机构提前6个月向办公室提交下列书面申请材料：

（一）计量认证申请书（以下简称申请书）；

（二）法人证明文件或非独立法人质检机构的法人授权文件（扩项评审除外）；

（三）上级或有关部门批准机构设置的文件（扩项评审除外）；

（四）质检机构的干部任命文件（扩项评审除外）。

第七条　办公室受理并审核质检机构的书面申请，结合监督评审的工作安排，每年分两次汇总上报，纳入国家计量认证评审计划。

第八条　列入评审计划的质检机构应于评审前3个月提交下列材料（一式两份）：

（一）现行有效的质量手册；

（二）现行有效的程序文件；

（三）典型检测报告；

（四）近期参加能力验证的证明材料（如果有）。

第九条　办公室负责组织对申请材料的真实性、完整性、规范性和正确性进行审查，并于收到本规定第八条所列材料后30日内，作出如下处理：

（一）材料符合要求的，受理。

（二）材料存在一般问题的，由申请单位修改，符合要求后受理。

（三）材料严重不符合要求的，予以退回，暂不受理。

第十条　申请材料受理后，接受首次评审的质检机构可根据需要向办公室书面申请进行预评审。

第十一条　预评审程序可参照本规定第十七条所列程序进行，其中有些程序可适当简化。预评审只提整改意见和要求,不作最终评审结论。

第十二条 办公室根据被评审质检机构的实际情况，提出评审小组组成人员建议名单，经部主管机构审定、国家主管部门审批后,下达评审通知。

第十三条 评审通知应于评审前一个月通知被评审单位和评审小组各成员。

第十四条 评审小组组成要求如下:

(一) 评审小组主要由国家计量认证水利评审组成员(以下简称水利评审员)组成,必要时可聘请不多于两名具有相关专业高级工程师(含)以上职称的技术专家参加。

(二) 评审小组的人数一般为5人,可根据被评审质检机构的规模、性质和申请认证项目(参数)的多少适当增减。首次评审或复查评审的评审小组人数可适当增加,监督评审或扩项评审的评审小组人数可适当减少。

(三) 首次评审或复查评审的评审小组应配备1名由被评审质检机构所在省(自治区、直辖市)质量技术监督行政主管部门选派的国家级计量认证评审员。

(四) 评审小组设组长、硬件组长、软件组长各1人。

(五) 必要时,办公室可增派观察员。

第十五条 评审小组组长应及时与办公室、评审小组其他成员以及被评审质检机构联系。评审小组应认真研究申请材料,提出现场评审方案。评审小组组长可根据需要,与办公室和被评审质检机构协商,安排评审员对被评审质检机构进行预访问。

第十六条 现场评审的时间要求应符合下列规定:

(一) 现场评审一般安排3天时间;

(二) 对规模较小或申请项目较少的被评审质检机构,或评审性质为监督评审、扩项评审的,评审时间可适当缩短;

(三) 对包含分中心、规模较大或申请项目较多的被评审质检机构,或评审性质为首次评审、复查评审的,评审时间可适当延长。

第十七条 现场评审应按下列程序进行:

(一) 预备会议;

(二) 首次会议;

(三) 考察实验室;

(四) 硬件和软件评审(含现场操作考核、理论考试、座谈考核);

(五) 评审小组汇总情况;

(六) 与被评审质检机构领导沟通;

(七) 末次会议。

第十八条 现场评审的评审结论分为“符合”、“基本符合”、“基本符合,需现场复核”、“不符合”四种。对后三种评审结论应分别作如下处理:

(一) 评审结论为“基本符合”的,被评审质检机构应根据评审小组提出的不符合项,在评审小组确定的时间内(不超过2个月)完成整改,将整改情况填写“现场评审不符合项整改报告(以下简称整改报告)”,由评审小组组长确认并签署意见。

(二) 评审结论为“基本符合,需现场复核”的,被评审质检机构除按本条第一款要求进行整改外,评审小组组长应限期(不超过3个月)组织现场复核,确认其符合要求后,在被评审质检机构填写的“整改报告”上签署意见。现场复核只针对不符合项进行考核。

(三) 评审结论为“不符合”的,被评审质检机构应重新申请首次评审。

第十九条 评审小组应会同被评审质检机构在评审工作(包括实施整改)结束后10个工作日内,由被评审质检机构正式行文办公室,报送下列评审材料:

(一) 计量认证工作准备情况(首次评审、扩项评审)或总结汇报材料(监督评审、复查评审)1份(加盖被评审质检机构公章);

（二）申请书2份(监督评审除外)；

（三）计量认证评审报告2份；

（四）计量认证合格证书(以下简称合格证书)附表清样3份(监督评审除外)；

（五）评审报告第一页“基本情况”和合格证书附表的电子文本1份(监督评审除外)；

（六）经评审小组组长签署意见的整改报告2份；

（七）理论考试材料汇编1份(监督评审除外)；

（八）现场测试材料(包括任务通知书、原始记录等)汇编1份；

（九）现场考核的典型检测报告各2份；

（十）近期向社会出具的典型检测报告2份；

（十一）现行有效的质量手册1份；

（十二）现行有效的程序文件目录1份、程序文件1套；

（十三）法人证明文件或非独立法人质检机构的法人授权文件和机构设置批文复印件各2份(首次评审、复查评审)；

（十四）干部任命文件2份(首次评审、复查评审)；

（十五）报送材料的清单1份。

第二十条　办公室负责组织对评审材料进行审查,并作出如下处理：

（一）经审查符合要求的,在10个工作日内,经部主管机构审定,报国家主管部门审批。

（二）经审查不符合要求的,由评审小组组长组织补充、完善。

（三）评审材料严重失实的,另派评审小组,重新进行评审。

第二十一条　对经审批符合要求的质检机构,颁发合格证书和合格证书附表(首次评审、复查评审)或合格证书附表(扩项评审),获合格证书的质检机构可使用统一的计量认证标志。

第二十二条　在合格证书5年有效期内应开展监督评审。监督评审主要采取定期和不定期两种形式。

（一）在5年有效期内,至少应进行一次监督评审。

（二）当被评审质检机构的环境条件、检测人员、仪器设备发生较大变化,或发生检测质量事故、用户投诉等情况时,由办公室组织不定期监督评审。

第二十三条　对包含分中心的被评审质检机构,在合格证书5年有效期内,每个分中心原则上均应实施至少一次现场评审。

第二十四条　质检机构新增检测能力的,可向办公室申请扩项评审。扩项评审可与监督评审结合进行。

第二十五条　质检机构在合格证书5年有效期内出现下列情况之一时,应向办公室提出申请,报国家主管部门办理变更手续。

（一）质检机构的法律地位、管理体制或行政隶属关系发生变更的,应办理变更登记手续。

（二）质检机构名称或场所变更的,应持变更文件办理变更手续。

（三）质检机构法人代表、技术主管或质量主管变更的,应书面上报备案。授权签字人变更的,应经过考核。

（四）质检机构质量体系做出重大调整的,应将新版质量手册上报备案。

（五）检测标准(包括产品标准和方法标准)更新或修订的,应按以下方式进行处理：

1. 若检测标准没有发生重大变化,检测仪器设备和环境条件基本符合标准要求时,可由质检机构技术主管组织有关检测人员进行宣贯,并做好记录,待下一次评审时,由评审小组确认。

2. 若检测标准发生了重大变化,现有环境条件或检测仪器设备不能满足标准要求,需添置新的仪器设备时,质检机构应填写“办理标准变更申请及审批备案表”,由办公室派水利评审员到现场进行确认。

第二十六条　合格证书有效期满,应进行复查评审。质检机构的复查评审申请应在合格证书有效期满前6个月提出。若有特殊情况需要延期申请者,可向办公室提交延期申请报告,经批准后可适当延期,但延长时间不应超过6个月。

第二十七条　本规定由水利部计量认证主管机构负责解释。

第二十八条　本规定自发布之日起实施。

铁路专用计量器具新产品技术认证管理办法

中华人民共和国铁道部令 第22号

《铁路专用计量器具新产品技术认证管理办法》已经2005年3月29日铁道部第三次部长办公会议通过，现予公布，自2005年4月1日起施行。

部长 刘志军

二〇〇五年四月一日

第一条 为加强铁路专用计量器具新产品技术认证管理，依据《中华人民共和国行政许可法》、《国务院对确需保留的行政审批项目设定行政许可的决定》及有关法律法规，制定本办法。

第二条 本办法所称铁路专用计量器具(以下简称“铁专量具”)是指与铁路运输安全有直接关系的计量器具及具有计量特征的检测设备。铁道部制订铁专量具目录，并向社会公布。

第三条 本办法所称铁专量具新产品是指未经过技术认证的铁专量具(包括原有产品结构、性能、材质等方面做了重大改进的计量器具)；已通过技术认证的产品是指已通过新产品技术认证，并在铁路批量使用的铁专量具。

第四条 凡制造铁专量具新产品，须按本办法的规定程序申请技术认证，技术认证合格后方可用于铁路计量和检测。

第五条 铁专量具新产品技术认证工作由铁道部统一管理。铁道部行政许可管理机构负责受理铁专量具技术认证的申请和送达行政许可决定，铁道部科学技术司负责审查。

第六条 铁专量具技术认证的技术资料审查、样机试验、专家技术评价工作由具备相应技术能力并经铁道部认可的计量技术机构(以下简称“专业技术机构”)承担。

第七条 申请铁专量具新产品技术认证的企业应具备以下条件：

(一) 具有企业法人资格；

(二) 具有生产所必需的产品标准、图纸、工艺和检定规程(校准方法)；

(三) 具有相应的工作计量器具和检测设备、生产工装设备；

(四) 具有相应的技术人员和计量检定人员；

(五) 具有健全的质量体系和计量管理制度；

(六) 符合法律、行政法规规定的其他要求。

第八条 申请铁专量具新产品技术认证的企业应提交下列材料：

(一) 行政许可申请书；

(二) 铁专量具新产品技术认证审查表；

(三) 工商行政管理部门核发的营业执照复印件；

(四) 产品样机的彩色照片;
(五) 主要计量检定设备量值溯源文件复印件;
(六) 技术报告(含测量不确定度评定);
(七) 产品总装图、电路图和主要零部件图;
(八) 产品技术标准(含检验方法或校准方法);
(九) 使用说明书(含安装说明、安全防护说明);
(十) 研制单位或技术机构所做的测试报告;
(十一) 用户试用报告。

行政许可申请书、铁专量具新产品技术认证审查表应当采用格式文本。格式文本由铁道部提供。

第九条 铁道部行政许可管理机构收到企业的申请材料后应及时进行审查，作出是否受理的决定。受理的,将申请材料转给铁道部科学技术司;不予受理的,应向企业说明理由。

第十条 铁道部科学技术司审查申请材料后,基本符合技术要求的,通知企业到专业技术机构进行样机试验;不符合技术要求的,铁道部作出不予行政许可的书面决定,说明理由并送达企业。

第十一条 专业技术机构在样机试验时应先进行技术资料审查，全面分析申请企业提交的技术文件和资料,审查新产品的设计原理、结构、材质以及技术指标,包括对铁路具体使用环境及管理的适应性,提出技术资料审查意见,并完成技术审查大纲(包括技术审查内容、审查依据、样机试验大纲等)的编制。

样机试验大纲根据国家质量监督检验检疫总局制定的型式评价技术规范拟定,主要包括准确度、稳定性、可靠性和寿命等试验项目及其依据标准和试验方法。技术审查大纲须经专业技术机构的主管负责人批准,并报铁道部科学技术司备案。

第十二条 专业技术机构按照样机试验大纲规定的项目对申请企业提供的样机进行试验，并出具样机试验报告。试验后的样机应退还企业,或由双方协商处理。

第十三条 专业技术机构在样机试验后应将技术资料审查意见和样机试验报告提交给专家进行技术评价,由专家组提出技术评价意见。

专家技术评价采用书面或会议形式评价。参加技术评价的专家主要在铁路计量技术委员会委员中选择,必要时也可另聘专家。

第十四条 条专业技术机构根据技术资料审查意见、样机试验报告和专家技术评价意见,形成认证技术报告报铁道部科学技术司。

第十五条 铁道部科学技术司对技术认证报告进行审核。审核合格的,铁道部作出准予行政许可的书面决定,送达企业。

审核不合格的,铁道部科学技术司通知企业。企业可自接到通知之日起60日内进行改进,改进后提出书面复审申请,并附修改的有关技术资料报铁道部科学技术司。复审仍未通过的,铁道部作出不予行政许可的书面决定,说明理由并送达企业。

第十六条 铁道部应自受理企业申请之日起20日内作出行政许可决定;20日内不能作出决定的,经铁道部主管领导批准可延长10日,并将延长期限的理由告知企业。

专业技术机构进行技术资料审查、样机试验、专家技术评价所需时间不计算在前款规定的期限内。

第十七条 已通过技术认证的计量器具有下列情形之一者,应按规定进行监督检查试验:
(一) 连续生产时间达到3年时(产品标准另有规定的,按其规定执行);
(二) 停产时间超过18个月再次恢复生产时;
(三) 其他企业首次生产已通过技术认证的产品时。

试验样机由制造企业向专业技术机构提供，专业技术机构按照铁专量具新产品技术认证中样机试验大纲的要求进行试验,并按规定向委托试验的企业出具样机试验报告。

专业技术机构将试验报告汇总报铁道部科学技术司，铁道部科学技术司对监督检查试验结果定期予以通报。监督检查试验不合格或未按规定进行监督检查试验的铁专量具，不准在铁路销售、使用。

第十八条 任何企业制造的铁专量具，不得低于原通过认证的技术指标。铁道部对重要的铁专量具进行产品质量监督抽查，产品质量监督抽查不合格经复查仍不合格、或者连续两次监督抽查不合格的铁专量具，不准在铁路销售、使用。

第十九条 对已经不符合铁路计量管理要求和技术水平落后的铁专量具，专业技术机构应组织专家论证，并向铁道部提出处理建议。不适于继续在铁路销售、使用的，铁道部应及时公布废除原技术认证批准的铁专量具型式。

第二十条 专业技术机构必须保证技术审查结果、试验数据真实、可靠，对所作出的结论承担法律责任。

第二十一条 专业技术机构不得从事铁专量具产品的制造、销售等经营性活动，不得与铁专量具技术认证的申请企业有关联关系。

第二十二条 专业技术机构应保存完整的技术审查原始资料，保存期为5年。专业技术机构有责任为申请企业提供的技术文件、资料和样机保密，不得利用铁专量具技术审查、试验之便，研制、开发同类产品。

第二十三条 专业技术机构违反本办法第二十条、第二十一条、第二十二条规定的，铁道部责令其改正；情节严重的，停止其承担技术审查及试验的资格。

第二十四条 铁道部受理铁专量具新产品技术认证申请、进行形式审查不收取费用。专业技术机构进行铁专量具试验按有关规定收取费用。

第二十五条 本办法由铁道部负责解释。

第二十六条 本办法自2005年4月1日起施行。铁道部办公厅2003年印发的《铁路专用计量器具技术审查实施细则》(办科技发〔2003〕31号)同时废止。

深圳经济特区计量条例

(1993年12月24日深圳市第一届人民代表大会常务委员会第二十次会议通过;1997年4月9日深圳市第二届人民代表大会常务委员会第十四次会议第一次修正;1997年12月17日深圳市第二届人民代表大会常务委员会第十九次会议第二次修正;2002年4月26日深圳市第三届人民代表大会常务委员会第十五次会议第三次修正;2004年6月25日深圳市第三届人民代表大会常务委员会第三十二次会议第四次修正;2005年11月23日深圳市第四届人民代表大会常务委员会第三次会议第五次修正)

第一章 总 则

第一条 为加强对深圳经济特区(以下简称特区)的计量监督管理,保证计量单位制的统一、量值准确可靠,维护社会主义市场经济秩序,促进生产、贸易和科学技术的发展,根据国家有关法律、法规,结合特区实际,制定本条例。

第二条 特区内建立计量标准器具,从事计量检定和校准,制造、修理、销售、进口和使用计量器具,实施计量监督,应当遵守本条例。

第三条 企业、事业单位、个体工商户必须遵守国家有关计量法律、法规,按规定使用计量器具和计量单位,端正经营行为,不得损害消费者的合法权益。

企业、事业单位应当加强计量管理,改进检测手段,培训计量人员,及时检定或者校准工作计量器具,提高计量保证能力。

第四条 深圳市各级人民政府对贯彻实施计量法律、法规和行政规章作出显著成绩的单位和个人给予奖励。

第五条 深圳市质量技术监督行政管理部门是计量监督管理工作的主管部门(以下简称市主管部门),负责组织有关计量管理的法律、法规和行政规章的实施,制定管理措施。

市、区人民政府有关部门按各自职责协助主管部门做好计量监督管理工作。

第六条 市计量行业协会是依法成立的行业自律组织,依照章程开展计量培训、计量咨询和发布计量信息等活动,制定本行业行为准则和规范,并接受市主管部门的指导。

第二章 计量单位的使用

第七条 国际单位制计量单位和国家选定的其他计量单位是国家法定计量单位。禁止使用非国家法定计量单位,但实验室内因工作需要必须采用的除外。

第八条 特区内生产或者销售的商品,在使用计量单位时,必须使用法定计量单位。但进口的商品国家另有规定的,按有关法律、法规的规定办理。

第九条 未经国务院质量技术监督行政管理部门或者市主管部门批准,任何单位和个人不得制造、销售、进口非法定计量单位的计量器具。

第三章 计量标准器具的建立

第十条 市主管部门根据需要,建立社会公用计量标准器具,作为统一量值的依据。社会公用计量标准器具必须按国家规定的办法考核合格。

第十一条 企业、事业单位根据需要，可以建立本单位使用的计量标准器具，其各项最高计量标准器具须经市主管部门按国家规定的办法进行考核合格后才能使用。

为社会提供校准服务的计量校准机构，其各项最高计量标准器具须经市主管部门考核合格后才能使用。

第十二条 社会公用计量标准器具，企业、事业单位和计量校准机构的各项最高计量标准器具考核合格证书有效期为四年。

第四章 计量器具的检定和使用

第十三条 市主管部门对社会公用计量标准器具，企业、事业单位建立的最高计量标准器具以及用于贸易结算、安全防护、医疗卫生、环境监测、行政监测和司法鉴定等方面列入国家强制检定目录的工作计量器具，实行强制检定；未列入国家强制检定目录的工作计量器具，市主管部门可以根据需要，报市人民政府批准后实行强制检定。

使用强制检定计量器具的单位和个人，应当向法定计量检定机构申请周期检定。

第十四条 市主管部门应当加强对水表、电能表、燃气表、加油机、衡器、出租车计价器、电话计时计费器等用于贸易结算和医疗卫生的重点计量器具的监督管理，并根据实际需要调整重点计量器具检定周期。

第十五条 对强制检定以外的其他计量标准器具和工作计量器具，使用单位应当自行检定或者校准，或者送计量检定、校准机构进行检定或者校准。

第十六条 任何单位和个人不得在生产、经营中使用无检定合格印、证或者超过检定周期的强制检定计量器具，不得使用不合格的强制检定计量器具，不得以上述计量器具显示的数据作为贸易结算的依据。

任何单位和个人不得破坏强制检定计量器具的准确度，不得弄虚作假，伪造数据，不得伪造或者破坏检定封印标记。

第五章 计量器具的制造、修理、安装、销售

第十七条 制造、修理计量器具的企业、事业单位必须经市主管部门考核合格，取得《制造计量器具许可证》或者《修理计量器具许可证》后方得从事有关制造、修理业务，但国家规定可以免办许可证的项目除外。

《制造计量器具许可证》和《修理计量器具许可证》有效期为三年。

颁发、注销、吊销制造、修理计量器具许可证，由市主管部门向社会公布。

第十八条 凡在特区内销售的进口计量器具，在销售前必须经省级以上质量技术监督行政管理部门或者市主管部门检定合格。市主管部门根据《中华人民共和国计量法》和《中华人民共和国计量法实施细则》的规定进行检定。

第十九条 任何单位和个人不得经销国家明令淘汰的计量器具，不得经销不合格的计量器具或者残次零配件。

第六章 商业贸易计量的管理

第二十条 预先定量包装的商品，必须在包装上标明内装商品的净重量或者净容量，没有标明的商品不得出售。

第二十一条 现场计量商品，应让顾客看清计量操作过程和计量器具显示的示值。顾客有异议的，应当重新显示。

第二十二条 出售商品应当符合国家规定的允差要求，出售人应当配备使用与所售商品相适应的符合允差要求的计量器具。

市主管部门可以根据国家规定和特区实际，确定商品允差的具体要求和短缺量的确认方法。

第二十三条 凡现场计量商品或者预先定量包装商品较多的商店，应当指定专人负责计量工作，保证计量器具和称量的准确度。

第二十四条　市主管部门应在生产资料和生活资料市场以及其他有大宗物料计量的场所设立公证计量器具,加强计量监督。

第二十五条　集贸市场的主办者应当设置经强制检定合格的公平秤，并负责对在集贸市场使用的属于强制检定的计量器具登记造册,向市主管部门备案。

集贸市场的经营者应当配合主办者将计量器具向法定计量检定机构申请强制检定,并交纳检定费用。

第二十六条　市主管部门应当会同有关部门有计划地在商业贸易中推广使用技术性能先进的计量器具,淘汰或者禁止使用技术性能落后或者计量数据不可靠的计量器具。

第七章　计量检定机构与计量授权

第二十七条　市主管部门依法设置的计量检定机构,是法定计量检定机构,其主要职责是:

(一) 负责建立社会公用计量标准器具,进行量值传递;

(二) 执行强制检定和法律、法规规定的其他检定、测试任务;

(三) 起草技术规程,为实施计量监督提供技术保证;

(四) 承办有关的计量、监督工作,承接委托检测任务。

第二十八条　市主管部门可根据需要,授权法定计量检定机构以外的计量检定机构,在规定范围内执行强制检定和其他检定、测试任务。

第二十九条　承担强制检定任务的计量检定机构，必须在接受检定任务之日起十个工作日内完成检定工作。有特殊情况需要延长的,检定机构应与用户协商。

第三十条　为社会提供计量校准服务的机构应当具有法人资格，建立必要的计量标准器具或者通过国家实验室认可。计量标准器具应当按照国家规定考核合格。

开展计量校准服务不得超出经考核合格的计量标准器具范围或国家实验室认可的范围。

第三十一条　计量器具的校准应当按照国家规定的计量检定规程、计量器具校准规范或者其他标准进行。国家没有相应规定的,可以按照合同约定出具校准报告。校准报告不得使用虚假或无效认证认可标志。

第三十二条　从事计量器具校准、检测等活动的中介服务机构,依法独立开展服务活动。

第八章　计量监督与计量仲裁检定

第三十三条　市主管部门可根据需要设立计量监督员。计量监督员依法行使职责,在指定区域内对商贸场所和使用计价计量器具的设备、工具、场所进行监督检查,并在规定的权限范围内对违反计量法律、法规、行政规章的行为依法进行处罚。计量监督员在执法工作中必须出示合法证件,进行处罚时,须有二名以上计量监督员在场。

经市主管部门批准在企业、事业单位内设立的兼职计量监督员,负责本单位或者指定范围内计量法律、法规、行政规章的监督检查任务,指导和推动计量工作的开展。

第三十四条　市主管部门依法进行计量监督检查时,可以行使下列职权:

(一) 进行现场检查,按照国家有关规定抽取样品;

(二) 调查与被监督的计量行为有关情况,询问当事人和有关证人;

(三) 查阅、复制有关合同、帐册、票据和其它有关资料;

(四) 封存、扣押涉案的计量器具及相关物品。

抽取的样品,除正常损耗和国家另有规定外,检查完毕应当及时退还。

封存、扣押计量器具和相关物品,一般不超过三十日。因案情复杂或检测需要,确需延长的,经市主管部门负责人批准,可以延长,但延长的期限不得超过六十日。

第三十五条　市主管部门负责计量纠纷的调解和仲裁检定。发生计量纠纷,当事人可以通过协商或者调解解决。当事人不愿通过协商、调解解决或者协商、调解不成的，可以根据当事人的协议，依法申请仲裁。当事人没有仲裁协议的，可以直接向人民法院起诉。

第三十六条　在协商、调解或者案件审理期间，任何一方当事人均不得改变与计量纠纷有关的计量器具的技术状态，不得改变有关物品的状态。

第三十七条　计量器具准确度争议调解和仲裁，应当以经资格认可合格的实验室或计量服务机构出具的公证数据为根据。

市主管部门进行商品量计量争议调解和计量监督，应当以经强制检定合格的计量器具检测的结果为准。

第九章　罚　则

第三十八条　经销非法定计量单位计量器具，经销国家明令淘汰的、不合格的计量器具和计量器具残次零配件的，没收该计量器具或者配件及其违法所得，可并处违法经营额五至十倍的罚款。在经营活动中使用非法定计量单位计量器具的，没收该计量器具，可并处以一千元以上一万元以下罚款。

用非法定计量单位标价的，责令其改正，拒不改正的，处以一千元以上五千元以下罚款。

第三十九条　社会公用计量标准，企业、事业单位的各项最高计量标准器具，未经市主管部门考核合格而开展检定，责令其停止使用，可并处以一千元以上一万元以下罚款。

第四十条　凡属强制检定范围的计量器具，使用者未按照规定申请周期检定或者超过检定周期而继续使用的，责令其停止使用，可并处以一千元以上五千元以下罚款；经检定不合格而继续使用的，责令其停止使用，并处以五千元以上一万元以下罚款。

第四十一条　凡使用不合格的或者未经检定的计量器具而导致产品不合格或者影响正常生产，造成财产损失或者人身伤亡未构成犯罪的，有关单位和责任人应当对受害者依法承担民事责任，并可对主要负责人和直接责任人员分别处以二千元以上二万元以下罚款。

第四十二条　破坏强制检定计量器具准确度或者伪造、破坏检定封印标记以及弄虚作假、伪造数据的，没收该计量器具，并处以二千元以上二万元以下罚款。

第四十三条　现场计量商品，超出计量允差，少给消费者的，应给消费者补足短缺量，并可处以短缺量价款二十倍的罚款；预先定量包装商品超出计量允差少给消费者的，处以该商品单位短缺量价款和该批商品总数的乘积的二倍的罚款，并责令重新包装后始得出售；未标明内装商品净重量、净容量的，责令停止销售、重新包装并标明净重量和净容量。

第四十四条　集贸市场的主办者未设置公平秤或设置的公平秤未经过强制检定合格的，处以五千元以下的罚款；集贸市场经营者使用未经强制检定合格计量器具的，处以每件三千元以上五千元以下罚款，并对集贸市场主办者处以五千元以上二万元以下罚款。

第四十五条　计量检定机构伪造检定数据和检定结论的，由其行政主管部门对其主要负责人和直接责任人给予行政处分，并由计量行政主管部门对该检定机构和直接责任人分别处以所收检定费十倍的罚款。

第四十六条　计量校准机构有下列行为之一的，由市主管部门责令改正，并处以一千元以上五千元以下罚款，情节严重的，处以五千元以上二万元以下罚款；并责令其停止开展相关校准服务三至六个月：

（一）伪造数据、出具虚假报告的；

（二）超出经考核合格的计量标准器具范围或者国家实验室认可范围开展计量校准服务的；

（三）开展计量校准服务使用的计量标准器具未经考核合格或者未按要求定期强制检定的；

（四）出具的校准报告使用虚假或者无效认证认可标志的。

未建立必要的计量标准器具或者未通过国家实验室认可开展计量校准服务的，责令其停止开展校准服务，并按前款规定予以罚款处罚。

第四十七条　未按规定取得《制造计量器具许可证》或者《修理计量器具许可证》而制造、修理计量器具的，责令其停止生产或者营业，没收违法所得，可并处以违法经营额五倍的罚款。

第四十八条　未经检定合格而销售进口计量器具的，责令其停止销售，封存其销售的进口计量器具，没收违法所得，可并处以违法经营额五倍的罚款。

第四十九条　未取得资格认可证书的实验室和计量服务机构为社会提供公证数据的，责令其停止检验，宣布其检测结果无效，没收计量器具和违法所得，可并处以所收检测费十倍的罚款。

已取得资格认可证书的实验室和计量服务机构向社会提供虚假公证数据的，责令其停止检验，宣布其检测结果无效，没收违法所得，可并处以所收检测费十倍的罚款；情节严重的，吊销其资格认可证书。

第五十条　伪造、盗用、倒卖国家强制检定计量器具印、证，未构成犯罪的，没收其违法所得，并处以违法经营额五倍的罚款。

第五十一条　计量监督管理人员违法失职、徇私舞弊，未构成犯罪的，按国家有关规定给予行政处分。

第五十二条　作出行政处罚的主管部门应当对违法行为实行记录制度。

对经行政处罚后再犯的违法者，从重处罚。再犯的违法者经处罚后又发生违法行为的，除依规定予以处罚外，由工商行政管理部门责令停产停业，进行整顿；经整顿予以改正的，由工商行政管理部门通知其恢复生产或者经营。

第五十三条　阻碍计量监督执法人员、检定人员执行公务的，由公安部门依照《中华人民共和国治安管理处罚条例》的规定处罚。

第五十四条　本章规定的行政处罚，由市主管部门依本条例规定的权限行使，但本条例第三十八条、第四十三条规定以及第五十二条中与第三十八条、第四十三条相关的行政处罚，也可以由工商行政管理部门作出处罚决定。

第五十五条　当事人对市主管部门的行政处罚决定不服的，可以依法申请行政复议，也可以直接向人民法院起诉。

对处罚决定逾期不申请复议或者不起诉，又拒绝履行的，由作出处罚决定的机关申请人民法院强制执行。

第五十六条　违反本条例规定，情节严重构成犯罪的，依法追究刑事责任。

第十章　附则

第五十七条　本条例未予规定的，按计量法律、行政法规及国务院技术监督行政部门制定的规章执行。

第五十八条　本条例从 1994 年 5 月 1 日起施行。

2005年科学技术

国家质量监督检验检疫总局

一、综述

2005年,质检科技工作围绕实施“科技兴检”战略,重点开展了积极参与国家中长期科学和技术发展规划制定、组织完成"两个"重大科技专项、加强检验检疫实验室和国家质检中心建设、建立地理标志产品保护制度、建立健全食品安全检测技术体系等工作。

1. 质检科技发展战略纳入国家中长期科技发展规划。经过精心组织和不懈努力,标准化、计量科学、出入境检验检疫、认证认可、检测技术、食品安全、特种设备安全、技术性贸易措施、条码自动识别技术9个方面内容已分别列入国家中长期科技发展规划战略研究的两个专题并纳入《国家中长期科技发展规划纲要》,根据上述9个方面提出了质检科技“十一五”重大科技需求和重大科技项目。在先期开展的国家“十一五”科技条件平台发展计划的43个重点项目中,质检总局参加9个项目,其中6个项目由质检总局负责牵头组织实施。

2. 直属科研院所科技体制改革全面展开。国家有关部门批准在质检系统同时设立中国计量科学研究院、中国标准化研究院和中国检验检疫科学研究院3个国家级非营利性科研机构,并在人员编制核定方面给予了大力支持。质检总局正式批复了3院的科技体制改革实施方案。

3. 检验检疫实验室管理得到进一步加强。根据检验检疫重点实验室的实际情况和不断发展的检验检疫业务需求,以充分体现前瞻性为要求,提出了检验检疫重点实验室要力争2年左右达到国际先进水平的发展规划。同时在征集各局“十一五”实验室仪器设备需求的基础上,提出了《“十一五”检验检疫实验室仪器设备规划方案》,规划中建议实验室仪器设备总投入为30亿元。为了做好检验检疫实验室的管理和仪器设备管理工作,从加强检验检疫实验室管理、人员与设备要求以及实验室环境等3个方面提出了检验检疫实验室管理标准体系和系列标准。对10万元以上的重要仪器设备使用分布情况进行了详细的统计,完成了2006年度检验检疫实验室大型仪器设备的审核工作;下发文件并督促检查检验检疫生物安全实验室的管理工作。

4. 两个重大科技专项取得重要成绩。“十五”期间,科技部组织实施12个重大科研专项,质检总局负责组织实施其中的“重要技术标准专项”,同时参与食品安全重大科技专项的主要科研工作。重要技术标准专项验收工作已完成,专项研制了近千项标准,其中国际标准研制30余项,国家标准540多项,行业标准近200项,检测方法140多项;完成研究报告近400份;发表论文达300多篇;建立示范基地40多个;建立标准化网站7个;申请专利120多项。食品安全重大科技专项通过攻关,已取得科研成果33项,开发新产品、新材料、新装置20项,制定标准95项(国家标准85项,行业标准10项),申请专利41项,发表论文100余篇,其中禽流感检测技术及食品安全移动实验室研究成果被科技部“食品安全专项”总体专家组评为国家“十五科技攻关课题”的标志性产品,并人选国家“十五”科技成就展。

5. 我国地理标志产品保护工作取得了重要进展。我国地理标志产品保护工作已基本建立起一套较为完整的地理标志产品保护制度和体系,颁布并实行了《地理标志产品保护规定》;国际交流进一步扩大,分别与欧盟和法国农业部签署了中欧地理标志保护合作备忘录及中法地理标志合作会谈纪要。截至2005年10月,国家质检总局共对70多个产品实施了地理标志产品保护,涉及保护产值达300多亿元,对地理标志产品实施了有效的保护,为发展地方经济、解决“三农”问题、促进优势农产品出口做出了贡献。

6. 积极做好科技管理工作,组织申报国家各类科技计划。认真研究了质量技术监督系统科技需求,从8个方面分析了科技工作现状并提出科研工作目标和重点研究内容,向科技部报送了“关于申请设立国家质检总局质量技术监督科技专项的函”。为了发挥和调动省以下科学研究的作用,下发了“关于进一步加强地方质量技术监督系统科研工作具体措施的通知”,通知就建立科研经费的固定来源渠道,要求各级质量技术监督局从每年业务收入中提取1%用于科研投入。认真研究了检验检疫系统科技需求,分析了面临的形势和存在的问题,向财政部报送了“关于申请追加2005年度质检总局检验检疫系统科技经费的函”。评审、编制并下达了2005年度总局科技项目年度计划。分别组织了国家科技攻关、标准专项、食品专项、科技基础条件平台、科技奥运、社会公益、仪器设备更新改造、院所开发专项资金、软科学等国家计划的项目申报,2005年获得国家新增立项50余项。

7. 认真做好科技综合工作。组织评审并编制了2005年度质量技术监督技术装备和设备更新改造项目计划、下达了年度技术改造项目计划,完成了2005年度技术改造项目经费预算方案的编报工作,提出了2005年度技术装备项目经费需求方案。组织进行了质量技术监督统计指标体系的修订工作,完成了2004年质量技术监督统计年报的审核、汇总及年报编印工作,完成了向国家统计局2004年《中国统计年鉴》和2004年《中国科技统计年鉴》报送质检总局相关数据的工作,组织进行了统计培训工作。

二、统 计

2005年度质量监督检验检疫统计年报(质量技术监督部分)涵盖了31个省、自治区、直辖市和总局相关直属单位共计5952个机构的人员、经费、国有资产和基本建设及质量技术监督业务综合信息。

(一)机构和人员

1. 机构状况

(1) 全国质量技术监督系统共有机构5952个。

(2) 按职能分:行政机构2918个,事业机构3034个。

省、地、县质量技术监督行政机构2918个。其中:质量技术监督局机关800个,局所合一机构772个,加挂稽查队牌子机构874个,局所队合一机构402个,稽查队70个。

事业机构中技术机构3026个。其中:计量机构759个,情报信息机构159个,质量监督检验机构521个,纤维检验机构149个,特种设备检测机构568个,综合技术机构511个,稽查队190个。

(3) 按隶属关系分:

总局质量技术监督直属机构8个,省级机构315个,地(市)级机构1626个,县(区)级机构4004个。

2. 人员状况

全国质量技术监督系统职工编制180735人,在职职工1677704人。

(1) 行政机构在职职工55192人,具有大专以上文化程度47523人,占行政机构职工总数的86.10%。

(2) 事业机构在职职工112512人,具有大专以上文化程度76427人,占事业机构职工总数的67.93%。事业机构中技术机构职工106368人。其中:计量机构23991人,情报信息机构2969人,质量检验机构13842人,纤维检验机构3047人,锅炉压力容器检测机构13861人,综合技术机构18987人;具有高、中级职称29939人,占技术机构职工总数的28.15%。

(二)经 费

1. 2005年全国质量技术监督系统经费收入总额1728487万元,比2004年1441221万元增加287266万元,增长19.9%。其中:财政拨款1020409万元,占总收入的59%;行政事业性收入192166万元,占总收入的11%;事业收入239062万元,占总收入的14%;经营收入124255万元,占总收入的7%;其他收入152595万元,占总收入的9%。

2. 2005年经费总支出1631995万元。其中:人员支出511680万元,占总支出的31%;公用支出744520万元(其中专用设备购置100404万元,交通工具购置35059万元),占总支出的46%;对个人和家庭补助124542万元,占总支出的8%;其他支出165346万元,占总支出的10%。

3. 中央批准的行政事业性收费884.799万元,省批准的行政事业性收费104143万元,罚没收入203256万元。

（三）国有资产

1. 2005年，全国质量技术监督系统国有资产总额为2276078万元，比去年1865109万元增长410969万元，增长18%。其中：固定资产总额为1630563万元；固定资产中仪器设备546776万元（本年新增109795万元），占固定资产总额的34%。

2. 现有建筑物面积为842万平方米。其中：实验室179万平方米，占总面积的21%；办公用房494万平方米，占总面积的59%。

3. 2005年，基本建设实际完成投资额137726万元；竣工建筑物面积137万平方米。

（四）科技项目管理

1. 2005年，质量技术监督系统科技立项1302项，投入经费28265万元。其中：国家级106项，部门级409项，地方立项382项。

2. 科技项目获奖119项。其中：获国家级奖5项，省部级奖29项，其他奖励85项。

三、科研研究

（一）“十五”重要技术标准研究专项简介

技术标准是产品市场准入和技术壁垒的重要手段，已成为参与全球经济竞争与合作的重要筹码。发达国家利用其科技优势在国际标准组织中占据主导地位，抢占国际标准先机，以达到垄断技术和市场的目的。国家通过设立重要技术标准研究专项，开展国家重要技术标准研究，为我国技术标准的发展提供方向性的指导，为构建新型国家技术标准体系奠定基础，为建立我国合理的技术性贸易措施提供技术支持。

质检总局和国家标准委作为专项的组织部门，与设在中国标准化研究院的专项办公室共同实施对专项的组织工作。组织跨领域、跨部门协作，组织项目的论证、课题和试点管理、信息沟通和经验交流、项目和课题验收组织等，完成了大量细致有效的组织工作，组织完成了解课题的验收，专项也顺利通过了科技部组织的高层专家的验收。

（二）“十五”食品安全专项简介

食品安全问题是关系到人民健康和国计民生的重大问题。加强食品安全控制的研究工作，对于保护人民健康、保证我国农业和食品工业的发展，提高我国食品国际市场竞争力，已经成为我国经济与社会发展中突出的战略性课题。在此基础上，国家将食品安全技术研究列入国家“十五”期间12个科技重大专项之一。

国家质检总局全力配合国家科技部“食品安全重大专项研究”工作，积极参加相关项目的研究与开发工作，一方面取得了卓有成效的科研成果，另一方面提升了质检科技创新水平，锻炼了科研队伍。目前质检系统共承担了该专项项目下课题11项，其中主持8项，参与11项，这些项目均已经顺利通过科技部的验收。这些验收项目中，获得专利数十项，制定了数百项国家标准、行业标准，共获得国家项目经费支持58.0万元。

（三）“科技兴检”奖评审

为了推动“科技兴检”战略的实施，营造科技氛围，激励科技人员创新积极性，促进科技成果的推广，按照统一部署，科技司于2005年11月29日分别在湖南和北京召开了2005年度国家质检总局“科技兴检”奖励项目评审会。

会议审议和遴选各单位推荐的2005年度“科技兴检”奖励科研项目共计473项。经过专家的认真评议，推荐2005年度国家质检总局“科技兴检”奖203项，其中一等奖项目20项，二等奖项目47项，三等奖项目136项。

（四）国家级科研项目

认真组织国家科技攻关、标准专项、食品专项、科技基础条件平台、科技奥运、社会公益、仪器设备更新改造、院所开发专项资金、软科学等国家计划的项目申报，2005年获得国家新增立项51项。

2005年获得国家新增国家级科研项目

序号	课题编号	课题名称	承担单位	计划名称
1	2002BA906A21	我国优势技术国际标准研究制定	中国标准化研究院	攻关计划
2	2002BA906A104	国家科技计划成果转化为技术标准试点及研制	中国标准化研究院	攻关计划
3		丝类商品电子检测设备与标准的研究	浙江出入境检验检疫局	茧丝绸发展
4		建立丝类商品出口商检证管理系统(诚信机制)	浙江出入境检验检疫局	风险基金
5	2005BA904811	奥运会场馆光学照明系统与几何量参数计量关键技术研究	中国计量科学研究院	奥运科技专项
6	2005BA904812	奥运产品使用防伪技术的研究　专业识别方法研究	北京中防昊能防伪科技中心	奥运科技专项
7	2005BA909801	中国认证认可发展战略研究	认监委认证认可技术研究所	攻关计划
8	2005BA909802	认证认可对国民经济及社会发展的贡献研究	上海质量科学研究院	攻关计划
9	2005BA909803	认证类型与认证模式的智能决策研究及其在信息技术产品认证中的应用	上海质量科学研究院	攻关计划
10	2005BA909804	高级别生物安全实验室认可评价技术研究及示范	中国合格评定国家认可中心	攻关计划
11	2005BA909805	资源节约与可再生能源认证技术研究及示范	中标认证中心	攻关计划
12	2005BA909806	消费类产品中有毒有害物质的认证评价技术研究及示范	中国质量认证中心	攻关计划
13	2005GS38025	中国与自由贸易区合作中的技术性贸易措施策略研究	标准法规研究中心	攻关计划
14	2005JDl00210	1MN国家力基准机改造	国家传感器质检中心(测试院)	改造升级
15	2005JDl00280	三坐标测量机CAM技术升级改造	国家传感器质检中心(测试院)	改造升级
16	2005JDl00190	外来物种隔离风险模拟设施升级改造	中国检验检疫科学研究院	改造升级
17	2005JD200020	肽核酸杂交诱捕实时荧光PCR方法研究	中国检验检疫科学研究院	分析方法研究
18	2005JD2002	甾体激素的准确定量方法研究	国家标准物质研究中心	分析方法研究
19		国境口岸禽流感及其传带媒介侦测与阻断应急技术研究	中国检验检疫科学研究院、北京出入境检验检疫局	第四批禽流感
20	2005DIB2J124	应对欧盟ROHS指令测量溯源性保证关键技术研究	国家标准物质研究中心	社会公益
21	2005DIB2J125	游乐设施安全保障关键技术研究	中国特种设备检测研究中心	社会公益
22	2005DIB2J126	社会公共服务评价体系研究	中国标准化研究院	社会公益
23	2005DIB2J127	顾客满意度理论测评指标及应用研究	中国标准化研究院	社会公益
24	2005DIB2J128	微液体芯片技术及食品安全检验检疫应用研究	中国检验检疫科学研究院	社会公益
25	2005DIB2J129	我国重点进出口产品检验检疫技术措施研究	中国检验检疫科学研究院	社会公益
26	2005DIB2J130	显示器电磁辐射和人体视觉工学测试技术研究	中国计量科学研究院	社会公益
27	2005DIB2J131	活塞式微小气体流量标准器研究	中国计量科学研究院	社会公益
28	2005DIB2J132	食品异常成分的光谱特征在线快速检测技术	中国测试技术研究院	社会公益
29		程控脉冲参数和基本电量综合校准系统	中国计量科学研究院	院所开发
30		标准NSTL资源与服务系统建设	中国标准化研究院	平台
31		计量NSTL资源与服务系统建设	中国计量科学研究院	平台
32		国家检测资源共享平台制度和标准体系建设	国家认监委认证认可技术研究所	平台
33		国家检测资源共享中心平台及数据汇交系统建设	国家认监委认证认可技术研究所	平台
34		长度计量基标准的完善和共享	中国计量科学研究院	平台
35		国家计量基标准共享机制和信息共享平台建设	中国计量科学研究院	平台
36		信息与电子计量基标准完善和共享	中国计量科学研究院	平台
37		力学计量基标准体系的完善和共享	中国计量科学研究院	平台
38		检测和热工计量基标准体系优化与完善	中国计量科学研究院	平台
39		电磁和量子计量基标准共享体系	中国计量科学研究院	平台

2005年获得国家新增国家级科研项目(续表)

序号	课题编号	课题名称	承担单位	计划名称
40		电离辐射和医学工程计量基标准体系建立和完善	中国计量科学研究院	平台
41		光学和光通信计量基标准体系完善与共享	中国计量科学研究院	平台
42		重要物理量量值传递技术完善	中国测试技术研究院	平台
43		化学计量基标准资源整合共享共性技术规范制定,共享信息系统与机制建设	中国计量科学研究院	平台 平台
44		化学成分量计量基标准共享体系及同位素稀释质谱测量开放平台的建设	中国计量科学研究院	平台 平台
45		生物化学计量标准资源整合与共享体系建设	中国计量科学研究院	平台
46		食品、环境与大众健康领域化学计量基标准资源整合与共享	中国计量科学研究院	平台
47		机电产品分析化学计量基标准资源整合与共享	中国计量科学研究院	平台
48		能源与材料分析化学计量基标准资源整合与共享	中国计量科学研究院	平台
49		标准物质资源共享平台建设	国家标准物质研究中心	平台
50		国家标准文献共享服务平台及国家标准,国际、国外标准信息资源建设	中国标准化研究院	平台
51		地方标准、法规及国外技术法规文献信息资源建设	重庆市技术监督情报研究所	平台

四、科研计划项目

根据总局2006年度科研计划的编制要求,为做好对申报项目的遴选,更好地满足检验检疫的科研需求,科技司于2005年8月下旬在辽宁省大连市召开"总局2006年度检验检疫科研计划项目论证会",与会专家针对各单位申报的640余项科研项目,按照2006年度质检系统科研计划项目申报指导建议提出的科研立项方向,认真进行了论证,推荐立项项目总数202项,总金额3400万元(含配套项目及金额),其中总局重点科研项目6项。

2005年国家质检总局科技项目计划(质量技术监督部分)

项目编号	项 目 名 称	负 责 单 位	起止年限	备注
2005QK01	位相及脉冲调制参数测量装置研制	中国计量科学研究院	2005~2007	
2005QK02	量块干涉仪激光波长标准光源研制	中国计量科学研究院	2005~2007	
2005QK03	食品安全防伪系统研究(科技部项目配套)	中国计量科学研究院	2005~2006	
2005QK04	质量技术监督综合统计管理及分析系统研究	中国计量科学研究院	2005~2006	
2005QK05	微量溶解氧测量仪校准系统研制	国家标准物质研究中心	2005~2007	
2005QK06	砷元素形态分析标准物质研制	国家标准物质研究中心	2005~2007	
2005QK07	模拟土壤元素形态分析标准物质研制	国家标准物质研究中心	2005~2007	
2005QK08	国际标准分类法应用与转化研究	中国标准化研究院	2005~2006	
2005QK09	面向循环经济的节水技术标准体系研究	中国标准化研究院、国家排灌及节水设备产品质检中心(安徽)	2005~2007	
2005QK10	我国农产品质量分级原则、方法及标准研究	中国标准化研究院、国家农业标准化与监测中心(黑龙江)	2005~2007	
2005QK11	我国快速消费品流通领域协同作业系统基础数据平台关键技术标准研究及典型企业应用示范研究	中国标准化研究院	2005~2007	
2005QK12	超声探伤试验研究方法标准研究	中国特种设备检测研究中心	2005~2007	

2005年国家质检总局科技项目计划(质量技术监督部分)续表1

项目编号	项 目 名 称	负 责 单 位	起止年限	备注
20050K12	超声探伤试验研究方法标准研究	中国特种设备检测研究中心	2005~2007	
2005QK13	自动扫查超声成像检测装置研制	中国特种设备检测研究中心	2005~2007	
2005QK14	棉花水分测试仪/校验仪检定装置研制	中国纤维检验局	2005~2007	
2005QK15	实体面材(人造石)耐水试验及控制系统研究	国家建筑装修材料质量监督检验中心(河南)	2005~2006	
2005QK16	常用锅炉、压力容器和压力管道用钢及其焊接接头冲击试样尺寸及夏比V形缺口试样冲击试验结果影响的试验研究	安徽省特种设备检测院	2005~2006	
2005QK17	国内外兽药残留限量标准差异性及技术壁垒措施研究	安徽国家农业标准化与监测中心	2005~2006	
2005QK18	地下管线智能自动检测系统与智能监控安全管理系统研究	江西省锅炉压力容器检验研究所	2005~2006	
2005QK19	超声导波快速检测压力管道的技术研究	江西省锅炉压力容器检验研究所	2005~2006	
2005QK20	食品中肠道致病菌的快速检测方法技术研究	江苏省产品质量监督检验中心	2005~2006	
2005QK21	植物油中脂肪酸Gc~MS指纹图谱库的建立及其在真伪鉴别中的应用研究	江苏省产品质量监督检验中心	2005~2006	
2005QK22	粮油食品、饲料产品中真菌毒素的检测方法技术研究	江苏省产品质量监督检验中心	2005~2006	
2005QK23	沙门氏菌和副溶血性弧菌在食品中污染状况及快速检测研究	南京市产品质量监督检验所	2005~2006	
2005QK24	调味品掺伪检验方法及结果的研究	甘肃省产品质量监督检验中心	2005~2006	
2005QK25	肉类及乳制品中抗生素及雌激素含量检测方法研究	甘肃省产品质量监督检验中心	2005~2006	
2005QK26	食品着色剂检测方法的研究	国家食品添加剂监督检验中心(沈阳)	2005~2006	
2005QK27	食品水分保持剂检测方法研究	国家食品添加剂监督检验中心(沈阳)	2005~2006	
2005QK28	食品防腐剂检测方法研究	国家食品添加剂监督检验中心(沈阳)	2005~2006	
2005QK29	燕窝制品中唾液酸糖蛋白成分的液相色谱法测定和掺假鉴别技术研究	国家农业深加工产品质量监督检验中心(吉林)	2005~2006	
2005QK30	豆制品中胰蛋白酶抑制剂活性测定方法的研究	吉林省产品质量监督检验所	2005~2006	
2005QK31	食品中铜铅砷镉汞的测定 电感耦合等离子体质谱法研究	吉林省产品质量监督检验所	2005~2006	
2005QK32	干红葡萄酒质量指标与质量体系的研究	国家葡萄酒质量监督检验中心(烟台)	2005~2006	
2005QK33	蒸馏白酒中甜蜜素检测方法研究	国家酒类产品质量监督检验中心(四川)	2005~2006	
2005QK34	水果品质无损检测技术研究	中国测试技术研究院	2005~2007	
2005QK35	宽量限电子式电流传感器(ECT)的研制	中国计量学院	2005~2007	
2005QK36	气体流量标准装置自动检定系统研究	中国计量学院	2005~2007	
2005QK37	高精度智能真空低压复合校准装置研制	中国计量学院	2005~2007	
2005QK38	食品安全管理体系新国际标准(ISO22000)跟踪研究	上海市标准化研究院	2005~2006	
2005QK39	食品包装袋(盒)用印刷油墨卫生安全性能检测方法研究	国家印刷装璜制品质量监督检验中心(天津)	2005~2006	
2005QK40	液相色谱法及液质联用技术检测动物性食品中残留抗生素检测方法研究	国家食品质量安全监督检验中心(北京)	2005~2006	
2005QK41	“泔水油”性质检验方法研究	云南省产品质量监督检验中心	2005~2006	

2005年国家质检总局科技项目计划(质量技术监督部分)续表2

项目编号	项目名称	负责单位	起止年限	备注
2005QK42	食品及食品原料中真菌毒素检测方法研究	深圳市计量质量检测研究院	2005~2006	
2005QK43	食品营养剂中有害物质　反式脂肪酸检测方法研究	杭州市质量技术监督检测院	2005~2006	
2005QK44	维氏硬度计量基准装置研究	中国计量科学研究院	2005~2006	经费自筹
2005QK45	电学五功能标准量传溯源体系提升和完善研究	中国计量科学研究院	2005~2006	经费自筹
2005QK46	压力基准溯源能力暨高精度活塞内径、外径测量系统研究	中国计量科学研究院	2005~2006	经费自筹
2005QK47	小负荷布氏硬度基准装置研究	中国计量科学研究院	2005~2006	经费自筹
2005QK48	磁感应强度基准装置提高完善研究	中国计量科学研究院	2005~2006	经费自筹
2005QK49	国家光度色度基准向时域综合参数扩展研究	中国计量科学研究院	2005~2006	经费自筹
2005QK50	中温量传溯源体系　中温基准提升和完善研究	中国计量科学研究院	2005~2006	经费自筹
2005QK51	中国能效标准实施监督体系研究	中国标准化研究院	2005~2006	经费自筹
2005QK52	EAN·UCC系统EPC编码技术研究	中国标准化研究院	2005~2006	经费自筹
2005QK53	塑料薄膜印制条码符号的适印性与质量问题研究	中国标准化研究院	2005~2006	经费自筹
2005QK54	条码标准器/测试卡制造技术研究	中国标准化研究院	2005~2006	经费自筹
2005QK55	条码识读设备检测系统研制	中国标准化研究院	2005~2006	经费自筹
2005QK56	全国流通标识系统框架研究	中国标准化研究院	2005~2006	经费自筹
2005QK57	我国物品编码标准体系的研究	中国标准化研究院	2005~2006	经费自筹
2005QK58	组织机构代码数字证书在质检业务领域应用的研究	中国标准化研究院	2005~2006	经费自筹
2005QK59	全国组织机构代码管理信息协同处理系统的研究与开发	中国标准化研究院	2005~2006	经费自筹
2005QK60	全国组织机构代码信息在国家外汇管理业务系统中的应用研究	中国标准化研究院	2005~2006	经费自筹
2005QK61	组织机构代码电子档案系统的研究与实施	中国标准化研究院	2005~2006	经费自筹
2005QK62	光滑极限量规检定装置研制	天津市计量技术研究所	2005~2007	经费自筹
2005QK63	大型球形容器局部效应力热处理效果评价与参数优化研究	天津市特种设备监督检验技术研究院	2005~2007	经费自筹
2005QK64	防伪全息产品特性指标检测仪开发与研究	天津市产品质量监督检验所	2005~2007	经费自筹
2005QK65	高压电网电力品质分析装置研制	黑龙江省计量科学研究院	2005~2007	经费自筹
2005QK66	“呼出气体酒精含量探测器”检测方法研究及计量标准装置研制	北京市计量检测科学研究院	2005~2007	经费自筹
2005QK67	酿造白酒与酒精勾兑酒鉴别方法研究	北京市产品质量监督检验所	2005~2006	经费自筹
2005QK68	压缩天然气加气站瓶式压力容器定期检验方法的研究	北京市特种设备检测中心	2005~2006	经费自筹
2005QK69	改性磷肥抗固定能力与长效性的测定研究	贵州省产品质量检验检测院	2005~2006	经费自筹
2005QK70	粉丝中农用碳酸氢铵含量检测方法研究	贵州省产品质量检验检测院	2005~2006	经费自筹
2005QK71	气相色谱法测试染料中间体的含量研究	贵州省产品质量检验检测院	2005~2006	经费自筹
2005QK72	法定计量技术机构信息管理系统研究	广东省计量科学研究院	2005~2006	经费自筹
2005QK73	平晶标准装置的自动化改造研究	广东省计量科学研究院	2005~2006	经费自筹
2005QK74	安全阀IN座压力检测新技术研究	广东省锅炉压力容器监测所	2005~2007	经费自筹
2005QK75	家具新产品出口美国、欧盟的标准与技术壁垒研究	广东省产品质量监督检验中心	2005~2006	经费自筹

2005年国家质检总局科技项目计划(质量技术监督部分)续表3

项目编号	项目名称	负责单位	起止年限	备注
2005QK76	我国照明新产品输出端9kHz~150kHz段骚扰电压限值的应用研究	广东省产品质量监督检验中心	2005~2007	经费自筹
2005QK77	高速电梯安全部件试验塔架的研究	广东省特种设备检测中心	2005~2007	经费自筹
2005QK78	含电子元件安全电路的试验研究	广东省特种设备检测中心	2005~2007	经费自筹
2005QK79	X射线kVp测量仪计量标准装置研制	深圳市计量质量检测研究院	2005~2007	经费自筹
2005QK80	电梯限速切断阀安全性能指标的试验研究	深圳特种设备质量安全检测所	2005~2007	经费自筹
2005QK81	电梯上行超速保护装置安全性能指标的试验研究	深圳特种设备质量安全检测所	2005~2007	经费自筹
2005QK82	集装箱起重机检验技术研究	深圳特种设备质量安全检测所	2005~2007	经费自筹
2005QK83	大型起重机安全性能评估研究	深圳特种设备质量安全检测所	2005~2007	经费自筹
2005QK84	黄花菜深加工过程中二氧化硫控制量的研究	甘肃省庆阳市产品质量监督检验所	2005~2007	经费自筹
2005QK85	防爆电梯检验要求和检验方法研究	甘肃省特种设备检验研究中心	2005~2006	经费自筹
2005QK86	杂交牦牛绒品质状况研究	甘肃省纤维检验局	2005~2006	经费自筹
2005QK87	巨型不规则物体体积测量研究	河南省计量科学研究院	2005~2006	经费自筹
2005QK88	全自动耐电压测试仪检定装置研制	河南省计量科学研究院	2005~2006	经费自筹
2005QK89	电话网络传输延时测试研究	河南省计量科学研究院	2005~2006	经费自筹
2005QK90	标准表法蒸汽流量标准装置研制	河南省许昌市检测中心	2005~2006	经费自筹
2005QK91	燃气聚乙烯管道焊接无损检测方法研究	河南省许昌市锅检所	2005~2007	经费自筹
2005QK92	高密度蛋白质生物芯片研究	国家农业标准化与监测中心(安徽)	2005~2006	经费自筹
2005QK93	食品安全预警与信息管理系统研究	国家农业标准化与监测中心(安徽)	2005~2006	经费自筹
2005QK94	徽菜标准化研究	安徽省标准化研究院	2005~2007	经费自筹
2005QK95	汽车油罐车检定仪研制	安徽省计量测试研究所	2005~2006	经费自筹
2005QK96	基层质量技术监督行政执法案件管理系统	安徽省巢湖市质量技术监督局	2005~2006	经费自筹
2005QK97	电流、电压比例标准自检系统	山西省计量监督检定测试所	2005~2006	经费自筹
2005QK98	煤炭二级标准物质研制	山西省计量监督检定测试所	2005~2006	经费自筹
2005QK99	用套式PCR技术检测牛乳中牛副结核分枝杆菌研究	山西省计量监督检定测试所	2005~2007	经费自筹
2005QK100	用高效液相色谱法检测食品中防腐剂——双乙酰钠的含量研究	山西省计量监督检定测试所	2005~2007	经费自筹
2005QK101	食品测定中的添加剂——多种甜味剂的生物传感器研制	山西省计量监督检定测试所	2005~2007	经费自筹
2005QK102	食品用洗涤剂对食品危害程度检验研究	山西省计量监督检定测试所	2005~2006	经费自筹
2005QK103	智能化区域监管电子信息系统研究	山东省标准化研究院	2005~2007	经费自筹
2005QK104	食品安全监管追溯体系及关键技术研究	山东省标准化研究院	2005~2006	经费自筹
2005QK105	出口农产品质量保证体系建立研究	山东省标准化研究院	2005~2006	经费自筹
2005QK106	高精密三相标准电能表检/校系统的研究与应用	山东省计量科学研究院	2005~2007	经费自筹
2005QK107	动态公路车辆自动衡器检测系统	山东省计量科学研究院	2005~2006	经费自筹
2005QK108	常用86种农药在食品中残留量分析方法研究与相应标准数据库的建立	山东省产品质量监督检验研究院	2005~2007	经费自筹
2005QK109	转基因食品检测方法研究	山东省产品质量监督检验研究院	2005~2007	经费自筹
2005QK110	食品包装材料安全技术检测研究	山东省济南市质检所	2005~2006	经费自筹
2005QK111	棉花公证检验现场检验质量控制系统研究	山东省淄博市纤维纺织产品监督检验所	2005~2006	经费自筹

2005年国家质检总局科技项目计划(质量技术监督部分)续表4

项目编号	项目名称	负责单位	起止年限	备注
2005QK112	环境对压力容器压力管道安全运行的影响研究	山东省淄博市锅炉压力容器检验所	2005~2006	经费自筹
2005QK113	红葡萄酒中特征性成分与感官质量之关系研究	国家葡萄酒质量监督检验中心(烟台)	2005~2006	经费自筹
2005QK114	几种敏感性食品质量安全量化评价体系研究	山东省泰安市产品质量监督检验所	2005~2007	经费自筹
2005QK115	山东茶区和南方茶区不同茶树品种生育特性和茶叶品质对比调查研究	山东省日照市质量技术监督局	2005~2007	经费自筹
2005QK116	进出口农产品及其加工产品中多种农药残留同柱检测技术研究	江苏省产品质量监督检验中心所	2005~2007	经费自筹
2005QK117	食品中邻苯二甲酸酯的富集机制及危险性评价	江苏省产品质量监督检验中心所	2005~2007	经费自筹
2005QK118	自动烟点仪研制	江苏省产品质量监督检验中心所	2005~2006	经费自筹
2005QK119	洗发产品中禁用限用物质的检测技术研究	江苏省产品质量监督检验中心所	2005~2007	经费自筹
2005QK120	技术壁垒对我国纺织品出口贸易的影响及对策研究	江苏省技术监督情报研究所	2005~2006	经费自筹
2005QK121	甲氰菊酯、溴氰菊酯、氯氰菊酯标准样品制备研究	国家农药产品质量监督检验中心(南京)	2005~2007	经费自筹
2005QK122	茶叶中农药残留快速定量检测技术研究	国家农药产品质量监督检验中心(南京)	2005~2007	经费自筹
2005QK123	30m³pVTt法气体流量标准装置研制	重庆市流量检测技术研究所	2005~2006	经费自筹
2005QK124	黄酒主要成分的近红外光谱快速检测研究	国家黄酒产品质量监督检验中心(浙江省绍兴质量技术监督检测院)	2005~2006	经费自筹
2005QK125	紫外探测器件精确定标及新型紫外线指数监测仪研究	中国计量学院	2005~2007	经费自筹
2005QK126	ELISA法定量快速检测苏丹红一号研究	中国计量学院	2005~2007	经费自筹
2005QK127	汽车空调压缩机异音故障在线诊断装置研制	中国计量学院	2005~2006	经费自筹
2005QK128	汽车制动间隙自动调整臂性能检测系统	中国计量学院	2005~2007	经费自筹
2005QK129	便携式光纤大气污染监测仪研制	中国计量学院	2005~2007	经费自筹
2005QK130	快速高精度汽车零部件轴孔类尺寸形位参数自动检测仪研制	中国计量学院	2005~2007	经费自筹
2005QK131	基于振动样品磁强计低温物性测试系统研制	中国计量学院	2005~2007	经费自筹
2005QK132	基于反问题机理的红外眼球体温测量及传染病检测新方法研究	中国计量学院	2005~2007	经费自筹
2005QK133	基于微位移技术的图像测量系统自动校准方法研究	中国计量学院	2005~2007	经费自筹
2005QK134	食品安全快速检测设备研究	中国防伪行业协会、北京中检康安科技有限公司	2005~2007	经费自筹
2005QK135	全国注册设备监理师动态管理系统	中国设备监理公司	2005~2006	经费自筹
2005QK136	基于信息技术的轮胎质量全过程控制方法	青岛市技术监督科技信息所	2005~2007	经费自筹
2005QK137	无线遥控作弊电子秤反作弊方法研究	上海市测试技术研究院	2005~2007	经费自筹
2005QK138	电梯限速器安全钳联动装置测试仪研制	上海市特种设备监督检验技术研究院	2005~2007	经费自筹
2005QK139	高汞美白、祛斑化妆品现场快速定性判定方法研究	重庆市产品质量监督检验所	2005~2007	经费自筹
2005QK140	国家标准和国家标准计划项目评价清理系统及清理结果公示系统软件开发	中国标准化研究院	2005~2007	经费自筹

五、科技成果

经认真组织申报和答辩，质检总局系统共有2个项目获得2005年国家科技进步二等奖。使质检总局“十五”期间获得国家奖的项目达到9项。

序号	获奖项目名称	奖励等级	获奖单位	参加人员	奖励证书编号
1	国家术语、图形符号体系建设	二等	中国标准化研究院	于欣丽、白殿一、陈玉忠、陈永权、张亮、程永红、陈元桥、肖敬玉、罗虹、宋敏	J-230-2-01
2	压力管道检测与评价关键技术研究	二等	中国特种设备检测研究中心	陈钢、钟群鹏、李培宁、沈功田、康纪黔、陈学东、刘应华、左尚志、徐秉业、贾国栋	J-230-2-02

六、实验室仪器设备管理

(一) 检验检疫实验室大型仪器设备的审核工作

2005年组织了由专业技术人员、总局业务司管理人员、各检验检疫局仪器设备管理人员组成的评审委员会，对各检验检疫局提出的2006年度5426台(套)、10.2亿人民币实验室大型仪器设备需求进行了评审，最终遴选出了254项、2.3亿人民币、50万以上的大型仪器设备调整方案。下发了“关于下发2006年度检验检疫实验室大型仪器设备评审意见的通知”。

(二) 系统内生物安全实验室管理

2005年初，就《病原微生物实验室生物安全管理条例》(国务院令第424号)2005年5月12日正式实施，起草了系统内生物安全实验室建设管理等问题的请示，就有关问题多次与国务院有关部委沟通协调，并致函农业部、卫生部，组织了由主管局领导主持有关业务司参加的生物安全实验室管理工作会议。在《关于贯彻落实(病原微生物实验室生物安全管理条例)的紧急通知》的基础上，再次下发了《进一步加强生物实验室管理的通知》。由于生物安全实验室建设、使用和管理工作的敏感性、复杂性及局领导的高度重视，促成了局长办公会就系统内生物安全实验室建设、使用和管理等问题专门做出决定。

2005年计量认证单位

第一批通过计量认证的机动车安全技术检验机构名单

国家认证认可监督管理委员会公告（2005年第21号）

根据《中华人民共和国计量法》、《中华人民共和国计量法实施细则》、《中华人民共和国道路交通安全法实施条例》和2005年4月国家质检总局、公安部、国家认监委联合下发了《关于加强机动车安全技术检验机构管理有关工作的通知》(国质检监联[2005]39号)以及国家认监委《关于做好机动车安全技术检验机构计量认证工作有关问题的通知》(国认实函[2005]64号)，开展在役机动车辆检验的有关检验机构，必须经省级以上产品质量监督部门计量认证考核合格。经审核，现公布第一批772家计量认证考核合格的在役机动车检验机构名单(见附件)。这些机动车检验机构具有向社会出具公证检验数据的资格。

附件：第一批通过计量认证的机动车安全技术检验机构名单

二OO五年八月十六日

第一批通过计量认证的机动车安全技术检验机构名单

省份	序号	单位名称	证书编号	证书起止时间
北京市	1	七四五三机动车检测场	(2002)量认(京)字(P0189)号	2002.10.26-2007.10.25
	2	北京北方机动车检测场	(2003)量认(京)字(P0183)号	2003.11.4-2008.6.9
	3	北京北汽出租汽车集团有限责任公司汽车修理分公司	(2002)量认(京)字(P0271)号	2003.1.17-2007.12.11
	4	北京市朝开小关汽车检测有限公司	(2002)量认(京)字(P0173)号	2003.3.7-2007.11.21
	5	北京朝政汽车检测场	(2001)量认(京)字(P0361)号	2001.11.20-2006.8.30
	6	北京东方四环汽车检测有限公司	(2002)量认(京)字(P0364)号	2002.2.22-2007.1.29
	7	北京市大兴机动车检测场	(2003)量认(京)字(P0204)号	2003.7.2-2008.6.8
	8	北京市二清环卫工程集团有限责任公司机动车检测场	(2003)量认(京)字(P0423)号	2003.9.25-2008.7.14
	9	汽车检测场北京市国兴汽车服务中心	(2001)量认(京)字(P0251)号	2001.11.20-2006.8.23
	10	北京市怀柔县机动车检测场	(2000)量认(京)字(P0254)号	2000.11.8-2005.9.21
	11	将台联合机动车检测场(北京)有限公司	(2003)量认(京)字(P0277)号	2003.8.4-2008.6.12
	12	将台联合机动车检测场(北京)有限公司	(2003)量认(京)字(P0277)号	2003.8.4-2008.6.12
	13	北京市京北机动车检测场	(2003)量认(京)字(P0202)号	2003.12.24-2008.10.25
	14	北京市京顺机动车检测场	(2002)量认(京)字(P0182)号	2003.3.7-2007.11.25

第一批通过计量认证的机动车安全技术检验机构名单(续表1)

省份	序号	单位名称	证书编号	证书起止时间
北京	15	中车汽修集团北京九四一六工厂机动车检测场	(2002)量认(京)字(P0190)号	2003.2.28-2007.11.21
	16	北京平谷凯超机动车检测场	(2004)量认(京)字(P0339)号	2004.10.10-2009.9.15
	17	北京空港方兴机动车检测有限公司	(2005)量认(京)字(P0198)号	2005.1.18-2010.1.17
	18	北京市良乡机动车检测场	(2002)量认(京)字(P0184)号	2003.1.17-2007.12.18
	19	北京北方龙涛机动车检测有限责任公司	(2004)量认(京)字(P0323)号	2004.8.24-2009.8.18
	20	北京市门头沟区机动车检测场	(2002)量认(京)字(P0203)号	2003.11.19-2008.10.16
	21	北京市密云县机动车辆检测场	(2002)量认(京)字(P0285)号	2003.3.28-2007.12.17
	22	北京市平谷区机动车检测场	(2003)量认(京)字(P0205)号	2003.11.4-2008.8.29
	23	中国人民解放军第七四二一机动车检测场	(2002)量认(京)字(P0172)号	2003.3.7-2007.10.21
	24	北京汽车检修有限公司	(2002)量认(京)字(P0186)号	2003.4.8-2007.11.26
	25	北京市汽车修理公司二厂机动车检测场	(2003)量认(京)字(P0201)号	2003.7.2-2008.6.18
	26	北京润达汽车维修检测中心机动车检测场	(2000)量认(京)字(P0181)号	2001.1.16-2005.12.24
	27	北京市盛华机动车检测场	(2004)量认(京)字(P0328)号	2004.9.23-2009.9.8
	28	北京市石景山机动车检测场	(2002)量认(京)字(P0273)号	2003.2.25-2007.11.28
	29	北京市市直机动车检测有限责任公司	(2004)量认(京)字(P0340)号	2004.12.17-2009.12.16
	30	北京首汽股份有限公司机动车检测场	(2003)量认(京)字(P0422)号	2003.9.11-2008.7.30
	31	北京首邮实业发展总公司汽车检测场	(2005)量认(国)字(N1918)号	2003.11.4-2008.8.28
	32	天龙机动车检测场	(2005)量认(国)字(N1091)号	2004.1.9-2008.9.14
	33	北京市通州机动车检测场	(2005)量认(国)字(N2110)号	2003.3.7-2007.11.20
	129	北京外运机动车检测场	(2002)量认(京)字(P0188)号	2003.2.25-2007.11.26
	130	北京市学院路机动车检测场	(2002)量认(京)字(P0171)号	2003.3.28-2007.11.20
	131	北京燕山机动车检测场	(2002)量认(京)字(P0274)号	2002.3.25-2007.2.7
	132	北京丰台岳各庄机动车辆检测场	(2002)量认(京)字(P0187)号	2003.4.17-2007.11.28
	133	中宇汽车服务中心机动车检测场	(2004)量认(京)字(P0333)号	2004.12.17-2009.12.16
云南省	134	昆明市第一机动车安全检测站	(2003)量认(滇)字(P0745)号	2003.9.2-2008.9.1
	135	昆明市第二机动车安全技术检测站	(2003)量认(滇)字(P0725)号	2003.6.11-2008.6.10
	136	昆明市第三机动车安全检测站	(2003)量认(滇)字(P0747)号	2003.9.9-2008.9.8
	137	昆明市第四机动车安全技术检测站	(2003)量认(滇)字(P0726)号	2003.6.16-2008.6.15
	138	昆明市第五机动车安全检测站	(2003)量认(滇)字(P0772)号	2003.12.31-2008.12.30
	139	昆明市第六机动车安全检测站	(2003)量认(滇)字(P0728)号	2003.6.26-2008.6.25
	140	昆明市第七机动车安全检测站	(2003)量认(滇)字(P0744)号	2003.9.2-2008.9.1
	141	昆明市第八机动车安全检测站	(2003)量认(滇)字(P0760)号	2003.11.17-2008.11.16
	142	昆明市第九机动车安全检测站	(2003)量认(滇)字(P0761)号	2003.11.26-2008.11.25
	143	昆明市第十机动车安全检测站	(2003)量认(滇)字(P0773)号	2003.12.31-2008.12.30
	144	昆明市第十一机动车安全检测站	(2003)量认(滇)字(P0753)号	2003.11.3-2008.11.2
	145	昆明市第十二机动车安全技术检测站	(2003)量认(滇)字(P0742)号	2003.8.20-2008.8.19
	146	昆明市第十三机动车安全检测站	(2003)量认(滇)字(P0746)号	2003.9.4-2008.9.3
	147	昆明市第十四机动车安全技术检测站	(2003)量认(滇)字(P0727)号	2003.6.24-2008.6.23
	148	昆明市第十五机动车安全技术检测站	(2004)量认(滇)字(P0789)号	2004.3.31-2009.3.30
	149	玉溪市交通警察支队机动车辆安全技术检测站	(2003)量认(滇)字(P0723)号	2003.6.2-2008.6.1
	150	云南省楚雄州机动车辆安全技术检测站	(2003)量认(滇)字(P0724)号	2003.6.2-2008.6.1
	151	华坪县机动车安全技术检测站	(2003)量认(滇)字(P0736)号	2003.7.28-2008.7.27
	152	丽江地区机动车安全技术检测站	(2003)量认(滇)字(P0737)号	2003.7.28-2008.7.27
	153	迪庆州机动车安全技术检测站	(2003)量认(滇)字(P0738)号	2003.7.28-2008.7.27

第一批通过计量认证的机动车安全技术检验机构名单(续表2)

省份	序号	单位名称	证书编号	证书起止时间
云南省	154	大理州公安局交通警察支队机动车安全技术检测站	(2003)量认(滇)字(P0739)号	2003.7.28–2008.7.27
	155	曲靖市机动车安全技术第三检测站	(2003)量认(滇)字(P0740)号	2003.8.20–2008.8.19
	156	曲靖市公安局交通警察支队机动车安全技术检测站	(2003)量认(滇)字(P0741)号	2003.8.20–2008.8.19
	157	文山州公安局车辆管理所机动车安全技术检测站	(2003)量认(滇)字(P0754)号	2003.11.3–2008.11.2
	158	红河州机动车安全技术检测站	(2003)量认(滇)字(P0755)号	2003.11.3–2008.11.2
	159	思茅地区公安局交警支队机动车安全技术检测站	(2003)量认(滇)字(P0757)号	2003.11.7–2008.11.6
	160	西双版纳州公安局机动车安全技术检测站	(2003)量认(滇)字(P0758)号	2003.11.7–2008.11.6
	161	临沧地区机动车安全技术检测站	(2003)量认(滇)字(P0759)号	2003.11.7–2008.11.6
	162	怒江州公安局车辆管理所机动车安全检测站	(2003)量认(滇)字(P0763)号	2003.12.20–2008.12.19
	163	保山市机动车安全技术检测站	(2003)量认(滇)字(P0764)号	2003.12.20–2008.12.19
	164	德宏州公安局交警支队机动车安全技术检测第三站	(2003)量认(滇)字(P0765)号	2003.12.20–2008.12.19
	165	德宏州公安局交警支队摩托车安全技术检测二站	(2003)量认(滇)字(P0766)号	2003.12.20–2008.12.19
	166	德宏州公安局交警支队机动车安全检测站	(2003)量认(滇)字(P0767)号	2003.12.20–2008.12.19
	167	德宏州公安机动车安全技术检测站	(2003)量认(滇)字(P0768)号	2003.12.20–2008.12.19
	168	昭通市公安局交警支队车管所机动车安全检测站	(2004)量认(滇)字(P0783)号	2004.3.31–2009.3.30
	169	曲靖市恒通机动车安全检测鉴定中心	(2004)量认(滇)字(P0800)号	2004.9.10–2009.9.9
	170	大理祥达机动车安全技术检测站	(2004)量认(滇)字(P0811)号	2004.11.9–2009.11.8
	171	巍山县祥达机动车安全技术检测站	(2004)量认(滇)字(P0812)号	2004.11.9–2009.11.8
	172	宾川县通达机动车安全技术检测站	(2004)量认(滇)字(P0813)号	2004.11.9–2009.11.8
浙江省	173	宁波市鄞州车辆综合性能检测站	(2001)量认(浙)字(P201)号	2001.8.20–2006.8.19
	174	宁波市车辆综合性能检测站	(2001)量认(浙)字(P352)号	2001.8.31–2006.8.30
	175	衢州市车辆综合性能检测站	(2001)量认(浙)字(P206)号	2001.12.26–2006.12.25
	176	丽水市车辆综合性能检测站有限公司	(2002)量认(浙)字(P377)号	2002.6.12–2007.6.11
	177	湖州市车辆综合性能监测站	(2002)量认(浙)字(P397)号	2002.10.22–2007.10.21
	178	安吉县车辆综合性能检测站	(2003)量认(浙)字(P423)号	2003.1.23–2008.1.22
	179	长兴县旺鑫车辆综合性能检测有限公司	(2003)量认(浙)字(P424)号	2003.1.23–2008.1.22
	180	嘉兴市汽车综合性能检测站	(2003)量认(浙)字(P431)号	2003.2.19–2008.2.18
	181	海宁市车辆综合性能检测站	(2003)量认(浙)字(P450)号	2003.3.25–2008.3.24
	182	平湖市汽车综合性能监测站	(2003)量认(浙)字(P461)号	2003.3.31–2008.3.30
	183	桐乡市汽车综合性能检测站	(2003)量认(浙)字(P487)号	2003.4.21–2008.4.20
	184	海盐县机动车辆综合性能检测站	(2003)量认(浙)字(P513)号	2003.5.26–2008.5.25
	185	嘉善县车辆综合性能检测站	(2003)量认(浙)字(P524)号	2003.6.6–2008.6.5
	186	金华市中新车辆综合性能检测有限公司	(2003)量认(浙)字(P526)号	2003.6.11–2008.6.10
	187	德清县吉通车辆综合性能检测有限公司	(2003)量认(浙)字(P560)号	2003.7.30–2008.7.29
	188	宁波市北仑车辆综合性能检测站	(2003)量认(浙)字(P203)号	2003.8.27–2008.8.26
	189	余姚市三兴汽车综合性能检测有限公司	(2003)量认(浙)字(P583)号	2003.9.4–2008.9.3
	190	温岭市车辆综合性能检测站	(2003)量认(浙)字(P587)号	2003.9.5–2008.9.4
	191	绍兴市汽车综合性能检测中心	(2003)量认(浙)字(P597)号	2003.9.23–2008.9.22
	192	宁海县机动车综合性能检测站	(2003)量认(浙)字(P601)号	2003.9.24–2008.9.23
	193	慈溪市汽车综合性能检测站	(2003)量认(浙)字(P613)号	2003.10.14–2008.10.13
	194	永康市车辆综合性能检测站	(2003)量认(浙)字(P617)号	2003.10.23–2008.10.22
	195	新昌县车辆综合性能检测站	(2003)量认(浙)字(P636)号	2003.10.30–2008.10.29
	196	诸暨市汽车综合性能检测有限公司	(2003)量认(浙)字(P637)号	2003.10.30–2008.10.29
	197	绍兴县骏马汽车综合性能检测有限公司	(2003)量认(浙)字(P642)号	2003.11.3–2008.11.2

第一批通过计量认证的机动车安全技术检验机构名单(续表3)

省份	序号	单位名称	证书编号	证书起止时间
浙江省	198	台州市车辆综合性能检测中心站	(2003)量认(浙)字(P644)号	2003.11.3-2008.11.2
	199	嵊州市长运汽车检测有限公司	(2003)量认(浙)字(P645)号	2003.11.4-2008.11.3
	200	台州市汽车检测维修有限公司	(2003)量认(浙)字(P649)号	2003.11.6-2008.11.5
	201	浦江县汽车综合性能检测站	(2003)量认(浙)字(U660)号	2003.11.26-2008.11.25
	202	东阳市汽车综合性能检测站	(2003)量认(浙)字(P671)号	2003.12.4-2008.12.3
	203	上虞市汽车综合性能检测站	(2003)量认(浙)字(P679)号	2003.12.12-2008.12.11
	204	杭州汽车综合性能检测中心有限公司	(2003)量认(浙)字(P687)号	2003.12.15-2008.12.14
	205	杭州萧山车辆综合性能检测有限公司	(2003)量认(浙)字(P695)号	2003.12.19-2008.12.18
	206	武义县车辆综合性能检测站	(2004)量认(浙)字(P722)号	2004.1.13-2009.1.12
	207	江山市车辆综合性能检测站有限公司	(2004)量认(浙)字(P737)号	2004.1.18-2009.1.17
	208	乐清市汽车综合性能检测站	(2004)量认(浙)字(P743)号	2004.2.5-2009.2.4
	209	富阳市汽车综合性能检测站	(2004)量认(浙)字(P749)号	2004.2.18-2009.2.17
	210	苍南县汽车综合性能检测站	(2004)量认(浙)字(P756)号	2004.2.24-2009.2.23
	211	平阳县车辆综合性能检测站	(2004)量认(浙)字(P765)号	2004.3.1-2009.2.30
	212	龙游县汽车综合性能检测站	(2004)量认(浙)字(P767)号	2004.3.4-2009.3.3
	213	温州长运集团有限公司汽车综合性能检测站	(2004)量认(浙)字(P771)号	2004.3.11-2009.3.10
	214	兰溪市兰敦汽车综合性能检测有限公司	(2004)量认(浙)字(P784)号	2004.3.25-2009.3.24
	215	象山县车辆综合性能检测站	(2004)量认(浙)字(P897)号	2004.5.9-2009.5.8
	216	文成县正大汽车综合性能检测站	(2004)量认(浙)字(P809)号	2004.6.23-2009.6.22
	217	奉化市公路运输有限公司车辆综合性能检测站	(2004)量认(浙)字(P813)号	2004.6.30-2009.6.29
	218	义乌恒风汽车综合性能检有限公司	(2004)量认(浙)字(P818)号	2004.7.20-2009.7.19
	219	龙泉市车辆综合性能监测站	(2004)量认(浙)字(P828)号	2004.8.31-2009.8.30
	220	建德市通达汽车综合性能检测站	(2004)量认(浙)字(P829)号	2004.9.6-2009.9.5
	221	杭州园林汽车检测服务有限公司	(2004)量认(浙)字(P842)号	2004.10.10-2009.10.9
	222	桐庐县车辆综合性能检测中心	(2004)量认(浙)字(P865)号	2004.12.31-2009.12.30
	223	临安市车辆综合性能检测中心	(2005)量认(浙)字(P916)号	2005.2.23-2009.2.22
	224	庆元县安华机动车辆检测有限公司	(2005)量认(浙)字(P914)号	2005.2.23-2009.2.22
安徽省	225	安徽省池州市机动车辆安全技术检测站	(2004)量认(皖)字(P695)号	2004.2.6-2009.2.5
	226	安徽省潜山市公安局交警大队机动车监测站	(2003)量认(皖)字(P640)号	2003.2.19-2008.2.18
	227	安庆市机动车检测中心	(2003)量认(皖)字(P658)号	2003.8.22-2008.8.21
	228	蚌埠市公安局交通警察支队车辆管理所检测中心	(2003)量认(皖)字(P679)号	2003.12.8-2008.12.7
	229	亳州市公安局交通警察支队车检中心	(2004)量认(皖)字(P758)号	2004.12-2009.12
	230	长丰县机动车辆检测站	(2004)量认(皖)字(P720)号	2003.9.23-2008.9.22
	231	枞阳县公安局交警大队机动车检测站	(2003)量认(皖)字(R660)号	2003.9.4-2008.9.3
	232	肥东县公安局机动车辆安全技术检测站	(2003)量认(皖)字(P639)号	2003.2.19-2008.2.18
	233	肥西县公安局机动车辆检测站	(2003)量认(皖)字(P654)号	2003.7.18-2008.7.17
	234	凤台县公安局交通警察大队教考检测中心	(2004)量认(皖)字(P729)号	2004.8.11-2009.8.10
	235	阜阳市公安局机动车检测站	(2002)量认(皖)字(P628)号	2002.12.3-2007.12.2
	236	广德县机动车检测站	(2004)量认(皖)字(P726)号	2004.8.12-2009.8.11
	237	合肥市公安局交通警察支队机动车辆安全技术检测站	(2002)量认(皖)字(P628)号	2002.12-2007.12
	238	怀宁县公安局交警大队机动车安全技术检测中心	(2004)量认(皖)字(P709)号	2004.3.2-2009.3.2
	239	淮南市公安局交通警察支队检测中心	(2003)量认(皖)字(P638)号	2003.2.19-2008.2.19
	240	泾县机动车检测站	(2004)量认(皖)字(P722)号	2004.5.24-2009.5.23
	241	利辛县公安局交警机动车辆检测站	(2004)量认(皖)字(P734)号	2004.7-2009.7

第一批通过计量认证的机动车安全技术检验机构名单(续表4)

省份	序号	单位名称	证书编号	证书起止时间
安徽省	242	六安市机动车辆检测调试中心	(2003)量认(皖)字(P651)号	2003.5.27-2008.5.27
	243	明光市公安局机动车辆安全技术检测中心	(2004)量认(皖)字(P743)号	2004.9.8-2009.9.7
	244	桐城市公安局交警大队机动车检测站	(2004)量认(皖)字(Z718)号	2004.4-2009.4
	245	宿松县公安局交警大队机动车辆安全技术检测站	(2003)量认(皖)字(P668)号	2003.10.9-2008.10.9
	246	铜陵市公安局机动车辆检测站	(2003)量认(皖)字(P645)号	2003.4.28-2008.4.27
	247	望江县公安局交警大队机动车安全技术检测站	(2003)量认(皖)字(P663)号	2003.9.23-2008.9.23
	248	岳西县公安局交警大队机动车安全技术检测站	(2003)量认(皖)字(P662)号	2003.9.23-2008.9.23
	249	宁国市公安局交警大队机动车辆检测站	(2004)量认(皖)字(P693)号	2004.2.5-2009.2.5
	250	太湖县机动车检测中心	(2003)量认(皖)字(P659)号	2003.8.22-2008.8.21
重庆市	251	重庆市沙坪坝天星桥汽车检测站	(2002)量认(渝)字(P0110)号	2002.8.1-2007.8.1
	252	重庆七公里汽车检测站	(2001)量认(渝)字(P0115)号	2001.7.6-2006.7.5
	253	万州区汽车维修质量监督检验站	(2000)量认(渝)字(P0230)号	2000.11.20-2005.11.19
贵州省	254	黎平汽车综合性能检测(A级)站	(2005)量认(黔)字(P0267)号	2005.4.29-2007.4.28
	255	黔东南州新峰汽车运输有限责任公司三穗汽车检测站	(2005)量认(黔)字(L0231)号	2005.3.25-2010.3.24
	256	毕节地区金春机动车安全技术(综合性能)检测站	(2005)量认(黔)字(L0261)号	2005.4.29-2006.4.28
	257	遵义汽车站综合性能检测站	(2001)量认(黔)字(P0014)号	2001.8.27-2006.8.26
	258	贵阳汽车综合性能检测中心	(2001)量认(黔)字(P0015)号	2001.8.27-2006.8.26
	259	黔南汽车综合性能检测站	(2001)量认(黔)字(P0016)号	2001.8.27-2006.8.26
	260	黔西南汽车综合性能检测站	(2001)量认(黔)字(P0019)号	2001.9.26-2006.9.25
	261	福泉汽车综合性能检测站	(2001)量认(黔)字(P0036)号	2001.12.3-2006.12.2
	262	六盘水市汽车综合性能检测站	(2001)量认(黔)字(P0077)号	2001.12.31-2006.12.30
	263	六盘水市宏运达汽车综合性能检测站	(2003)量认(黔)字(P0125)号	2003.5.8-2008.5.7
	264	贵州省都匀汽车运输公司都匀汽车综合性能检测站	(2005)量认(黔)字(P0268)号	2005.4.29-2007.4.28
	265	黔南汽车大修厂独山县汽车检测站	(2005)量认(黔)字(P0269)号	2005.4.29-2007.4.28
	266	贵阳恒华汽车安全技术检测有限公司	(2004)量认(黔)字(P0270)号	2004.12.8-2009.12.7
	267	贵阳市公安局交警支队车管所龙家寨检测站	(2005)量认(黔)字(L0238)号	2005.4.29-2007.4.28
	268	贵阳时发汽车综合服务有限公司小关汽车安全检测站(贵阳交警支队车管所)	(2005)量认(黔)字(L0239)号	2005.4.29-2007.4.28
	269	贵阳蟠桃宫汽车服务城有限责任公司蟠桃宫检测站(贵阳交警支队车管所)	(2005)量认(黔)字(L0240)号	2005.4.29-2007.4.28
	270	贵阳汽车电机厂蛮坡机动车安全检测站(贵阳交警支队车管所)	(2005)量认(黔)字(L0241)号	2005.4.29-2006.4.28
	271	清镇清远机动车检测有限公司	(2005)量认(黔)字(L0242)号	2005.5.31-2006.5.31
	272	贵州省兴黔汽车厂金关机车安全技术检测站	(2005)量认(黔)字(L0243)号	2005.4.29-2006.4.28
	273	贵州汽车修理公司机动车安全技术检测站	(2005)量认(黔)字(L0244)号	2005.4.29-2007.4.28
	274	贵州省人民政府办公厅汽车修配厂检测站	(2005)量认(黔)字(L0245)号	2005.4.29-2007.4.28
	275	贵阳市公安局交通警察支队车辆管理所扎佐检测站	(2005)量认(黔)字(L0246)号	2005.4.29-2007.4.28
	276	贵阳恒华汽车安全技术检测有限公司	(2004)量认(黔)字(P0214)号	2004.12.8-2009.12.7
	277	贵阳市公安局交通警察支队车辆管理所中曹机动车安全检测站	(2005)量认(黔)字(L0247)号	2005.4.29-2007.4.28
	278	遵义市公安局交通警察支队机动车辆安全技术检测站	(2005)量认(黔)字(L0248)号	2005.4.29-2007.4.28
	279	遵义市公安局交警支队马栏坝机动车安全检测站	(2005)量认(黔)字(L0249)号	2005.4.29-2007.4.28
	280	遵义市公安局交通警察支队仁怀机动车安全检测站	(2005)量认(黔)字(L0250)号	2005.4.29-2007.4.28
	281	遵义市公安局交通警察支队凤冈机动车安全检测站	(2005)量认(黔)字(L0251)号	2005.4.29-2007.4.28

第一批通过计量认证的机动车安全技术检验机构名单(续表5)

省份	序号	单位名称	证书编号	证书起止时间
贵州省	282	遵义市公安局交通警察支队赤水机动车安全检测站	(2005)量认(黔)字(L0252)号	2005.4.29-2007.4.28
	283	安顺市机动车辆安全技术检测站	(2005)量认(黔)字(L0253)号	2005.4.29-2007.4.28
	284	黔南州公安局车辆管理所机动车安全检测站	(2005)量认(黔)字(L0254)号	2005.4.29-2007.4.28
	285	黔南115机动车辆安全技术检测站	(2005)量认(黔)字(L0228)号	2005.3.25-2010.3.24
	286	黔南州公安局车辆管理所惠水机动车安全检测站	(2005)量认(黔)字(L0255)号	2005.4.29-2007.4.28
	287	黔南州公安局交警支队长顺县机动车安全检测站	(2005)量认(黔)字(L0256)号	2005.4.29-2006.4.28
	289	黔东南州公安局交通警察支队机动车安全检测中心	(2005)量认(黔)字(L0257)号	2005.4.29-2007.4.28
	290	黔东南州公安局交通警察支队机动车安全技术检测中心黎平站	(2005)量认(黔)字(L0258)号	2005.4.29-2007.4.28
	291	铜仁地区公安处交通警察支队机动车检测站	(2005)量认(黔)字(L0259)号	2005.4.29-2007.4.28
	292	毕节地区机动车安全技术检测站	(2005)量认(黔)字(L0260)号	2005.4.29-2007.4.28
	293	毕节地区金春机动车安全技术检测站	(2005)量认(黔)字(L0261)号	2005.4.29-2006.4.28
	294	六盘水宏运达机动车安全性能检测站	(2005)量认(黔)字(L0262)号	2005.4.29-2007.4.28
	295	盘县刘官机动车辆安全检测站	(2005)量认(黔)字(L0263)号	2005.4.29-2007.4.28
	296	贵州省水城矿业(集团)有限责任公司六枝汽车检测站	(2005)量认(黔)字(L0230)号	2005.3.25-2010.3.24
	297	黔西南州公安局交警支队兴州检测站	(2005)量认(黔)字(L0264)号	2005.4.29-2007.4.28
	298	黔西南州公安局交通警察支队兴仁检测分站	(2005)量认(黔)字(L0265)号	2005.4.29-2006.4.28
	299	贵阳新利源实业有限公司汽车安全检测场	(2005)量认(黔)字(L0266)号	2005.4.29-2006.4.28
新疆维吾尔自治区	300	新疆荣达车辆服务有限公司焉耆分公司检测站	(2003)量认(新)字(P0103)号	2003.3.26-2008.3.25
	301	喀什地区机动车检测中心	(2001)量认(新)字(P0121)号	2001.5-2006.5
	302	新疆汽车产品质量监督检验站	(2001)量认(新)字(P0106)号	2001.12.24-2006.12.23
	303	自治区国宾汽车总队检测站	(2002)量认(新)字(P0123)号	2002.3.13-2007.3.12
	304	昌吉州机动车安全检测有限责任公司	(2002)量认(新)字(P0114)号	2002.12-2007.12
	305	新疆荣达车辆服务有限公司阜康检测站	(2003)量认(新)字(P0102)号	2003.3.26-2008. 3.25
	306	新疆五家渠丰桥机动车检测有限公司	(2005)量认(新)字(P0105)号	2005.2.2-2010.2.1
	307	新疆米泉市四平机动车检测有限责任公司	(2002)量认(新)字(P0124)号	2002.12.2-2007.12.1
	308	克拉玛依市汽车综合性能检测站	(2000)量认(新)字P0101号	2000.11.16-2005.11.15
	309	阿勒泰地区汽车性能检测中心	(2000)量认(新)字P0121号	2000.11.16-2005.11.15
	310	新疆兵团喀什地区机动车辆安全技术检测中心	(2001)量认(新)字P0122号	2001-2006
	311	乌鲁木齐鸿信达汽车检测有限公司	(2004)量认(新)字P0122号	2004-2009
海南省	312	琼南五指山机动车检测中心	(2004)量认(琼)字(P089)号	2004.4.26-2009.4.25
	313	海口安捷机动车检测维修服务有限公司	(2004)量认(琼)字(P098)号	2004.6.9-2009.6.8
	314	海南贝斯特汽车检测服务有限公司	(2004)量认(琼)字(P091)号	2004.5.16-2009.5.15
	315	海南永成机动车检测中心	(2004)量认(琼)字(P099)号	2004.7.6-2009.7.5
	316	海南通安机动车安全检测站	(2004)量认(琼)字(P090)号	2004.7.12-2009.7.11
	317	文昌大机动车检测有限公司	(2004)量认(琼)字(P110)号	2004.9.27-2009.9.26
	318	临高县盛源汽车检测中心	(2005)量认(琼)字(P119)号	2005.4.1-2010.3.31
	319	万宁市万保路机动车检测中心有限公司	(2004)量认(琼)字(P112)号	2004.11.18-2009.11.17
	320	海口市保安服务公司机动车辆检测中心	(2004)量认(琼)字(P114)号	2004.12.10-2009.12.9
	321	白沙顺意摩托车检测中心	(2004)量认(琼)字(P111)号	2004.11.8-2009.11.7
辽宁省	323	葫芦岛市公安交通警察支队机动车检测中心	(2005)量认(辽)字(P2300)号	2005.7.14-2006.7.13
	324	兴城市公安交通警察大队机动车检测中心	(2005)量认(辽)字(P2302)号	2005.7.14-2006.7.13
	325	锦州辽西车市机动车检测服务有限公司	(2005)量认(辽)字(P2285)号	2005.5.26-2010.5.25

第一批通过计量认证的机动车安全技术检验机构名单(续表6)

省份	序号	单位名称	证书编号	证书起止时间
辽宁省	326	锦州大围子机动车检测有限公司	(2005)量认(辽)字(P2284)号	2005.5.26-2010.5.25
	327	黑山县公安交通警察大队机动车安全技术性能检测站	(2005)量认(辽)字(P2283)号	2005.5.26-2010.5.25
	328	朝阳市第一汽车综合能检测站	(2005)量认(辽)字(P2288)号	2005.6.7-2010.6.6
	329	朝阳市机动车检测有限公司	(2005)量认(辽)字(P2296)号	2005.6.23-2010.6.22
	330	凌源市安讯机动车检测有限责任公司	(2005)量认(辽)字(P2315)号	2005.7.4-2010.7.3
	331	建平县公安交警大队机动车检测站	(2005)量认(辽)字(P2316)号	2005.7.4-2010.7.3
	332	北票市华富机动车检测站	(2005)量认(辽)字(P2289)号	2005.6.7-2006.6.6
	333	阜新市公安局交通警察支队机动车检测中心	(2005)量认(辽)字(P2327)号	2005.7.13-2010.7.12
	334	清原满族自治县公安交通警察大队机动车检测所	(2005)量认(辽)字(P2309)号	2005.7.13-2010.7.12
	335	新宾满族自治县公安交通警察大队机动车检测所	(2005)量认(辽)字(P2310)号	2005.7.13-2010.7.12
	336	沈阳市交警支队车管所	(2005)量认(辽)字(P2294)号	2005.6.23-2006.6.22
	337	新民市交通警察大队机动车安全检测站	(2005)量认(辽)字(P2322)号	2005.7.14-2010.7.13
	338	康平县公安局交通警察大队检测站	(2005)量认(辽)字(P2324)号	2005.7.14-2010.7.13
	339	沈阳市肇工机动车检测站	(2002)量认(辽)字(P0001)号	2002.10.11-2007.10.10
	340	沈阳市汽车检测中心	(2003)量认(辽)字(P0049)号	2003.7.31-2008.7.30
	341	辽中县公安局交警大队机动车检测站	(2005)量认(辽)字(P2323)号	2005.7.14-2010.7.13
	342	法库县交通警察大队检测站	(2005)量认(辽)字(P2325)号	2005.7.14-2010.7.13
	343	沈阳市张士机动车辆检测站	(2005)量认(辽)字(P2295)号	2005.6.23-2010.6.22
	344	沈阳市陵东机动车检测站	(2005)量认(辽)字(P2312)号	2005.7.14-2010.7.13
	345	沈阳昌盛交通服务有限公司	(2005)量认(辽)字(P2326)号	2005.7.14-2010.7.13
	346	昌图县公安局交通警察大队机动车安全技术监测站	(2005)量认(辽)字(P2305)号	2005.7.14-2010.7.13
	347	铁岭县公安局交通警察大队机动车安全技术监测站	(2005)量认(辽)字(P2306)号	2005.7.14-2010.7.13
	348	开原市公安局交通警察大队机动车安全技术监测站	(2005)量认(辽)字(P2307)号	2005.7.14-2010.7.13
	349	铁岭市公安交通警察支队机动车安全技术检测站	(2005)量认(辽)字(P2006)号	2005.7.14-2010.7.13
	350	辽阳市公安交警支队机动车检测场	(2005)量认(辽)字(P2268)号	2005.5.26-2010.5.25
	351	营口市公安局交通警察支队机动车检测中心	(2005)量认(辽)字(P2319)号	2005.7.13-2010.7.12
	352	营口经济技术开发区公安局车辆检测站	(2005)量认(辽)字(P2318)号	2005.7.13-2010.7.12
	353	盖州市公安局交通警察大队机动车安全检测站	(2005)量认(辽)字(P2320)号	2005.7.13-2010.7.12
	354	大石桥市公安局交通警察大队机动车检测中心	(2005)量认(辽)字(P2321)号	2005.7.13-2010.7.12
	355	丹东市机动车安全技术检测中心	(2005)量认(辽)字(P2328)号	2005.7.14-2010.7.13
	356	宽甸县鑫顺达机动车辆检测中心	(2005)量认(辽)字(P0048)号	2005.7.14-2010.7.13
	357	凤城交警机动车检测中心	(2005)量认(辽)字(P2299)号	2005.7.14-2010.7.13
	358	东港市公安交警机动车检测中心	(2005)量认(辽)字(P2298)号	2005.7.14-2010.7.13
	359	大连市机动车检测中心	(2005)量认(辽)字(P0128)号	2005.4.22-2010.4.21
	360	大连通达交通服务有限公司通达机动车检测站	(2004)量认(辽)字(P0157)号	2004.12.31-2009.12.30
	361	中国蓝星集团大连水处理设备厂机动车检测站	(2005)量认(辽)字(P171)号	2005.2.29-2010.2.28
	362	大连市金州机动车检测中心	(2005)量认(辽)字(P0177)号	2005.4.22-2010.4.21
	363	大连经济技术开发区博达汽车服务有限公司	(2005)量认(辽)字(P0172)号	2005.4.22-2010.4.21
	364	普兰店市前卫机动车检测站	(2005)量认(辽)字(P2308)号	2005.7.14-2010.7.13
	365	普兰店市顺通机动车检测有限公司	(2005)量认(辽)字(P0288)号	2005.4.22-2010.4.21
	366	辽宁润达集团瓦房店轿车修配厂	(2005)量认(辽)字(P0168)号	2005.1.14-2009.1.13
	367	庄河机动车安全检测站	(2005)量认(辽)字(P0145)号	2005.7.14-2010.7.13
	368	长海县机动检测中心	(2005)量认(辽)字(P2301)号	2005.7.14-2010.7.13
	369	鞍山市公安局交通安全管理支队检测科	(2005)量认(辽)字(P2304)号	2005.7.14-2010.7.13

第一批通过计量认证的机动车安全技术检验机构名单(续表7)

省份	序号	单位名称	证书编号	证书起止时间
辽宁省	370	海城市机动车检测中心	(2005)量认(辽)字(P2293)号	2005.6.23-2010.6.22
	371	盘锦众安机动车检测服务有限公司	(2004)量认(辽)字(P2259)号	2004.12.21-2009.12.20
	372	盘锦市辽河机动车技术服务有限公司	(2002)量认(辽)字(P0191)号	2002.12.27-2007.12.26
	373	盘锦增程机动车安全技术检测中心	(2005)量认(辽)字(P2297)号	2005.7.13-2010.7.12
	374	大洼县汽车综合性能检测中心	(2001)量认(辽)字(P0076)号	2001.12.30-2006.12.29
福建省	375	三明市鸿通机动车综合性能检测有限公司	(2000)量认(闽)字(P0121)号	2000.12.7-2005.12.6
	376	福清市霞河机动车综合性能检测站	(2000)量认(闽)字(P0122)号	2000.12.7-2005.12.6
	377	泉州市永春机动车综合性能检测站	(2001)量认(闽)字(P0123)号	2001.8.27-2006.8.26
	378	厦门市汽车综合性能检测中心	(2001)量认(闽)字(P0127)号	2001.12.29-2006.12.28
	379	厦门市同安机动车综合性能检测站	(2001)量认(闽)字(P0129)号	2001.12.29-2006.12.28
	380	漳州市南靖机动车综合性能检测站	(2001)量认(闽)字(P0130)号	2001.12.30-2006.12.29
	381	福州市洪山桥机动车综合性能检测站	(2002)量认(闽)字(P0106)号	2002.12.16-2007.12.15
	382	泉州晋江机动车综合性能检测站	(2003)量认(闽)字(P0133)号	2003.4.15-2008.4.14
	383	泉州南安机动车综合性能检测站	(2003)量认(闽)字(P0135)号	2003.12.9-2008.12.8
	384	闽清县永达机动车综合性能检测有限公司	(2004)量认(闽)字(P0138)号	2004.9.29-2009.9.28
	385	福州市平潭机动车综合性能检测站	(2004)量认(闽)字(P0137)号	2004.10.22-2009.10.21
	386	龙海市亨发汽车运输有限公司机动车检测站	(2004)量认(闽)字(P0139)号	2004.11.29-2009.11.28
	387	连江县机动车综合性能检测站	(2004)量认(闽)字(P0140)号	2004.12.16-2009.12.15
	388	三明优信汽车服务有限公司检测站	(2004)量认(闽)字(P0141)号	2004.12.16-2009.12.15
	389	龙岩市鸿升机动车综合性能检测有限公司	(2005)量认(闽)字(P0142)号	2005.1.24-2009.1.23
	390	泉州市机动车综合性能检测中心	(2005)量认(闽)字(P0117)号	2005.2.6-2010.2.5
	391	福州华威汽车服务有限公司台屿汽车综合性能检测站	(2005)量认(闽)字(P0113)号	2005.3.9-2010.3.8
	392	南平市机动车综合性能检测中心	(2005)量认(闽)字(P0115)号	2005.3.15-2010.3.14
	393	福建省闽运机动车综合性能检测站	(2005)量认(闽)字(P0143)号	2005.3.15-2010.3.14
	394	福州华威汽车服务有限公司福新路机动车综合性能检测站	(2005)量认(闽)字(P0114)号	2005.3.30-2010.3.29
山东省	395	山东交院机动车检测维修中心	(2002)量认(鲁)字(A0001)号	2002.1.7-2007.1.6
山西省	396	山西万国机动车检测中心	(2005)量认(晋)字(A0207)号	2005.4.26-2006.4.25
	397	侯马宝通运业有限公司	(2005)量认(晋)字(A0208)号	2005.4.30-2006.4.29
	398	长治市通成机动车检测有限公司	(2005)量认(晋)字(A0209)号	2005.4.30-2006.4.29
	399	陵川县泰昌机动车检测中心	(2005)量认(晋)字(A0210)号	2005.4.30-2006.4.29
青海省	400	青海省西宁机动车安全检测中心	(2005)量认(青)字(P0112)号	2005.7.12-2010.7.11
	401	青海省海北州机动车检测中心	(2005)量认(青)字(P0116)号	2005.7.12-2010.7.11
	402	青海省格尔木洋嘉机动车检测公司	(2005)量认(青)字(P0111)号	2005.7.22-2010.7.21
	403	青海油田汽车综合性能安全检测站	(2004)量认(青)字(P0110)	2004.8.18-2009.8.17
	404	青海省海东宏达机动车检测中心	(2003)量认(青)字(P0113)号	2003.2.28-2008.2.27
宁夏回族自治区	405	银川市交通检测培训中心	(2004)量认(宁)字(P0245)号	2004.9.20-2009.9.19
	406	石嘴山市机动车辆安全技术检测中心	(2004)量认(宁)字(P0251)号	2004.12.29-2009.12.28
	407	吴忠市交通检测培训服务中心	(2004)量认(宁)字(P0249)号	2004.11.26-2009.11.25
上海市	408	上海宝山区机动车辆检测维修有限公司	(2005)量认(沪)字(L0609)号	2005.7.1-2006.7.31
	409	上海长南汽车检测维修有限公司	(2005)量认(沪)字(L0636)号	2005.7.13-2006.7.31

第一批通过计量认证的机动车安全技术检验机构名单(续表8)

省份	序号	单位名称	证书编号	证书起止时间
上海市	410	上海卢湾汽车检测维修有限公司	(2005)量认(沪)字(L0661)号	2005.7.14-2006.7.31
	411	上海飞机制造厂检测技术服务公司	(2005)量认(沪)字(L0662)号	2005.7.14-2006.7.31
	412	上海海鸥交通服务有限公司机动车辆检测站	(2005)量认(沪)字(L0655)号	2005.7.14-2006.7.31
	413	上海浦东汽车检修中心有限公司汽车检测站	(2005)量认(沪)字(L0656)号	2005.7.14-2006.7.31
	414	上海市汽车修理公司第一汽车技术检测站	(2005)量认(沪)字(L0663)号	2005.7.14-2006.7.31
	415	上海交运立通机动车检测维修有限公司	(2005)量认(沪)字(L0619)号	2005.7.1-2006.7.31
	416	上海上安机械施工有限公司机动车检测站	(2005)量认(沪)字(L0640)号	2005.7.13-2006.7.31
	417	上海华泰机动车检测维修有限公司	(2005)量认(沪)字(L0657)号	2005.7.14-2006.7.31
	418	宝山钢铁股份有限公司运输部	(2005)量认(沪)字(L0649)号	2005.7.13-2006.7.31
	419	上海市奉贤区沪鹰机动车安全检测站	(2005)量认(沪)字(L0690)号	2005.7.18-2006.7.31
	420	上海纺织运输汽车修造厂汽车检测站	(2005)量认(沪)字(L0664)号	2005.7.14-2006.7.31
	421	上海市汽车修理公司第三汽车技术检测站	(2005)量认(沪)字(L0639)号	2005.7.13-2006.7.31
	422	上海金洙机动车检测有限公司	(2005)量认(沪)字(L0607)号	2005.7.1-2006.7.31
	423	上海市崇明县商业运输有限公司	(2005)量认(沪)字(L0667)号	2005.7.14-2006.7.31
	424	上海康利工贸有限公司康运机动车安全检测站	(2005)量认(沪)字(L0624)号	2005.7.1-2006.7.31
	425	上海松东机动车安全检测有限公司	(2005)量认(沪)字(L0652)号	2005.7.14-2006.7.31
	426	上海青浦汽车检测修理中心有限公司	(2005)量认(沪)字(L0612)号	2005.7.1-2006.7.31
	427	上海建爱实业有限公司	(2005)量认(沪)字(L0648)号	2005.7.13-2006.7.31
	428	上海梅陇机动车安全检测站	(2005)量认(沪)字(L0604)号	2005.7.1-2006.7.31
	429	上海市嘉定汽车修理检测站	(2005)量认(沪)字(L0631)号	2005.7.13-2006.7.31
	430	上海静安机动车检测维修有限公司	(2005)量认(沪)字(L0686)号	2005.7.18-2006.7.31
	431	上海静安汽车服务有限公司	(2005)量认(沪)字(L0632)号	2005.7.13-2006.7.31
	432	上海金球汽车维修有限责任公司	(2005)量认(沪)字(L0621)号	2005.7.1-2006.7.31
	433	上海浦东机动车检测维修中心有限公司	(2005)量认(沪)字(L0658)号	2005.7.14-2006.7.31
	434	上海市长宁区机动车检测维修中心	(2005)量认(沪)字(L0605)号	2005.7.1-2006.7.31
	435	上海殷腾实业有限公司	(2005)量认(沪)字(L0685)号	2005.7.18-2006.7.31
	436	上海南汇交通实业总公司	(2005)量认(沪)字(L0691)号	2005.7.18-2006.7.31
	437	上海奉贤摩托车检测有限公司	(2005)量认(沪)字(L0692)号	2005.7.18-2006.7.31
	438	上海长江东新汽车检测维修有限公司	(2005)量认(沪)字(L0696)号	2005.7.18-2006.7.31
	439	上海闵行机动车检测维修服务有限公司	(2005)量认(沪)字(L0617)号	2005.7.1-2006.7.31
	440	上海煤气第一管线工程公司车辆检测站	(2005)量认(沪)字(L0623)号	2005.7.1-2006.7.31
	441	上海永达机动车安全检测中心有限公司	(2005)量认(沪)字(L0659)号	2005.7.14-2006.7.31
	442	上海市新河机动车检测维修有限公司	(2005)量认(沪)字(L0670)号	2005.7.14-2006.7.31
	443	上海嘉定封浜汽车检测有限公司	(2005)量认(沪)字(L0633)号	2005.7.13-2006.7.31
	444	上海富锦车辆检测维修有限公司	(2005)量认(沪)字(L0641)号	2005.7.13-2006.7.31
	445	上海悦安汽车检测维修服务有限公司	(2005)量认(沪)字(L0627)号	2005.7.1-2006.7.31
	446	上海兴安汽车维修服务中心	(2005)量认(沪)字(L0675)号	2005.7.14-2006.7.31
	447	上海欧普汽车有限公司	(2005)量认(沪)字(L0665)号	2005.7.14-2006.7.31
	448	上海吉鸿机动车安全检测服务有限公司	(2005)量认(沪)字(L0625)号	2005.7.1-2006.7.31
	449	上海新安机动车安全检测有限公司	(2005)量认(沪)字(L0622)号	2005.7.1-2006.7.31
	450	上海华承汽车检测维修有限公司	(2005)量认(沪)字(L0660)号	2005.7.14-2006.7.31
	451	上海新世纪芷新运输有限公司机动车安全检测站	(2005)量认(沪)字(L0642)号	2005.7.13-2006.7.31
	452	上海东海汽车检测修理有限公司	(2005)量认(沪)字(L0611)号	2005.7.1-2006.7.31

第一批通过计量认证的机动车安全技术检验机构名单(续表9)

省份	序号	单位名称	证书编号	证书起止时间
上海市	453	上海亚龙机动车维修检测有限公司	(2005)量认(沪)字(L0628)号	2005.7.1-2006.7.31
	454	上海亚联汽车维修有限公司	(2005)量认(沪)字(L0643)号	2005.7.13-2006.7.31
	455	上海浦虹机动车检测有限公司	(2005)量认(沪)字(L0684)号	2005.7.18-2006.7.31
	456	上海松峰危险品运输有限公司	(2005)量认(沪)字(L0654)号	2005.7.14-2006.7.31
	457	上海临港机动车安全检测站	(2005)量认(沪)字(L0693)号	2005.7.18-2006.7.31
	458	奉贤为民保安用品综合经营部申奉机动车安全检测站	(2005)量认(沪)字(L0694)号	2005.7.18-2006.7.31
	459	宝钢集团上海梅山有限公司南京汽车运输分公司	(2005)量认(沪)字(L0666)号	2005.7.14-2006.7.31
	460	上海下沙汽车修配厂	(2005)量认(沪)字(L0689)号	2005.7.18-2006.7.31
	461	上海大众松江特约维修站轻便摩托车检测分站	(2005)量认(沪)字(L0653)号	2005.7.14-2006.7.31
	462	上海南汇祝桥停车场	(2005)量认(沪)字(L0695)号	2005.7.18-2006.7.31
	463	上海赢申机动车检测有限公司	(2005)量认(沪)字(L0671)号	2005.7.14-2006.7.31
	464	上海浦东巴士交通股份有限公司	(2005)量认(沪)字(L0651)号	2005.7.14-2006.7.31
	465	上海市浦东汽车运输总公司	(2005)量认(沪)字(L0669)号	2005.7.14-2006.7.31
	466	宝钢集团上海浦东钢铁有限公司	(2005)量认(沪)字(L0700)号	2005.7.22-2006.7.31
	467	上海浦东新区国力运输(集团)有限公司	(2005)量认(沪)字(L0650)号	2005.7.14-2006.7.31
	468	上海振东汽车服务有限公司	(2005)量认(沪)字(L0674)号	2005.7.14-2006.7.31
	469	上海浦东大众公共交通有限责任公司	(2005)量认(沪)字(L0668)号	2005.7.14-2006.7.31
	470	上海浦东冠忠公共交通有限公司	(2005)量认(沪)字(L0672)号	2005.7.14-2006.7.31
	471	上海巴士一汽公共交通有限公司	(2005)量认(沪)字(L0673)号	2005.7.14-2006.7.31
	472	上海市农工商出租汽车有限公司	(2005)量认(沪)字(L0615)号	2005.7.1-2006.7.31
	473	上海晟隆运输服务有限公司	(2005)量认(沪)字(L0697)号	2005.7.18-2006.7.31
	474	上海强生集团有限公司	(2005)量认(沪)字(L0634)号	2005.7.1-2006.7.31
	475	大众交通(集团)股份有限公司	(2005)量认(沪)字(L0635)号	2005.7.1-2006.7.31
	476	上海巴士电车有限公司	(2005)量认(沪)字(L0698)号	2005.7.22-2006.7.31
	477	上海大众二汽公共交通有限公司	(2005)量认(沪)字(L0608)号	2005.7.1-2006.7.31
	478	上海锦江汽车服务有限公司	(2005)量认(沪)字(L0630)号	2005.7.1-2006.7.31
	479	上海锦江商旅汽车服务股份有限公司	(2005)量认(沪)字(L0629)号	2005.7.1-2006.7.31
	480	上海巴士四汽公共交通有限公司	(2005)量认(沪)字(L0610)号	2005.7.1-2006.7.31
	481	上海市化工物品汽车运输公司	(2005)量认(沪)字(L0618)号	2005.7.1-2006.7.31
	482	上海市沪东汽车运输公司	(2005)量认(沪)字(L0626)号	2005.7.1-2006.7.31
	483	上海市邮政局	(2005)量认(沪)字(L0681)号	2005.7.15-2006.7.31
	484	上海市衡山汽车服务公司	(2005)量认(沪)字(L0680)号	2005.7.15-2006.7.31
	485	上海旗忠(集团)公司	(2005)量认(沪)字(L0614)号	2005.7.1-2006.7.31
	486	上海大众三汽公共交通有限公司(上海大众公共交通有限公司机务部)	(2005)量认(沪)字(L0620)号	2005.7.1-2006.7.31
	487	上海市沪西汽车运输公司	(2005)量认(沪)字(L0616)号	2005.7.1-2006.7.31
	488	上海五汽冠忠公共交通有限公司	(2005)量认(沪)字(L0644)号	2005.7.13-2006.7.31
	489	上海市长途汽车运输公司	(2005)量认(沪)字(L0679)号	2005.7.15-2006.7.31
	490	上海巴士高速客运有限公司业务部	(2005)量认(沪)字(L0678)号	2005.7.15-2006.7.31
	491	上海宝山巴士公共交通有限公司	(2005)量认(沪)字(L0613)号	2005.7.1-2006.7.31
	492	上海沪北物流发展有限公司	(2005)量认(沪)字(L0645)号	2005.7.13-2006.7.31
	493	上海宝钢冶金建设公司机动车检测站	(2005)量认(沪)字(L0646)号	2005.7.13-2006.7.31
	494	宝钢集团企业开发总公司机动车检测站	(2005)量认(沪)字(L0647)号	2005.7.13-2006.7.31

第一批通过计量认证的机动车安全技术检验机构名单(续表 10)

省份	序号	单位名称	证书编号	证书起止时间
上海市	495	上海浦南大众公共交通有限公司	(2005)量认(沪)字(L0606)号	2005.7.1-2006.7.31
	496	上海崇明大众公共交通有限公司	(2005)量认(沪)字(L0688)号	2005.7.18-2006.7.31
	497	上海申花汽车服务公司	(2005)量认(沪)字(L0677)号	2005.7.15-2006.7.31
	498	上海巴士实业(集团)股份有限公司	(2005)量认(沪)字(L0683)号	2005.7.15-2006.7.31
	499	上海市黄浦区环境卫生管理局	(2005)量认(沪)字(L0638)号	2005.7.13-2006.7.31
	500	上海市人民检察院行政装备处机动车检测站	(2005)量认(沪)字(L0676)号	2005.7.15-2006.7.31
	501	上海市司法局机动车检测站	(2005)量认(沪)字(L0682)号	2005.7.15-2006.7.31
	502	四五九	(2005)量认(沪)字(L0637)号	2005.7.13-2006.7.31
	503	上海市市级机关汽车维修中心	(2005)量认(沪)字(L0687)号	2005.7.18-2006.7.31
	504	上海东湖汽车服务公司	(2005)量认(沪)字(L0699)号	2005.7.22-2006.7.31
江西省	505	萍乡市机动车安全技术检测站	(2001)量认(赣)字(P0416)号	2001.12.18-2006.12.17
	506	吉安市交警支队检测中心	(2000)量认(赣)字(P0327)号	2000.10.20-2005.10.19
	507	赣州机动车辆安全技术检测站	(2002)量认(赣)字(P0660)号	2002.12.30-2007.12.29
	508	南昌市公安局机动车辆检测站	(2001)量认(赣)字(P0213)号	2001.12.30-2006.12.29
甘肃省	509	甘肃省汽车性能监督检验站	(2005)量认(甘)字(P0106)号	2005.11.17-2009.11.16
	510	张掖市汽车综合性能检测站	(2004)量认(甘)字(P0107)号	2004.12.6-2009.12.5
	511	定西地区汽车检测中心	(2004)量认(甘)字(P0111)号	2004.1.6-2009.1.5
	512	天水市运达汽车综合性能检测有限公司	(2004)量认(甘)字(P0122)号	2004.1.9-2009.1.8
	513	嘉峪关市汽车综合性能检测中心	(2004)量认(甘)字(P0123)号	2004.6.23-2009.6.22
	514	临夏州汽车综合性能检测站	(2004)量认(甘)字(P0124)号	2004.8.11-2009.8.10
	515	金昌市道路运输服务中心汽车综合性能检测站	(2003)量认(甘)字(P0121)号	2003.11.28-2008.11.27
	516	兰州市汽车综合性能检测中心	(2002)量认(甘)字(P0115)号	2002.6.25-2006.6.24
	517	武威市天宝汽车贸易有限公司汽车综合性能检测中心	(2005)量认(甘)字(P0132)号	2005.1.31-2010.1.30
	518	天祝县汽车综合性能检测站	(2005)量认(甘)字(P0136)号	2005.4.15-2010.4.14
	519	白银陇运汽车检测有限公司	(2005)量认(甘)字(P0130)号	2005.2.3-2010.2.2
	520	平凉市崆峒汽车综合性能检测站	(2005)量认(甘)字(P0131)号	2005.2.5-2010.2.4
	521	武威市恒通机动车安全技术检测有限公司	(2005)量认(甘)字(P0136)号	2005.4-2010.4
	522	定西市公安局交通警察支队机动车安全技术检测站	(2005)量认(甘)字(P0134)号	2005.3-2010.3
	523	甘肃外运汽车安全检测有限责任公司	(2005)量认(甘)字(P0137)号	2005.6-2010.6
四川省	524	四川省汽车产品质量监督检验站	(2003)量认(川)字(A0086)号	2003.7.3-2008.7.2
	525	内江市汽车维修质量监督检验站	(2003)量认(川)字(P0165)号	2003.12-2008.12
	526	自贡市汽车综合性能检测站	(2005)量认(川)字(A0365)号	2005.4.25-2010.4.24
	527	四川银鑫汽车综合性能检测有限公司	(2005)量认(川)字(A0341)号	2005.1.31-2010.1.30
	528	宜宾市汽车运输业车辆综合性能检测站	(2004)量认(川)字(P0310)号	2004.12.14-2009.12.13
	529	资阳市恒立运输服务有限公司汽车综合性能检测站	(2004)量认(川)字(P0311)号	2004.12.27-2009.12.26
	530	乐山市汽车综合性能检测站	(2005)量认(川)字(A0440)号	2005.8.1-2010.7.30
	531	乐山市机动车辆安全技术检测站	(2002)量认(川)字(P20888)号	2002.2.7-2007.2.6
	532	成都市公安局机动车安全检测中心	(2005)量认(川)字(A0410)号	2005.7.14-2010.7.13
	533	阿坝州公安局交警支队机动车安全检测中心	(2005)量认(川)字(A0601)号	2005.8.1-2006.7.30
	534	隆昌县机动车检测站	(2005)量认(川)字(A0602)号	2005.8.1-2006.7.30
	535	内江市公安局交警支队机动车安全技术检测中心	(2005)量认(川)字(A0432)号	2005.8.1-2010.7.30
	536	遂宁市柏顺机动车安全技术检验有限公司	(2005)量认(川)字(A0433)号	2005.8.1-2010.7.30

第一批通过计量认证的机动车安全技术检验机构名单(续表11)

省份	序号	单位名称	证书编号	证书起止时间
四川省	537	雅安市机动车检测站	(2005)量认(川)字(A0415)号	2005.8.1-2010.7.30
	538	自贡市机动车辆及驾驶员安全技术检测站	(2005)量认(川)字(A0431)号	2005.8.1-2010.7.30
	539	广安市机动车安全技术检测中心	(2005)量认(川)字(A0604)号	2005.8.1-2006.7.30
	540	南充市机动车检测服务中心	(2005)量认(川)字(A0434)号	2005.8.1-2010.7.30
	541	泸州市机动车辆安全技术检测站	(2005)量认(川)字(A0605)号	2005.8.1-2006.7.30
	542	成都公安局机动车安全检测中心第12检测站(温江区)	(2005)量认(川)字(A0606)号	2005.8.1-2006.7.30
	543	成都公安局机动车安全检测中心第17检测站(双流县)	(2005)量认(川)字(A0600)号	2005.8.1-2010.7.30
	544	凉山州机动车安全技术检测中心	(2005)量认(川)字(A0435)号	2005.8.1-2010.7.30
	545	攀枝花市公安局交警支队车管所检测站	(2005)量认(川)字(A0603)号	2005.8.1-2006.7.30
	546	眉山市公安局交警支队车辆管理所机动车安全检测站	(2005)量认(川)字(A0436)号	2005.8.1-2010.7.30
	547	德阳市机动车安全技术检测中心	(2005)量认(川)字(A0437)号	2005.8.1-2010.7.30
	548	广汉市机动车检测中心	(2005)量认(川)字(A0438)号	2005.8.1-2010.7.30
	549	成都公安局机动车安全检测中心第13检测站(崇州市)	(2005)量认(川)字(A0439)号	2005.8.1-2010.7.30
	550	广元市公安局交警支队机动车安全检测站	(2005)量认(川)字(A0607)号	2005.8.1-2006.7.30
湖南省	551	湖南省长沙汽车检测站	(2004)量认(湘)字(P0635)号	2004.12.15-2009.12.14
	552	浏阳市通达汽车综合性能检测站	(2003)量认(湘)字(P0469)号	2003.12.31-2008.12.30
	553	湖南省汽车摩托车配件质量监督检测中心	(2003)量认(湘)字(Z0462)号	2003.12.23-2008.12-22
	554	望城县汽车综合性能检测站	(2002)量认(湘)字(P0126)号	2002.1.21-2007.1.20
	555	平江县汽车综合性能检测站	(2002)量认(湘)字(P0152)号	2002.5.24-2007.5.23
	556	平江县汽车综合性能检测站	(2002)量认(湘)字(P0152)号	2002.5.24-2007.5.23
	557	湘阴县汽车综合性能检测站	(2000)量认(湘)字(P0102)号	2000.11.13-2005.11.12
	558	临湘市汽车综合性能检测站	(2000)量认(湘潭)字(P0103)号	2000.11.14-2005.11.13
	559	湘潭市汽车综合性能检测站	(2004)量认(湘)字(P0638)号	2004.12.21-2009.12.20
	560	湘乡市汽车综合性能检测站	(2002)量认(湘)字(P0108)号	2002.3.8-2007.3.7
	561	醴陵市鑫发运输有限公司机动车二级维护竣工检测站	(2004)量认(湘)字(P0495)号	2004.4.9-2009.4.9
	562	茶陵县车辆二级维护竣工检测站	(2004)量认(湘)字(P0565)号	2004.9.27-2009.9.26
	563	攸县机动车辆综合性能检测站	(2004)量认(湘)字(P0615)号	2004.12.23-2009.12.22
	564	株洲市机动车综合性能检测站	(2001)量认(湘)字(P0104)号	2001.6.29-2006.6.28
	565	株洲市机动车排污监测大队	(2001)量认(湘)字(U0111)号	2001.9.23-2006.9.22
	566	祁东县汽车综合性能检测站	(2002)量认(湘)字(P0622)号	2002.8.6-2007.8.6
	567	常宁市汽车综合性能检测站	(2002)量认(湘)字(P0163)号	2002.8.20-2007.8.19
	568	衡阳市汽车综合性能检测站	(2004)量认(湘)字(P0613)号	2004.11.17-2009.11.16
	569	耒阳市汽车综合性能检测站	(2004)量认(湘)字(P0614)号	2004.11.19-2009.11.18
	570	衡东县汽车综合性能检测站	(2004)量认(湘)字(P0621)号	2004.12.10-2009.12.9
	571	祁东县汽车综合性能检测站	(2004)量认(湘)字(P0622)号	2004.12.10-2009.12.9
	572	衡山县汽车综合性能检测站	(2004)量认(湘)字(P0623)号	2004.12.10-2009.12.9
	573	常宁市汽车综合性能检测站	(2004)量认(湘)字(P0624)号	2004.12.10-2009.12.9
	574	衡阳市汽车综合性能检测站	(2004)量认(湘)字(P0625)号	2004.12.10-2009.12.9
	575	衡阳县汽车综合性能检测站	(2002)量认(湘)字(P0118)号	2002.1.16-2006.1.15
	576	永兴县汽车综合性能检测站	(2002)量认(湘)字(P0113)号	2002.2.9-2007.2.8
	577	临武县汽车综合性能检测站	(2002)量认(湘)字(P0114)号	2002.4.26-2007.4.25
	578	湘乡市汽车综合性能检测站	(2002)量认(湘)字(P0108)号	2002.3.8-2007.3.7
	579	郴州市汽车综合性能检测站	(2004)量认(湘)字(P0636)号	2004.12.16-2009.12.15

第一批通过计量认证的机动车安全技术检验机构名单(续表12)

省份	序号	单位名称	证书编号	证书起止时间
湖南省	580	宜章县恒泰车辆检测服务中心	(2004)量认(湘)字(P0637)号	2004.11.9-2009.11.8
	581	嘉禾县机动车辆检测站	(2003)量认(湘)字(P0456)号	2003.11.9-2008.11.8
	582	永兴县汽车综合性能检测站	(2002)量认(湘)字(P0113)号	2002.2.9-2007.2.8
	583	临武县汽车综合性能检测站	(2002)量认(湘)字(P0114)号	2002.4.26-2007.4.25
	584	澧县机动车维修质量鉴定中心	(2003)量认(湘)字(P0461)号	2003.12.31-2008.12.30
	585	常德市林通汽车检测有限公司	(2002)量认(湘)字(P0146)号	2002.1.16-2007.1.15
	586	湖南澧县鹏程机动车检测站	(2002)量认(湘)字(P0147)号	2002.1.16-2007.1.15
	587	湖南省三和交通实业发展有限责任公司石门机动车检测站	(2002)量认(湘)字(P0148)号	2002.1.16-2007.1.15
	588	桃源县汽车综合性能检测站	(2002)量认(湘)字(P0149)号	2002.1.16-2007.1.15
	589	益阳市道路营运车辆综合性能检测站	(2003)量认(湘)字(R0271)号	2003.3.18-2008.3.17
	590	娄底市娄星区机动车辆综合性能检测站	(2001)量认(湘)字(P0107)号	2001.12.11-2006.12.10
	591	涟源市汽车综合性能检测站	(2001)量认(湘)字(P0108)号	2001.12.11-2006.12.10
	592	双峰县汽车综合性能检测站	(2001)量认(湘)字(P0109)号	2001.12.11-2006.12.10
	593	新化县汽车综合性能检测站	(2002)量认(湘)字(P0118)号	2002.1.16-2007.1.15
	594	冷水江市汽车综合性能检测站	(2002)量认(湘)字(P0119)号	2002.1.16-2007.1.15
	595	洞口县汽车综合性能检测站	(2000)量认(湘邵)字(P0003)号	2000.11.6-2005.11.5
	596	邵东县汽车综合性能检测站	(2003)量认(湘)字(P0360)号	2003.8.27-2008.8.26
	597	邵阳市农用机动车检测中心	(2003)量认(湘)字(P0361)号	2003.8.27-2008.8.26
	598	邵阳市江北机动车综合性能检测中心	(2004)量认(湘)字(P0585)号	2004.10.22-2009.10.21
	599	武冈市机动车辆检测中心	(2004)量认(湘)字(P0626)号	2004.12.13-2009.12.12
	600	邵阳市双兴车辆综合性能检测站	(2004)量认(湘)字(P0664)号	2004.12.30-2009.12.29
	601	邵阳市机动车辆检测站	(2005)量认(湘)字(P0685)号	2005.1.17-2010.1.17
	602	永顺县汽车综合性能检测站	(2001)量认(湘)字(P0102)号	2001.6.10-2006.6.9
	603	花垣县汽车综合性能检测站	(2001)量认(湘)字(P0103)号	2001.6.11-2006.6.10
	604	龙山县汽车综合性能检测站	(2001)量认(湘)字(P0104)号	2001.6.11-2006.6.10
	605	张家界市汽车综合性能检测站	(2005)量认(湘)字(P0686)号	2005.1.17-2010.1.16
	606	溆浦县汽车综合性能检测站	(2002)量认(湘)字(P0218)号	2002.12.13-2007.12.12
	607	辰溪县汽车综合性能检测站	(2002)量认(湘)字(P0219)号	2002.12.30-2007.12.29
	608	溆浦县汽车综合性能检测站	(2002)量认(湘)字(P0218)号	2002.12.31-2007.12.30
	609	湖南省怀化市靖州汽车综合性能检测站	(2003)量认(湘)字(P0373)号	2003.9.30-2008.9.29
	610	怀化市汽车综合性能检测站	(2003)量认(湘)字(P0374)号	2003.9.30-2008.9.29
	611	沅陵县汽车综合性能检测站	(2003)量认(湘)字(P0375)号	2003.9.30-2008.9.29
	612	辰溪县汽车综合性能检测站	(2002)量认(湘)字(P0219)号	2002.12.30-2007.12.29
	613	道县汽车综合性能检测站	(2004)量认(湘)字(P0651)号	2004.12.29-2009.12.28
	614	宁远汽车综合性能检测站	(2004)量认(湘)字(P0662)号	2004.12.29-2009.12.28
	615	永州市济民汽车维修检测公司	(2005)量认(湘)字(P0677)号	2005.1.10-2010.1.9
	616	祁阳港顺汽车维护检测有限公司	(2005)量认(湘)字(P0678)号	2005.1.10-2010.1.9
	617	永州市汽车综合性能检测站	(2001)量认(湘)字(P0106)号	2001.6.18-2006.6.17
	618	蓝山县汽车综合性能检测站	(2002)量认(湘)字(P0118)号	2002.1.22-2007.1.21
	619	湖南省长沙汽车检测站	(2004)量认(湘)字(P0635)号	2004.12.15-2009.12.14
	620	岳阳市金运机动车检测中心	(2005)量认(湘)字(P0679)号	2005.7.28-2010.7.27
	621	湘潭市机动车检测二站	(2005)量认(湘)字(PA757)号	2005.7.31-2006.7.30

第一批通过计量认证的机动车安全技术检验机构名单(续表13)

省份	序号	单位名称	证书编号	证书起止时间
湖南省	622	株洲市公安局交通警察支队机动车安全技术检测	(2005)量认(湘)字(PA745)号	2005.7.7-2006.7.6
	623	衡阳市公安局交通<巡逻>警察支队机动车辆检测中心	(2005)量认(湘)字(P0682)号	2005.1.12-2006.1.11
	624	郴州市机动车辆安全检测站	(2005)量认(湘)字(PA756)号	2005.7.31-2006.7.30
	625	常德市畅安服务有限责任公司机动车检测站	(2005)量认(湘)字(PA747)号	2005.7.28-2006.7.27
	626	益阳市机动车安全技术检测站	(2005)量认(湘)字(PA748)号	2005.7.31-2006.7.30
	627	娄底市机动车安全检测站	(2005)量认(湘)字(PA759)号	2005.7.31-2006.7.30
	628	邵阳市机动车安全技术综合检测中心	(2005)量认(湘)字(PA760)号	2005.7.31-2006.7.30
	629	湘西自治州公安局交通警察支队机动车安全检测站	(2005)量认(湘)字(PA758)号	2005.7.2-2006.7.1
	630	吉首市顺通汽车综合性能检测中心	(2005)量认(湘)字(PA763)号	2005.7.31-2006.7.30
	631	张家界市机动车检测站	(2005)量认(湘)字(PA755)号	2005.7.31-2006.7.30
	632	怀化市国安机动车辆检测有限公司	(2005)量认(湘)字(PA761)号	2005.7.31-2006.7.30
	633	永州市公安局交警支队机动车辆安全技术检测中心	(2005)量认(湘)字(PA762)号	2005.7.31-2006.7.30
河南省	634	洛阳福来特车辆检测有限公司	(2005)量认(豫)字(P0606)号	2005.4.26-2010.4.25.
	635	濮阳市汽车综合性能检测站	(2004)量认(豫)字(P0611)号	2004.11.22-2009.11.21
	636	信阳市机动车综合性能检测中心	(2005)量认(豫)字(P0612)号	2005.1.7-2010.1.6
	637	焦作市汽车运输总公司机动车检测中心	(2005)量认(豫)字(P0657)号	2005.1.7-.2010.1.6.
	638	郑州市汽车综合性能检测中心	(2005)量认(豫)字(P0657)号	2005.3.15-2010.3.14
	639	南阳市机动车综合性能检测中心	(2003)量认(豫)字(P0690)号	2005.4.22-2010.4.21
	640	开封市宏达机动车检测有限公司	(2005)量认(豫)字(P0737)号	2005.3.15-2010.3.14
	641	焦作市汽车综合性能检测站	(2005)量认(豫)字(P0755)号	2005.5.12-2009.5.11
	642	邓州市驰诚机动车技术检测有限公司	(2005)量认(豫)字(P0826)号	2005.7.8-2010.7.7
	643	洛阳第一汽车运输集团有限公司汽车检验站	(2001)量认(豫)字(P0126)号	2001.8.8-2006.8.7
	644	平顶山市华豫运输服务公司机动车综合性能检测中心	(2002)量认(豫)字(P0274)号	2002.11.28-2007.11.27
	645	宛城区机动车综合性能检测站	(2003)量认(豫)字(P0287)号	2003.1.8-2008.1.7
	646	济源市交通警察支队机动车检测中心	(2003)量认(豫)字(L0304)号	2003.2.25-2008.2.24
	647	许昌大运实业有限公司汽车综合性能检测站	(2003)量认(豫)字(P0383)号	2003.9.30-2008.9.29
	648	商丘市机动车综合性能检测站	(2004)量认(豫)字(P0442)号	2004.1.17-2009.1.16
	649	开封市通达机动车综合性能检测有限公司	(2004)量认(豫)字(P0459)号	2004.5.12-2009.5.11
	650	安阳汽车检测站	(2004)量认(豫)字(P0482)号	2004.3.9-2009.3.8
	651	三门峡市汽车综合性能检测中心	(2004)量认(豫)字(P0574)号	2004.8.27-2009.8.26
	652	漯河市汽车综合性能检测站	(2004)量认(豫)字(P0584)号	2004.9.9-2009.9.8
广西壮族自治区	653	马山县摩托车安全技术检验站	(2005)量认(桂)字(P1001)号	2005.7.31-2006.7.30
	654	宾阳县芦圩摩托车安全技术检验站	(2005)量认(桂)字(P1002)号	2005.7.31-2006.7.30
	655	隆安县摩托车安全技术检验站	(2005)量认(桂)字(P1003)号	2005.7.31-2006.7.30
	656	横县摩托车安全技术检验站	(2005)量认(桂)字(P1004)号	2005.7.31-2006.7.30
	657	上林县机动车辆检测服务站	(2005)量认(桂)字(P1005)号	2005.7.31-2006.7.30
	658	宾阳县黎塘摩托车安全技术检验站	(2005)量认(桂)字(P1006)号	2005.7.31-2006.7.30
	659	南宁市仙葫摩托车安全技术检验站	(2005)量认(桂)字(P1007)号	2005.7.31-2006.7.30
	660	南宁市玉洞机动车安全技术检验站	(2005)量认(桂)字(P1008)号	2005.7.31-2006.7.30
	661	河池市公安局交通警察支队车辆管理所大化摩托车安全技术检验站	(2005)量认(桂)字(P1009)号	2005.7.31-2006.7.30
	662	河池市公安局交通警察支队车辆管理所巴马摩托车安全技术检验站	(2005)量认(桂)字(P1010)号	2005.7.31-2006.7.30

第一批通过计量认证的机动车安全技术检验机构名单(续表14)

省份	序号	单位名称	证书编号	证书起止时间
广西壮族自治区	663	河池市公安局交通警察支队车辆管理所汽车安全技术检验站	(2005)量认(桂)字(P1011)号	2005.7.31-2006.7.30
	664	河池市公安局交通警察支队车辆管理所都安摩托车安全技术检验站	(2005)量认(桂)字(P1012)号	2005.7.31-2006.7.30
	665	河池市公安局交通警察支队车辆管理所金城江摩托车安全技术检验站	(2005)量认(桂)字(P1013)号	2005.7.31-2006.7.30
	666	河池市公安局交通警察支队车辆管理所东兰摩托车安全技术检验站	(2005)量认(桂)字(P1014)号	2005.7.31-2006.7.30
	667	河池市公安局交通警察支队车辆管理所天峨摩托车安全技术检验站	(2005)量认(桂)字(P1015)号	2005.7.31-2006.7.30
	668	河池市公安局交通警察支队车辆管理所环江摩托车安全技术检验站	(2005)量认(桂)字(P1016)号	2005.7.31-2006.7.30
	669	河池市公安局交通警察支队车辆管理所南丹摩托车安全技术检验站	(2005)量认(桂)字(P1017)号	2005.7.31-2006.7.30
	670	河池市公安局交通警察支队车辆管理所凤山摩托车安全技术检验站	(2005)量认(桂)字(P1018)号	2005.7.31-2006.7.30
	671	河池市公安局交通警察支队车辆管理所罗城摩托车安全技术检验站	(2005)量认(桂)字(P1019)号	2005.7.31-2006.7.30
	672	河池市公安局交通警察支队车辆管理所宜州摩托车安全技术检验站	(2005)量认(桂)字(P1020)号	2005.7.31-2006.7.30
	673	玉林市公安局车辆管理所马路圩汽车安全技术检验站	(2005)量认(桂)字(P1021)号	2005.7.31-2006.7.30
	674	玉林市交通警察支队直属一大队摩托车安全技术检验站	(2005)量认(桂)字(P1022)号	2005.7.31-2006.7.30
	675	兴业县机动车辆安全技术检验站	(2005)量认(桂)字(P1023)号	2005.7.31-2006.7.30
	676	玉林市公安局车辆管理所博白机动车安全技术检验站	(2005)量认(桂)字(P1024)号	2005.7.31-2006.7.30
	677	陆川机动车辆安全技术检验站	(2005)量认(桂)字(P1025)号	2005.7.31-2006.7.30
	678	玉林市公安局车辆管理所北流机动车安全技术检验站	(2005)量认(桂)字(P1026)号	2005.7.31-2006.7.30
	679	玉林市公安局车辆管理所容县机动车安全技术检验站	(2005)量认(桂)字(P1027)号	2005.7.31-2006.7.30
	680	南宁市机动车辆检测中心	(2005)量认(桂)字(P1028)号	2005.7.31-2010.7.30
	681	南宁市机动车辆检测中心星湖摩托车检验站	(2005)量认(桂)字(P1029)号	2005.7.31-2010.7.30
	682	南宁市机动车辆检测中心茅桥机动车检验站	(2005)量认(桂)字(P1030)号	2005.7.31-2010.7.30
	683	百色汽车安全技术检验站	(2005)量认(桂)字(P1031)号	2005.7.31-2006.7.30
	684	百色市摩托车安全技术检验站	(2005)量认(桂)字(P1032)号	2005.7.31-2006.7.30
	685	贵港市公安机动车安全检测站	(2005)量认(桂)字(P1033)号	2005.7.31-2006.7.30
	686	桂平市机动车辆安全技术检测站	(2005)量认(桂)字(P1034)号	2005.7.31-2006.7.30
	687	平南县机动车安全检测站	(2005)量认(桂)字(P1035)号	2005.7.31-2006.7.30
	688	广西壮族自治区公安厅交通警察总队车辆管理所机动车安全技术检验站	(2005)量认(桂)字(P1036)号	2005.7.31-2006.7.30
	689	武鸣机动车安全技术检验站	(2005)量认(桂)字(P1037)号	2005.7.31-2006.7.30
	690	柳州市公安局交警支队车辆管理所第一机动车安全技术检验站	(2005)量认(桂)字(P1038)号	2005.7.31-2006.7.30
	691	柳州市公安局交警支队车辆管理所第二机动车安全技术检验站	(2005)量认(桂)字(P1039)号	2005.7.31-2006.7.30

第一批通过计量认证的机动车安全技术检验机构名单(续表15)

省份	序号	单位名称	证书编号	证书起止时间
广西壮族自治区	692	柳州市公安局交警支队车辆管理所第三机动车安全技术检验站	(2005)量认(桂)字(P1040)号	2005.7.31-2006.7.30
	693	柳州市公安局交警支队车辆管理所第四机动车安全技术检验站	(2005)量认(桂)字(P1041)号	2005.7.31-2006.7.30
	694	柳州市公安局交警支队车辆管理所第五机动车安全技术检验站	(2005)量认(桂)字(P1042)号	2005.7.31-2006.7.30
	695	融水摩托车安全技术检验站	(2005)量认(桂)字(P1043)号	2005.7.31-2006.7.30
	696	鹿寨摩托车安全技术检验站	(2005)量认(桂)字(P1044)号	2005.7.31-2006.7.30
	697	三江县摩托车安全技术检验站	(2005)量认(桂)字(P1045)号	2005.7.31-2006.7.30
	698	柳州市驾联融安机动车检验站	(2005)量认(桂)字(P1046)号	2005.7.31-2006.7.30
	699	崇左市公安局交警支队车管所检测站	(2005)量认(桂)字(P1047)号	2005.7.31-2006.7.30
	700	崇左市江州区摩托车安全技术检验站	(2005)量认(桂)字(P1048)号	2005.7.31-2006.7.30
	701	凭祥市交警大队摩托车安全技术检验站	(2005)量认(桂)字(P1049)号	2005.7.31-2006.7.30
	702	天等县摩托车安全技术检验站	(2005)量认(桂)字(P1050)号	2005.7.31-2006.7.30
	703	扶绥县摩托车安全技术检验站	(2005)量认(桂)字(P1051)号	2005.7.31-2006.7.30
	704	龙州县摩托车安全技术检验站	(2005)量认(桂)字(P1052)号	2005.7.31-2006.7.30
	705	宁明摩托车安全技术检验站	(2005)量认(桂)字(P1053)号	2005.7.31-2006.7.30
	706	大新县摩托车安全技术检验站	(2005)量认(桂)字(P1054)号	2005.7.31-2006.7.30
	707	桂林市公安局车辆检测中心	(2005)量认(桂)字(P1055)号	2005.7.31-2010.7.30
	708	桂林市机动车辆安全检验线	(2005)量认(桂)字(P1056)号	2005.7.31-2010.7.30
	709	桂林雁鸣车辆服务有限公司	(2005)量认(桂)字(P1057)号	2005.7.31-2010.7.30
	710	荔浦县摩托车安全技术检测站	(2005)量认(桂)字(P1058)号	2005.7.31-2006.7.30
	711	桂林市公安局车辆管理所恭城摩托车安全技术检验站	(2005)量认(桂)字(P1059)号	2005.7.31-2006.7.30
	712	桂林市公安局车辆管理所平乐摩托车安全技术检验站	(2005)量认(桂)字(P1060)号	2005.7.31-2006.7.30
	713	阳朔县机动车安全技术检验站	(2005)量认(桂)字(P1061)号	2005.7.31-2006.7.30
	714	兴安兴桂摩托车安全技术检验站	(2005)量认(桂)字(P1062)号	2005.7.31-2010.7.30
	715	灌阳县兴灌机动车安全技术检测站	(2005)量认(桂)字(P1063)号	2005.7.31-2010.7.30
	716	广西国兴机动车技术检测有限责任公司合山检测站	(2005)量认(桂)字(P1064)号	2005.7.31-2010.7.30
	717	广西国兴机动车技术检测有限责任公司忻城检测站	(2005)量认(桂)字(P1065)号	2005.7.31-2010.7.30
	718	广西国兴机动车技术检测有限责任公司象州机动车检测站	(2005)量认(桂)字(P1066)号	2005.7.31-2010.7.30
	719	广西国兴机动车技术检测有限责任公司武宣检测站	(2005)量认(桂)字(P1067)号	2005.7.31-2010.7.30
	720	广西国兴机动车技术检测有限责任公司金秀检测站	(2005)量认(桂)字(P1068)号	2005.7.31-2010.7.30
	721	广西国兴机动车技术检测有限责任公司柳州东环检测站	(2005)量认(桂)字(P1069)号	2005.7.31-2010.7.30
	722	广西国兴机动车技术检测有限责任公司来宾检测站	(2005)量认(桂)字(P1070)号	2005.7.31-2010.7.30
	723	岑溪市机动车安全技术检验站	(2005)量认(桂)字(P1071)号	2005.7.31-2006.7.30
	724	藤县机动车辆安全技术检测站	(2005)量认(桂)字(P1072)号	2005.7.31-2006.7.30
	725	蒙山县恒昌机动车安全技术检验站	(2005)量认(桂)字(P1073)号	2005.7.31-2006.7.30
	726	苍梧机动车安全技术检验站	(2005)量认(桂)字(P1074)号	2005.7.31-2006.7.30
	727	贺州市机动车安全技术检验站	(2005)量认(桂)字(P1075)号	2005.7.31-2010.7.30
	728	钟山县公安局交通警察大队摩托车安全技术检验站	(2005)量认(桂)字(P1076)号	2005.7.31-2006.7.30
	729	富川县公安局交警大队摩托车安全技术检验站	(2005)量认(桂)字(P1077)号	2005.7.31-2006.7.30

第一批通过计量认证的机动车安全技术检验机构名单(续表16)

省份	序号	单位名称	证书编号	证书起止时间
广西壮族自治区	730	昭平县公安局交通警察大队机动车安全技术检验站	(2005)量认(桂)字(P1078)号	2005.7.31-2006.7.30
	731	梧州市公安局车辆管理所机动车安全技术检验站	(2005)量认(桂)字(P1079)号	2005.7.31-2010.7.30
	732	南宁康城汽车销售维修中心江南机动车检测站	(2005)量认(桂)字(P1080)号	2005.7.31-2010.7.30
	733	上思运安摩托车安全技术检验站	(2005)量认(桂)字(P1081)号	2005.7.31-2010.7.30
	734	合浦县长安机动车安全检测有限公司	(2005)量认(桂)字(P1082)号	2005.7.31-2010.7.30
	735	北海市安保机动车辆安全技术检验有限公司	(2005)量认(桂)字(P1083)号	2005.7.31-2010.7.30
	736	北海市摩托车安全技术检验站	(2005)量认(桂)字(P1084)号	2005.7.31-2010.7.30
	737	钦州市公安局交警支队机动车辆安全技术检验站	(2005)量认(桂)字(P1085)号	2005.7.31-2006.7.30
	738	钦州市公安局交警支队灵山汽车安全技术检验站	(2005)量认(桂)字(P1086)号	2005.7.31-2006.7.30
	739	浦北县公安局交警大队摩托车检测站	(2005)量认(桂)字(P1087)号	2005.7.31-2006.7.30
	740	防城港市公安局车辆管理所安全技术检验站	(2005)量认(桂)字(P1088)号	2005.7.31-2006.7.30
	741	防城港市港口摩托车安全技术检验站	(2005)量认(桂)字(P1089)号	2005.7.31-2006.7.30
	742	广西南宁康城汽车销售维修中心北环机动车检测站	(2001)量认(桂)字(P0635)号	2001.10.19-2006.10.18
	743	广西运德汽车运输集团有限公司南宁机动车辆检测站	(2005)量认(桂)字(P0429)号	2005.3.7-2010.3.6
江苏省	744	盐城市车辆综合性能检测站	(2003)量认(苏)字(P0129)号	2003.1.8-2008.1.7
	745	大丰市机动车辆综合性能检测站	(2003)量认(苏)字(P0132)号	2003.1.23-2008.1.22
	746	无锡中标机动车检测有限公司	(2003)量认(苏)字(P0174)号	2003.3.24-2008.3.23
	747	盱眙县车辆综合性能检测站	(2003)量认(苏)字(P0133)号	2003.9.9-2008.9.8
	748	吴江市汽车综合性能检测站	(2004)量认(苏)字(P0141)号	2004.3.1-2009.2.29
	749	宜兴市宏达汽车综合性能检测有限公司	(2004)量认(苏)字(P0136)号	2004.3.1-2009.2.29
	750	无锡市滨湖区汽车综合性能检测站	(2004)量认(苏)字(P0138)号	2004.3.9-2009.3.8
	751	无锡市交通汽车综合性能检测中心	(2004)量认(苏)字(P0175)号	2004.3.9-2009.3.8
	752	苏州狮山机动车综合性能检测有限公司	(2004)量认(苏)字(P0176)号	2004.3.9-2009.3.8
	753	南京市汽车综合性能检测站	(2004)量认(苏)字(P0139)号	2004.5.25-2009.5.24
	754	淮安市涟水县车辆综合检测站	(2004)量认(苏)字(P0179)号	2004.8.5-2009.8.4
	755	淮安市楚州区安保汽车综合性能检测站	(2004)量认(苏)字(P0180)号	2004.8.5-2009.8.4
	756	常州中标机动车检测技术有限公司	(2004)量认(苏)字(P0181)号	2004.11.1-2009.10.30
	757	南通市汽车综合性能检测中心	(2004)量认(苏)字(P0107)号	2004.11.1-2009.10.30
	758	无锡市高标机动车尾气检测公司	(2004)量认(苏)字(P0183)号	2004.11.30-2009.11.29
	759	洪泽县车辆综合性能检测站	(2005)量认(苏)字(P0183)号	2005.2.4-2010.2.3
	760	金湖县汽车综合性能检测站	(2005)量认(苏)字(P0184)号	2005.2.4-2010.2.3
	761	淮安市淮阴区通达车辆综合性能检测站	(2005)量认(苏)字(P0185)号	2005.2.4-2010.2.3
	762	东台市汽车综合性能检测站	(2005)量认(苏)字(P117)号	2005.3.3-2010.3.2
	763	丹阳市宏天汽车综合性能检测中心	(2005)量认(苏)字(P0140)号	2005.4.14-2010.4.13
	764	新沂市佳安汽车综合性能检测站	(2005)量认(苏)字(P0188)号	2005.4.14-2010.4.13
	765	张家港市金港机动车综合性能检测站有限公司	(2005)量认(苏)字(P0185)号	2005.4.14-2010.4.13
	766	宝应县机动车综合性能检测中心	(2005)量认(苏)字(P0186)号	2005.4.14-2010.4.13
	767	镇江市丹徒区汽车综合性能检测站	(2005)量认(苏)字(P0119)号	2005.4.18-2010.4.17
	768	镇江市汽车综合性能检测站	(2005)量认(苏)字(P0123)号	2005.4.18-2010.4.17
	769	扬中市汽车综合性能检测站	(2005)量认(苏)字(P0113)号	2005.4.18-2010.4.17
	770	昆山市汽车综合性能检测站	(2005)量认(苏)字(P0153)号	2005.4.18-2010.4.17
	771	句容市华龙汽车综合性能检测有限公司	(2005)量认(苏)字(P0187)号	2005.5.9-2010.5.8
	772	连云港市苏港汽车综合性能检测中心	(2005)量认(苏)字(P0189)号	2005.6.17-2010.6.16

2005年批准的国家计量认证合格实验室名单

国家认证认可监督管理委员会公告2006年第7号

2005年批准的国家计量认证合格实验室名单

序号	质检机构名称	证书编号	证书有效日期	认证类型
1	石油工业仪器仪表质量监督检验中心	(2005)量认(国)字(J1225)号	2005.1.6-2010.1.6	复查换证
2	煤炭工业北京研磨用矿用油品产品质量监督检验中心/国家安全生产北京矿用油品检测检验中心	(2005)量认(国)字(T0960)号	2005.1.19-2010.1.19	复查换证
3	农业部饮饲料质量监督检验测试中心(济南)	(2005)量认(国)字(V1897)号	2005.121-2010.1.21	复查换证
4	农业部油料及制品质量监督检验测试中心	(2005)量认(国)字(V1187)号	2005.1.21-2010.1.21	复查换证
5	农业部节能产品及设备质量监督检验测试中心(天津)	(2005)量认(国)字(V1835)号	2005.1.21-2010.1.21	复查换证
6	农业部兽药安全监督检验中心(北京)	(2005)量认(国)字(V2552)号	2005.1.21-2010.1.21	首次认证
7	农业部建材产品质量监督检验测试中心(长沙)	(2005)量认(国)字(V2553)号	2005.1.21-2010.1.21	首次认证
8	中铁十二局集团建筑安装工程有限公司测试中心	(2005)量认(国)字(N1910)号	2005.1.19-2010.1.19	复查换证
9	中铁西北科学研究院工程检测试验中心	(2005)量认(国)字(N1931)号	2005.1.19-2010.1.19	复查换证
10	中铁二局机械筑路工程有限公司工程试验室	(2005)量认(国)字(N1090)号	2005.1.19-2010.1.19	复查换证
11	山东铁正工程试验检测中心	(2005)量认(国)字(N0304)号	2005.1.19-2010.1.19	复查换证
12	石油工业入井流体质量检验中心/中国石油天然气股份有限公司入井流体质量监督检验中心	(2005)量认(国)字(J1217)号	2005.1.26-2010.1.26	复查换证
13	农业部农药质量监督检验测试中心(长春)	(2005)量认(国)字(V2554)号	2005.1.27-2010.1.27	首次认证
14	农业部农业环境质量监督检验测试中心(昆明)	(2005)量认(国)字(V1902)号	2005.1.27-2010.1.27	复查换证
15	成都军区联勤部药品仪器检验所	(2005)量认(国)字(S2555)号	2005.1.20-2010.1.20	首次认证
16	兰州军区联勤部药品仪器检验所	(2005)量认(国)字(S2556)号	2005.1.20-2010.1.20	首次认证
17	沈阳军区联勤部药品仪器检验所	(2005)量认(国)字(S2557)号	2005.1.20-2010.1.20	首次认证
18	首都医科大学食品药品安全评价中心	(2005)量认(国)字(S2558)号	2005.1.20-2010.1.20	首次认证
19	北京军区油料监督处油料质量蛔检测中心	(2005)量认(国)字(J1903)号	2005.2.3-2010.2.3	复查换证
20	中国产业联合会纺织服装质量监督检验测试中心	(2005)量认(国)字(D1266)号	2005.2.2-2010.2.2	复查换证
21	国家环保总局机动车排污监控中心	(2005)量认(国)字(U1829)号	2005.2.2-2010.2.2	复查换证
22	电力工业天津发电用煤质量监督检验中心	(2005)量认(国)字(K1908)号	2005.2.2-2010.2.2	复查换证
23	中国水利水电第七工程局试验室	(2005)量认(国)字(K1877)号	2005.2.2-2010.2.2	复查换证
24	中国水利水电第十工程局中心试验室	(2005)量认(国)字(K1913)号	2005.2.2-2010.2.2	复查换证
25	化学工业氯碱氯产品质量监督检验中心	(2005)量认(国)字(B0219)号	2005.2.2-2010.2.2	复查换证
26	中铁电气化局集团有限公司三电气试验室	(2005)量认(国)字(N0961)号	2005.2.3-2010.2.3	复查换证
27	大庆石油管理局钻井工程技术研究院油水井封固材料性能检测实验中心	(2005)量认(国)字(J1894)号	2005.1.17-2010.1.17	复查换证
28	煤炭工业郑州钢丝绳检验站	(2005)量认(国)字(T0909)号	2005.1.18-2010.1.18	复查换证
29	铁道部产品质量监督检验中心通信信号检验站	(2005)量认(国)字(N0202)号	2005.2.2-2010.2.2	复查换证
30	铁道部产品质量监督检验中心接触网零部件检验站	(2005)量认(国)字(N1096)号	2005.2.3-2010.2.3	复查换证
31	中铁一局集团有限公司电力试验所	(2005)量认(国)字(N1918)号	2005.2.3-2010.2.3	复查换证
32	中铁二局集团建筑有限公司工程试验室	(2005)量认(国)字(N1091)号	2005.2.16-2010.2.16	复查换证
33	铁道部科学研究院深圳研究设计院工程检测中心	(2005)量认(国)字(N2110)号	2005.2.16-2010.2.16	复查换证

2005 年批准的国家计量认证合格实验室名单(续表 1)

序号	质检机构名称	证书编号	证书有效日期	认证类型
34	中铁一局集团桥梁工程处中心试验室	(2005)量认(国)字(N1089)号	2005.2.17-2010.2.17	复查换证
35	中国石油华北油田产品质量监督检验站	(2005)量认(国)字(J2559)号	2005.2.17-2010.2.17	首次认证
36	海河流域水环境监测中心	(2005)量认(国)字(G1230)号	2005.2.17-2010.2.17	复查换证
37	山东省水环境监测中心	(2005)量认(国)字(G1231)号	2005.2.17-2010.2.17	复查换证
38	水利部海河水利委员会基本建设工程质量检测中心	(2005)量认(国)字(G1276)号	2005.217-2010.2.17	复查换证
39	山东省科学院海洋仪器仪表研究所/山东省海洋环境监测技术重点实验室	(2005)量认(国)字(Z2562)号	2005.2.17-2010.2.17	首次认证
40	山东省海洋环境监测中心	(2005)量认(国)字(Z2563)号	2005.2.17-2010.2.17	首次认证
41	国家海洋标准计量中心水处理设备检测中心	(2005)量认(国)字(Z2564)号	2005.2.17-2010.2.17	首次认证
42	华东师范大学河口海岸动力沉积和动力地貌综合国家重点实验室	(2005)量认(国)字(Z2565)号	2005.2.17-2010.2.17	首次认证
43	国家海洋技术中心海洋环境监测工程院	(2005)量认(国)字(Z2566)号	2005.2.24-2010.2.24	首次认证
44	铁道部产品质量监督检验中心桥梁与基础检验站	(2005)量认(国)字(N0143)号	2005.3.2-2010.3.2	复查换证
45	机械工业压力仪表产品质量监督检测中心(西安)	(2005)量认(国)字(A1661)号	2005.3.2-2010.3.2	复查换证
46	化工地质矿山第十八实验室	(2005)量认(国)字(F1206)号	2005.3.2-2010.3.2	复查换证
47	机械工业工业锅炉产品热工性能检测中心(西安)	(2005)量认(国)字(A0353)号	2005.3.2-2010.3.2	复查换证
48	农业部农产品质量安全监督检验测试中心(天津)	(2005)量认(国)字(V2561)号	2005.3.2-2010.3.2	首次认证
49	农业部热带作物机械质量监督检验测试中心	(2005)量认(国)字(V1202)号	2005.3.2-2010.3.2	复查换证
50	农业部农作物种子质量监督检验测试中心(西安)	(2005)量认(国)字(V1917)号	2005.3.2-2010.3.2.	复查换证
51	农业部农药质量监督检验测试中心(天津)	(2005)量认(国)字(V2568)号	2005.3.2-2010.3.2	首次认证
52	天津市水环境监测中心	(2005)量认(国)字(G1352)号	2005.3.2-2010.3.2	复查换证
53	天津市水环境监测中心于桥水库分中心	(2005)量认(国)字(G1352)号	2005.3.2-2010.3.2	复查换证
54	国家粮食局上海食品质量监督检验测试中心	(2005)量认(国)字(Q1264)号	2005.3.2-2010.3.2	复查换证
55	北京铁城建设监理有限责任公司检测中心	(2005)量认(国)字(N2571)号	2005.3.2-2010.3.2	首次认证
56	水利部小浪底工程建设检测中心	(2005)量认(国)字(G1831)号	2005.3.4-2010.3.4	复查换证
57	中国商业联合会食品质量监督检测中心(上海)	(2005)量认(国)字(Q1100)号	2005.3.2-2010.3.2	复查换证
58	民政部环境监测中心站(民政部一零一研究所环境监测中心)	(2005)量认(国)字(U2572)号	2005.3.8-2010.3.8	首次认证
59	上海东海海洋工程勘察设计研究院	(2005)量认(国)字(Z2573)号	2005.3.9-2010.3.9	首次认证
60	国家建材工业塑料管材产品质量监督检测中心	(2005)量认(国)字(R1904)号	2005.3.9-2010.3.9	复查换证
61	吉林大学卫生检测中心	(2005)量认(国)字(S1875)号	2005.3.9-2010.3.9	复查换证
62	国土资源部海洋地质实验检测中心	(2005)量认(国)字(F1735)号	2005.3.9-2010.3.9	复查换证
63	四川省疾病预防控制中心	(2005)量认(国)字(S2574)号	2005.3.9-2010.3.9	首次认证
64	国土资源部西宁矿产资源监督检测中心	(2005)量认(国)字(F0467)号	2005.3.9-2010.3.9	复查换证
65	国土资源部放射性矿产资源监督检测中心	(2005)量认(国)字(F0806)号	2005.3.9-2010.3.9	复查换证
66	国土资源部贵阳矿产资源监督检测中心	(2005)量认(国)字(F0757)号	2005.3.9-2010.3.9	复查换证
67	农业部农产品加工机械设备质量监督检验测试中心(长沙)	(2005)量认(国)字(V2458)号	2005.3.11-2010.3.11	首次认证
68	农业部农药质量监督检验测试中心(郑州)	(2005)量认(国)字(V2459)号	2005.3.14-2010.3.14	首次认证
69	机械工业电工仪器仪表产品质量检测中心(上海)	(2005)量认(国)字(A0349)号	2005.3.23-2010.3.23	复查换证
70	机械工业第二计量测试中心站(上海)	(2005)量认(国)字(A2477)号	2005.3.23-2010.3.23	首次认证
71	中国石油化工股分有限公司西北分公司质量检测站	(2005)量认(国)字(J2476)号	2005.3.23-2010.3.23	首次认证
72	国家城市供水水质监测网郑州监测站	(2005)量认(国)字(U1194)号	2005.3.23-2010.3.23	复查换证
73	国家城市供水水质监测网无锡监测站	(2005)量认(国)字(U2478)号	2005.3.31-2010.3.31	首次认证

2005年批准的国家计量认证合格实验室名单(续表2)

序号	质检机构名称	证书编号	证书有效日期	认证类型
74	北京大学营养与保健食品评价中心	(2005)量认(国)字(S1929)号	2005.3.31-2010.3.31	复查换证
75	塔里木油田分公司勘探开发研究院实验检测中心	(2005)量认(国)字(J1916)号	2005.322-2010.3.22	复查换证
76	铁道部产品质量监督检验中心金属化学检验站	(2005)量认(国)字(N0157)号	2005.3.23-2010.3.23	复查换证
77	石油工业合成纤维质量监督检验中心/中国石油天然气股份有限公司合成纤维及原料质量监督检验中心	(2005)量认(国)字(J1926)号	2005.3.23-20103.23	复查换证
78	中国轻工业联合会装饰材料室内环境质量监督检测中心	(2005)量认(国)字(C2483)号	2005.3.23-2010.3.23	首次认证
79	国家轻工业眼镜玻璃搪瓷产品质量监督检测长沙站	(2005)量认(国)字(C0656)号	2005.3.23-2010.3.23	复查换证
80	清华大学结构工程检测中心	(2005)量认(国)字(Z2482)号	2005.3.31-2010.3.31	首次认证
81	青岛宝玉石质量监督检验中心	(2005)量认(国)字(F1734)号	2005.3.9-2010.3.9	复查换证
82	中国有色金属工业无损检测中心	(2005)量认(国)字(E1204)号	2005.3.31-2010.3.31	复查换证
83	电力工业西北发电用煤质量监督检验中心	(2005)量认(国)字(K1146)号	2005.3.31-2010.3.31	复查换证
84	电力工业西北发电用煤质量监督检验中心	(2005)量认(国)字(A2480)号	2005.3.32-2010.3.31	首次认证
85	教育部教学仪器研究所教学仪器设备产品检测中心	(2005)量认(国)字(Z1890)号	2005.3.31-2010.3.31	复查换证
86	中南大学现代分测试中心	(2005)量认(国)字(Z2479)号	2005.3.31-2010.3.31	首次认证
87	国土资源部中南矿产资源监督检测中心	(2005)量认(国)字(F1736)号	2005.3.9-2010.3.9	复查换证
88	铁道部产品质量监督检验中心信号产品检验站	(2005)量认(国)字(N0206)号	2005.3.23-2010.3.23	复查换证
89	国家轻工业文体用品质量监督检测中心	(2005)量认(国)字(C0770)号	2005.3.23-2010.3.23	复查换证
90	国家轻工业家具质量监督检测西安站	(2005)量认(国)字(C1862)号	2005.3.23-2010.3.23	复查换证
91	农业部渔业产品质量监督检验测试中心(北京)	(2005)量认(国)字(Z2491)号	2005.3.31-2010.3.31	首次认证
92	中铁五局集团第六工程有限责任公司中心试验室	(2005)量认(国)字(N1164)号	2005.3.31-2010.3.31	复查换证
93	中铁五局集团机械化工程有限责任公司中心试验室	(2005)量认(国)字(N1307)号	2005.3.31-2010.3.31	复查换证
94	武汉大学测试中心	(2005)量认(国)字(Z0958)号	2005.3.31-20103.31	复查换证
95	化工地质矿山第十三实验室	(2005)量认(国)字(F1207)号	2005.3.31-2010.3.31	复查换证
96	中化地质长沙实验中心	(2005)量认(国)字(F1071)号	2005.3.31-2010.3.31	复查换证
97	中铁五局集团一公司一处中心试验室	(2005)量认(国)字(N1165)号	2005.3.31-2010.3.31	复查换证
98	中铁五局集团第三工程有限责任公司四处中心试验室	(2005)量认(国)字(N1168)号	2005.3.31-2010.3.31	复查换证
99	农业部建材产品质量监督检验测试中心(唐山)	(2005)量认(国)字(V2492)号	2005.3.31-2010.3.31	首次认证
100	清华大学建筑环境检测中心	(2005)量认(国)字(Z0938)号	2005.3.31-2010.3.31	复查换证
101	农业部渔业产品质量监督检验测试中心(北京)	(2005)量认(国)字(V2493)号	2005.3.31-2010.3.31	首次认证
102	农业部甜菜品质量监督检验测试中心	(2005)量认(国)字(V1851)号	2005.3.31-2010.3.31	复查换证
103	铁道部产品质量监督检验中心机车车辆检验站	(2005)量认(国)字(N0200)号	2005.3.31-2010.3.31	复查换证
104	郑州铁路局节约能源技术监测中心	(2005)量认(国)字(N1135)号	2005.4.14-2010.4.14	复查换证
105	国家轻工业玻璃产品质量监督检测中心	(2005)量认(国)字(C0652)号	2005.4.15-2010.4.15	复查换证
106	中铁电气化局集团有限公司保定电力试验室	(2005)量认(国)字(N0962)号	2005.4.14-2010.4.14	复查换证
107	中国商业联合会饮料茶叶商品质量监督检验测试中心(北京)	(2005)量认(国)字(Q1310)号	2005.4.14-2010.4.14	复查换证
108	中铁五局集团第二工程有限责任公司中心试验室	(2005)量认(国)字(N1166)号	2005.4.22-2010.4.22	复查换证
109	中铁五局集团第五工程有限公司中心试验室	(2005)量认(国)字(N1306)号	2005.4.22-2010.4.22	复查换证
110	轻工业联合会食品质量监督检测重庆站	(2005)量认(国)字(C2499)号	2005.5.8-2010.5.8	首次认证
111	河北省环境监测中心站	(2005)量认(国)字(U0952)号	2005.5.8-2010.5.8	复查换证
112	农业部玉米种子质量监督检验测试中心(兰州)	(2005)量认(国)字(V1895)号	2005.5.8-2010.5.8	复查换证
113	农业部节能产品及设备质量监督检验测试中心(哈尔滨)	(2005)量认(国)字(Y1048)号	2005.5.8-2010.5.8	复查换证
114	新疆维吾尔自治区水环境监测中心	(2005)量认(国)字(G1282)号	2005.4.30-2010.4.30	复查换证
115	国家粮食局成都粮油食品饲料质量监督检验测试中心	(2005)量认(国)字(Q1288)号	2005.5.17-2010.5.17	复查换证

2005 年批准的国家计量认证合格实验室名单(续表 3)

序号	质检机构名称	证书编号	证书有效日期	认证类型
116	中铁大桥局集团第二工程有限公司中心试验室	(2005)量认(国)字(N1169)号	2005.5.9-2010.5.9	复查换证
117	中铁大桥勘测设计院有限公司中心试验室	(2005)量认(国)字(N1138)号	2005.5.9-2010.5.9	复查换证
118	中铁大桥局集团第三工程有限公司中心试验室	(2005)量认(国)字(N1172)号	2005.5.9-2010.5.9	复查换证
119	中铁大桥局集团第一工程有限公司试验检测中心	(2005)量认(国)字(N1139)号	2005.5.9-2010.5.9	复查换证
120	中铁大桥局集团第四工程有限公司试验中心	(2005)量认(国)字(N1170)号	2005.5.7-2010.5.7	复查换证
121	中铁大桥局集团第五工程有限公司中心试验室	(2005)量认(国)字(N1171)号	2005.5.9-2010.5.9	复查换证
122	福建省海洋环境与渔业监测中心	(2005)量认(国)字(Z2503)号	2005.5.27-2010.5.27	首次认证
123	宁波市象山港海洋环境监测站	(2005)量认(国)字(Z2501)号	2005.5.27-2010.5.27	首次认证
124	国家海洋局潍坊海洋环境监测站	(2005)量认(国)字(Z2502)号	2005.5.27-2010.5.27	首次认证
125	广东省水环境监测中心茂名分中心	(2005)量认(国)字(G1565-1)号	2005.5.27-2006.12.11	复查换证
126	沈阳军区联勤部油料技术监督站	(2005)量认(国)字(Z1239)号	2005.5.26-2010.5.26	复查换证
127	北京金达勘查工程新技术开发公司检测中心	(2005)量认(国)字(E1952)号	2005.5.27-2010.5.27	复查换证
128	农业部农药质量监督检验测试中心(长沙)	(2005)量认(国)字(V1229)号	2005.5.27-2010.5.27	复查换证
129	农业部农产品质量安全监督检验测试中心(南昌)	(2005)量认(国)字(V2506)号	2005.5.27-2010.5.27	首次认证
130	农业部畜禽产品质量监督检验测试中心(乌鲁木齐)	(2005)量认(国)字(V2504)号	2005.5.27-2010.5.27	复查换证
131	农业部谷物品质监督检验测试中心(泰安)	(2005)量认(国)字(V2505)号	2005.5.27-2010.5.27	首次认证
132	煤炭工业淮北爆破器材产品质量监督检验中心/国家安全产淮北民用瀑破器材材检测检验中心	(2005)量认(国)字(T0222)号	2005.5.30-2010.5.30	复查换证
133	机械工业工业锅炉及环保产品质量监督检测中心(上海机械工业锅炉产品质量检测所)	(2005)量认(国)字(A0218)号	2005.5.30-2010.5.30	复查换证
134	机械工业减变速机产品质量监督检测中心	(2005)量认(国)字(A0954)号	2005.5.30-2010.5.30	复查换证
135	中国科学院空间科学与应用研究中心环境模拟实验室	(2005)量认(国)字(Z1924)号	2005.5.30-2010.5.30	复查换证
136	国家船舶舱大容积计量站	(2005)量认(国)字(Y2279)号	2005.5.25-2009.7.31	复查换证
137	中国计量科学研究院	(2005)量认(国)字(Z0116)号	2005.5.27-2009.11.24	复查换证
138	中国轻工业联合会家具质量监督检测北京站	(2005)量认(国)字(C2507)号	2005.5.31-2010.5.31	首次认证
139	国家粮食局长沙粮油食品质量监督检验测试中心	(2005)量认(国)字(Q1893)号	2005.6.7-2010.6.7	复查换证
140	珠江流域水环境监测中心	(2005)量认(国)字(G1237)号	2005.6.7-2010.6.7	复查换证
141	煤炭工业北京凿岩机具产品质量监督检验中心/国家安全生产北京凿岩机具检测检验中心	(2005)量认(国)字(T0336)号	2005.6.9-2010.6.9	复查换证
142	电力工业发电用煤质量监督检验中心	(2005)量认(国)字(K1002)号	2005.6.9-2010.6.9	复查换证
143	煤炭工业上海电气防爆检验站	(2005)量认(国)字(T1919)号	2005.6.9-2010.6.9	复查换证
144	铁道部产品质量监督检验中心铁道建筑检验站	(2005)量认(国)字(N0201)号	2005.5.17-2010.5.17	复查换证
145	北京邮电大学电接触检测实验室	(2005)量认(国)字(I1069)号	2005.6.15-2010.6.15	复查换证
146	中国科学院声学计量测试站	(2005)量认(国)字(Z0227)号	2005.6.20-2010.6.20	复查换证
147	新疆维吾尔自治区疾病预防控制中心	(2005)量认(国)字(S2509)号	2005.6.8-2010.6.8	首次认证
148	铁道部产品质量监督检验中心	(2005)量认(国)字(N0291)号	2005.6.21-2010.6.21	复查换证
149	北京港口机械质量检测中心	(2005)量认(国)字(P2501)号	2005.6.22-2010.6.22	首次认证
150	国家轻工业陶瓷耐火材料质量监督检测宜兴站	(2005)量认(国)字(C0650)号	2005.6.22-2010.6.22	复查换证
151	四川石油管理局酸性油气田材料腐蚀检测评价中心	(2005)量认(国)字(J1224)号	2005.6.22-2010.6.22	复查换证
152	农业部畜禽产品质量监督检验测试中心(武汉)	(2005)量认(国)字(V2514)号	2005.6.28-2010.6.28	首次认证
153	中国铁通集团有限公司通信计量测试中心	(2005)量认(国)字(N2513)号	2005.6.28-2010.6.28	首次认证
154	农业部农业环境质量监督检验测试中心(长春)	(2005)量认(国)字(V1898)号	2005.6.28-2010.6.28	复查换证
155	农业部果品及苗木质量监督检验测试中心(北京)	(2005)量认(国)字(V2512)号	2005.6.28-2010.6.28	首次认证

2005年批准的国家计量认证合格实验室名单(续表4)

序号	质检机构名称	证书编号	证书有效日期	认证类型
156	农业部畜牧环境质量监督检验测试中心	(2005)量认(国)字(V1901)号	2005.6.28–2010.6.28	复查换证
157	农业部食品质量监督检验测试中心(武汉)	(2005)量认(国)字(V0278)号	2005.6.28–2010.6.28	复查换证
158	农业部建材产品质量监督检验测试中心(呼和浩特)	(2005)量认(国)字(V1658)号	2005.6.28–2010.6.28	复查换证
159	农业部实验动物质量监督检验测试中心(哈尔滨)	(2005)量认(国)字(V2517)号	2005.6.28–2010.6.28	首次认证
160	中华全国供销合作总社昆明食用菌质量监督检验测试中心	(2005)量认(国)字(V1840)号	2005.7.5–2010.7.5	复查换证
161	中华全国供销合作总社广州蜂产品质量监督检验测试中心	(2005)量认(国)字(V1702)号	2005.7.5–2010.7.5	复查换证
162	长江水利委员会长江下游水环境监测中心	(2005)量认(国)字(G1346)号	2005.7.5–2010.7.5	复查换证
163	信息产业部印制电路板质量监督检验中心	(2005)量认(国)字(H0828)号	2005.7.13–2010.7.13	复查换证
164	农业部家禽品质量监督检验测试中心(北京)	(2005)量认(国)字(V2522)号	2005.7.13–2010.7.13	首次认证
165	中华全国供销合作总社南京野生植物制品质量监督检验测试中心	(2005)量认(国)字(V1823)号	2005.7.13–2010.7.13	复查换证
166	农业部渔业产品质量监督检验测试中心(厦门)	(2005)量认(国)字(V2523)号	2005.7.13–2010.7.13	首次认证
167	广西红树林研究中心(广西海洋环境与滨海湿地研究中心)	(2005)量认(国)字(Z2521)号	2005.7.14–2010.7.14	首次认证
168	中国石油大学(北京)资源与信息学院地球化学实验室	(2005)量认(国)字(J1939)号	2005.7.19–2010.7.19	复查换证
169	中铁八局集团有限公司工程检测中心	(2005)量认(国)字(N2527)号	2005.7.21–2010.7.21	首次认证
170	农业部建材产品质量监督检验测试中心(泰安)	(2005)量认(国)字(V1951)号	2005.7.21–2010.7.21	复查换证
171	农业部运输机械质量监督检验测试中心(济南)	(2005)量认(国)字(V2526)号	2005.7.21–2010.7.21	首次认证
172	国家城市供水水质监测网石家庄监测站	(2005)量认(国)字(U1410)号	2005.7.28–2010.7.28	复查换证
173	国家城市供水水质监测网沈阳监测站	(2005)量认(国)字(U1028)号	2005.7.28–2010.7.28	复查换证
174	国家城市供水水质监测网太原监测站	(2005)量认(国)字(U1157)号	2005.7.28–2010.7.28	复查换证
175	国家城市供水水质监测网长春监测站	(2005)量认(国)字(U1046)号	2005.7.28–2010.7.28	复查换证
176	山西省环境监测中心站	(2005)量认(国)字(U1253)号	2005.7.28–2010.7.28	复查换证
177	水利部山西水利水电勘测设计研究院岩土试验中心	(2005)量认(国)字(G2530)号	2005.7.27–2010.7.27	首次认证
178	电力工业山东发电用煤质量监督检验中心	(2005)量认(国)字(K1261)号	2005.7.26–2010.7.26	复查换证
179	陕西省环境监测中心站	(2005)量认(国)字(U1278)号	2005.7.26–2010.7.26	复查换证
180	北京市水环境监测中心	(2005)量认(国)字(G1277)号	2005.7.27–2010.7.27	复查换证
181	淮河流域水工程质量检测中心	(2005)量认(国)字(G1940)号	2005.8.4–2010.8.4	复查换证
182	北京市辐射环境管理中心	(2005)量认(国)字(U2537)号	2005.8.5–2010.8.5	首次认证
183	中铁十六局集团第五工程有限公司计量测试中心	(2005)量认(国)字(N0308)号	2005.8.5–2010.8.5	复查换证
184	机械工业组合机床及液压元件产品质量监督检验中心	(2005)量认(国)字(A0569)号	2005.8.9–2010.8.9	复查换证
185	中华全国供销合作总社郑州棉花质量监督检验测试中心	(2005)量认(国)字(D2539)号	2005.8.10–2010.8.10	首次认证
186	中铁十六局集团有限公司计量测试中心	(2005)量认(国)字(N0307)号	2005.8.15–2010.8.15	复查换证
187	南昌铁路局电力试验所	(2005)量认(国)字(N1947)号	2005.8.15–2010.8.15	复查换证
188	化工地质矿山第二实验室	(2005)量认(国)字(F1070)号	2005.8.15–2010.8.15	复查换证
189	中国有色金属工业西安桩基质量检测站	(2005)量认(国)字(U1313)号	2005.8.14–2010.8.14	复查换证
190	北京市城市排水监测总站	(2005)量认(国)字(U1369)号	2005.8.23–2010.8.23	复查换证
191	青岛市城市排水监测站	(2005)量认(国)字(U1355)号	2005.8.23–2010.8.23	复查换证
192	国家城市排水监测网天津站天津市城市排水监测站	(2005)量认(国)字(U1356)号	2005.8.23–2010.8.23	复查换证
193	国家城市排水监测网哈尔滨站哈尔滨市城市排水监测站	(2005)量认(国)字(U1354)号	2005.8.23–2010.8.23	复查换证
194	中国石油天然气集团公司静电监测中心	(2005)量认(国)字(J1955)号	2005.8.25–2010.8.25	复查换证
195	上海市城市排水监测站	(2005)量认(国)字(U1353)号	2005.8.23–2010.8.23	复查换证
196	铁道部产品质量监督检验中心安全卫生检验站	(2005)量认(国)字(N0204)号	2005.8.31–2010.8.31	复查换证
197	胜利石油管理局钻井工艺研究院钻井液质量检验室	(2005)量认(国)字(J1363)号	2005.8.31–2010.8.31	复查换证

2005年批准的国家计量认证合格实验室名单(续表5)

序号	质检机构名称	证书编号	证书有效日期	认证类型
198	黄河三门峡库区水环境监测中心	(2005)量认(国)字(G1235)号	2005.8.31-2010.8.31	复查换证
199	黄委会基本建设工程质量检测中心	(2005)量认(国)字(G1344)号	2005.8.31-2010.8.31	复查换证
200	铁道部科学研究院深圳研究设计院工程检测中心	(2005)量认(国)字(N2110)号	2005.2.16-2010.2.16	复查换证
201	北京国电水利电力工程有限公司测试中心	(2005)量认(国)字(K1953)号	2005.8.31-2010.8.31	复查换证
202	化工地质矿山第八实验室	(2005)量认(国)字(B1156)号	2005.9.16-2010.9.16	复查换证
203	石油工业天然气质量监督检验中心	(2005)量认(国)字(J0422)号	2005.9.16-2010.9.16	复查换证
204	中铁十一局集团有限公司工程检测中心	(2005)量认(国)字(N0315)号	2005.9.23-2010.9.23	复查换证
205	中铁十一局集团第一工程有限公司中心试验室	(2005)量认(国)字(N0316)号	2005.9.23-2010.9.23	复查换证
206	中铁十一局集团第三工程有限公司中心试验室	(2005)量认(国)字(N0318)号	2005.9.23-2010.9.23	复查换证
207	中铁十一局集团第五工程有限公司中心试验室	(2005)量认(国)字(N0542)号	2005.9.23-2010.9.23	复查换证
208	中铁十一局集团第二工程有限公司中心试验室	(2005)量认(国)字(N0317)号	2005.9.23-2010.9.23	复查换证
209	中铁十一局集团第四工程有限公司中心试验室	(2005)量认(国)字(N0541)号	2005.9.23-2010.9.23	复查换证
210	机械工业机床产品质量检测中心(昆明)	(2005)量认(国)字(A0493)号	2005.9.22-2010.9.22	复查换证
211	铁道部产品质量监督检验中心安全卫生检验站	(2005)量认(国)字(N0204)号	2005.8.31-2010.8.31	复查换证
212	化学工业鞋类质量监督检验中心	(2005)量认(国)字(B0440)号	2005.9.27-2010.9.27	复查换证
213	甘肃省环境监测中心站	(2005)量认(国)字(U1126)号	2005.10.11-2010.10.11	复查换证
214	国家轻工业家具质量监督检测天津站	(2005)量认(国)字(C0384)号	2005.10.12-2010.10.12	复查换证
215	松辽流域水环境监测中心	(2005)量认(国)字(G1088)号	2005.10.12-2010.10.12	复查换证
216	水利部水质监督检验测试中心	(2005)量认(国)字(G1273)号	2005.10.12-2010.10.12	复查换证
217	济南铁路诚意工程检测有限公司	(2005)量认(国)字(N1161)号	2005.10.10-2010.10.10	复查换证
218	中铁十四局集团第二工程有限公司测试中心	(2005)量认(国)字(N0312)号	2005.10.10-2010.10.10	复查换证
219	中铁十四局集团第三工程有限公司测试计量中心	(2005)量认(国)字(N0313)号	2005.10.10-2010.10.10	复查换证
220	中铁七局集团有限公司工程质量检测中心	(2005)量认(国)字(N1174)号	2005.10.21-2010.10.21	复查换证
221	中国石油华北油田勘探开发研究院沉积实验室	(2005)量认(国)字(J1958)号	2005.10.23-2010.10.23	复查换证
222	中国石油华北油田勘探开发研究院开发实验室	(2005)量认(国)字(J1959)号	2005.10.23-2010.10.23	复查换证
223	中国石油华北油田勘探开发研究院生油实验室	(2005)量认(国)字(J1960)号	2005.10.23-2010.10.23	复查换证
224	中国物流与采购联合会燃料质量监督检验测试中心(西安)	(2005)量认(国)字(T1961)号	2005.10.27-2010.10.27	复查换证
225	农业部农产品加工机械设备质量监督检验测试中心(沈阳)	(2005)量认(国)字(V1996)号	2005.10.27-2010.10.27	复查换证
226	卫生部放射防护监督检测所北京蓝道尔个人剂量监测室/北京蓝道尔个人剂量监测室	(2005)量认(国)字(S1971)号	2005.10.9-2010.10.9	复查换证
227	中铁七局集团第三工程有限公司中心试验室	(2005)量认(国)字(N1302)号	2005.11.2-2010.11.2	复查换证
228	中国海洋石油总公司渤海石油研究院实验室	(2005)量认(国)字(J1388)号	2005.11.2-2010.11.2	复查换证
229	机械工业锅炉产品热工及环保性能检测中心(长沙)	(2005)量认(国)字(A0199)号	2005.11.10-2010.11.10	复查换证
230	国家建筑材料工业镁质胶凝材料产品质量监督检验测试中心	(2005)量认(国)字(R1921)号	2005.10.28-2010.10.28	复查换证
231	国家建筑材料工业安全玻璃质量监督检验测试中心	(2005)量认(国)字(R0274)号	2005.10.28-2010.10.28	复查换证
232	中铁四局集团第五工程有限公司中心试验室	(2005)量认(国)字(N1305)号	2005.11.14-2010.11.14	复查换证
233	国土资源部武汉矿产资源监督检测中心（武汉综合岩矿测试中心）	(2005)量认(国)字(F0338)号	2005.11.23-2010.11.23	复查换证
234	水利部灌排设备检测中心	(2005)量认(国)字(G1232)号	2005.11.29-2010.11.29	复查换证
235	农业部纸及纸制品质量监督检验测试中心	(2005)量认(国)字(V1980)号	2005.11.28-2010.11.28	复查换证
236	中国石油西南油气田分公司勘探开发研究院开发实验室	(2005)量认(国)字(J1408)号	2005.11.29-2010.11.29	复查换证
237	中国石油西南油气田分公司勘探开发研究院地质实验室	(2005)量认(国)字(J1405)号	2005.11.29-2010.11.29	复查换证

2005年批准的国家计量认证合格实验室名单(续表6)

序号	质检机构名称	证书编号	证书有效日期	认证类型
238	中铁十四局第四工程公司测试计量中心	(2005)量认(国)字(N0314)号	2005.11.24-2010.11.24	复查换证
239	中铁五局集团建筑工程有限责任公司中心试验室	(2005)量认(国)字(N1163)号	2005.12.2-2010.12.2	复查换证
240	水利部珠江水利委员会科学研究所中心试验室	(2005)量认(国)字(G1889)号	2005.12.5-2010.12.5	复查换证
241	长江流域水环境监测中心	(2005)量认(国)字(G1109)号	2005.12.5-2010.12.5	复查换证
242	广西壮族自治区环境监测中心站	(2005)量认(国)字(U1473)号	2005.12.7-2010.12.7	复查换证
243	中华全国供销合作总社兰州化肥农药农膜商品质量检验测试中心	(2005)量认(国)字(V1693)号	2005.12.8-2010.12.8	复查换证
244	广东有色工程勘察设计院桩基质量检测站	(2005)量认(国)字(U1350)号	2005.12.12-2010.12.12	复查换证
245	中国有色金属工业华东产品质量监督检验中心	(2005)量认(国)字(E0415)号	2005.12.16-2010.12.16	复查换证
246	国家城市供水水质监测网合肥监测站	(2005)量认(国)字(U1199)号	2005.12.15-2010.12.15	复查换证
247	国家城市供水水质监测网青岛监测站	(2005)量认(国)字(U1922)号	2005.12.15-2010.12.15	复查换证
248	中铁十二局集团第三工程有限公司计量测试中心	(2005)量认(国)字(N1449)号	2005.12.26-2010.12.26	复查换证
249	中铁十二局集团有限公司计量测试中心	(2005)量认(国)字(N0310)号	2005.12.26-2010.12.26	复查换证
250	中铁十七局集团有限公司工程检测中心	(2005)量认(国)字(N0320)号	2005.12.26-2010.12.26	复查换证
251	农业部亚热带果品蔬菜质量监督检验测试中心	(2005)量认(国)字(V1964)号	2005.12.26-2010.12.26	复查换证
252	农业部农药质量监督检验测试中心(沈阳)	(2005)量认(国)字(V2006)号	2005.12.26-2010.12.26	复查换证
253	新疆石油管理局采油工艺研究院化学实验中心	(2005)量认(国)字(J1974)号	2005.12.26-2010.12.26	复查换证
254	中国石油西南油气田分公司天然气研究院气田开发化学实验室	(2005)量认(国)字(J1409)号	2005.12.26-2010.12.26	复查换证
255	中国船舶工业铁电压电陶瓷产品性能检测中心	(2005)量认(国)字(M0620)号	2005.12.26-2010.12.26	复查换证
256	国家林业局华东木材及木制品质量监督检验中心	(2005)量认(国)字(V1998)号	2005.12.22-2010.12.22	复查换证
257	广东水电与建筑工程质量检测站	(2005)量认(国)字(G1212)号	2005.12.30-2010.12.30	复查换证
258	呼和浩特铁路局节能监测站	(2005)量认(国)字(N1739)号	2005.12.22-2010.12.22	复查换证
259	哈尔滨铁路局节能监测中心	(2005)量认(国)字(N1452)号	2005.12.31-2010.12.31	复查换证
260	农业部微生物肥料和食用菌菌种质量监督检验测试中心	(2005)量认(国)字(V1486)号	2005.9.5-2010.9.5	复查换证
261	机械工业凿岩机械气动工具产品质量监督检测中心	(2005)量认(国)字(A0580)号	2005.11.16-2010.11.16	复查换证
262	国家安全生产长沙矿用安全仪器检测检验中心/煤炭工业长沙安全仪器检验站	(2005)量认(国)字(T0180)号	2005.11.21-2010.11.21	复查换证
263	信息产业部广州移动通信产品质量监督检验中心	(2005)量认(国)字(H0492)号	2005.11.29-2010.11.29	复查换证
264	浙江有色地球物理技术应用研究院工程检测中心	(2005)量认(国)字(E1411)号	2005.12.12-2010.12.12	复查换证
265	石家庄市城市排水监测站	(2005)量认(国)字(U1459)号	2005.12.15-2010.12.15	复查换证
266	海口市城市排水监测站	(2005)量认(国)字(U1987)号	2005.12.15-2010.12.15	复查换证
267	南京市城市排水监测站	(2005)量认(国)字(U1412)号	2005.12.16-2010.12.16	复查换证
268	武汉市城市排水监测站	(2005)量认(国)字(U1986)号	2005.12.15-2010.12.15	复查换证
269	太原市城市排水监测站	(2005)量认(国)字(U1413)号	2005.12.15-2010.12.15	复查换证
270	国家城市供水水质监测网南昌监测站	(2005)量认(国)字(U1195)号	2005.12.15-2010.12.15	复查换证
271	信息产业部防静电产品质检中心	(2005)量认(国)字(H1176)号	2005.12.13-2010.12.13	复查换证
272	石油工业原油及石油产品质量监督检验中心	(2005)量认(国)字(J0527)号	2005.12.26-2010.12.26	复查换证
273	中国人民解放军油料及油料装备检测试验中心	(2005)量认(国)字(J0970)号	2005.12.31-2010.12.31	复查换证
274	杭州市城市排水监测站	(2005)量认(国)字(U1454)号	2005.12.15-2010.12.15	复查换证
275	合肥市城市排水监测站	(2005)量认(国)字(U1985)号	2005.12.16-2010.12.16	复查换证
276	国家城市供水水质监测网海口监测站	(2005)量认(国)字(U1381)号	2005.12.14-2010.12.14	复查换证
277	国土资源部广州矿产资源监督检测中心	(2005)量认(国)字(F0380)号	2005.9.13-2010.9.13	首次认证

2005年批准的国家计量认证合格实验室名单(续表7)

序号	质检机构名称	证书编号	证书有效日期	认证类型
278	国土资源部郑州矿产资源监督检测中心	(2005)量认(国)字(F0339)号	2005.9.13-2010.9.13	首次认证
279	中铁二十二局集团有限公司工程检测中心	(2005)量认(国)字(N2547)号	2005.9.5-2010.9.5	首次认证
280	农业部农产品质量安全监督检验测试中心(厦门)	(2005)量认(国)字(V2575)号	2005.10.10-2010.10.10	首次认证
281	农业部肥料质量监督检验测试中心(郑州)	(2005)量认(国)字(V2551)号	2005.10.10-2010.10.10	首次认证
282	山西万家寨引黄工程管理局中心实验室	(2005)量认(国)字(G2579)号	2005.10.12-2010.10.12	首次认证
283	农业部渔业产品质量监督检验测试中心(南京)	(2005)量认(国)字(V2587)号	2005.10.27-2010.10.27	首次认证
284	农业部渔业产品质量监督检验测试中心(大连)	(2005)量认(国)字(V2586)号	2005.10.27-2010.10.27	首次认证
285	中铁咨询工程检测中心	(2005)量认(国)字(N2588)号	2005.11.2-2010.11.2	首次认证
286	机械工业茶叶加工机械产品质量监督检测中心	(2005)量认(国)字(A2592)号	2005.11.16-2010.11.16	首次认证
287	国土资源部西安矿产资源监督检测中心	(2005)量认(国)字(F2593)号	2005.11.23-2010.11.23	首次认证
288	国家安全生产重庆矿用设备检测检验中心/重庆科盾煤矿用安全产品检验有限公司	(2005)量认(国)字(T2594)号	2005.11.28-2010.11.28	首次认证
289	农业部排灌机械设备质量监督检验测试中心	(2005)量认(国)字(V2606)号	2005.11.30-2010.11.30	首次认证
290	农业部农机作业质量监督检验测试中心	(2005)量认(国)字(V2600)号	2005.11.28-2010.11.28	首次认证
291	农业部种畜品质监督检验测试中心	(2005)量认(国)字(V2599)号	2005.11.28-2010.11.28	首次认证
292	农业部农产加工品质量监督检验测试中心(大庆)	(2005)量认(国)字(V2601)号	2005.11.28-2010.11.28	首次认证
293	农业部建材产品质量监督检验测试中心(西安)	(2005)量认(国)字(V2605)号	2005.11.29-2010.11.29	首次认证
294	中铁十一局集团株洲桥梁有限公司中心试验室	(2005)量认(国)字(N2602)号	2005.11.28-2010.11.28	首次认证
295	山西省辐射环境监督站	(2005)量认(国)字(U2604)号	2005.11.22-2010.11.22	首次认证
296	农业部农产品质量安全监督检验测试中心(太原)	(2005)量认(国)字(V2607)号	2005.12.2-2010.12.2	首次认证
297	农业部奶及奶制品质量监督检验测试中心(北京)	(2005)量认(国)字(V2610)号	2005.12.12-2010.12.12	首次认证
298	中国石油天然气股份有限公司西北石化节能监测站	(2005)量认(国)字(J2608)号	2005.12.2-2010.12.2	首次认证
299	广西壮族自治区辐射环境监督管理站	(2005)量认(国)字(U2609)号	2005.12.6-2010.12.6	首次认证
300	农业部农产品质量安全监督检验测试中心(银川)	(2005)量认(国)字(V2622)号	2005.12.26-2010.12.26	首次认证
301	农业部全国草业产品质量监督检验测试中心	(2005)量认(国)字(V2621)号	2005.12.26-2010.12.26	首次认证
302	兰州军区联勤部油料监督处油品质量检测中心	(2005)量认(国)字(Z2623)号	2005.12.23-2010.12.23	首次认证
303	国家安全生产上海矿用设备检测检验中心	(2005)量认(国)字(T1920)号	2005.9.21-2008.5.11	首次认证
304	深圳市水质检测中心	(2005)量认(国)字(U2570)号	2005.3.2-2010.1.27	首次认证
305	核工业二O三研究所分析检测中心	(2005)量认(国)字(F1134)号	2005.1.19-2010.1.27	复查换证
306	江苏检验检疫陶瓷检测实验室	(2005)量认(国)字(Z8356)号	2005.1.19-2009.12.30	复查换证
307	中国船舶工业无损检测中心	(2005)量认(国)字(M0489)号	2005.1.19-2009.12.30	复查换证
308	中国航空工业总公司东北地区三防试验站	(2005)量认(国)字(Z1291)号	2005.1.19-2010.1.19	复查换证
309	核工业无损检测中心	(2005)量认(国)字(Z1077)号	2005.2.17-2010.1.27	复查换证
310	中国人民武装警察部队药品检验所	(2005)量认(国)字(Z1923)号	2005.2.17-2010.1.27	复查换证
311	铁道部电气化工程局接触网器材检测中心	(2005)量认(国)字(N0300)号	2005.2.16-2010.1.27	复查换证
312	厦门出入境检验检疫局国际旅行卫生保健中心实验室	(2005)量认(国)字(Z2560)号	2005.2.16-2010.1.27	首次认证
313	中铁电化集团北京电信研究试验中心有限公司	(2005)量认(国)字(N1899)号	2005.2.16-2010.2.16	复查换证
314	陕西省疾病预防控制中心	(2005)量认(国)字(S2561)号	2005.2.16-2010.1.27	首次认证
315	沈阳汽车质量监督检验鉴定试验所	(2005)量认(国)字(A0665)号	2005.3.10-2010.3.10	复查换证
316	岚山出入境检验检疫局技术中心	(2005)量认(国)字(Z2457)号	2005.3.10-2010.3.10	首次认证
317	沧州出入境检验检疫局煤炭实验室	(2005)量认(国)字(Z2534)号	2005.8.4-2010.8.4	首次认证
318	中国环境科学院国家环境保护生态效应与风险评估重点实验室	(2005)量认(国)字(U2454)号	2005.3.10-2010.3.10	首次认证

2005年批准的国家计量认证合格实验室名单(续表8)

序号	质检机构名称	证书编号	证书有效日期	认证类型
319	中国检验认证集团宁波有限公司大榭石油化工实验室	(2005)量认(国)字(Z2456)号	2005.3.10–2010.3.10	首次认证
320	化学工业橡胶杂品质量监督检验中心	(2005)量认(国)字(B0375)号	2005.3.10–2010.3.10	复查换证
321	济宁出入境检验检疫局综合技术服务中心	(2005)量认(国)字(Z2453)号	2005.3.10–2010.3.10	首次认证
322	吉林省疾病预防控制中心/吉林省卫生监测检验中心	(2005)量认(国)字(S2455)号	2005.3.10–2010.3.10	首次认证
323	航空工业总公司西南电磁兼容监督检测中心	(2005)量认(国)字(H1241)号	2005.3.10–2010.3.10	复查换证
324	国家城市供水水质监测网天津监测站	(2005)量认(国)字(U0988)号	2005.3.23–2010.3.23	复查换证
325	佛山出入境检验检疫局工业产品检测中心	(2005)量认(国)字(Z2473)号	2005.3.23–2010.3.23	首次认证
326	国家食品药品监督管理局广州医疗器械质量监督检验中心/广东省医疗器械质量监督检验所	(2005)量认(国)字(S0720)号	2005.3.23–2010.3.23	复查换证
327	交通部重庆公路科学研究所客车实验室	(2005)量认(国)字(Z2275)号	2005.3.28–2010.3.28	复查换证
328	中国商业联合会食品质量监督检验测试中心(哈尔滨)	(2005)量认(国)字(Q2489)号	2005.3.31–2010.3.31	首次认证
329	国家轻工业首饰质量监督检验中心	(2005)量认(国)字(C0574)号	2005.5.24–2010.5.24	复查换证
330	沈阳出入境检验检疫局电子电器产品检测中心	(2005)量认(国)字(Z2490)号	2005.3.31–2010.3.31	首次认证
331	国家城市供水水质监测网北京监测站	(2005)量认(国)字(U0985)号	2005.3.31–2010.3.31	复查换证
332	国家城市供水水质监测网福州监测站	(2005)量认(国)字(U1226)号	2005.3.31–2010.3.31	复查换证
333	北京激光参量测试中心	(2005)量认(国)字(Z0132)号	2005.4.22–2010.4.22	复查换证
334	机械工业低压电器产品质量检测中心(重庆)	(2005)量认(国)字(Z2210)号	2005.4.25–2010.4.25	复查换证
335	机械工业电工材料产品质量监督检测中心	(2005)量认(国)字(A0233)号	2005.4.26–2010.4.26	复查换证
336	信息产业部网络与信息安全检测实验室	(2005)量认(国)字(H2488)号	2005.3.31–2009.12.31	首次认证
337	石油和化学工业节能产品质量监督检验中心	(2005)量认(国)字(B0889)号	2005.5.17–2010.5.17	复查换证
338	兵器工业化工产品质量监督检测中心	(2005)量认(国)字(Z1442)号	2005.5.17–2010.5.17	复查换证
339	安徽出入境检验检疫局金属材料实验室	(2005)量认(国)字(Z8006)号	2005.6.20–2010.6.20	复查换证
340	机械工业农机及泵类产品质量检测中心(福州)	(2005)量认(国)字(A0417)号	2005.5.17–2010.5.17	复查换证
341	临沂出入境检验检疫局食品实验室	(2005)量认(国)字(Z2500)号	2005.5.25–2010.5.25	首次认证
342	中国石油天然气股份有限公司采油工程产品质量监督检验中心	(2005)量认(国)字(J2498)号	2005.5.24–2010.5.24	首次认证
343	中国船舶工业上海材料与结构试验检测中心	(2005)量认(国)字(M1925)号	2005.5.7–2010.5.7	复查换证
344	中国船舶工业总公司水声产品性能检测中心	(2005)量认(国)字(M1337)号	2005.6.3–2010.6.3	复查换证
345	兵器工业静电检测中心	(2005)量认(国)字(Z1054)号	2005.6.3–2010.6.3	复查换证
346	中国建筑设计研究院住宅实验室	(2005)量认(国)字(U1943)号	2005.6.6–2010.6.6	复查换证
347	化学工业影像材料和照相化学品质量监督检验中心	(2005)量认(国)字(B2508)号	2005.6.6–2010.6.6	首次认证
348	石油工业专用管材质量监督检验中心	(2005)量认(国)字(J0113)号	2005.6.20–2010.6.20	复查换证
349	安徽出入检验检疫局铜原料及产品实验室	(2005)量认(国)字(Z8008)号	2005.6.20–2010.6.20	复查换证
350	机械工业拖拉机产品质量监督检测中心	(2005)量认(国)字(A0452)号	2005.6.20–2010.6.20	复查换证
351	公安部交通安全产品质量监督检验中心	(2005)量认(国)字(Z1432)号	2005.6.20–2010.6.20	复查换证
352	北京东方计量测试研究所(中国航天科技集团公司第五研究院第五一四研究所)/中国空间技术研究院卫星地球站检测中心	(2005)量认(国)字(W1944)号	2005.6.20–2010.6.20	复查换证
353	交通部公路工程检测中心	(2005)量认(国)字(P1850)号	2005.6.20–2010.6.20	复查换证
354	石油工业井下工具质量监督检验中心	(2005)量认(国)字(J1387)号	2005.6.20–2010.6.20	复查换证
355	中国船舶工业导航产品检测中心	(2005)量认(国)字(M0914)号	2005.6.20–2010.6.20	复查换证
356	上海精密计量测试研究所	(2005)量认(国)字(W1945)号	2005.6.20–2010.6.20	复查换证
357	国家广播电影电视总局广播电视计量检测中心	(2005)量认(国)字(H1935)号	2005.6.17–2010.6.17	复查换证

2005年批准的国家计量认证合格实验室名单(续表9)

序号	质检机构名称	证书编号	证书有效日期	认证类型
358	广东省电力工业局试验研究所	(2005)量认(国)字(K2516)号	2005.6.28–2010.6.28	首次认证
359	国家城市供水水质监测网杭州监测站	(2005)量认(国)字(U1228)号	2005.6.28–2010.6.28	复查换证
360	国家轻工业海湖盐质量监督检验中心	(2005)量认(国)字(C0184)号	2005.6.28–2010.6.28	复查换证
361	中国船舶工业广州理化无损检测中心	(2005)量认(国)字(M2515)号	2005.6.28–2010.6.28	首次认证
362	信息产业部微特电机产品质量监督检验中心	(2005)量认(国)字(A0827)号	2005.6.28–2010.6.28	复查换证
363	信息产业部无线通信产品质量监督检验中心	(2005)量认(国)字(I1080)号	2005.6.28–2010.6.28	复查换证
364	信息产业部数据通信产品质量监督检验中心	(2005)量认(国)字(I1125)号	2005.6.28–2010.6.28	复查换证
365	信息产业部有线通信产品质量监督检验中心	(2005)量认(国)字(I1073)号	2005.6.28–2010.6.28	复查换证
366	安徽出入境检验检疫局生物技术分中心	(2005)量认(国)字(Z8007)号	2005.6.28–2010.6.28	复查换证
367	安徽出入境检验检疫局化学技术分中心	(2005)量认(国)字(Z8005)号	2005.6.28–2010.6.28	复查换证
368	纺织工业化纤产品质量监督中心	(2005)量认(国)字(D0555)号	2005.6.20–2010.6.20	复查换证
369	建设部供热质量监督检验中心	(2005)量认(国)字(U2518)号	2005.7.26–2010.7.26	首次认证
370	航空工业总公司西北地区三防试验站	(2005)量认(国)字(W1260)号	2005.7.7–2010.7.7	复查换证
371	天津出入境检验检疫局检验检疫技术中心动植食检验检疫分中心	(2005)量认(国)字(Z8063)号	2005.7.8–2010.7.8	复查换证
372	新疆出入境检验检疫局检验检疫技术中心	(2005)量认(国)字(Z2519)号	2005.7.8–2010.7.8	首次认证
373	北京市北大兴华宝石鉴定中心	(2005)量认(国)字(Z1178)号	2005.8.10–2010.8.10	复查换证
374	潮州出入境检验检疫局陶瓷实验室	(2005)量认(国)字(Z8116)号	2005.7.26–2010.7.26	复查换证
375	温州出入境检验检疫局综合技术服务中心	(2005)量认(国)字(Z2531)号	2005.7.26–2010.7.26	首次认证
376	化学工业气体质量监督检验中心	(2005)量认(国)字(B0436)号	2005.7.26–2010.7.26	复查换证
377	机械工业电工材料及特种线缆产品质量监督检验中心	(2005)量认(国)字(A2533)号	2005.7.26–2010.7.26	首次认证
378	安徽出入境检验检疫局纺织技术分中心	(2005)量认(国)字(Z8367)号	2005.7.26–2010.7.26	复查换证
379	国家粮食局武汉粮油饲料质量监督检验测试中心	(2005)量认(国)字(Q2532)号	2005.7.25–2010.7.25	首次认证
380	中国商业联合会副食品质量监督检测中心	(2005)量认(国)字(Q2538)号	2005.8.8–2010.8.8	首次认证
381	澳门自来水股份有限公司化验研究中心分析部	(2005)量认(国)字(U1942)号	2005.8.4–2010.8.4	复查换证
382	济南出入境检验检疫局检验检疫技术中心	(2005)量认(国)字(Z2535)号	2005.8.4–2010.8.4	首次认证
383	浙江省环境监测中心站	(2005)量认(国)字(U0953)号	2005.8.4–2010.8.4	复查换证
384	青岛衡器测试中心	(2005)量认(国)字(Z0235)号	2005.8.4–2010.8.4	复查换证
385	中国纺织工业协会检测中心/纺织工业面料检测中心	(2005)量认(国)字(D2528)号	2005.7.21–2008.10.27	首次认证
386	兵器工业特种工艺技术理化检测中心	(2005)量认(国)字(Z2536)号	2005.8.4–2010.8.4	首次认证
387	中国核工业第二三建设公司工程技术研究设计院检测中心	(2005)量认(国)字(Z1254)号	2005.8.4–2010.8.4	复查换证
388	华业地学科技公司测试中心	(2005)量认(国)字(F1956)号	2005.8.4–2010.8.4	复查换证
389	中国科学院上海有机化学研究所分析测试中心	(2005)量认(国)字(Z1244)号	2005.8.15–2010.8.15	复查换证
390	济南汽车质量监督检验鉴定试验所	(2005)量认(国)字(A1439)号	2005.8.31–2010.8.31	复查换证
391	北方汽车质量监督检验鉴定试验所	(2005)量认(国)字(A0670)号	2005.8.31–2010.8.31	复查换证
392	中铁十六局集团第二工程有限公司计量测试中心	(2005)量认(国)字(N0319)号	2005.8.30–2010.8.30	复查换证
393	东莞出入境检验检疫局检验检疫综合技术中心	(2005)量认(国)字(Z8137)号	2005.8.30–2010.8.30	复查换证
394	江苏出入境检验检疫局动植物与食品检测中心食品实验室	(2005)量认(国)字(Z2545)号	2005.8.31–2010.8.31	首次认证
395	中国医学科学院北京协和医院临床药理中心实验室	(2005)量认(国)字(S2546)号	2005.8.31–2010.8.31	首次认证
396	云南省疾病预防控制中心	(2005)量认(国)字(S2542)号	2005.8.30–2010.8.30	首次认证
397	国家城市供水水质监测网上海监测站	(2005)量认(国)字(U0987)号	2005.8.31–2010.8.31	复查换证
398	海南出入境检验检疫局热带植物隔离检疫中心	(2005)量认(国)字(Z2543)号	2005.8.31–2010.8.31	首次认证
399	江苏检验检疫烟花爆竹检测中心	(2005)量认(国)字(Z2544)号	2005.8.31–2010.8.31	首次认证

2005年批准的国家计量认证合格实验室名单(续表10)

序号	质检机构名称	证书编号	证书有效日期	认证类型
400	兵器工业西南地区理化监测中心	(2005)量认(国)字(A0230)号	2005.9.9-2010.9.9	复查换证
401	广西出入境检验检疫局烟花爆竹监测中心	(2005)量认(国)字(Z8204)号	2005.9.8-2010.9.8	复查换证
402	中国商业联合会饲料质量监督检验测试中心(哈尔滨)/国家粮食局哈尔滨饲料及粮油食品质量监督检验中心	(2005)量认(国)字(Q1286)号	2005.9.12-2010.9.12	复查换证
403	广州出入境检验检疫局广州进出口商品检验技术研究所珠宝鉴定实验室	(2005)量认(国)字(Z2578)号	2005.10.10-2010.10.10	首次认证
404	淄博出入境检验检疫局陶瓷实验室	(2005)量认(国)字(Z8206)号	2005.9.19-2010.9.19	复查换证
405	深圳出入境检验检疫局工业品检测技术中心化矿实验室	(2005)量认(国)字(Z8362)号	2005.10.11-2010.10.11	复查换证
406	奉化出入境检验检疫局综合实验室	(2005)量认(国)字(Z2577)号	2005.10.10-2010.10.10	首次认证
407	国家林业局南京人造板质量监督检验站	(2005)量认(国)字(V0626)号	2005.10.8-2010.10.8	复查换证
408	天津汽车质量监督检验鉴定试验所	(2005)量认(国)字(A0398)号	2005.9.23-2010.9.23	复查换证
409	齐齐哈尔出入境检验检疫局综合实验室	(2005)量认(国)字(Z8103)号	2005.9.21-2010.9.21	复查换证
410	国家农业标准化与监测中心(安徽)	(2005)量认(国)字(Z2549)号	2005.9.21-2009.4.1	首次认证
411	湖北出入境检验检疫局检验检疫技术中心	(2005)量认(国)字(Z2582)号	2005.10.3-2010.10.3	首次认证
412	深圳出入境检验检疫局工业品检测技术中心轻工实验室	(2005)量认(国)字(Z8246)号	2005.10.10-2010.10.10	复查换证
413	江西出入境检验检疫局景德镇陶瓷检测中心	(2005)量认(国)字(Z2584)号	2005.10.12-2010.10.12	首次认证
414	国家广播电影电视总局电影技术质量检测所	(2005)量认(国)字(H2576)号	2005.10.10-2010.10.10	首次认证
415	全国节能计量测试技术服务中心	(2005)量认(国)字(Y1320)号	2005.9.19-2009.11.24	复查换证
416	福建国际旅行卫生保健中心综合实验室	(2005)量认(国)字(Z8087)号	2005.10.12-2010.10.12	复查换证
417	黑龙江出入境检验检疫局煤(焦)碳综合检测中心	(2005)量认(国)字(Z8102)号	2005.10.12-2010.10.12	复查换证
418	北京出入境检验检疫局金属材料实验室	(2005)量认(国)字(Z2583)号	2005.10.13-2010.10.13	首次认证
419	中国航空工业总公司西南地区三防试验站	(2005)量认(国)字(W1242)号	2005.10.12-2010.10.12	复查换证
420	江苏出入境检验检疫局动植物与食品检测中心植物检疫实验室	(2005)量认(国)字(Z8042)号	2005.10.27-2010.10.27	复查换证
421	国家邮政局邮政用品用具质量监督检验中心	(2005)量认(国)字(I1290)号	2005.10.27-2010.10.27	复查换证
422	机械工业高压电器产品质量检测中心(沈阳)	(2005)量认(国)字(A1789)号	2005.10.27-2010.10.27	复查换证
423	中国石化采油助剂与机电产品质量监督检验中心/胜利油田管理局质量监督检验所	(2005)量认(国)字(J1529)号	2005.10.27-2010.10.27	复查换证
424	机械工业排灌机械产品质量检测中心(杭州)	(2005)量认(国)字(A0633)号	2005.11.14-2010.11.14	复查换证
425	国家粮食局新疆粮油食品质量监督检验中心	(2005)量认(国)字(Q1966)号	2005.10.25-2010.10.25	复查换证
426	张家口出入境检验检疫局综合实验室	(2005)量认(国)字(Z8347)号	2005.10.27-2010.10.27	复查换证
427	绥芬河出入境检验检疫局检验检疫综合技术中心	(2005)量认(国)字(Z8121)号	2005.11.14-2010.11.14	复查换证
428	中国科学院太阳光伏发电系统和风力发电系统质量检测中心	(2005)量认(国)字(Z2056)号	2005.11.4-2010.11.4	复查换证
429	信息产业部通信产品防雷性能质量监督检验中心	(2005)量认(国)字(I1946)号	2005.11.4-2010.11.4	复查换证
430	广州出入境检验检疫局电气安全实验室	(2005)量认(国)字(Z8167)号	2005.11.4-2010.11.4	复查换证
431	广州出入境检验检疫局轻工产品检验实验室	(2005)量认(国)字(Z8160)号	2005.11.4-2010.11.4	复查换证
432	内蒙古出入境检验检疫局检验检疫技术中心	(2005)量认(国)字(Z8193)号	2005.11.4-2010.11.4	复查换证
433	防城港出入境检验检疫局化工矿产品实验室	(2005)量认(国)字(Z8205)号	2005.11.14-2010.11.14	复查换证
434	邢台出入境检验检疫局综合实验室	(2005)量认(国)字(Z8221)号	2005.11.14-2010.11.14	复查换证
435	南京检验检疫电子电气产品实验室(江苏出入境检验检疫局机电产品检测中心南京电子电气产品试验室)	(2005)量认(国)字(Z2591)号	2005.11.14-2010.11.14	首次认证

2005年批准的国家计量认证合格实验室名单(续表11)

序号	质检机构名称	证书编号	证书有效日期	认证类型
436	中国石化油田企业能源检测中心/中国石化胜利石油管理局能源监测站	(2005)量认(国)字(J2589)号	2005.11.13-2010.11.13	首次认证
437	广州出入境检验检疫局动植物与食品检验检疫技术中心	(2005)量认(国)字(Z8164)号	2005.11.13-2010.11.13	复查换证
438	国家环境保护总局辐射环境监测技术中心/浙江省辐射环境监测站	(2005)量认(国)字(U1279)号	2005.11.28-2010.11.28	复查换证
439	新疆国际旅行卫生保健中心实验室	(2005)量认(国)字(Z2590)号	2005.11.14-2010.11.14	首次认证
440	航天科工防御技术研究试验中心	(2005)量认(国)字(W2598)号	2005.11.28-2010.11.28	首次认证
441	中国石化钻井液化学剂产品质量监督检验中心(中国石化中原油田分公司技术监测中心化工产品监测总站)	(2005)量认(国)字(J2596)号	2005.11.28-2010.11.28	首次认证
442	核工业西南工程勘察设计院检测中心	(2005)量认(国)字(F1131)号	2005.11.28-2010.11.28	复查换证
443	四川省核工业地质调查院分析测试中心	(2005)量认(国)字(F1133)号	2005.11.28-2010.11.28	复查换证
444	机械工业油品检验评定中心	(2005)量认(国)字(A1983)号	2005.11.28-2010.11.28	复查换证
445	机械工业汽车零部件产品质量监督监测中心(广州)	(2005)量认(国)字(A0246)号	2005.11.28-2010.11.28	复查换证
446	机械工业工业自动化仪表产品质量监督检测中心	(2005)量认(国)字(A0224)号	2005.11.28-2010.11.28	复查换证
447	机械工业第一计量测试中心站	(2005)量认(国)字(A2595)号	2005.11.28-2010.11.28	首次认证
448	机械工业机动车电子零部件产品质量监督检测中心	(2005)量认(国)字(A2597)号	2005.11.28-2010.11.28	首次认证
449	廊坊出入境检验检疫局综合实验室	(2005)量认(国)字(Z2603)号	2005.11.28-2010.11.28	首次认证
450	宁夏出入境检验检疫局检验检疫综合技术中心	(2005)量认(国)字(Z8178)号	2005.11.28-2010.11.28	复查换证
451	中铁二局第一工程有限公司中心实验室/贵阳华筑工程测试中心	(2005)量认(国)字(N1303)号	2005.11.28-2010.11.28	复查换证
452	陕西出入境检验检疫局检验检疫技术中心	(2005)量认(国)字(Z8172)号	2005.11.28-2010.11.28	复查换证
453	宝鸡出入境检验检疫局综合实验室	(2005)量认(国)字(Z2618)号	2005.12.13-2010.12.13	首次认证
454	宁夏国际旅行卫生保健中心	(2005)量认(国)字(Z2618)号	2005.12.13-1010.12.13	首次认证
455	无锡出入境检验检疫局检验检疫综合技术中心	(2005)量认(国)字(Z8316)号	2005.12.13-1010.12.13	复查换证
456	江门出入境检验检疫局检验检疫技术中心	(2005)量认(国)字(Z2620)号	2005.12.13-1010.12.13	首次认证
457	中铁二局第二工程有限公司工程试验室	(2005)量认(国)字(N1304)号	2005.12.13-2010.12.13	复查换证
458	河南国际旅行卫生保健中心综合实验室	(2005)量认(国)字(Z2616)号	2005.12.13-2010.12.13	首次认证
459	信息产业部通信软件测评中心	(2005)量认(国)字(H2615)号	2005.12.13-2010.12.13	首次认证
460	中国电力科学研究院电测量研究所	(2005)量认(国)字(K2038)号	2005.12.29-1010.12.29	复查换证
461	嘉兴出入境检验检疫局综合实验室	(2005)量认(国)字(Z8009)号	2005.12.13-2010.12.13	复查换证
462	顺德出入境检验检疫局综合技术服务中心工业产品实验室	(2005)量认(国)字(Z2617)号	2005.12.13-2010.12.13	首次认证
463	龙口出入境检验检疫局综合技术服务中心	(2005)量认(国)字(Z8162)号	2005.12.13-2010.12.13	复查换证
464	新会出入境检验检疫局综合技术服务中心综合实验室	(2005)量认(国)字(Z2613)号	2005.12.12-2010.12.12	首次认证
465	公安部安全与警用电子产品质量监督检验中心	(2005)量认(国)字(H0992)号	2005.12.12-2010.12.12	复查换证
466	中国民航机场建设总公司科研基地实验中心	(2005)量认(国)字(Z2614)号	2005.12.12-2010.12.12	首次认证
467	国家齿轮产品质量监督检验中心	(2005)量认(国)字(A0390)号 (2005)国认监认字(067)号	2005.1.19-2009.12.30	复查换证
468	国家复印机质量监督检验中心	(2005)量认(国)字(A0136)号 (2005)国认监认字(071)号	2005.1.20-2009.12.30	复查换证
469	国家木工机械质量监督检验中心	(2005)量认(国)字(V0234)号 (2005)国认监认字(073)号	2005.2.5-2009.12.30	复查换证
470	国家变压器质量监督检验中心	(2005)量认(国)字(A0394)号 (2005)国认监认字(080)号	2005.1.26-2009.12.22	复查换证

2005年批准的国家计量认证合格实验室名单(续表12)

序号	质检机构名称	证书编号	证书有效日期	认证类型
471	国家渔具质量监督检验中心	(2005)量认(国)字(Z1572)号 (2005)国认监认字(222)号	2005.1.31–2009.12.30	复查换证
472	国家无线电频谱监测和检验中心	(2005)量认(国)字(Z1855)号 (2005)国认监认字(228)号	2005.6.28–2010.6.28	复查换证
473	国家饮料及粮油制品质量监督检验中心	(2005)量认(国)字(Q2473)号 (2005)国认监认字(264)号	2005.3.10–2010.3.10	首次认证
474	国家农副加工产品质量监督检验中心	(2005)量认(国)字(V2475)号 (2005)国认监认字(267)号	2005.3.10–2010.3.10	首次认证
475	国家车用乙醇汽油质量监督检验中心	(2005)量认(国)字(Z2470)号 (2005)国认监认字(282)号	2005.3.21–2010.3.21	首次认证
476	国家加工食品质量监督检验中心	(2005)量认(国)字(Z2494)号 (2005)国认监认字(276)号	2005.3.10–2010.3.10	首次认证
477	国家酒类及饮料质量监督检验中心	(2005)量认(国)字(Z2465)号 (2005)国认监认字(265)号	2005.3.10–2010.3.10	首次认证
478	国家防伪产品质量监督检验中心	(2005)量认(国)字(Z2472)号 (2005)国认监认字(268)号	2005.3.21–2010.3.21	复查换证
479	国家糖业质量监督检验中心	(2005)量认(国)字(Z2487)号 (2005)国认监认字(277)号	2005.3.25–2010.3.25	首次认证
480	国家石油管材质量监督检验中心	(2005)量认(国)字(J2469)号 (2005)国认监认字(278)号	2005.3.21–2010.3.21	首次认证
481	国家民用爆破器材质量监督检验中心(西安)	(2005)量认(国)字(L2466)号 (2005)国认监认字(272)号	2005.3.10–2010.3.10	首次认证
482	国家安全防范报警系统产品质量监督检验中心(上海)	(2005)量认(国)字(L2464)号 (2005)国认监认字(275)号	2005.3.14–2010.3.14	首次认证
483	国家棉花质量监督检验中心(新疆)	(2005)量认(国)字(Z2484)号 (2005)国认监认字(280)号	2005.3.21–2010.3.21	首次认证
484	国家棉花质量监督检验中心(青岛)	(2005)量认(国)字(Z2486)号 (2005)国认监认字(279)号	2005.3.25–2010.3.25	首次认证
485	国家安全防范报警系统产品质量监督检验中心(北京)	(2005)量认(国)字(L2463)号 (2005)国认监认字(274)号	2005.3.14–2010.3.14	首次认证
486	国家毛绒质量监督检验中心	(2005)量认(国)字(Z2467)号 (2005)国认监认字(273)号	2005.3.10–2010.3.10	首次认证
487	国家摩托车质量监督检验中心(重庆)	(2005)量认(国)字(Z2471)号 (2005)国认监认字(281)号	2005.3.21–2010.3.21	首次认证
488	国家亚麻产品质量监督检验中心	(2005)量认(国)字(Z2485)号 (2005)国认监认字(283)号	2005.3.18–2010.3.18	首次认证
489	国家排灌及节水设备产品质量监督检验中心	(2005)量认(国)字(G2250)号 (2005)国认监认字(246)号	2005.1.18–2010.1.27	复查换证
490	国家鞋类质量监督检验中心(北京)	(2005)量认(国)字(C1371)号 (2005)国质监认字(211)号	2005.2.5–2010.1.27	复查换证
491	国家皮革制品质量监督检验中心	(2005)量认(国)字(C0830)号 (2005)国认监认字(190)号	2005.2.5–2010.1.27	复查换证

2005 年批准的国家计量认证合格实验室名单(续表 13)

序号	质检机构名称	证书编号	证书有效日期	认证类型
492	国家蔬菜质量监督检验中心	(2005)量认(国)字(Z2468)号 (2005)国认监认字(269)号	2005.3.10–2010.3.10	首次认证
493	国家竹木产品质量监督检验中心	(2005)量认(国)字(Z2460)号 (2005)国认监认字(271)号	2005.3.10–2010.3.10	首次认证
494	国家果蔬产品及加工食品质量监督检验中心	(2005)量认(国)字(Z2461)号 (2005)国认监认字(266)号	2005.6.22–2010.6.22	首次认证
495	国家照相机质量监督检验中心	(2005)量认(国)字(A0954)号 (2005)国认监认字(127)号	2005.4.4–2010.4.4	复查换证
496	国家电话交换机质量监督检验中心	(2005)量认(国)字(Z0902)号 (2005)国认监认字(165)号	2005.4.4–2010.4.4	复查换证
497	国家农药产品质量监督检验中心(南京)	(2005)量认(国)字(V2351)号 (2005)国认监认字(254)号	2005.4.4–2010.4.4	复查换证
498	国家化妆品质量监督检验所	(2005)量认(国)字(C1066)号 (2005)国认监认字(194)号	2005.4.4–2010.4.4	复查换证
499	国家包装产品质量监督检验中心(成都)	(2005)量认(国)字(Z1150)号 (2005)国认监认字(198)号	2005.4.4–2010.4.4	复查换证
500	国家中文信息产品质量监督检验中心	(2005)量认(国)字(Z2004)号 (2005)国认监认字(231)号	2005.3.3–2009.12.22	复查换证
501	国家分析仪器质量监督检验中心	(2005)量认(国)字(A0261)号 (2005)国认监认字(174)号	2005.4.4–2010.4.4	复查换证
502	国家纺织品服装产品质量监督检验中心(广州)	(2005)量认(国)字(D2181)号 (2005)国认监认字(240)号	2005.3.24–2007.1.21	复查换证
503	国家客车质量监督检验中心	(2005)量认(国)字(P0393)号 (2005)国认监认字(087)号	2005.4.4–2010.4.4	复查换证
504	国家肉类质量监督检验中心	(2005)量认(国)字(Q1297)号 (2005)国认监认字(082)号	2005.4.4–2010.4.4	复查换证
505	国家石油产品质量监督检验中心	(2005)量认(国)字(J1373)号 (2005)国认监认字(208)号	2005.4.4–2010.4.4	复查换证
506	国家加工食品质量监督检验中心(广州)	(2005)量认(国)字(Z2462)号 (2005)国认监认字(270)号	2005.3.10–2007.12.30	首次认证
507	国家日用金属制品质量监督检验中心(成都)	(2005)量认(国)字(Z1774)号 (2005)国认监认字(224)号	2005.4.26–2010.4.26	复查换证
508	国家酒类及加工食品质量监督检验中心	(2005)量认(国)字(Z2309)号 (2005)国认监认字(247)号	2005.9.27–2010.4.26	复查换证
509	国家首饰质量监督检验中心	(2005)量认(国)字(Z2474)号 (2005)国认监认字(204)号	2005.4.26–2010.4.26	复查换证
510	国家燃料油质量监督检验中心	(2005)量认(国)字(J0679)号 (2005)国认监认字(128)号	2005.6.1–2010.6.1	复查换证
511	国家激光器件质量监督检验中心	(2005)量认(国)字(Z1051)号 (2005)国认监认字(184)号	2005.6.1–2010.6.1	复查换证
512	国家缝纫机质量监督检验中心	(2005)量认(国)字(C0408)号 (2005)国认监认字(039)号	2005.6.1–2010.6.1	复查换证
513	国家石油天然气产品质量监督检验中心	(2005)量认(国)字(Z2496)号 (2005)国认监认字(286)号	2005.4.26–2010.4.26	复查换证

2005年批准的国家计量认证合格实验室名单(续表14)

序号	质检机构名称	证书编号	证书有效日期	认证类型
514	国家青少年食品质量监督检验中心	(2005)量认(国)字(Z2497)号 (2005)国认监认字(284)号	2005.4.28–2009.5.23	首次认证
515	国家假肢质量监督检验中心	(2005)量认(国)字(Z1034)号 (2005)国认监认字(183)号	2005.6.1–2010.6.1	复查换证
516	国家电动潜油泵质量监督检验中心	(2005)量认(国)字(Z0853)号 (2005)国认监认字(166)号	2005.6.1–2010.6.1	复查换证
517	国家拖拉机质量监督检验中心	(2005)量认(国)字(A0452)号 (2005)国认监认字(018)号	2005.6.28–2010.6.28	复查换证
518	国家太阳能热水器质量监督检验中心(北京)	(2005)量认(国)字(Z2529)号 (2005)国认监认字(288)号	2005.7.26–2010.7.26	复查换证
519	国家空调设备质量监督检验中心	(2005)量认(国)字(Z0285)号 (2005)国认监认字(083)号	2005.7.26–2010.7.26	复查换证
520	国家危险化学品质量监督检验中心	(2005)量认(国)字(Z2511)号 (2005)国认监认字(285)号	2005.6.24–2010.6.24	首次认证
521	国家香料香精化妆品质量监督检验中心	(2005)量认(国)字(Z1130)号 (2005)国认监认字(199)号	2005.8.1–2010.8.1	复查换证
522	国家饲料质量监督检验中心(武汉)	(2005)量认(国)字(Z0223)号 (2005)国认监认字(091)号	2005.8.1–2010.8.1	复查换证
523	国家黄金钻石制品质量监督检验中心	(2005)量认(国)字(Z2525)号 (2005)国认监认字(287)号	2005.7.15–2008.12.4	首次认证
524	国家传感器质量监督检验中心	(2005)量认(国)字(Z1247)号 (2005)国认监认字(202)号	2005.9.7–2010.9.7	复查换证
525	国家副食品质量监督检验中心	(2005)量认(国)字(Q0174)号 (2005)国认监认字(055)号	2005.9.7–2010.9.7	复查换证
526	国家水产品及加工食品质量监督检验中心	(2005)量认(国)字(Z2540)号 (2005)国认监认字(291)号	2005.8.29–2010.8.29	首次认证
527	国家起重运输机械质量监督检验中心	(2005)量认(国)字(Z0283)号 (2005)国认监认字(088)号	2005.9.7–2010.9.7	复查换证
528	国家盐化工产品质量监督检验中心	(2005)量认(国)字(Z2548)号 (2005)国认监认字(292)号	2005.9.7–2010.9.7	首次认证
529	国家汽车零部件产品质量监督检验中心(长春)	(2005)量认(国)字(Z2541)号 (2005)国认监认字(289)号	2005.8.11–2010.8.11	首次认证
530	国家石墨制品质量监督检验中心	(2005)量认(国)字(Z1443)号 (2005)国认监认字(217)号	2005.10.9–2010.10.9	复查换证
531	国家烟草质量监督检验中心	(2005)量认(国)字(Z1149)号 (2005)国认监认字(195)号	2005.10.9–2010.10.9	复查换证
532	国家儿童营养品质量监督检验中心	(2005)量认(国)字(Z1972)号 (2005)国认监认字(230)号	2005.10.9–2010.10.9	复查换证
533	国家服装质量监督检验中心(天津)	(2005)量认(国)字(Z0226)号 (2005)国认监认字(090)号	2005.12.12–2010.12.12	复查换证
534	国家标准件产品质量监督检验中心	(2005)量认(国)字(Z2581)号 (2005)国认监认字(290)号	2005.10.8–2010.10.8	首次认证

2005 年批准的国家计量认证合格实验室名单(续表 15)

序号	质检机构名称	证书编号	证书有效日期	认证类型
535	国家纤维质量监督检验中心	(2005)量认(国)字(Z0484)号 (2005)国认监认字(106)号	2005.12.6-2010.12.6	首次认证
536	国家塑料制品质量监督检验中心(北京)	(2005)量认(国)字(Z0458)号 (2005)国认监认字(103)号	2005.12.6-2010.12.6	复查换证
537	国家低压成套电控设备质量监督检验中心	(2005)量认(国)字(Z2585)号 (2005)国认监认字(293)号	2005.10.11-2010.10.11	复查换证
538	国家铸造锻压机械质量监督检验中心	(2005)量认(国)字(A0485)号 (2005)国认监认字(108)号	2005.12.6-2010.12.6	复查换证
539	国家医用超声波仪器质量监督检验中心	(2005)量认(国)字(Z1057)号 (2005)国认监认字(200)号	2005.12.6-2010.12.6	复查换证
540	国家耐火材料质量监督检验中心	(2005)量认(国)字(Z0240)号 (2005)国认监认字(101)号	2005.12.6-2010.12.6	复查换证
541	国家工业自动化仪表产品质量监督检验中心	(2005)量认(国)字(Z2611)号 (2005)国认监认字(295)号	2005.12.9-2010.12.9	首次认证
542	国家黄酒产品质量监督检验中心	(2005)量认(国)字(Z2612)号 (2005)国认监认字(294)号	2005.12.9-2010.12.9	首次认证
543	宁夏回族自治区纺织纤维检验局	(2005)量认(国)字 Z2580)号 (2005)国认监纤验字(30)号	2005.10.9-2010.10.9	首次认证
544	青岛市纺织纤维检验所	(2005)量认(国)字(Z1927)号 (2005)国认监纤验字(02)号	2005.4.4-2010.4.4	复查换证
545	福建省纤维检验所	(2005)量认(国)字(Z2032)号 (2005)国认监纤验字(11)号	2005.4.4-2010.4.4	复查换证
546	广州市纺织纤维检验所	(2005)量认(国)字(Z1933)号 (2005)国认监纤验字(03)号	2005.4.4-2010.4.4	复查换证
547	浙江省纤维检验所	(2005)量认(国)字(Z1950)号 (2005)国认监纤验字(05)号	2005.7.26-2010.7.26	复查换证
548	黑龙江省纤维检验局	(2005)量认(国)字(Z1941)号 (2005)国认监纤验字(04)号	2005.7.26-2010.7.26	复查换证
549	广西壮族自治区纤维检验所	(2005)量认(国)字(Z1967)号 (2005)国认监纤验字(06)号	2005.10.9-2010.10.9	复查换证

2005 年标准物质管理

国家质量监督检验检疫总局

为了保证标准物质质量值的准确可靠,根据《计量法》、《计量法实施细则》和《标准物质管理办法》的有关规定,2005 年国家质检总局 3 次共批准经专家评审的 42 种国家一级标准物质和 145 种国家二级标准物质,对 2005 年许可证到期的标准物质进行复查,其中批准换发 300 种国家一级标准物质和 470 种国家二级标准物质制造计量器具许可证,撤销 13 种国家一级标准物质和 13 种国家二级标准物质计量器具许可证,2 种国家一级标准物质和 1 种国家二级标准物质被重新复制和重新定值。截止到 2005 年底，我国共有国家一级标准物质 1291 种,国家二级标准物质 1919 种。

关于批准“锌同位素丰度比标准物质”等 85 种国家一级和二级标准物质的通知

国质检量函[2005]438 号文

序号	编号	名称	研制单位
1	GBW 04437	锌同位素丰度比标准物质	国家标准物质研究中心
2	GBW 04438	钐同位素丰度比标准物质	
3	GBW 07183	稀有稀土矿石成分分析标准物质	地质矿产部沈阳综合岩矿测试中心
4	GBW 07184	稀有稀土矿石成分分析标准物质	
5	GBW 07185	稀有稀土矿石成分分析标准物质	
6	GBW 07186	稀有稀土矿石成分分析标准物质	
7	GBW 07187	稀有稀土矿石成分分析标准物质	
8	GBW 07188	稀有稀土矿石成分分析标准物质	
9	GBW 07189	金矿石化学物相分析标准物质	中南冶金地质研究所
10	GBW 07190	金矿石化学物相分析标准物质	
11	GBW 07191	金矿石化学物相分析标准物质	
12	GBW 07192	金矿石化学物相分析标准物质	
13	GBW 07193	金矿石化学物相分析标准物质	
14	GBW 07335	海洋沉积物成分分析标准物质	国家地质实验测试中心
15	GBW 07336	海洋沉积物成分分析标准物质	
16	GBW 07337	富钴结壳成分分析标准物质	国家地质实验测试中心
17	GBW 07338	富钴结壳成分分析标准物质	
18	GBW 07339	富钴结壳成分分析标准物质	

续表

序号	编号	名称	研制单位
19	GBW 08150	氮中氧化亚氮气体标准物质	国家标准物质研究中心
20	GBW 08151	氮中氧化亚氮气体标准物质	
21	GBW 08152	氮中氧化亚氮气体标准物质	
22	GBW 08153	氮中氧化亚氮气体标准物质	
23	GBW 08154	空气中氧化亚氮气体标准物质	
24	GBW 08155	空气中氧化亚氮气体标准物质	
25	GBW 08156	空气中氧化亚氮气体标准物质	
26	GBW 08157	空气中氧化亚氮气体标准物质	
27	GBW 08206	乙醇扩散管	
28	GBW 08207	水扩散管	
29	GBW 08208	苯扩散管	
30	GBW 08209	甲苯扩散管	
31	GBW 08210	乙苯扩散管	
32	GBW 08211	邻二甲苯扩散管	
33	GBW 08518	海带——茶叶中碘成分分析标准物质	浙江省医学科学院
34	GBW 08519	海带——茶叶中碘成分分析标准物质	
35	GBW 11125	煤灰熔融性标准物质	国家煤炭质量监督检验中心
36	GBW 11126	煤物理特性和化学成分分析标准物质	国家煤炭质量监督检验中心 山东省冶金科学研究院
37	GBW 11127	煤灰成分分析标准物质	国家煤炭质量监督检验中心
38	GBW 11128	煤灰成分分析标准物质	
39	GBW 11129	煤灰成分分析标准物质	
40	GBW 11130	煤灰成分分析标准物质	
41	GBW 11131	煤灰成分分析标准物质	
42	GBW 11132	煤灰成分分析标准物质	

关于批准“久效磷农药纯度标准物质”等58种国家二级标准物质的通知

国质检量函[2005]209号文

序号	编号	名称	研制单位
1	GBW（E）060543	久效磷农药纯度标准物质	国家标准物质研究中心
2	GBW（E）060544	水胺硫磷农药纯度标准物质	
3	GBW（E）060545	克线磷农药纯度标准物质	
4	GBW（E）060546	灭多威农药纯度标准物质	
5	GBW（E）060547	噻嗪酮农药纯度标准物质	
6	GBW（E）060548	联苯菊酯农药纯度标准物质	
7	GBW（E）060549	氯菊酯农药纯度标准物质	
8	GBW（E）060550	双甲脒农药纯度标准物质	
9	GBW（E）060551	多效唑农药纯度标准物质	
10	GBW（E）060552	2，4一滴农药纯度标准物质	

续表 1

序号	编号	名称	研制单位
11	GBW（E）060553	空气中甲烷气体标准物质	北京市北氧特种气体研究所有限公司
12	GBW（E）060554	氮中乙烷气体标准物质	
13	GBW（E）060555	氮中丙烷气体标准物质	
14	GBW（E）060556	氮中甲烷、乙烷、乙烯、丙烷混合气体标准物质	
15	GBW（E）060557	氮中一氧化碳气体标准物质	
16	GBW（E）060558	氮中二氧化碳气体标准物质	
17	GBW（E）060559	氮中氧气体标准物质	
18	GBW（E）060560	氧中一氧化二氮气体标准物质	
19	GBW（E）060561	氮中一氧化碳气体标准物质	化工部光明化工研究所龙口气体化工厂
20	GBW（E）060562	氮中乙烷气体标准物质	
21	GBW（E）060563	氮中丙烯气体标准物质	
22	GBW（E）060564	氮中硫化氢气体标准物质	
23	GBW（E）060565	空气中甲烷气体标准物质	北京华宇辰气体有限公司
24	GBW（E）060566	氮中氧气体标准物质	
25	GBW（E）060583	氮中一氧化氮气体标准物质	北京兆格气体科技有限公司
26	GBW（E）060584	氮中一氧化碳气体标准物质	
27	GBW（E）060585	氮中二氧化碳气体标准物质	
28	GBW（E）060586	氮中苯气体标准物质	
29	GBW（E）060587	空气中甲烷气体标准物质	
30	GBW（E）060588	空气中异丁烷气体标准物质	
31	GBW（E）060589	氮中二氧化硫气体标准物质	
32	GBW（E）060590	氮中二氧化碳、一氧化碳、一氧化氮、丙烷混合气体标准物质	
33	GBW（E）060591	氮中硫化氢气体标准物质	
34	GBW（E）060592	氮中甲烷、乙烷、丙烷、正丁烷、异丁烷、正戊烷、异戊烷混合气体标准物质	
35	GBW（E）060593	空气中甲烷气体标准物质	北京海谱气体有限公司
36	GBW（E）060594	空气中异丁烷气体标准物质	
37	GBW（E）060595	氮中氢、一氧化碳、二氧化碳、甲烷、乙烷、乙烯、乙炔混合气体标准物质	
38	GBW（E）060596	氮中苯、甲苯、邻二甲苯、间二甲苯、对二甲苯、乙苯、乙烯苯、异丙苯混合气体标准物质	
39	GBW（E）060597	氮中氯气体标准物质	
40	GBW（E）060598	氮中硫化氢气体标准物质	
41	GBW（E）060599	氮中氯化氢气体标准物质	
42	GBW（E）060600	氮中二氧化硫气体标准物质	
43	GBW（E）060601	氮中氨气体标准物质	
44	GBW（E）080679	氮中苯气体标准物质	国家标准物质研究中心
45	GBW（E）080680	氮中甲苯气体标准物质	
46	GBW（E）080681	氮中乙苯气体标准物质	
47	GBW（E）080682	氮中邻二甲苯气体标准物质	
48	GBW（E）090027	粉类化妆品中铅成分分析标准物质	
49	GBW（E）090028	霜类化妆品中铅成分分析标准物质	
50	GBW（E）090029	蜜类化妆品中汞和砷成分分析标准物质	
51	GBW（E）090030	水类化妆品中甲醇成分分析标准物质	

续表 2

序号	编号	名称	研制单位
52 53	GBW（E）090031 GBW（E）090032	乙型肝炎病毒脱氧核糖核酸血清标准物质 丙型肝炎病毒核糖核酸血清标准物质	卫生部临床检验中心
54 55	GBW（E）100012 GBW（E）100013	白酒色谱成分分析标准物质 白酒色谱成分分析标准物质	贵州省计量测试院
56 57	GBW（E）130225 GBW（E）130226	酶标分析仪检定用滤光片标准物质(光谱中性滤光片) 酶标分析仪检定用滤光片标准物质(干涉滤光片)	吉林省计量科学研究院
58	GBW（E）130227	水泥用比表面积标准物质	国家水泥质量监督检验中心

关于换发标准物质制造计量器具许可证的通知

国质检量函[2005]722 号文

建议应予换发标准物质制造计量器具许可证目录(一级标准物质)

许可证号	编　号	名　称	研制单位
国制标物 10000169	GBW 01322~GBW 01333	低合金钢光谱分析标准物质	本溪钢铁(集团)特殊钢有限责任公司
国制标物 10000170	GBW 07218a GBW 07219b GBW 07220a GBW 01334a	铁矿成分分析标准物质 烧结矿成分分析标准物质 球团矿成分分析标准物质 低合金钢成分分析标准物质	武汉钢铁(集团)公司
国制标物 10000171	GBW 07221a GBW 07222a GBW 07223a	磁铁精矿成分分析标准物质 菱铁矿成分分析标准物质 赤铁矿成分分析标准物质	武汉钢铁(集团)公司
国制标物 10000172	GBW 01357~GBW 01358	合金结构钢成分分析标准物质	上海钢铁研究所
国制标物 10000173	GBW 01403a~GBW 01407a	工业纯铁成分分析标准物质	太原钢铁(集团)有限公司技术中心
国制标物 10000174	GBW 01605a~GBW 01609	高合金钢光谱分析标准物质	抚顺特殊钢股份有限公司
国制标物 10000176	GBW 02801	碳化钨总碳成分分析标准物质	株州硬质合金集团有限公司
国制标物 10000177	GBW 03101a~GBW 03103 GBW 03104 GBW 03105a~GBW 03108	粘土成分分析标准物质 页岩成分分析标准物质 石灰岩成分分析标准物质	中非地质工程勘查研究院
国制标物 10000178	GBW 03109a~GBW 03111a	石膏成分分析标准物质	中非地质工程勘查研究院
国制标物 10000179	GBW 04201	八氧化三铀成分分析标准物质	中国核工业总公司兰州核燃料厂
国制标物 10000180	GBW 04202~GBW 04204	八氧化三铀中硼成分分析标准物质	中国核工业总公司宜宾核燃料元件厂
国制标物 10000181	GBW 04301~GBW 04303 GBW 04304a~GBW 04306a GBW 04307a~GBW 04309a GBW 04310~GBW 04311	纯铀粉末放射源标准物质 铀镭平衡粉末放射源标准物质 钍粉末放射源标准物质 钍液体放射源标准物质	核工业北京地质研究院
国制标物 10000182	GBW 04312~GBW 04317	碳酸钡镭中镭-226 放射源标准物质	核工业北京地质研究院

续表 1

许可证号	编　号	名　称	研制单位
国制标物 10000183	GBW 04318 GBW 04319 GBW 04320 GBW 04321	3H-正十六烷标准溶液 14C-正十六烷标准溶液 3H-正十六烷液体闪烁猝灭系列源标准物质 14C-正十六烷液体闪烁猝灭系列源标准物质	中国计量科学研究院
国制标物 10000184	GBW 04322 GBW 04323	铯-137 放射性活度标准溶液 钴-60 放射性活度标准溶液	中国计量科学研究院
国制标物 10000185	GBW 04401~GBW 04404	氢氧冈位素标准水样	北京大学化学与分子工程学院
国制标物 10000186	GBW 07224~GBW 07225 GBW 07226a GBW 07227	钒钛磁铁矿(原矿)成分分析标准物质 钒钛磁铁矿(精矿)成分分析标准物质 钒钛磁铁矿(尾矿)成分分析标准物质	攀钢集团攀枝花钢铁研究院
国制标物 10000187	GBW 07228~GBW 07230	金地质成分分析标准物质	中国地质科学院郑州矿产综合利用研究所
国制标物 10000189	GBW 09101b	人发成分分析标准物质	中国科学院上海应用物理研究所
国制标物 10000190	GBW 13304	标准石英吸收池	黑龙江省计量科学研究院
国制标物 10000191	GBW 13401~GBW 13404	显微镜光度计用反射率标准物质	煤炭科学研究总院西安分院
国制标物 10000192	GBW 13601~GBW 13615	标准粘度液	国家标准物质研究中心
国制标物 10000193	GBW 13701~GBW 13708	硅单晶电阻率标准物质	中国计量科学研究院
国制标物 10000219	GBW 13120	氯化钾电导率标准物质	国家标准物质研究中心
国制标物 10000224	GBW01428 GBW01429	钨铁成分分析标准物质 磷铁成分分析标准物质	吉林铁合金股份有限责任公司
国制标物 10000225	GBW01501~GBW01502	精密合金成分分析标准物质	上海钢铁研究所
国制标物 10000226	GBW01531~GBW01534	硫磷易切钢成分分析标准物质	江苏省机电研究所有限公司
国制标物 10000228	GBW02117~GBW02119 GBW02121~GBW02126	铝青铜成分分析标准物质 铝青铜光谱分析标准物质	沈阳有色金属加工厂
国制标物 10000229	GBW02215~GBW02219	铝合金光谱分析标准物质	抚顺铝厂
国制标物 10000230	GBW02220~GBW02221	变形铝合金成分分析标准物质	东北轻合金有限责任公司
国制标物 10000231	GBW03112~GBW03114	硅质砂岩成分分析标准物质	中非地质工程勘查研究院
国制标物 10000232	GBW03115 GBW03116 GBW03117	软质粘土成分分析标准物质 钾长石成分分析标准物质 钠钙硅玻璃成分分析标准物质	国家建筑材料测试中心
国制标物 10000233	GBW04205	八氧化三铀中铀和杂质元素成分分析标准物质	核工业北京化工冶金研究院、中国原子能科学研究院、核工业国营 272 厂

续表 2

许可证号	编　号	名　称	研制单位
国制标物 10000234	GBW04405~GBW04406 GBW04407~GBW04408	碳酸钙中碳、氧同位素标准物质 炭黑中碳同位素标准物质	中国石油勘探开发科学研究院、四川石油管理局石油地质勘探开发研究院、胜利石油管理局地质科学研究院
国制标物 10000235	GBW04409~GBW04410 GBW04411	硅酸盐氧同位素标准物质 铷锶年龄标准物质	宜昌地质矿产研究所
国制标物 10000236	GBW04412~GBW04413	铀系年龄标准物质	中国科学院地质与地球物理研究所
国制标物 10000237	GBW07231~GBW07232	锡精矿成分分析标准物质	云南锡业集团有限责任公司研究设计院
国制标物 10000238	GBW06301 GBW08122	高纯一氧化碳气体标准物质 氮中硫化氢气体标准物质	北京氦普北分气体工业有限公司
国制标物 10000241	GBW09131 GBW09132~GBW09134	牛血清成分分析标准物质 全血铅、镉成分分析标准物质	中国疾病预防控制中心环境与健康相关产品安全所
国制标物 10000243	GBW13231b~GBW13238b	熔点标准物质	天津市计量技术研究所
国制标物 10000244	GBW13305	可见光区透射比标准滤光片	黑龙江省计量科学研究所
国制标物 10000346	GBW 01430	钛铁成分分析标准物质	吉林铁合金股份有限责任公司
国制标物 10000347	GBW 02351	稀土镁合金成分分析标准物质	北京航空材料研究院
国制标物 10000349	GBW 04419	钐-钕地质年龄标准物质	中国地质科学院地质研究所
国制标物 10000350	GBW 06105c GBW 06106a GBW 06107b	重铬酸钾纯度标准物质 邻苯二甲酸氢钾纯度标准物质 草酸钠纯度标准物质	国家标准物质研究中心
国制标物 10000351	GBW 07115~GBW 07119	生油岩标准物质	无锡石油地质研究所
国制标物 10000352	GBW 07314	近海海洋沉积物成分分析标准物质	国家海洋局第二海洋研究所
国制标物 10000353	GBW 08304a	河流沉积物环境放射性标准物质	中国计量科学研究院
国制标物 10000354	GBW 08624d~GBW 08626d	化学需氧量标准物质	北京市环境保护监测中心
国制标物 10000355	GBW 09104a~GBW 09105a GBW 09106~GBW 09107	冻干人尿铅成分分析标准物质 冻干人尿氟成分分析标准物质	中国疾病预防控制中心职业卫生与中毒控制所
国制标物 10000356	GBW 09138a GBW 09203a	血清胆固醇标准物质 胆固醇纯度标准物质	卫生部北京老年医学研究所
国制标物 10000357	GBW 09201 GBW 09202 GBW 09203b GBW 10001~GBW 10005	尿素纯度标准物质 尿酸纯度标准物质 胆固醇纯度标准物质 食用合成色素纯度标准物质	国家标准物质研究中心
国制标物 10000358	GBW 13502~GBW 13509	四氧化二氮中相当水含量标准物质	航天科技集团公司一院 101 研究所
国制标物 10000377	GBW01217~GBW01222 GBW01223~GBW01228	碳素钢成分分析标准物质 碳素钢光谱分析标准物质	兵器工业西南地区理化检测中心

续表 3

许可证号	编　号	名　称	研制单位
国制标物 10000378	GBW01342~GBW01345 GBW01701~GBW01703	低合金钢成分分析标准物质 碱性高炉渣成分分析标准物质	鄂城钢铁厂
国制标物 10000379	GBW01704~GBW01708	转炉渣成分分析标准物质	武汉钢铁(集团)公司
国制标物 10000380	GBW03126~GBW03127 GBW03128~GBW03129 GBW03130~GBW03131	叶腊石成分分析标准物质 水镁石成分分析标准物质 滑石成分分析标准物质	中非地质工程勘查研究院
国制标物 10000381	GBW03132 GBW03133 GBW03134	硼硅酸盐玻璃成分分析标准物质 矾土成分分析标准物质 钠长石成分分析标准物质	国家建筑材料测试中心
国制标物 10000382	GBW04123~GBW04126	铀矿石尾渣成分分析标准物质	核工业北京化工冶金研究院
国制标物 10000383	GBW05101~GBW05102	窄分布聚苯乙烯分子量标准物质	国家标准物质研究中心
国制标物 10000384	GBW06501 GBW06502 GBW06503	尿素中氮、缩二脲成分分析标准物质 磷酸二氢铵中磷、氮成分分析标准物质 硫酸钾中钾成分分析标准物质	国家标准物质研究中心
国制标物 10000385	GBW07267~GBW07270	硫化物单矿物成分分析标准物质	国家地质实验测试中心
国制标物 10000386	GBW07271~GBW07276	铁矿石物相成分分析标准物质	中南冶冶金地质研究所
国制标物 10000387	GBW08552	猪肉成分分析标准物质	中国科学院上海应用物理研究所
国制标物 10000388	GBW08627d~GBW08629d GBW12001 GBW12002~GBW12003	模拟酸雨标准物质 水质浊度标准物质 校准实验筛用玻璃微珠标准物质	国家标准物质研究中心
国制标物 10000389	GBW08630	硫化物溶液标准物质	沈阳西信科技有限责任公司
国制标物 10000390	GBW09139~GBW09140 GBW09141~GBW09142	冻干牛血铅、镉成分分析标准物质 冻干牛血硒成分分析标准物质	中国疾病预防控制中心职业卫生与中毒控制所
国制标物 10000391	GBW09143~GBW09144	牛血清游离氟成分分析标准物质	山东省地方病防治研究所、国家标准物质研究中心
国制标物 10000537	GBW01131~GBW01137	低合金铸铁光谱分析标准物质	钢铁研究总院、上海汇众汽车制造有限公司
国制标物 10000538	GBW01626~GBW01630	镍基铸造高温合金杂质成分分析标准物质	北京航空材料研究院
国制标物 10000539	GBW01631~GBW01635	铁镍基铸造高温合金杂质成分分析标准物质	北京航空材料研究院
国制标物 10000540	GBW02141	纯铜成分分析标准物质	上海材料研究所
国制标物 10000542	GBW06109 GBW06110	氯化钾纯度标准物质 碘酸钾纯度(氧化量)标准物质	国家标准物质研究中心
国制标物 10000543	GBW07120 GBW07121 GBW07122	石灰岩成分分析标准物质 花岗质片麻岩成分分析标准物质 斜长角闪岩成分分析标准物质	地球物理地球化学勘查研究所

续表 4

许可证号	编　号	名　称	研制单位
国制标物 10000544	GBW07123 GBW07124 GBW07125	辉绿岩成分分析标准物质 金伯利岩成分分析标准物质 伟晶岩成分分析标准物质	国家地质实验测试中心
国制标物 10000545	GBW07297~GBW07300 GBW07317~GBW07318 GBW07423	矿石金成分分析标准物质 水系沉积物成分分析标准物质 湖积物成分分析标准物质	地球物理地球化学勘查研究所
国制标物 10000546	GBW08703 GBW08704 GBW08705 GBW08706 GBW08707 GBW08708	甲醇中苯溶液标准物质 甲醇中甲苯溶液标准物质 甲醇中乙苯溶液标准物质 甲醇中邻-二甲苯溶液标准物质 甲醇中间-二甲苯溶液标准物质 甲醇中对-二甲苯溶液标准物质	国家标准物质研究中心

建议应予换发标准物质制造计量器具许可证目录(二级标准物质)

许可证号	编　号	名　称	研制单位
国制标物 10000196	GBW(E) 080002 GBW(E) 080003 GBW(E) 080004 GBW(E) 080005	水中铜成分分析标准物质 水中铅成分分析标准物质 水中锌成分分析标准物质 水中镉成分分析标准物质	核工业北京化工冶金研究院
国制标物 10000197	GBW(E) 080006 GBW(E) 080007 GBW(E) 080008	水中汞成分分析标准物质 水中镍成分分析标准物质 水中砷成分分析标准物质	核工业北京化工冶金研究院
国制标物 10000198	GBW(E) 090001 GBW(E) 120001~GBW(E) 120008	红细胞微粒标准物质 微粒标准物质	核工业北京化工冶金研究院
国制标物 10000199	GBW(E) 080009 GBW(E) 080010 GBW(E) 080011~GBW(E) 080014	盐酸标准溶液 碘酸钾标准溶液 铵盐标准溶液	国家海洋局第二海洋研究所
国制标物 10000200	GBW(E) 080015~GBW(E) 080019 GBW(E) 080020~GBW(E) 080024	硝酸盐标准溶液 亚硝酸盐标准溶液	国家海洋局第二海洋研究所
国制标物 10000201	GBW(E) 080025~GBW(E) 080029 GBW(E) 080030~GBW(E) 080038	磷酸盐标准溶液 硅酸盐标准溶液	国家海洋局第二海洋研究所
国制标物 10000202	GBW(E) 080039 GBW(E) 080040 GBW(E) 080041 GBW(E) 080042	水中铜、铅、镉、铬、锌标准溶液 海水中铜、铅、镉、铬、锌标准溶液 水中汞标准溶液 海水中汞标准溶液	国家海洋局第二海洋研究所
国制标物 10000203	GBW(E) 080043~GBW(E) 080045	空气中甲烷气体标准物质	煤炭工业长沙安全仪器检验站
国制标物 10000204	GBW(E) 080046 GBW(E) 080047 GBW(E) 080048 GBW(E) 080049 GBW(E) 080050 GBW(E) 080051	二氧化硫渗透管 二氧化氮渗透管 硫化氢渗透管 二氧化硫渗透管 二氧化氮渗透管 氮中二氧化碳气体标准物质	北京氦普北分气体工业有限公司

续表 1

许可证号	编　号	名　称	研制单位
国制标物 10000205	GBW(E) 080052 GBW(E) 080053 GBW(E) 080054 GBW(E) 080055	氮中一氧化碳气体标准物质 氮中甲烷气体标准物质 氮中氧气体标准物质 氮中一氧化氮气体标准物质	北京氦普北分气体工业有限公司
国制标物 10000206	GBW(E) 080056 GBW(E) 080057 GBW(E) 080058 GBW(E) 080059	氮中二氧化硫气体标准物质 氮中硫化氢气体标准物质 氩中氧气体标准物质 高纯一氧化碳气体标准物质	
国制标物 10000207	GBW(E) 130001~GBW(E) 130009	标准黏度液	中国石油天然气股份有限公司大连石化分公司
国制标物 10000208	GBW(E) 130010	中国标准海水	青岛海洋大学标准海水厂
国制标物 10000209	GBW(E) 130011	中国系列标准海水	国家海洋标准计量中心
国制标物 10000210	GBW(E) 130012~GBW(E) 130013	显微镜光度计用反射率标准物质	煤炭科学研究总院西安分院地质所
国制标物 10000213	GBW(E) 080109	空气中甲烷气体标准物质	国家煤矿防爆安全产品质量监督检验中心
国制标物 10000215	GBW(E) 130014 GBW(E) 130015 GBW(E) 130016 GBW(E) 130017 GBW(E) 130018~GBW(E) 130021	X射线衍射硅粉末标准物质 X射线粒度测定用 α-SiO_2 标准物质 X射线衍射仪校正用 α-SiO_2 标准物质 X射线衍射仪校正和定量相分析用 α-SiO_2 标准物质 五氧化二钽(膜)系列标准物质	上海市计量测试技术研究院
国制标物 10000216	GBW(E) 130022 GBW(E) 130023 GBW(E) 130024	固体真密度标准物质 比表面标准物质 小比表面标准物质	上海市计量测试技术研究院
国制标物 10000218	GBW(E) 130035a	苯甲酸标准物质	国家标准物质研究中心
国制标物 10000220	GBW(E) 060001 GBW(E) 060002 GBW(E) 060003 GBW(E) 060004 GBW(E) 060005	元素分析标准物质： 茴香酸 胱氨酸 菸酸 磷酸三苯酯中磷 苯甲酸	上海市计量测试技术研究院
	GBW(E) 080060~GBW(E) 080063	化学耗氧量成分分析标准物质	
国制标物 10000221	GBW(E) 080064~GBW(E) 080065 GBW(E) 080066~GBW(E) 080068 GBW(E) 080069~GBW(E) 080071 GBW(E) 080072~GBW(E) 080073 GBW(E) 080074~GBW(E) 080075 GBW(E) 080076 GBW(E) 080077 GBW(E) 080078~ GBW(E) 080079 GBW(E) 080080 GBW(E) 080081~GBW(E) 080082	水中锌成分分析标准物质 水中砷成分分析标准物质 水中镉成分分析标准物质 水中铅成分分析标准物质 水中铬(六价)成分分析标准物质 水中总铬成分分析标准物质 水中镍成分分析标准物质 水中铜成分分析标准物质 水中铜、铅、锌、镉、镍成分分析标准物质 水中铜、铅、锌、镉成分分析标准物质	上海市计量测试技术研究院

续表 2

许可证号	编　号	名　称	研制单位
国制标物 10000222	GBW(E) 080083 GBW(E) 080084~GBW(E) 080085 GBW(E) 080086 GBW(E) 080087 GBW(E) 080088~GBW(E) 080090 GBW(E) 080091~GBW(E) 080093 GBW(E) 080094~GBW(E) 080096	水中酚成分分析标准物质 水中氰成分分析标准物质 水中氨氮成分分析标准物质 水中汞成分分析标准物质 水中氟成分分析标准物质 水中硝酸根成分分析标准物质 水中亚硝酸根成分分析标准物质	上海市计量测试技术研究院
国制标物 10000245	GBW(E) 010001~GBW(E)010008	中低合金钢光谱分析标准物质	天津市纺织机械器材研究所
国制标物 10000247	GBW(E)080113 GBW(E)060007	氮中酒精气体标准物质 农药标准物质	国家标准物质研究中心
国制标物 10000248	GBW(E)080111	甲烷中乙烷，丙烷，正、异丁烷，正、异戊烷气体标准物质	中国石油西南油气田分公司天然气研究院
国制标物 10000249	GBW(E)080112	水中无机盐成分分析标准物质	水利部水环境监测评价研究中心
国制标物 10000252	GBW(E)130036~GBW(E)130041	孔隙型渗透率标准物质	中国石油勘探开发研究院采收率研究所
国制标物 10000253	GBW(E)130042~GBW(E)130050	标准黏度液	中国石油兰州石化公司质量检验中心
国制标物 10000254	GBW(E)130051~GBW(E)130057	标准黏度液	中国石油化工股份有限公司重庆一坪润滑油分公司
国制标物 10000255	GBW(E)130058~ GBW(E)130065	硅单晶电阻率标准物质	上海半导体器件研究所
国制标物 10000272	GBW(E)080131 GBW(E)080132 GBW(E)080133 GBW(E)080134 GBW(E)080135 GBW(E)080136 GBW(E)080137 GBW(E)080138 GBW(E)080139 GBW(E)080140	水中钙成分分析标准物质 水中镁成分分析标准物质 水中钼成分分析标准物质 水中钒成分分析标准物质 水中铋成分分析标准物质 水中硒成分分析标准物质 水中锰成分分析标准物质 水中铁成分分析标准物质 水中钴成分分析标准物质 水中硼成分分析标准物质	核工业北京化工冶金研究院
国制标物 10000359	GBW(E) 080205 GBW(E) 080206 GBW(E) 080207	氮中一氧化碳气体标准物质 氮中丙烷气体标准物质 氮中一氧化碳、丙烷混合气体标准物质	佛山分析仪有限公司
国制标物 10000361	GBW(E) 080211~GBW(E) 080212	镉、锰、铅、锌滤膜标准物质	中国疾病预防控制中心职业卫生与中毒控制所
国制标物 10000362	GBW(E) 080213 GBW(E) 080214	氮中甲烷气体标准物质 氮中二氧化碳气体标准物质	南京分析仪器厂
国制标物 10000363	GBW(E) 060085~GBW(E) 060089 GBW(E) 010010~GBW(E) 010013	钾盐镀锌溶液成分分析标准物质 碳素钢成分分析标准物质	兵器工业西南地区理化检测中心

续表 3

许可证号	编　号	名　称	研制单位
国制标物 1000036	GBW(E) 060080a GBW(E) 080081 GBW(E) 080082 GBW(E) 080083 GBW(E) 080084 GBW(E) 080215 GBW(E) 080216	碳酸钙纯度标准物质 甲体六六六农药溶液标准物质 乙体六六六农药溶液标准物质 丙体六六六农药溶液标准物质 丁体六六六农药溶液标准物质 水中硒成分分析标准物质 水中钒成分分析标准物质	国家标准物质研究中心
国制标物 10000365	GBW(E) 080217 GBW(E) 080218 GBW(E) 080219	水中硼成分分析标准物质 水中钼成分分析标准物质 水中铝成分分析标准物质	国家标准物质研究中心
国制标物 10000366	GBW(E) 080220~GBW(E) 080221 GBW(E) 080222~GBW(E) 080223 GBW(E) 080224	水中氨-氮成分分析标准物质 水中亚硝酸盐氮成分分析标准物质 水硬度标准物质	国家标准物质研究中心
国制标物 10000367	GBW(E) 130109 GBW(E) 130110 GBW(E) 130111 GBW(E) 130112	火焰光度计用标准物质 介质膜干涉滤光片标准物质 镨钕滤光片标准物质 氧化钬滤光片标准物质	国家标准物质研究中心
国制标物 10000368	GBW(E) 130113 GBW(E) 130114 GBW(E) 130115~GBW(E) 130116	可见光区透射比滤光片标准物质 杂散光滤光片标准物质 玻璃滤光片标准物质	国家标准物质研究中心
国制标物 10000369	GBW(E) 070024 GBW(E) 070025 GBW(E) 070026~GBW(E) 070027 GBW(E) 070028~GBW(E) 070029 GBW(E) 070030	钼矿成分分析标准物质 黏土矿成分分析标准物质 铅锌矿成分分析标准物质 金矿成分分析标准物质 石墨矿成分分析标准物质	河南省岩石矿物测试中心
国制标物 10000371	GBW(E) 080230~GBW(E) 080231 GBW(E) 080232~GBW(E) 080233	海水中砷成分分析标准物质 海水中硒成分分析标准物质	国家海洋局第二海洋研究所
国制标物 10000372	GBW(E) 0130117~GBW(E) 0130119	气相色谱仪检测用标准物质	上海市计量测试技术研究院
国制标物 10000373	GBW(E) 010014~GBW(E) 010018	生铁成分分析标准物质	山西省计量监督检定测试所
国制标物 10000374	GBW(E) 060090 GBW(E) 060091 GBW(E) 060092 GBW(E) 060093	氮中甲烷、乙烷、丙烷、丙烯混合气体标准物质 氮中乙烷气体标准物质 氮中丙烷气体标准物质 氮中乙烯气体标准物质	大连大特气体有限公司
国制标物 10000375	GBW(E) 090007~GBW(E) 090009	红细胞中锌原卟啉标准物质	西安市中心医院
国制标物 10000376	GBW(E) 130120 GBW(E) 130121 GBW(E) 130122 GBW(E) 130123 GBW(E) 130124	介质膜干涉滤光片标准物质 镨钕滤光片标准物质 氧化钬滤光片标准物质 可见光区透射比滤光片标准物质 杂散光滤光片标准物质	国防科工委化学计量一级站
国制标物 10000392	GBW(E)060094 GBW(E)060095 GBW(E)060096 GBW(E)060097	甲烷中氦、氢混合气体标准物质 甲烷中氧、氮混合气体标准物质 甲烷中二氧化碳气体标准物质 氮中甲烷气体标准物质	中国石油西南油气田分公司天然气研究院

续表 4

许可证号	编　号	名　称	研制单位
国制标物 10000393	GBW(E)070031~GBW(E)070033	土壤易溶盐成分分析标准物质	山西省地质工程勘察院、地质矿产部山西中心实验室
国制标物 10000394	GBW(E)070034 GBW(E)070035 GBW(E)070036	钼精矿成分分析标准物质 石墨粗精矿成分分析标准物质 铝土矿成分分析标准物质	地质矿产部河南省中心实验室
国制标物 10000395	GBW(E)080234 GBW(E)080235 GBW(E)080236	水中锂、锶、锌成分分析标准物质 水中溴、碘成分分析标准物质 水中二氧化硅成分分析标准物质	中国地质科学院水文地质环境地质研究所
国制标物 10000396	GBW(E)080237~GBW(E)080238	活性炭管中苯、甲苯、邻二甲苯标准物质	中国疾病预防控制中心职业卫生与中毒控制所
国制标物 10000398	GBW(E) 130125~GBW(E)130127	孔隙度渗透率标准物质	中国石油勘探开发研究院采收率研究所
国制标物 10000399	GBW(E)130128	苯甲酸标准物质	成都天华科技股份有限公司
国制标物 10000400	GBW(E)060098 GBW(E)060099 GBW(E)060100 GBW(E)060101	氮中氢气体标准物质 氮中氧气体标准物质 氮中一氧化碳气体标准物质 氮中氢、一氧化碳、甲烷、二氧化碳、乙炔、乙烯、乙烷混合气体标准物质	南京分析仪器厂
国制标物 10000401	GBW(E)060102 GBW(E)060103 GBW(E)060104 GBW(E)060105	P.P′-DDT 农药溶液标准物质 O.P-DDT 农药溶液标准物质 P.P′-DDE 农药溶液标准物质 P.P′-DDD 农药溶液标准物质	上海市计量测试技术研究院
国制标物 10000402	GBW(E)080239 GBW(E)080240 GBW(E)080241	水中卤代烃(三氯甲烷)标准物质 水中卤代烃(四氯化碳)标准物质 水中酚成分分析标准物质	国家标准物质研究中心
国制标物 10000403	GBW(E)090013	全血细胞标准物质	四川省通广制剂公司、卫生部临床检验中心
国制标物 10000404	GBW(E)100001a GBW(E)100002a GBW(E)100003a GBW(E)100004a GBW(E)100005a	食用合成色素柠檬黄溶液标准物质 食用合成色素苋菜红溶液标准物质 食用合成色素日落黄溶液标准物质 食用合成色素胭脂红溶液标准物质 食用合成色素亮蓝溶液标准物质	国家标准物质研究中心
国制标物 10000405	GBW(E)110001c~ GBW(E)110010e	煤物理性质和化学成分分析标准物质	武汉大学、青岛三能电力设备有限公司
国制标物 10000406	GBW(E)130129~ GBW(E)130132	润滑油金属含量光谱分析标准物质	中国人民解放军空军油料研究所
国制标物 10000407	GBW(E)060106 GBW(E)060107	氮(空气)中甲烷、乙烷、乙烯、乙炔、丙烯、丙烷、正丁烷、异丁烷二元及多元混合气体标准物质 氮(空气)中异丁烷气体标准物质	国家标准物质研究中心

续表 5

许可证号	编　　号	名　　称	研制单位
国制标物 10000408	GBW(E)020001~GBW(E)020005 GBW(E)020006~GBW(E)020010	铸造铝合金成分分析标准物质 铸造铝合金光谱分析标准物质	兵器工业西南地区理化检测中心
国制标物 10000409	GBW(E)060108~GBW(E)060110 GBW(E)060111~GBW(E)060113 GBW(E)060114~GBW(E)060117 GBW(E)060118~GBW(E)060121	硫含量测定用标准物质 氮含量测定用标准物质 溴指数测定用标准物质 溴价测定用标准物质	中国石油化工股分有限公司石油化工科学研究院
国制标物 10000410	GBW(E)060122 GBW(E)060123 GBW(E)060124 GBW(E)060125	正十六烷标准物质 苯标准物质 氮中一氧化碳气体标准物质 空气中一氧化碳气体标准物质	国家标准物质研究中心
国制标物 10000411	GBW(E)060126 GBW(E)060127 GBW(E)060128 GBW(E)060129	氮中二氧化碳气体标准物质 空气中二氧化碳气体标准物质 氮中一氧化碳、二氧化碳气体标准物质 空气中一氧化碳、二氧化碳气体标准物质	国家标准物质研究中心
国制标物 10000412	GBW(E)080242 GBW(E)080243 GBW(E)080244	水中锶成分分析标准物质 水中钡成分分析标准物质 氮中二氧化硫气体标准物质	国家标准物质研究中心
国制标物 10000413	GBW(E)080245 GBW(E)080246	空气中甲烷气体标准物质 氮中甲烷气体标准物质	国家标准物质研究中心
国制标物 10000414	GBW(E)080247 GBW(E)080248 GBW(E)080249	氮中氧气体标准物质 空气中甲烷气体标准物质 氮中一氧化碳、丙烷气体标准物质	北京市华元气体化工有限公司
国制标物 10000415	GBW(E)080250	氮中甲烷、乙烷、乙烯、乙炔、一氧化碳、氢、二氧化碳二元及多元混合气体标准物质	北京市华元气体化工有限公司
国制标物 10000360	GBW(E)080208 GBW(E)080209 GBW(E)080210	氮中甲烷气体标准物质 氮中一氧化碳气体标准物质 氮中二氧化碳气体标准物质	重庆川仪九厂
国制标物 10000527	GBW(E)010059~GBW(E)010067	生铁成分分析标准物质	山西省计量监督检定测试所
国制标物 10000528	GBW(E)060191 GBW(E)060192	氮中一氧化碳气体标准物质 氮中甲烷气体标准物质	吉林市吉化北方超纯气体有限公司
国制标物 10000529	GBW(E)060193 GBW(E)060194 GBW(E)060195 GBW(E)060196 GBW(E)060197	氮中氢气体标准物质 空气中一氧化碳气体标准物质 氮中一氧化碳气体标准物质 氮中二氧化碳气体标准物质 空气中甲烷气体标准物质	山东省半导体研究所
国制标物 10000530	GBW(E)060198 GBW(E)060199 GBW(E)060200 GBW(E)060201 GBW(E)060202	高纯氢气体标准物质 高纯氧气体标准物质 高纯氮气体标准物质 氮中一氧化碳、丙烷混合气体标准物质 空气中一氧化碳气体标准物质	江苏天鸿化工有限公司

续表 6

许可证号	编　号	名　称	研制单位
国制标物 10000530	GBW(E)060203 GBW(E)060204	空气中甲烷气体标准物质 氮中氧气体标准物质	江苏天鸿化工有限公司
国制标物 10000531	GBW(E)060205~GBW(E)060206	氮中一氧化碳、二氧化碳、甲烷混合气体标准物质	中国石油西南油气田分公司成都天然气化工总厂
国制标物 10000532	GBW(E)060207 GBW(E)060208 GBW(E)060209 GBW(E)060210 GBW(E)060211 GBW(E)060212	氮中甲硫醇气体标准物质 氮中乙硫醇气体标准物质 氮中正丙硫醇气体标准物质 氮中异丙硫醇气体标准物质 氮中仲丁硫醇气体标准物质 氮中二乙基硫醚气体标准物质	国家标准物质研究中心
国制标物 10000533	GBW(E)060213 GBW(E)060214 GBW(E)060215 GBW(E)060216 GBW(E)060217 GBW(E)060218	氮中正丁烯-1 气体标准物质 氮中异丁烯气体标准物质 氮中顺丁烯-2 气体标准物质 氮中反丁烯-2 气体标准物质 氮中丁二烯-1.2 气体标准物质 氮中丁二烯-1.3 气体标准物质	国家标准物质研究中心
国制标物 10000534	GBW(E)060219 GBW(E)060220 GBW(E)060221 GBW(E)060222	氮中正、异、顺、反丁烯,丁二烯-1.2,丁二烯-1.3 混合气体标准物质 氮中正戊烷气体标准物质 氮中异戊烷气体标准物质 氮中正、异戊烷混合气体标准物质	国家标准物质研究中心
国制标物 10000535	GBW(E)060223 GBW(E)060224 GBW(E)060225 GBW(E)080431 GBW(E)130166	西维因农药标准物质 叶蝉散农药标准物质 呋喃丹农药标准物质 磷溶液成分分析标准物质 镨钕滤光片波长标准物质	国家标准物质研究中心
国制标物 10000547	GBW(E)060226 GBW(E)060227 GBW(E)060228 GBW(E)060229 GBW(E)060230	氮中氢气体标准物质 氮中氧气体标准物质 氮中一氧化碳气体标准物质 氮中二氧化碳气体标准物质 氮中甲烷气体标准物质	南京特种气体厂有限公司
国制标物 10000548	GBW(E)080432 GBW(E)080433 GBW(E)080434	偏二甲肼渗透管 一甲肼渗透管 无水肼渗透管	航天科技集团公司一院 101 所
国制标物 10000549	GBW(E)080435 GBW(E) 130167~GBW(E)130170 GBW(E)130171	磷酸二氢根溶液成分分析标准物质 液相色谱仪检定用溶液标准物质 红外油分仪用溶液标准物质	国家标准物质研究中心
国制标物 10000550	GBW(E) 130172~GBW(E)130173 GBW(E) 130174~GBW(E)130177	门尼黏度计检定用标准物质 差示扫描量热仪标准物质	国防科工委化学计量一级站
国制标物 10000551	GBW(E) 130178~GBW(E)130180	气相色谱/质谱联用仪器检定用标准物质	国防科工委化学计量一级站
国制标物 10000552	GBW(E) 130182~GBW(E)130187	热分析标准物质	国家标准物质研究中心
国制标物 10000553	GBW(E) 060231~GBW(E)060238	农药溶液标准物质	江苏省疾病预防控制中心

续表 7

许可证号	编　　号	名　　称	研制单位
国制标物 10000554	GBW(E)060239	乙酰苯胺元素分析标准物质	中国石油勘探开发研究院
国制标物 10000555	GBW(E)060240	氮中甲烷、乙烷、丙烷混合气体标准物质	淄博白燕科技气体有限公司
国制标物 10000556	GBW(E)080436 GBW(E)080437 GBW(E)080438 GBW(E)080439 GBW(E)080440 GBW(E)080441 GBW(E)080442 GBW(E)080443 GBW(E)080444	银溶液成分分析标准物质 锶溶液成分分析标准物质 锡溶液成分分析标准物质 钙溶液成分分析标准物质 镁溶液成分分析标准物质 硒溶液成分分析标准物质 钾溶液成分分析标准物质 钠溶液成分分析标准物质 六价铬溶液成分分析标准物质	江苏省疾病预防控制中心
国制标物 10000557	GBW(E)080445a~GBW(E)080446a	全盐量标准物质	北京市环境保护监测中心
国制标物 10000558	GBW(E)080447 GBW(E)080448 GBW(E)080449 GBW(E)080450	氮中丙烷气体标准物质 氮中丙烷、一氧化碳混合气体标准物质 氮中丙烷、一氧化碳、二氧化碳混合气体标准物质 氮中一氧化氮气体标准物质	佛山市科的气体化工有限公司
	GBW(E)060223 GBW(E)060224 GBW(E)060225 GBW(E)080431 GBW(E)130166	西维因农药标准物质 叶蝉散农药标准物质 呋喃丹农药标准物质 磷溶液成分分析标准物质 镨钕滤光片波长标准物质	国家标准物质研究中心
国制标物 10000559	GBW(E)090020 GBW(E)090021 GBW(E)090022 GBW(E)090023	氮中二氧化碳、氧混合气体标准物质 氮中一氧化碳、二氧化碳、氧混合气体标准物质 氮中一氧化碳、氦、氧混合气体标准物质 氮中一氧化碳、一氧化二氮、氧混合气体标准物质	沈阳科瑞特种气体有限公司
国制标物 10000560	GBW(E)060241 GBW(E)060242 GBW(E)060243 GBW(E)060244	氮中硅烷气体标准物质 氮中磷烷气体标准物质 氢中硼烷气体标准物质 氢中砷烷气体标准物质	南京特种气体厂有限公司
国制标物 10000561	GBW(E)060245 GBW(E)060246 GBW(E)060247 GBW(E)060248 GBW(E)060249 GBW(E)060250 GBW(E)060251 GBW(E)060252	氩中甲烷气体标准物质 氩中二氧化碳气体标准物质 氮中一氧化碳、丙烷混合气体标准物质 氮中二氧化碳、氧混合气体标准物质 氮中二氧化碳、氦混合气体标准物质 氮中一氧化碳、氦、氧混合气体标准物质 氮中一氧化碳、二氧化碳、甲烷混合气体标准物质 氩中氦气体标准物质	山东省半导体研究所

续表 8

许可证号	编　号	名　称	研制单位
国制标物 10000562	GBW(E)060253 GBW(E)060254 GBW(E)060255 GBW(E)060256 GBW(E)060257 GBW(E)060258	氩中氢气体标准物质 氮中氧气体标准物质 氢中甲烷气体标准物质 高纯氮气体标准物质 高纯氧气体标准物质 高纯氢气体标准物质	山东省半导体研究所
国制标物 10000563	GBW(E)060259 GBW(E)060260 GBW(E)060261	氮中异丁烷气体标准物质 丙烯中丙炔气体标准物质 氮中二氧化硫气体标准物质	大连光明特种气体有限公司

建议撤消标准物质制造计量器具许可证目录

许可证号	编　号	名　称	研制单位
国制标物 1000227	GBW 01610~GBW 01618	不锈钢成分分析标准物质	重庆特殊钢股份有限公司特钢研究所
国制标物 1000240	GBW 09102~GBW 09103	冻干人尿(痕量金属)成分分析标准物质	北京医科大学公共卫生学院
国制标物 1000194	GBW(E) 040001~GBW(E) 040007	氢冈位素标准水样	北京大学化学系
国制标物 1000370	GBW(E) 080225 GBW(E) 080226 GBW(E) 080227 GBW(E) 080228 GBW(E) 080229	化学耗氧量(COOcr)标准物质 生物五天需氧量(BCD5)标准物质 氮氧化物(水溶液)成分分析标准物质 二氧化硫(水溶液)成分分析标准物质 水硬度标准物质	鞍山市环境监测中心站
国制标物 1000247	GBW(E) 060008	速灭威农药标准物质	国家标准物质研究中心
国制标物 1000212	GBW(E) 080102 GBW(E) 080103~GBW(E) 080104 GBW(E) 080105~GBW(E) 080106 GBW(E) 080107 GBW(E) 080108	氮中甲烷气体标准物质 氮中二氧化氮气体标准物质 氮中二氧化硫气体标准物质 氮中一氧化碳气体标准物质 空气中甲烷气体标准物质	上海市计量测试技术研究院
国制标物 1000541	GBW 02619 GBW 02620	镍基铸造高温合金气体成分分析标准物质 铁镍基铸造高温合金气体成分分析标准物质	北京航空材料研究院

建议缓发标准物质制造计量器具许可证目录

许可证号	编　号	名　称	研制单位
国制标物 1000536	GBW(E) 100009 GBW(E) 100010 GBW(E) 100011	水稻粉营养成分分析标准物质 小麦粉营养成分分析标准物质 铁锌氨基酸营养成分分析标准物质	上海市计量测试技术研究院
国制标物 1000211	GBW(E) 080097	甲醇中苯并(a)芘成分分析标准物质	
国制标物 1000216	GBW(E) 130025~GBW(E) 130026	掺硼硅单晶片中、低电阻率测试标准物质	
国制标物 1000239	GBW 08701~GBW 08702	甲醇中苯并(a)芘标准物质	北京市环境保护监测中心
国制标物 1000247	GBW(E) 060009	甲胺磷农药标准物质	国家标准物质研究中心

关于批准“生铁成分分析标准物质”等44种国家二级标准物质的通知

国质检量函[2005]827号文

国家标准物质项目(二级标准物质)

序号	编　号	名　称	研制单位
1	GBW(E) 010159	生铁成分分析标准物质	重庆钢铁股份有限公司钢铁研究所 南京麒麟分析仪器有限公司
2	GBW(E) 010160		
3	GBW(E) 010161	碳素钢成分分析标准物质	
4	GBW(E) 010162		
5	GBW(E) 010163		
6	GBW(E) 010164		
7	GBW(E) 010165		
8	GBW(E) 010166		
9	GBW(E) 010167		
10	GBW(E) 060637	氩中氧气体标准物质	成都成钢梅塞尔气体产品有限公司
11	GBW(E) 060638	氧中氩气体标准物质	
12	GBW(E) 060639	氩中氮气体标准物质	
13	GBW(E) 060640	氮中氧气体标准物质	
14	GBW(E) 060641	氮中二氧化碳、氧混合气体标准物质	
15	GBW(E) 060642	氦中氢、一氧化碳、二氧化碳、氮混合气体标准物质	
16	GBW(E) 060643	氧中氧化亚气体标准物质	
17	GBW(E) 060644	氩中氢、氧、氮、甲烷、一氧化碳混合气体标准物质	北京首钢氧气厂
18	GBW(E) 060645	氮中甲烷、乙烷、乙烯、乙炔混合气体标准物质	
19	GBW(E) 060646	氦中氖、氢、氧、氮混合气体标准物质	
20	GBW(E) 060647	氖中氢气体标准物质	
21	GBW(E) 060648	氖中氦气体标准物质	
22	GBW(E) 060649	高纯氖气体标准物质	
23	GBW(E) 060650	高纯氦气体标准物质	
24	GBW(E) 060651	高纯氪气体标准物质	
25	GBW(E) 060652	高纯氙气体标准物质	

续表

序号	编　号	名　称	研制单位
26	GBW(E) 060653	氮中一氧化碳气体标准物质	北京思达德标准物质科技有限公司
27	GBW(E) 060654	空气中一氧化碳气体标准物质	
28	GBW(E) 060655	氮中二氧化碳气体标准物质	
29	GBW(E) 060656	空气中二氧化碳气体标准物质	
30	GBW(E) 060657	氮中氧气体标准物质	
31	GBW(E) 060658	氮中甲烷气体标准物质	
32	GBW(E) 060659	空气中甲烷气体标准物质	
33	GBW(E) 060660	空气中异丁烷气体标准物质	
34	GBW(E) 060661	氮中一氧化碳、二氧化碳、丙烷混合气体标准物质	
35	GBW(E) 120032	车用汽油辛烷值标准物质	国家标准物质研究中心
36	GBW(E) 120033	柴油十六烷值标准物质	
37	GBW(E) 120034		
38	GBW(E) 120035		
39	GBW(E) 120036		
40	GBW(E) 130228	非牛顿流体黏度标准物质	北京世帝科学仪器公司
41	GBW(E) 130229	气相色谱仪检定和测试用标准物质(苯--甲苯)	北京思达德标准物质科技有限公司
42	GBW(E) 130230	气相色谱仪检定和测试用标准物质（正十六烷--异辛烷）	
43	GBW(E) 130231	气相色谱仪检定和测试用标准物质（甲基对硫磷--无水乙醇）	
44	GBW(E) 130232	气相色谱仪检定和测试用标准物质（丙体六六六--异辛烷）	

中华人民共和国标准物质目录

（新发布部分）

国家质量监督检验检疫总局(2005年9月)

标准物质目录(新发布部分)

名称	编号	标准值及标准偏差	质量分数(×10^{-2})					
			C	Si	Mn	P	S	As
生铁成分分析标准物质	GBW(E)010159	标准值 标准偏差（S）	4.14 0.02	0.751 0.001	0.567 0.008	0.153 0.003	0.046 0.002	0.065 0.003
	GBW(E)010160	标准值 标准偏差（S）	4.02 0.02	1.73 0.02	0.856 0.010	0.056 0.002	0.026 0.001	0.027 0.002

研制单位：重庆钢铁股份有限公司钢铁研究所(重庆市)、南京麒麟分析仪器有限公司(南京市)

名称	编号	标准值及标准偏差	质量分数(×10^{-2})							
			C	Si	Mn	P	S	Ni	Cr	Cu
碳素钢成分分析标准物质	GB(E)010161	标准值 标准偏差（S）	0.096 0.001	0.188 0.005	0.378 0.007	0.016 0.001	0.014 0.001			
	GB(E)010162	标准值 标准偏差（S）	0.356 0.004	0.341 0.007	0.777 0.005	0.037 0.001	0.030 0.002			
	GB(E)010163	标准值 标准偏差（S）	0.480 0.003	0.243 0.003	0.585 0.010	0.024 0.001	0.020 0.001	0.217 0.004	0.249 0.002	0.236 0.004
	GB(E)010164	标准值 标准偏差（S）	0.508 0.006	0.341 0.005	0.696 0.010	0.032 0.001	0.037 0.002			
	GB(E)010165	标准值 标准偏差（S）	0.686 0.003	0.440 0.006	0.590 0.007	0.012 0.001	0.040 0.002			
	GB(E)010166	标准值 标准偏差（S）	0.184 0.003	0.239 0.003	0.516 0.006	0.032 0.001	0.031 0.002	0.326 0.004	0.262 0.004	0.312 0.006
	GB(E)010167	标准值 标准偏差（S）	0.207 0.003	0.567 0.006	1.50 0.01	0.034 0.001	0.040 0.002	0.101 0.003	0.119 0.003	0.115 0.004

研制单位：重庆钢铁股份有限公司钢铁研究所(重庆市)、南京麒麟分析仪器有限公司(南京市)

名称	编号	辛烷值(RON)	不确定度(RON)
车用汽油辛烷值标准物质	GBW(E) 120032	94.8	1.0

研制单位：国家标准物质研究中心(北京市)

名　　称	编　　号	摩尔分数($\times10^{-2}$)		相对不确定度(%)
氩中氧气体标准物质	GBW(E) 060637	50×10^{-4}~50		2
氧中氩气体标准物质	GBW(E) 060638	13~15		2
氩中氮气体标准物质	GBW(E) 060639	50×10^{-4}~45		2
氮中氧气体标准物质	GBW(E) 060640	50×10^{-4}~99.7		2
氮中二氧化碳、氧混合气体标准物质	GBW(E) 060641	二氧化碳	50×10^{-4}~10	2
		氧	50×10^{-4}~50	
氦中氢、一氧化碳、二氧化碳、氮混合气体标准物质	GBW(E) 060642	氢	0.2~0.4	2
		一氧化碳	2~4	
		二氧化碳	5~8	
		氮	12~16	
氧中氧化亚氮气体标准物质	GBW(E) 060643	50		2

研制单位:成都成钢梅塞尔气体产品有限公司(成都市)

名　　称	编　　号	摩尔分数($\times10^{-2}$)	相对不确定度(%)
氩中氢、氧、氮、甲烷、一氧化碳混合气体标准物质	GBW(E) 060644	$(10\sim300)\times10^{-4}$	5
氮中甲烷、乙烷、乙烯、乙炔、混合气体标准物质	GBW(E) 060645	$(10\sim300)\times10^{-4}$	3
氦中氖、氢、氧、氮混合气体标准物质	GBW(E) 060646	$(5\sim50)\times10^{-4}$	10
		$(50\sim300)\times10^{-4}$	5
氖中氢气体标准物质	GBW(E) 060647	$(10\sim100)\times10^{-4}$	5
		$(100\sim1000)\times10^{-4}$	2
氖中氦气体标准物质	GBW(E) 060648	$(10\sim50)\times10^{-4}$	5
		$(50\sim800)\times10^{-4}$	3
高纯氖气体标准物质	GBW(E) 060649	99.999	0.002
高纯氦气体标准物质	GBW(E) 060650	99.999	0.002
高纯氪气体标准物质	GBW(E) 060651	99.999	0.002
高纯氙气体标准物质	GBW(E) 060652	99.999	0.002

研制单位:北京首钢氧气厂(北京市)

名　　称	编　　号	质量浓度的标称值(ng/μL)		相对不确定度(%)
气相色谱仪检定和测试用标准物质	GBW(E) 130229	苯—甲苯	5×10^{-3}	2
	GBW(E) 130230	正十六烷—异辛烷	100	2
	GBW(E) 130231	甲基对硫磷—无水乙醇	10	3
	GBW(E) 130232	丙体六六六—异辛烷	0.1	3

研制单位:北京思达德标准物质科技有限公司(北京市)

名称	编号	物质的量分数(×10^{-2})		相对不确定度(%)
氮中一氧化碳气体标准物质	GBW(E) 060653	100×10^{-4}~10		2
空气中一氧化碳气体标准物质	GBW(E) 060654	100×10^{-4}~5		2
氮中二氧化碳气体标准物质	GBW(E) 060655	100×10^{-4}~20		2
空气中二氧化碳气体标准物质	GBW(E) 060656	100×10^{-4}~20		2
氮中氧气体标准物质	GBW(E) 060657	100×10^{-4}~25		2
氮中甲烷气体标准物质	GBW(E) 060658	100×10^{-4}~10		2
空气中甲烷气体标准物质	GBW(E) 060659	0.5~3		2
空气中异丁烷气体标准物质	GBW(E) 060660	100×10^{-4}~1.1		2
氮中一氧化碳、二氧化碳、丙烷混合气体标准物质	GBW(E) 060661	CO	0.5~8	2
		CO_2	1~20	2
		C_3H_8	800×10^{-4}~1.5	2

研制单位:北京思达德标准物质科技有限公司(北京市)

名称	编号	十六烷值(CN)	不确定度(CN)
柴油十六烷值标准物质	GBW(E) 120033	24.2	2.5
	GBW(E) 120034	42.4	2.5
	GBW(E) 120035	51.9	2.5
	GBW(E) 120036	72.4	2.5

研制单位:国家标准物质研究中心(北京市)

名称	编号	动力黏度的标准值(mPa·s)(37℃)			不确定度(mPa·s)
非牛顿流体黏度标准物质	GBW(E) 130228	切变速率	$1S^{-1}$	22.1	1.7
			$5S^{-1}$	8.6	0.6
			$50S^{-1}$	3.8	0.3
			$200S^{-1}$	3.0	0.2

研制单位:北京世帝科学仪器公司(北京市)

新复制标准物质定值数据表

名称	编号	标准值及不确定度	质量分数(×10^{-6})						
			Fe	Mn	Cu	Zn	Se	Pb	As
脱脂奶粉成分分析标准物质	GBW 08509a	标准值 不确定度	3.26 0.20	0.29 0.02	0.36 0.04	47.2 1.4	0.17 0.03	0.024 0.006	(0.010)
			K	Na	Ca	Mg	N	C1	P
		标准值 不确定度	16.4 0.5	5.15 0.18	12.8 0.3	1.31 0.04	58.2 1.6	10.3 0.3	10.4 0.3

研制单位:国家标准物质研究中心(北京市)

NIST的战略规划和经济分析

国家标准物质研究中心　刘　军

一、背　景

美国国家标准与技术研究院(National Institute of Standards and Technology, NIST)成立于1901年,是美国商务部技术管理部(the U.S.Commerce Department's Technology Administration)的一个联邦代理处。NIST的任务是发展和提高测量、标准和技术以提高生产力、促进贸易和改善生活质量。

NIST通过以下四个合作项目(Program)来履行其使命。

NIST实验室(NIST Laboratories):研究和发展美国工业不断提高产品和服务所需要的国家技术基础设施。

国家质量项目(the Baldrige National Quality Program):增进美国的制造业、服务公司、教育机构、医疗保健供应者的能力,管理项目并负责评判能力和质量成果的年度国家质量奖项。

制造业的广泛伙伴关系(the Manufacturing Extension Partnership):向小厂商提供技术和商业协助的全国性网络。

先进的技术项目(Advanced Technology Program):通过R&D同私营企业的合作基金,加快有益国家的科技创新的发展步伐。

作为世界经济战略,科技应用的不断增长使NIST处于两种压力之下。一方面是日益增长的以技术为基础的行业经济战略对基础设施支持的需要。另一方面来自平衡联邦预算以解放私有投资资本的需要和使货币坚挺的需要。这样一来就限制了发展基础设施的可用资源。

两种压力的冲突意味着:NIST作为以技术为本的支撑美国经济的基础设施建设的重要因素,必须在评定作用和衡量职能方面表现出优越性。因为NIST的法定职责就在于影响私有企业的经济活动,NIST必须能够了解、评定和解释这些活动以限定、优化和证明项目和资源分配的合理性。

除了可以利用外部相关分析资源和专家队伍,NIST需要直接参与政策制定过程和影响政策结果。在这点上,NIST要有内部经济分析能力,来实现:

(1) 监管技术和经济走向,提供这些走向所需政府科技政策的制定效力,以及阐明以技术为基础的经济增长需要NIST一系列的技术基础构造功能。

(2) 为提议的研究项目和技术转移服务提供经济效果评测。

(3) 对已批准的项目进行经济效果评估,为将来的项目启动提供可信度。

二、NIST战略规划和经济分析中心

NIST的项目办公室负责协调四个项目的实施。项目办公室下设战略规划和经济分析中心(The Strategic Planning and Economic Analysis, SPEA)。SPEA提供经济、技术评价和为NIST广泛的政策分析和规划活动提供战略规划方案,同时SPEA还为NIST政策分析和规划活动提供专家。

在NIST范围内的外部经济政策推行中,SPEA代表NIST。

SPEA由NIST项目副主任统管。

1. SPEA的目的

SPEA的目的:(1)进行交叉和多学科的战略规划、经济效果和经济作用/政策研究,该研究对总项目或项目

执行单位大有裨益;(2)经济分析方面向项目执行单位提供方法协助。

SPEA 以此来支持 NIST 的职责和推广一系列适用美国工业的技术、以技术为本的基础设施、标准和技术转让服务。

SPEA 的活动是与 NIST 项目执行单位协商合作开展的,NIST 项目执行单位也会随即成为这些活动的参与者。此类研究不会对项目执行单位内部经济作用做重复分析。

战略规划:包括对技术、经济条件和经济走向的评估,其目的在于(1) 评定科技及支持技术基础设施对美国不同经济部门中基础工业的重要性;(2) 帮助 NIST 管理层确定特定经济部门中不同主要技术领域和基础设施种类中的投资顺序;(3) 评定不同工业组织和部门中适用的科技或技术基础设施的各种转让和分配机制。

科技评估:将会提供成熟和成型科技的长期发展趋势预测。这些评估范围很广并会集中在工业和跨行业层面上,给 NIST 提供角色发展和其他相关政策实践以及完善这些活动的经济分析和策略制定。

经济分析:向内部策略制定和政府级政策实践提供依据,包括科技的经济角色是政策制定的主要因素,由于科技在经济领域的重要性而引发的一些问题,支持产业投资的可选择政策手段的使用等方面(例如,R&D 的直接基金对税金的激励)。

经济影响评估:提供(1) 项目内容调整和未来策略制定的管理投入;(2) 以 NIST 角色所支持的以科技为基础的经济增长为依据的经济和 S&T 政策竞争;(3) 适合政府业绩、效果法案 (Government Performance and Results Act 1993,GPRA)和政府其他要求的数量和质量的度量标准。

为实现这些目标,用于政府对公共领域、授权科技、特殊科技领域或产业领域的基础设施支持的经济基本原理得到长足发展。有关对诸如实验室研究、产业研究投入分摊和更快速的工业推广所做的对工业经济收益评估将整理出版,这些用于分析的不断更新、发展的方法论和评价一同提供给 NIST 执行单位,指导他们进行分析,同时也分析在不同部门之间进行的合适的产业技术有效转化的经济基础。

总之,SPEA 活动成果将会用于执行单位内部的分析。如(1) 由 NIST 完成的大范围、长期的有关技术、经济和政策问题的集中分析;(2) 对项目执行单位所做的详尽分析,例如战略规划和经济影响力研究;(3) 对方法论的发展和评估。

2. SPEA 的作用

(1) 科技评估:长期的、主要趋势分析作为经济分析和战略规划的基础

监控和提供项目执行单位的那些可能将来需要的新技术/工业评估。

组织和表征项目技术因素以有助于战略规划或政策发展的经济分析。

(2) 经济角色分析:微观经济分析(技术、工业和经济部门水平)

帮助项目执行单位为每一个 NIST 主要的技术发展/基础设施发展经济基本原理。

论证更宽领域的 S&T 和经济增长政策策略的结合。

促进 S&T 与经济增长政策的发展。

(3) 战略规划:项目和预算启动发展的基础

为综合工业需求转成 NIST 管理、经济政策和预算可接受的形式提供机理。

把技术评估和微观经济分析融合进具体的项目活动中。

广泛发展 NIST 规划文件,如 NIST 战略规划。

(4) 经济影响评估:实际工作高效率的证据

完善项目执行单位对政策和预算程序以及工业界接受和理解文件所做的工作。

评估结果与构成要素之间的沟通为 NIST 管理提供有关项目选择和协助的反馈信息。

3. SPEA 的工作

SPEA 开展的工作如图 1 所示。

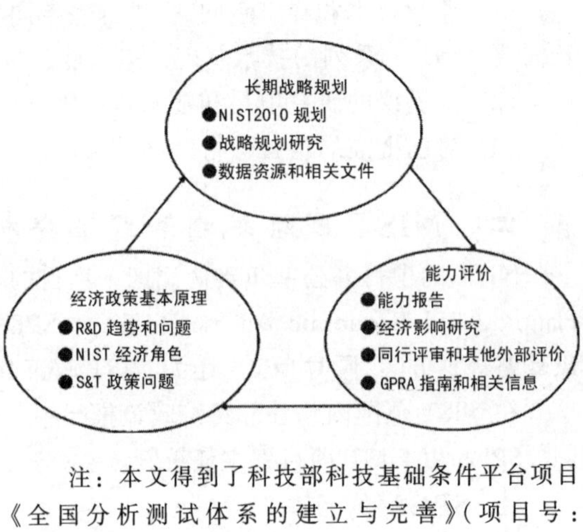

注:本文得到了科技部科技基础条件平台项目《全国分析测试体系的建立与完善》(项目号:2003DEA1T003)的支持。

欧盟对衡器产品制造进行控制管理的新方法

辽宁省质量技术监督局方圆标志认证中心辽宁分中心　鲍　悦
上海市质量技术监督局　何晓薇

指　令

欧盟由欧洲25个独立国家通过欧盟法律组成,通常依据"指令"进行工作。指令即欧洲各成员国必须把它变成自己国家的法规来严格实施的法律。许多法规被称为"单一市场"指令,因为它们有着共同的目的——在成员国之间消除贸易壁垒。所以制造商只需遵守一套程序即可进入全欧盟的市场。因此,尽管"指令"在各成员国各自的法律中分别贯彻实施,但它们实际上是一致的。一般来讲,任何一个成员国的衡器进入欧盟市场无需额外的或不同的控制方法,这样就形成了一个巨大的单一市场。

新方法指令

为适应共同体的需要,欧盟指令已讨论了许多年。在控制生产产品的领域(通常指保障安全方面),指令的形式已经从对性能的详细要求发展成为简明的新方法。新方法指令特别适用于单一市场,旨在在一个正确的层面上对产品进行控制而不是阻止新产品的开发。

因此,新方法首先要基于基本的要求——只规定什么是基本的要求,不涵盖针对技术和测试方法的要求。这样的技术细节由产品标准进行规定。

第二,欧盟委员会颁布了统一标准,对于基本的要求,给出了判断是否符合的条件和依据。

新方法的第三个特征是,为制造商提供可广泛选择的程序,以确保产品符合指令的要求,这就是我们所共知的符合评定模块。这些模块的开发使制造商通过批准的质量管理体系的维护来进行产品质量的控制。

第四个特征是,这些过程可以由成员国指定的机构进行合格评定。这些机构可以是国家机构,也可以是独立机构,它们同时承担成员国的责任。被指定的机构必须由委员会通报给其他成员国,因此也被称为告示机构。

最后是市场监督体系,有了这个体系才能确保整个衡器产品制造控制体系的有效运行。一旦在成员国之间出现问题,可采取合适的应对措施。

指令的目的

除"单一市场"外,计量器具指令还有另一个备受计量学家赞赏的好处。即产品标准是测量的基础,准确度也成为产品标准的要求。所有初级商品的交易依赖于量的一致,对计量的信任是基础。这就是至今我们仍用法律来控制计量的原因。每个国家都有各自的法律,但计量是国际的,所以关于计量的各国法律法规必须具有一致性。欧盟用指令作为统一各国法律法规的依据,而计量器具指令的基本目标是建立单一市场。一致性测量用于所有的贸易,而计量器具指令则专门针对计量器具的贸易。

非自动衡器和计量器具指令

现在所实施的非自动衡器指令(NAWI)是指欧共体指令 90/384/EEC,它也根据 93/68/EEC 欧共体指令作了修改。非自动衡器指令(NAWI)于 1990 年产生,在这个指令中包含了被称之为新方法的许多原理。欧洲议会和理事会在 2004 年 3 月 31 日批准了计量器具指令(MID)2004/22/EC,在 2006 年 10 月底开始实施。计量器具指令(MID)包括了绝大多数的常规计量器具类型,下文在介绍新方法的过程中,将解释这个方法中的一些细节,包括合格评定。

基本要求和标准

计量器具指令(MID)中的基本要求在附录 A 中做了规定,并且对每个不同形式的器具的要求是分开的。对具体的计量器具类型提出了基本要求,对自动衡器要参照附录 1 和附录 MI-006。附录 MI-006 又对不同类型的计量器具按照不同章节分别进行描述。其中自动衡器有非常清楚的分目录,包括自动重量分检秤、重力式自动装料秤、非连续累计皮带秤、连续累计皮带秤、自动轨道衡等。这些附录提出了具体的基本要求,包括运行条件、最大允许扰动等。所有计量器具必须符合基本要求。在实践中,为了便于实施,可以用已经颁布的统一标准证明其合格。这些标准是由欧洲标准化机构和相关企业共同研究制定的。非自动衡器指令(NAWI)和计量器具指令(MID)的基本要求起源于 OIML 国际建议。

标准化文件

标准化文件被要求直接采纳 OIML 国际建议。如果 OIML 国际建议没有涵盖指令中的全部内容,标准化文件就应当对此加以补充。标准化文件也是由委员会批准的,它与统一标准具有相同的地位。因此,如果计量器具的设计满足 OIML 国际建议,它也会符合计量器具指令(MID)的要求。标准化文件就是一个例子。然而,在目前情况下,计量器具指令(MID)中的自动衡器标准还没有出台,标准化文件也没有被批准,因此我们建议制造商直接将计量器具指令(MID)的基本要求和 OIML 国际建议作为指南。

非自动衡器的欧洲标准 EN45501

非自动衡器指令(NAWI)的开发原则与计量器具指令(MID)是一致的,因为欧盟标准 EN45501 几乎直接引用了 OIML 国际建议 R76。这是欧盟标准与全球标准和谐一致的很好实践。

合格评定

对于常规的衡器,传统的合格评定方法就是型式批准加检定。我们批准产品的设计,并且证明每一个单一的产品都符合性能要求。这是一个有效的控制方法,将质量体系的控制作为管理方法,其对制造商和授权责任部门更加有效。在计量器具指令(MID)和其他许多的指令中,型式批准被称为模块 B;在非自动衡器指令中,它被称为 EC 型式试验。在非自动衡器指令(NAWI)中,检定被称为 EC 检定;在计量器具指令(MID)中,它被称为模块 F。

质量体系的作用

一个好的企业一定是一个高效且效益良好的企业;它会不断地投资,以确保生产出合格的产品。经认可的质量体系及检定能够保证生产出的计量器具在销售和使用中,完成保护消费者权益和保持公平贸易的使命。有效的控制方法就是对企业进行质量体系认证并对产品进行评定,从而进行控制和管理。

模　块

新方法指令允许企业自主选择与其自身相适应的合格评定模式。这种模式的选择可依据被称为模块决议或全球方法的理事会决议 93/465/EEC,在计量器具指令(MID)的附录中对其进行更新,附录中用字母 A 到 H1 定义了不同的模式,我们称其为模块 A、模块 B 等。

有效的选择

现在许多企业选择模块B+D的模式。这种模式允许制造商通过采用批准的质量管理体系的业绩来担负产品质量合格控制的责任。一个完整的质量管理体系应当包含全部的产品设计和开发,这就意味着制造商担负起了产品合格的全部责任,而不需要第三方机构的参与,这就是模块H。然而,在实践中,只有非常简单的计量器具才允许选择这种模式。对于自动衡器,在对其进行质量体系评审时,对设计的检查和认证是强制的,这就是模块H1。这是一个相当新且非常有效的模式,虽然对于授权机构来说比较难以实施,但对双方都具有潜在的巨大用途。关键是对H1的设计审核可从设计文件开始,而不需要评审员去测试该计量器具。如果设计和开发过程中的文件符合标准,并且得到了有资格的人士的认可,就可以证明它具有生产合格产品的能力。这种理念并非针对单独产品,而是针对生产企业的整个生产过程进行评价。

B与H1的比较

我们可以将H1的设计检查部分与模块B的型式批准进行比较。在H1中,对设计的检查可在设计和开发过程中进行;而在模块B中,对设计的检查只能在整个过程结束后进行。因此,对于模块H1,制造商可以将批准过程和开发方案结合在一起,在不需要经过第三方认证的情况下直接将产品投入市场,从而对整个过程投入更多的控制与管理。所以,模块H1最突出的特点就是它促进了设计更改和新产品的开发。我们知道,许多新产品的设计都基于已经存在的产品,只是在此基础上进行一些小的改动或者将新技术应用在一部分设计或产品中。在任何情况下,在设计更改和法律控制参数方面的努力都极易呈现出来。告示机构应该根据以前的设计评审作出快速的判断。

质量体系评价

质量体系评价是模块D、E和H1模式的一部分。在每个模式中(包括非自动衡器),评价和审核应考虑产品类型及其所属专业。评审组必须包括与之相适应的专业人员。如果没对非自动衡器指令(NAWI)和计量器具指令(MID)进行预评审,即使以前获得了质量体系证书,也必须进行再评审。模块H1还有额外的要求,即质量体系评审必须由对其设计过程进行评审的同一告示机构来实施。该模式必须符合相适宜的ISO和EU标准。作为指南,应用的标准在附录5中已给出。

H1指南

模块H1是一个新的模式,目前在计量部门还没有使用。欧盟法制计量联盟(WELMEC)成员国正在开发指导性文件,以确保有效贯彻实施该指令。H1的第一个指导性文件现已完成,通过后有望在WELMEC网站发布。该文件是以英国法制计量院(NWML)为主、其他成员国协同研究制定的。

合　作

H1的指南有两个附件。附件一是一个针对于整个模式的流程图,用一页的篇幅总结归纳了告示机构、制造商的职责以及它们之间的关系。在这个图表中,告示机构要对其质量体系进行预评审。附录二是告示机构进行评审的检查表。在这里,提出了告示机构必须评审设计过程的要求。如果为了确保合格而需要进行延伸考核,必须要与制造商共同决定。那些对设计过程和技术熟悉的有能力的考核者可以使考核的时间与成本降到最低。制造商可以通过给考核者提供必要的信息,使考核者对他们的设计有较强的信心。合作的原理和能力应符合这些模式和两个指令。欧盟的告示机构不仅具有这种能力,而且还能给制造商提供最好的服务。市场监管是在有责任的成员国中实施的,通过检查体系确保所有的标准都在保持、贯彻和实施。

对模块B的改进

计量器具指令(MID)型式批准模式(模块B)在相关的文件中有一些改进。首先,告示机构在仅通过文件审查就可以确保合格时,可免除对样机的全性能进行试验。因此,告示机构可选择避免全部或部分测试(在MID

附录B 2(b)和2(c)中有具体讲解)。其次,(计量器具指令MID附录B 4.6)提供的文件应给出足够的证据,表明制造商提供的用于测试的仪器远远不止一台样机。这就保证了即使在缺少质量体系的情况下,制造商仍有足够的能力保证产品合格。

结　论

非自动衡器指令(NAWI)有许多特色,并运用了欧盟(EU)新方法,它不包括模块H1的选择,也不包括模块B的改进,但却很好地符合了OIML国际建议,因此,很好地被国际市场所接纳。在实施非自动衡器指令(NAWI)的过程中存在的问题经过多年的讨论,其实施指南已经趋于完善。

计量器具指令(MID)代表了最新的方法,对于这个模式现在才刚刚开始;但是从另一个角度来看,计量器具指令(MID)已经借鉴了非自动衡器指令(NAWI)长期运行过程中所积累的经验。

两个指令虽然在方式上不尽相同,但都把对生产合格产品的控制建立在生产过程合格评定的基础上,在保证产品质量方面赋予了制造商更多的责任,也就是给制造商更大的空间以鼓励其技术创新,促使其生产出更先进的产品。此外,还指出制造商和告示机构的合作是使产品进入国际市场的有益途径。

亚太地区加油机、LPG 加气机检定的技术要求及基本现状

广东省计量科学研究院　黄惠民、李俊良

作为亚太法制计量论坛(APLMF)的中国代表,笔者参加了 2005 年 4 月 25 日至 5 月 5 日在泰国芭堤雅举行的"加油机检定技术研讨会和检定加油机、加气机的培训"。

培训期间,通过与其他代表的交流和学习,笔者简要了解了各国和地区加油机、LPG 加气机检定的技术要求及基本现状。在此,本文对亚太地区加油机、LPG 加气机检定方面的一些情况作一简介。

一、亚太地区加油机检定方面的简况

目前大部分国家和地区的加油机检定方法,是依据或参照 OIML R 117 非水液体用测量系统国际建议制定的。检定一般采用标准金属量器作为标准设备。总结各国和地区的检定情况,主要区别有以下几点:

1. 加油机准确度要求不同

表 1 列举了部分国家和地区对加油机准确度的要求。

表 1　部分国家对加油机准确度的要求

国家和地区	中国	澳大利亚	新加坡	日本	泰国
最大允许误差 (MPE)	±0.3%	±0.5%	(0~+6)%	±0.5%	±0.5%

由表 1 可知,为了更好地保护消费者权益,我国检定加油机的准确度要求是 MPE:±0.3%,是要求最严格的国家之一;而新加坡则不允许加油机准确度出现负偏差。其他国家(如澳大利亚、泰国、日本等)在加油机准确度要求上采用了 OIML R 117 国际建议。

2. 检定流量点不同

亚太地区各经济体在检定加油机时,流量点的选择都不尽相同,表 2 是部分国家和地区所选择的检定流量点。

表 2　部分国家和地区所选择的检定流量点

国家和地区	中国	澳大利亚	新加坡	日本	泰国
检定流量点	Q_{max}、$0.2Q_{max}$	$0.6Q_{max}$	$<Q_{max}$	无	Q max、$0.5Q$ max Q min

3. 加油机检定用的标准量器量程不同

亚太地区各经济体在检定加油机时,所用标准器量程也都不尽相同,表 3 是部分国家和地区在进行加油机检定时所选用的标准量器量程。

表 3 部分国家在进行加油机检定时所选用的标准量器量程

国家和地区	中国	澳大利亚	新加坡	日本	泰国
检定用标准量器量程	20L、50L、100L	10L、15L、200L	5L、10L、20L	5gl	2L\5L\20L\50L

4. 加油机检定项目不同

各国和地区代表的介绍表明，各国和地区在检定加油机的项目规定方面也都存在一定的差异。下面着重介绍澳大利亚在加油机检定方面的主要情况。

澳大利亚标准 NWI 117 V2−1 是该国加油机的检定依据。根据 NWI 117 V2−1 的要求，澳大利亚的加油机检定项目主要包括：外观检查、电子指示装置检查、回零装置检查、付费金额计算误差试验、油枪自动关枪试验、加油机互锁试验、预设指示试验、最大流量试验、加油机准确度试验、预设准确度试验、油气分离试验、软管的内容积变化试验等内容。

5. 加油机检定结果计算方法不同

在我国，加油机的检定除了最大允许误差的技术要求外，还要求测量重复性这一技术指标，并要求在计算误差时须对标准体积进行温度修正，以期更有效地减少误差的影响因素。但是，根据各国和地区代表的介绍，以及笔者目前所了解的情况，除日本外，其他国家和地区在进行加油机检定时基本上都未要求进行这两项工作。

6. 检定周期不同

我国加油机的检定周期规定为 6 个月。此次参加培训的一部分国家目前则根据各自的国情，一般将加油机的检定周期规定为 1~2 年。

7. 铅封不同

为了有效地控制市场的作弊行为，目前我国规定对加油机流量计调整装置、税控芯片和电脑主板、由机械信号转换为电信号的测量变换器这三个位置进行铅封，而且铅封编号是受控的。但是参与此次培训的其他国家和地区几乎都只对流量计调整装置进行铅封，对后两者则不作此项要求。

8. 加油机型式试验不同

目前，日本、澳大利亚等国家与我国一样，对加油机型式试验管理比较严格。例如澳大利亚，所有进入该国市场的加油机都要经过型式批准这一关。然而，仍有一小部分国家和地区由于各种原因，未对加油机开展型式试验工作。

9. 其他方面

我国自 20 世纪 60 年代从国外引进机械加油机至今，已有近 50 年的历史，经历了从机械手动加油机、机械电动加油机到电子电动加油机的发展历程。随着电子技术的迅速发展，加油机的设计应用技术得到了很大的提高，特别是计算机技术的应用使加油机实现了智能化和系统集成化，出现了智能式加油机、多枪组合加油机和 IC 卡电子加油机等。在使用上也从原来的单台独立使用，发展到目前的系统集成和数据网络传送。而且，我国现在的加油机都具有税控功能，相对于参与此次培训的其他国家和地区，此项功能仍居领先地位，但是，部分国家（如澳大利亚）的加油机已实现了自助加油，这在我国尚属空白。

二、亚太地区 LPG 加气机检定方面的简况

到目前为止，亚太地区只有少数几个国家和地区开展了 LPG 加气机的检定。下面简要介绍已开展该项目的国家和地区在这方面的检定情况：

1. 在准确度要求方面，澳大利亚是 MPE：±0.6%，而马来西亚、泰国、中国台北则是 MPE：±1.0%。
2. 在检定周期方面，马来西亚、中国台北是 1 年，而澳大利亚、泰国则迄今尚未对此作条文规定。
3. 检定方法采用体积测定法或重量测定法。

4. 检定流量点均无具体要求。

5. 在误差计算公式方面，澳大利亚、马来西亚、中国台北都要求温度修正到15℃和进行压力修正，而泰国则无此规定。

6. 在检定项目方面，各国的要求都有所不同。澳大利亚加气机的检定是根据澳大利亚的标准 NWI 117 V2-2 进行的。根据 NWI 117V2-2 的要求，澳大利亚的 LPG 加气机检定项目包括：外观检查、电子指示装置检查、回零装置检查、付费金额计算误差试验、LPG 加气机互锁试验、密度和温度设置试验、预设指示试验、最大流量试验、LPG 加气机准确度试验、预设准确度试验等内容。

三、建议

1. 明确规定加油机的一些技术要求

目前，我国在加油机检定方面，对准确度要求比较严格，这是我们的优势。但对加油机的一些技术要求却没有明确规定。因此，笔者建议在加油机新规程编写时，应在检定项目中增加和完善电子指示装置检查、回零装置检查、付费金额计算误差试验、油枪自动关枪试验、加油机互锁试验、预设指示试验、最大流量试验、预设准确度试验、油气分离试验、软管的内容积变化试验等内容。目前，这些检查和检验在加油机定型鉴定时都有规定，但在检定时却无此要求。依笔者的经验，这些检查和检验在检定时是很有必要的。

2.消除加油机的作弊隐患

我国虽然根据具体情况对加油机进行了严格的管理，也针对我国出现的各种加油机作弊手法，在铅封方面做了严格的要求，而且这些管理和要求在一定程度上的确防止了一些作弊行为，但一些隐患依然存在，如由于某些技术原因，我国目前尚未对加油机的软件进行系统测试；若个别厂家生产的加油机存在软件作弊功能，我们将难以进行准确的检测。另外，我国加油机在显示方面没有进行铅封，虽然目前尚未出现在显示方面作弊的案例，但这也是一个不容忽视的作弊隐患。

3.加快 LPG 加气机检定规程和定型鉴定大纲的制作工作

随着我国经济的深入发展，生态环境不可避免地遭到一定程度的破坏，人们的环境危机感不断增强。为了改善人居环境，以 LPG 作为使用燃料的环保型汽车在我国的一些城市应运而生并且不断增加，这将带动 LPG 加气站的同步建设。然而，我国 LPG 加气机的国家检定规程和定型鉴定大纲至今尚未出台，也未对 LPG 加气机实施强制检定，这与我国当前的经济发展形势是不相适应的。因此，还应加快 LPG 加气机检定规程和定型鉴定大纲的制定工作。

澳大利亚实验室信息管理系统及计量工作概论

国家质量监督检验检疫总局计量司　王英军

一、澳大利亚实验室信息管理系统简介

实验室信息管理系统（laboratory information management system,LIMS）——即将实验室的仪器通过计算机网络连接起来，采用科学的管理思想和先进的数据库技术，实现以实验室为核心的整体环境的全方位管理。集样品管理、资源管理、事务管理、网络管理、数据管理(采集、传输、处理、输出、发布)，报表管理等诸多模块为一体，组成一套完整的实验室综合管理和产品质量监控体系，既能满足外部的日常管理要求，又能保证实验室分析数据的严格管理和控制。

两年前LIMS系统就已在澳大利亚各类实验室中推广使用，从用户的使用情况看，几乎各类实验室都赞同使用LIMS系统，并从中受益匪浅。如：声学仪器校准实验室，采用LIMS进行收发管理，国家食品检验室通过LIMS，将测量数据直接输入系统进行数据处理等。

二、澳大利亚的计量工作

(一) 澳大利亚国家计量体系与国际计量体系的关系(如图1所示)

澳大利亚国家计量院（NMI)隶属于澳大利亚政府工业、旅游、资源部，是澳大利亚政府管理计量工作的最高机关，成立于2004年，员工350余人，由国家计量实验室(NML)、澳大利亚政府分析实验室（AGAL)和国家标准委员会(NSC)合并而成。其使命是传递具有世界等级的计量标准和服务，以促进改革、促进工业竞争、促进贸易和改善澳大利亚人民的生活。

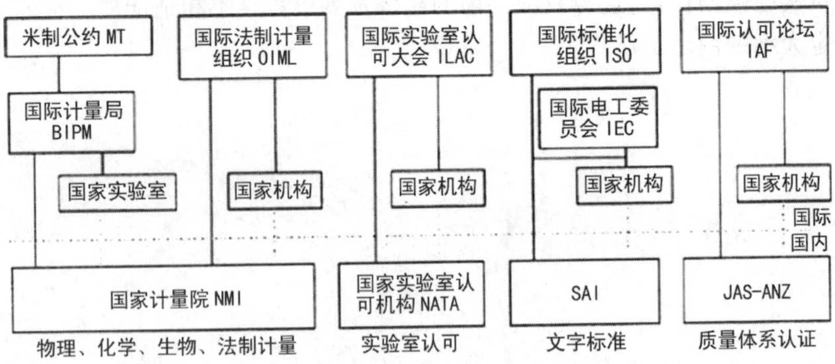

图1　澳大利亚国家计量体系与国际计量体系的关系

澳大利亚国家计量院代表国家参加米制公约和国际法制计量组织会议，其计量标准具有很高的水平，已签署了国际计量委员会CIPM的互认协议MRA，有近200项的测量能力CMCs和国际比对结果被MRA正式公布；其计量专家参加了近50个OIML的委员会，并帮助OIML创建型式批准互认协议MAA；其计量专家也代表澳大利亚参加ISO、IEC的技术委员会，起草文字标准；同时致力于促进区域计量组织的工作，参加亚太计量规划组织APMP技术委员会和亚太法制计量论坛工作组APLMF；其还代表澳大利亚参加国际食品规范委员会CAC，参与国际食品标准的分析和采样方法研究。

（二）澳大利亚的法制计量

澳大利亚法制计量工作依据《国家计量法》(1960年制定,2004年修订)和《贸易计量法》。法制计量内容相对单一,但监管力度大。目前,澳大利亚只将贸易用计量器具的生产、使用以及预包装商品的市场监管纳入法制计量的范畴。从目前开展的项目上看,仅限于市场商用衡器、加油机、加气机、皮革面积计、水电气表、呼出气体检测、检查车速测量和预包装商品等几个项目。按照《国家计量法》第五章第19A条规定,法制管理的计量器具必须获得型式批准(国家计量院负责),按照《贸易计量法》的规定,在贸易中使用的计量器具,必须具有地方计量技术机构准予使用的标志或者许可证明,型式批准的技术规范和程序严格执行OIML的国际建议。法制计量的范围很小,法制计量以外的计量工作完全市场化。

（三）澳大利亚的量值传递工作

澳大利亚的量值直接溯源至国际单位制SI,量值传递图如图2所示。

澳大利亚国家计量院建有物理标准,包括SI基本单位标准、SI单位传递标准和覆盖广泛量限的标准(如从nm到km,电压从DC到GHz,从mV到MV);以参考物质为基础的化学计量标准。澳大利亚核科学和技术组织ANSTO和澳大利亚辐射保护和核安全组织ARPANSA建有离子辐射标准。

澳大利亚国家计量院负责建立国家计量标准(包括基准和次级标准),提供溯源至国际单位制的量值传递和溯源,以及化学和生物计量,跟踪化学计量国际发展趋势。

（四）澳大利亚的实验室认可

澳大利亚的大量校准活动均通过市场化运作,绝大部分由私人的校准公司承担,校准市场已经发展得非常成熟。澳大利亚国家实验室认可机构NATA,是非政府组织,负责实验室认可工作,其认可依据执行ISO/IEC17025。NATA具有很高的权威性和很好的信誉,其与政府密切配合,一方面规范了实验室的管理,另一方面促进了实验室与国际接轨。

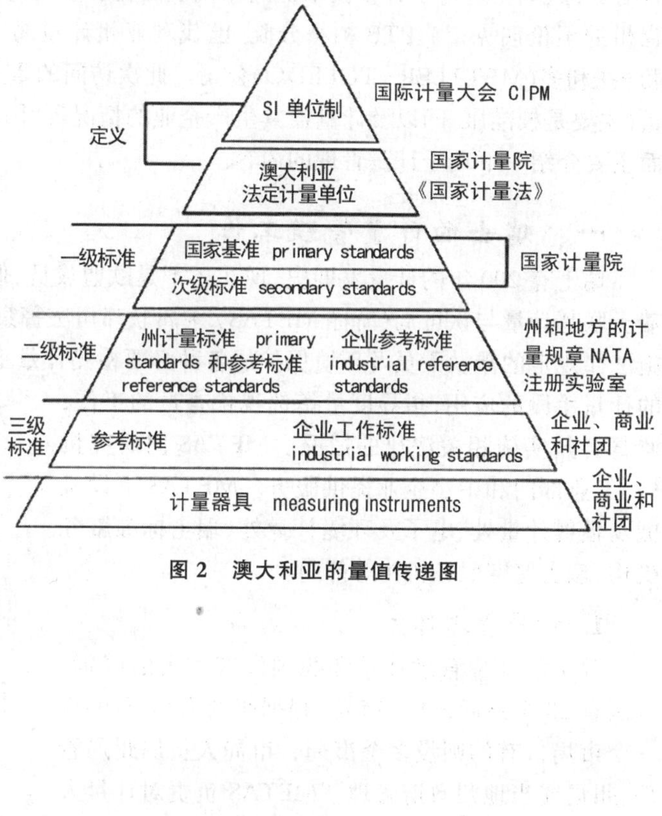

图2 澳大利亚的量值传递图

瑞士计量管理工作概览

国家质量监督检验检疫总局赴德国、瑞士计量代表团

为落实中德计量合作协议，由国家质检总局计量司副司长刘新民为团长的计量代表团于8月20日至30日对德国、瑞士进行了计量技术访问。代表团先后参观访问了德国联邦物理技术研究院(PTB)总部(在下萨克森州的不伦瑞克市)、PTB柏林分院、巴伐利亚州计量局、德国沙多里斯公司、瑞士国家计量与认可局和梅特勒-托利多(METTLER-TOLEDO)公司。此次访问的重点是了解德国、瑞士计量管理体系、法制计量、工业计量(主要是校准服务)以及计量器具生产企业的情况等。因德国的计量管理情况《中国计量》杂志已多有介绍，下面主要介绍一下瑞士计量管理的内容。

一、瑞士的计量管理工作

瑞士有200年的计量发展史，现在还不是欧盟成员，但与欧盟签有协议，2001年瑞士政府计量机构更名为瑞士联邦计量与认可局(简称METAS)，隶属联邦司法警察部。位于首都伯尔尼附近的Wabern。METAS负责实施法律规定的涉及人员及环境保护的各种必要检测计量工作；监督贸易、交通、公共安全、医疗卫生和环保领域的计量手段的应用；指导度量衡巡视检查员的工作；监督各州实施相关法律的情况。METAS向研究机构、工业部门和中小企业提供服务。METAS下设机械及辐射计量处、电子及环境计量处、瑞士标准服务机构、瑞士鉴定服务机构等部门。

1. 计量管理体系

瑞士的计量管理体系和德国没有太大的区别。全国有25个州局，51个市局。根据州的大小，有的设一个市局，有的则设多个市局，市局人员属州局管理，州局属当地州政府管理。METAS负责对计量人员的培训。管理体系如图1所示。

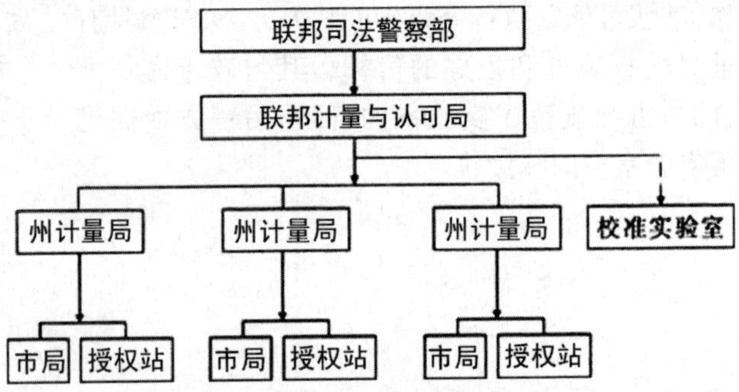

图1 瑞士的计量管理体系

2. 量值传递体系

瑞士的量传体系可用金字塔式表示（如图2所示）。

从图2中可看出瑞士采用的是双轨制量传方式。

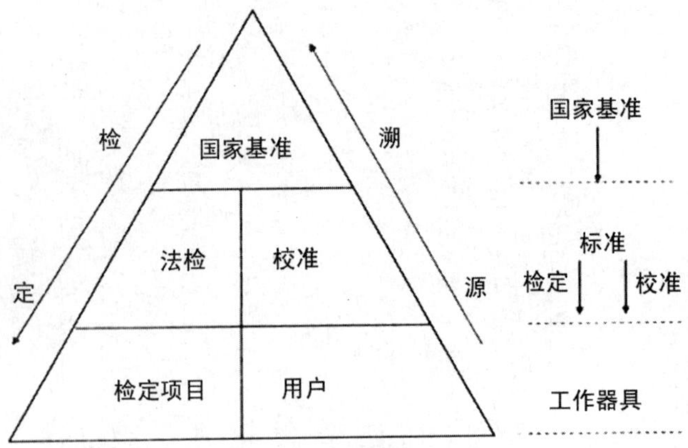

图2 量值传递体系

3. 主要工作领域

METAS的工作领域由四部分组成：

(1) S-国家基准(保存和复现国家基准，并开展国际间比对)。

(2) L-法制计量(实施对依法管理领域的计量监督)。

(3) I-工业计量(对工业和商贸实现量值传递)。

(4) A-认可服务(对实验室进行校准认可)。

4. 测量体系(如图 **3** 所示)

从图 3 中可以看出，瑞士在四个领域都积极参与欧洲及国际的相关活动。

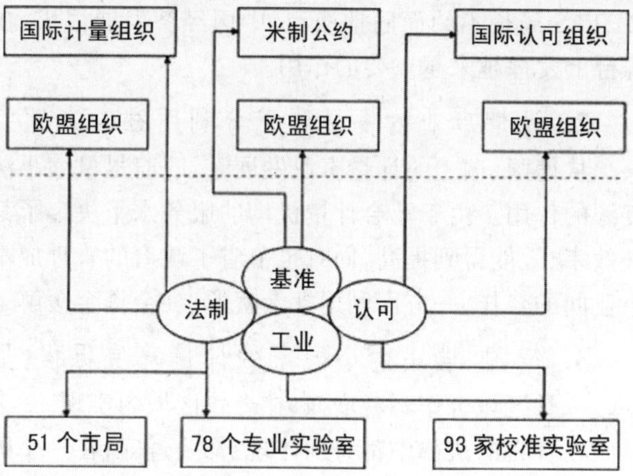

图 3　瑞士的测量体系

5. 法制计量

法制计量的范围由政府视情况而确定，政府认为应该保护什么,保护到什么程度,政府就将此列入法制计量的范围。政府认为没有必要,则可以放到非法制管理范围,通过计量校准来规范计量行为。像出租车计价器,政府认为没有问题,就没有列入强检范围。瑞士强检的项目有(15~20)种。法制计量的主要目的:一是保证贸易结算的公平、保护消费者利益;二是保证数值准确;三是保证健康卫生、保护环境;四是避免贸易中的多次测量。

法制计量工作主要由州、市局来做。市局又叫检定局,有的机构是政府机构,有的机构是私人机构。即便是私人机构,在检定监督过程中发现企业有违规行为,同样可以开具罚单,行使罚款的职权。

对纳入法制管理的计量器具一般经过以下几个环节:一是样机试验;二是按要求组织生产;三是投放流通市场;四是进入使用环节。企业粘贴 CE 标志完全实施欧盟的要求。

首次检定与德国有所不同,在瑞士如果企业实验室能力得到了认可,可以出具出厂合格检定或将出厂合格检定交给有资质的机构,在使用时则不需再做首次检定。

对计量器具使用中的检定采用以下方式进行,即周期检定、抽检、比对测量、维护修理、校准等。

其中抽检是对同一厂家、同一型号的产品抽取一定的数量进行检定,以确定是否合格。比如对电能表的检定,瑞士有 33 个电能表检定站,一种方式是 15 年检一次或者采用抽检的方式,500~5000 为一批,每批抽 40 块,5 年抽一次,如果合格就继续使用。

市场监督由检定人员来实施,主要内容有:(1) 定量包装的监督;(2) 计量器具的稳定性;(3) 现场检查。

对实施法定管理的专业计量器具可授权专业机构进行,瑞士共有 78 家专业检定机构,像电能表、煤气表、雷达测速仪等都授权专业机构进行检定。各专业检定机构实施检定没有区域范围的限制,但收费是一致的。政府对授权的专业检定机构实施监督,每年都做授权机构的调查分析。

非法制管理的计量器具,由企业自主开展校准,其做法和德国基本相同。瑞士虽然不是欧盟成员国,但积极参加欧盟的计量交流活动,瑞士和欧盟签有计量合作协议,在欧盟和瑞士之间计量检测数据是互认的,不需要重复检测。

考察中我们还参观了 METAS 的公路交通检测实验室、电能实验室、质量实验室、测力大厅、加工修理实验室等。据介绍,METAS 与交通局联合研究的雷达测速仪检测系统是世界领先水平,这项技术已有 10 年的经验和基础了,对一台雷达测速仪的检定只需 15 分钟,检定是用摄像机录下现场数据,然后在实验室做检定就行了。

二、几点感受

1. 加强国际间的交流与合作,对促进我国计量事业的发展有很好的推动作用

只有了解国际,才能准确定位。通过交流我们一方面可以学习国外的先进管理方法和手段,同时也让国际进一步了解我国的计量事业发展的现状,共同寻求合作的结合点,对推动全球计量事业的发展做出有益的探索和贡献。在访问中我们感受到德国和瑞士计量界和企业界非常愿意加强与我国的交流合作。PTB 院长及 METAS 局长亲自接见代表团并陪同参观实验室,亲自给代表团介绍本国的计量发展现状及对未来的展望,并希望中国多派代表团来参观访问,加强合作。瑞士国家计量与认可局还专门悬挂了中国的国旗。PTB 院长及

METAS局长不约而同地谈到：中国经济发展很快，在国际上的地位越来越重要，中国的计量事业也将在国际舞台上发挥越来越重要的作用。

2. 计量事业的发展要充分利用社会资源

从德国、瑞士的计量事业发展看，政府尽量缩小法定管理范围，条件成熟的授权给社会机构，充分发挥社会资源的作用。由于社会计量机构的服务水平决定了其服务对象的多少，实现了政府职能转移的市场化，政府管理效率、效能得到提高，同时也节省了政府的管理成本。在科研开发方面，德国和瑞士也非常注重与社会机构、企业间的合作，一方面利用社会资源、社会资金缓解了经费不足的压力，同时也利用了社会上的人力资源。

3. 德国、瑞士两个国家的计量发展历程，呈现出明显的三种趋势

一是区域合作不断增强，在合作区域内实现"一个标准、一次测量"，数据互认，分工合作。像欧盟指令，各成员国在各自的法律中都得到体现，都要遵守；在一个国家做的检测，到其他国家无需再重复检测。二是工业计量完全是企业自己的事。非法定计量管理完全由校准来实现，市场化运作，政府只是对校准实验室进行资格认可，对实验室的最高标准进行检定。这样政府不用投资购置各种设备，也不要供养那么多公务员从事各级校准工作。三是明显的私有化趋势。校准、定型鉴定、样机试验等都可以由私人机构去做，在瑞士的市局有的也是私人机构，私人也可以担当计量监督员，这样既提高了政府的工作效率，也提高了计量管理工作的质量。在德国，私有的一致性评估机构已经进入到公用事业用仪表的检定领域，如电能表、煤气表、水表、热量表的检定。

4. 德国、瑞士都在努力探索计量新领域，不断解决新课题

随着信息技术的发展，对软件的要求及其测试日益重要起来，PTB在努力建立适当和有效的程序加以解决。在经典计量领域更多的测量仪器投入使用，推动了新标准经由先进的和国际承认的国家标准，溯源至国际单位制(SI)。与此同时，在计量的非经典领域，如其中的化学、生物工程学及实验药物领域，需要一个具备适当溯源性的适宜的计量体系，以溯源至SI或经国际承认的参考标准或物质。至少在欧洲，目前能够应对这些挑战的可利用的资源还是相当少的。PTB和METAS都意识到这个问题并致力于研究，像PTB已将技术主攻方向转向生物、化学计量等领域。

三、建 议

1. 我国应进一步加强与国际在计量领域的交流与合作

计量作为一门技术追求准确，更有利于各国的交流与合作，因此质检系统与国际的合作应以计量为桥梁，进一步加强三个方面的工作：一是在加强技术层面交流的同时，进一步加强管理层面的交流，吸取国外先进的管理理念和方法；二是在加强国家级管理部门、技术机构与国际交流的同时，加强省级质监部门、技术机构与国际的交流；三是进一步扩大计量合作的区域范围，使我国计量工作在国际上得到更大范围的认可，并发挥更大的作用。

2. 积极培育和发展校准市场

重点抓好法制计量，加强科学计量，适度放开工业计量。积极发挥社会资源的作用，鼓励技术机构与社会机构及企业加强合作，"不求所有、但求所用"。计量管理部门也要充分利用其他部门、行业、社会、企业的有效资源为计量事业服务。

3. 切实增强服务意识，为企业的发展做好服务

计量服务的对象大多是企业，企业发展了，技术水平提升了，对计量需求的水平自然也就提高了，有利于计量事业的发展。计量事业的发展与企业的发展是相关联的。

2005年大事记

一月

由新疆计量测试研究所组织出版、计量所原总工程师伊里奇.萨依然编著的《计量学基本名词》(维文)一书,于2005年1月1日正式由新疆科学技术出版社出版发行。该书不但给出了维吾尔计量学名词术语,还对照给出了哈萨克、塔塔尔文、汉文、英文、俄文、法文、德文等6种语言255种计量学名词术语,甚至还对拉丁语、希腊语作了解释,9种语言汇集在一本书中尚属国内空白,在学术领域也是一项新突破。

福建省物价局、省财政厅、省质量技术监督局依据国家公布的《关于进一步规范计量检定收费的通知》,结合本省实际,制定了实施办法,重新规定了出租车、加油机等计价器检定收费标准。从2005年1月1日开始执行。

北京市局计量研究院规范内部管理秩序。从2005年1月1日起,北京市计量检测科学研究院名称正式对外启用。外发证书、报告统一以研究院的名义签发。全院职工进出院门和工作期间都要戴胸卡,自觉接受卫兵的检查。严格按计量器具检定收费标准采用机打发票,落实好收支两条线规定。

四川省疾病预防控制中心在成都通过国家级计量认证评审,成为目前该省卫生系统首家达到这一标准的机构。来自国内的9名卫生理化、微生物、毒理学及计量管理专家,对省疾控中心质量体系的符合性、有效性及申请认证技术能力等进行了严格考核,认为其管理水平和对社会出具的检验数据质量基本满足计量认证要求,申请认证的检测项目与实际能力和条件相符合,639个认证项目符合国家要求。

2005年1月11日,上海市计量工作总结表彰会召开。上海市质量技监局翁祖亮副局长到会讲话,翁祖亮副局长首先肯定了2004年各区县质量技监局在市委市府的领导下,围绕"三个放心"取得的成绩。他强调,2005年要突出"计量放心"和民生计量,要结合本地区的区域经济特点做好计量工作。一要通过提高执政能力要求来提高履行职责的能力和有效性,提高大局意识,使政府满意,使百姓满意;二要围绕科教兴市的主战略,用新方式、新思路、新举措,打开新局面。要使计量工作政府关注、百姓关心、社会需求,将服务履行于执法中。

2005年1月13日,由全国标准物质管理委员会对吉林省计量院研制的酶标分析仪检定用滤光片标准物质进行考核,通过现场测试,认为吉林省计量院已具备酶标分析仪检定用滤光片的研制能力,量值准确可靠。该标准物质填补了国内该项目的空白,可广泛应用于新制造、使用中及修理后的酶标分析仪的检定/校准工作。吉林省计量院现已投入生产,近期可在国内推广使用。

1月16日,山东省计量院召开全省医疗计量检定工作恳谈会,该院将在最短的时间内在医疗计量检测方面投资200万元,完善外照射治疗辐射源、螺旋CT、准分子激光、呼吸机等大型医疗设备检定装置。全省48个医院的60多名医院院长、医疗设备管理人员和计量院有关人员面对面促膝畅谈,分别结合自己的工作实际就医疗设备计量检定中存在的实际问题进行了广泛而深入的探讨。

1月21日,浙江省质监局与省科协在杭州共同主办海峡两岸农产品质量安全检测与控制技术研讨会,来自台湾农业药物毒物试验所和几所主要大学的农产品检测技术专家、教授和该省质监、农业、渔业、林业、卫生等有关检测机构的专业技术人员共130多人参加了研讨会。研讨会围绕有关农产品质量安全检测与控制技术,分别从农产品中农药残留、兽药和激素类残留、重金属、毒素以及添加剂检测等技术专题展开了学术交流。通过研讨和交流，两地的农产品检测技术专家共同分享了各自的研究成果，互相学习，互相借鉴，共同提高，对促进农产品检测与控制技术领域的学术发展、促进农产品检测方法的研究及推广应用起到了积极的作用。

1月30日上午，山东计量测试学会第四届会员大会在庄严的国歌声中开幕。大会审议通过了第三届理事会的工作报告，讨论修改了《山东计量测试学会章程》，选举产生了第四届理事会和理事长、副理事长、秘书长。省政协常委、山东计量测试学会第三届理事会理事长刘志钦向大会做工作报告，省质监局副局长魏彩琴、中国计量测试学会财务部主任王启华、山东省科学技术协会学会部部长邵新贵、山东省民政厅民间组织管理局江峰同志参加大会并讲话。山东计量测试学会各理事、会员代表及各有关单位130余人参加了大会。

山东省16家单位因存在种种问题而受到了处罚——不仅被注销计量认证合格证书，并不准向社会提供公证数据。这16家单位中，驻济南的单位共有4家，分别是济南市历城区药品检验所、山东省陶瓷产品质量监督检验站、济南市黄金饰品质量监督检验站、山东省饲料监察所。从被注销合格证书、停止使用计量认证标志之日起，这16家单位都不准继续向社会提供公证数据、使用计量认证标志，如有违反，将按照有关法律法规的规定予以处罚。

二月

为维护电信消费者合法权益，加强电话计费性能检测与监管，我国将于2005年在全国范围开展移动电话网计费性能检测。移动电话网计费检测首先在北京地区启动，并逐步扩展到全国。

上海市副市长周太彤在2月22日召开的上海市质量技监工作会议上指出，要进一步重视标准化工作，为实施"科教兴市"主战略奠定坚实的技术基础。上海要实现质量效益增长模式的转变，就必须瞄准高端、瞄准前沿，开展具有国际先进水平、拥有自主知识产权的高新技术标准和公共管理标准的研制，广泛借鉴和吸纳国际标准和国外先进标准，抢占技术标准的制高点，掌握核心技术，制定自有技术标准。用技术标准来引领和发展先进制造业和现代服务业，用技术标准来规范和优化社会公共管理活动，维护我们的经济利益和国家安全，提高我们的公共服务和管理水平。

2月26日，根据江西省局保持共产党员先进性教育的活动安排，省局组织党员到革命摇篮瑞金开展"接受传统教育，重温入党誓词，服务基层"活动。省局计量处为配合此次活动，按照先进性教育活动的目标要求，把理论与实践相结合，把先进性教育活动与服务企业相结合，组织人员为瑞金市金沙工业园区近40多家企业进行"计量与企业知识讲座"，受到园区企业的欢迎，充分体现先进性教育活动对业务工作的促进作用。

2月28日，国家质检总局和国家标准委联合发布了7项纳米材料国家标准。这是世界上首次以国家标准形式发布的纳米材料标准。国家标准委主任李忠海在新闻发布会上的讲话中指出，7项纳米材料标准的发布和实施，将引导和规范我国的纳米材料市场秩序，促进纳米材料产业化的发展。7项标准将于2005年4月1日起实施。7项标准均为推荐性国家标准，包括1项术语标准、两项检测方法标准和4项产品标准，分别是：《纳米材料术语》(GB/T19619—2004)、《纳米粉末粒度分布的测定 X射线小角散射法》(GB/T13221—2004)、《气体吸附BET法测定固态物质比表面积》(GB/T19587—2004)、《纳米镍粉》(GB/T19588—2004)、《纳米氧化锌》(GB/T19589—2004)、《超微细碳酸钙》(GB/T19590—2004)和《纳米二氧化钛》(GB/T19591—2004)。

三月

3月1日至2日，全国质检系统计量工作会议在北京召开。来自全国各省、自治区、直辖市质量技术监督局分管计量工作的副局长、计量处处长、计量院所长共一百余人出席了会议。李传卿书记在会上发表了重要讲话。宣湘司长做了三年来计量工作的回顾，并对今后一个时期的计量工作进行了展望。中国计量科学研究院、国家标准物质研究中心的代表向大会介绍了最新物理和化学计量方面的成果、动向。与会代表认真研讨了《计量法》

修订第五稿。来自5个省市的代表进行了工作交流。

3月3日，广西质量技术监督局通过其政务网站——广西金质网，对全区48个卫生防疫站亮起"计量红牌"。这些机构向社会出具公证数据的资格随之丧失。据悉，广西区局确认全自治区共48家卫生防疫站持有的《计量认证合格证书》均已过期失效。根据《计量认证/审查认可(验收)获证检测机构监督管理办法》第十三条的规定，这48家卫生防疫站在其《计量认证合格证书》失效期间，不具有向社会出具公证数据的资格，不得向社会出具带有CMA计量认证标志的检测报告。

3月3日至5日，江西省制造计量器具企业负责人会议在南昌召开，全省计量器具生产企业的近百名代表参加了会议。省质监局计量处周元根处长在会上传达了全国质监系统计量工作会议对制造计量器具管理的相关精神，宣讲了国家质检总局新修订的《计量器具新产品管理办法》和《制造计量器具许可证考核规范》。彭家骠副处长总结了2004年度全省制造计量器具许可证管理工作情况，强调了2005年对制造计量器具企业的监督管理的目标和要求。

国家认监委发布2005年第6号公告，公布了480家2004年经审查批准的国家计量认证合格实验室名单。根据《计量法》、《计量法实施细则》和《产品质量检验机构计量认证管理办法》的有关规定，凡是向社会出具公正数据的产品质检机构，必须经省以上计量行政主管部门考核合格，由发证机关公布通过计量认证实验室名单和每个实验室的检测范围。

江西省计量院业务科荣获全国"巾帼文明示范岗"称号。业务科副科长赵永红同志作为代表参加了首都各界妇女3月1日在人民大会堂举行的纪念"三八"国际劳动妇女节95周年暨表彰大会，受到了王兆国、吴仪、顾秀莲、何鲁丽、乌云其木格、郝建秀等党和国家领导人亲切接见，并合影留念。

国家认证认可监督管理委员会正式授权天津市国家加工食品质量监督检验中心从2005年3月10日起，依法承担全国范围内的食品质量监督检验工作。天津市"国家加工食品质量监督检验中心"是经国家质检总局批准筹建的，现已按要求完成筹建工作并通过了国家认监委组织的评审和验收。该中心在国家质检总局和国家认监委的监督指导下，按照授权的检验产品范围，开展产品质量监督检验业务；保证出具的检验数据公正、科学、准确；检测报告允许使用"CMA"标志；该中心的法律责任由天津市产品质量监督检验所承担。

3月12日至13日，华南国家计量测试中心/省计量科学研究院顺利通过中国国家实验室认可(CNAL)的监督和扩项现场评审。至此，该院的认可项目总数达493项，成为目前国内取得CNAL认可项目最多的校准实验室。

3月16日至17日，江西省质量技术监督局在上饶市召开了全省2005年计量工作会议。来自全省11个设区市的分管计量的局长、计量科长、计量所(检测中心)的所长(主任)和省计量院负责人以及省局计量处的全体同志参加了此次会议。会议由省局计量处周元根处长主持，省局李岱副局长出席会议并作了题为《严格计量监管服务社会经济 为江西发展提供更坚实的计量基础保障》的工作报告。

2005年3月，来自国家认监委的消息，今后凡是向社会出具公正数据的产品质检机构，必须经省以上计量行政主管部门考核合格，由发证机关公布通过计量认证实验室名单和每个实验室的检测范围。

为了加强对食品安全实验室建设的指导，强化对食品安全实验室质量保证体系的监督，经国家认证认可监督管理委员会批准，中国实验室国家认可委员会食品安全工作委员会3月28日在北京成立。委员会由国家有关部委、食品检测实验室和食品安全领域的专家组成。工作委员会主任、国家食品药品监督管理局副局长惠鲁生表示，今后委员会将努力推动食品安全实验室按照国际规范要求加强建设，不断提高技术和管理水平，促进食品安全实验室以公正的行为、科学的手段、准确的结果，更有效地为社会各界服务。

由华南国家计量测试中心、广东省计量科学研究院、广东省计量测试学会联合主办的"2005年中国(广州)'计量与发展'华南大论坛"在广州国际会议展览中心召开。省质监局副局长郭元强、中国实验室国家认可委员会(CNAL)秘书处副秘书长乔东同志到会并作演讲。省计量院、省标准化研究院、省WTO/TBT通报咨询中心、方圆标志认证中心广东分中心、广东韶钢集团、广州本田汽车公司等单位专家和学者围绕"计量科技的作用与发展"、"标准化战略与计量"、"WTO/TBT与计量"、"计量与质量认证"、"计量与企业效益"、"计量与企业发展"等主题作了精彩发言。

3月31日至4月1日云南省质监系统2005年计量工作会在昆明召开。云南省质量技术监督局局长张祖林、局各处室负责人和全省15个州市局主管计量工作的负责人及技术检测中心负责人九十多位代表参加了会议。会上首先传达了3月初在北京召开的全国计量工作会议重要精神,对2004年全省计量工作做了总结,并对2005年计量工作做了安排和部署,以及对2004年《云南省法定计量检定机构工作压力表检定能力验证(比对)》和《云南省法定计量检定机构加油机检定能力验证(比对)》工作的分析和总结。特别是张局长精辟的"三点"讲话中强调今年全省的计量工作重心在"三农"和医疗卫生上,结合云南省的实际情况,把涉及面广、人员多的计量工作做好。

由江西省质检院筹建的"国家果蔬水产肉禽产品质量监督检验中心"和"国家竹木产品质量监督检验中心"已完成筹建工作并按要求通过了国家认监委的评审和验收,近期获得国家授权。两个国检中心获得授权,正式开展工作后将极大的促进江西省产品质量检验事业的发展,为江西省果蔬水产肉禽和竹木产品的质量提高并走向国际市场将发挥重要作用。

经过江苏省质量技术监督局产品质量检验站与济南德瑞克公司的共同努力,终于建成纸品包装质量检测室,一举成为江苏省实现纸品包装检测最完善的检测室之一。可为政府、工商企业及广大消费者提供各类检测及技术咨询,不但提高了纸板、瓦楞纸板、瓦楞纸箱等产品的检测水平;而且大大提高了该所在国内的影响力。

四月

2005年4月,根据国家质检总局、公安部、国家认监委《关于加强机动车安全技术检验管理有关工作的通知》,依据《道路交通安全法》、《道路交通安全法实施条例》的要求,从2006年4月起,所有机动车安全技术检验机构取得计量认证后,才能从事机动车辆的安全检验检测工作;凡申请计量认证的机动车安全技术检验机构,应当是法人单位。

4月25日,以吉林省人大常委会委员、省人大教科文卫委员会主任委员李成为组长的吉林省人大计量工作视察组一行6人对白城市计量工作进行了视察。省人大视察组听取了副市长刘剑斌代表白城市政府关于白城市计量工作情况的汇报;并先后视察了白城市中心医院、白城市自来水公司、白城市丹顶鹤集贸市场、白城市计量检定测试所等4家单位;并围绕贯彻执行计量法、吉林省计量管理条例、吉林省贸易计量监督条例等情况与白城市纺织股份有限公司等14家单位进行了座谈。

新疆维吾尔自治区计量所选派6名专业技术人员,来到江苏省计量测试技术研究所接受了为期一个月的技术培训,他们分别被安排在长度、流量、化学、气体、电学、力学、热工等7个检测部门学习有关专业知识。有关部门负责人还挑选出本部门最优秀的技术人员作为培训老师。在该所技术人员传授和帮助下,学员们的专业知识和工作技能都有了明显提高,新疆所技术人员还顺利通过了气体湿度发生器和压力一等活塞器专业理论考试和操作考核。为此,该所收到了新疆维吾尔自治区计量所领导班子的感谢信,他们对该所领导、部门及所在实验室大力支持给予了高度赞扬,并对培训老师给予耐心传、帮、教深表感谢。

五月

天津市质监局召开天津市授权计量站工作会议,各企业集团、公司主管计量工作负责人,各授权计量站负责同志参加了会议。市质监局副局长杨振林出席会议并讲话。会议传达了全国计量工作会议精神，对我市2004年计量考核验收工作进行了总结，宣布了对全市计量授权站进行调整更名的决定，对2005年全市授权计量站工作进行了部署。

国家质检总局组织专家组通过对四川省申报国家中心的部分技术机构进行了实地考察调研后，正式批准同意在四川筹建国家石油天然气、国家危险化学品、国家盐化工出产品质量监督检验中心以及国家重大技术装备几何量计量站。目前，四川局正在与省发改委、自贡市政府、德阳市政府抓紧落实筹建方案，以加快国家中心的建设步伐，为尽快提升四川技术机构的整体实力，实现以国家中心为龙头，以省级技术机构为骨干，以基层技术机构为基础的质量技术监督检测体系。使之更好地服务企业、服务社会，为四川经济实现跨越式发展做出更大贡献。

在第5个“世界计量日”即将来临之际，由湖南省局计量处主办、局培训中心承办了两期县局计量股长、所长培训班。全省14个市(州)局共有80个县(市)局的计量股长、所长参加了培训。针对近年来县局人员变动较大，尤其是去年县级计量所机构复查时暴露出突出问题，根据局领导的指示及各地的要求，省局举办了此次培训。省局杨学金副局长、计量处周建民处长每期都到会做学习动员，从计量的发源、现状及前景，到学习的目的、态度和方法，都作了重点介绍和要求。

5月20日，江西省各地开展了形式多样的计量免费咨询服务活动。今年，世界计量日中国的主题是“计量与节能”。此次由质量技术监督部门组织的计量咨询活动主要有：面向社会开展义务咨询，免费开展眼镜、电能表、血压计等计量器具的计量检测和校验，“C”标志定量包装商品的计量检测以及开放计量实验室等。活动在胜利路步行街胜利广场举办，省局李岱副局长和南昌市局周南昌局长亲临活动现场指导工作。

5月20日，云南省计量测试技术研究院在做好计量工作的同时，以“5.20世界计量日”为契机；为了加大计量工作的宣传力度，举行了以主题为“计量与能源”的宣传、咨询及现场免费检测血压计、电能表、眼镜的活动。特别是现场免费检测血压计，更是掀起了活动的高潮，一大早，已事先从媒体得到消息的人们从四面八方赶来，排起了等候的长队，当天就免费检测血压计(表)135台，为广大群众做了一件实实在在的好事。通过这次活动，拓展了计量宣传的范围；突出了计量宣传的效果；形成了浓烈的社会氛围；收到了较好的社会效益。

为宣传“5.20世界计量日”，纪念“中华人民共和国计量法”颁布20周年，广东计量协会于2005年5月19、20日在广州举行了会员大会，2005中国(广州)国际质量控制与计量测试技术交流会及仪器设备展览会系列活动。广东计量协会按照中国计量协会制定的今年“5.20世界计量日”活动主题“计量与节能”，在会员大会上请会员单位韶关钢铁集团公司计控中心负责人贝文诚先生介绍了建立完善计量检测体系，构筑计量数据采集管理系统平台，节能降耗取得的显著成效，受到与会代表的一致好评。

2005年5月，为了维护粮食和棉花市场的计量秩序，国家总局将在全国范围内开展粮食、棉花市场计量专项监督检查。重点检查在粮食、棉花收购和销售过程中存在的缺量短秤、伪造数据等坑害粮农、棉农的违法行为。此次专项检查将通过深入的监督检查，提高在用计量器具的受检率和合格率，确保被检单位在用计量器具的受检率达到100%，并力争3年内实现本行政区域内粮食、棉花市场在用计量器具受检率达到100%的目标，使违法计量、缺量短秤等坑害农民的现象得到有效遏制，粮食、棉花市场计量环境秩序得到有效改善。

2005年5月，国家质检总局开始在全国各地建立计量免费咨询服务日制度，计量技术机构通过这一制度向群众提供免费计量咨询服务。这是质检系统全面贯彻执政为民、全心全意为人民服务的一项具体措施。国家质检总局要求各地将此制度作为一项长期的便民、利民工作，通过开展计量免费咨询服务日活动，广泛宣传《计量法》，普及计量知识，帮助人民群众解决生活中的计量问题，对人民群众反映的计量问题及时处理或与有关部门协调解决。

为纪念5月20日"世界计量日","计量与节能"全国能源计量主题现场会在济南钢铁集团总公司举行。国家质检总局副局长、中国计量协会理事长王秦平强调,加强能源计量管理是建立资源节能型社会的重要举措。王秦平指出,能源是经济建设和社会发展的重要物质基础。随着我国人口增加、工业化和城镇化进程的加快,能源需求量大幅度上升,能源制约矛盾更加突出。现阶段,我国能源使用粗放,利用率低,商业能源的人均消费水平不到世界平均水平的一半,但温室气体排放总量已占世界第二位。要保持国民经济持续、快速、协调发展,必须采取强有力的节能措施,而这些措施的落实都离不开计量。加强计量管理,提高能源利用率是减少资源消耗、保护环境的最有效途径,是建立资源节约型社会的重要内容。工业企业作为能源消耗大户,增强节能意识,建立能源计量监控管理体系,提高能源利用率,对建立资源节能型社会和节能型工业都具有十分重要的意义。

5月18日到20日,全国计量认证工作调研座谈会在上海召开,来自全国十四个省市的会议代表在会上交流发言。国家认监委副主任程方到会并讲话,他要求继续加强和改进计量认证工作,切实履行政府监督职能,大力发展中介组织,逐步做到评审和审批分离。

在5月20日"世界计量日"到来之际,山西省各市局开展了各种丰富多彩的活动。其中,大同市局组织执法人员对加油站、出租车计价器检定站、集贸市场、超市等进行了计量专项检查,对利用计量器具弄虚作假的违法行为给予了查处。晋中市局开展"六进工程"促进计量工作。长治市局对全市集贸市场展开计量专项大检查。忻州市局组织执法人员对小医院、个体诊所及食品店进行了计量检查,并通过当地电视向社会公布检查结果。运城市局开展了大型的宣传咨询活动,共发放宣传资料13000余份,接受投诉256起,免费检测计量器具200余台,此外还出动执法人员1100余人次对液化气站、商业门店等的计量工作进行了检查。

5月20日下午,由江苏省计量测试技术研究所承办的省计量测试学会流量专业委员会会议在南京召开。流量专委会主任、东南大学王式民教授宣读了换届流量专委会委员名单,本届流量专委会共有委员37名,他们分别来自高校、科研院所、市政公用、流量仪表的生产企业和使用部门。流量专委会秘书长、省计量所流量室黄朝晖主任向大家报告了2005年专业委员会的工作计划并布置了省计量学会征集学术论文的任务。与会委员一致认为应尽快完成"流量动态平台软件"的编制工作及建立"流量江苏网",从而使该专业委员会成为各单位交流和沟通的平台,真正发挥专委会的桥梁作用,为企业做好技术支持和技术服务工作。

我国《计量器具新产品管理办法》(以下简称《办法》)经国家质检总局审议通过,自2005年8月1日起实施。原国家计量局1987年7月10日公布的《计量器具新产品管理办法》同时废止。新《办法》采取统一的型式批准管理方式,有利于提高计量器具产品质量。

《办法》共计6章25条。其中第四条、第五条强调,凡制造计量器具新产品,必须申请型式批准。型式批准是指质量技术监督部门对计量器具的型式是否符合法定要求而进行的行政许可活动,包括型式评价、型式的批准决定。

5月26日上午,中国西北国家计量测试中心在西安与俄联邦国家机关鞑靼斯坦标准计量认证中心签署了计量技术合作协议。这是自2002年双方开始就计量工作进行互访后,建立的正式技术合作交流关系。这将为双方计量技术交流与合作提供平台,进一步促进双方计量工作共同发展。

5月27日,江苏省人大财政经济委员会刘瑞田副主任委员和财经委办公室贡旭敏主任在江苏省质监局张前副局长以及江苏省局计量处何西环处长、宋慧英副处长的陪同下来到苏州开展计量执法巡察。刘主任一行巡察了苏州计量所、明基电通有限公司,并召开了计量技术机构和企业座谈会。

2005年5月30日,国家质检总局正式发布了《定量包装商品计量监督管理办法》,将于2006年1月1日起施行。这标志着我国定量包装商品计量监督管理开始与相关国际规则接轨。原国家技术监督局发布的《定量包装商品计量监督管理规定》同时废止。《定量包装商品计量监督管理办法》等同采用了2004版第87号国际建议的相关规定,表明我国对定量包装商品的计量监督管理将与国际惯例保持一致,这对于我国定量包装商品的出口将会产生比较积极的影响，标志着我国对定量包装商品生产和销售企业的计量监督更加规范、更加科学、更加合理、更加公平。新《办法》无论在抽样检验环节的修正补偿，还是在监督检查环节的行政处罚都进行了较有成效的补充和完善。特别是在行政处罚的实施环节，首次引入了针对检验批次实施行政处罚的规定，改变了过去处罚标的界定不清或不易操作的问题，使得行政处罚的实施更加透明。

山东省计量科学研究院与山东大学信息学院签署合作协议，在省计量院联合成立研究生培养基地。主要在电子工程、通信工程、光学工程、局用交换机电话计时计费装置、珍珠等级评定等领域进行合作，并联合进行人才培养和科研开发。信息学院定期为省计量院在通信、网络、计算机应用以及电磁兼容等方面进行人才培养；省计量院利用自身资源条件，为山大信息学院的本科生培养、研究生培养提供各种条件，包括提供实习设备、实验场所、成为实习基地等方式。

六月

6月5日上午，国家蔬菜质量监督检验中心在山东省潍坊市正式挂牌成立。该中心建筑面积1000多平方米，拥有具备国际先进水平，总价值1000余万元的专用仪器设备200余台。其检测能力覆盖国家GB/T7365—1987《工业产品分类代码》规定的28类食品，检测项目包含农药残留、药物残留、食品添加剂、金属元素、非金属元素、营养成分等。

深圳质量认证中心（环通认证中心）荣获UKAS质量管理体系认证的资格认可后，又顺利通过了英国皇家认可机构UKAS首次的年度监督评审。意味着认证中心继续保持直接颁发全球著名的UKAS质量管理体系认证证书的资格，能继续为国内企业申请权威国际质量管理体系认证证书提供“直通车”服务，有利于中心在认证领域里拓展更为广阔的发展空间。市质监局总工程师詹一峰同志参加了UKAS评审的末次会议，对认证中心顺利通过评审表示祝贺，并勉励中心员工继续努力，学习UKAS专家在评审工作中体现出来的扎实工作作风，创建UKAS认证证书的环通品牌。

2005年6月，历时一年半的国家标准清理进入数据公示阶段，国家标准委向社会公示第一批拟废止的国家标准共2457项，其中强制性标准664项、推荐性标准1793项。这项工作从2004年开始，范围涉及所有国家标准和国家标准计划项目。320个标准化技术委员会和相关的管理部门、6000多名专家参与了这项工作，期间共召开了数百次评价会议和数十次评审会议。第一批公示时限为6月20日至7月20日。少量还在最后核准过程中的国家标准和国家标准计划项目清理结果在此后将陆续公示。

2005年6月18日至20日，在法国里昂召开的国际法制计量委员会（CIML）第40届会议暨国际法制计量组织（OIML）50周年庆典活动上，国家质检总局党组书记李传卿荣获国际法制计量组织（OIML）贡献奖。此项大奖是为表彰参与OIML活动并做出过积极贡献的人士，仅在CIML主席6年任期内即将离任时颁发一次，只有极少数人获此奖项。李传卿荣获OIML奖是中国在国际计量组织中获得的重要奖项，不仅表明中国作为OIML的成员国，卓有成效地参与了OIML的各项活动，而且对进一步推动中国的计量工作产生重大而深远的影响。

质量技监信息系统CQS计量子系统的试点工作已经开始。此前，国家质检总局信息中心和计量司在重庆举行了质量技监信息系统CQS计量子系统软件应用试点培训会，重庆、辽宁、广东等8个省、自治区、直辖市作为试点单位参加了培训。试点业务范围包括计量标准考核、计量技术法规、计量检定人员考核、制造/修理计量器具许可证、计量器具型式批准等11个方面。此次试点工作从2005年7月开始，持续到11月末。

2005年6月20日，国家质检总局新颁布了由国家标准物质研究中心、国家地质实验测试中心等单位新研制的42种国家一级标准物质和43种国家二级标准物质。新颁布的85种国家标准物质包括可用于食品分析（如大米粉成分分析、海带、茶叶中碘成分分析等）、矿物和材料成分分析（如稀有稀土矿石成分分析、海洋沉积物成分分析、高铬铸铁光谱分析等)、空气质量监测(空气中一氧化碳气体、空气中甲烷气体等)、农药纯度分析(扑草净、五氯硝基苯等)领域,为确保广大人民群众的健康和生产、科研提供准确可靠的数据。

七月

7月7日下午,上海市机动车安全技术检验机构计量认证首批颁证大会在上海市计量测试技术研究院召开。参加会议的有本市机动车安全技术检验机构、市交警总队车辆管理所以及部分参与评审的评审员和专家。市质量技监局副局长翁祖亮到会为首批获得计量认证合格证书的27家单位颁证并做重要讲话。

2005年7月11日,国家质检总局与英国国家度量衡实验室在京正式签署了“计量器具型式试验报告相互承认协议”,并于7月15日生效。国家质检总局计量司有关负责人代表中国在协议书上签字。

双方同意按协议的条款相互承认型式试验报告,并在承认试验报告的条件下按本协议条款颁发各自国家的型式批准证书。

7月13日,北京市通信管理局向北京地区电信运营企业颁发了移动电话计费检测合格证书。这是继对全国固定电话网络在用的局用交换机计费性能进行全面检测之后,首次对移动电话网在用局用交换机计费性能的检测。信息产业部科技司司长闻库出席会议并讲话。

7月14日至17日,受省质量技术监督局委托,由江苏省计量协会计量检定/校准工作委员会组织,江苏省计量测试学会力学专业委员会承办的“力学计量检定规程宣贯会”在连云港市召开。来自省、市、县三级计量所和部分企业代表共46人参加了宣贯会。省计量测试学会常务副秘书长章兆和同志应邀出席了会议并做了重要讲话,会议还对力学专业委员会活动先进单位:南京市计量所、无锡市计量所、常州市计量所、徐州市计量所、连云港市计量所等10家单位进行了表彰并颁发奖牌。

7月17日,在深圳市质监局程学源副局长的陪同下,重庆市质监局局长张宗清同志率该局机关处室、技术机构负责人一行30余人到市计量质检院进行了参观考察。并首先与市计量质检院相关负责同志进行了座谈。院长李翔同志介绍了该院在构建“测试、认证、咨询、培训”四大技术服务平台建设以及在市场营销、客户服务以及内部管理创新上的一些做法。随后,张宗清局长一行参观了该院电子与电器检测中心、食品化工、纺织服装检测等实验室。

7月21日下午,国家质检总局党组书记、副局长李传卿在市质量技监局党委书记、局长钱仲裘陪同下,视察了浦东新区计量质量检测所,并听取浦东新区局工作汇报。李传卿在对浦东质监系统精神面貌、工作成绩做出了肯定后,围绕进一步增强质量技监工作的有效性、提高对经济社会发展贡献率,提出了工作要求。

7月22日,上海市质量监督检验技术研究院正式挂牌成立,标志着本市技术基础公共服务平台建设又迈出了关键性的一步。国家质检总局党组书记李传卿,上海市委常委、常务副市长冯国勤,副市长周太彤出席揭牌仪式。新成立的市质检院由原市机电工业技术监督所、市电子仪表标准计量测试所、市化学工业技术监督所、市轻工技术监督所和市产品质量监督检验所合并而成。重组改革后,市质检院将拥有15至20个授权的国家级质检中心、多个行业标准化归口管理中心、多个国际电工委员会CB实验室,从而成为国内规模最大、承担检验项目最全、种类最多的政府综合性检验机构。届时,该研究院将具备质量检测、3C认证、计量校准、工厂审核等功能,为本市产业结构升级和先进制造业的发展提供监测、验货、计量、标准化等各方面技术服务。

由吉林省局下达,吉林省计量院编制的《加油机计量软件测评与加密校准规范》、《计量软件包质量要求和测试检测规范》、《甲醛测定仪检定规程》、《农药残毒检测仪检定规程》、《分析试验筛检定规程》、《话吧计时计费管理装置检定规程》、《四轮定位仪检定规程》、《不解体探伤仪检定规程》、《乙醇燃料配比系统校准规范》、《流量热量积算仪检定规程》、《微机实时流量及热量计量技术指标要求技术规范》共11项地方计量技术法规,在省局组织下，于 2005 年 7 月 28 日、29 日，分别通过了专家组的审定，正待省局批准、发布。

7 月 28 日至 29 日，江西省质监局在南昌市召开全省计量工作座谈会，这次会议主要传达了全省领导干部会议和全省质监系统局长座谈会议精神、总结上半年全省计量工作、部署下半年工作，并对工业园区调研、计量与节能等工作进行了专题研讨。省质监局副局长李岱作了重要讲话。会议由计量处周元根处长、彭家骠副处长共同主持，南昌市质监局周南昌局长、省计量院辛志强院长以及各设区市局分管局长、计量科长和计量所长 40 余人参加了会议。

为进一步贯彻实施《山东省计量条例》，做好医疗系统的计量工作，在《山东省计量条例》颁布实施一周年之际，省计量院于 2005 年 7 月 28 日至 7 月 31 日，在威海举办了全省医疗系统计量主管参加的《山东省计量条例》强化学习班。这次学习班内容除了宣贯《山东省计量条例》及相关计量法律法规外，还进行了“国家质量监督检验检疫总局、卫生部关于加强医疗单位医用计量器具检定管理的有关规定”以及“医用 X 光机等医用计量器具检定新规程宣贯”。

八月

8 月 5 日，由华南国家计量测试中心(广东省计量科学研究院)主办、珠海市质量计量监督检测所协办的全国大区三相电能标准装置量值比对技术总结分析会在珠海召开，国家质检总局计量司宣湘司长、计量司量传处陈红处长、广东省质监局郭元强副局长、广东省质监局计量处杨元生处长、中国计量科学研究院法制处白仲元处长、广东省计量科学研究院高富荣院长、珠海市质监局黄锡檀局长及 9 个参加单位和主导实验室的代表参加了会议。

8 月 7 日，由深圳市计量质量检测研究承办的国家眼镜产品生产许可性宣贯会在我市召开，中国眼镜协会秘书长戴维平、国家眼镜玻璃搪瓷制品质量监督检验中心副主任张尼尼、承担广东省眼镜产品生产许可证检验工作的深圳市计量质量检测研究院的有关专家，以及来自广东省产品生产许可证办公室、广州、东莞、汕头等地的质量技术监督局的有关负责同志参加了会议。

2005 年 8 月，国家质检总局和国家发改委共同研究制定的《加强能源计量工作的意见》(以下简称《意见》)，要求到 2010 年底，我国能源计量的政策、法规和标准不断完善并得到有效实施，部分企业能源计量薄弱和严重浪费能源的现象得到有效遏制，能源计量技术和管理水平有明显提高。

为贯彻江西省委省政府关于“推动全民创业、加快富民兴赣”的精神，进一步更新观念，8 月 12 日，江西省局计量处在京九大酒店举办了题为“计量技术的现状、发展与对策”的专题讲座，来自于省、市、县质监局和计量院(所)的近百名计量管理人员和计量技术人员听取了此次讲座。讲座由中国测试技术研究院广州分院暨广州市计量所所长周伦彬担任主讲。讲座首先对全球计量体系做了展望，介绍了中国计量工作的现状，并结合目前正在修订的《计量法》对技术机构的影响，提出了如何打造计量技术机构核心竞争力的思路。

8 月 20 日至 21 日吉林省计量院聘请国家不确定度理论研究方面的著名专家倪育才研究员来院讲学，对全院职工进行测量不确定度理论的培训。经请示省局领导同意，还特别邀请了各市地所的技术骨干。倪老师从测量不确定度和测量误差概念的区别、测量不确定度的数学模型的建立、测量不确定度的评定方法、测量不确定度的评定实例一直讲到了测量不确定度在合格评定及比对中的应用，系统性强，贴近实际，听得过瘾，解决了很多困扰我们工作的疑问和难题。

我国最大的测绘仪器检定场——湖北庙岭测绘仪器检定场在鄂州市建成并投入使用。该检定场满足了国家计量部门对测绘仪器检定制定的新标准，可以对各种等级的 GPS、全站仪、光电测距仪等测绘器具进行标准检定，为各类控制测量提供更高精度、与全球联网的最可靠的原始起算数据。该检定场可与武汉国际 IGS 永久跟踪站和中科院武汉地震研究所基线点联测，其三网互联，检定结果准确，技术含量、检定种类均为全国首位。

为提高全省建设工程室内环境质量检测水平,维护广大人民群众的生命健康和财产安全。湖北省质监局计量认证办公室和湖北省建工质监总站在全省建设工程室内环境质量检测机构内开展了室内环境检测能力验证活动。此次比对在组织上保证了验证样品的均匀性、方法可行性、统计分析的科学性和活动的透明性，从而使比对结果能够真实有效地反映参加单位的实际检测水平。

九月

2005年9月6日，国家质检总局在京召开纪念《计量法》颁布20周年座谈会。国家质检总局副局长蒲长城参加座谈会并讲话。来自全国各地的计量管理机关、科研机构、企业代表以及法律专家参加了座谈会。

为打击成品油经营活动中的计量违法行为，国家质检总局2005年9月2日下发了《关于开展“十纵十横”交通主干线沿线加油站计量执法检查的通知》(国质检执函[2005]737号)，要求对主要公路沿线加油站开展计量执法监督检查。

为加强大区内省级计量技术机构间的交流与合作，总结工作经验，研讨新形势下法定计量技术机构的管理。9月8日~12日在内蒙古自治区计量测试院召开了中南大区内各省级计量技术机构负责人会议。会议总结交流了各省级计量技术机构的先进经验，学习讨论《计量校准管理规定》和《计量授权管理办法》(征求意见稿)，通报2004~2005年大区内量值比对结果，研究确定2005~2006年大区内量值比对计划，与会代表还参观考察了内蒙古自治区计量测试院。来自湖南、河南、广西、湖北等省级计量测试研究院10余名代表参加了会议。

9月12日至16日，国家质检总局率安徽、江苏、湖南、贵州、重庆等五省(市)在安徽省组织开展了煤矿及粮食、棉花市场计量监督检查现场专项调研。调研组由国家质检总局计量司法制计量处钟新明处长带队，计量司法制计量处朱美娜、安徽省质监局傅盛智处长、贵州省质监局徐建华处长、江苏省质监局宋慧英副处长，湖南省质监局刘岚松副处长和重庆市质监局徐全副处长为成员组成，省质监局高宗宏副局长陪同调研。本次现场专项调研达到了预期的效果，取得了圆满成功。

2005年9月，“中德高技术论坛第二次会议”在北京人民大会堂召开，同时举行了中德双方29个合作项目签字仪式。国家质量监督检验检疫总局计量司司长宣湘、副司长刘新民出席了签字仪式。宣湘司长与德国联邦物理技术研究院(PTB)副院长科赫塞克博士共同签署了中德29个合作项目之一的“中德非自动衡器和称重传感器型式试验结果相互承认协议”。该协议是中国继1999年1月与荷兰签署非自动衡器试验报告互认协议后又一个关于计量器具型式试验结果国际间互认双边协议。它是在中德双方分别对对方指定的计量技术机构(德国联邦物理技术研究院、中国计量科学研究院、中国测试技术研究院、青岛衡器中心)的型式试验条件、能力进行现场检查、评估后达成的。协议规定：中德双方相互承认对方的指定计量机构对非自动衡器和称重传感器型式试验的结果，并可获得对方国家的型式批准证书。

2005年9月，在纪念《计量法》颁布20周年座谈会上获悉，我国《计量法》修订工作已经进入杀青阶段，即将启动报批程序。新修订的《计量法》重点是改变了立法体例，将《计量法》与《计量法实施细则》合二为一，内容由原来的6章35条增至10章132条；调整范围有了扩展，增加了贸易计量等内容，其中对定量包装商品的净含量、允差等方面都作了规定；改革了管理方式，减少了行政审批项目，比如取消了地方部门制定计量检定规程的规定等；调整了目录管理模式；改革调整了量传方式，溯源方式由单一的检定，转变为检定、校准并行；加强了标准物质的管理。

按照国家质量监督检验检疫总局计量司技术法规计划安排，全国衡器计量技术委员会于9月21日~23日在北京朝阳区赛福特大厦宾馆召开了衡器国家计量检定规程审定会。会议再次审定了《核子皮带秤》和《动态公路车辆自动衡器》国家计量检定规程。全国衡器计量技术委员会委员和聘请的专家共40多名代表对两个规程连续三天进行了认真的审议,提出了许多重要修改意见。国家质检总局计量司陈红处长出席了会议,要求尽快抓紧制定《动态公路车辆自动衡器》国家计量检定规程,以适应国务院《通知》要求的标本兼治坚决遏制超限超载运输的治理工作需要。两个规程的起草单位将按照会议审议意见做进一步的完善修改。

9 月 23 日,浙江省质量技术监督检测研究院院长、省方正校准集团公司董事长施存周一行参加了在福州召开的华东六省一市计量院(所)长年会,此次年会的主题是“市场拓展、业务发展、机构改革”。福建省质监局局长孙海山、华东六省一市计量院(所)长以及各单位分管市场业务工作的领导共 20 人参加了此次会议。

9 月 28 日,国家建设部以第 141 号部长令颁布了《建筑工程质量检测管理办法》。该办法规定,从事建筑工程质量检测的机构应具有与检测资质范围相对应的计量认证证书,有符合开展检测工作所需的仪器设备,属于强制检定的计量器具要经过计量检定合格后方可使用。

十月

10 月 10 日,国家质检总局副局长王秦平会见了国际法制计量委员会(OIML)新任主席阿兰·约翰斯顿,双方就修订国际法制计量组织长期政策和行动计划、推行 OIML/MAA 协议以及中国承办 2007 年国际法制计量委员会大会等问题交换了意见。王秦平认为,新的长期政策的内容应更有利于 OIML 行动计划的实施。中国愿意为国际法制计量组织今后的发展继续提供支持,推动法制计量工作对全球经济社会的发展作出贡献。阿兰·约翰斯顿对中国积极参与国际法制计量组织的活动以及做出的贡献深表赞赏。

2005 年 10 月,为进一步贯彻实施《中华人民共和国计量法》、《中华人民共和国行政许可法》,总局组织制定了“中华人民共和国依法管理的计量器具目录(型式批准部分)”,现予以公布,自 2006 年 5 月 1 日起施行。列入“中华人民共和国依法管理的计量器具目录(型式批准部分)”的项目要办理计量器具许可证、型式批准和进口计量器具检定。

10 月 15 日,国家质检总局召开干部会,宣布了总局和两委领导干部任免事项。

根据中共中央、中共中央组织部、国家质检总局党组关于国家质检总局党组领导的任免决定:王秦平不再担任国家质检总局党组副书记、副局长职务。王凤清不再担任国家质检总局党组成员,国家认证认可监督管理委员会党组书记、主任职务。李忠海不再担任国家质检总局党组成员,国家标准化管理委员会党组书记、主任职务。支树平任国家质检总局党组副书记、副局长。孙大伟任国家质检总局党组成员,国家认证认可监督管理委员会党组书记、主任。刘平均任国家质检总局党组成员,国家标准化管理委员会党组书记、主任。

国家质检总局计量司特邀请德国 PTB 的软件专家于 2005 年 10 月 18 日至 10 月 20 日在武汉中南国家计量测试中心举办了《计量器具软件技术管理》培训班。参加《计量器具软件技术管理》培训班的学员共有 50 人,来自国家质检总局计量司、中国计量科学研究院、各省级计量机构、全国各专业计量技术委员会及国内部分计量器具生产企业。此次培训 Grottker 博士作了关于国际法制计量组织(OIML)对计量器具软件管理要求的报告,为我们详细介绍了欧盟制定 MID 的进展和可能的变化并介绍了“基于 MID 的测量仪器中软件的要求”(WELMEC7.1)最新版本 Greif 博士作了关于计量器具软件测试的报告,用 4 种不同复杂程度的实例为我们说明软件要求及其检查方法。

重庆市质量技监局将重庆市计量技术研究所、重庆市流量检测技术研究所、重庆市产品质量监督检验所、渝中区等 9 个主城区的 21 个计量和质检技术机构职能进行全部整合,合并组建重庆市计量质量检测科学研究院。新组建的重庆市计量质量检测科学研究院包括计量、质检两大检验检测领域,它不仅是现在 3 个市级事业单位的整合,还包括了重庆市主城 9 个区的业务范围,职能职责增强、业务范围拓宽。新组建的重庆市计量质量检测科学研究院,有国家质检总局批准建立的“国家摩托车检测中心”、“国家洗涤用品质量监督检验中心”、“全国工业产品生产许可证办公室餐具洗涤剂生产许可证审查部”，具有780余种(类)产品和1780个参数的综合检测能力，建有150项重庆市社会公用计量标准，其中50项重庆市最高计量标准，检测能力和水平处于西部地区领先地位。

十一月

11月上旬，国家质检总局在广州召开2005年度大区国家计量测试中心工作会议。此次会议对2004年以来全国各大区国家计量测试中心工作进行了总结和交流经验，研究并布置了2006年大区国家计量测试中心任务。国家质检总局蒲长城副局长和原副局长王秦平同志分别作了讲话。国家质检总局计量司司长宣湘、副司长刘新民，广东省质监局副局长胡立义、郭元强，以及华北、东北、华东、中南、西南、西北、华南大区国家计量测试中心主任等24人参加了此次会议。

11月8日至13日，以国家总局计量司王顺安处长为组长的总局企业能源计量及计量检测体系专题调研组到我区进行考察，并就广西工业企业节能工作、广西取水计量工作及广西完善计量人测体系工作情况进行了调研。广西调研组先后考察了广西玉柴机器股份有限公司、广西三环企业集团股份有限公司、桂林市利源粮油饲料有限责任公司。期间还召开了由广西十一家大型工业企业、广西区经委、广西节能中心参加的广西企业能源计量及计量检测体系调研座谈会，在热烈的气氛中，调研组转达了总局对企业计量工作的展望和思考，与会企业代表也对计量主管工作的信赖和建议与调研组进行了全面的交流。

11月9日，河南省纳米材料工程技术研究中心中试基地在济源竣工。中心是河南省从事纳米材料开发与推广应用的专业研究机构，其所依托的河南大学特种功能材料教育部重点实验室，是我国最早从事纳米材料研究的集体之一。中试基地可为企业提供成套生产工艺和设备技术设计，不同规格的反应釜及多种型号的过滤、纯水设备。开发在有机介质中有良好分散性修饰纳米微粒，已成为基地主要研究方向。中试基地在科学研究的同时，积极进行成果转化。基地将“可分散性纳米二氧化硅系列产品”工业技术转让给济源煤炭高压开关厂，建成100吨规模生产线，使技术实现了成本最低化和效益最大化。

江苏省质量技术监督局于2005年11月14日在南京召开全省医疗卫生机构计量工作先进表彰及经验交流大会。参加会议的代表有全省先进医疗卫生机构的负责人和先进个人、各市质监局计量分管局长、计量处长及计量技术机构负责人共177人，国家质量技术监督检验检疫总局计量司法规处钟新明处长、省质量技术监督局张前副局长等领导出席了会议。

11月22日，国家质检总局公布了2005年4月至9月组织部署的全国煤矿计量专项监督检查结果。在此次监督检查中，各地共检查了13213家煤矿企业的322797台在用计量器具，其中瓦斯计228821台，受检率从监督检查前的73.1%提高到88.9%；风压表29481台，受检率从监督检查前的61.8%提高到79.9%；粉尘测量仪3631台，受检率从监督检查前的47.1%提高到69.7%；其他在用计量器具60864台，受检率从监督检查前的74.3%提高到91.3%。

北京市局系统2005年度计量工作研讨会召开。景晓东副局长、凌志毅助理巡视员出席会议。景晓东副局长要求各单位齐心协力，确保完成预定任务；检查工作任务完成情况，总结经验，查找差距。他要求对今后的工作，一是在监管方面，从重点计量器具开始，通过信息化手段，管理到位；二是要做好基础性工作，教育职工依法行政、按制度办事；三是加强自身监管，强化首都意识，加强交流，共同把各项工作完成好。

11月22日，国家质检总局召开新闻发布会透露，我国计量检测体系建设评价工作将与国际接轨，原由国家质检总局向企业颁发“计量检测体系合格证书”的工作将转为由第三方的计量体系认证机构进行。国家质检总局和国家认监委决定，由中国计量测试学会牵头组建全国性的“计量体系认证中心”，并在各省、自治区、直辖市和有关行业设立分支机构，统一实施全国的测量管理体系认证工作。

11 月 22 日，中启计量体系认证中心在京成立，原由国家质检总局向企业颁发“计量检测体系合格证书”的工作也随之将转为由计量体系认证机构进行。

国家对测量管理体系实行统一的认证制度，测量管理体系认证坚持政府推动、企业自愿的原则。为加强对测量管理体系认证工作的管理，保证计量单位的统一和量值的准确可靠，推动我国企业计量工作的发展，国家质检总局和国家认监委决定，由中国计量测试学会牵头组建全国性的“计量体系认证中心”，并在各省、自治区、直辖市和有关行业设立分支机构，统一实施全国的测量管理体系认证工作。

2005 年 11 月 29 日，国务院法制办与国家环保总局联合召开座谈会。国家环保总局副局长王玉庆对即将实施的国务院第 449 号令《放射性同位素与射线装置安全和防护条例》(以下简称《条例》)进行了介绍。国务院有关部委、专家和生产、销售、使用放射性同位素与射线装置单位的代表出席了座谈会。

十二月

12 月 13 日，国家质检总局公布了定量包装商品净含量国家监督 3 年跟踪抽查结果，平均总体抽样合格率稳中有升。连续 3 年第 1 季度的平均总体抽样合格率逐年上升，连续 3 年第三季度的平均总体抽样合格率基本稳定，保持在 85%以上。

12 月 21 日，国家质检总局公布了粮食、棉花市场计量专项监督检查结果，粮食、棉花市场计量器具合格率都有明显提高。

2005 年 12 月 29 日，国家科技基础条件平台建设重点项目“全国检测资源状况及共享战略研究”项目科技部专家审定会在京召开，项目由国家认监委、中国计量科学研究院和中国检验检疫科学研究院共同承担。在为期两年的“全国检测资源状况及共享战略研究”项目研究中，相关部门组织了全国检测资源的调查，建立了检测机构信息的检测资源数据库。数据库包括 18932 家检测机构，分别隶属于 80 余个政府部门、行业、企业等，遍布全国 31 个省、自治区和直辖市，基本覆盖了国民经济和社会管理的各个方面。

江西省计量协会二届四次、江西省计量测试学会四届三次理事扩大会议在南昌召开，共有 80 余名协(学)会理事出席会议。会议由协(学)会杨毓模理事长主持，省质监局李岱副局长、省民政厅民间组织管理局李和生局长、省科协学会工作部梁纯平部长分别对理事扩大会的召开表示祝贺，并做了重要讲话。

甘肃省计量研究院在省上举行的“神舟六号”载人航天飞行圆满成功庆功大会上，作为航天工程协作单位被特邀参加大会并受到表彰。

甘肃省企业计量工作座谈会在兰州召开。会议提出，今后全省质量技监部门将按照“面向企业、分类指导、分级负责、区别对待、加大力度、增强实效”的思路，加强和改进企业的计量工作。各级质量技监部门要严肃查处计量违法行为，进一步规范计量工作，对企业最高计量器具和用于贸易结算、环境监测、安全防护的强制检定工作的计量器具要加大监管力度，加强对计量器具生产企业的监管；各级质量技监部门要树立为企业服务的意识，以促进企业计量工作、提高企业的质量效益为目标，开展计量行政管理和执法工作；各级计量技术机构要切实转变重效益、轻服务的观念，积极协助企业分析和解决计量检测方面的各种问题，为企业提供新的计量检定规程等信息咨询服务，并能根据企业需求承担重大的计量检测服务；各级质量技监部门要加强与企业的联系，主动听取企业的意见和要求，改进计量工作。

2005中国衡器制造行业

北京工经联科技信息中心

一、行业概况

(一) 行业状况

2005年我国衡器制造业生产经营形势保持较快的增长,但整个发展的速度与去年相比有所放缓,整个行业处于调整期,行业销售收入和利润总额都呈现波动增长的趋势。在国家统计在内的150家规模企业中来看,2005年衡器制造企业(规模企业,下同)实现销售收入53.42亿元,行业利润4.38亿元。另据中国衡器协会在全国范围内对192家衡器生产企业报表统计,2005全年实现工业总产值67.6亿元,同比增长6.1%;实现工业增加值10.3亿元,同比下降17%。

表1 2005年主要衡器制造企业经济运行指标

单位:亿元

指标名称	2005年	2004年	增长
应收帐款净值	9.73	9.55	1.83%
流动资产平均余额	28.06	27.87	0.67%
固定资产平均余额	7.70	8.96	-14.10%
销售收入	53.42	47.99	11.31%
利润总额	4.38	4.26	2.97%
工业总产值	52.58	48.88	7.58%
销售总产值	51.83	47.62	8.84%
出口交货值	12.97	13.46	-3.66%

(二) 生产规模

2005年,衡器制造业规模企业实现工业总产值52.58亿,同比去年增长了7.58%,整个行业的生产规模呈现缓慢增长的趋势。根据衡器协会对会员单位的统计表明,由于企业成本、费用的增长较大,经济效益有小幅下滑,利润总额同比下降的企业达50%,23%的企业利润总额增长在1%以下,只有少数家企业利润总额增长在10%以上。

图1 2001~2005年衡器制造业生产规模变动趋势

我国衡器行业从1999年开始一波高速增长后,2005年出现增长速度转缓,一些企业经济效益出现下降趋势。要保持企业经济持续、稳健增长,企业还须具有自主创新能力,不断开发高新技术产品,不断提高服务质量,形成长期竞争优势。

(三)主要统计数据

2005年,我国衡器制造业规模企业的工业总产值52.58亿元,实现销售收入53.42亿元,固定资产平均余额7.7亿元。经过多年的发展,2001年和2005年该行业的平均工业增加值增长率高于全国GDP的增长,平均增值率为20.23%。

表2 2001~2005年衡器制造业规模企业总体变化状况

时间	企业数量	销售收入	利润总额	从业人员	资产合计	负债合计	工业总产值
	家	亿元	亿元	万人	亿元	亿元	亿元
2001年	99	23.91	1.88	1.79	27.85	16.26	25.67
2002年	105	27.91	2.21	1.91	29.41	15.90	29.91
2003年	108	37.43	3.44	1.91	36.92	20.07	37.58
2004年	126	47.99	4.26	2.08	43.43	22.75	48.88
2005年	150	53.42	4.38	2.17	42.52	24.38	52.58

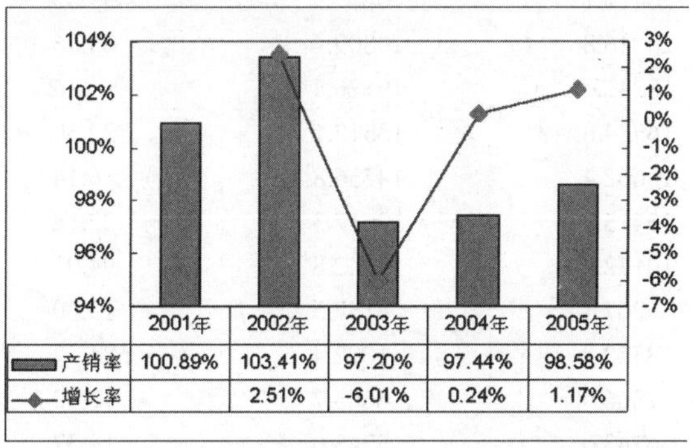

图2 2001~2005年衡器制造业产销率变化状况

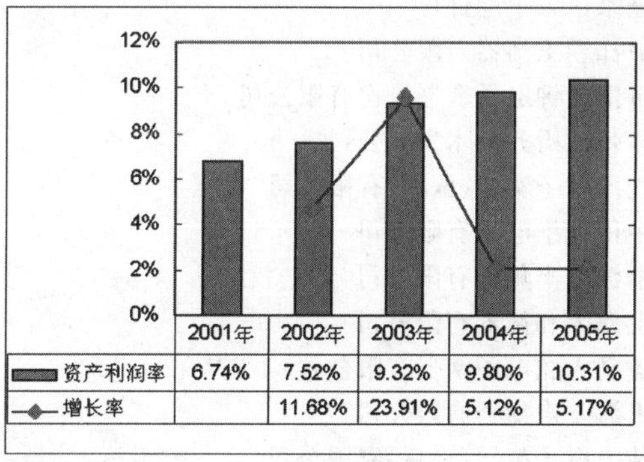

图3 2001~2005年衡器制造业资产利润率增长状况

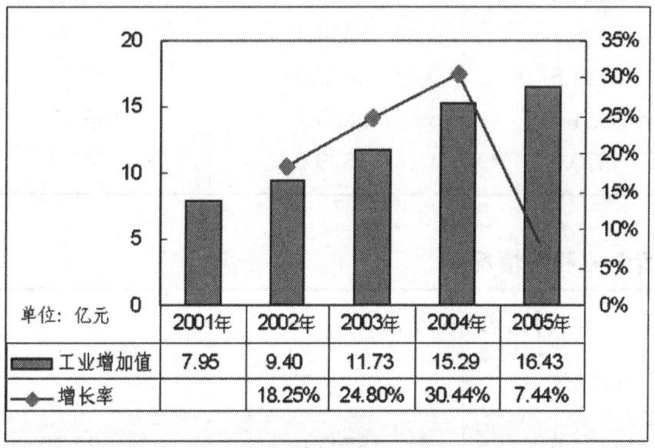

图4 2001~2005年衡器制造业发展速度(单位:亿元)

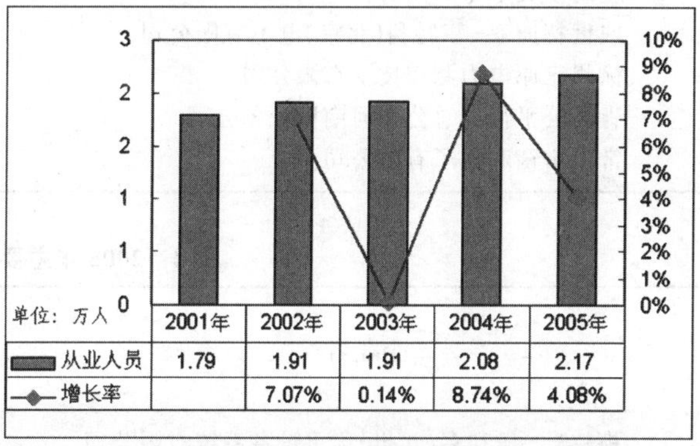

图5 2001~2005年衡器制造业就业情况(单位:万人)

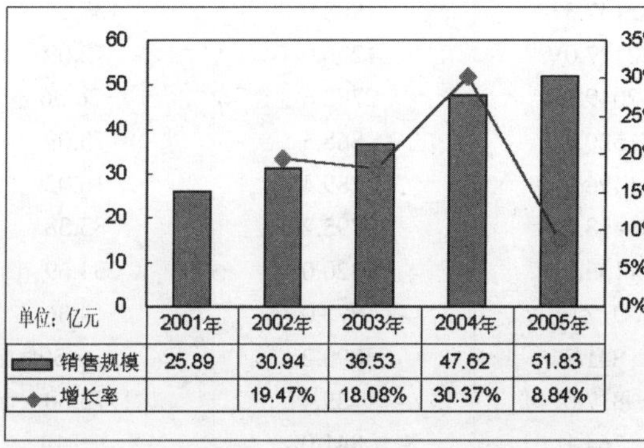

图6 2001~2005年衡器制造业销售规模增长状况

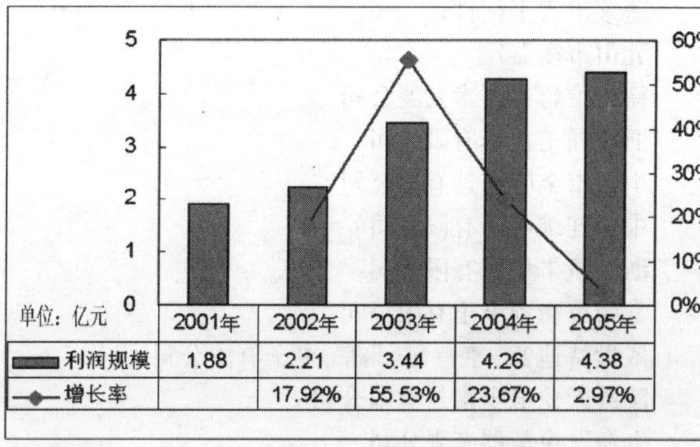

图7 2001~2005年衡器制造业利润规模增长状况

二、行业结构

(一)产业集中度

1. 企业集中度

国家统计局2005年统计表明:衡器制造业销售额前20名企业销售收入为30.63亿元,占全行业销售收入的57.34%,其各项主要经济指标详见表3~表5。

表3 2005年主要衡器制造企业销售状况表

企业名称	销售收入(万元)		增长率(%)
	2005年	2004年	
梅特勒-托利多(常州)称重设备系统有限公司	64054.0	65123.0	-1.64
乳山市衡器厂	34608.0	26560.1	30.30
中山市金叶衡器有限公司	22135.5	20034.7	10.49
蓬莱市天平配件厂	20411.1	10239.9	99.33
浙江霸王衡器有限公司	20046.8	10809.4	85.46
济南金钟电子衡器股份有限公司	18242.0	19126.4	-4.62
徐州拉姆齐技术发展公司	16524.8	13512.1	22.30
查氏电子实业(深圳)有限公司	15662.4	14756.8	6.14
中山佳维电子有限公司	15415.9	12617.3	22.18
浙江凯丰集团有限公司	10172.0	5242.8	94.02
上海大和衡器有限公司	9267.1	8157.5	13.60
陵县天龙电子衡器有限公司	8572.8	1092.4	684.77
上海友声衡器有限公司	7806.9	6665.7	17.12
传力电子衡器(南京)有限公司	6743.0	5745.0	17.37
上海规矩仪器科技有限公司	6399.6	4951.9	29.24
厦门顶尖电子有限公司	6224.6	7900.0	-21.21
威世特迪亚-亨特利(北京)电子有限公司	6128.1	6334.4	-3.26
徐州三原电力测控技术有限公司	6124.5	4617.0	32.65
青岛公平衡器总公司河南博爱分公司	5931.6	2885.7	105.55
常州市衡利电子有限公司	5870.0	5599.0	4.84

表4 2005年主要衡器制造企业利润情况

企业名称	利润总额(万元)		增长率(%)
	2005年	2004年	
梅特勒-托利多(常州)称重设备系统有限公司	14474.0	18747.0	-22.79
余姚太平洋称重工程有限公司	2550.2	1478.7	72.46
蓬莱市天平配件厂	2137.3	908.9	135.15
乳山市衡器厂	2127.0	1236.0	72.09
徐州拉姆齐技术发展公司	2049.1	2782.6	-26.36
浙江霸王衡器有限公司	1520.7	868.5	75.09
中山市金叶衡器有限公司	1496.0	1289.4	16.02
中山佳维电子有限公司	1458.2	795.2	83.38
浙江凯丰集团有限公司	1135.0	320.0	254.69
常州市衡利电子有限公司	917.0	877.0	4.56
威世特迪亚-亨特利(北京)电子有限公司	841.2	890.2	-5.50
陵县天龙电子衡器有限公司	817.0	39.4	1973.60
上海友声衡器有限公司	764.1	841.0	-9.14

表 4　2005 年主要衡器制造企业利润情况(续表)

企业名称	利润总额(万元)		增长率(%)
	2005 年	2004 年	
博爱县狄林祥源衡器配件厂	696.2	183.6	279.19
惠而邦电子衡器昆山有限公司	670.0	319.0	110.03
徐州三原电力测控技术有限公司	597.1	91.0	556.15
石家庄华泰衡器厂	580.2	350.4	65.58
济南金钟电子衡器股份有限公司	531.0	615.9	−13.78
青岛公平衡器总公司河南博爱分公司	527.9	193.1	173.38
上海大和衡器有限公司	430.0	386.5	11.25

表 5　2005 年主要衡器制造企业总产值情况

企业名称	工业总产值(万元)		增长率(%)
	2005 年	2004 年	
梅特勒-托利多(常州)称重设备系统有限公司	50532.0	59581.0	−15.19%
乳山市衡器厂	43891.6	27566.0	59.22%
浙江霸王衡器有限公司	20176.3	10205.2	97.71%
中山市金叶衡器有限公司	18584.1	19238.6	−3.40%
徐州拉姆齐技术发展公司	16410.0	13484.0	21.70%
查氏电子实业(深圳)有限公司	15360.0	13239.1	16.02%
中山佳维电子有限公司	14826.9	11430.7	29.71%
济南金钟电子衡器股份有限公司	14332.2	15458.8	−7.29%
蓬莱市天平配件厂	12749.7	14549.6	−12.37%
浙江凯丰集团有限公司	10536.2	5242.9	100.96%
陵县天龙电子衡器有限公司	9900.0	8545.9	15.85%
上海大和衡器有限公司	9083.1	8476.1	7.16%
沈阳施道克电力设备有限公司	8858.5	7000.0	26.55%
上海友声衡器有限公司	7813.9	6707.9	16.49%
威世特迪亚-亨特利(北京)电子有限公司	7583.3	6988.6	8.51%
传力电子衡器(南京)有限公司	6743.0	6609.0	2.03%
上海规矩仪器科技有限公司	6396.1	5394.8	18.56%
徐州三原电力测控技术有限公司	6387.0	5170.0	23.54%
厦门顶尖电子有限公司	6241.4	7160.8	−12.84%
常州市衡利电子有限公司	5992.0	6503.0	−7.86%

根据衡器协会对全国范围内 192 家衡器会员生产企业报表统计,2005 年实现销售收入 67.6 亿元，同比增长 13.0%。产品销售率为 94.7%。销售收入排前 10 名的企业有:上海寺冈电子有限公司、梅特勒-托利多常州称重系统公司、江苏赛摩拉姆齐技术有限公司、浙江霸王衡器有限公司、宁波柯力电气制造有限公司、济南金钟电子衡器股份有限公司、山东泰山衡器有限公司、中山市香山衡器有限公司、查氏电子实业(深圳)有限公司、中航电测仪器股份有限公司。这 10 家单位的销售收入占全行业销售收入的 39.2%。

2005 年实现利润总额 5.9 亿元,同比增长 1.3%;盈利企业盈利额 6.1 亿元,同比增长 2.0%;亏损企业亏损额 0.2 亿元,同比增长 25.8%;企业亏损面为 16.1%,同比下降 5 个百分点。据统计显示,由于企业成本、费用的增长较大,经济效益有些下滑,利润总额同比下降的企业达 50%,23%的企业利润总额增长在 1%以下,只有 5 家企业利润总额增长在 10%以上。

2005 年创利税总额 8.5 亿元,同比增长 5.5%;利税总额排前 10 名的企业是:上海寺冈电子有限公司、天长缸盖有限公司、梅特勒-托利多(常州)称重系统公司、江苏赛摩拉姆齐技术有限公司、余姚太平洋自控工程有限公司、浙江霸王衡器有限公司、宁波柯力电气制造有限公司、中山市香山衡器有限公司、珠海志美电子有限公司、中航电测仪器股份有限公司。这10家单位的利税总额占全行业利税总额的52.5%。

2. 地区集中度

2005年，我国规模以上衡器制造企业主要集中在华东地区，比较集中，详见图8~图10。

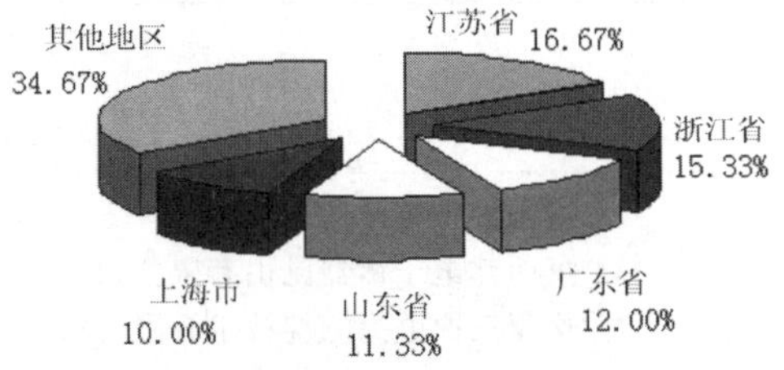

图8 2005年衡器制造业企业地区集中度

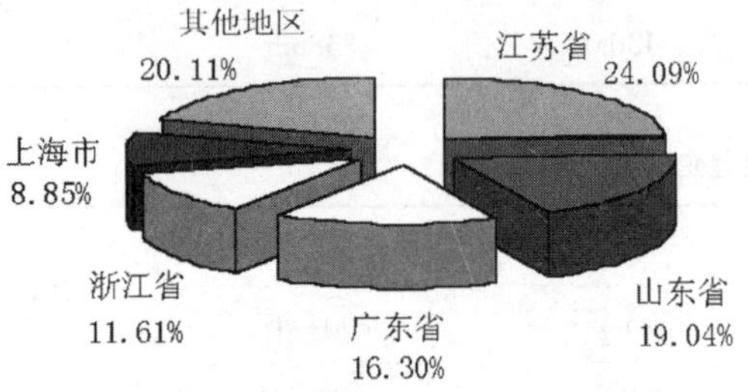

图9 2005年衡器制造业不同地区工业总产值分布

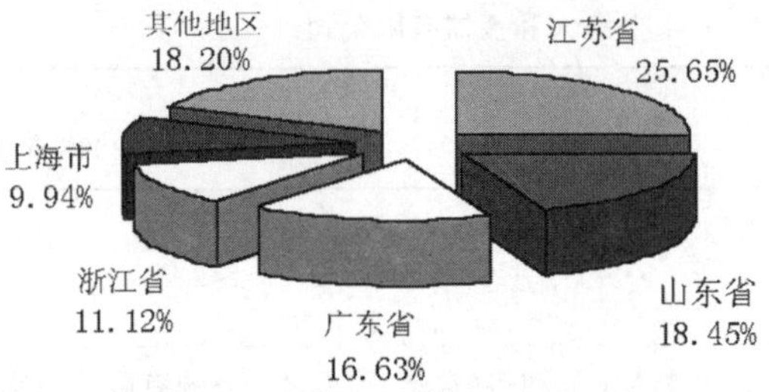

图10 2005年衡器制造业不同地区销售收入分布

(二) 行业经济类型结构

根据对2005年行业的数据统计表明,三资企业目前是我国衡器制造业的主体。从资产分布的情况来看,三资企业的资产占全行业的41.19%,股份制企业(包括各种混合所有制的股份制企业)占到27.63%,国有和集体企业资产占行业资产的7.96%;销售收入的分布是:股份制企业(包括各种混合所有制的股份制企业)所占份额是20.1%,三资企业占44.85%,集体企业和国有企业占到8.55%。不同所有制企业2005年各主要经济指标见表6、图11~图13。

表6 2005年衡器制造业行业主要指标的所有制构成

注册类型	企业数量	资产总计	负债合计	销售收入	利润总额	总产值
	家	亿元	亿元	亿元	亿元	亿元
国有	11	2.28	2.16	0.73	0.03	0.81
集体	9	1.10	0.90	3.84	0.35	3.19
股份	34	11.75	7.01	10.74	0.35	11.52
私营	63	9.45	5.50	14.16	0.87	14.58
三资	33	17.94	8.82	23.96	2.80	22.48
总计	150	42.52	24.38	53.42	4.38	52.58

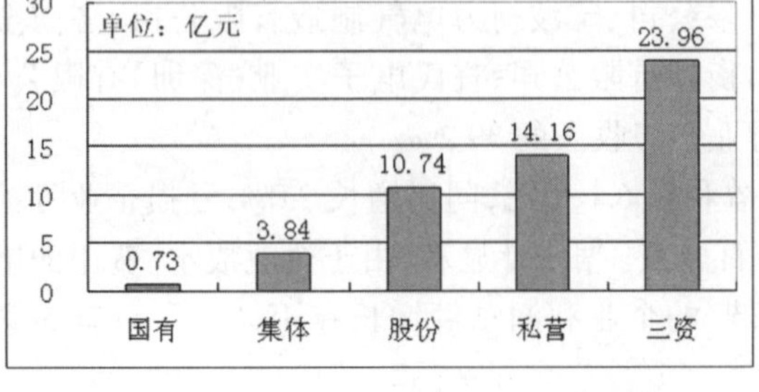

图11 衡器制造业不同所有制企业的产品销售收入对比

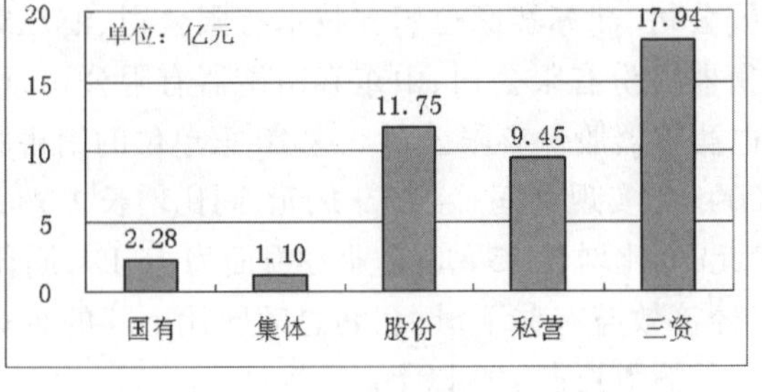

图12 衡器制造业不同所有制企业的资产总额对比

(三) 成本及费用

衡器制造业的销售特点是，在实际销售中，销售成本所占比重很高，高达 85.48%。在营销策略的运用中，衡器制造的销售偏重于定向推销，商业广告、公关宣传和适时促销等营销手段的比重也较大，其成本费用的比例达 6.44%。2005 年衡器制造业成本及费用构成情况见图 14、图 15。成本及费用总计为 49.73 亿元。

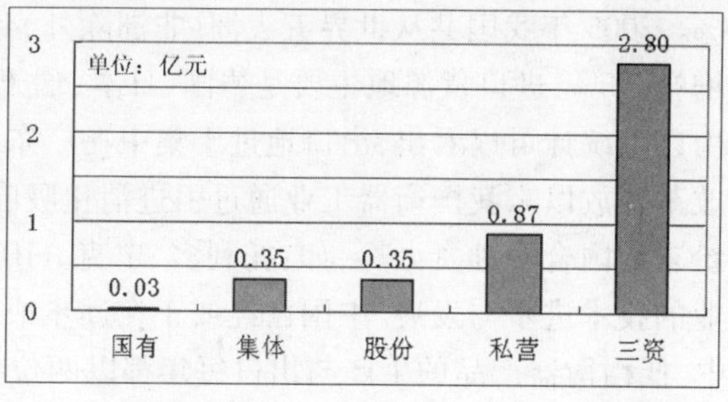

图 13　衡器制造业不同所有制企业的利润总额对比

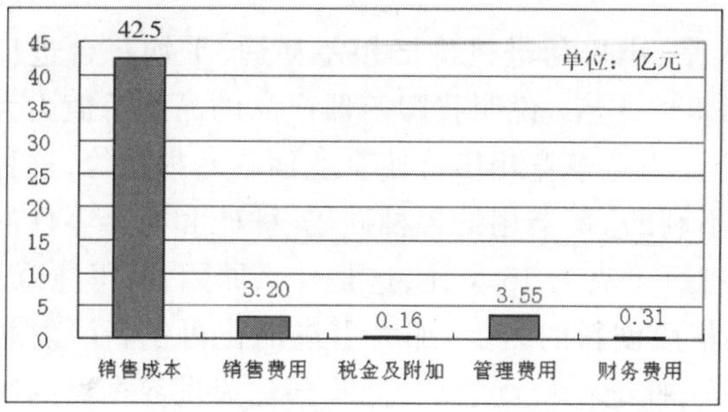

图 14　2005 年衡器制造业成本及费用构成

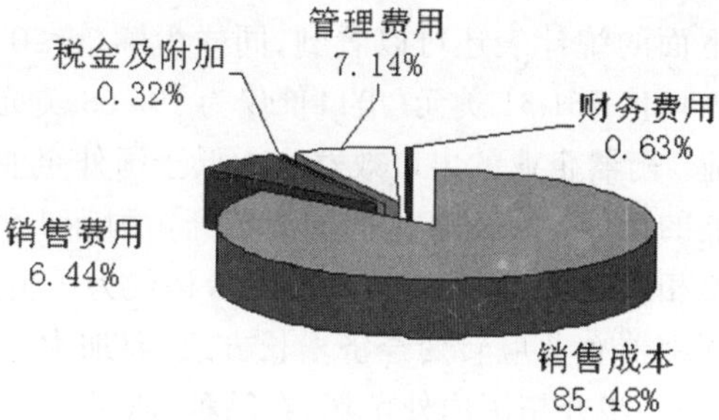

图 15　成本及费用构成比例

三、市场状况

(一) 市场规模

随着中国衡器工业的不断发展，衡器制造业的发展较快，从整个行业来看，主要是以三资企业为主，三资企业的产品占据主导市场。经过五年时间，整个市场的销售收入由 2001 年的 23.91 亿元增长到 2005 年的 53.42 亿元。近五年的市场变化情况见图 16。

(二)销售份额

2001 年到 2005 年，由于三资企业产品在渐渐蚕食内资企业的销售份额，使得内资企业的销售比重不断下降，整个 2005 年国内市场基本是以三资企业产品为主导地位，在细分经济类型来看，三资企业占主导地位。从整个市场的销售规模来看，整个行业的销售规也呈现上升的态势，由 2001 年的 25.89 亿元上升到 2005 年的 51.83 亿元。近五年中国衡器制造销售规模变化状况见图 17。

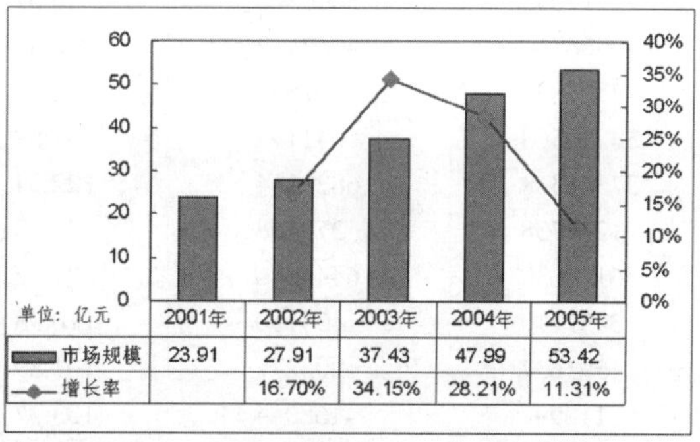

图 16　2005 年中国衡器制造市场规模变化状况

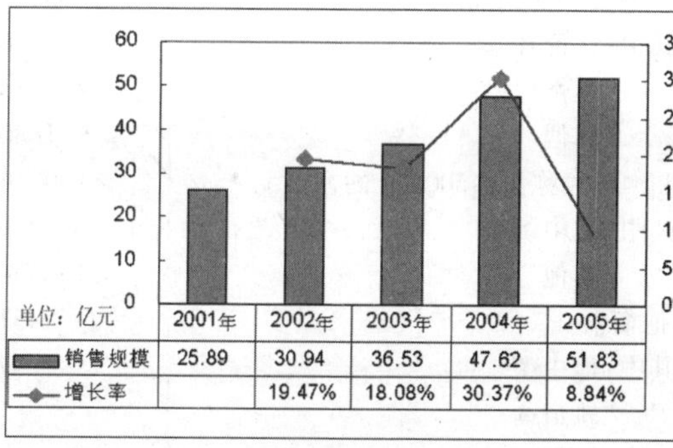

图 17　2005 年中国衡器制造销售规模变化状况

四、进出口统计

据海关统计，2005 年我国共向世界六大洲 161 个国家和地区出口衡器和天平，比去年增加 2 个国家和地区，共出口衡器、天平产品 8200 万台/4.8 亿美元，出口值同比增长 24.66%。主要出口到美国、德国、日本和香港等国家和地区，出口产品发货地主要是广东(2.6 亿美元)，江苏、上海、浙江(三省、市约 2 亿美元)，占出口总额

92.68%。2005 年我国共从世界五大洲(非洲除外)41 个国家进口衡器、天平产品 47.3 万台/0.74 亿美元,进口值同比增幅 3.5%。进口货源地主要是德国、日本、瑞士、美国、韩国、英国和我国台湾省等。进出口顺差达 4.06 亿美元。由以上统计可以看出,出口地过于集中在广东和华东地区。

改革开放以来我国衡器工业通过引进消化吸收国外先进技术与管理,以及欧、美、日、台等世界知名衡器厂商纷纷来我国合资独资办厂,如:托利多、申克、HBM、大和、寺冈、石田、CAS、威世、英展等,大大促进了我国衡器工业的技术进步与发展。中国已经或正在逐步成为世界衡器的生产基地。同时中国的民营衡器企业也蓬勃发展。中、低档衡器产品的生产与出口每年都以两位数的速度递增。其中家用秤出口占衡器出口值超过 55%。产品出口地区集中分布在工业发达的欧、美、日、台等国家和地区。今后要逐步开辟新的出口国家和地区的市场,扩大出口范围,保持稳定增长。

从下面的统计表还可以看到,同样为感量≤0.1mg 的天平,出口与进口价格相差甚远,平均每台进口价格竟高于出口价 761.31 美元(出口价仅为 194.68 美元/台),相差近 4 倍。说明我国衡器产品的品牌价值大大低于进口企业。衡器企业的出口效益大大低于国外企业。有的企业为竞争竞相压价使企业面临亏损边缘,这种不计企业发展的无序竞争对规范我国衡器开拓国际市场是十分不利的。衡器用的各种砝码、秤砣和衡器零件的出口平均价格相差很大,有的省市每千克价格仅为 1 美元,江苏省每千克为 15 美元,这是什么原因,值得注意。

我国衡器企业应转变经济增长方式,要加大自主创新、集成创新的力度,加大引进消化再创新研发新产品的力度,进一步开拓国内外市场,在品种、质量、效益上下功夫,杜绝低价竞争。为把我国建成世界衡器的制造强国而努力。2005 年衡器、天平产品进出口统计,见表 7~表 12。

表 7　2005 年全国衡器、天平产品分类出口统计表

分　　类	出口量(台/套)	出口值(美元)	比上年增加(美元)	增长(%)
全国衡器出口合计	81939620	479750200	94911954	24.66
1. 家用秤	59214745	262480467	58297641	28.55
2. 皮带秤	9778	2905228	1272216	77.91
其中:电子皮带秤	9555	2269167	1244967	121.56
其他输送带上连续称货的秤	223	636061	27249	4.48
3. 定量秤	317315	1727474	160522	10.24
其中:定量包装秤	205904	812018	375293	85.93
定量分选秤	13996	47900	6201	14.87
配料秤	72924	384276	199090	107.51
其他定量秤	24491	483280	−420062	−46.50
4. 最大称量≤30kg 的衡器	14666068	92917055	5806229	6.67
其中:计价秤	1252486	26968716	4657402	20.87
弹簧秤	4294782	7707831	107635	1.42
其他	9118800	58240508	1041192	1.82
5. 30kg<最大称量≤5000kg 的衡器	1593440	37368368	6823174	22.34
其中:地中衡	27798	1249738	378508	43.45
其他	1565642	36118630	6444666	21.72
6. 其他衡器	24510	3457110	1435150	70.98
其中:地中衡	279	1591637	803277	101.89
轨道衡	4	118947	68064	133.77
吊秤	2267	272305	204679	302.66
其他	21960	1474221	359130	32.21
7. 砝码、秤砣;衡器零件(kg)	6113764	78894498	21117022	36.55
天平出口合计	190237	17395568	48213	0.28
1. 感量≤0.1mg 的天平	14717	2865222	1390448	94.28
2. 0.1mg<感量≤50mg 的天平	175520	14530346	−1342235	−8.46

表 8　2005 年全国衡器产品按国别(地区)出口统计表

序号	出口国家/地区	出口值(美元)	占衡器出口值(%)	比上年增加(美元)	同比增幅(%)
1	美　国	112582937	23.47	18889862	20.16
2	德　国	64311879	13.41	17433972	37.19
3	中国香港特区	33679640	7.02	4375436	14.93
4	日　本	32866969	6.85	−4441697	−11.91
5	英　国	26717318	5.57	8500841	46.67
6	意大利	16525375	3.44	5252932	46.60
7	荷　兰	16065174	3.35	3502750	27.88
8	法　国	14646865	3.05	1529784	11.66
9	韩　国	11778486	2.46	3691365	45.64
10	瑞　士	11494767	2.40	5639384	96.31
11	西班牙	11407632	2.38	5935959	108.49
12	俄罗斯联邦	9085701	1.89	2879897	46.41
13	印度尼西亚	7909366	1.65	3065334	63.28
14	比利时	7235841	1.51	490920	7.28
15	澳大利亚	6759243	1.41	671838	11.04
16	阿拉伯联合酋长国	6550271	1.37	2455416	59.96
17	中国台湾省	6406690	1.34	34174	0.54
18	泰　国	5777875	1.20	2079841	56.24
19	印　度	5764426	1.20	940452	19.50
20	加拿大	5291533	1.10	2815195	113.68
	其他国家/地区	66892212	13.94	10420041	
	全国合计	479750200	100.00	94911954	24.66

表 9　2005 年全国衡器产品按发货地区出口统计表

序号	发货地(省、市)	出口值(美元)	占衡器出口值(%)	比上年增加(美元)	同比增幅(%)
1	广东省	260097459	54.22	54748783	26.66
2	江苏省	88949345	18.54	10396250	13.23
3	上海市	68111769	14.20	12419585	22.30
4	浙江省	29911568	6.23	7669255	34.48
5	福建省	13089669	2.73	2587077	24.63
6	北京市	4548022	0.95	1694537	59.38
7	山东省	4461006	0.93	1012447	29.36
8	陕西省	3380522	0.70	2823904	507.33
9	黑龙江省	1133338	0.24	773093	214.60
10	四川省	1079605	0.23	688988	176.38
11	河北省	870524	0.18	−765815	−46.80
12	辽宁省	759547	0.16	570157	301.05
13	新疆维吾尔族自治区	699873	0.15	555353	384.27
14	湖南省	559498	0.12	153027	37.65
15	天津市	405484	0.08	90606	28.77
16	河南省	303777	0.06	57442	23.32
17	湖北省	294166	0.06	−190969	−39.36
18	云南省	219161	0.05	−92871	−29.76
19	安徽省	199205	0.04	108680	120.06
20	广西壮族自治区	128549	0.03	−26099	−16.88
	其他省市	548113	0.11	320083	
	全国合计	479750200	100.00	94911954	24.66

表 10　2005 年全国衡器、天平产品分类进口统计表

分　　类	进口量(台/套)	进口值(美元)	比上年增加(美元)	增长(%)
全国衡器进口合计	472582	58525779	−12834777	−17.99
1、家用秤	31083	405846	60493	17.52
2、皮带秤	305	9471074	−8763932	−48.06
其中:电子皮带秤	145	1718976	−4057189	−70.24
其他输送带上连续称货的秤	160	7752098	−4706743	−37.78
3、定量秤	5338	14781831	−2699345	−15.44
其中:定量包装秤	292	2841118	1066097	60.06
定量分选秤	264	3375342	863525	34.38
配料秤	4292	4976992	−6050392	−54.87
其他定量秤	490	3588379	1421425	65.60
4、最大称量≤30kg 的衡器	37612	2815731	−119442	−4.07
其中:计价秤	100	45152	11759	35.21
弹簧秤	25869	237200	103625	77.58
其他	11643	2533379	−234826	−8.48
5、30kg<最大称量≤5000kg 的衡器	13909	5937071	1140844	23.79
其中:地中衡	104	428759	189350	79.09
其他	13805	5508312	951494	20.88
6、其他衡器	426	7880605	−3645555	−31.63
其中:地中衡	8	146057	−325306	−69.01
轨道衡	7	18925	16031	553.94
吊秤	17	35123	−91561	−72.28
其他	394	7680500	−3244719	−29.70
7、砝码、秤砣;衡器零件(kg)	369453	17233621	1192160	7.43
天平进口合计	14456	15396550	780944	5.34
1、感量≤0.1mg 的天平	8822	8433757	−275246	−3.16
2、0.1mg<感量≤50mg 的天平	5634	6962793	1056190	17.88

表 11　2005 年全国衡器产品按国别(地区)进口统计表

序号	出口国家/地区	进口值(美元)	占衡器进口值(%)	比上年增加(美元)	同比增幅(%)
1	德　国	20256971	34.61	−8240559	−28.92
2	日　本	12830784	21.92	−2169291	−14.46
3	美　国	5462632	9.33	712465	15.00
4	中国台湾省	4855385	8.30	653434	15.55
5	韩　国	2541878	4.34	71831	2.91
6	瑞　士	1951924	3.34	−352131	−15.28
7	英　国	1528183	2.61	336278	28.21
8	法　国	1393034	2.38	−1979565	−58.70
9	意大利	1129527	1.93	−1474646	−56.63
10	中国香港特区	674434	1.15	−88475	−11.60
11	芬　兰	560436	0.96	−2309359	−80.47
12	新加坡	444193	0.76	77687	21.20
13	泰　国	424374	0.73	−178877	−29.65
14	以色列	336923	0.58	316905	1583.10
15	荷　兰	317835	0.54	22430	7.59
16	斯洛文尼亚	261486	0.45	240251	1131.39

表 11　2005 年全国衡器产品按国别(地区)进口统计表(续表)

序号	出口国家/地区	进口值(美元)	占衡器进口值(%)	比上年增加(美元)	同比增幅(%)
17	澳大利亚	252557	0.43	158031	167.18
18	马来西亚	244815	0.42	147206	150.81
19	加拿大	243660	0.42	157067	181.39
20	新西兰	195260	0.33	127586	188.53
	其他国家/地区	2619488	4.48	1284302	96.19
	全国合计	58525779	100.00	−12834777	−17.99

表 12　2005 年全国衡器产品按发货地区进口统计表

序号	发货地(省、市)	出口值(美元)	占衡器出口值(%)	比上年增加(美元)	同比增幅(%)
1	上海市	14089540	24.07	−3692813	−20.77
2	江苏省	9557150	16.33	−3124052	−24.64
3	广东省	9069153	15.50	2008222	28.44
4	浙江省	5937341	10.14	−707110	−10.64
5	山东省	2549890	4.36	−2555226	−50.05
6	北京市	2351698	4.02	918351	64.07
7	天津市	2231619	3.81	428982	23.80
8	陕西省	1465032	2.50	61373	4.37
9	福建省	1276884	2.18	−1619198	−55.91
10	湖北省	1263199	2.16	1099387	671.13
11	河北省	1261364	2.16	−783247	−38.31
12	内蒙古自治区	1103005	1.88	1102301	
13	河南省	1005535	1.72	54329	5.71
14	广西壮族自治区	948168	1.62	122770	14.87
15	辽宁省	900127	1.54	−2530222	−73.76
16	吉林省	772097	1.32	610370	377.41
17	黑龙江省	573260	0.98	132938	30.19
18	云南省	455130	0.78	314396	223.40
19	安徽省	347920	0.59	−127355	−26.80
20	海南省	308174	0.53	144677	88.49
	其他省市	1059493	1.81	−1382374	−56.61
	全国合计	58525779	100.00	−12834777	−17.99

五、行业绩效

近年来,中国衡器制造业总量规模不断的扩大,生产和销售不断上升。 2001~2005 年中国衡器制造业的行业绩效情况见图 18~图 23。

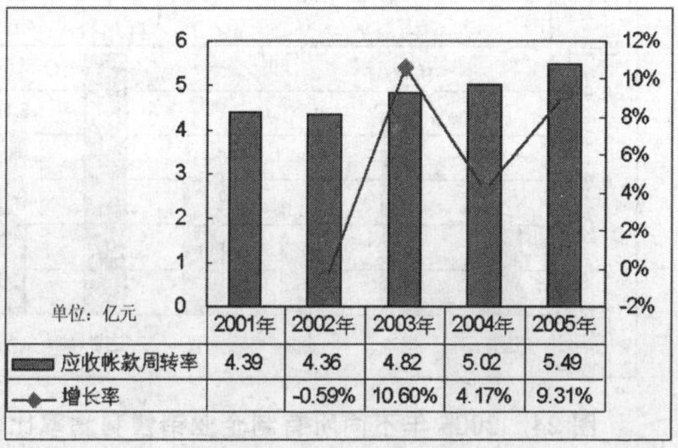

图 18　2001~2005 年应收帐款周转率

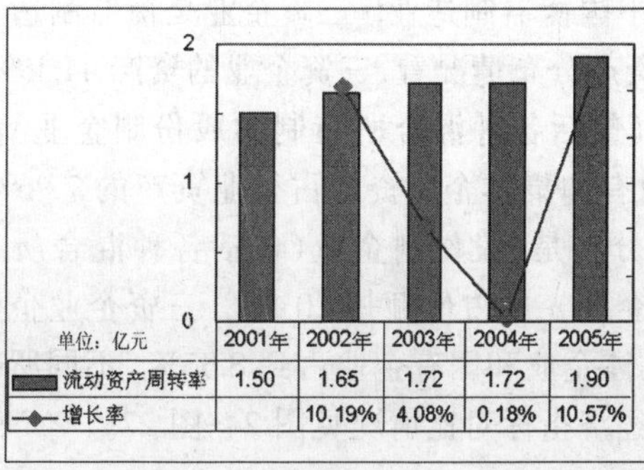

图 19　2001~2005 年流动资产周转率

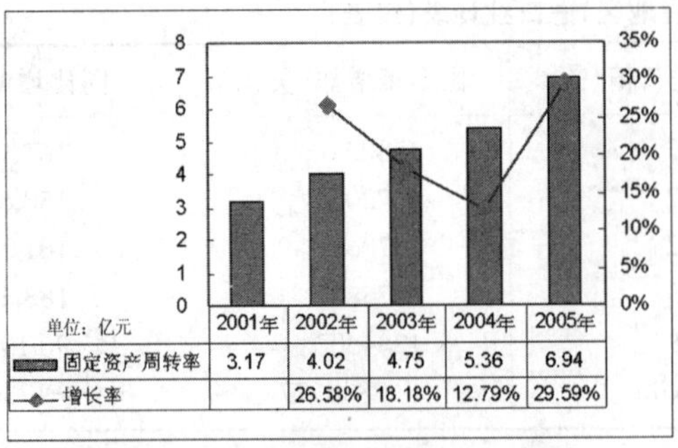

图 20　2001~2005 年固定资产周转率

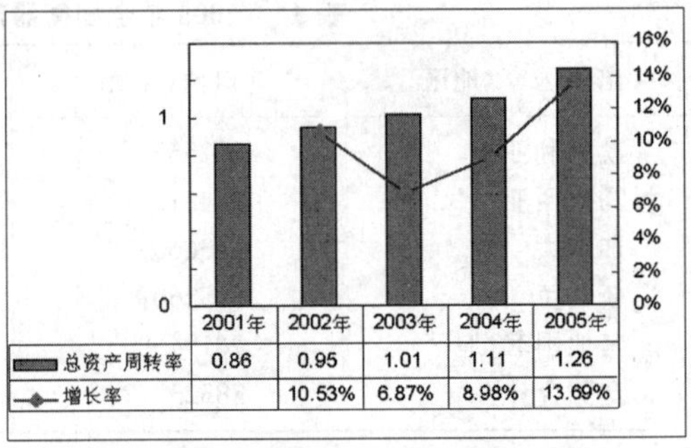

图 21　2001~2005 年总资产周转率

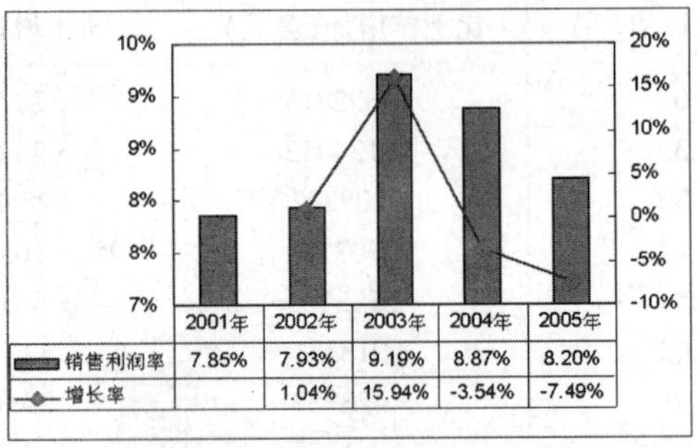

图 22　2001~2005 年销售利润率

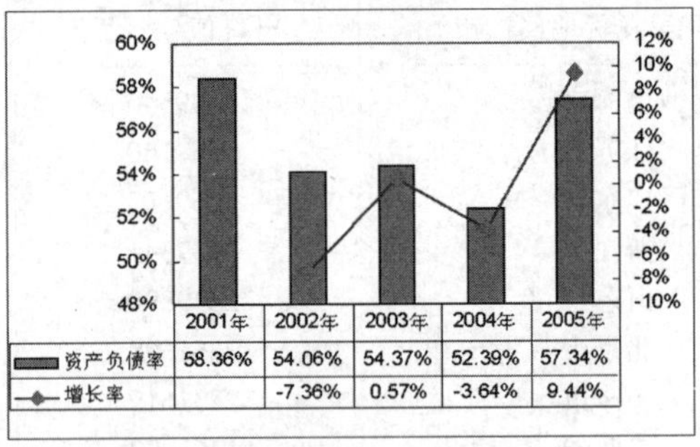

图 23　2001~2005 年资产负债率

六、衡器制造企业概况

（一）企业概况

目前，我国衡器制造业的大部分企业规模均较小，小型企业占绝大多数。通过对 150 家规模企业统计分析，还没有一家大型企业，中型企业有 10 家，销售收入占总收入的 30.55%，小型企业 140 家，其销售收入占总收入的 69.45%。

表 13　2005 年我国不同规模企业经济指标

企业规模	企业数量(家)	资产总计(亿元)	负债合计(亿元)	销售收入(亿元)	利润总额(亿元)	总产值(亿元)
大型企业	0	0.00	0.00	0.00	0.00	0.00
中型企业	10	12.69	5.78	16.32	2.08	14.18
小型企业	140	29.84	18.60	37.10	2.30	38.40
总计	150	42.52	24.38	53.42	4.38	52.58

（二）企业分组分析

目前中国衡器制造业，三资企业是衡器制造业的主体。从资产分布情况看，三资企业的资产 41.19%，股份制企业（包括各种混合所有制的股份制企业）占到 27.63%，国有和集体企业资产占行业资产的 7.96%；销售收入的分布是：股份制企业（包括各种混合所有制的股份制企业）所占份额是 20.1%，三资企业企业占 44.85%，集体企业和国有企业占到 8.55%。不同所有制企业主要经济指标对比情况见图 24~图 27。

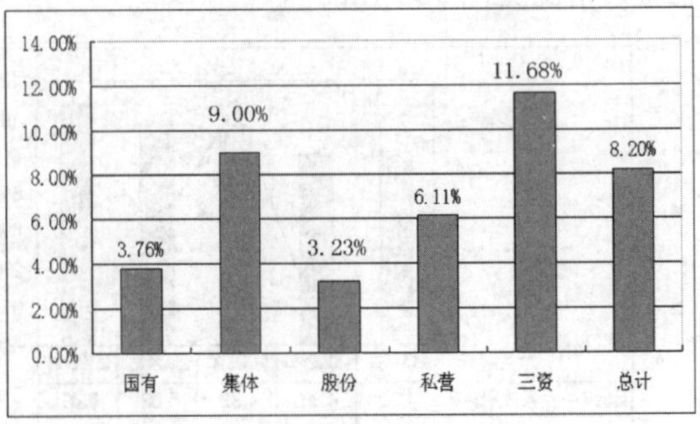

图 24　2005 年不同所有制企业销售利润率比较

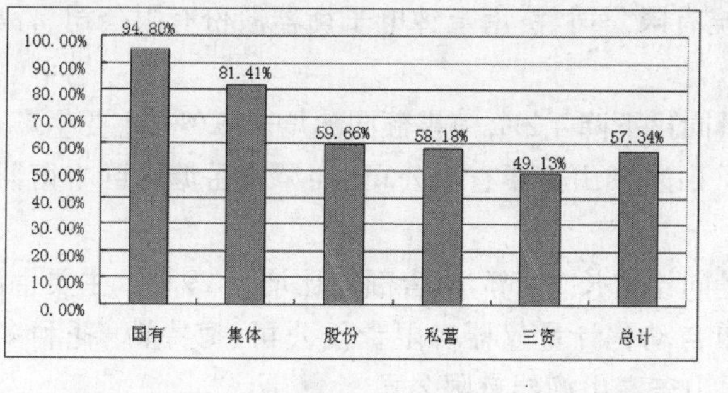

图 25　2005 年不同所有制企业资产负债率比较

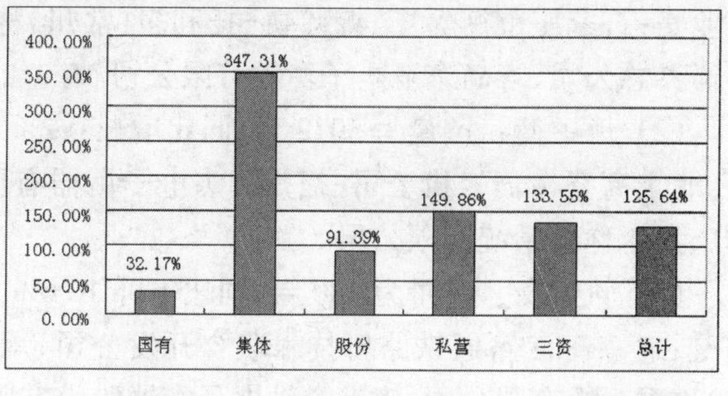

图 26　2005 年不同所有制企业资金周转率比较

（三）主要企业市场占有率情况

表 14　主要衡器制造企业市场占有率排名

企业名称	市场占有率		成长率(%)
	2005 年	2004 年	
梅特勒-托利多(常州)称重设备系统有限公司	11.99%	13.57%	−11.64
乳山市衡器厂	6.48%	5.53%	17.06
中山市金叶衡器有限公司	4.14%	4.17%	−0.74
蓬莱市天平配件厂	3.82%	2.13%	79.07
浙江霸王衡器有限公司	3.75%	2.25%	66.61
济南金钟电子衡器股份有限公司	3.41%	3.99%	−14.32
徐州拉姆齐技术发展公司	3.09%	2.82%	9.87
查氏电子实业(深圳)有限公司	2.93%	3.07%	−4.65
中山佳维电子有限公司	2.89%	2.63%	9.76
浙江凯丰集团有限公司	1.90%	1.09%	74.30
上海大和衡器有限公司	1.73%	1.70%	2.06
陵县天龙电子衡器有限公司	1.60%	0.23%	605.01
上海友声衡器有限公司	1.46%	1.39%	5.22
传力电子衡器(南京)有限公司	1.26%	1.20%	5.44
上海规矩仪器科技有限公司	1.20%	1.03%	16.10
厦门顶尖电子有限公司	1.17%	1.65%	−29.22
威世特迪亚-亨特利(北京)电子有限公司	1.15%	1.32%	−13.09
徐州三原电力测控技术有限公司	1.15%	0.96%	19.17
青岛公平衡器总公司河南博爱分公司	1.11%	0.60%	84.66
常州市衡利电子有限公司	1.10%	1.17%	−5.82

（四）衡器主要产品产量及主要生产企业

1. 商用衡器

（1）案秤：产量为 244 万台，同比增长 36.1%，销售量同比增长 34.0%，销售额同比增长 19.0%。主要生产企业是(以省市顺序排序，以下均同)：上海寺冈电子有限公司、上海凯士电子有限公司、梅特勒-托利多(常州)称重系统有限公司、浙江霸王衡器有限公司、中山市香山衡器有限公司。

（2）台秤：产量为 126.7 万台，同比增长 3.3%，销售量同比增长 5.9%，销售额同比下降 31.5%。主要生产企业是：上海寺冈电子有限公司、浙江霸王衡器有限公司、金华双龙衡器有限责任公司、青岛公平衡器总公司、山东泰山衡器有限公司。

2. 工业衡器

（1）地上衡：产量为 19744 台，同比增长 22.5%，销售量同比增长 27.5%，销售额同比增长 19.1%。主要生产企业是:石家庄市衡器厂、梅特勒-托利多(常州)称重系统有限公司、济南金钟电子衡器股份有限公司、青岛公平衡器总公司、青岛东亚电子衡器有限公司。

(2) 地中衡:产量为5012台,同比增长0.2%,销售量同比下降4.2%,销售额同比增长5.0%。主要生产企业是:北京高登衡器轻机公司、福州科杰电子衡器有限公司、山东泰山衡器有限公司、湘潭市岳塘区巨牛衡器厂、重庆大唐称重系统有限公司。

(3) 轨道衡:产量为180台,同比下降16.6%,销售量同比增长37.5%,销售额同比增长29.9%。主要生产企业是:北京海淀路通铁路新技术联合开发公司、承德承申自动化计量仪器有限责任公司、梅特勒-托利多(常州)称重系统有限公司、济南金钟电子衡器股份有限公司、山东泰山衡器有限公司。

(4) 料斗秤:产量为922台,同比下降21.4%,销售量同比下降28.3%,销售额同比下降27.2%。主要生产企业是:山西新元自动化仪表有限公司、上海大和衡器有限公司、梅特勒-托利多(常州)称重系统有限公司、无锡市耐特机电一体化技术有限公司、无锡力马化工机械有限公司。

(5) 吊秤:产量为5298台,同比增长32.4%,销售量同比增长21.4%,销售额同比下降5.7%。主要生产企业是:北京大和衡器有限公司、北京宇权电子衡器有限公司、梅特勒-托利多(常州)称重系统有限公司、宁波经济技术开发区精联电子衡器制造有限公司、郑州恒科实业有限公司。

(6) 皮带秤:产量为2763台,同比下降3.0%,销售量同比下降5.7%,销售额增长13.0%。主要生产企业是:承德承申自动化计量仪器有限公司、上海大和衡器有限公司、江苏赛摩拉姆齐技术有限公司、徐州衡器厂有限公司、溧阳正昌电控设备有限公司。

3. 特种秤

产量为2443台,同比增长46.4%,销售量同比增长32.2%,销售额同比下降14.1%。主要生产企业是:上海大和衡器有限公司、余姚太平洋自控工程有限公司、山东泰山衡器有限公司、重庆大唐称重系统有限公司、中航电测仪器股份有限公司。

4. 家用秤

产量为1425.8万台,同比下降3.9%,销售量同比下降3.3%,销售额同比下降1.6%。主要生产企业是:无锡市衡器厂有限公司、福州科迪电子技术有限公司、中山市香山衡器有限公司、查氏电子实业(深圳)有限公司、东莞市华兰海电子有限公司。

5. 天平

产量为35.8万台,同比增长52.7%,销售量同比增长44.3%,销售额同比增长72.6%。主要生产企业是:上海英展机电企业有限公司、上海华德衡器有限公司、梅特勒-托利多(常州)称重系统有限公司、常熟百灵天平仪器有限公司、浙江霸王衡器有限公司。

6. 称重显示仪表

产量为23.1万台,同比增长55.3%,销售量同比增长43.9%,销售额同比增长36.7%。主要生产企业是:上海耀华称重系统公司、上海寺冈电子有限公司、上海大和衡器有限公司、上海英展机电企业有限公司、余姚太平洋自控工程有限公司。

7. 称重传感器

产量为1942.6万支,同比增长52.5%,销售量同比增长48.9%,销售额同比增长203.6%。主要生产企业是:上海寺冈电子有限公司、宁波柯力电气制造有限公司、济南金钟电子衡器股份有限公司、广州电测仪器厂、中航电测仪器股份有限公司。

2005 中国试验机制造行业

北京工经联科技信息中心

一、行业概况

（一）行业状况

2005 年我国试验机制造业生产经营形势继续保持快速发展的势头，整个行业处于发展期，行业销售收入和利润总额都呈现总体快速增长的趋势。在国家统计在内的 71 家规模企业中来看，实现销售收入 24.01 亿元，行业利润 1.91 亿元。

表 1 2005 年主要试验机制造企业经济运行指标

单位：亿元

指标名称	2005 年	2004 年	同比增幅(%)
应收帐款净值	4.75	1.84	159.04
流动资产平均余额	20.01	7.99	150.51
固定资产平均余额	8.04	4.20	91.59
销售收入	24.01	15.40	55.87
利润总额	1.91	0.62	207.48
工业总产值	26.86	15.85	69.47
销售总产值	25.96	15.45	68.04
出口交货值	2.81	0.90	214.23

（二）生产规模

2005 年，试验机制造业实现工业总产值 26.86 亿，同比去年增长了 69.47%，整个行业的生产规模呈现高速增长的趋势，生产规模不断扩大。详见图 1。

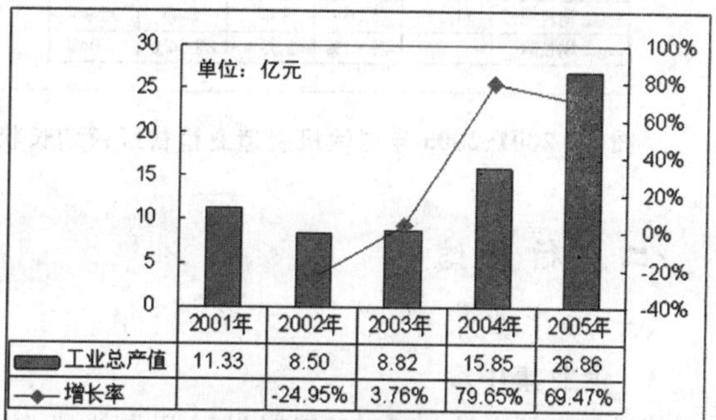

图 1 2005 年试验机制造业生产规模变动趋势

（三）主要统计数据

2005 年，试验机制造业的工业总产值 26.86 亿元，实现销售收入 24.01 亿元，固定资产平均余额 8.04 亿元。

经过多年的发展，2001 年和 2005 年该行业的平均工业增加值增长率高于全国 GDP 的增长，平均增值率仅为 32.2%。行业主要经济指标见表 2、图 2~图 7。

表 2 2001~2005 年试验机制造业总体变化状况

时间	企业数量(家)	销售收入(亿元)	利润总额(亿元)	从业人数(万人)	资产总计(亿元)	负债合计(亿元)	总产值(亿元)
2001 年	43	8.29	0.23	1.13	13.06	10.71	11.33
2002 年	46	8.35	0.25	1.05	14.06	11.09	8.50
2003 年	42	8.43	0.41	1.07	13.33	10.44	8.82
2004 年	45	15.40	0.62	0.93	13.49	9.00	15.85
2005 年	71	24.01	1.91	1.33	36.57	19.42	26.86

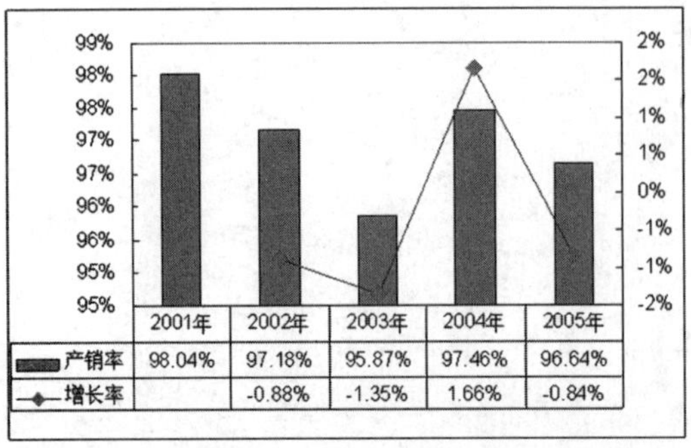

图 2　2001~2005 年试验机制造业产销率变化状况

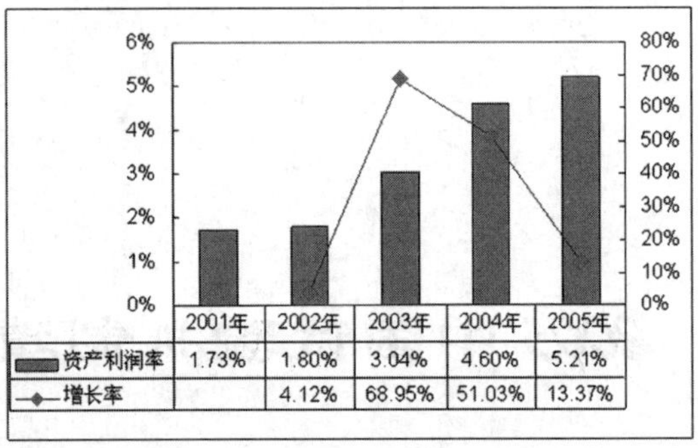

图 3　2001~2005 年试验机制造业资产利润率增长状况

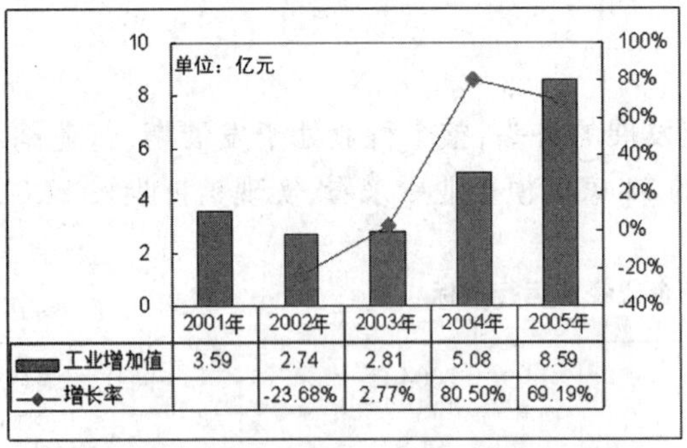

图 4　2001~2005 年试验机制造业发展速度

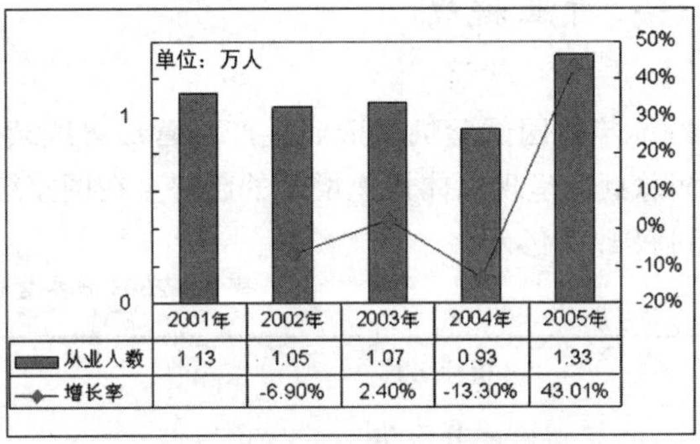

图 5　2001~2005 年试验机制造业就业情况

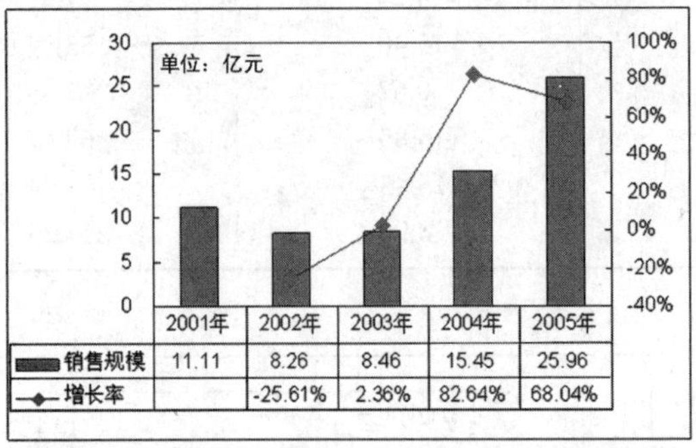

图 6　2001~2005 年试验机制造业销售规模增长状况

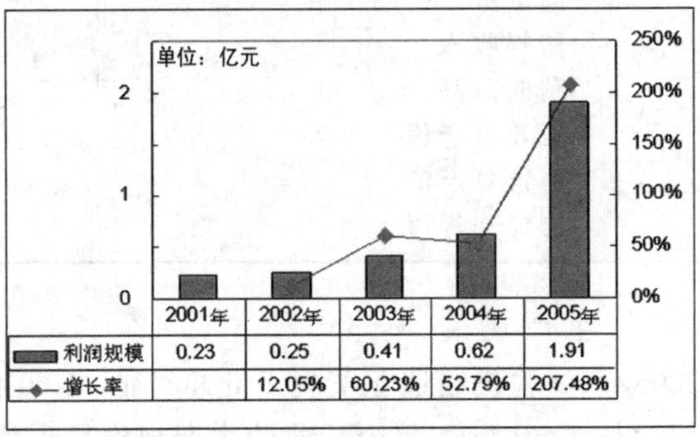

图 7　2001~2005 年试验机制造业利润规模增长状况

二、行业结构

(一) 产业集中度

1. 企业集中度

根据国家统计局 2005 年对试验机制造业的统计表明：前 20 名企业销售收入为 17.7 亿元，占该行业销售收入比重的 73.72%。主要试验机制造企业的经济指标见表 3~表 5。

表 3　2005 年主要试验机制造企业销售状况表

企业名称	销售收入(万元)		增长率(%)
	2005 年	2004 年	
荣成市海翔试验机有限公司	38374.0	37228.0	3.08
广东汕头超声电子股份有限公司	20527.7	15658.1	31.10
济南试金集团有限公司	17700.8	16319.5	8.46
唐山百川智能机器有限公司	8097.1	5800.1	39.60

表 3　2005 年主要试验机制造企业销售状况表(续表)

企业名称	销售收入(万元)		增长率(%)
	2005 年	2004 年	
苏州试验仪器总厂	6588.0	4106.2	60.44
杭州可靠性仪器厂	6099.8	4917.0	24.06
苏州市东菱振动试验仪器有限公司	5600.2	2736.1	104.68
营口新华通发展有限公司	5382.5	3318.6	62.19
莱州市试验机总厂有限公司	4467.0	3983.9	12.13
天津市久荣车轮技术有限公司	4354.0	4602.9	−5.41
无锡建仪仪器机械有限公司	4352.9	5508.1	−20.97
常州市潞城传感器有限公司	4169.0	3002.0	38.87
浙江竞远机械设备有限公司	4068.8	6026.4	−32.48
上海申克试验机有限公司	3697.0	5038.5	−26.62
江都市新真威试验机械有限责任公	3669.0	2541.0	44.39
丹东华日理学电气有限公司	3353.1	2922.5	14.73
上海佐竹冷热控制技术有限公司	3336.3	3435.4	−2.88
上海华龙测试仪器有限公司	3089.2	2891.9	6.82

表 4　2005 年主要试验机制造企业利润情况

企业名称	利润总额(万元)		增长率(%)
	2005 年	2004 年	
广东汕头超声电子股份有限公司	5516.9	4611.3	19.64
苏州市东菱振动试验仪器有限公司	1800.1	1084.2	66.03
天津市久荣车轮技术有限公司	1565.7	2134.5	−26.65
荣成市海翔试验机有限公司	1339.0	1113.3	20.27
深圳市新三思材料检测有限公司	1338.6	181.0	639.56
常州市潞城传感器有限公司	928.0	1170.0	−20.68
上海佐竹冷热控制技术有限公司	850.8	857.4	−0.77
济南试金集团有限公司	625.0	150.1	316.39
上海沪工高峰工具有限公司上海材料试验机厂	598.7	249.1	140.35
无锡先导自动化设备有限公司	470.2	744.9	−36.88
丹东华日理学电气有限公司	429.7	687.3	−37.48
莱州市试验机总厂有限公司	412.4	343.6	20.02
无锡建仪仪器机械有限公司	329.7	488.9	−32.56
苏州试验仪器总厂	302.2	181.1	66.87
上海华龙测试仪器有限公司	287.5	278.7	3.16
杭州可靠性仪器厂	286.9	272.1	5.44
无锡苏南试验设备有限公司	262.8	31.3	739.62
唐山百川智能机器有限公司	199.8	188.5	5.99

表 5　2005 年主要试验机制造企业总产值情况

企业名称	工业总产值(万元)		增长率(%)
	2005 年	2004 年	
荣成市海翔试验机有限公司	54579.0	38310.0	42.47
广东汕头超声电子股份有限公司	23057.7	16081.6	43.38
济南试金集团有限公司	17023.0	15002.3	13.47
唐山百川智能机器有限公司	7299.1	5365.1	36.05
营口新华通发展有限公司	6937.6	4589.8	51.15
苏州市东菱振动试验仪器有限公司	6558.0	4398.0	49.11
杭州可靠性仪器厂	6252.5	8265.8	−24.36
深圳市新三思材料检测有限公司	5220.7	4425.6	17.97
莱州市试验机总厂有限公司	5053.1	4329.5	16.71
苏州试验仪器总厂	4916.0	3632.0	35.35
天津市久荣车轮技术有限公司	4363.0	4586.0	−4.86
营口市光明仪表厂	4200.0	483.0	769.57
常州市潞城传感器有限公司	4169.0	3565.0	16.94
江都市新真威试验机械有限责任公司	4061.0	2821.0	43.96
无锡建仪仪器机械有限公司	3766.5	5488.0	−31.37
上海华龙测试仪器有限公司	3757.0	3084.4	21.81
衡阳市鸿虎仪器机械有限公司	3573.3	2561.7	39.49
桂林瑞特实验机有限公司	3413.0	1845.6	84.93

2. 地区集中度

根据国家统计局 2005 年对我国试验机制造行业企业的统计数据表明，规模以上企业共有 71 个，这些企业主要集中在我国华东大部分地区，相对比较集中。各地区企业集中度状况见图 8~图 10。

（二）行业经济类型结构

通过对 2005 年的数据进行分析，股份制企业是试验机制造业的主体。从资产分布情况看，三资企业的资产 7.67%，股份制企业（包括各种混合所有制的股份制企业）占到 76.98%，国有和集体企业资产占行业资产的 1.67%；销售收入的分布是：股份制企业（包括各种混合所有制的股份制企业）所占份额是 52.83%，三资企业企业占 11.39%，集体企业和国有企业占到 1.74%。主要指标的所有制构成见表 6、图 11~图 13。

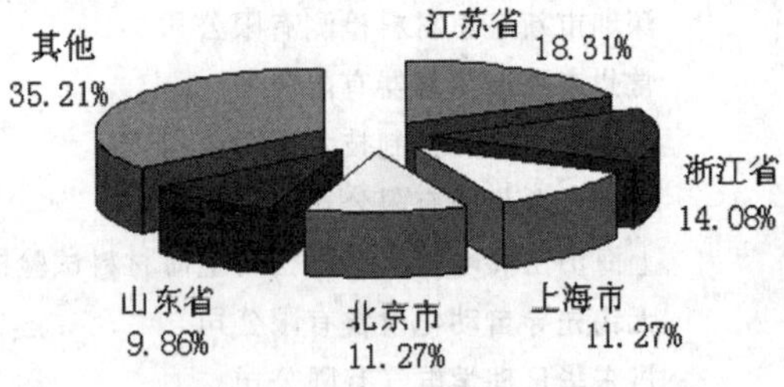

图 8　2005 年试验机制造业企业地区集中度

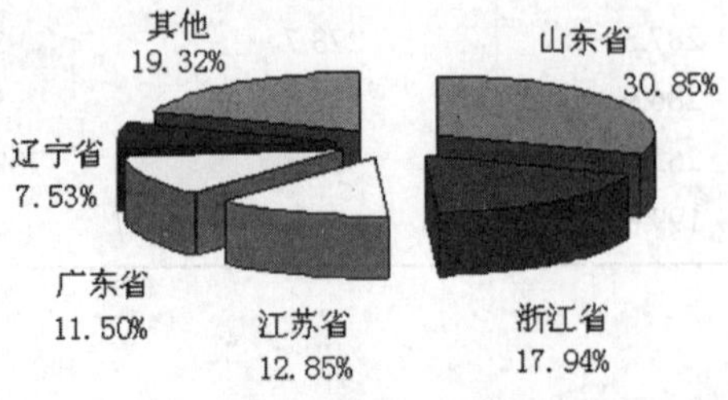

图 9　2005 年试验机制造业不同地区工业总产值分布

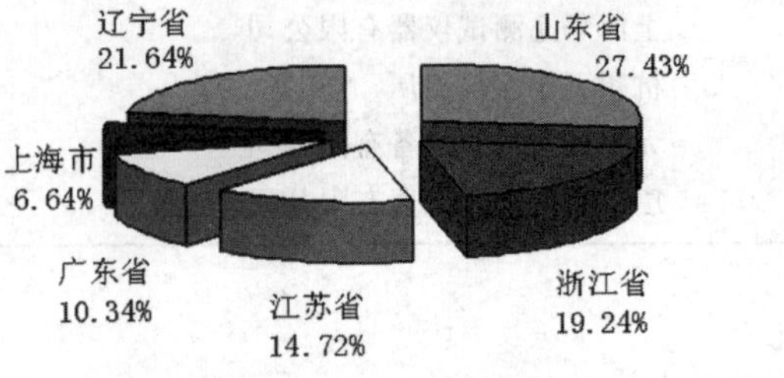

图 10　2005 年试验机制造业不同地区销售收入分布

表 6　2005 年试验机制造业行业主要指标的所有制构成

注册类型	企业数量(家)	资产总计(亿元)	负债合计(亿元)	销售收入(亿元)	利润总额(亿元)	总产值(亿元)
国有	35	172.94	137.98	88.64	2.35	90.79
集体	13	2.21	1.22	2.16	0.12	2.42
股份	218	273.67	210.92	204.22	6.82	213.70
三资	28	25.88	20.87	26.49	1.77	20.39
其他	6	7.40	5.63	7.63	0.23	7.65
总计	300	482.10	376.62	329.13	11.30	334.95

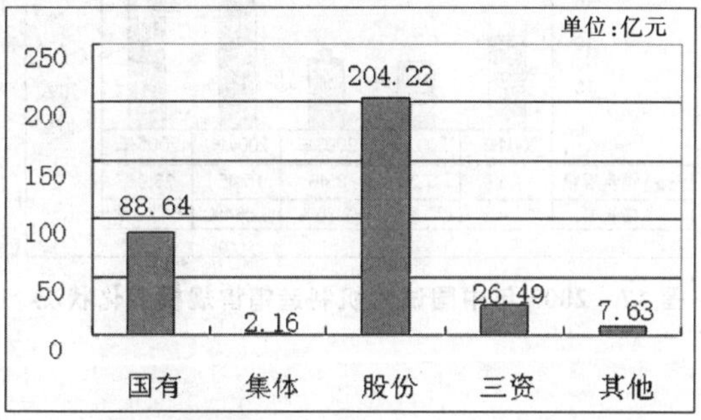

图 11　试验机制造业不同所有制企业的产品销售收入

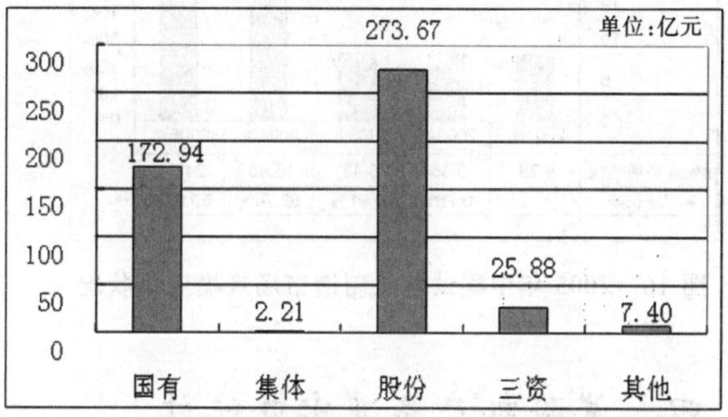

图 12　试验机制造业不同所有制企业的资产总额

(三) 成本及费用构成

目前,在试验机制造行业中的销售特点是:在实际销售中,销售成本所占比重很高,高达 82%。在营销策略的运用中,试验机制造的销售偏重于定向推销,商业广告、公关宣传和适时促销等营销手段的比重也较大,其成本费用的比例为 5.07%。其成本及费用总计为 22.78 亿元,详见图 14、图 15。

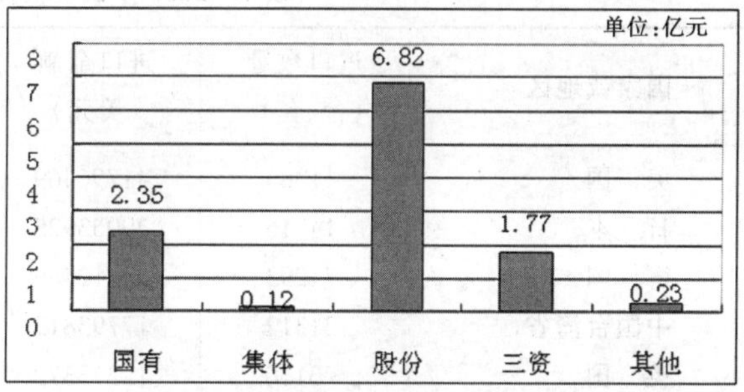

图 13　试验机制造业不同所有制企业的利润总额

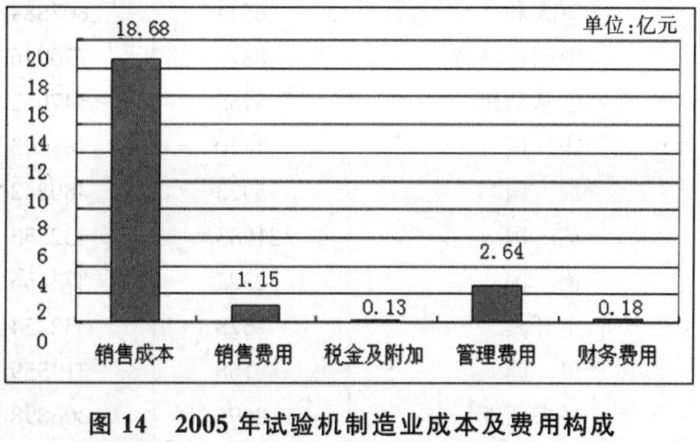

图 14　2005 年试验机制造业成本及费用构成

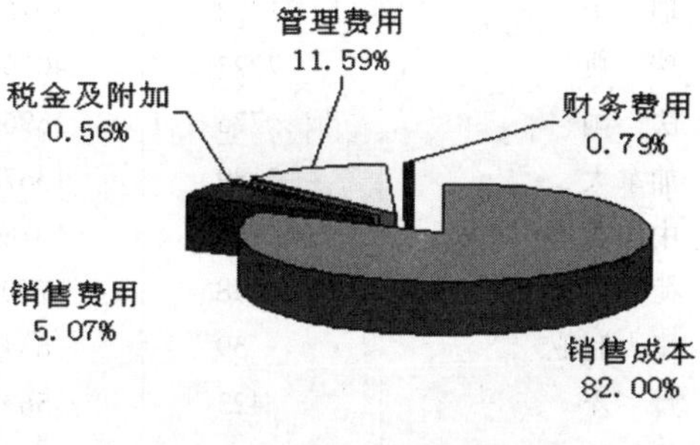

图 15　成本及费用构成比例

三、市场状况

(一) 市场规模

随着中国实验机械工业的不断发展,试验机制造业的发展却进展迅速,从整个行业来看,主要是以股份制企业为主,股份制企业的产品占据主导市场。整个市场由 2001 年的 8.29 亿元的销售收入经过五年的时间,增长到 2005 年的 24.01 亿元。近 5 年市场规模变化状况见图 16。

（二）销售份额

2001 年到 2005 年，由于三资企业产品在渐渐蚕食内资企业的销售份额，使得内资企业的销售比重不断下降，整个 2005 年国内市场基本是以股份制企业产品为主导地位，在细分经济类型来看，股份企业占主导地位。从整个市场的销售规模来看，整个行业的销售规也呈现上升的态势，由 2001 年的 11.11 亿元增长到 2005 年的 25.96 亿元，近 5 年销售规模变化状况见图 17。

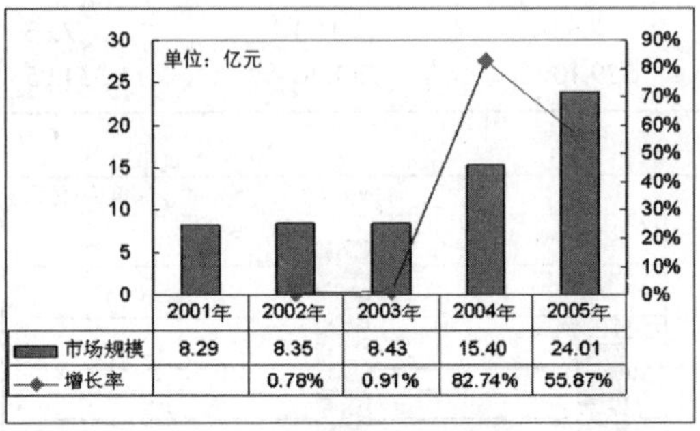

图 16　2005 年中国试验机制造市场规模变化状况

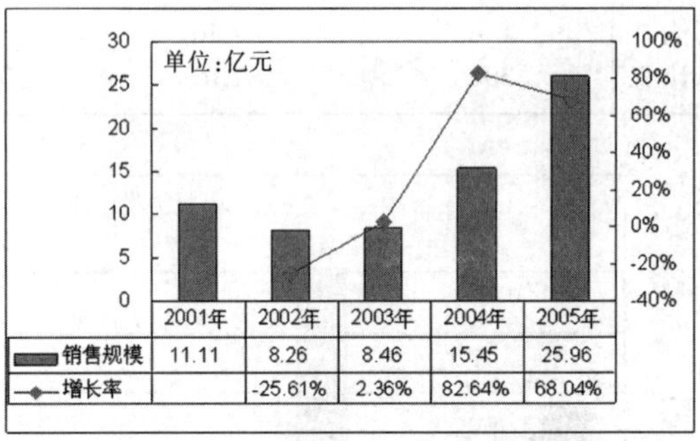

图 17　2005 年中国试验机制造销售规模变化状况

四、试验机产品进出口统计

表 7　2005 年试验机按国别（地区）进出口总量状况

国家或地区	进口数量（台、套）	进口金额（美元）	国家或地区	出口数量（台、套）	出口金额（美元）
美　国	11385	41796469	美　国	57303	1608819
日　本	14516	39053925	中国香港	17749	1501719
德　国	71293	25012466	越　南	9714	1288352
中国台湾省	31312	17793812	韩　国	8728	1258338
英　国	3130	12373572	荷　兰	3839	1066828
韩　国	36788	6661580	日　本	55806	1011082
意大利	3391	4363963	意大利	6744	807584
瑞　士	1272	4076581	中国台湾省	8870	770046
瑞　典	7227	4070421	巴基斯坦	5155	547062
法　国	775	1596076	印　度	1730	481203
加拿大	3189	1367859	泰　国	5923	480242
中国香港	166	1018025	英　国	131083	432553
荷　兰	58	770863	德　国	2322	373456
澳大利亚	39	634565	土耳其	578	332254
丹　麦	423	563590	伊　朗	168	314559
新加坡	151	556791	马来西亚	8696	306898
奥地利	100	483086	印度尼西亚	7543	271163
比利时	18	463548	坦桑尼亚	24741	259862
印　度	9	278537	安哥拉	3395	259292
捷　克	207	220466	南　非	15837	225653
其　他	954	1372577	其　他	39234	2617890
总　计	186403	164528772	总　计	415158	16214855

五、行业绩效

近年来，我国试验机制造业总量规模不断的扩大，生产和销售节节攀升，行业总体利润不断壮大，近5年各主要指标见图18~图23。

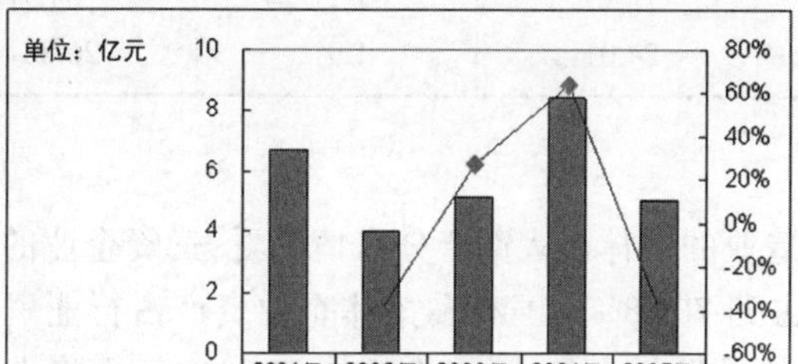

	2001年	2002年	2003年	2004年	2005年
应收帐款周转率	6.74	4.04	5.13	8.39	5.05
增长率		-40.03%	27.05%	63.48%	-39.83%

图18　2001~2005年应收帐款周转率

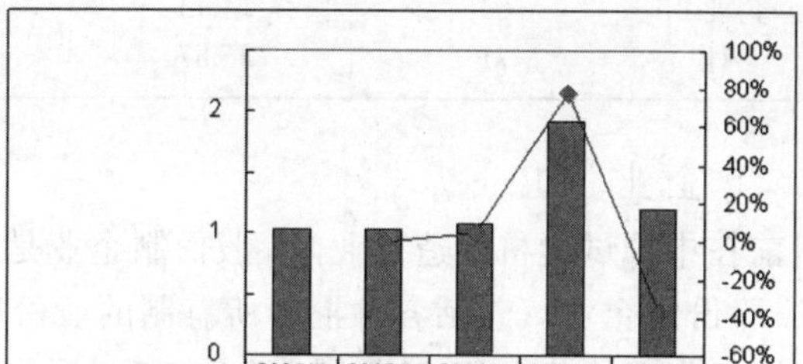

	2001年	2002年	2003年	2004年	2005年
流动资产周转率	1.04	1.04	1.09	1.93	1.20
增长率		-0.47%	4.86%	77.15%	-37.78%

图19　2001~2005年流动资产周转率

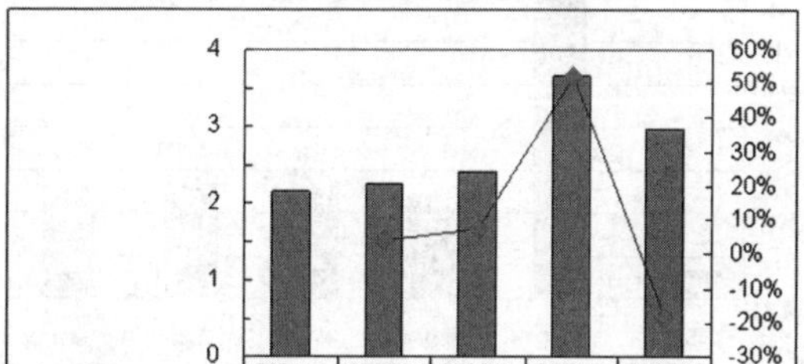

	2001年	2002年	2003年	2004年	2005年
固定资产周转率	2.16	2.24	2.41	3.67	2.99
增长率		3.94%	7.31%	52.59%	-18.64%

图20　2001~2005年固定资产周转率

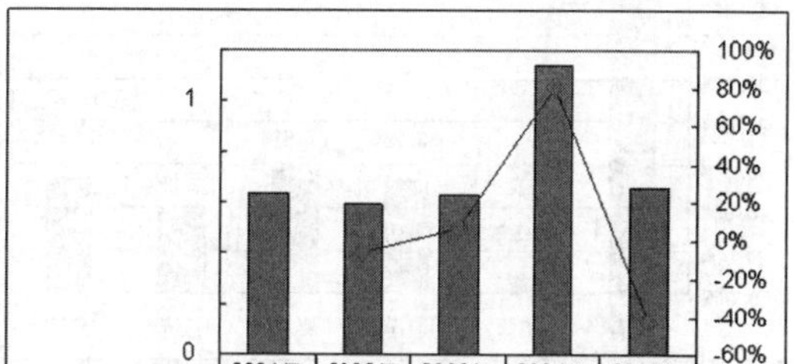

	2001年	2002年	2003年	2004年	2005年
总资产周转率	0.63	0.59	0.63	1.14	0.66
增长率		-6.35%	6.40%	80.64%	-42.53%

图21　2001~2005年总资产周转率

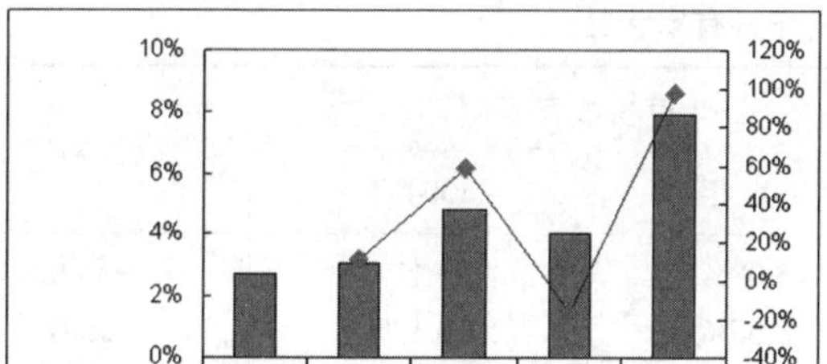

	2001年	2002年	2003年	2004年	2005年
销售利润率	2.73%	3.03%	4.81%	4.02%	7.94%
增长率		11.18%	58.78%	-16.39%	97.27%

图22　2001~2005年销售利润率

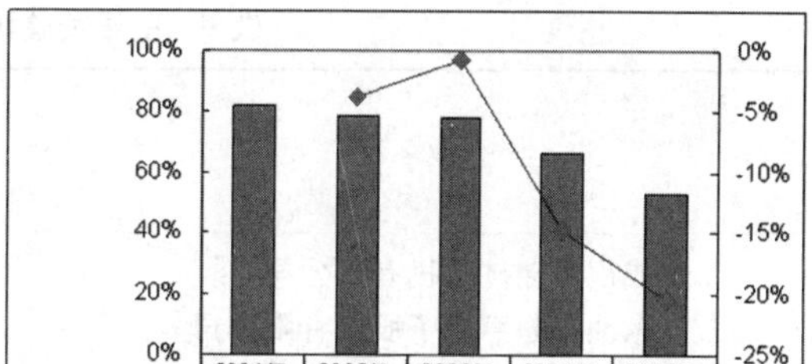

	2001年	2002年	2003年	2004年	2005年
资产负债率	81.97%	78.91%	78.30%	66.71%	53.11%
增长率		-3.74%	-0.76%	-14.81%	-20.39%

图23　2001~2005年资产负债率

六、我国试验机行业生产企业概况

（一）企业概况

目前，试验机制造业的大部分企业规模均较小，小型企业占绝大多数。通过对71家规模企业统计分析，还没有一家大型企业，中型企业8家，销售收入占总收入的31.4%，小型企业63家，其销售收入占总收入的68.6%。

2005年我国不同规模企业主要经济指标见表8。

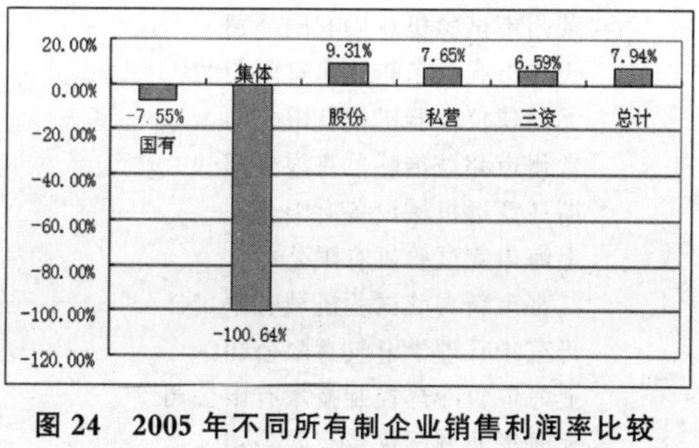

图24　2005年不同所有制企业销售利润率比较

表 8　2005 年我国试验机行业不同规模企业经济指标

企业规模	企业数量(家)	资产总计(亿元)	负债合计(亿元)	销售收入(亿元)	利润总额(亿元)	总产值(亿元)
大型企业	0	0.00	0.00	0.00	0.00	0.00
中型企业	8	22.15	10.16	7.54	0.80	7.83
小型企业	63	14.43	9.27	16.47	1.11	19.02
总　　计	71	36.57	19.42	24.01	1.91	26.86

（二）企业分组分析

目前在中国试验机制造行业内，股份制企业是试验机制造业的主体。从资产分布情况看，三资企业的资产 7.67%，股份制企业（包括各种混合所有制的股份制企业）占到 76.98%，国有和集体企业资产占行业资产的 1.67%；销售收入的分布是：股份制企业(包括各种混合所有制的股份制企业)所占份额是 52.83%，三资企业企业占 11.39%，集体企业和国有企业占到 1.74%。不同所有制企业主要经济指标对比情况见图 24~图 26。

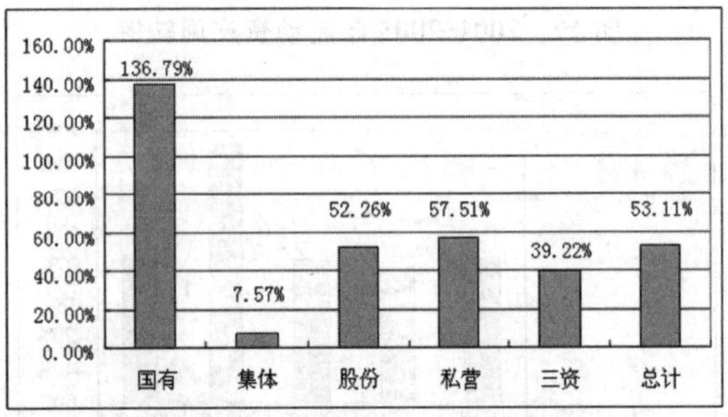

图 25　2005 年不同所有制企业资产负债率比较

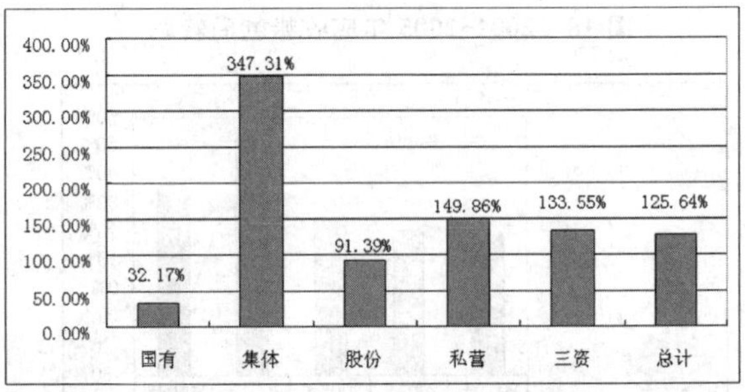

图 26　2005 年不同所有制企业资金周转率比较

（三）主要企业市场占有率情况

表 9　主要试验机制造企业市场占有率状况

企业名称	市场占有率		成长率(%)
	2005 年	2004 年	
荣成市海翔试验机有限公司	15.98%	24.17%	−33.87
广东汕头超声电子股份有限公司	8.55%	10.17%	−15.89
济南试金集团有限公司	7.37%	10.59%	−30.41
唐山百川智能机器有限公司	3.37%	3.77%	−10.44
苏州试验仪器总厂	2.74%	2.67%	2.93
杭州可靠性仪器厂	2.54%	3.19%	−20.41
苏州市东菱振动试验仪器有限公司	2.33%	1.78%	31.31
营口新华通发展有限公司	2.24%	2.15%	4.06
莱州市试验机总厂有限公司	1.86%	2.59%	−28.06
天津市久荣车轮技术有限公司	1.81%	2.99%	−39.31
无锡建仪仪器机械有限公司	1.81%	3.58%	−49.30
常州市潞城传感器有限公司	1.74%	1.95%	−10.90
浙江竞远机械设备有限公司	1.69%	3.91%	−56.68
上海申克试验机有限公司	1.54%	3.27%	−52.93
江都市新真威试验机械有限责任公	1.53%	1.65%	−7.36
丹东华日理学电气有限公司	1.40%	1.90%	−26.39
上海佐竹冷热控制技术有限公司	1.39%	2.23%	−37.69
上海华龙测试仪器有限公司	1.29%	1.88%	−31.47

七、我国试验机展望

随着科学技术的进步和材料科学的发展，世界各国现代的试验机都逐渐由简单功能向复合功能发展,例如:多轴试验机、拉扭冲击试验机和拉伸冲击试验机都已面市。试验机由静态试验功能逐渐向动态试验功能扩展;金属材料试验机和非金属材料试验机的界线逐渐淡化;试验机力的测量范围向两边延伸:最小力值可以测量到几毫牛级,最大力值可以测量到几十兆牛级;试验数据由手动测量逐渐向计算机自动控制、自动测量的方向过渡;按新的试验原理开发的新型试验机已经商品化,例如:仪器化冲击试验机、金属硬度和材料参数试验机(马氏硬度试验机）,这些都是今后试验机产品一个新的发展动向,也是“十一·五”期间,甚至以后很长一个时期内试验机标准化的重点工作和发展方向。通过标准化还逐步淘汰老的试验机产品,推动开发新的试验机产品并使之标准化、系列化、规模化,以满足市场经济发展和用户的不同需求。在“十一·五”期间和今后一个时期内试验机行业要重点开发、优化、完善和提升以下产品,同时也包括对下列产品的标准化工作:

1. 静态力学性能测量控制器(或系统);
2. 动态力学性能测量控制器(或系统);
3. 静-动态力学性能测量控制器(或系统);
4. 与上述三项 配套的具有对外来数据处理和分析能力的力学性能试验软件包;
5. 有标记(或无标记) 非接触式引伸计;
6. 全程测量有标记(或无标记) 非接触式引伸计;
7. 数字式超声检测仪器和超声检测系统;
8. 可连续检测的工业X 射线探伤机;
9. 数字式涡流探伤仪器和涡流探伤系统;
10. 可自动测量的数显(或屏显) 冲击试验机;
11. 采用新的测量原理和现代自动测量技术可实现硬度、力和压痕变形过程连续自动测量的仪器化硬度试验机(马氏硬度试验机）;
12. 制造业零部件物理性能在线检测装置。

“十一·五”期间要开展对试验机的计算机数据处理系统性能的评定工作,以提高试验结果的可比性和一致性。要通过制修订、宣传和贯彻国家标准和行业标准等标准化活动,配合国家的能源战略和环保政策,在相关的试验机产品标准中,有针对性地提出或规定有关节约能源、降低消耗、环境保护、回收和可重复利用废弃物等方面的要求和条款,以满足用户和国内外市场对绿色、环保型试验仪器设备的需求。为保证人员的健康和安全,以及满足有机械危险的设备安全认证的需要,还将对在试验机标准中提出机械安全、人类工效学设计方面的要求进行研究。

标准化是重要的基础技术,也是一切规模化生产和先进制造技术的重要的支持技术,在我国加入世贸组织以后,标准化的作用尤显突出,在产品开发设计、加工制造、生产管理、经营销售、交收检验、售后服务、流通贮存、技术交流、国内外贸易和商品检验检疫等各个阶段、方方面面都离不开标准化。因此,对生产制造试验机产品的企业来说,只有首先搞好产品的标准化,才能实现产品的系列化、规模化生产,以获得最佳秩序和社会效益与经济效益。回顾历史,总结经验,意在未来的发展,让我们全行业都关注试验机标准化事业,进一步提高试验机标准化水平。

2005 中国电子测量仪器制造行业

北京工经联科技信息中心

一、行业概况

近年来,以信息技术为代表的新技术促进了电子行业的飞速增长,也极大地推动了测试测量仪器和设备的快速发展。我国已成为全球各大仪器厂商逐鹿的战场,带动了我国测试测量仪器研发与测试技术应用的迅速发展。

根据国家统计局的统计数据表明,全行业目前已经越过低谷阶段,重新回到了快速发展的轨道,尤其最近几年,中国本土仪器取得了长足的进步,特别是通用电子测量设备和汽车电子设备的研发方面,与国外先进产品的差距正在快速缩小,对国外电子仪器巨头的垄断造成了一定的冲击。随着模块化和虚拟技术的发展,为中国的测试测量仪器行业带来了新的契机,加上各级政府日益重视,以及中国自主应用标准研究的快速进展,都在为该产业提供前所未有的动力和机遇。中国的测试测量仪器每年都以超过30%以上的速度在快速增长。在此快速增长的过程中,无疑催生出了许多测试行业新创企业,也催生出了一批批可靠性和稳定性较高的产品。

2005 年我国电子测量仪器制造业生产经营形势继续保持平稳增长的势头,整个行业处于发展期,行业销售收入和利润总额都稳步增长。在国家统计在内的 135 家规模企业中来看,实现销售收入 43.53 亿元,行业利润 4.04 亿元,主要电子测量仪器制造企业经济运行指标见表 1。

表 1　2005 年主要电子测量仪器制造企业经济运行指标

单位:亿元

指标名称	2005 年	2004 年	同比增幅(%)
应收帐款净值	10.41	12.77	−18.46
流动资产平均余额	34.18	33.15	3.09
固定资产平均余额	9.29	7.91	17.43
销售收入	43.53	34.07	27.75
利润总额	4.04	2.97	36.23
工业总产值	43.37	34.95	24.10
销售总产值	42.38	35.06	20.86
出口交货值	9.22	9.12	1.10

(一) 生产规模

2005 年,电子测量仪器制造业实现工业总产值 43.37 亿,同比去年上升了 24.1%,整个行业的生产规模呈现上升趋势,生产规模不断扩大,全行业近 5 年生产规模变动趋势见图 1。

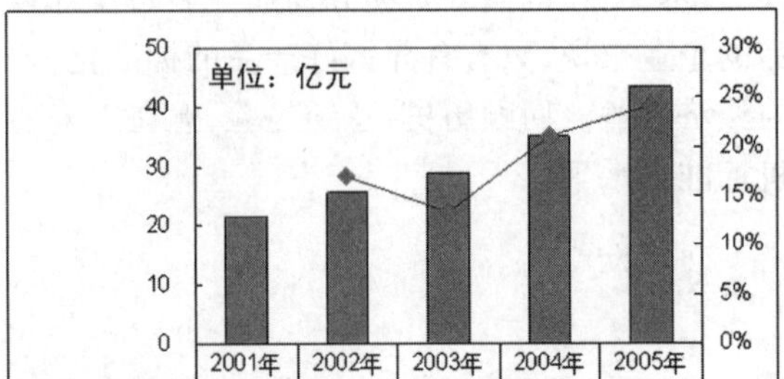

	2001年	2002年	2003年	2004年	2005年
工业总产值	21.78	25.48	28.87	34.95	43.37
增长率		17.01%	13.30%	21.07%	24.10%

图 1　2005 年电子测量仪器制造业生产规模变动趋势

(二) 主要统计数据

2005 年,电子测量仪器制行业的工业总产值 43.37 亿元,实现销售收入 43.53 亿元,固定资产平均余额 9.29 亿元。2001 年和 2005 年行业的平均工业增加值平均增值率为 17.28%,详见表 2、图 2~图 7。

表 2　2001~2005 年电子测量仪器制造业总体变化状况

时间	企业数量(家)	销售收入(亿元)	利润总额(亿元)	从业人数(万人)	资产总计(亿元)	负债合计(亿元)
2001 年	89	19.78	2.22	1.84	36.07	24.68
2002 年	106	28.14	1.75	1.93	40.63	24.91
2003 年	97	27.97	2.78	1.77	40.14	24.62
2004 年	88	34.07	2.97	1.63	47.33	24.60
2005 年	135	43.53	4.04	1.85	50.50	24.75

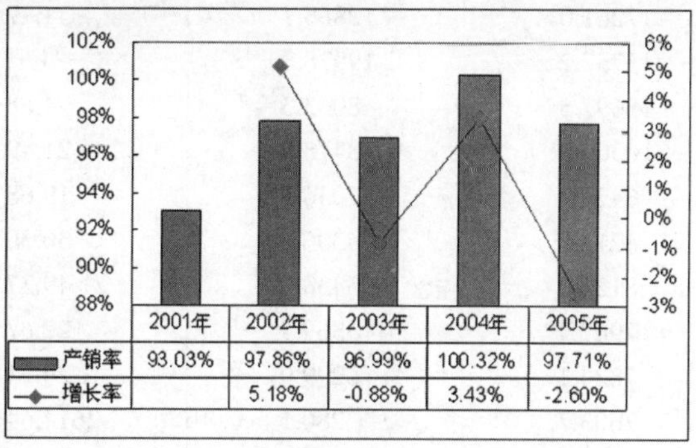

图 2　2001~2005 年电子测量仪器行业产销率变化状况

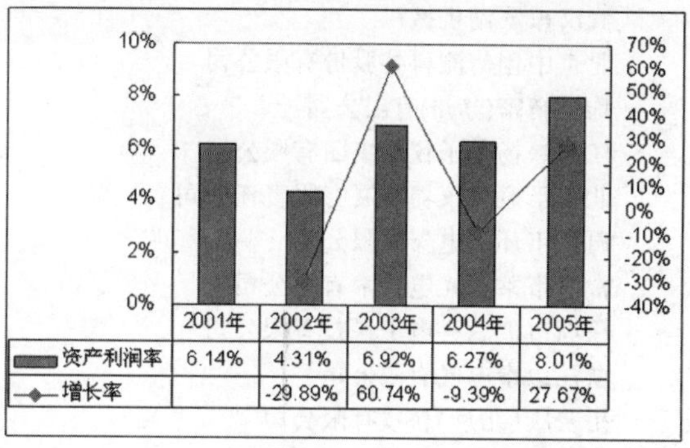

图 3　2001~2005 年电子测量仪器行业资产利润率增长状况

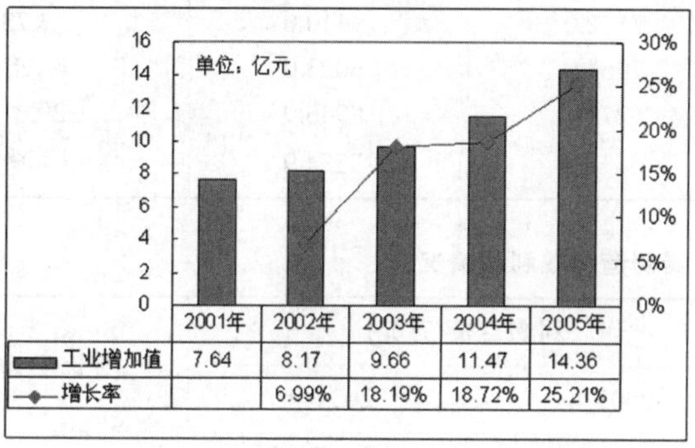

图 4　2001~2005 年电子测量仪器行业发展速度

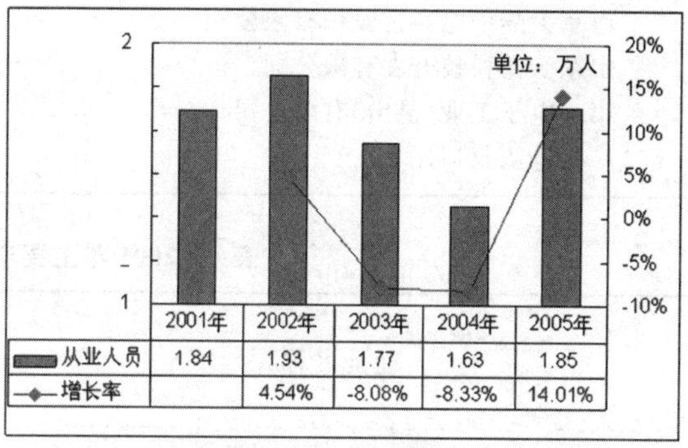

图 5　2001~2005 年电子测量仪器行业就业情况

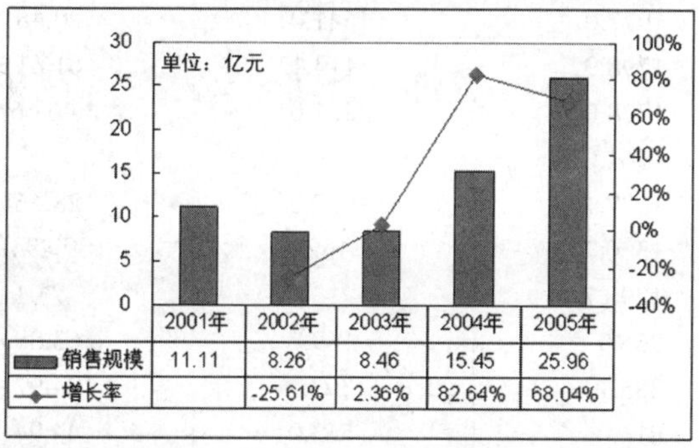

图 6　2001~2005 年电子测量仪器行业销售规模增长状况

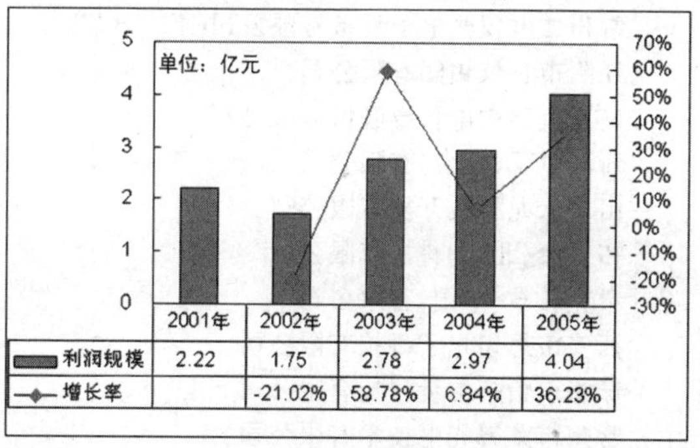

图 7　2001~2005 年电子测量仪器行业利润规模增长状况

二、行业结构

(一) 产业集中度分析

1. 企业集中度

根据国家统计局 2005 年的统计表明：我国电子测量仪器制造行业前 20 位企业销售收入为 26.04 亿元，占该行业销售收入比重的 59.82%。2005 年主要电子测量仪器制造企业的主要经济指标见表 3~表 5。

表 3　2005 年主要电子测量仪器制造企业销售状况表

企业名称	销售收入(万元)		增长率(%)
	2005 年	2004 年	
泰克科技(中国)有限公司	32989.9	25670.8	28.51
上海贺利氏电测骑士有限公司	30484.2	29332.7	3.93
青岛前哨朗普测量技术有限公司	24261.6	17854.3	35.89
江阴市长仪集团有限公司	23795.0	18788.0	26.65
武汉市滨湖机械厂	17261.0	12865.1	34.17
北京中创信测科技股份有限公司	15757.2	19978.8	−21.13
均豪精密(苏州)有限公司	15697.5	8063.3	94.68
江苏绿扬电子仪器集团有限公司	10300.5	8478.6	21.49
北京孚意奥仪器发展有限责任公司	8421.9	7036.9	19.68
温岭市环力电器有限公司	8217.8	6306.6	30.30
常州市莱赛光电技术有限公司	8123.0	5438.0	49.37
深圳市汇思科电子科技有限公司	7947.4	3569.1	122.67
浙江康泰电气有限公司	7824.1	6299.0	24.21
拓普康(北京)科技有限公司	7603.7	280.1	2614.64
北京麦格天宝科技发展有限公司	7527.5	5803.1	29.72
常州二电仪光电子装备有限公司(原二电仪)	7452.0	6552.0	13.74
南京大陆中电科技股份有限公司	7172.0	9410.0	−23.78
山东云龙科技开发有限公司	7064.0	6023.0	17.28
第一电子工业(昆山)有限公司	6279.7	8946.9	−29.81
广州电测仪器厂	6241.9	5554.9	12.37

表 4　2005 年主要电子测量仪器制造企业利润情况

企业名称	利润总额(万元)		增长率(%)
	2005 年	2004 年	
上海贺利氏电测骑士有限公司	10168.9	10242.9	−0.72
青岛前哨朗普测量技术有限公司	5144.1	3457.7	48.77
常州二电仪光电子装备有限公司(原二电仪)	1977.0	1641.0	20.48
江阴市长仪集团有限公司	1798.9	1113.1	61.61
南京大陆中电科技股份有限公司	1718.0	3221.0	−46.66
俞城电子(烟台)有限公司	1561.0	--	--
山东云龙科技开发有限公司	1377.1	1072.0	28.46
拓普康(北京)科技有限公司	1300.7	−162.6	−899.94
泰克科技(中国)有限公司	1298.7	1213.6	7.01
西安市思坦点子科技有限公司	956.9	169.7	463.88
珠海市怡信测量科技有限公司	885.7	393.7	124.97
常州市莱赛光电技术有限公司	816.0	563.0	44.94
武汉市滨湖机械厂	800.0	648.1	23.44
江东第二焊管厂	773.4	62.9	1129.57
北京磁通设备制造有限公司	754.7	149.3	405.49
江苏绿扬电子仪器集团有限公司	724.6	272.9	165.52
天津费加罗电子有限公司	636.7	662.0	−3.82
广州电测仪器厂	593.1	961.5	−38.32
杭州杭可精密仪器有限公司	550.6	1380.8	−60.12
保定市精艺电子仪器有限公司	540.0	1.1	48990.91

表 5　2005 年主要电子测量仪器制造企业总产值情况

企业名称	销售收入(万元)		增长率(%)
	2005 年	2004 年	
泰克科技(中国)有限公司	30992.6	28831.8	7.49
江阴市长仪集团有限公司	26100.0	21500.0	21.40
青岛前哨朗普测量技术有限公司	24261.6	12807.1	89.44
上海贺利氏电测骑士有限公司	21764.8	21222.2	2.56
均豪精密(苏州)有限公司	16457.0	7929.0	107.55
俞城电子(烟台)有限公司	14877.4	--	--
江苏绿扬电子仪器集团有限公司	12442.0	10760.0	15.63
武汉市滨湖机械厂	11736.2	11117.4	5.57
北京中创信测科技股份有限公司	11239.3	12020.3	-6.50
北京孚意奥仪器发展有限责任公司	10002.4	7593.8	31.72
杭州杭可精密仪器有限公司	9000.0	6856.5	31.26
温岭市环力电器有限公司	8858.8	7018.9	26.21
常州市莱赛光电技术有限公司	8091.0	5438.0	48.79
深圳市汇思科电子科技有限公司	7947.4	3569.1	122.67
浙江康泰电气有限公司	7890.0	6299.0	25.26
常州二电仪光电子装备有限公司(原二电仪)	7181.0	6142.0	16.92
南京大陆中电科技股份有限公司	7172.0	9710.0	-26.14
山东云龙科技开发有限公司	6992.8	5238.6	33.49
第一电子工业(昆山)有限公司	6389.0	10252.0	-37.68
山西华硕数码科技有限公司	6340.0	--	--

(二) 地区集中度

全部国有及年销售收入大于 500 万元的非国有电子测量仪器制造企业 135 家(以下称规模以上企业)。电子测量仪器制造企业主要集中在北京、广东及江苏大部分地区,相对比较集中,详见图 8~图 10。

(三) 行业经济类型结构

通过对 2005 年的数据进行分析,三资企业是电子测量仪器制造业的主体。从资产分布情况看,三资企业的资产 38.96%,股份制企业(包括各种混合所有制的股份制企业)占到 28.14%,国有和集体企业资产占行业资产的 11.97%;销售收入的分布是:股份制企业占份额是 27.5%,三资企业企业占 43.52%,集体企业和国有企业占到 6.8%,详见表 6、图 11~图 13。

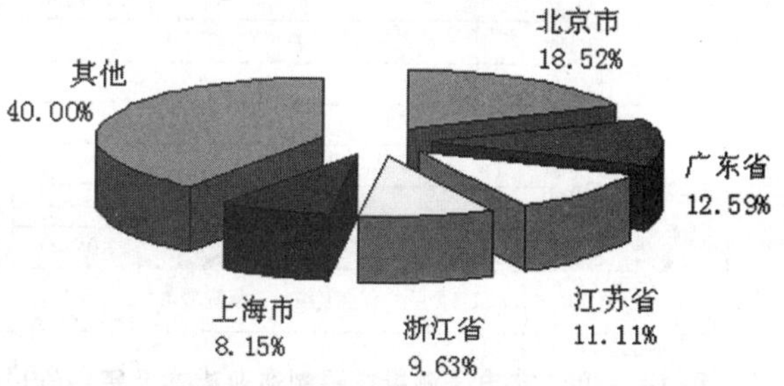

图 8　2005 年电子测量仪器制造业企业地区集中度

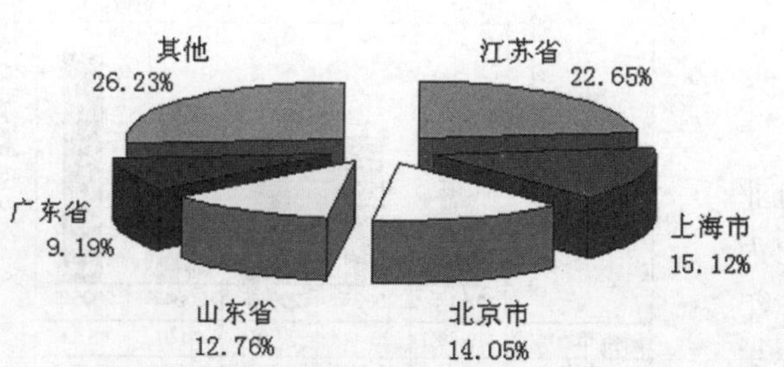

图 9　2005 年电子测量仪器制造业不同地区工业总产值分布

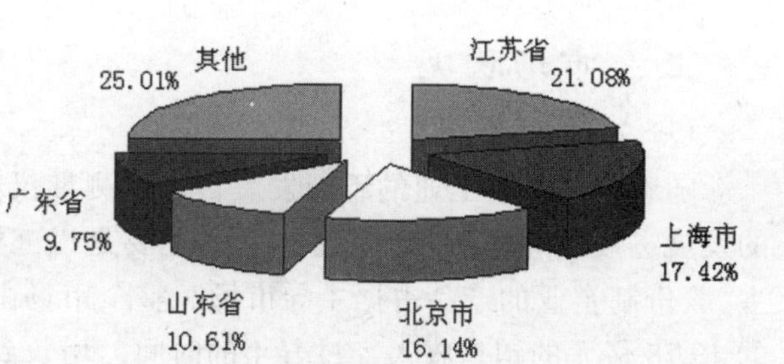

图 10　2005 年电子测量仪器制造业不同地区销售收入分布

图 6　2005 年电子测量仪器制造业行业主要指标的所有制构成

注册类型	企业数量(家)	资产总计(亿元)	负债合计(亿元)	销售收入(亿元)	利润总额(亿元)	总产值(亿元)
国有	16	5.68	5.07	2.46	0.03	1.95
集体	3	0.36	0.17	0.50	0.10	0.26
股份	34	10.57	5.69	9.65	0.96	9.93
三资	42	14.21	6.26	11.97	0.55	11.90
其他	40	19.68	7.57	18.94	2.40	19.33
总计	135	50.50	24.75	43.53	4.04	43.37

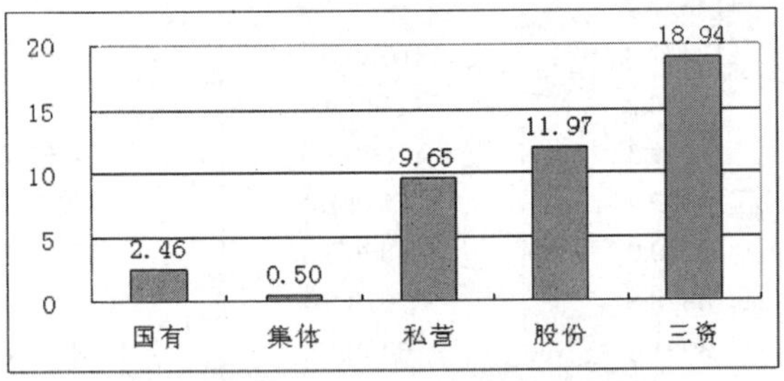

图 11　不同所有制企业的产品销售收入对比

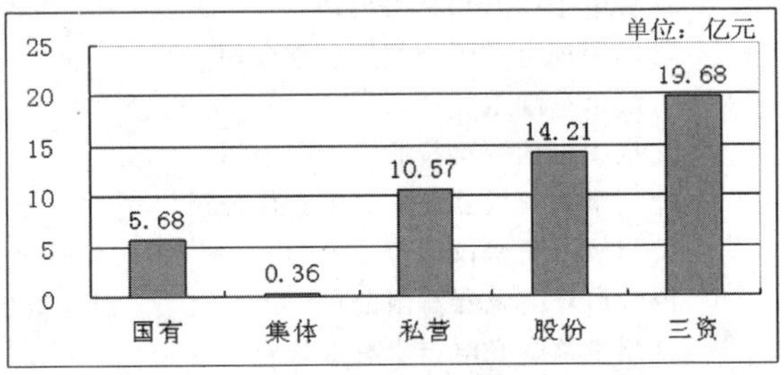

图 12　不同所有制企业的资产总额对比

(四) 成本及费用构成

电子测量仪器制造业的销售特点是，在实际销售中，销售成本所占比重很高，为 78.26%。在营销策略的运用中，电子测量仪器制造 的销售偏重于定向推销，商业广告、公关宣传和适时促销等营销手段的比重也很大，其成本费用的比例高达 7.86%。其成本及费用总计为 40.15 亿元，行业成本及费用构成见图 14、图 15。

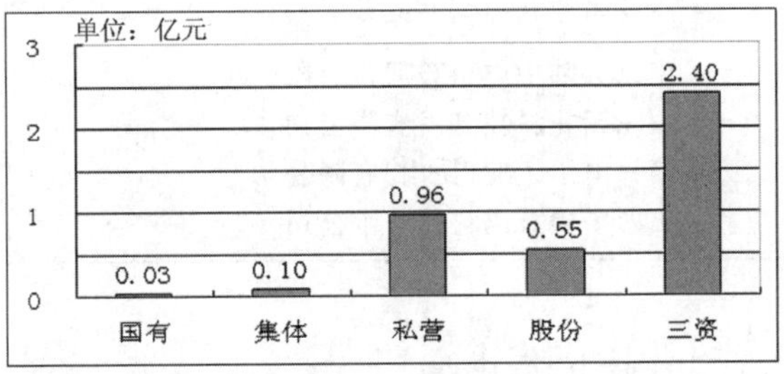

图 13　不同所有制企业的利润总额对比

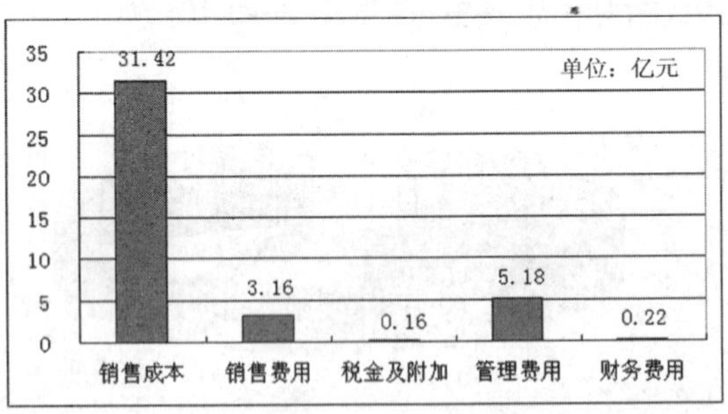

图 14　2005 年电子测量仪器制造业成本及费用构成

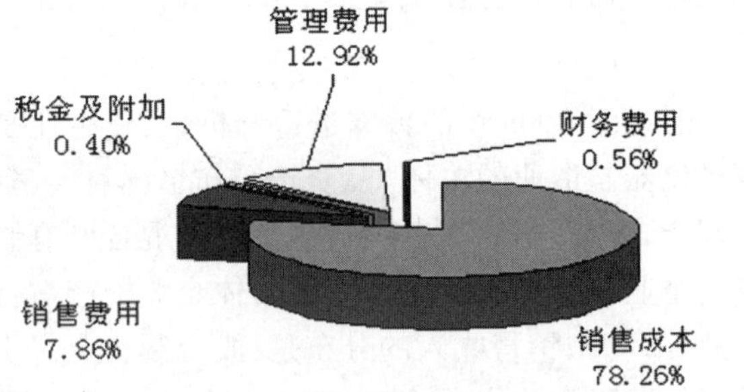

图 15　成本及费用构成比例

三、市场状况

(一) 市场规模

随着中国仪器工业的不断发展，电子测量仪器制造业的发展进展迅速，从整个行业来看，主要是以三资企业为主，股份制企业的产品占据主导市场。整个市场由 2001 年的 19.78 亿元的销售收入经过五年的时间，增长到 2005 年的 43.53 亿，近 5 年市场规模变化状况见图 16。

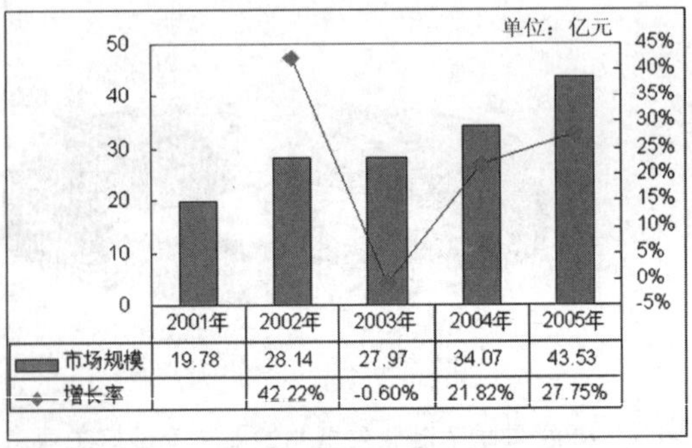

图 16　2005 年电子测量仪器制造市场规模变化状况

（二）销售份额

2001 年到 2005 年，由于三资企业产品在渐渐蚕食内资企业的销售份额，使得内资企业的销售比重不断下降，整个 2005 年国内市场基本是以三资企业产品为主导地位，在细分经济类型来看，三资企业占主导地位。从整个市场的销售规模来看，整个行业的销售规也呈现上升的态势，由 2001 年的 20.26 亿上升到 2005 年的 42.38 亿，全行业近 5 年销售规模变化状况见图 17。

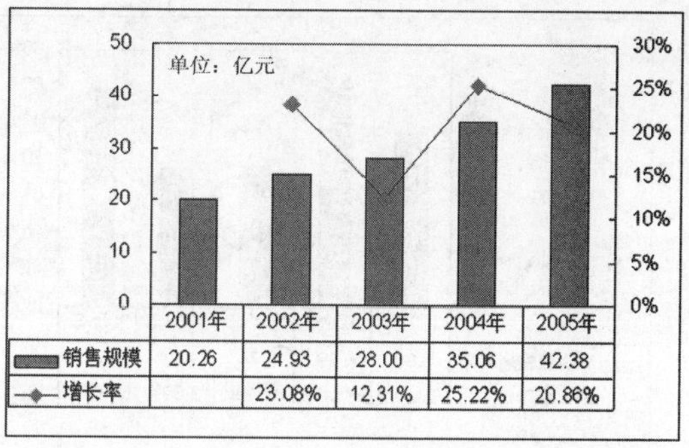

图 17　2005 年电子测量仪器制造销售规模变化状况

四、2005 年测试仪器进出口状况

主要是由于我国测试仪器的普遍水平还停留在 20 世纪 80 年代初国际水平上；大型和高档仪器设备几乎全部依赖进口；许多急需的专用仪器还是空白。2005 年我国进口的测试仪器 14.5 亿美元，出口 2.46 亿美元，进出口贸差额是显而易见的。

表 7　2005 年电子测量仪器按国别（地区）分类进出口总量状况

国家或地区	进口数量（台、套）	进口金额（美元）	国家或地区	出口数量（台、套）	出口金额（美元）
美　国	124686	450862319	美　国	12511970	60425735
日　本	41380	266903729	日　本	1335263	49941436
德　国	54707	187589676	中国香港	6300063	46027794
中国台湾省	499704	174096142	德　国	4356736	12944959
韩　国	18225	86547287	中国台湾省	1486338	12932843
英　国	2921	60469069	韩　国	736843	9217298
马来西亚	12045	56867838	澳　门	1317	7661693
新加坡	42236	47830028	荷　兰	1126214	7655813
以色列	1593	23053919	新加坡	832836	3901579
法　国	6007	12742867	印　度	679144	2589596
瑞　典	17235	12448365	巴　西	1095236	2531397
芬　兰	1253	9389825	泰　国	441675	1968465
加拿大	1268	8613200	意大利	712390	1749872
爱沙尼亚	566	7308600	法　国	652588	1604258
荷　兰	1198	5609003	英　国	702773	1430733
意大利	3749	4614933	越　南	850935	1312331
澳大利亚	604	4597504	加拿大	406573	1291781
丹　麦	8419	4020841	印度尼西亚	1646105	1240395
奥地利	443	3748299	马来西亚	706521	1181532
中国香港	8370	3610759	菲律宾	87946	1018522
其　他	1244583	21708271	其　他	15414210	17141218
总　计	2091192	1452632474	总　计	52083676	245769250

五、行业绩效

近年来，中国电子测量仪器制造业总量规模不断的上升，生产和销售不断扩大，行业总体利润不断增强，近 5 年我国全行业主要指标见图 18~图 23。

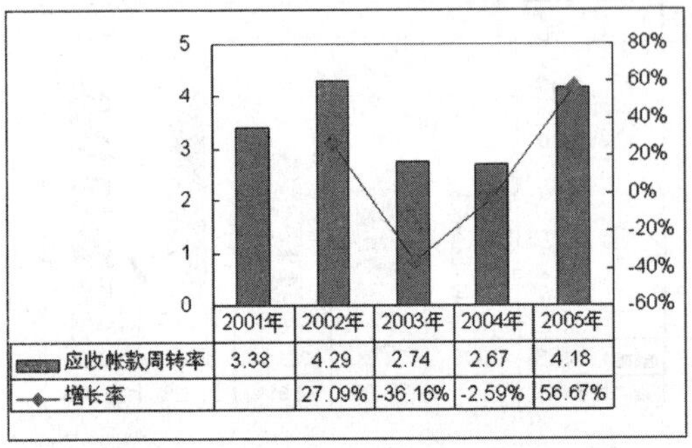

图 18　2001~2005 年应收账款周转率

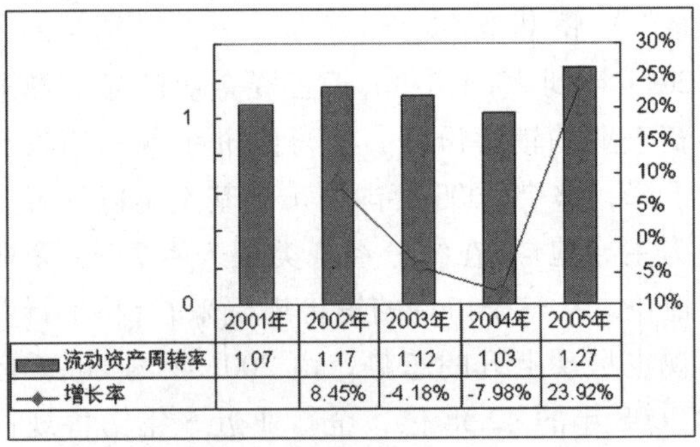

图 19　2001~2005 年流动资产周转率

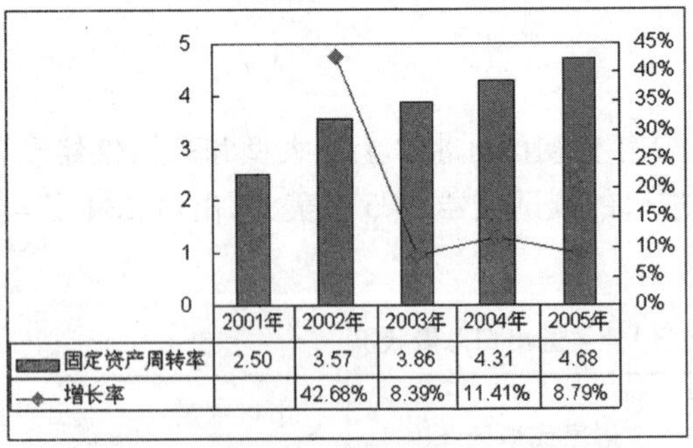

图 20　2001~2005 年固定资产周转率

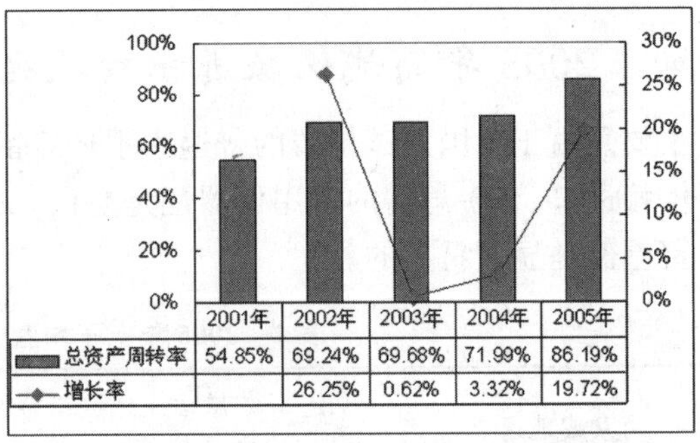

图 21　2001~2005 年总资产周转率

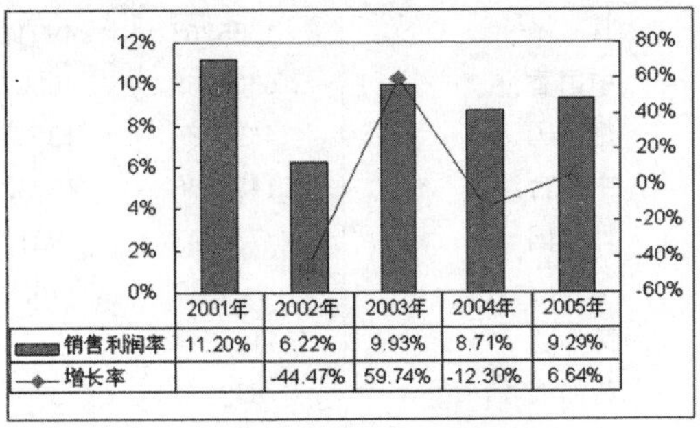

图 22　2001~2005 年销售利润率

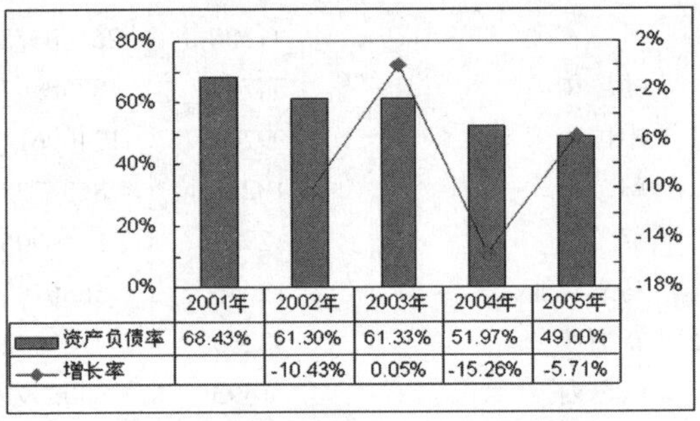

图 23　2001~2005 年资产负债率

六、电子测量仪器生产企业概况

（一）企业概况

目前，电子测量仪器制造业的大部分企业规模均较小，小型企业占绝大多数。通过对 135 家规模企业统计分析，没有一家大型企业，中型企业 9 家，销售收入占总收入的 29.76%，小型企业 126 家，其销售收入占总收入的 70.24%，不同规模企业经济指标见表 9。

（二）企业分组分析

目前中国电子测量仪器制造业，三资企业是电子测量仪器制造业的主体。从资产分布情况看，三资企业的资产 38.96%，股份制企业（包括各种混合所有制的股份制企业）占到 28.14%，国有和集体企业资产占行业资产的 11.97%；销售收入的分布是：股份制企业（包括各种混合所有制的股份制企业）所占份额是 27.5%，三资企业企业占 43.52%，集体企业和国有企业占到 6.8%。详见图 24~图 26。

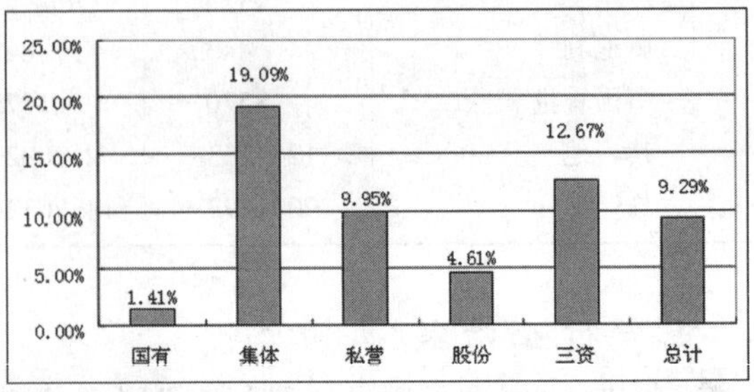

图 24　2005 年不同所有制企业销售利润率比较

表 8　2005 年我国不同规模企业经济指标

企业规模	企业数量(家)	资产总计(亿元)	负债合计(亿元)	销售收入(亿元)	利润总额(亿元)	总产值(亿元)
大型企业	0	0.00	0.00	0.00	0.00	0.00
中型企业	9	16.77	7.03	12.83	1.32	11.51
小型企业	126	33.73	17.72	30.70	2.72	31.86
总　计	135	50.50	24.75	43.53	4.04	43.37

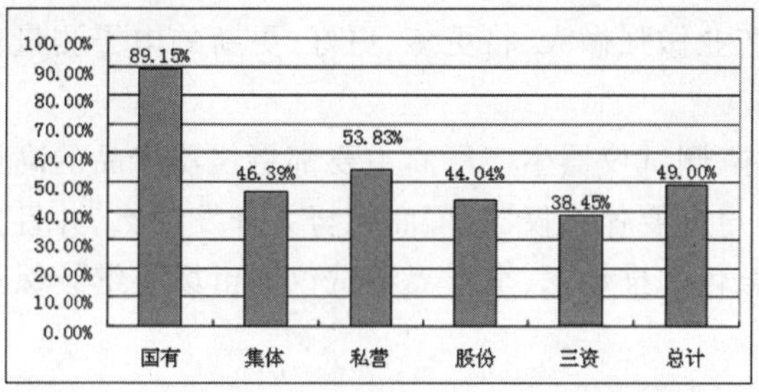

图 25　2005 年不同所有制企业资产负债率比较

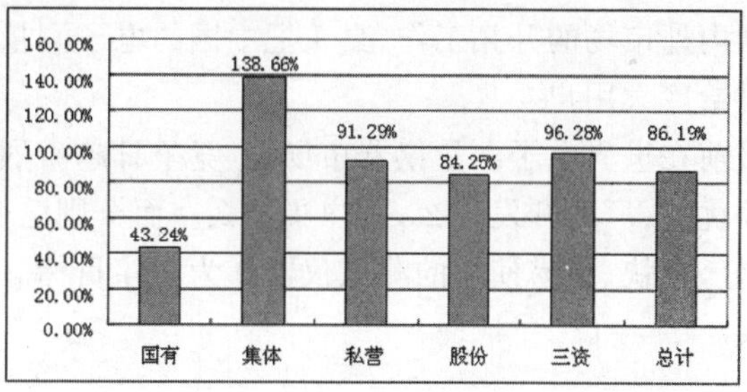

图 26　2005 年不同所有制企业资金周转率比较

（三）主要企业市场占有率情况

表 9　主要电子测量仪器制造企业市场占有率排名

企业名称	市场占有率		成长率(%)
	2005 年	2004 年	
泰克科技(中国)有限公司	7.58%	7.53%	0.59
上海贺利氏电测骑士有限公司	7.00%	8.61%	−18.65
青岛前哨朗普测量技术有限公司	5.57%	5.24%	6.37
江阴市长仪集团有限公司	5.47%	5.51%	−0.86
武汉市滨湖机械厂	3.97%	3.78%	5.02
北京中创信测科技股份有限公司	3.62%	5.86%	−38.26
均豪精密(苏州)有限公司	3.61%	2.37%	52.39
江苏绿扬电子仪器集团有限公司	2.37%	2.49%	−4.90
北京孚意奥仪器发展有限责任公司	1.93%	2.07%	−6.32
温岭市环力电器有限公司	1.89%	1.85%	2.00
常州市莱赛光电技术有限公司	1.87%	1.60%	16.93
深圳市汇思科电子科技有限公司	1.83%	1.05%	74.30
浙江康泰电气有限公司	1.80%	1.85%	−2.77
拓普康(北京)科技有限公司	1.75%	0.08%	2024.94
北京麦格天宝科技发展有限公司	1.73%	1.70%	1.54
常州二电仪光电子装备有限公司(原二电仪)	1.71%	1.92%	−10.97
南京大陆中电科技股份有限公司	1.65%	2.76%	−40.34
山东云龙科技开发有限公司	1.62%	1.77%	−8.19
第一电子工业(昆山)有限公司	1.44%	2.63%	−45.06
广州电测仪器厂	1.43%	1.63%	−12.04

七、电子测量仪器行业发展现状

展望未来几年,由于我国经济发展形成的巨大需求,电子测量仪器的国内市场仍将呈高速发展的趋势,特别是数字电视和通信市场的高速发展,使我国电子测量仪器行业面临着巨大的挑战和机遇。据预测,“十一五”我国数字电视的市场将达到1000亿~1500亿元/年,将对电子测量仪器产生较大的需求;与此同时,通信市场的发展速度仍然比较强劲,而国产通信电子测量仪器的市场占有率很低,因此,加快国产通信电子测量仪器的开发和商品化已经成为本行业的迫切任务。

面对我国高速发展的电子测量仪器市场,电子测量仪器有关企业将加快技术进步和市场开发的步伐,努力做好国内外市场的开拓工作,真正把中国的电子测量仪器产业做强做大,将更多、更好、更新的电子测量仪器产品提供给广大用户。

目前在世界电子测量仪器市场上,竞争日趋激烈。以往,测试仪器生产厂商主要都将仪器产品的高性能作为竞争优势,厂商开发什么,用户买什么。而今则已变成用户需要什么仪器,厂商就努力开发什么,并且把更便宜、更好、更快、更易使用的测试仪器作为奋斗目标。在信息化的推动下,全世界测试仪器市场将继续保持增长的势头。

八、市场未来发展趋势

我国现有各类仪器仪表企业6000多家,已经具有一定技术基础和生产规模的产业系。在6000多家企业中,年销售收入超过1000万元的不足1000家。主要是由于我国测试仪器的普遍水平还停留在国际20世纪80年代水平上;大型和高档仪器设备几乎全部依赖进口;许多急需的专用仪器还是空白;中低档产品保证质量上还有许多难关需要攻克,科技创新及其产业化进展滞缓,是制约我国测试仪器企业发展的一个“瓶颈”。

随着信息化,新产品新技术日新月异,对电子测量仪器提出很多新需求,企业根据市场的需求,进一步加大力度提高现有产品技术含量,开发出新型的、适应新需要的电子测试仪器。电子测量仪器产品在技术方面不断的开拓和创新将推动电子仪器行业的良好发展。例如:目前普遍采用电子设计自动化(EDA)、计算机辅助制造(CAM)、计算机辅助测试(CAT)、数字信号处理(DSP)、专用集成电路(ASIC)及表面贴装技术(SMT)等技术。

同时,加强产业规划,形成规模经营已经成为国内电子仪器行业的大势所趋。企业在产品的定位上由盲目生产逐渐过渡到根据市场发展要求来规划自身产品方向上,形成自身的特色和规模。

在国际市场上有两个市场可以大力进行开拓,一个是东亚地区,如越南、柬埔寨、泰国等国家电子工业刚起步,对电子测试仪器是有需求的,应该寻找机会,开拓东亚市场;另外在我国广东省,有近万家的外商独资电子生产企业,它们的生产链是两头在外,即原材料又国外提供。这一领域是中国仪器潜在的市场,且需求量巨大,虽然他们是封闭的,与中国市场几乎无关,但随着国际市场竞争迫使他们开始“本地化”采购,例如台湾的大型电子生产基地几乎都设在东莞,日本几家名牌电器,其所需的电子仪器有相当比例是在广东的外资企业代工的,因此,市场潜力巨大。

另外还应提倡国内电子仪器企业联合起来,形成人力、技术及市场渠道等方面的资源共享。虽然目前国内任何一家企业都不能和国外的电子仪器厂商生产规模相提并论,但国内企业在相互合作,优势互补的情况下,形成企业间的强强联合,对于中国电子仪器行业发展来说也是一条切实可行的发展道路。

现有测试仪器生产企业或经营企业都只是生产或销售某一型号产品,效率低,效果差。而国内的外资企业值得我们借鉴,先弄清用户的用途、需求,再根据用户需求推荐相应产品,形成了以用户需求为目的的系统工程配套服务。当然效益一定比卖一台仪器要好得多,因为用户不仅买到了适意的仪器,同时得到全方位的服务。因此,国有电子仪器企业在营销水平和配套服务上的提高也是电子测量仪器走向成熟阶段的重要表现。

目前的电子仪器市场与其他产品类似,相互模仿、互相压价。但是电子仪器的需求与日用品不同,不是便宜就能多卖,电子仪器属投资类产品,是需要不断更新和发展的,不能把仪器当青菜卖。电子仪器从开发到市场,周期长、销量小、投入大、回收慢,必须规范市场才能保证电子仪器企业的正常生存和发展,才能保证品牌产品在市场中的地位。

2005 中国实验分析仪器制造行业

北京工经联科技信息中心

一、行业概况

作为仪器仪表市场重要组成部分的分析仪器，在农业、能源、生物、信息、环境、材料等众多领域高速发展的多重需求刺激下，展现出良好的市场潜力，再加上分析仪器技术的快速进步，使得分析仪器产品的更新换代周期不断缩短，世界分析仪器市场已经迎来高速发展时期。

2000 年到 2004 年，全球分析仪器产品的销售额一直保持着 11%左右的速度稳定增长，美国分析仪器的销售额在 2004 年突破 40 亿美元，欧盟分析仪器出口在经历了 2003 年暂时的低迷之后，2004 年又重新开始出现正增长。据统计，我国用于分析仪器领域的投资在 2005 年将达到 13 亿美元，这比 1998 年的 6.8 亿美元，几乎增长了一倍，数字昭示着中国分析仪器市场有着诱人的前景。

（一）生产发展状况

2005 年我国实验分析仪器制造业生产经营形势继续保持快速增长的势头，整个行业处于快速发展期，行业销售收入和利润总额都呈现高速增长的趋势。在国家统计在内的 200 家规模企业中来看，实现销售收入 62.75 亿元，行业利润 5.36 亿元。2005 年主要实验分析仪器制造企业经济运行指标见表 1。

表 1　2005 年主要实验分析仪器制造企业经济运行指标

单位：亿元

指标名称	2005 年	2004 年	同比增长
应收帐款净值	17.02	8.47	100.85%
流动资产平均余额	44.33	26.45	67.57%
固定资产平均余额	12.62	6.80	85.73%
销售收入	62.75	30.98	102.53%
利润总额	5.36	3.59	49.52%
工业总产值	61.58	30.07	104.80%
销售总产值	59.99	29.95	100.34%
出口交货值	22.59	10.20	121.48%

（二）生产规模分析

2005 年，实验分析仪器制造业实现工业总产值 61.58 亿，同比去年增长了 104.8%，整个行业的生产规模呈现高速增长的趋势，生产规模不断扩大，其生产规模近 5 年的变动趋势见图 1。

（三）主要统计数据

2005 年，实验分析仪器制造业的工业总产值 61.58 亿元，实现销售收入 62.75 亿元，固定资产平均余额 12.62 亿元。

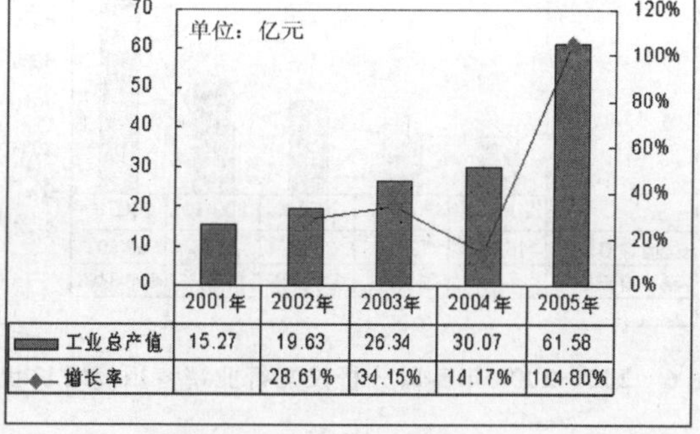

图 1　2005 年实验分析仪器制造业生产规模变动趋势

经过近几年的快速发展，2001 年和 2005 年该行业的平均工业增加值增长率高于全国 GDP 的增长，平均增值率高达 45.71%(包括规模企业增加而带来的高增长数据)，近 5 年的主要经济指标情况见表 2、图 2~图 7。

表 2　2001~2005 年实验分析仪器制造业总体变化状况

时间	企业数量(家)	销售收入(亿元)	利润总额(亿元)	从业人数(万人)	资产总计(亿元)	负债合计(亿元)
2001 年	70	14.35	0.99	1.16	20.58	14.23
2002 年	85	18.77	1.02	1.28	25.98	16.09
2003 年	86	24.46	2.33	1.37	35.02	19.92
2004 年	90	30.98	3.59	1.45	42.01	24.43
2005 年	200	62.75	5.36	2.30	72.29	42.97

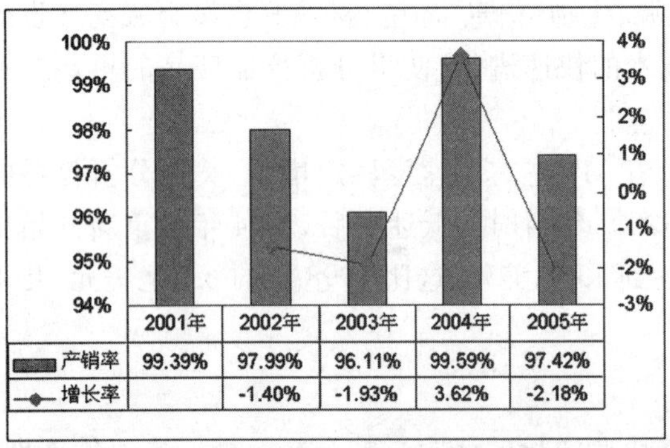

图 2　2001~2005 年实验分析仪器行业产销率变化状况

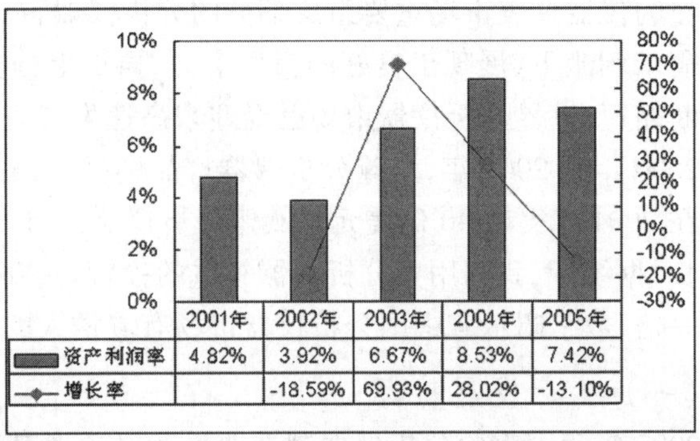

图 3　2001~2005 年实验分析仪器行业资产利润率增长状况

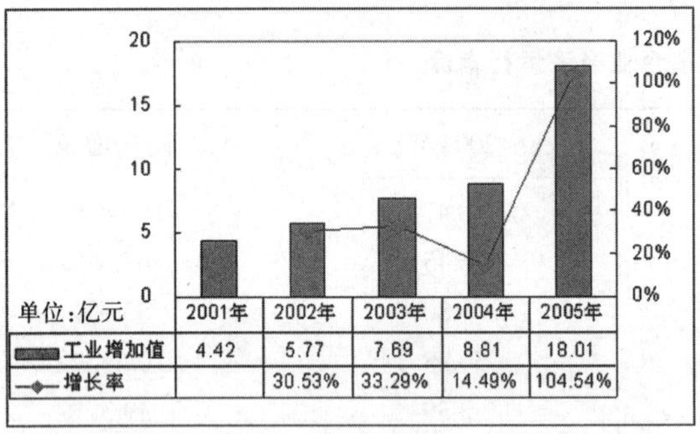

图 4　2001~2005 年实验分析仪器行业发展速度

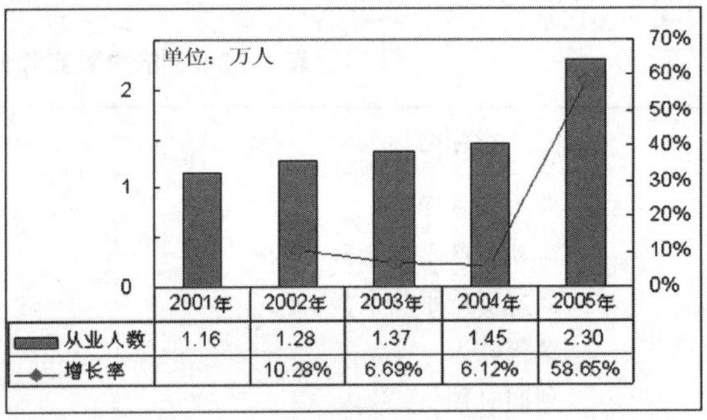

图 5　2001~2005 年实验分析仪器行业就业情况

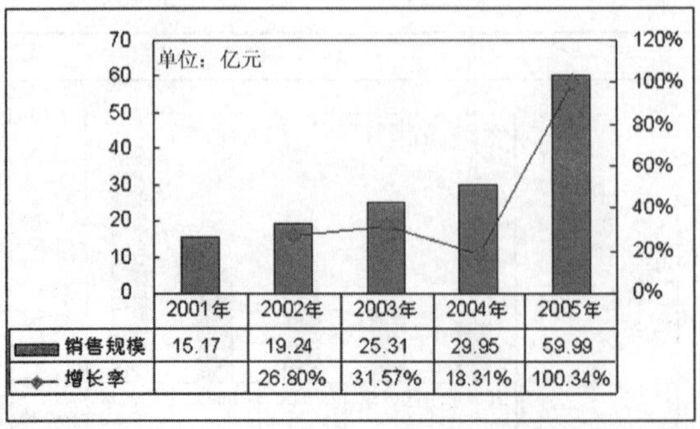

图 6　2001~2005 年实验分析仪器行业销售规模增长状况

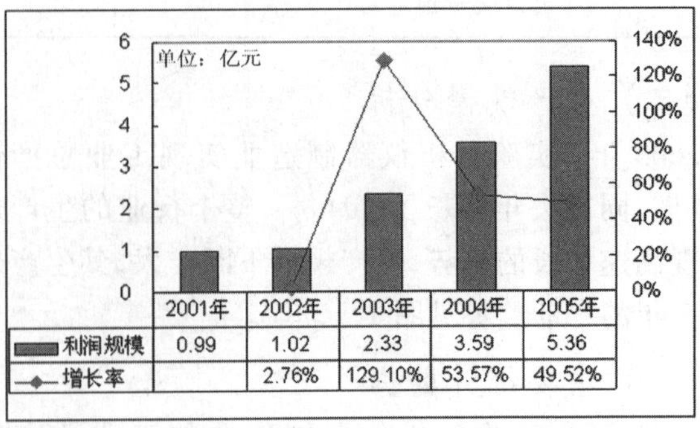

图 7　2001~2005 年实验分析仪器行业利润规模增长状况

二、行业结构

(一) 产业集中度分析

1. 企业集中度

国家统计局2005年统计表明:实验分析仪器制造业前20名企业销售收入为35.14亿元,占该行业销售收入比重的56%。

表3 2005年主要实验分析仪器制造企业销售状况表

企业名称	销售收入(万元)		增长率(%)
	2005年	2004年	
泰克科技(中国)有限公司	113186.3	93253.7	21.37
上海贺利氏电测骑士有限公司	66572.5	34977.2	90.33
青岛前哨朗普测量技术有限公司	28889.2	30863.6	−6.40
江阴市长仪集团有限公司	15320.0	14519.4	5.51
武汉市滨湖机械厂	13014.3	14727.8	−11.63
北京中创信测科技股份有限公司	12115.0	10986.5	10.27
均豪精密(苏州)有限公司	11970.8	9179.8	30.40
江苏绿扬电子仪器集团有限公司	10764.6	5425.3	98.41
北京孚意奥仪器发展有限责任公司	7767.7	9982.8	−22.19
温岭市环力电器有限公司	7599.2	7008.7	8.43
常州市莱赛光电技术有限公司	7597.1	6083.8	24.87
深圳市汇思科电子科技有限公司	7511.4	5564.3	34.99
浙江康泰电气有限公司	6817.8	4939.5	38.03
拓普康(北京)科技有限公司	6738.2	1893.1	255.93
北京麦格天宝科技发展有限公司	6500.0	4381.0	48.37
常州二电仪光电子装备有限公司(原二电仪)	6404.0	3423.7	87.05
南京大陆中电科技股份有限公司	5898.2	4299.5	37.18
山东云龙科技开发有限公司	5735.3	3751.0	52.90
第一电子工业(昆山)有限公司	5584.6	6975.1	−19.94
广州电测仪器厂	5434.8	4379.9	24.09

表4 2005年主要实验分析仪器制造企业利润情况

企业名称	利润总额(万元)		增长率(%)
	2005年	2004年	
安捷伦科技(上海)有限公司	17029.1	14576.7	16.82
北京时代之峰科技有限公司	3483.6	2346.8	48.44
横河电机(苏州)有限公司	2913.0	−11870.9	−−
上海精密科学仪器有限公司	2763.4	1591.3	73.66
岛津仪器(苏州)有限公司	1840.8	2066.1	−10.90
北京中科科仪技术发展有限责任公司	1784.3	1924.0	−7.26
上海威尔泰工业自动化股份有限公司	1571.2	2511.5	−37.44
上海辰华仪器有限公司	1421.3	1198.8	18.56

表 4 2005 年主要实验分析仪器制造企业利润情况(续表)

企业名称	利润总额(万元)		增长率(%)
	2005 年	2004 年	
英思科传感仪器(上海)有限公司	1223.1	947.2	29.13
恩德斯豪斯流量仪表技术(苏州)有限公司	1208.0	−219.5	--
西克麦哈克(北京)仪器有限公司	1082.8	280.6	285.89
深圳万讯自控有限公司	838.4	486.9	72.19
吉林市光大电力工程有限公司	767.8	433.9	76.95
铁岭铁光仪器仪表有限责任公司	723.1	520.0	39.06
中国科学院沈阳科学仪器研制中心有限公司	716.5	678.8	5.55
浙江迪元仪表有限公司	658.6	562.0	17.19
上海一诺仪表有限公司	626.5	718.2	−12.77
北京雪迪龙自动控系统有限公司	502.2	883.4	−43.15
北京纳克分析仪器有限公司	452.5	−12.1	−3839.67
上海天美科学仪器有限公司	452.4	1042.8	−56.62

表 5 2005 年主要实验分析仪器制造企业总产值情况统计

企业名称	利润总额(万元)		增长率(%)
	2005 年	2004 年	
安捷伦科技(上海)有限公司	96881.3	79881.7	21.28
横河电机(苏州)有限公司	68332.8	39586.2	72.62
上海精密科学仪器有限公司	26633.6	29442.9	−9.54
上海威尔泰工业自动化股份有限公司	17258.2	17050.0	1.22
岛津仪器(苏州)有限公司	15261.0	14641.0	4.23
深圳万讯自控有限公司	11176.5	10002.4	11.74
北京时代之峰科技有限公司	10908.8	5791.7	88.35
恩德斯豪斯流量仪表技术(苏州)有限公司	10292.0	3340.7	208.08
艾美凯仪表(厦门)有限公司	7599.2	7008.7	8.43
宁波欧圣机电工业有限公司	7597.1	6079.9	24.95
无锡英特迈信息机械开发有限公司	7351.6	1974.5	272.33
北京中科科仪技术发展有限责任公司	7277.2	6848.7	6.26
济南钢铁集团总公司测温仪器厂	7248.0	1455.3	398.04
英思科传感仪器(上海)有限公司	6766.9	4891.2	38.35
扬州市西湖水工电器厂	6500.0	4509.0	44.16
北京雪迪龙自动控系统有限公司	6404.0	3423.6	87.05
泰安正阳机械有限公司	6251.0	2228.0	180.57
广州仪科实验室技术有限公司	6081.6	3388.0	79.50
姜堰市思源生化机械制造厂	5658.0	4008.9	41.14
铁岭铁光仪器仪表有限责任公司	5461.0	5253.9	3.94

2. 地区集中度

全部国有及年销售收入大于500万元的非国有实验分析仪器制造企业200家(以下称规模以上企业)。实验分析仪器制造企业主要集中在华东大部分地区,相对比较集中,集中度情况详见图8~图10。

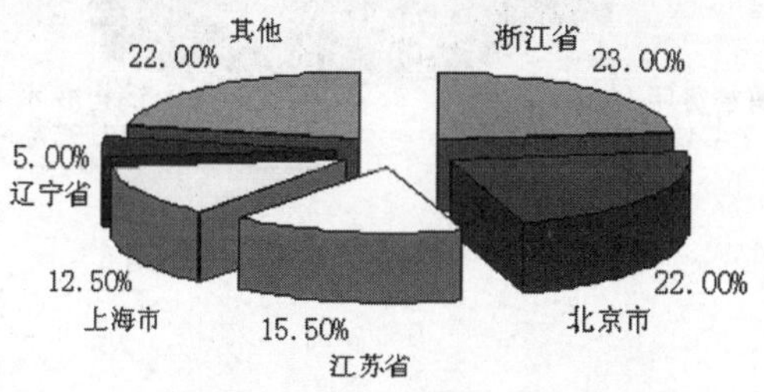

图8 2005年实验分析仪器行业企业地区集中度

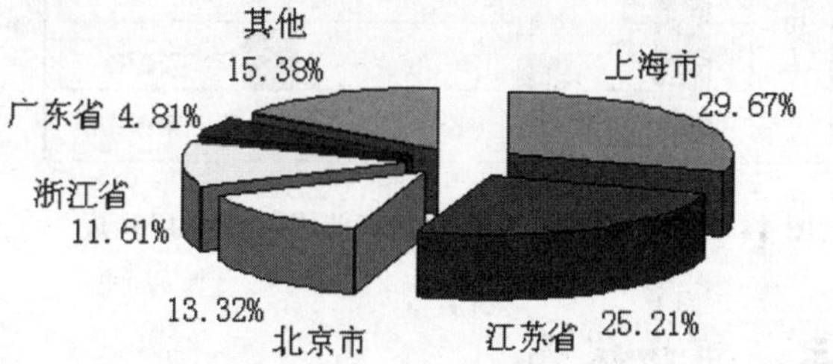

图9 2005年实验分析仪器行业不同地区工业总产值分布

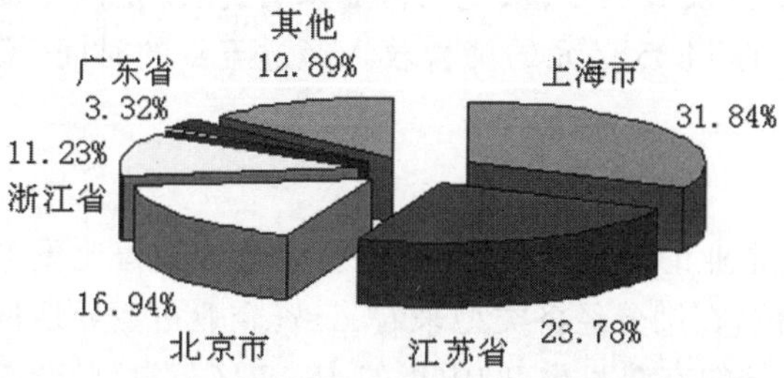

图10 2005年实验分析仪器行业不同地区销售收入分布

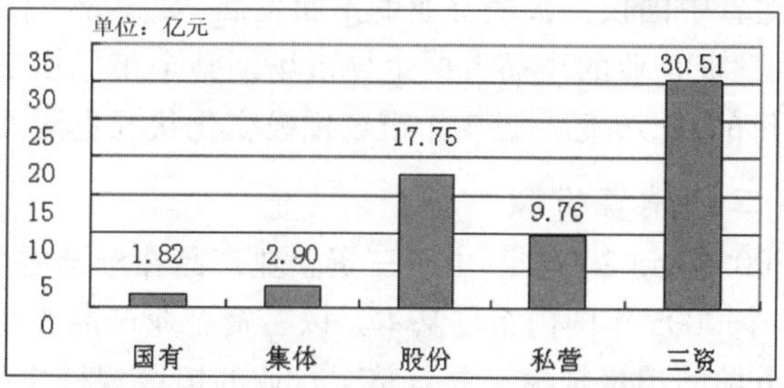

图11 实验分析仪器行业不同所有制企业的产品销售收入对比

（二）行业经济类型结构

通过对2005年的数据进行分析,三资企业是实验分析仪器制造业的主体。从资产分布情况看,三资企业的资产38.7%,股份制企业(包括各种混合所有制的股份制企业)占到37.13%,国有和集体企业资产占行业资产的12.04%;销售收入的分布是:股份制企业所占份额是28.29%,三资企业企业占48.62%,集体企业和国有企业占到7.53%,详见表6、图11~图13。

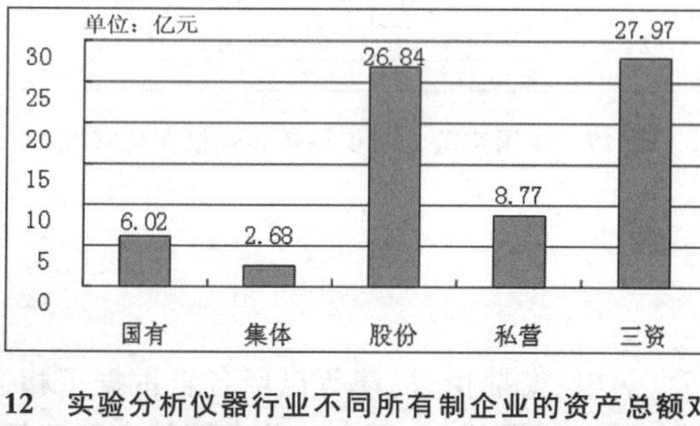

图12 实验分析仪器行业不同所有制企业的资产总额对比

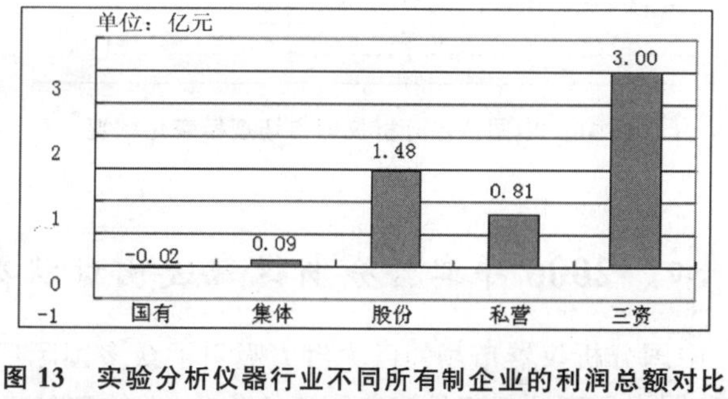

图13 实验分析仪器行业不同所有制企业的利润总额对比

（三）成本及费用构成

实验分析仪器行业的销售特点是,在实际销售中,销售成本所占比重很高,高达76.35%。在营销策略的运用中,实验分析仪器制造的销售偏重于定向推销,商业广告、公关宣传和适时促销等营销手段的比重也很大,其成本费用的比例高达7.64%。成本及费用总计为57.85亿元,2005年实验分析仪器行业成本及费用构成见图14、图15。

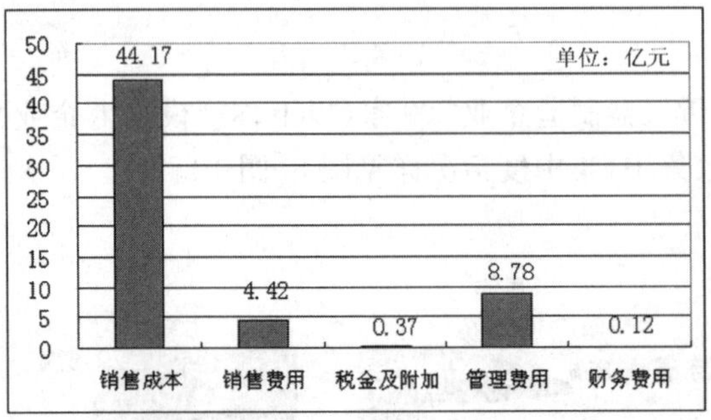

图 14　2005 年实验分析仪器行业成本及费用构成

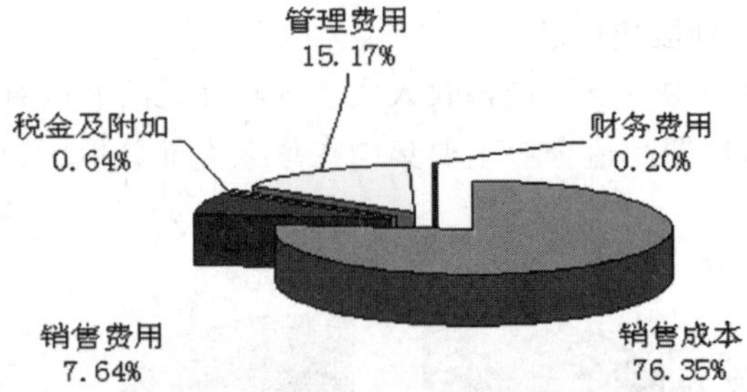

图 15　成本及费用构成比例

三、市场状况

(一) 市场规模

随着中国仪器仪表工业的不断发展,实验分析仪器行业的发展迅猛,从整个行业来看,主要是以三资企业为主,三资企业的产品占据主导市场。整个市场由 2001 年的 14.35 亿元的销售收入经过五年的时间,增长到 2005 年的 62.75 亿。近 5 年市场规模变化状况见图 16。

(二) 销售份额

2001 年到 2005 年,由于三资企业产品在渐渐蚕食内资企业的销售份额,使得内资企业的销售比重不断下降,整个 2005 年国内市场基本是以三资企业产品为主导地位,在细分经济类型来看,三资企业占主导地位。从整个市场的销售规模来看,整个行业的销售规模也呈现上升的态势,由 2001 年的 15.17 亿下滑到 2005 年的 59.99 亿,其近年来的变化状况见图 17。

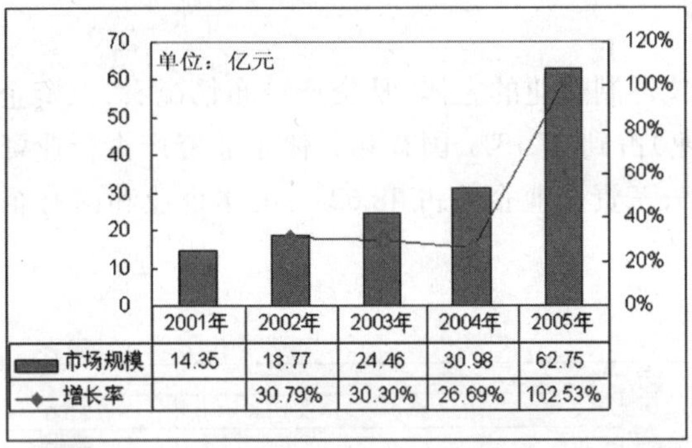

图 16　中国实验分析仪器市场规模变化状况

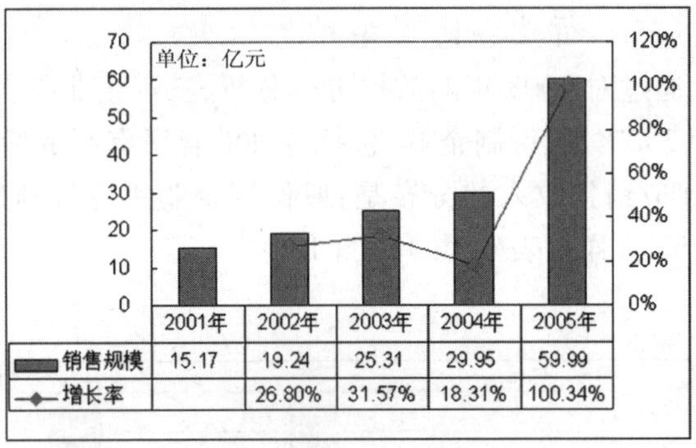

图 17　中国实验分析仪器销售规模变化状况

四、2006 年实验分析仪器进出口状况

中国分析仪器市场的巨大潜力吸引了众多国际厂商的注意,热电、安捷伦、岛津等已经各自占据了相当的份额,国内厂商还仅仅扮演着配角的角色,大约 70%的分析测试仪器都需要进口,而在一些高档精密仪器领域,这个比例更高。虽然目前国内的分析仪器生产企业已经具有一定的研究、开发和生产能力,但同国际先进技术相比,差距仍然十分明显,具体体现在技术系统性差、集成度不够,持续创新能力不强等。值得欣慰的是,已经有一些国内企业开始在这一领域发力,并取得了一些突破。

2005 年我国实验分析仪器进口超过了百万台套,货值 13.76 亿美元,同期出口上千万台套,货值只有 4.26 亿美元。说明我国出口产品大都数属于价值很低的小型分析仪器和工具,而科技含量高、尖端领域应用的大型测试仪器还需要从国外大量进口以满足国内市场的需求。

表 6　2005 年实验分析仪器按国别(地区)分类进出口总量状况

国家或地区	进口数量（台、套）	进口金额（美元）	国家或地区	出口数量（台、套）	出口金额（美元）
日　本	670991	698586986	美　国	15464228	245434320
美　国	147734	136902417	德　国	237693	51596586
瑞　士	53403	132119269	日　本	2095429	48731287
英　国	86850	108584069	中国香港	1805949	30584259
瑞　典	22093	60664183	意大利	20502	4619080
法　国	14299	51259310	英　国	303665	3999107
荷　兰	56455	31839448	印　度	93211	3846183
中国香港	122318	21177630	中国台湾省	104723	3504130
丹　麦	14276	19580090	韩　国	47029	3290009
比利时	228597	18506379	加拿大	9179	2340847
加拿大	28257	16648454	澳大利亚	180510	2119109
中国台湾省	25749	8513118	新加坡	274373	1916818
意大利	1454	5475431	瑞　士	20651	1881033
西班牙	6192	5156664	芬　兰	9062	1791849
以色列	833	4427080	泰　国	102555	1663731
挪　威	1186	2593298	伊　朗	7902	1487020
爱尔兰	134	1804447	越　南	42099	1413046
阿根廷	251	1491100	土耳其	1358	1367523
乌克兰	5	1312000	印度尼西亚	65597	1107142
马来西亚	474	603340	丹　麦	11542	964861
其　他	94333	3299763	其　他	322451	12806770
总　计	1575884	1330544476	总　计	21219708	426464710

五、行业绩效

近年来，中国实验分析仪器制造业总量规模不断的扩大，生产和销售节节上升，行业总体利润规模也增长迅猛。2001~2005 年中国实验分析仪器制造业的行业绩效见图 18~图 23。

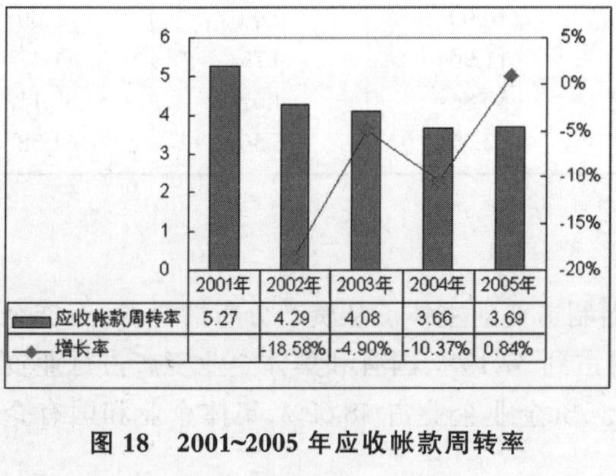

图 18　2001~2005 年应收帐款周转率

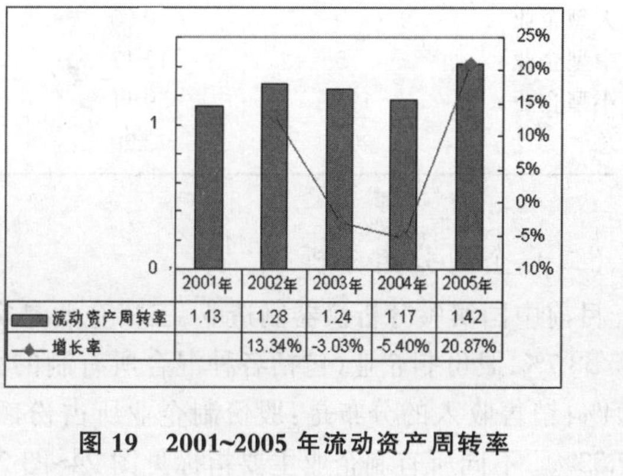

图 19　2001~2005 年流动资产周转率

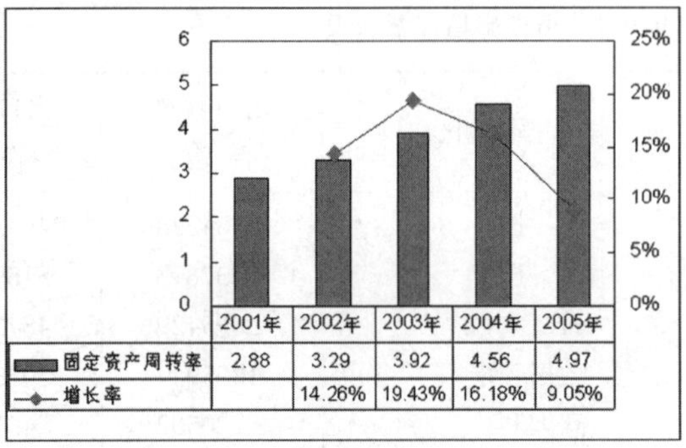

图 20 2001~2005 年固定资产周转率

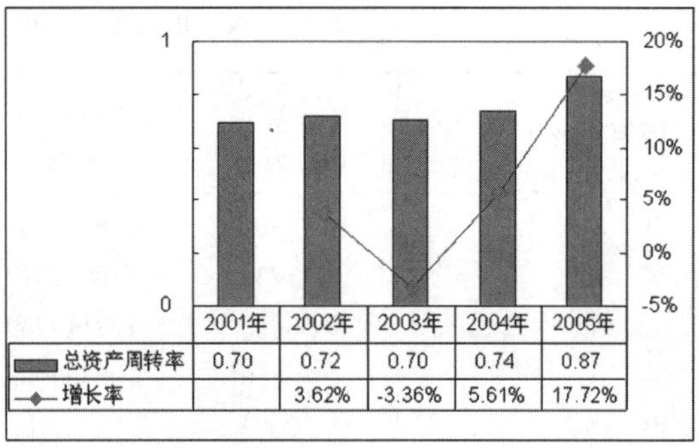

图 21 2001~2005 年总资产周转率

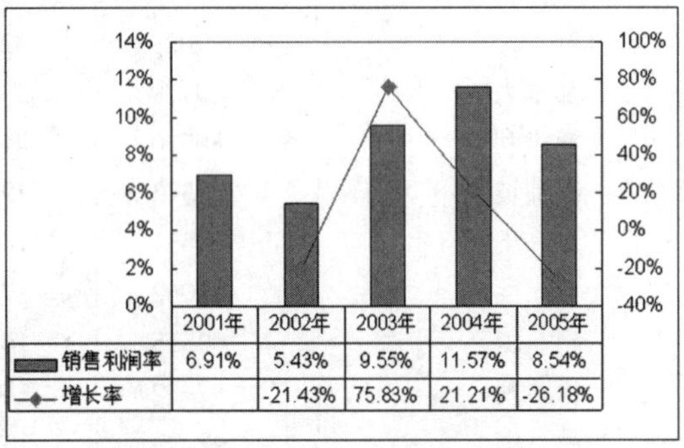

图 22 2001~2005 年销售利润率

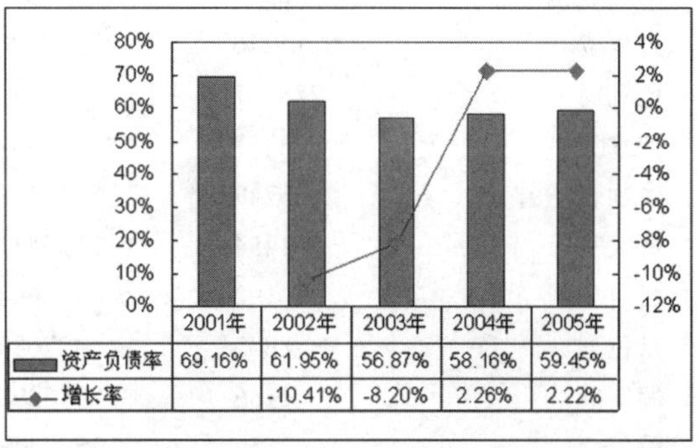

图 23 2001~2005 年资产负债率

六、 实验分析仪器制造企业概况

(一) 企业概况

目前,实验分析仪器制造业的大部分企业规模均较小,小型企业占绝大多数。通过对 200 家规模企业统计分析,没有一家大型企业,中型企业 5 家,销售收入占总收入的 18.96%,小型企业 195 家,其销售收入占总收入的 81.04%。

表 7 2005 年我国不同规模企业经济指标

企业规模	企业数量(家)	资产总计(亿元)	负债合计(亿元)	销售收入(亿元)	利润总额(亿元)	总产值(亿元)
大型企业	0	0.00	0.00	0.00	0.00	0.00
中型企业	5	13.17	8.08	11.90	0.75	11.47
小型企业	195	59.11	34.89	50.86	4.61	50.11
总　　计	200	72.29	42.97	62.75	5.36	61.58

(二) 企业分组分析

目前中国实验分析仪器制造业,三资企业是实验分析仪器制造业的主体。从资产分布情况看,三资企业的资产 38.7%,股份制企业(包括各种混合所有制的股份制企业)占到 37.13%,国有和集体企业资产占行业资产的 12.04%;销售收入的分布是:股份制企业所占份额是 28.29%,三资企业企业占 48.62%,集体企业和国有企业占到 7.53%。不同所有制企业主要指标见图 24~图 26。

（三）主要企业市场占有率情况

表 8　主要实验分析仪器制造企业市场占有率状况

企业名称	市场占有率		增长率(%)
	2005 年	2004 年	
安捷伦科技（上海）有限公司	18.04%	30.10%	−40.07
横河电机(苏州)有限公司	10.61%	11.29%	−6.02
上海精密科学仪器有限公司	4.60%	9.96%	−53.78
岛津仪器（苏州）有限公司	2.44%	4.69%	−47.90
上海威尔泰工业自动化股份有限公司	2.07%	4.75%	−56.37
北京中科科仪技术发展有限责任公司	1.93%	3.55%	−45.55
北京时代之峰科技有限公司	1.91%	2.96%	−35.61
恩德斯豪斯流量仪表技术(苏州)有限公司	1.72%	1.75%	−2.03
深圳万讯自控有限公司	1.24%	3.22%	−61.58
艾美凯仪表（厦门）有限公司	1.21%	2.26%	−46.47
宁波欧圣机电工业有限公司	1.21%	1.96%	−38.34
西克麦哈克(北京)仪器有限公司	1.20%	1.80%	−33.35
英思科传感仪器（上海）有限公司	1.09%	1.59%	−31.85
无锡英特迈信息机械开发有限公司	1.07%	0.61%	75.74
扬州市西湖水工电器厂	1.04%	1.41%	−26.74
北京雪迪龙自动控系统有限公司	1.02%	1.10%	−7.65
济南钢铁集团总公司测温仪器厂	0.94%	1.39%	−32.27
上海爱朗仪器有限公司	0.91%	1.21%	−24.51
北京瑞普三元仪表有限公司	0.89%	2.25%	−60.47
威卡自动化仪表（苏州）有限公司	0.87%	1.41%	−38.73

七、实验分析仪器市场展望

分析仪器的发展将向实时在线的分析检测方向倾斜，产品的灵敏度和选择性会进一步提高，同时更趋向微型化、智能化、网络化、专用化。我国分析仪器行业的发展应该重点围绕科研、生产、人类环境三大领域展开，以基础工业和支柱产业的产品质量控制及环保、防病治病等领域需要的分析仪器和技术含量高的中档产品为主，重点开发开发高灵敏度检测器、样品预处理装置和高效快速专用分析仪器，生命科学分离分析仪器，工业在线分析仪器，拥有自主知识产权的及微型化分析仪器和专用软件等。北京 2008 年奥运会兴奋剂检测中心等大型项目也为我国分析仪器的发展提供了一个很好的锲机。国内用户要增强对国产仪器的信心，以实际行动支持国产仪器的发展，同时国产仪器行业也应该借助我国军工的技术优势，在加工工艺、装配等方面寻求突破，早日打破国外产品在高档、精密分析仪器市场的垄断局面。

在前段时间召开的"第四届中国国际科学仪器及实验室装备展览会"技术交流会上，中国分析仪器学会名誉理事长朱良漪向在座的企业家、专家们呼吁："中国要实现可持续发展，要形成持续创新能力，就一定要先做好国内的分析仪器产业。"

朱良漪强调，作为基础性产业，分析仪器产业应该得到国家重视，科研院所以及企业也应优先应用国产的分析仪器。在分析技术领域，核心技术一定要自主创新。分析仪器企业要走大批量生产、专业化与协作的道路，建立一专多协的体系。要重视新的领域、新的理论、新的材料、新的工艺方法及新的应用，将最新的技术为我所用，以提升我国技术发展速度和水平。应该对基础理论、发展理论予以重视，从而为发展新技术做好铺垫，打下坚实的基础。

2005 中国电工仪器仪表制造行业

北京工经联科技信息中心

一、行业概况

国内电工仪器仪表行业经过几十年的发展,已经形成了一定的生产规模和能力,产品质量已达到一定的水平,在大宗产品上基本能够满足国内市场的需要并有一定的出口能力。目前国内电工仪器仪表产品的生产能力达到 8000 多万台(套),其中电能表产品的生产能力达到 6000 多万台,安装式电表及便携式电表的生产能力达 1500 多万台,其他类产品生产能力在 500 多万台(套)。在中低档产品方面,如传统的电能表、安装式电表及便携式电表等生产能力过剩,而在中高档产品方面,如高准确度数字仪表、数字式测量仪器、自动测试系统等又与先进国家产品技术水平有差距,不能完全满足国内市场需求,需要进口。

(一) 生产发展状况

近几年我国电工仪器仪表行业由于受电力系统宏观调控的影响, 生产经营形势不容乐观,整个行业处于调整期,行业销售收入和利润总额都呈现波动下滑的趋势。在国家统计在内的 260 家规模企业中来看,实现销售收入 82.54 亿元,行业利润 7.39 亿元。主要电工仪器仪表制造企业经济运行指标见表 1。

表 1　2005 年主要电工仪器仪表制造企业经济运行指标

单位:亿元

指标名称	2005 年	2004 年	同比增长
应收帐款净值	27.95	19.77	41.42%
流动资产平均余额	71.01	56.21	26.33%
固定资产平均余额	23.67	18.86	25.48%
销售收入	82.54	58.52	41.03%
利润总额	7.39	3.67	101.28%
工业总产值	86.24	64.78	33.13%
销售总产值	83.27	61.09	36.30%
出口交货值	15.56	6.73	131.20%

(二) 生产规模分析

2005 年, 电工仪器仪表行业实现工业总产值 86.245 亿,同比去年上升了 33.13%,生产规模略有扩大。近五年来电工仪器仪表行业生产规模变动趋势见图 1。

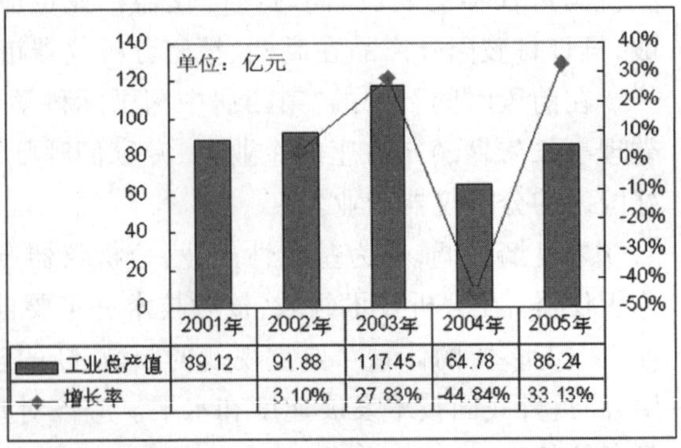

图 1　2005 年电工仪器仪表行业生产规模变动趋势

(三) 主要统计数据

2005 年,电工仪器仪表行业的工业总产值 86.24 亿元,实现销售收入 82.54 亿元,固定资产平均余额 23.67 亿元。

2001 年和 2005 年该行业的平均工业增加值增长率表现不一,平均增值率仅为 4.17%。近五年来行业总体变化状况见表 2、图 2~图 7。

表 2　2001~2005 年电工仪器仪表行业总体变化状况

时间	企业数量(家)	销售收入(亿元)	利润总额(亿元)	从业人数(万人)	资产总计(亿元)	负债合计(亿元)
2001 年	192	91.26	5.55	5.03	125.82	79.08
2002 年	173	92.43	5.57	4.60	119.41	73.59
2003 年	186	113.68	6.60	4.35	127.46	78.44
2004 年	195	58.52	3.67	3.12	92.10	55.79
2005 年	260	82.54	7.39	3.48	113.72	64.70

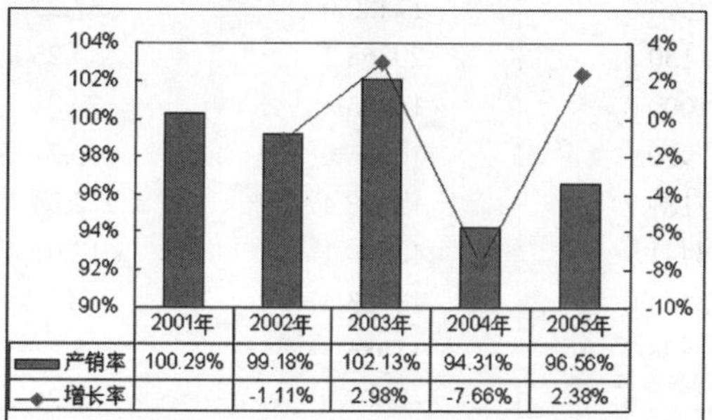

图 2　2001~2005 年电工仪器仪表行业产销率变化状况

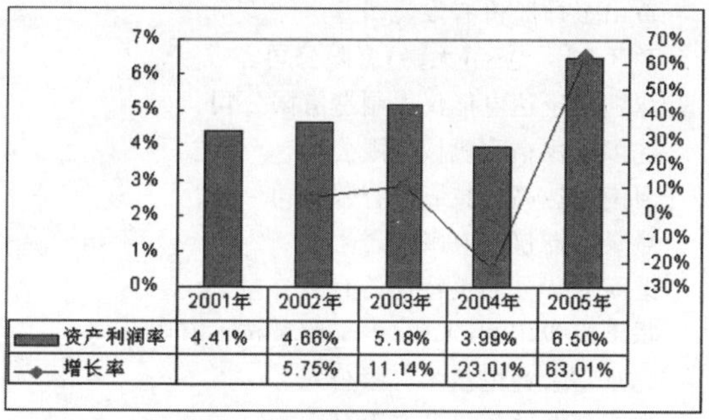

图 3　2001~2005 年电工仪器仪表行业资产利润率增长状况

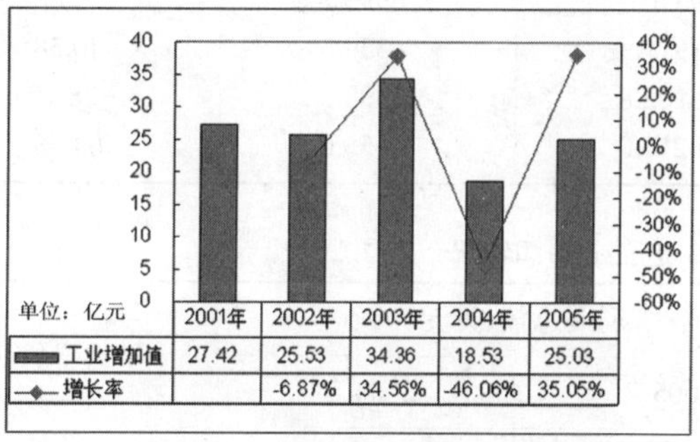

图 4　2001~2005 年电工仪器仪表行业发展速度

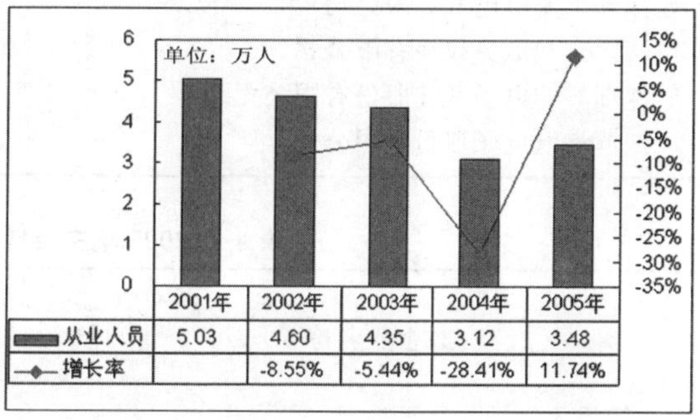

图 5　2001~2005 年电工仪器仪表行业就业情况

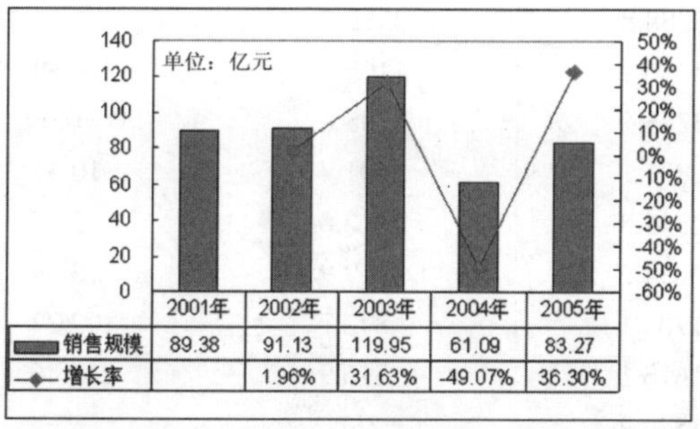

图 6　2001~2005 年电工仪器仪表行业销售规模增长状况

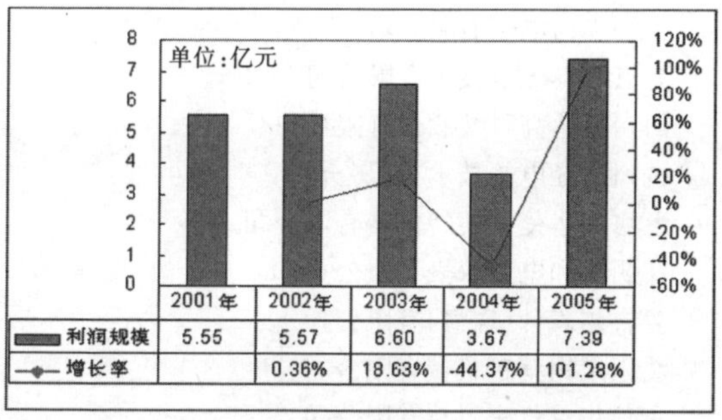

图 7　2001~2005 年电工仪器仪表行业利润规模增长状况

二、行业结构

(一) 产业集中度

1. 企业集中度

国家统计局 2005 年统计表明：电工仪器仪表行业前 20 位企业销售收入为 38.01 亿元，占该行业销售收入比重的 46%。其主要电工仪器仪表制造企业销售状况见表 3~表 5。

表 3　2005 年主要电工仪器仪表制造企业销售状况表

企业名称	销售收入(万元)		增长率(%)
	2005 年	2004 年	
杭州华隆电子技术有限公司	48565.3	30709.3	58.15
上海世禄仪器有限公司	40617.9	25228.7	61.00
上海寺冈电子有限公司	29540.4	27492.8	7.45
兰吉尔表计(珠海)有限公司	25448.5	17869.3	42.41
广州南方电力集团电器有限公司	24486.4	12418.8	97.17
黄山金马股份有限公司	24000.0	17489.0	37.23
TCL 国际电工(无锡)有限公司	21130.6	20268.3	4.25
深圳浩宁达电能仪表制造有限公司	21009.0	16285.3	29.01
沈阳维用精密机械有限公司	17929.1	10985.0	63.21
河南思达高科技股份有限公司	17189.7	14028.4	2 2.54
晨泰电器仪表有限公司	13441.9	12000.1	12.01
上海光华爱而美特仪器有限公司	13364.0	13923.4	−4.02
霍丁格包尔文(苏州)电子测量技术有限公司	12885.7	11886.5	8.41
北京雷泰光电技术有限公司	12750.6	6807.9	87.29
南京新联电子设备有限公司	11405.0	7895.0	44.46
杭州正华电子科技有限公司	10535.2	7212.2	46.07
深圳市龙电电气有限公司	98101	8993.2	9.08
江阴众和电力仪表有限公司	8911.9	6339.5	40.58
深圳科陆电子科技股份有限公司	8902.8	12398.5	−28.19
江苏卡欧电子股份有限公司	8215.0	4453.0	84.48

表 4　2005 年主要电工仪器仪表制造企业利润情况

企业名称	利润总额(万元)		增长率(%)
	2005 年	2004 年	
上海世禄仪器有限公司	16325.2	10707.9	52.46
深圳浩宁达电能仪表制造有限公司	8720.2	6047.5	44.20
上海寺冈电子有限公司	3888.8	3595.2	8.17
北京雷泰光电技术有限公司	3436.2	1105.3	210.88
河南思达高科技股份有限公司	3285.1	3288.0	−0.09
杭州华隆电子技术有限公司	2871.1	2601.7	10.35
上海光华爱而美特仪器有限公司	2338.8	2212.8	5.69
江阴众和电力仪表有限公司	2034.2	1469.9	38.39
兰吉尔表计(珠海)有限公司	1704.1	842.7	102.22
沈阳维用精密机械有限公司	1615.1	516.9	212.46
东莞华仪仪表科技有限公司	1570.2	−212.2	−−
黄山金马股份有限公司	1500.0	1147.8	30.68
霍丁格包尔文(苏州)电子测量技术有限公司	1412.7	2407.3	−41.32
杭州正华电子科技有限公司	1273.0	1033.5	23.17
TCL 国际电工(无锡)有限公司	1251.3	823.8	51.89
南京新联电子设备有限公司	1096.0	1058.0	3.59
深圳华立南方电子技术有限公司	1022.7	−22.4	−−
晨泰电器仪表有限公司	1004.4	1583.2	−36.56
中茂电子(深圳)有限公司	991.1	1186.2	−16.45
甲子科技发展(深圳)有限公司	979.5	91.3	972.84

表 5　2005 年主要电工仪器仪表制造企业总产值情况

企业名称	工业总产值(万元)		增长率(%)
	2005 年	2004 年	
杭州华隆电子技术有限公司	52387.6	38476.1	36.16
上海世禄仪器有限公司	38436.4	18309.4	109.93
上海寺冈电子有限公司	31584.4	28000.0	12.80
兰吉尔表计(珠海)有限公司	28092.1	14851.7	89.15
黄山金马股份有限公司	27531.5	18871.0	45.89
广州南方电力集团电器有限公司	24412.4	14299.5	70.72
深圳浩宁达电能仪表制造有限公司	20999.9	17441.6	20.40
TCL 国际电工(无锡)有限公司	19250.0	13100.0	46.95
沈阳维用精密机械有限公司	18593.8	10741.7	73.10
河南思达高科技股份有限公司	17185.2	14582.5	17.85
霍丁格包尔文(苏州)电子测量技术有限公司	15483.0	19430.0	-20.31
晨泰电器仪表有限公司	13771.4	12000.0	14.76
北京雷泰光电技术有限公司	12769.1	7175.0	77.97
江苏卡欧电子股份有限公司	12459.0	4885.0	155.05
江阴众和电力仪表有限公司	11735.2	5118.7	129.26
南京新联电子设备有限公司	10688.0	11671.0	-8.42
杭州正华电子科技有限公司	10113.1	7001.1	44.45
深圳科陆电子科技股份有限公司	9861.7	11380.6	-13.35
深圳市深博电气有限公司	9618.7	656.0	1366.27
北京博电新力电力系统仪器有限公司	8946.7	5799.7	54.26

2. 地区集中度

全部国有及年销售收入大于 500 万元的非国有电工仪器仪表制造企业 260 家(以下称规模以上企业)。电工仪器仪表制造企业主要集中在华东大部分地区,相对比较集中。其集中度的分布状况见图 8~图 10。

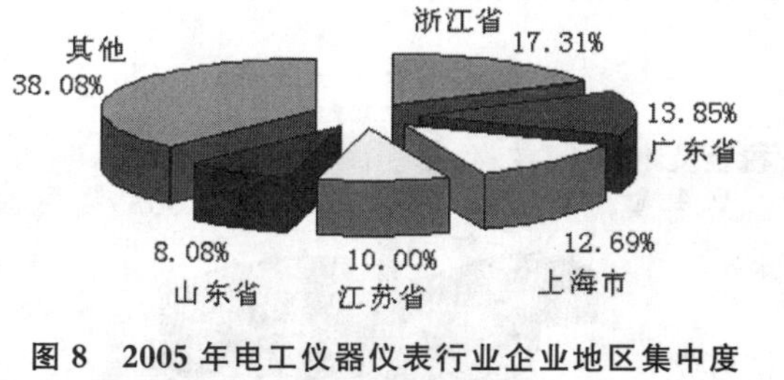

图 8　2005 年电工仪器仪表行业企业地区集中度

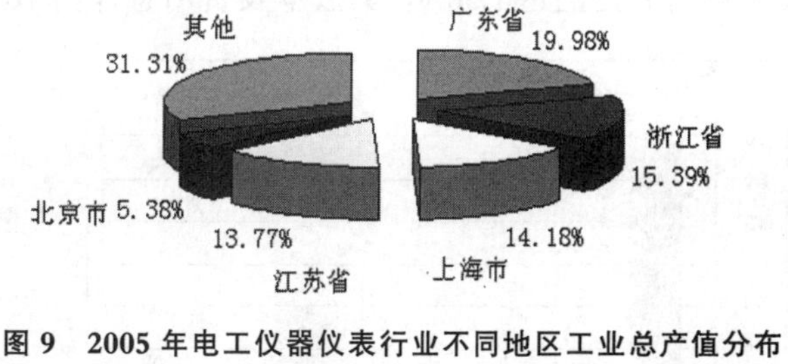

图 9　2005 年电工仪器仪表行业不同地区工业总产值分布

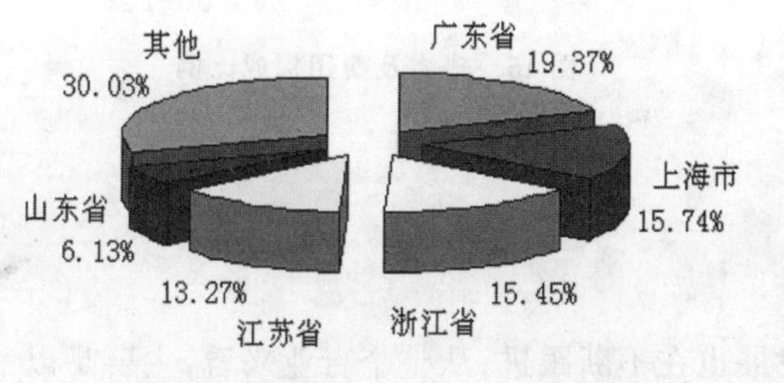

图 10　2005 年电工仪器仪表行业不同地区销售收入分布

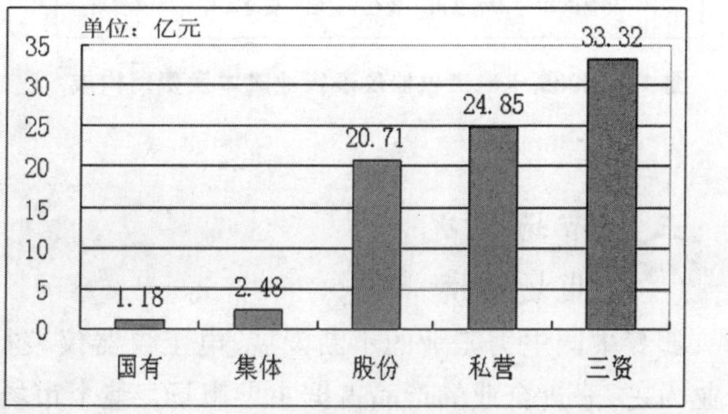

图 11　电工仪器仪表行业不同所有制企业的产品销售收入对比

（二）行业经济类型结构

通过对 2005 年的数据进行分析，三资企业是电工仪器仪表行业的主体。从资产分布情况看，三资企业的资产 27.26%，股份制企业（包括各种混合所有制的股份制企业）占到 38.53%，国有和集体企业资产占行业资产的 6.63%；销售收入的分布是：股份制企业（包括各种混合所有制的股份制企业）所占份额是 25%，三资企业企业占 40.37%，集体企业和国有企业占到 4.44%。不同所有制企业的主要经济指标对比情况见表 6、图 11~图 13。

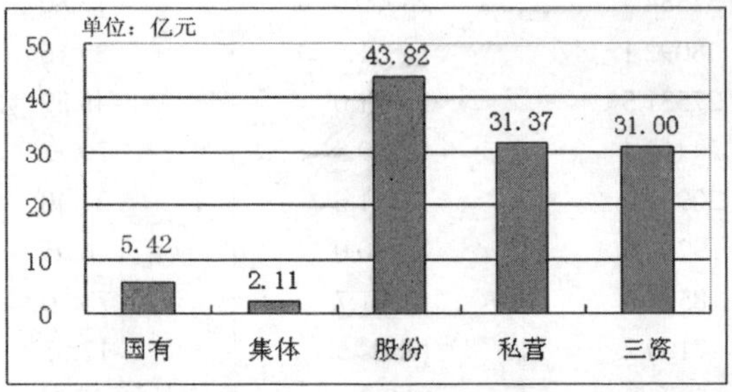

图 12　电工仪器仪表行业不同所有制企业的资产总额对比

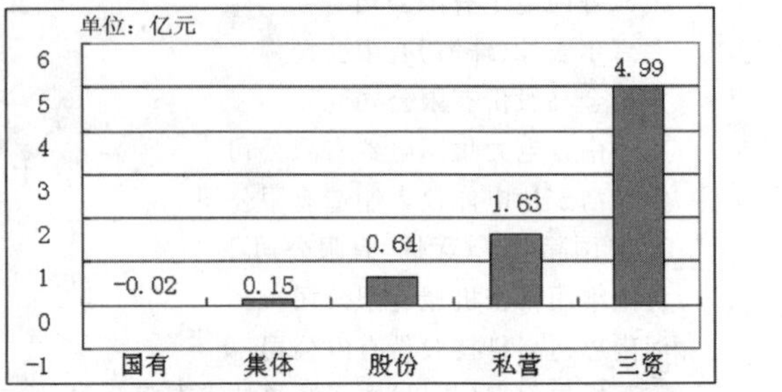

图 13　电工仪器仪表行业不同所有制企业的利润总额对比

表 6　2005 年电工仪器仪表行业行业主要指标的所有制构成

注册类型	企业数量(家)	资产总计(亿元)	负债合计(亿元)	销售收入(亿元)	利润总额(亿元)	总产值(亿元)
国有	15	5.42	5.52	1.18	−0.02	0.96
集体	14	2.11	1.27	2.48	0.15	2.72
股份	72	43.82	28.21	20.71	0.64	22.67
三资	99	31.37	16.24	24.85	1.63	27.04
其他	60	31.00	13.47	33.32	4.99	32.85
总计	260	113.72	64.70	82.54	7.39	86.24

（三）成本及费用构成

电工仪器仪表行业的销售特点是，在实际销售中，销售成本所占比重很高，高达 80.14%。在营销策略的运用中，电工仪器仪表制造 的销售偏重于定向推销，商业广告、公关宣传和适时促销等营销手段的比重也很大，其成本费用的比例达 7.36%。其成本及费用总计为 76.35 亿元，行业成本及费用构成情况见图 14、图 15。

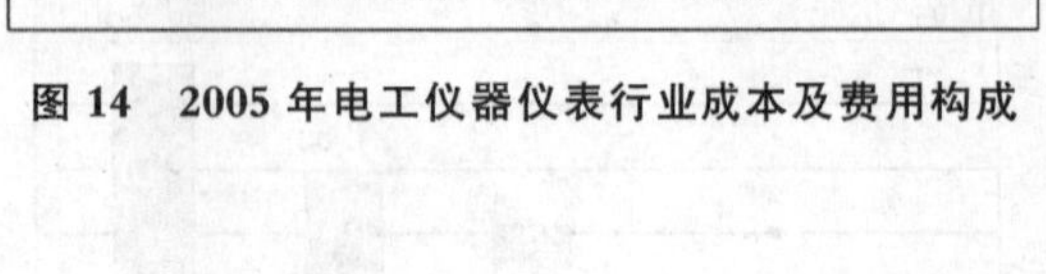

图 14　2005 年电工仪器仪表行业成本及费用构成

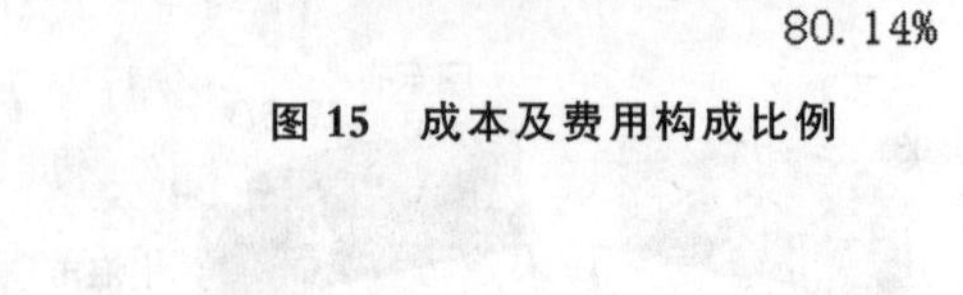

图 15　成本及费用构成比例

三、市场状况

（一）市场规模

随着中国电力工业的不断发展，电工仪器仪表行业的发展也在不断跟进，从整个行业来看，主要是以三资企业为主，三资企业的产品占据主导市场。整个市场由 2001 年的 91.26 亿元的销售收入经过五年的时间，下降到 2005 年的 82.54 亿。近五年来我国电了仪器仪表市场规模变化状况见图 16。

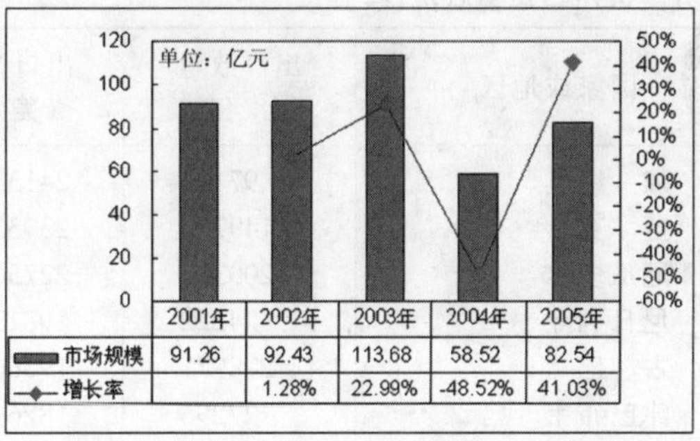

图 16　2005 年中国电工仪器仪表制造市场规模变化状况

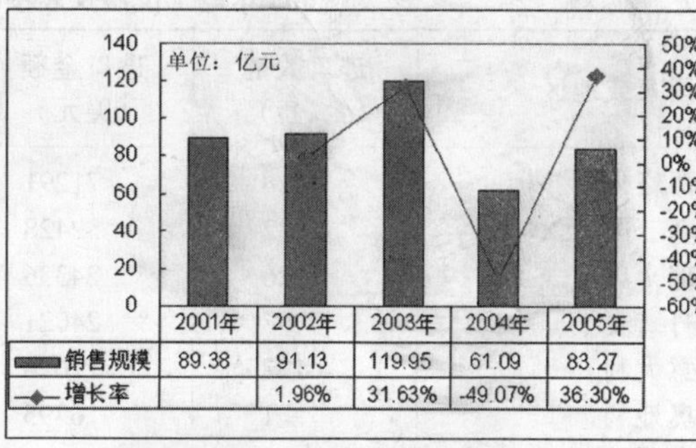

图 17　2005 年中国电工仪器仪表制造销售规模变化状况

（二）销售份额

2001 年到 2005 年，由于三资企业产品在渐渐蚕食内资企业的销售份额，使得内资企业的销售比重不断下降，整个 2005 年国内市场基本是以三资企业产品为主导地位，在细分经济类型来看，三资企业占主导地位。从整个市场的销售规模来看，由于整个电力系统受国家宏观调控的影响，整个行业的销售规也呈现波动较大，由 2001 年的 89.38 亿下滑到 2005 年的 83.27 亿。近五年来我国电了仪器仪表销售规模变化状况见图 17。

四、我国电工仪器仪表进出口状况

我国电工仪器仪表属于劳动密集型产业，产品成本较低，随着产品科技技术含量的不断增加，我国仪器仪表产品逐步得到国际认可，在竞争中得到了东南亚和一些发展中国家的青睐。

统计数据表明，我国电工仪器仪表产品是国内仪器仪表行业中惟一进口较少的产品，并且有一定批量出口些企业在高技术含量产品上加大投入力度，开发能力逐步提高，质量管理体系逐步完善，并取得国际认证。

同时，我国企业兼并组合后形成规模化，成本逐步降低。随着这些条件的逐渐成熟以及出口国家的经济发展，数字仪表少量的网口用电能表自动测试系统监测系统等高档产品，对伊朗、巴基斯坦、菲律宾、马来西亚、越南、南非及欧美等国出口量将有较大的提高另据了解，在今后很长一段时间内，这些国家均将加大其基础设施建设力度，由此将需要大量的仪器仪表等产品。

目前，行业中量大面广的产品是电能表安装式电表及便携式电表等，这些产品都属于劳动技术密集型产品，国内企业现有的技术水平完全能够满足国内市场的需求，而且由于国内劳动力资源丰富，工资较低，因而产品有极强的价格优势，完全可以打入东南亚和一些发展中国家国内有实力的企业不妨多关注这些国家在电工仪器仪表方面的市场需求。

表 7　2005 年电工仪器仪表按国别(地区)分类进出口总量状况

国家或地区	进口数量（台、套）	进口金额（美元）	国家或地区	出口数量（台、套）	出口金额（美元）
瑞　士	42287	11440517	意大利	2805274	89142315
英　国	24579	7522962	印　度	1917640	22480613
澳大利亚	9301	1964345	美　国	321691	10188183
新加坡	9578	1804932	英　国	1776137	6771770
法　国	9911	1419599	孟加拉国	539050	4091655
德　国	11986	1353632	哥伦比亚	415067	3731211
美　国	5303	855762	澳大利亚	312309	3655535
斯洛文尼亚	8713	423494	菲律宾	562260	3416424
希　腊	4803	318041	韩　国	231752	3207938
日　本	1745	196493	乌兹别克斯坦	116999	3058547
中国台湾省	11386	143631	斯里兰卡	353121	2772493
芬　兰	116	77768	吉尔吉斯斯坦	86705	2429395

表 7　2005 年电工仪器仪表按国别(地区)分类进出口总量状况(续表)

国家或地区	进口数量(台、套)	进口金额(美元)	国家或地区	出口数量(台、套)	出口金额(美元)
西班牙	18	71291	加　纳	97114	2413217
韩　国	2782	52428	捷　克	149793	2393311
瑞　典	1926	24336	厄瓜多尔	200300	2275627
丹　麦	97	24021	尼日利亚	24222	1981507
意大利	122	17628	古　巴	278971	1936633
奥地利	1	16895	津巴布韦	27296	1826175
中国香港	106	11035	多米尼加共和国	109808	1734320
印度尼西亚	222	8481	秘　鲁	210374	1730255
其　他	45903	220654	其　他	4021753	25750222
总　计	190885	27967945	总　计	14557636	196987346

五、行业绩效

近年来,中国电工仪器仪表行业总量规模不断的下滑,生产和销售不断下跌,行业总体利润不断降低,有关近年来的经济指标统计数据变动趋势情况详见图 18~图 23。

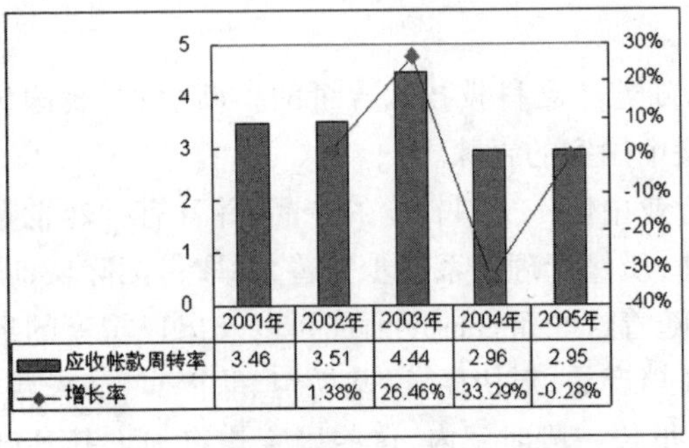

图 18　2001~2005 年应收帐款周转率

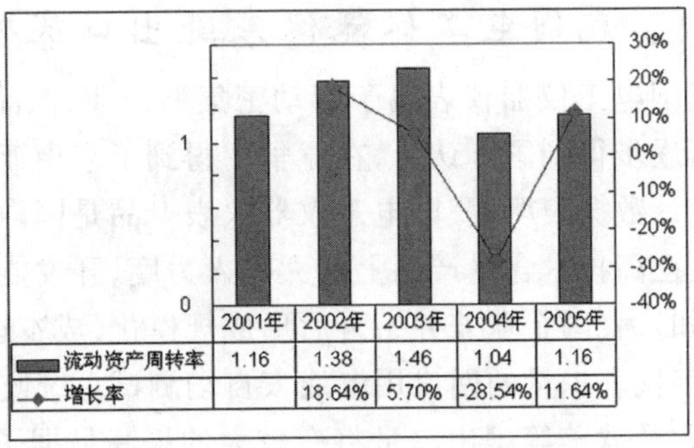

图 19　2001~2005 年流动资产周转率

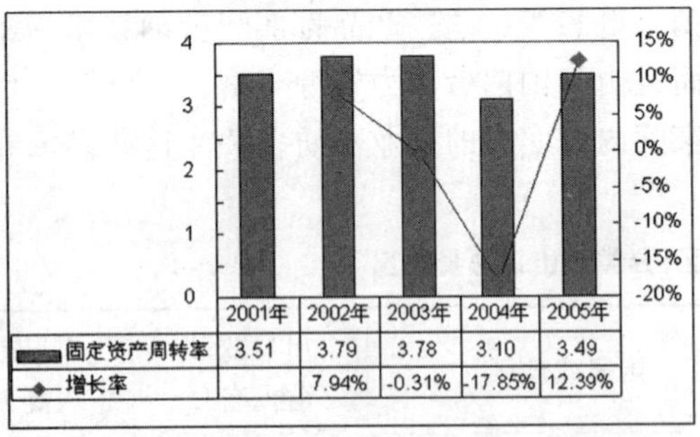

图 20　2001~2005 年固定资产周转率

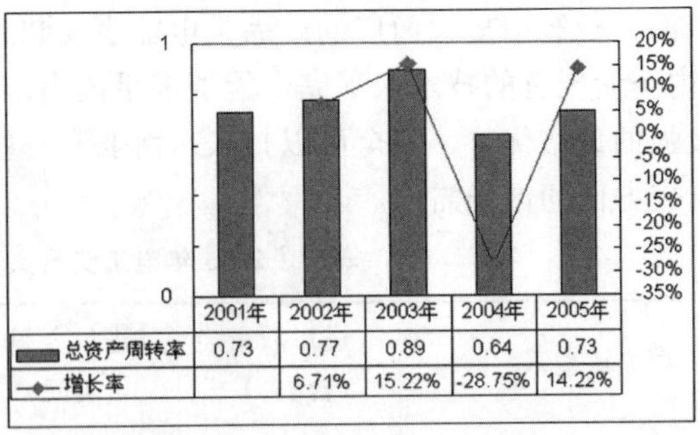

图 21　2001~2005 年总资产周转率

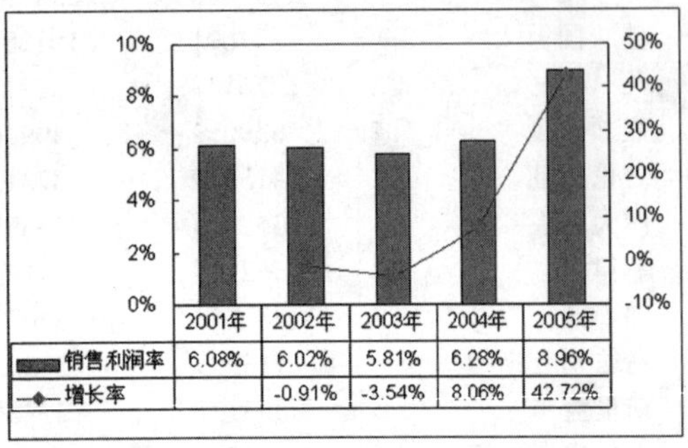

图 22　2001~2005 年销售利润率

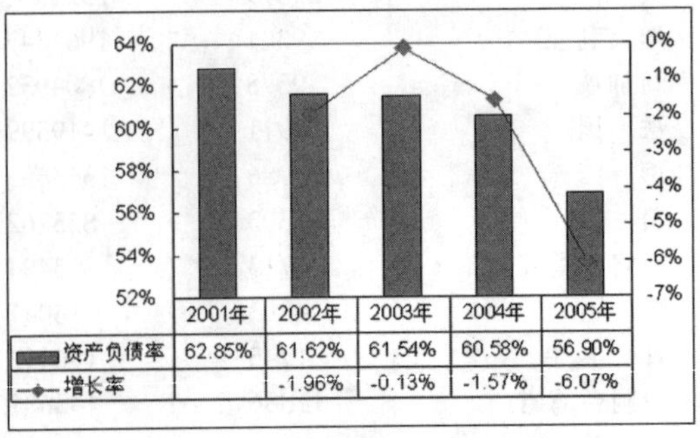

图 23　2001~2005 年资产负债率

六、电工仪器仪表企业概况

（一）企业概况

目前，电工仪器仪表行业的大部分企业规模均较小，小型企业占绝大多数。通过对260家规模企业统计分析，没有一家大型企业，中型企业18家，销售收入占总收入的24.05%，小型企业242家，其销售收入占总收入的75.95%。2005年我国不同规模企业经济指标见表8。

表8　2005年我国不同规模企业经济指标

企业规模	企业数量（家）	资产总计（亿元）	负债合计（亿元）	销售收入（亿元）	利润总额（亿元）	总产值（亿元）
大型企业	0	0.00	0.00	0.00	0.00	0.00
中型企业	18	40.68	23.96	19.85	1.27	20.73
小型企业	242	73.04	40.75	62.68	6.12	65.51
总　计	260	113.72	64.70	82.54	7.39	86.24

（二）企业分组分析

目前中国电工仪器仪表行业，三资企业是电工仪器仪表行业的主体。从资产分布情况看，三资企业的资产27.26%，股份制企业（包括各种混合所有制的股份制企业）占到38.53%，国有和集体企业资产占行业资产的6.63%；销售收入的分布是：股份制企业所占份额是25%，三资企业企业占40.37%，集体企业和国有企业占到4.44%。不同所有制企业的指标对比情况见图24~图26。

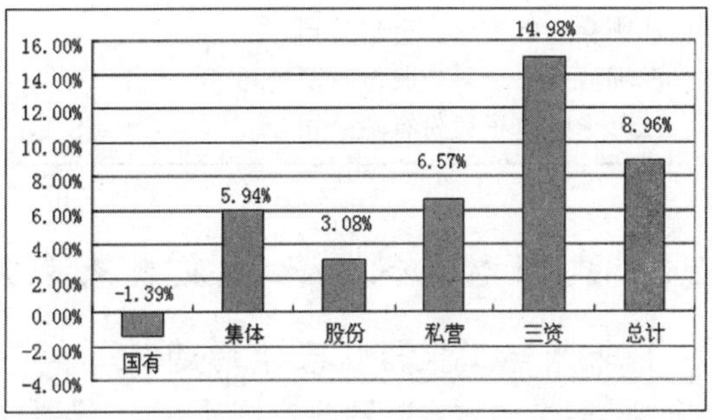

图24　2005年不同所有制企业销售利润率比较

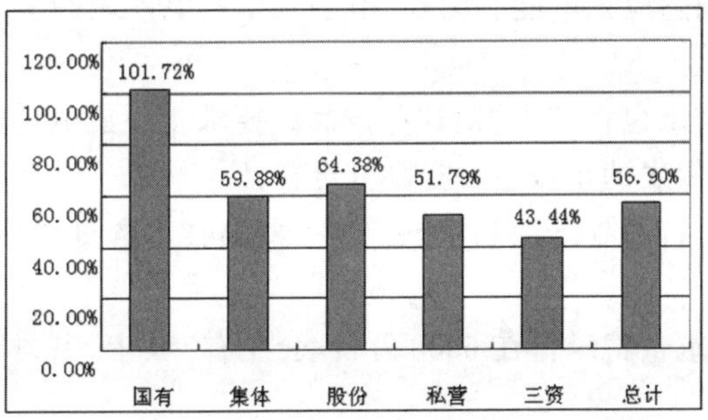

图25　2005年不同所有制企业资产负债率比较

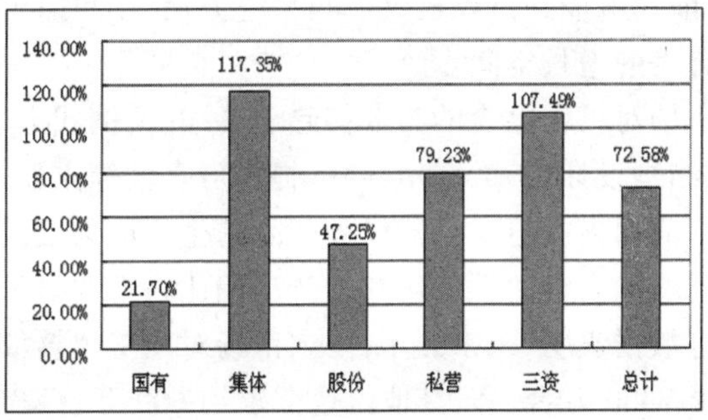

图26　2005年不同所有制企业资金周转率比较

（三）主要企业市场占有率情况

表9　主要电工仪器仪表制造企业市场占有率状况

企业名称	市场占有率		增长率(%)
	2005年	2004年	
杭州华隆电子技术有限公司	5.88%	5.25%	12.13
上海世禄仪器有限公司	4.92%	4.31%	14.16
上海寺冈电子有限公司	3.58%	4.70%	-23.81
兰吉尔表计（珠海）有限公司	3.08%	3.05%	0.98
广州南方电力集团电器有限公司	2.97%	2.12%	39.81

表9 主要电工仪器仪表制造企业市场占有率状况(续表)

企业名称	市场占有率		增长率(%)
	2005年	2004年	
黄山金马股份有限公司	2.91%	2.99%	-2.70
TCL国际电工(无锡)有限公司	2.56%	3.46%	-26.08
深圳浩宁达电能仪表制造有限公司	2.55%	2.78%	-8.53
沈阳维用精密机械有限公司	2.17%	1.88%	15.73
河南思达高科技股份有限公司	2.08%	2.40%	-13.12
晨泰电器仪表有限公司	1.63%	2.05%	-20.57
上海光华爱而美特仪器有限公司	1.62%	2.38%	-31.94
霍丁格包尔文(苏州)电子测量技术有限公司	1.56%	2.03%	-23.13
北京雷泰光电技术有限公司	1.54%	1.16%	32.80
南京新联电子设备有限公司	1.38%	1.35%	2.43
杭州正华电子科技有限公司	1.28%	1.23%	3.58
深圳市龙电电气有限公司	1.19%	1.54%	-22.65
江阴众和电力仪表有限公司	1.08%	1.08%	-0.32
深圳科陆电子科技股份有限公司	1.08%	2.12%	-49.09
江苏卡欧电子股份有限公司	1.00%	0.76%	30.81

七、我国电工仪器仪表发展未来发展趋势分析

(一)未来电工仪器仪表市场趋势

近年来,因全国城乡电网改造拉动,电工仪器仪表市场发生了一系列变化,并将随着经济发展继续其市场变化。电工仪器仪表在工业化和现代生活中应用广泛,但电力部门是始终是电工仪器仪表的第一大用户。据分析,目前在电能计量仪器仪表与系统方面,用户需求以86系列感应式电能表为主,电子式单相电能表的需求预计会有大的增长空间。

市场对精密电表的需求将趋于萎缩,便携式电表的整个需求也将减少。对这些产品的要求主要集中在仪表外观、结构设计、扩大应用领域、提高可靠性等方面;数字仪表发展的重点也是提高其可靠性。

目前国内的电工仪器仪表产品的生产能力已严重过剩,全行业处于微利状态。但一些高技术含量产品,如电子式电能表等的性价比与老产品相比将有明显的竞争优势。

有数据表明,未来几年,国内市场对电工仪器仪表的年需求量将维持在6000万台/套左右。其中,电力部门约需求5400万台/套,其他行业需求约600万台/套。

从产品结构上分析,电能表需求量约4800万台,安装式电表需求约700万台,便携式电表需求约250万台,数字仪表需求约150万台,其他仪表需求100万台左右。各类产品中的需求结构也同时在变化,电能表产品中的电子式电能表比重将逐步加大,从“十五”初期的200万台到末期预期可达1200万台左右。安装式电表、便携式电表、数字仪表的技术含量亦将提高,产品技术水平不断升级。

因此,尽管近几年电工仪器仪表年需求总量不会有太大变化,但总产销量会有不断增加的趋势。

(二)2010年高中档电工仪器仪表国内市场将占80%

工业自动化仪表重点发展基于现场总线技术的主控系统装置及智能化仪表、特种和专用自动化仪表;全面扩大服务领域,推进仪器仪表系统的数字化、智能化、网络化,完成自动化仪表从模拟技术向数字技术的转变,5年内数字仪表比例达到60%以上;推进具有自主版权的自动化软件的商品化。

电工仪器仪表重点发展长寿命电能表、电子式电度表、特种专用电测仪表和电网计量自动管理系统。到2005年,中低档电工仪器仪表国内市场占有率要达到95%;到2010年,高中档电工仪器仪表国内市场占有率达

到80%。

科学测试仪器重点发展过程分析仪器、环保监测仪器仪表、工业炉窑节能分析仪器以及围绕基础产业所需的汽车零部件动平衡、动力测试及整车性能检测仪、大地测量仪器、电子速测仪、测量型全球定位系统以及其他试验机、实验室仪器等新产品。产品以技术含量较高的中档产品为主，到2005年在总产值中占50%-60%。

环保仪器仪表重点发展大气环境、水环境的环保监测仪器仪表、取样系统和环境监测自动化控制系统产品，到2005年技术水平达到20世纪90年代后期国际先进水平，国内市场占有率达到50%~60%，到2010年国内市场占有率达到70%以上。

仪器仪表元器件"十五"及2010年前，尽快开发出一批适销对路、市场效果好的产品，品种占有率达到70%~80%，高档产品市场占有率达60%以上；通过科技攻关、新品开发，使产品质量水平达到国际20世纪90年代末水平，部分产品接近国外同类产品先进水平。

信息技术电测仪器主要发展电测仪器软件化、智能化技术，总线式自动测试技术，综合自动化测试系统，新型元器件测量技术及测试仪器，在线测试技术，信息产业产品测试技术，多媒体测量技术以及相应测试仪器，用电监控管理技术等。另外，还有医疗仪器、尖端测量仪器。

工业自动化仪表重点发展基于现场总线技术的主控系统装置及智能化仪表、特种和专用自动化仪表；全面扩大服务领域，推进仪器仪表系统的数字化、智能化、网络化，完成自动化仪表从模拟技术向数字技术的转变，5年内数字仪表比例达到60%以上；推进具有自主版权的自动化软件的商品化。

电工仪器仪表重点发展长寿命电能表、电子式电度表、特种专用电测仪表和电网计量自动管理系统。到2005年，中低档电工仪器仪表国内市场占有率要达到95%；到2010年，高中档电工仪器仪表国内市场占有率达到80%。

科学测试仪器重点发展过程分析仪器、环保监测仪器仪表、工业炉窑节能分析仪器以及围绕基础产业所需的汽车零部件动平衡、动力测试及整车性能检测仪、大地测量仪器、电子速测仪、测量型全球定位系统以及其他试验机、实验室仪器等新产品。产品以技术含量较高的中档产品为主，到2005年在总产值中占50%~60%。

环保仪器仪表重点发展大气环境、水环境的环保监测仪器仪表、取样系统和环境监测自动化控制系统产品，到2005年技术水平达到20世纪90年代后期国际先进水平，国内市场占有率达到50%~60%，到2010年国内市场占有率达到70%以上。

仪器仪表元器件"十五"及2010年前，尽快开发出一批适销对路、市场效果好的产品，品种占有率达到70%~80%，高档产品市场占有率达60%以上；通过科技攻关、新品开发，使产品质量水平达到国际20世纪90年代末水平，部分产品接近国外同类产品先进水平。

信息技术电测仪器主要发展电测仪器软件化、智能化技术，总线式自动测试技术，综合自动化测试系统，新型元器件测量技术及测试仪器，在线测试技术，信息产业产品测试技术，多媒体测量技术以及相应测试仪器，用电监控管理技术等。另外，还有医疗仪器、尖端测量仪器。

信息技术设备整机及板卡产品的检验

国家电子计算机质量监督检验中心　罗洪元

信息技术设备(如计算机、外部设备、网络设备和个人信息处理设备等)产品的技术日新月异,功能越来越丰富。这些产品的广泛使用,大大丰富了人们的生活内涵,提高了人们的工作效率,促进了社会的发展和进步。为了满足信息技术设备产品设计人员、采购人员和广大消费者从不同角度关注产品质量检验、认证,了解产品检验依据、检验项目的要求,本文介绍信息技术设备整机及板卡产品质量检验的相关内容,供感兴趣的读者参考。

一、产品分类

由于信息技术设备产品技术发展迅速,给从事此类产品质量鉴定、质量检验的实验室增加了新技术跟踪、检验仪器设备更新和专业技术人员更新知识等难度。针对信息技术设备产品的特点、适用的国家标准和产品质量检验环境要求的实际情况,从产品检验角度将信息技术设备产品的质量检验分成整机产品、板卡(含模块、部件,以下统称板卡)产品两大部分。

从产品供电方式对检验项目多少的影响,也可以将产品分为交流电源供电和直流电源供电两类。

1. 整机产品

这里的整机产品是自己能独立工作或与计算机联机并在计算机的控制下完成部分工作的设备，整机产品自身应有交流电源或直流电源直接供电。

信息技术设备整机产品有如台式计算机、复印机、传真机、多功能(传真、复印、打印)一体机、电子收款机、阴极射线管显示器(CRT)、液晶显示器(LCD)、等离子显示器(PDP)、笔记本电脑、掌上电脑、数码相机、数码摄录机、服务器、工作站、集线器、路由器、网络交换机、行式打印机、热敏打印机、激光打印机、喷墨打印机、针式打印机、扫描仪、绘图仪、磁光盘机、磁带机、网络存储器、磁带库、光盘塔、磁盘阵列等。

2. 板卡产品

随着技术的快速发展,信息技术设备产品的功能不断扩展,各种功能的内置板卡越来越多,如机箱、主板、开关电源、内存条、显卡、CD-ROM、CPU、硬盘、声卡、鼠标、电话语音卡、键盘、网卡、RAID 卡、电视卡、图形卡和股票卡等。内置板卡产品一般都采用直流电源供电。

二、检验依据

1. 通用的国家强制标准

对信息技术设备整机、板卡产品的质量检验,根据产品的供电方式(直流或交流)、工作方式(独立或整机的一部分)和采用的元器件种类等特点,部分产品的检验需要采用以下国家强制标准的全部或部分,某些产品的检验可能采用以下国家强制标准的部分条款,实验室在对某种整机或板卡产品实施检验前,应根据具体产品的特点,制订检验依据准确、检验项目适用和检验方法科学的检验规范。

《产品质量仲裁检验和产品质量鉴定管理办法》1999 年 3 月 10 日国家质量技术监督局第 4 号令公布;

GB 4943—2001(idt IEC60950:1999)《信息技术设备的安全》;

GB 9254—1998(idt CISPR22:1997)《信息技术设备的无线电骚扰限值和测量方法》;

GB 17625.1—2003 (idt IEC61000-3-2:1999)《低压电气及电子设备发出的谐波电流限值（设备每相输入电流≤16A)》(适用≥75W 的设备)；

GB 17625.2—1999(idt IEC61000-3-3:1994)《电磁兼容限值对额定电流不大于 16A 的设备在低压供电系统中产生的电压波动和闪烁的限制》等。

2. 通用的国家推荐标准

对信息技术设备整机、板卡产品的检验，根据产品的供电方式(直流或交流)、工作方式(独立或整机的一部分)和采用的元器件种类等特点，部分产品的检验需要采用以下国家推荐标准的全部或部分，某些产品的检验可能采用以下国家推荐标准的部分条款，实验室在对某种整机或板卡产品实施检验前，应根据具体产品的特点，制订检验依据准确、检验项目适用和检验方法科学的检验规范。

CNAL/AC01:2005(ISO/IEC 17025:2005)《检测和校准实验室认可准则》；

CNAL/AC02:2003(ISO/IEC 17020:1998)《检查机构认可准则》；

ISO/IEC 指南 65《产品认证机构认可通用要求》；

GB/T 1.1—2000《标准化工作导则　第 1 部分：标准的结构和编写规则》；

GB/T 191—2000(eqv ISO 780:1997)《包装储运图示标志》；

GB/T 2828—2003《逐批检查计数抽样程序及抽样表(适用于连续批的检查)》；

GB/T 2829—2002《周期检查计数抽样程序及抽样表(适用于生产过程稳定性的检查)》；

GB/T 2421—1999(eqv IEC 68-1:1988)《电工电子产品环境试验 第 1 部分：总则》；

GB/T 2422—1995(eqv IEC 68-5-2:1990)《电工电子产品环境试验 术语》；

GB/T 2423.1—2001(IDT IEC 68-2-1:1990)《电工电子产品基本环境试验规程 试验 A：低温试验方法》；

GB/T 2423.2—2001(IDT IEC 60068-2-2:1974)《电工电子产品基本环境试验规程 试验 B：低温试验方法》；

GB/T 2423.3—1993(eqv IEC 68-2-3:1984)《电工电子产品基本环境试验规程 试验 Ca：恒定湿热试验方法》；

GB/T 2423.5—1995(idt IEC 68-2-27:1987)《电工电子产品环境试验 第二部分：试验方法 试验 Ea 和导则：冲击》；

GB/T 2423.6—1995(eqv IEC 68-2-29:1987)《电工电子产品环境试验 第二部分：试验方法 试验 Eb 和导则：碰撞》；

GB/T 2423.10—1995 (idt IEC 68-2-6:1982)《电工电子产品环境试验 第二部分：试验方法 试验 Fc 和导则：振动(正弦)》；

GB5080.7—1986(idt IEC 605-7:1978)《设备可靠性试验 恒定失效率假设下的失效率与平均无故障时间的验证试验方案》；

GB/T 4857.2—1992(eqv ISO 2233:1986)《运输包装件　温湿度调节处理》；

GB/T 4857.5—1992(eqv ISO 2248:1985)《运输包装件 跌落试验方法》；

GB/T 17618—1998(idt CISPR24:1997)《信息技术设备抗扰度限值和测量方法》；

GB/T 17626.2—1998(idt IEC61000-4-2:1995)《电磁兼容 试验和测量技术 静电放电抗扰度试验》；

GB/T 17626.3—1998(idt IEC61000-4-3:1995)《电磁兼容 试验和测量技术 射频电磁场辐射抗扰度试验》；

GB/T 17626.4—1998(idt IEC61000-4-4:1995)《电磁兼容 试验和测量技术 电快速瞬变脉冲群抗扰度试验》；

GB/T 17626.5—1999(idt IEC61000-4-5:1995)《电磁兼容 试验和测量技术 浪涌(冲击)抗扰度试验》；

GB/T 17626.6—1998(idt IEC61000-4-6:1996)《电磁兼容 试验和测量技术 射频场感应的传导骚扰抗扰度》；

GB/T 17626.8—1998(idt IEC61000-4-8:1993)《电磁兼容 试验和测量技术 工频磁场抗扰度试验》；

GB/T 17626.11—1999(idt IEC61000-4-11:1994)《电磁兼容 试验和测量技术 电压暂降、短时中断和电压变化的抗扰度试验》；

GB/T 6882—1986(neq ISO3745:1977)《声学 噪声源声功率级的测定 消声室和半消声室精密法》等。

3. 国家或行业产品标准

由于微电子技术的飞速发展，信息技术设备整机、板卡产品更新换代周期很短，给制订信息技术设备整机、板卡产品国家或行业标准带来困难，因此，一些整机、板卡产品的功能和性能检验没有统一的国家或行业标准可依，板卡产品在这方面的矛盾更为突出，如仅有硬盘驱动器、软盘驱动器等国家标准已经不能满足现有产品功能、性能的检验要求。

目前对信息技术设备板卡产品的质量检验，除了部分产品可以采用与整机产品检验相同的国家强制标准、国家推荐标准外，产品的功能、性能测试一般要求产品的生产企业提供备案的企业标准，对不能提供企业产品标准的，应按照产品说明书明示的指标，在指定环境下对这些板卡产品的功能、性能进行检验。

GB/T 14081—93《信息处理用键盘(西文)通用技术条件》；

GB/T 14714—1993《微小型计算机系统设备用开关电源通用技术条件》；

GB/T 14715—1993《信息技术设备用不间断电源通用技术条件》；

GB/T 17540—1998《台式激光打印机通用规范》；

GB/T 17541—1998《学习机通用规范》；

GB/T 17974—2000《台式喷墨打印机通用规范》；

GB/T 9312—1988《行式打印机通用技术条件》；

GB/T 9313—1995《数字电子计算机用阴极射线管显示设备通用技术条件》；

GB/T 9314—1995《串行击打式点阵打印机通用技术条件》；

GB/T 9813—2000《微型计算机通用规范》；

GB/T 18220—2000《手持式个人数字处理设备通用技术规范》；

SJ/T 10360—1993《家用电子游戏机通用技术条件》；

GB/T 18239—2000《集成电路(IC)卡读写机通用规范》；

SJ/T 11193—1998《微型数字电子计算机多媒体性能要求》；

GB 18240.1—2003《税控收款机　第1部分：机器规范》；

GB 18240.3—2003《税控收款机　第3部分：税控器规范》；

GB 18240.4—2004《税控收款机　第4部分：银行卡受理终端规范》；

GB 18240.5—2005《税控收款机　第5部分：税控打印机规范》等。

4. 备案的企业标准

《中华人民共和国标准化法》第六条规定“企业生产的产品没有国家标准和行业标准的，应当制定企业标准，作为组织生产的依据。企业的产品标准须报当地政府标准化行政主管部门和有关行政主管部门备案。已有国家标准或者行业标准的，国家鼓励企业制定严于国家标准或者行业标准的企业标准，在企业内部适用”。企业标准编写格式参照 GB/T 1.1—2000 等国家标准的统一要求。

对于暂时尚无国家或行业标准的产品，企业可以根据产品的特点，制订适用的企业产品标准，为产品的生产定型、生产过程的质量控制、产品的交收检验和其它形式的质量检验提供具有法律效力的质量检验依据。

对信息技术设备整机、板卡产品的检验，要求企业提供与被检验产品一致的企业标准或产品各项功能、性能指标明确的产品说明书。

三、检验项目

1. 检验分类及样品确定

信息技术设备整机、板卡产品检验分为产品(设计、生产)定型检验、例行试验、出厂交收检验、质量仲裁检验和各种认证(如3C、FCC、CE等)规定的型式试验等几大类。

产品定型(设计、生产)检验、例行试验和出厂交收检验一般由企业自己承担，没有检验条件的企业，可以委托中国实验室国家认可委员会(CNAL)认可的专业检测实验室承担；对质量仲裁检验和各种认证规定的型式试验应按国家授权范围、认证模式的规定由国家认可、授权的指定检验实验室承担。

根据被检验产品的特点和每类检验的不同要求，检验委托方、被委托方都会对被检验样品的检验标准(方法)、检验项目、样品来源(送样或抽样)、抽样样品的抽样方法、抽样样品母体、样品数量、被检验样品的合格(符合)综合判定原则和不合格(符合)检验结果的处理方式等签定合同(或称检验委托书)。

下面是微型计算机整机产品可靠性试验的样品抽样母体数、最佳样品数和最大样品数之间关系一个例子,可供其他类似产品试验时的产品抽样参考。

批量或连续生产台数	最佳样品数	最大样品数
1~3	全部	全部
4~16	3	9
17~52	5	15
53~96	8	19
97~200	13	21
200 以上	20	22

信息技术设备整机、板卡产品检验的样品抽样一般参照 GB/T 2828—1987 或 GB/T 2829—2002 国家标准进行,选用相应的抽样方案、合格质量水平和检查水平。

对于各种认证规定的型式试验,除了规定检验依据、样品数量和样品来源等外,可能还对检验报告的格式提出了统一要求。

2. 检验项目

(1) 外观、结构检查

产品表面不应有明显的凹痕、划伤、裂缝、变形和污染等。表面镀层应均匀、不应起泡、龟裂、脱落和磨损。金属零部件不应有锈蚀及其他机械损伤。

产品的零部件应紧固无松动,安装可替换部件的接插件应能可靠连接,键盘、开关按钮和其他控制部件的控制应灵活可靠,布局应方便使用。

对于便携式产品而言,除特殊按键外,各按键应平整一致,其压力离散性不应大于 0.3N,每个按键在规定的负荷条件下,通断寿命应大于 106 次。产品的标识、标注应符合国家有关规定的要求。

(2) 功能与性能检查

根据具体整机产品标准或者说明书有关产品功能、性能描述,按照产品固化程序或者特定系统环境下运行测试程序进行检测。对量大面广的通用整机产品(如微型计算机、显示器等),可以采用一些比较有权威性的、公认的测试软件,对那些功能和性能彼此有差异的整机产品也可以采用由产品的生产厂家提供的测试软件,或者采用实验室提供的测试工具进行测试,但这种非标准测试工具必须经过验证、评审程序认可才能使用。

在特定工装环境下或整机环境下对板卡的功能进行检验,有些板卡的功能测试需要运行通用或专用的检验程序,检验板卡的功能需要阅读被测板卡的说明书,在指定的操作平台下进行。

(3) 安全性试验

对于直接使用交流电源或电源适配器的整机、板卡产品的安全性检验标准是相同的。对于直接使用直流电源的整机、板卡产品,不直接检验电气安全指标,它们的电气安全指标必须与为其供电的整机一起检验。

① 对地泄漏电流试验:产品应符合 GB4943—2001 中 5.1 条的有关规定(220V 或电源适配器供电时适用)。

② 抗电强度试验:产品应符合 GB4943—2001 中 5.2 条的有关规定(220V 或电源适配器供电时适用)。

③ 保护接地措施试验:产品应符合 GB4943—2001 中 2.6.3.3 条的有关要求(220V 或电源适配器供电时适用)。

(4) 电源适应性试验

对于交流电源供电的整机产品,一般应在 220V±22V,50Hz±1Hz 条件下正常工作。电源插头试验按照 GB 2099.1 的规定进行。

对于直流电源供电的整机、板卡产品,当电压在标称值±5%范围内时,产品工作应正常。采用电池供电有特殊要求的产品,应对电池的一些关键指标提出明确要求。

不同种类的整机、板卡产品具体的±指标值可能稍有不同,进行该项指标检验时,应仔细阅读该产品标准的该项指标要求,避免产生错误的检验结果。

(5) 噪声试验

装有风扇或其他散热装置的信息技术设备产品工作时，产品标准应规定噪声指标，如微机产品不得高于55dB,但对加装两个以上风扇的产品,其噪声要求应在产品标准中规定。

在不同环境下使用的整机产品,其噪声的要求也不一定完全一样,对不同的产品进行进行噪声检验时,应仔细阅读相关产品标准对噪声指标的规定。

如果被检验的板卡产品工作时产生噪声,而且对噪声指标有明确的要求,则板卡的噪声检验要求应与整机产品一样。或者是将板卡产品直接安装到整机产品中,然后再检验整机产品的噪声指标,判定是否符合标准要求。

(6) 无线电骚扰试验

① 辐射骚扰试验

信息技术设备板卡产品(例如,微机主板、显示卡、硬盘、MODEM 卡…)应安装在有代表性的整机机箱中进行无线电骚扰检验，以保证被检验合格的信息技术设备板卡安装于大多数常用整机机箱中使用时无线电骚扰限值合格。

信息技术设备板卡的无线电骚扰用的有代表性的整机机箱由检验委托方提供；若检验委托方不能提供测试用的整机机箱,则可用被委托方配备的测试用整机机箱,被委托方应保证该整机机箱的无线电骚扰指标符合委托方的要求。

信息技术设备板卡无线电骚扰检验时,将其安装于有代表性的整机机箱中,相应的端口应接上典型的实际负载(或模拟负载)构成系统。

以系统为单位进行无线电骚扰检验，检验中所用的整机机箱和负载都应是与检验委托方的信息技术设备板卡所声明的无线电骚扰等级(A 级或 B 级)相同的检验合格产品。

若信息技术设备板卡中的时钟频率可变,则无线电骚扰检验时应改变时钟频率,寻找最大骚扰状态进行测试。

应符合 GB 9254—1998 中辐射骚扰限值的 A 级或 B 级要求 (需要在产品标准或产品使用说明中标明,否则按 B 级要求执行)。

(a) 辐射骚扰参考标准:

频率	A 级(在 3m 处)	B 级(在 3m 处)
(MHz)	dB(μV/m)	dB(μV/m)
30~230	50	40
230~1000	57	47

(b) 传导骚扰参考标准:

频率	A 级 dB(μV)		B 级 dB(μV)	
(MHz)	准峰值	平均值	准峰值	平均值
0.15~0.5	79	66	66~56	56~46
0.5~5	73	60	56	46
5~30	73	60	60	50

② 电源端子传导骚扰试验:应符合 GB 9254—1998 中电源端子骚扰电压限值的 A 级或 B 级要求(需要在产品标准或产品使用说明中表明,否则按 B 级要求执行) (220V 或电源适配器供电时适用)。

(7) 抗扰度试验

对于信息技术设备整机、板卡产品的抗扰度检验,如果是相对主机独立供电的板卡产品,则它们的抗扰度检验标准是相同的。如果板卡是安装在整机机箱中、与其他板卡一起工作并且这些板卡产品有抗扰度指标要求时,应事先将这些板卡产品安装在整机机箱中,然后再按照整机产品的检验标准和检验方法对整机产品进行抗扰度检验,但首先应保证整机机箱的抗扰度指标符合标准或委托方的要求。

① 静电放电抗扰度试验:应符合 GB/T 17618—1998、GB/T 17626.2—1998 中的相关要求。

② 射频电磁场辐射抗扰度试验:应符合 GB/T 17618—1998、GB/T 17626.3—1998 中的相关要求。

③ 电快速瞬变脉冲群抗扰度试验：应符合 GB/T 17618—1998、GB/T 17626.4—1998 中的相关要求(220V 或电源适配器供电时适用)。

④ 浪涌(冲击)抗扰度试验:应符合 GB/T 17618—1998、GB/T 17626.5—1999 中的相关要求(220V 或电源适配器供电时适用)。

⑤ 浪涌(冲击)抗扰度试验:应符合 GB/T 17618—1998、GB/T 17626.5—1999 中的相关要求(220V 或电源适配器供电时适用)。

⑥ 射频场感应的传导骚扰抗扰度试验:应符合 GB/T 17618—1998、GB/T 17626.6—1998 中的相关要求(220V 或电源适配器供电时适用)。

⑦ 工频磁场抗扰度试验:应符合 GB/T 17618—1998、GB/T 17626.8—1998 中的相关要求。

⑧ 电压暂降、短时中断和电压变化抗扰度试验:应符合 GB/T 17618—1998 中、GB/T 17626.11—1999 的相关要求(220V 或电源适配器供电时适用)。

(8) 谐波电流骚扰试验

应符合 GB 17625.1—2003 的相关要求(220V 或电源适配器供电时适用)。

对采用交流电源(包括电源适配器)供电的整机、板卡产品,其谐波电流骚扰指标的检验是相同的。

(9) 电压波动和闪烁试验

应符合 GB 17625.2—1999 的相关要求(220V 或电源适配器供电时适用)。

对采用交流电源(包括电源适配器)供电的整机、板卡产品,其电压波动和闪烁指标的检验是相同的。

(10) 环境适应性试验

对于采用对温度、湿度环境敏感电子元器件、组件的整机、板卡产品一般对气候环境都有要求,对这些板卡产品气候环境指标的检验一部分可以直接采用环境试验箱进行检验,一部分可以安装在整机机箱中,与整机产品机箱中的其他板卡一起检验。

① 气候环境条件试验:应符合国家、行业或企业相关产品标准中规定的产品对工作温度下限、贮存温度下限、工作温度上限、贮存温度上限、恒定湿热等气候条件的相关要求。

(A) 工作温度下限试验:按照 GB/T 2423.1—2001 中的“试验 Ad”进行。被检验样品必须进行初始检测。严酷程度取决于具体产品标准规定的工作温度下限值,加电运行检查(自检)程序 2 小时(不同产品可能有区别),被检验样品工作应正常。恢复时间为 2 小时(不同产品可能有区别)。

(B) 贮存运输温度下限试验:按照 GB/T 2423.1—2001 中的“试验 Ab”进行。严酷程度取决于具体产品标准规定的贮存运输温度下限值,被检验样品在不工作条件下存放 16 小时(不同产品可能有区别),恢复时间为 2 小时(不同产品可能有区别),并进行最后检测。为防止试验样品受潮,试验期间必须对试验样品采取防护措施(外加防护袋或干燥剂)。

(C) 工作温度上限试验:按照 GB/T 2423.1—2001 中的“试验 Bd”进行。被检验样品必须进行初始检测。严酷程度取决于具体产品标准规定的工作温度上限值,加电运行检查(自检)程序 2 小时(不同产品可能有区别),被检验样品工作应正常。恢复时间为 2 小时(不同产品可能有区别)。

(D) 贮存运输温度上限试验:按照 GB/T 2423.1—2001 中的“试验 Bb”进行。严酷程度取决于具体产品标准规定的贮存运输温度上限值,被检验样品在不工作条件下存放 16 小时(不同产品可能有区别),恢复时间为 2 小时(不同产品可能有区别),并进行最后检测。

(E) 工作条件下的恒定湿热试验:参照 GB/T 2423.3—1993 中的“试验 Ca”进行,严酷程度取决于具体产品标准规定的工作温度、湿热上限值,被检验样品必须进行初始检测。试验持续时间为 2 小时(不同产品可能有区别)。在此期间加电运行检查(自检)程序,工作应正常。恢复时间为 2 小时(不同产品可能有区别),并进行最后检测。

(F) 贮存运输条件下的恒定湿热试验:参照 GB/T 2423.3—1993 中的“试验 Ca”进行。被检验样品必须进行初始检测,被检验样品在不工作条件下存放 48 小时(不同产品可能有区别),恢复时间 2 小时(不同产品可能有区别),并进行最后检测。

② 机械环境条件试验:应符合国家、行业或企业相关产品标准中规定的产品对振动试验、碰撞试验、冲击试验、跌落试验等机械条件的相关要求。

(A) 按照 GB/T 2423.10—1995 中的“试验 Fc”进行。被检验样品按工作位置固定在振动台上,进行初始检测。被检验样品在不工作状态下,按具体产品标准规定的值,分别对三个互相垂直的轴线方向进行振动。对某些被检验样品,试验应在加电运行检查(自检)程序的工作状态下进行。

(B) 冲击试验:按照 GB/T 2423.5—1995 中的“试验 Ea”进行。被检验样品必须进行初始检测,安装时要注意重力影响,按具体产品标准规定的值,在不工作条件下,分别对三个互相垂直的轴线方向进行冲击。试验后进行最后检测。

(C) 碰撞试验:按照 GB/T 2423.6—1995 中的“试验 Eb”进行。被检验样品必须进行初始检测,安装时要注意重力影响,按具体产品标准规定的值,在不工作条件下,分别对三个互相垂直的轴线方向进行碰撞。试验后进行最后检测。

(D) 运输包装件跌落试验:被检验样品必须进行初始检测,将运输包装件处于准备运输状态,按 GB/T 4857.2—1992 标准的规定进行预处理 4 小时。

将运输包装件按 GB/T 4857.5—1992 的要求和具体产品标准规定的值进行跌落,任选四面,每面跌落一次。试验后按具体产品标准的规定检查产品包装件的损坏程度,并对被检验样品进行最后检测。

(11) 可靠性试验

信息技术设备整机产品有可靠性指标要求,而整机产品的可靠性指标应该是可以分解到各个板卡的,一般来讲,组成整机产品的各个板卡的可靠性指标都应高于整机产品的可靠性指标。

能独立工作的板卡产品的可靠性试验可以参照整机产品的标准执行。对于不能独立工作的板卡产品,应安装在为其提供电源的主机机箱中或专用测试装置中进行可靠性试验。

采用平均无故障时间(MTBF)衡量产品的可靠性水平。可靠性试验的目的是确定产品在正常使用条件下的可靠性水平,试验周期内综合应力通常应考虑如下两个方面的因素:

电应力:被检验样品在输入交流电压标称值 220V±22V 或输入直流电压标称值 xxV±xx×5%V,一个试验周期内各种条件工作时间的分配为:电压上限占 25%,标称值占 50%,电压下限占 25%。不同种类的整机产品具体的±指标值可能稍有不同,进行该项指标检验时,应仔细阅读该产品标准的该项指标要求,避免产生错误的检验结果。

温度应力:被检验样品在一个试验周期内由正常温度升至温度上限值再降至正常温度(具体值由具体产品标准规定)。温度变化率的平均值为 0.7℃/min~1℃/min 或者根据具体产品标准的规定执行。在一个试验周期内保持在上限和正常温度的持续时间之比应为 1:1 左右。

一般而言,一个试验周期称为一次循环,在总试验期间内循环次数不应小于 3 次。每个周期的持续时间应不大于 $0.2\times m_0$,电应力和温度应力应同时施加。

国家或行业标准中通常规定整机产品的 m_1 值(MTBF 的不可接受值)不得低于 xxxxx 小时(如微机的现行 xxxxx 值为 4000 小时)。

没有国家或行业标准的整机产品,应符合备案的企业标准的可靠性要求。对整机产品进行可靠性验证检验时,一般应运行特定的程序,使被验证产品处于模拟工作状态。

可靠性验证试验有很多试验方案可以选择,不同的试验方案试验时间的计算方法和试验风险等也不一样,试验时可根据不同的产品选择不同的试验方案。

可靠性试验例(微型计算机产品):

选择 GB 5080.7—86 中序贯截尾试验方案 4:7,$\alpha=0.2$,$\beta=0.2$,平均无故障工作时间可接受值 $m_0=Dm\times m_1$,其中,$Dm=3.0$,$m_1=4000$ 小时(MTBF),则总台时:

$$T=0.89\times m_0=0.89\times Dm\times m_1=0.89\times 3.0\times 4000\ \text{小时}=10680\ \text{台时}$$

可靠性试验所需时间和样品台数之间的关系:

总台时	样品数(台)	试验所需天数
10680 台时	10	10680÷10÷24 = 44.50 天
10680 台时	20	10680÷20÷24 = 22.25 天
:	:	:
10680 台时	60	10680÷60÷24 ≈ 7.42 天

四、检验条件及方法

承担信息技术设备整机、板卡等产品检验(主要针对有国际标准、国家标准、行业标准或企业标准)的机构应按照ISO/IEC 17025标准的规定建立与自身承担该类产品检验相适应的质量保证体系,配置足够的资源。承担信息技术设备整机、板卡等产品检查(主要针对没有国际标准、国家标准、行业标准或企业标准)的机构应按照ISO/IEC 17025的规定建立与自身承担该类产品检查相适应的质量保证体系,配置足够的资源,特别是需要配置具有足够经验的技术人员。

在产品质量仲裁活动中,有时既要用到实验室的检验结果又要采用检查人员的丰富经验和科学的验证方法。

(1) 实验室环境

用于检验整机、板卡产品的实验室环境应保证产品检验正常的供电、供水,保持检验环境的温湿度符合产品检验标准的要求,保证检验实验室周围附近的环境噪声、无线电干扰、振动等符合产品检验结果准确性的要求。某些板卡的功能或性能检测需要搭建模拟测试环境。

(2) 检测仪器设备

承担整机、板卡产品检验的实验室应当配置足够的、能满足产品检验标准要求的检验仪器设备,并保证这些检验仪器设备处于良好的工作状态,并在检定、计量有效期内使用。有些板卡的功能或性能测试需要搭建模拟测试工装设备。

(3) 测试软件

信息技术设备整机产品中,有些产品(如计算机)有专门的功能或性能测试软件,有些产品(如计算机外部设备和网络设备)的测试软件是固化在产品的EPROM中,有些产品(如数码相机)没有专门的测试软件,而只能按照产品说明书做功能的验证测试。

目前,微型计算机产品的测试软件比较多,比如3DMARK、WinBench、Winstone、QAPlus等是业界用得较多的、比较公认可用的测试软件。

随着微电子技术的迅速发展,与之相对应的微机性能的测试软件也将不断有新产品问世,从事微机产品性能检验的实验室可以慎重选用。

用于测试信息技术设备板卡功能或性能的软件比较多,比较典型的测试软件有Modem TESTER、Fresh Diagnose、Hardware Sensors Monitor、Nero DVD SpeedSpeedFan、CDSpeed、MyCPU、MotherBoard Monitor、WinPulse、PassMark Perfomance Test、BurnInTest、System Analyser、Battery Bar、WinTune、WCPUID和Modem-Scan等。很多测试软件是可以从网上下载的自由软件,正规的检测实验室在选择这些软件时,必须慎重,应该选择那些受到业界公认的测试软件。

(4) 测试技术人员

信息技术设备产品属于高速发展的产品,从事这类产品检验的技术人员既要掌握产品的相关检验标准,熟悉检验仪器设备,又要不断跟踪种类繁多的产品的新技术。

特别是从事这类产品综合性能测试、质量仲裁检验的技术人员,除了要求具有丰富的检测室检验经验外,还必须是信息技术设备板卡产品的专家。否则,检验人员将会面对信息技术设备产品束手无策。

五、认证产品检验

1. 国家强制性产品认证

(1) 信息技术设备整机产品

为了维护国家、社会和公众利益,2001年11月21日国家质量监督检验检疫总局第5号令发布了《强制性产品认证管理规定》(简称《3C规定》)。《3C规定》于2002年5月1日开始实施,2003年8月1日开始市场查处。被列入第一批强制认证产品目录的信息技术设备产品共12种,其中整机产品11种,它们是微型计算机、便携式计算机、与计算机连用的显示设备、与计算机相连的打印设备、多用途打印复印机、扫描仪、电脑游戏机、学习机、复印机、服务器、金融及贸易结算电子设备。

需要申请信息技术设备3C认证的企业可以按照《3C规定》和《电气电子产品类强制性认证实施细则(信息技术产品)》的要求等通过网上申请,申请受理后,企业可以按照认证机构的要求将型式试验的样品送到指定检验机构进行型式试验,同时认证机构需要派审查员到企业进行工厂审查,工厂审查按照《强制性产品认证工厂质量保证能力要求》的规定进行。

3C认证信息技术设备产品与执行标准的对应关系:

序号	产品名称	执行标准
1-9	微型计算机、便携式计算机、与计算机连用的显示设备、与计算机相连的打印设备、多用途打印复印机、扫描仪、服务器、复印机、计算机内置电源及电源适配器充电器、电子收款机	GB 4943—2001 GB 9254—1998 GB 17625.1—2003
10-11	电脑游戏机、学习机	GB 4943—1995
12	金融及贸易结算电子设备	GB 9254—1998

(2)信息技术设备板卡产品

被列入第一批强制认证产品目录的信息技术设备部件产品目前只有一种,即计算机内置电源及电源适配器充电器。

2. 非强制性产品认证

国家在完善强制性产品认证的同时,也开始了非强制性产品认证工作,但由于我国开展非强制性产品认证工作起步较晚,企业对非强制性产品认证重要性的认识、非强制性产品认证机构的权威性和企业参与非强性产品认证的积极性都还有待进一步提高。信息技术设备整机产品非强制性产品认证更是如此。我国部分信息技术设备整机、板卡产品非强制性产品认证工作正在进行尝试,这方面的发展空间非常大。

3. 认证和检验机构

承担产品认证(含强制性和非强制)的机构必须按照ISO/IEC导则65等标准的规定建立与自身承担产品认证工作相一致的质量保证体系,配备必要的资源,获得国家认可机构对承担相关产品认证资格的认可,获得国家认证认可监督管理委员会的认证授权。

承担强制性和非强制认证产品检验的机构必须按照ISO/IEC 17025等标准的规定建立与自身承担认证产品检验工作相一致的质量保证体系,配备必要的资源,获得国家认可机构对承担相关认证产品检验资格的认可,获得国家认证认可监督管理委员会的检验授权。

全面准确校准毫秒仪的一种接口电路

广东省产品质量监督检验中心　张志滨

一、引　言

数字毫秒仪(以下简称毫秒仪)是一种在低压电器产品检测中常用的计时仪器,通常具有开关触发计时工作模式(以下简称开关模式)和电流触发计时工作模式(以下简称电流模式)两种基本功能。由于目前尚未见有该种仪器的国家、地方、行业的检定规程或校准规范,解决其校准问题有迫切的实际意义。事实上我单位有数台毫秒仪,在送外校准后的证书上,仅见列出某种开关模式工作下的测量值,缺失了其他多种开关模式和电流模式的测量数据，但电流模式恰恰是检测漏电保护开关产品的分断动作延时性能和检测熔断器时间特性时必须使用的，毫秒仪的各种不同的开关模式也是工业继电器、开关器件性能检测中所经常使用。在下文中将提出两组接口电路装置,使得应用常见的时间检定仪(以下简称检定仪)及该接口电路即可全面、方便、准确地对毫秒仪进行计时校准。

二、电路原理分析

1. 毫秒仪和检定仪的工作过程

以典型的MTS-3型毫秒仪为例,毫秒仪一般具有5个测试连接端口。其中2个端口用于电流模式下的交流电流输入,当电流大于额定值即刻触发计时,一旦电流消失则计时终止。其余3个在开关模式下用于测试样品(开关)的闭合、分断状态,该3端口输出两组直流测试电压,2个为正电位、另1个为零电位,当正电位端口电压低于某阈值时毫秒仪判断为开关闭合、高于另一阈值时判断为开关断开,据此执行预定的开始(停止)时间测量动作。见图1,触点开关S由断开变为闭合,原正电位端被拉低至接近零电位从而触发计时,S再由合变为开时电位恢复从而触发停止计时,反之亦然,此为一对触点的闭合或分断时间测量。见图2,触点开关S1由断开转为闭合触发开始计时,其后S2也由断开转为闭合则触发停止计时。由两被测触点开关的起始状态分为开、闭两种可以组合出4种细分的开关工作模式,此为两对触点的动作不同步时间测量。以上各种工作模式可在毫秒仪上预置后执行。

检定仪是以输出电脉冲为时间标准对计时器进行计量校准的装置，具有准确脉冲宽度的电脉冲由装置内的高稳时基电路产生。下文将以SJ-3A型时间检定仪为例阐述接口的工作原理,该检定仪有两个端口,可分别输出正、负同步的校准脉冲。

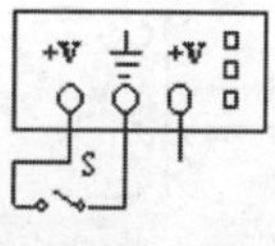

□1

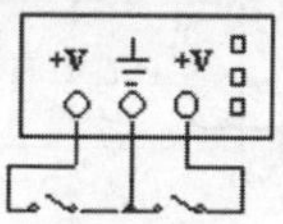

□2

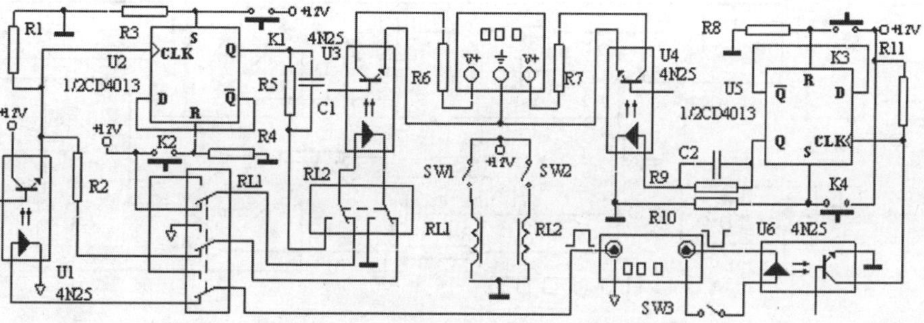

□3□□□□□□□□□

图1

2. 开关模式下的时间校准

由于此种模式下毫秒仪检测端口需接入无源电路或器件，但检定仪以输出电脉冲工作，两者不宜直接连接,因此设想在其之间插入一个接口电路,电路在检定仪控制下模拟开关的通断,并被毫秒仪所检测。接口电路原理见图 3,图中所示继电器 RL1、RL2 的接点状态对应其失电时的释放状态。

一对触点的分断时间校准:开关 SW1、SW2、SW3 均断开,继电器 RL1、RL2 释放,继电器接点状态如图所示,U3 得电导通,等效于与毫秒仪连接的被测触点闭合;在检定仪上设置时间(校准脉冲的脉宽);启动检定仪,脉冲仅能送至光电耦合器 U1,当上升沿到达 U1 使其输出饱和导通后 U3 被箝位而截止,等效于被测触点断开从而引发毫秒仪开始计时,直至脉冲的下降沿出现使 U1 截止,U3 恢复导通,相当于触点重新闭合,计时同时终止;此过程中毫秒仪的计时长度与校准脉宽完全一致,由此实现了该工作模式下的时间校准。

一对触点的闭合时间校准:开关 SW1 闭合,但 SW2、SW3 均断开,继电器 RL1 吸合、RL2 仍释放,U3 截止等效于被测触点断开;启动后脉冲上升沿直接到达 U3 使其导通等效于被测触点闭合而引发计时,当脉冲下降沿出现并到达 U3 使其恢复截止,等效于触点断开从而结束计时。

两对触点的动作不同步时间校准,计有 4 种工作模式,即“先闭后开(触点 1)-先开后闭(触点 2)”、“先闭后开(触点 1)-先闭后开(触点 2)”、“先开后闭(触点 1)-先开后闭(触点 2)”及“先开后闭(触点 1)-先闭后开(触点 2)”,本文仅解释第一种的校准原理,其余不难作类似分析。校准过程:在毫秒仪上选定相应的工作模式;开关 SW1 断开,但 SW2、SW3 均闭合,继电器 RL1 释放、RL2 吸合;接通 K1 对 D 触发器 U2 置位,U3 得电导通,相当于被测触点 1 闭合;同时接通 K3 对 U5 复位,U4 失电截止,等效于被测触点 2 断开;启动检定仪后校准脉冲分成两路(一路为正电位、另一路负电位)分别送至 U1 和 U6,正脉冲上升沿到达 U1 使其输出导通,给 U2 的时钟口送入一个脉冲的上升沿,U2 翻转(其接成 T 触发器形式)使 U3 断电截止,等效于被测触点 1 断开而引发毫秒仪开始计时;同时负脉冲的下降沿到达 U6 使其输出导通,给 U5 的时钟口一个脉冲的下降沿,U5 状态不变;稍后当正脉冲的下降沿出现到达 U1、负脉冲的上升沿也同步到达 U6,使 U1、U6 同时进入截止,但 U1 对 U2 的时钟口送出脉冲的下降沿,U2 状态不变,而 U6 对 U5 的时钟口送出脉冲的上沿使 U5 翻转,继而 U4 得电导通等效于被测触点 2 闭合,计时瞬即终止。可见模拟的被测触点 1 和被测触点 2 的动作时间差与校准脉宽完全一致。

3. 电流模式下的时间校准

电流模式下毫秒仪的检测端口需要输入交流电流作为触发源，同样设想在毫秒仪与检定仪之间插入一个接口电路,该电路的电流在检定仪控制下实现通断,形成同步动作关系,并被毫秒仪所检测到。接口电路原理见图 4,其校准工作过程为:毫秒仪置于电流触发工作模式,双联开关 SW 扳到使 U 与检定仪断开的位置,U 得电导通,并使达林顿连接的 Q1、Q2 导通,B2 桥路接通电流,调整 RL,使毫安表 A 的示值略大于毫秒仪触发电流的下限(可在毫秒仪上观察到出现计时);开关 SW 扳到使 U 与检定仪接通的位置,在检定仪上设置脉宽时间后启动输出,当上沿到达 U 后,其输出导通使 Q1、Q2、B2 相继导通,在回路上形成电流而引发毫秒仪计时;至校准脉冲下沿出现,上述器件变为截止、回路断开使电流消失,毫秒仪即时停止计时。可见触发电流的存在时间与校准脉宽是完全一致的,从而实现了时间间隔由检定仪向毫秒仪的传递。

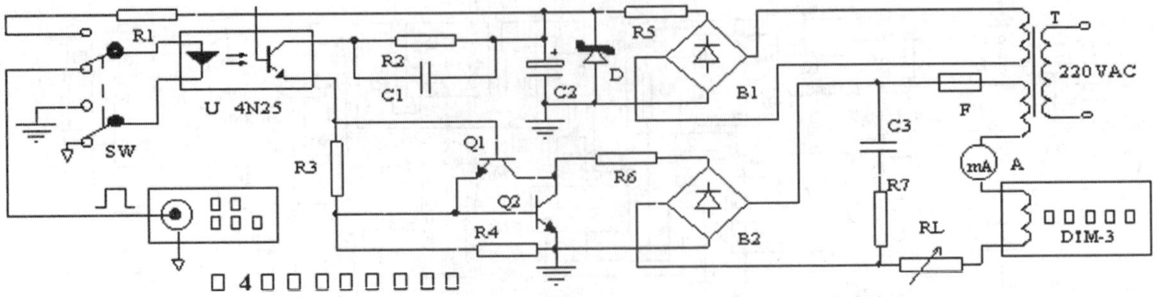

图 2

4. 接口电路的若干说明

图 3 中,R1、R5、R6、R7、R9、R11 均为限流电阻,其中 R6、R7 阻值(0.5~1)kΩ,其上压降不能大于毫秒仪的判断电压阈值;C1、C2 分别为 U3、U4 导通和截止的加速电容;为增加电路的响应速度,可用 74LS 系列 TTL 器件或 74HC 系列 CMOS 器件和高速光电耦合器代替图中相应元件;由于接口的工作状态较多,实际电路可设置相应的 LED 灯显示以方便操作。图 4 中,B1 回路除作为调整触发电流时为 U 提供输入端电流外,还为 Q1、Q2 导通时提供稳定的偏置电流;C1 为加速电容;当触发电流较大时,可用 VMOSFET 管代替 Q1、Q2。C3、R7 用于吸收、抑制 B2 回路断开时电路的反电势;F 为熔断管,用作 B2 回路的过流保护。

三、测量不确定度估算

应用接口电路校准的测量不确定度主要来源于检定仪的脉冲、接口的传输时间、毫秒仪的读数,篇幅所限,本文仅以开关模式下两对触点不同步检测时的 200ms 量限、190ms 测点的测量不确定度作一简要估算示范(仅算至合成标准不确定度,略去自由度和扩展不确定度的计算)。

数学模型:$\Delta = T_1 - T_2 = T_1 - (T_a + T_d)$, Δ 为测量误差,$T_1$ 为毫秒仪示值,T_2 为送至毫秒仪检测端口的校准脉宽,T_a 为检定仪的输出脉宽,T_d 为接口电路的传输延时,单位均为 ms。

方差:$u_c^2 = u^2(T_1) + u^2(T_a) + u^2(T_d)$,各分量无关,其灵敏系数为 1 或−1。

分量计算:按 SJ−2A 的使用说明书,脉宽误差为$\pm(2\times10^{-7}\times T + 0.003)$ms,按平均分布,$u(T_a) = (2\times10^{-7}\times 190 + 0.003)/\sqrt{3} \approx 0.002$ms。因该测量模式下参与工作的电路在结构上完全对称,接口总延时的期望值为零但其不确定度不为零,经用示波器实测,4013 的传输时间不大于 1μs 可忽略,4N25 不大于 20μs,同样按平均分布,注意到校准脉冲上沿(下沿)效应的传递经过 2 个光电耦合器,所以 $u(T_d) = \sqrt{(20^2+20^2)}/2\sqrt{3} = 8\mu s$。影响 T_1 的因素主要是测量重复性误差和名义分辨力误差(因温度的影响不详,这里不作考虑),作 10 次重复测量得实验标准差 0.02ms, $u_1(T_1) = 0.02$ms;检定仪分辨力 0.1ms,$u_2(T_1) = 0.1\times0.29 = 0.03$ms,即 $u(T_1) = \sqrt{(0.02^2+0.03^2)} = 0.04$ms。

合成标准不确定度:$u_c = \sqrt{\{u^2(T_1) + u^2(T_a) + u^2(T_d)\}} = \sqrt{(40^2+2^2+8^2)} = 41\mu s$。

接口电路的延时在开关模式下对测量结果的影响甚微实际上可忽略不计,电流模式下由于整流桥有导通角的因素,因此触发电流回路的电压越高该因素引入的误差相对越小。

四、结束语

以上介绍的两组接口电路,经实践使用证明具有简单、实用的特点,解决了一个困扰多时的校准问题。同时两电路均做到了标准器、接口、被校仪器三方彼此间完全的电气隔离(电流模式下毫秒仪是以电流互感器接入外电路的,可看作隔离),使用上有充分的安全保障,也排除了三者间的相互干扰,而且在两对触点检测时与毫秒仪端口连接的元件仅动作一次,有效避免了毫秒仪的误测。该组接口电路还可用于类似以电量触发计时的时间测量仪器的校准上。

遵循质量管理法则，增强社会信誉
把握市场运营规则，扩充服务功能

安徽省汽车检测中心　王建国

一、前 言

汽车综合性能检测站(以下简称“综检站”)自20世纪80年代初始，随着改革开放经济大发展形势的不断深入，科学技术作为第一生产力理念的逐步形成和发展，在计划经济向市场经济大变革的背景下，促进了社会经济体制发生了根本性的重新组合，汽车作为现代交通工具其所有权属性由国营、集体向个私转移，于是汽车综合性能检测站也就从起步时拟定的附属于汽车运输企业，为车辆技术管理提供现代化手段的初衷，逐步形成了一个独立的、自负盈亏的、能够独立承担民事责任的经济实体出现在国民经济建设的序列中。经过20余年几代汽车运输人的不懈努力，依照相关法律法规的规定和技术规范的要求，综检站已是一个为道路运输车辆市场准入行政许可提供证明和数据的中介机构，是具有中国特色道路运输管理体制的重要组成部分。纵观综检站的发展历程，几十年来在这个行业内汇集了一大批热心于汽车检测研究和应用的技术人才，集中体现了我国计算机控制技术在测量领域内的发展和机电一体化技术应用的最新水平，在市场经济体制中已成为有价值的社会资源，基于这个事实综检站面临着怎样发挥自身的技术优势，为规范市场经济持序作出应有的贡献，即为政府、行业和社会搞好服务的重大课题，这也是国民经济发展到一定历史阶段的必然，就此问题结合安徽省汽车检测中心近两年来在加大自身能力建设，积极拓展服务项目所取得的成就谈一点浮浅的认识和体会，望能起到抛砖引玉的作用，为行业健康有续的发展献计献策。

二、明确管理目标，优化组织机构

综检站作为中介机构首先在组织机构设置上应认定一个基本原则，即在完全满足开展服务性经营活动需要的同时，还应重点考虑围绕质量方针和目标建立起来的质量保证体系有效运行。从设置组织结构的形势上要体现综检站三个核心人物，即站长、技术负责人、质量负责人之间横向互动和纵向层次惯通的态势，建立和完善以行政管理为制约，技术支持为基础，质量管理为核心的运营机制。本着这一宗旨我中心设立的管理机构有行政管理办公室(以下简称“行管办”)，技术部和质量部，各自履行职能。

三、行政管理的制约效应

建立行政管理机制的主要目的是为各项管理制度和行为准则得以贯彻执行，从而确保机构在法律法规规定的范围内正常运营。为此我中心行管办由站长主管，依据《质量手册》和《程序文件》的相关要求，制定了员工技能培训考核不合格或违规操作造成质量责任事故的行政和经济处罚制度与办法，对责任心强表现突出的员工则制定了奖励制度。涉及到对人员的处理本着遵重事实的原则，以达到教育为目的进行通报批评，2005年我中心将原有的一条检测线进行了改造，配置了国内先进的设备，有一位引车员驾车通过全自动转向轮转角仪时，因把握不住转盘跟踪轮距的定位程序，在一个星期内两次将车轮开进转盘与中间盖板的空档之间，造成信号导线的损坏，于是按照规定除对这位引车员给予经济处罚外，还给予拿基本生活费，离岗学习一个月，经考核合格后另行安排工作的处理，并下文通报。此事对当事人是个教训，对全体员工也起到了反面教育，进一步增长了员工们认真掌握操作要领，精心操作的良好风气。

四、善抓技术管理促进能力提高，确保检测质量

技术部由技术负责人主管，设置了专职设备管理员、档案管理员和兼职计算机网络管理员，以加强仪器设备管理为基础，以提高员工技术素质为核心，以积累技术文件为重点，为质量保证体系有效运转提供及时可靠的技术保障，如对仪器设备的采购基本遵循两个原则，一是查阅历年来对供应商在产品质量和服务业绩方面的评价；二要看产品是否经过行业授权机构的型式认定，经充分论证后严把产品选购质量关，与此同时还对能够保证测量准确度的辅助技术和设备给予重金投入，如何有效控制检测前照灯光束照射位置的不确定因素，在进行老旧检测线改造时购置了扩张式摆正器，使测量系统误差控制在 0.125 以内，从而大大提高了检测的准确度。引车员在检测报告规定的栏目中签字是质量保证责任到人不可或缺的要求，为避免人为因素的干扰，就在检测线进口处安装了手纹识别系统，其具备的功能一是未预置确认的手纹打不开计算机控制程序，检测无法进行；二是将预置手纹的对应姓名自动打印在检测报告上。仪器设备的完好状况关系到测量的系统误差，而检测员（引车员）的操作技能则关系到测量的随机误差，对检测方法的准确掌握和对检测结果的正确评判却离不开相关技术文件的支持，于是制定了一系列诸如仪器设备校准、养护、溯源、比对制度，并由设备管理员负责组织实施，使仪器设备完好率和检定合格率始终保持 100%。因成绩突出，我中心被评为安徽省设备管理优秀单位。制订技术文件（含车辆检测报告）档案管理制度，并制订人员年度和长远技术素质培训考核计划，建有责任到人的业绩考核程序和办法，人是搞好质量管理工作的根本要素，对员工法律意识和质量意识的培养，即以理论为指导前提的操作技能提高是一个循序渐进的过程，这一理念贯穿开展检测服务工作的全过程，只有这样才能将员工从被动执行转变为主动执行，才能形成全员自觉学习、掌握和应用法律法规和技术规范；全员参与管理自觉维护以预防为准则的质量体系的生动局面。有一次一位引车员驾车在底盘测功机上做整车动力性检测，涡流机加载后车速下降至预定值，此时他按操作规程观察到车速表的示值与点阵屏示值出现较大差异，即刻停止检测并将情况向室主任报告，经设备管理员校验是底盘测功机速度传感器出现故障，更换校准后恢复正常，从而避免了一起质量事故。因目标明确，计划周密，制度严明，操作规范，通过几年不懈的努力一个内部健康的激励和竞争机制已经形成，例如参加自培学习班的每位员工都十分认真，一些文化程度较低的员工除上课时认真听课外，还出现了下班回家后关闭电视机，动员妻子儿女帮助自己默写标准条文和教材上重点内容到深夜的感人事迹。每次考试均严明纪律，遇有重要考试时还邀请运政人员现场监考，对成绩优胜者给予物资奖励，考试成绩不好则调离重要岗位，从而激励员工学习法律法规和技术规范以及技术理论知识。员工的个人操作技能则通过每年的比对考核，以在同等测试条件下数据的重复性为评价依据，考核的结果由技术负责人进行综合点评，并按名次顺序张榜公布，优胜者给予表彰奖励，对于产生数据偏差的原因则进行集体分析、总结、予以纠偏。辛勤的劳动终于结出了丰硕的成果，日前在安徽省质量技术监督局举办的全省汽车检测机构（安检和综检）能力验证考核中，共有 100 个检测站 200 个检验员参加，各单位为争得名次均派出了有技术负责人直接参赛的团队，而我中心为验证实际能力有意派出了在检测一线的普通检验员，考核以汽车构造原理、检测设备构造原理及应用标准限值为主要内容的理论试题（命题考试）和现场实际操作考核，历时两天的考核我中心取得了总分全省第一的好成绩。

五、狠抓质量管理，增强员工自信和委托方的信任

质量部由质量负责人主管，专职负责质量保证体系的不断完善，持续改进和进行预防性监督工作。设置的专职质量管理员以原始记录发放和回收的方式，监督质量保证体系涉及的仪器设备、环境条件、检测过程、客户抱怨等构成要素的状态运行，对于来自于客户的质量投诉，我们建立了一套程序即是高度重视、弄清事实、认真解决、诚恳答复，2005 年春运检测期间我们接到一封投诉信，内容大致是投诉人自己的车检测时制动不合格，而他所知道的另一辆车比自己的车旧（先买的）却合格，故质疑检测的公正性，收到此信后依照程序，由质量负

责人协同质量管理员核查了事发当日两辆车的检测流转记录和仪器设备使用日志，均未发现异常情况，于是将合格车辆有偿调回，同时邀请运管处领导到现场监督并对该车进行了重新检测，并及时将检测无差异的结果向投诉人通报，投诉人首先对我中心的诚意表示佩服，其次说他一直有人在现场观察，对复检结果确信无疑，并承诺一定将车辆故障排除；还有一位车主投诉检测等候时间过长，针对这一投诉技术负责人立即招集营业厅主任、检测室主任、计算机管理员、登录员和授权签字人进行研究，寻求在服务观念上进一步增强责任心提高工作效率，从技术层面上解决相关业务节点时间控制过长的问题，在不违背标准和技术规范要求的原则下调整程序，如将轮阻滞力检测采样时间从 15s 下调到 8s，事后将整改结果电话告之投诉人，使投诉人感到十分惊讶，说“只是提了点意见，没想到你们如此认真，真是不一样了”。由于我们狠抓了质量管理，至今未发生一起质量责任事故，对外树立了良好的服务形象，实现了“公正、准确、文明、诚信”的服务承诺，大大增强了委托方的信任，对内进一步增强了员工的自信心，增强了凝聚力和向心力。2005 年 11 月 2 日是个不寻常的日子，时间已接近下午 2 点，交通部汽车综合性能检测中心站认定专家组仍在会议室对一天的现场审查情况进行紧张的评议，此时全中心 70 多位员工都没有去吃饭，坚守在岗位上等候评审结果的公布，当领导和专家们走出会议室，并将评审通过而成为全国第八个中心站的消息告诉他们时，聚集在停车场上的员工立即欢呼起来并点燃了爆竹以示庆贺，此举给领导和专家们留下了深刻的印象。安徽省汽车检测中心在从事汽车检测工作中积累了有价值的行之有效的经营管理、技术质量管理、人力资源管理、资本运作管理的经验，取得了良好的社会效益，目前我中心第四次通过安徽省质量技术监督局组织的计量认证复审，112 个检测项目参数被确认为具有法律效力，被与会的领导和专家称誉为安徽省汽车检测行业的标杆。与此同时也取得了丰硕的经济回报，2005 年收入突破 500 余万元，上交利润 181 万元。

六、依托行政法规，为行业做好服务

在狠抓管理出成效的同时，我中心紧紧依托行政法规的相关规定，充分发挥所具备的能力，努力使自己成为服务于经济建设健康、有序、持久发展有价值的社会资源。为此根据《中华人民共和国道路运输条例》和交通部颁布的相关政令，积极主动的寻求各级行业主管部门和运政机构的支持和领导，在接受委托开展的检测工作中严格遵守行规，自律经营行为，及时准确通报营运车辆技术状况变化信息，严把营运车辆市场准入关，为行政许可提供公正、准确、可靠的证明和数据，为营运车辆维护竣工质量实施监督检验，如在检测中发现一些客车制造厂家为迎合客户的需要大量使用纵向滑道式座椅，我们及时向省运政机构反映并向客户宣传危害性，经共同努力将所有已安装滑道座椅的客车都进行了加固改装；对于涉及改装超限的项目如外廓尺寸和整备质量，我们依照国家相关标准分类重点把关测量，自卸车重点测量栏板高度，散装货车重点测量全长，罐式危险品车重点测量后悬，客车重点核查座位数，同时还在计算机程控终端设置了超重报警功能，即通过轴重仪测量的整备质量与根据行驶证登录的整备质量相比超过 5%时，在终端计算机界面对应的车牌号即开始出现红色闪烁信号，这些措施有力的支持了治超治限从源头抓起指导方针的落实。除此以外还以自己的技术优势支持和配合各级运政机构开展行业内的技术管理工作，如配合运政机构对所在地（合肥市）各综检站规范经营行为整顿和技术升级改造提供经验和技术咨询，在不到两年的时间内委托培训检测员近 200 人次，使六个综检站能力均达到了《汽车综合性能检测站能力的通用要求》（GB17993—2005）的要求，新增土地面积近 50000m^2，投资总额达贰仟余万元，起草的自律行为准则均已被各综检站所接纳，从而进一步规范了检测市场，在行业主管部门和运政机构的正确领导下，一个相互支持、有序竞争的局面已逐步形成，开创了行业管理的新局面。针对个别汽车维修业户和综检站在营运车辆二级维护操作上存在只收费不维护，只收费不把关等弄虚作假行为，我中心正与所在地运政机构进行积极配合，草拟了从加大技术管理力度入手，将先进的科学技术容于行政管理之中，实施行政与技术管理并驾齐驱的策略，即利用电信宽带网络技术构建数字、视频和声讯平台，与维修业户和综检站终端相联，形成区域信息监控网，实施对维护作业程序、质量保证体系运行、竣工质量检验过程的远程全方位监控及数据共享，同时充分发挥综检站技术监督功能，将二级维护项目所涉及的检测数据，如转向轮横向侧滑量、转向盘自由间隙、轮制动力曲线图、发动机绝对缸压和无负载功率等周期变化状况的比对结果，作为确认维护及维护效果的依据，逐步将无形监管转变为有形监管的方案，以科学的态度，人性化的管理，切实贯彻执行技术规范，以求达到维持营运车辆技术状况良好的目的。

七、依托能力优势，为社会做好服务

为充分利用我中心在人力资源、设备资源、管理资源及环境设施条件等方面的优势，不断挖掘潜力，扩大服务功能，我们依照相关法律程序积极向相关执法部门和社会其他部门推荐自己，首要的问题是获得法律资质，于是通过不懈的努力，认真组织技术力量，创造硬件环境、起草制订了一系例的技术文件，历经六个月时间的审验考核，终于以自已的能力优势获得了司法鉴定许可，一举成为我省首家车辆痕迹司法鉴定机构，此事立即引起了社会反响，接踵而来的是公安交警对于道路交通肇事责任认定车辆技术状况的检验委托，自今年四月底正式成立至今已接案 100 余起，目前我中心已是合肥市道路交通应急联动中心的成员，与此同时人民法院和保险公司也相继委托我中心对一些涉车案进行了司法鉴定，因我中心专业技术力量强，出现场动作迅速，取证认真严瑾，出具检验报告结论明确，受到委托方的高度评价。

八、展望未来，继续奋进

我中心已走过二十年不同凡响的历程，所取得的辉煌业绩与各级政府行业主管部门、质量技术监督部门及社会各界的支持是分不开的，我们将把这些支持作为继续前进的动力，将已取得的成绩作为激励继续图谋发展的源泉，努力使自已成为有特色、有作为、有价值的社会资源，为社会主义市场济的建设与发展做出应有的贡献。

国防计量技术机构社会化服务探讨

中国工程物理研究院计量测试中心　范泽辉

随着经济全球化进程的推进,计量测试行业正逐渐变成一个开放的技术中介市场,服务日益社会化。我国国防计量技术机构作为中国计量技术机构的重要组成部分,同时为国防建设和国民经济建设服务,在市场经济体制下其军民结合“双重”特性的地位和作用产生了新的变化。因此,国防计量技术机构要持续发展,必须适应市场经济体制下的全球计量体系大环境,充分发挥资源优势和技术优势,面向市场,开拓创新,搞好军民结合,实现资源共享,努力为社会服务,才是其生存和发展立足点。

一、社会化服务需求

1. 法规保证要求

目前,我国的计量技术机构按管辖范围分别隶属于国家计量行政部门和国防计量部门,而国防计量部门管辖的计量技术机构又分别隶属于中国人民解放军和国防科学技术工业委员会。上述三类计量技术机构所从事的计量工作分别称为国家行政计量、国防军事计量和国防军工计量,这种分类仅仅是从计量技术机构服务的主体进行划分,而不同领域的计量技术机构工作的本质没有什么区别,不论是国家行政计量技术机构,还是国防计量技术机构,都是国家计量体系的组成部分,都是为了保证量值准确一致、测量数据可靠。

《中华人民共和国计量法》第三十三条规定:“中国人民解放军和国防科技工业系统计量工作的监督管理办法,由国务院、中央军事委员会依据本法另行制定”。《中华人民共和国计量法实施细则》第三条:“国家有计划地发展计量事业,用现代计量技术装备各级计量技术机构,为社会主义现代化建设服务,为工农业生产、国防建设、科学试验、国内外贸易以及人民的健康、安全提供计量保证,维护国家和人民的利益”。

《中国人民解放军计量条例》第四条规定:“军队计量建设坚持与国家计量建设相协调”。

《国防科技工业计量监督管理暂行规定》第三条规定:“国防科技工业计量在业务上接受国务院计量行政部门的指导”。第四条规定:“国防科技工业面向社会的科研、生产、服务中的计量活动接受政府计量行政部门的监督;国防科技工业面向社会出具公正数据的产品质量检验机构,应当按国家有关规定进行计量认证”。第六条规定:“国防科技工业计量坚持面向科研、面向生产、面向使用;坚持军用与民用相结合、计量与测试相结合、内部与外部相结合,为国防现代化建设和国民经济建设服务”。

以上法规条款明确了国家计量行政部门对国防计量的指导关系，确立了国防计量是国家计量工作组成部分的地位,规定了国防计量面向社会开展计量活动的程序。因此,国防计量的建设应充分考虑与国家计量体系建设相衔接,国防计量面向社会进行服务是国防计量在新的历史条件下的发展方向。

2. 资源利用要求

国防计量资源是社会公用资源,在满足国防需要的前提下,应合理有效地利用其资源为国民经济服务,这不仅是国防计量的发展方向和根本任务的要求,也是新时期构建节约型社会的要求。由于计划经济时代“大而全、小而全”的影响,国防系统各行业建立了为内部科研和生产服务的计量技术机构,分布面宽,且大多处于本单位、本部门、本行业控制之内,服务面窄、利用率低,在建立发展过程中产生了很大的盲目性,能力过剩现象突出，管理体制和运行机制不适应市场经济的发展要求。一方面许多计量技术机构的能力并未被充分开发和合理利用，另一方面计量测试数据军民两方互不认可，不能体现为国防建设和经济建设服务的双重宗旨。因此，合理有效地利用国防计量技术机构的资源，开拓为经济服务的计量测试市场，实现资源共享，应是市场经济体制下国防计量技术机构发展的必然选择，国防计量服务只有市场化，才能发挥国防计量资源的价值，实现持续发展。

3. 计量市场化要求

在经济全球化条件下，计量测试服务也日益市场化。我国作为 WTO(世界贸易组织)成员国，现已允许国外检测机构以合资或独资的形式进入国内检测市场，并对其实行国民待遇。据国际著名会计师事务所安达信测算，中国检测市场产生的经济收益应占中国 GDP 的千分之一左右。随着实验室认可制度的不断推进和完善，计量测试的市场准入制度已经形成。在这种形势下，国防计量的市场化程度越来越高，国防计量技术机构也不在是国防计量服务的惟一机构，只要满足国防计量的要求，国防计量完全可以依靠社会计量资源。同时，军转民技术的不断发展和市场化，也要求相应的市场化的计量技术支持。因此，随着我国经济的进一步发展，对于计量测试市场，这是一个巨大的商机，国防计量技术机构必须以此为契机，通过社会化服务手段来发展和壮大自己。

二、社会化服务的优势条件与制约因素

1. 优势条件

国防计量技术机构作为国防科技工业进步与发展的重要技术基础，直接为国防科技和武器装备服务，既是国防科学技术的重要组成和支撑条件之一，又是国家经济发展和工业竞争力的重要组成部分，也是我国参与构建全球计量体系以及实现计量能力和测量结果国际多边互认的基础条件。50 年来，我国国防计量技术机构随着我国国防科技事业和武器装备的发展逐步成长壮大，目前已遍布全国 27 个省、自治区、直辖市，覆盖了中国人民解放军各军兵种和国防科技军工行业，涉及我国计量学的十大专业。国防计量技术机构建立了满足同期国防科技工业产品和武器装备发展所需要的计量测试能力，虽数量只占我国计量体系中的计量技术机构 10%左右，但其资源配置和技术能力却支撑着我国计量体系的有效运行，其服务对象跨地区、跨部门、跨行业，服务方式可从实验室延伸到在线、现场、实时、系统服务，具有全过程服务、全方位保障、高科技实体、多样化管理、军民结合等自身特点。由于国防的高科技特点，国防计量技术机构必须具有与国防科技和武器装备相匹配的专业化人员技术队伍和高新技术的计量测试设备。因此，国防计量技术机构的计量人员专业化素质好、计量测试设备能力强、计量服务保障质量高。另一方面，国防科技和武器装备的不断发展，为计量测试技术研究提供了一个良好的需求平台，促进国防技术机构的计量测试研究水平不断提高。因此，国防计量技术机构在人员、设备、技术研究开发平台等方面具有向社会提供计量测试服务的优势。

同时，实验室国家认可和国际实验室双边互认的不断推进，为国防计量技术机构提供了发展的机遇，也为促进我国国防计量技术机构合理布局、打破计量测试市场行业分割和地域分割，促进计量资源共享和充分利用创造了条件。国际竞争机制的引入，加速了我国国防计量技术机构管理体制、运行机制的改革，提高竞争能力和服务水平，增强竞争优势。市场经济体制的透明度原则可以使国防计量技术机构全面了解社会计量服务信息，有利于按照国际通行的市场化模式来运作，按照与国际惯例接轨的做法来规范计量测试市场，国防计量技术机构同样可以参与国内外计量测试市场竞争，开拓市场服务空间。

2. 制约因素

国防计量作为国家的重要技术基础，虽然国家在其发展建设方面投入巨大，但是国家投入形成的国防计量资源不能为全社会共享，管理体制与运行模式不适应市场经济发展和科技创新的需求，形成了数量不少、行业分割、条块分割、部门封闭、单位所有、布局分散、各自为政、小而全的局面，对行政部门的依赖性强、市场信息资源少、主动服务意识差、同市场接轨的能力低，管理体制和运行机制不适应市场社会化的服务要求。而目前国家和国防系统对计量认证、审查认可、实验室认可等实行相对独立性地开展工作，形成计量测试市场份额条块分割，客观上又进一步制约国防计量技术机构服务社会化。同时，在国家计量体系中，地区、部门、行业之间计量资源相互制约，国家各级计量行政管理的高度约束性，造成国防计量技术机构和国家各级行政授权的计量技术机

构所从事的计量技术工作的相互之间的认可度低。上述因素是直接影响国防计量技术机构进行社会化服务的制约条件。

三、社会化服务的对策措施

1. 切实转变服务观念，确立社会化服务策略

国防计量技术机构要实现为社会服务，首先必须转变思想观念，增强忧患意识和竞争意识，调动计量人员的积极性，改变事业型技术服务单位的运营模式，走市场型技术服务单位的道路，适应市场经济的发展要求，变被动服务为主动服务，主动走向社会。市场经济为国防计量技术机构带来了广阔的服务领城，也引入了诸多的竞争对手，国防计量技术机构要提高在市场中的竞争能力，只有抓住机遇，敢于挑战，才能适应新的形势要求。以市场为导向，建立平等、公开、公正、科学、高效、规范的计量测试市场格局是主旋律，市场竞争是活力的竞争，要在竞争中求生存，国防计量技术机构应提高自身活力，引入市场运行机制，在思想观念、运作机制、工作方式和服务意识等方面进行深刻的变革，以不断创新的机制，赢得竞争的主动权。市场经济体制使计量测试的工作方式发生了根本性变化，非强制检定计量器具交由企业依法自主管理，企业可自主选择计量方式和为其服务的计量技术机构，计量技术机构参与市场竞争已成为发展的必然趋势，市场竞争是服务的竞争，实验室必须以满足用户要求为服务目标。市场竞争是实力的竞争，生存需要实力，一个实验室的实力不仅体现在其具有优良的装备和运行环境，还应有一支高素质的技术队伍。市场竞争是质量的竞争，要求计量技术机构根据 ISO/IEC17025 开展实验室认可，建立和完善质量保证体系，对实验室的组织机构、质量体系、人员素质、设备配置、校准方法、环境条件等进行全面的、有效的控制，靠质量赢得市场。计量测试市场对外开放后，我国计量技术机构未来的发展走向将受到根本性影响，计划经济时代形成的一些观念、体制和政策将会逐步按照与国际接轨的做法进行改革，计量测试市场将会出现竞争国际化、技术机构集约化、市场多元化的新格局；同时，在市场开放的情况下，将出现我国的计量技术机构和进入中国市场的外国（境外）计量技术机构在政策监控下平等竞争发展的新局面，国防计量技术机构必须研究其发展战略。

在我国进入市场经济建设新时期，国防计量技术机构的军民结合特性已被赋予了新的内涵，国防计量技术机构必须在服务国防建设的同时，充分发挥资源优势和技术优势，搞好军民结合，在新时期为国民经济建设多做贡献。要与国家计量体系实行资源共享、开放运行、行业互利，进入国家经济和科技发展主战场，形成与国家计量互补、适应国家经济建设要求并与国际接轨的计量新体系。要依据国防科技和武器装备的需求牵引、技术推动以及计量投入可能条件、轻重缓急来发展有限目标，强化特色建设，进行“扶强”支持，集中精力开展高新计量测试技术研究为经济建设服务。要始终贯彻为国防现代化建设服务和为国民经济建设服务的“双为”宗旨，突出适用性军民两用技术的开发与应用能力建设，加强军民两用技术开发和成果转化，注重计量科学和计量技术产业化建设，推进计量走向市场，实行社会化服务，增强市场竞争能力和生存发展能力。国防计量技术机构社会化服务必须坚持科学的发展观，实施可持续发展战略和资源共享战略，确立科学、合理的国防计量技术机构基础条件建设发展方针，推动校准资源优化配置和社会共享，切实解决好国防计量技术机构发展中的战略规划、竞争优势、运行机制、经营管理、组织文化、激励机制、用人机制等重点和难点问题，走市场化的发展道路，建立符合市场经济体制的计量测试服务体系，促进计量测试资源和计量测试市场充分开发利用。

2. 开展共享资源研究调查，培育市场核心竞争力

开展国防计量共享资源研究调查，摸清自身资源的基本信息，是为了最大限度利用现有资源、培育社会化服务能力。核心竞争力是国防计量技术机构综合实力的反映，这种综合实力包括了有形资产和无形资产。构建国防计量技术机构核心竞争力必须结合自身的实际，深化内部改革，优化资源配置，培育竞争优势，突出特点，着力发展核心业务，建立发展平台，切实做到“有所为有所不为”，才能实现价值最大化。引入新的管理理念和运行机制，加强以创新为重点、以组织文化建设为基础、以人力资源开发为突破口、以市场开拓为导向、以价值最大化为目标的综合实力的全面提升。针对影响核心竞争力的因素和自身的薄弱环节，制定核心竞争力构建的长远规划、分阶段实施计划和提高综合竞争力的具体措施。特别是注重自身管理能力和业务开拓能力的培育，搜

寻自身的能力基础资源，整合核心竞争力要素，通过自主开发或资源重组来培育自身的核心竞争力和规模优势，建立有效的内部激励机制，整合内、外部资源，根据市场经济发展的规律，实现资源的最佳配置和有效利用。

3. 推行“双轨制”管理体制，搞活社会化服务运行机制

国防计量技术机构因其特殊的服务对象决定了它服务和保障工作具有跨部门、跨地区、跨系统、跨行业的特点。既有工业部门、军队系统内的纵向渠道，又有地区内、系统间的横向渠道；既有行政隶属管理，又有量值传递溯源管理；既有国防内部的监督，又有外部的制约；既有为军品服务，又有为民品服务。这种复杂的分层次、分区域、多元化的分类管理运行模式与管理机制，使其具有显著的独立性和协调化特色。因此，必须建立先进的管理理念，根据自身特点优化组织架构，从管理体制与运行机制上进行改革，建立适应市场经济环境、开放运行的计量技术机构。

首先，引入先进的管理机制，根据自身的服务能力范围，按照国家计量法规的要求，积极主动申请行政许可或者行政授权，获得提供社会化服务项目的市场准入资质，通过不同行业的行政许可制度和实验室认可制度，转变单一的“计划型”管理体制为“计划型”和“市场型”并存的“双轨制”型管理体制，从管理体制上完善社会化服务功能、扩展社会化服务职能，适应社会化服务的要求。通过实验室认可来提高自身的管理水平、技术服务能力、工作服务质量，提高计量技术机构的信誉，增强市场的竞争力。实施实验室认可把国防计量技术机构纳入国家计量管理主渠道，有利于其对工业、商业产品质量开展多方位的保障服务工作，拓宽工作业务，使国防计量技术机构的效益同时寓于工业、商业产品的质量中，并通过多渠道的有偿服务，提高人员待遇，稳定和吸引人才队伍，促进国防计量与市场相结合。

其次，搞活社会化服务的运行机制，在内部运行机制引入激励机制，倡导为军民两方面服务的职业理念，激发计量人员的主动性和创造性。在外部运行机制上，一方面，利用“借壳上市”，通过与具有市场准入资质的国家计量行政许可或授权的技术机构合作，实现能力互补、资源共享。另一方面，通过“能力寻租”，出租自己的“过剩”能力，包括人员、设备、技术资源，针对特定的社会用户提供服务，发挥自己的社会化服务优势。

4. 开发人力资源，创新社会化服务理念

21世纪的竞争将是人才的竞争，国防计量技术机构要想在校准市场竞争中取得优势，立于不败之地，就必须重视人力资源的开发、培养和使用。面对计量技术机构专业技术性强，素质人员要求高的特点，国防计量技术机构必须在大力推进管理创新中彻底改革组织结构和用人制度，实施制度创新，形成技术创新的激励机制，改革现行事业型薪酬制度，赋予他们在服务上进行改进和创新的权力和自由。通过技术培训，提高组织中每个员工的素质；通过培育组织文化，创造和谐的人际关系、确立符合自身发展的目标和价值观，从而充分发挥员工的智慧、主动性、积极性和创造性。建立相应的制度和人才的培养和选拔机制，形成识才、聚才、用才、留才的良好氛围，用事业留人、用待遇留人、用感情留人，使计量技术机构发展后继有人。

国防计量技术机构要适应市场经济体制下的中国计量体系及全球计量体系，关键是创新，创新是国防计量技术机构健康发展的源泉。创新需要开阔新思路，从管理、技术、制度、机制、体制等各方面进行开拓，优化资源配置，求真务实，通过创新切实解决国防计量技术机构中的深层次问题，确保其沿着健康的道路顺利发展，更好地为国防建设和国民经济建设服务。只有通过不断提高技术创新能力，才能增强竞争力。推进创新策略，必须实施全面素质教育，培养和提高全体员工创新意识、创新精神和创新能力，形成崇尚创新、鼓励创新、投入创新的良好风尚。重视管理创新，把管理创新作为一项重大战略措施来抓，通过管理创新来推动技术创新、制度创新、机制创新和体制创新。国防计量技术机构的管理创新必须坚持“以我为主、博采众长、融合提炼、自成一家”的原则，根据实际情况和行业的自身特点，从管理体制、运行机制上形成具有国防计量技术机构自身特点并适应市场经济体制的管理模式和方法，创造良好的发展环境，提高核心竞争力。技术创新就是要不断缩短计量测试能力与市场需求的差距，重点发展高新计量测试技术，对已有的能力进行延伸，促进计量测试能力的跨越发展。培育组织文化，是国防计量技术机构管理创新的一项重要任务，是成功构建其核心竞争力的保证。国防计量技术机构必须根据自身行业特点来精心培育自己优秀的、有个性的管理文化，对自身内部的技术系统、管理系统、社会心理系统、目标与价值系统等进行有机的组合，形成自己在市场中的竞争优势、运行机制、创新技能有机融合的核心能力，并使这种核心能力成为自身发展的动力之源。

5. 构建信息交流平台，实现社会化服务“双赢”

国防计量技术机构从测量设备的计量测试能力和计量技术人员的素质，在各自的专业领域里代表了目前国内外的先进水平。但这种水平主要是为所在国防部门内部服务，行业间信息闭塞，向行业外部和社会服务的辐射面十分狭窄，使许多资源被闲置。因此，需要彼此建立信息网络系统和信息交流平台，加强国防系统内部之间、国防系统与社会各行业之间的技术交流和技术协作，发挥各自的优势，扩充校准能力，拓宽服务领域，搞联合发展，创规模效益。只有调动和发挥各方积极性、创造性，协调一致形成凝聚力，才能使其在特殊的地位上发挥重要作用。通过信息交流，了解和掌握先进的计量测试技术和计量管理经验，有选择地重点加强技术装备建设与人才培养力度，提高参与市场竞争的能力，促进发展。

通过ISO/IEC17025认可的实验室是一个开放的计量技术机构，按照WTO规则，要求计量测试服务定价遵循互不歧视原则。我国计量测试市场保护期终止后，国(境)外的计量技术机构必将进入我国计量测试市场。而目前国防计量技术机构仍属享受政府补贴的国家事业单位，现行计量测试服务收费标准是带有补贴性质的收费标准，不能适应市场经济要求。因此，必须改革现行收费体制，以适应市场开放要求，促进其自我完善和纵深发展。国防计量技术机构的计量收费体制可按军、民服务对象实行“双轨制”，做到“国家实施宏观指导，自己根据市场自由调整价格”，从而有效地激发计量人员的主动性和积极性，实现社会化服务“双赢”。

四、结束语

国防计量技术机构是我国国防建设和经济建设的重要技术基础，同时服务于国防建设和国民经济建设，经过几十年的发展，已形成了一个完善的计量测试服务网络，但由于长期处于计划经济环境，许多至今仍然生存在自我封闭的环境中，基础设施重复建设，资源利用效率低下，管理模式陈旧，管理体制和运行机制与市场经济环境形成了巨大反差，发展受到制约。因此，需要在全面分析国防计量技术机构所处的内外部环境条件、自身综合能力的基础上，研究国防计量技术机构组织结构和管理运行模式；从体制、机制等方面进行全方位创新，引入市场经济管理机制和观念，实施结构调整，优化资源配置；从全局出发，就其长远发展进行战略谋划，整合技术优势，提高核心能力，以实现其稳步发展。

室内空气 TVOC 污染及分析测试技术论述

国家环境保护总局标准样品研究所　　封跃鹏

一、定义

按照世界卫生组织(WHO)的定义,VOCs(Volatile Organic Compounds)是指在室温下饱和蒸气压大于133.3Pa、沸点在50℃至250℃之间、在常温下以蒸发的形式存在于空气中的一类有机物。TVOC(Total VOCs)即总挥发性有机化合物总量,是指各个VOCs化合物的浓度总和。因此,甲醛不属于TVOC的范畴之内。

二、分析检测技术

对于室内TVOC的分析检测技术,有不少的方法可供选择:有的是非标准化的快速粗略现场检测法,比如比色管检测法和便携式TVOC仪检测法;有的是比较成熟的标准检测方法,如美国EPA的室内VOCs分析方法IP-1、美国NIOSH方法2549及我国的GB 50325-2001《民用建筑工程室内环境污染控制规范的附录E》。但是,对于室内TVOC的采样技术只有两种:动力泵采样和自然扩散采样[1],目前应用最多的是动力泵采样。现就动力泵采样的分析方法论述如下:

1. 比色管检测方法

比色管检测方法是一种非常简单实用的检测技术。它由一个充满显色物质的玻璃管和一个抽气采样泵构成。在检测时将玻璃管的两头折断,通过采样泵将室内空气抽入到检测管中,吸入的气体同显色物质反应,气体的浓度同显色长度成比例关系,从而可以直观地得到气体的大致浓度。其不足是:数据代表性差,当前的检测范围不足以覆盖全部的TVOC成分。

2. 便携式TVOC仪检测方法

TVOC检测仪可以快速给出待测环境中TVOC的大约浓度。如果发现超标,再采用色谱或色质联机等方法加以确认,从而达到多快好省的检测目的。ppb级便携式TVOC检测仪具有以下特点:

检测范围宽:可以检测绝大多数的VOCs。

干扰少:大多数无机化合物不会产生干扰,只对有机化合物产生响应。

测量范围宽、误差小、速度快。

能进行24小时以上的连续监测,给出TVOC随时间变化的曲线。

3. 气相色谱或色质联用分析方法

气相色谱或气质联用方法可以给出TVOC中各组分的种类和浓度,分析结果准确可靠。但它的缺点在于采样和分析过程复杂,数据代表性较差,得到数据结果时间较长,测量成本较高。

(1) 美国EPA方法IP-1

美国EPA方法IP-1是美国测定室内VOCs的标准分析方法。它包括两种采样方式和两种仪器分析方法,可检测54种化合物。IP-1A使用抛光不锈钢金属罐直接收集气样,使用毛细管气相色谱分析。IP-1B使用填装1~2g Tenax吸附剂小柱采集气样,该吸附小柱在275℃时被加热,并用氦气流把被捕集的有机物收集在液氮冷阱中。然后再加热冷阱，将样品转移到被液氮冷却的毛细管气相色谱柱头，再进行 GC/MS 分析。

（2）美国 NIOSH 方法 2549

该方法采用不锈钢多层吸附剂管，用填有 40~60 目的 150mg Carboxen 1003、115mg CarboPack B 及 90mg Carbopack Y 三种吸附剂吸附空气中 C6~C16 的 VOCs。采样速率为 0.01~0.05L/min，采样体积最大为 6L。利用热脱附装置在 50ml/min 载气作用下使采集到的 VOCs 进入毛细管气相色谱柱（DB−1：30m×0.25mm×1.0μm）中，经气相色谱/质谱定性定量分析。该方法可定性定量 40 多种 VOCs。

（3）GB 50325—2001 测定 TVOC 的方法

GB 50325—2001《民用建筑工程室内环境污染控制规范》的附录 E 是关于“室内空气中总挥发性有机化合物(TVOC)的测定”，是当前我国分析室内 TVOC 惟一的方法。

该方法参考了 ISO 16017−1“室内、大气和工作环境空气−采用吸附剂管/热脱附/毛细管气相色谱进行挥发性有机化合物的采样和分析的第一部分：泵采样”的原理和方法。依据我国的国情，就目前我国建筑材料和装修材料中最有可能出现的、且室内浓度普遍较高的污染物中，选择了甲醛、苯、甲苯、乙苯、(间、对、邻)二甲苯、苯乙烯、乙酸丁酯、十一烷作为应识别组分，其他未识别组分均以甲苯计。本方法的检测限为 0.5μg/m^3(采样量 10L 时)。测量的质量浓度范围为 0.5μg/m^3~100mg/m^3，适用于室内、环境及工作场所空气，也适用于小型或大型测试舱室内建筑材料的释放。

用 Tenax−TA 吸附管以 0.5L/min 速度采样 10L。吸附管经热脱附装置热解析(200℃，10min)，用惰性载气(N_2：40ml/min)带入气相色谱毛细管色谱柱(二甲基聚硅氧烷，柱长 50m，内径 0.32mm，液膜厚度 1~5μm)，程升为：50℃(10min)、以 5℃/min 升至 250℃，分流比为 1:1~1:10，FID 鉴定器分析。

当检测室内 TVOC 时，对于采用集中空调的建筑应在空调正常运转的条件下进行；对采用自然通风的建筑应在门窗关闭 1h 后采样。对于 100m^2 的住宅应设 3~5 个采样点为宜。

十八组分的模拟室内空气的 TVOC 分析色谱图如图 1，其中每个组分的浓度为 1~2ppm(1ppm=1×10^{-6})。具体的仪器条件是：毛细柱为：SE30 50m×0.32mm×1.0μm，解析温度：300℃，进样方式为：TVOC 吸附/热解析直接进样，FID 检测器、汽化室温度：250℃。

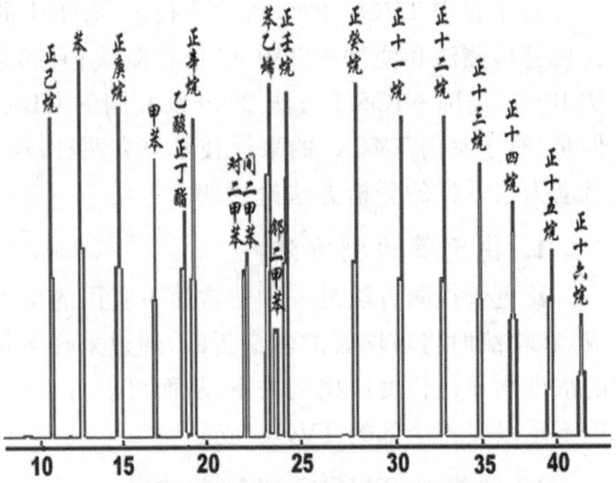

图 1 十八组分的模拟室内空气分析谱图

三、标准物质/样品研制与应用

为了配合我国室内环境监测工作的开展，特别是室内空气 TVOC 的分析检测工作，依据 GB 50325—2001“民用建筑工程室内环境污染控制规范”附录 E 关于“室内空气中总挥发性有机化合物(TVOC)的测定”中要求的化合物种类，研制出基于甲醇介质的 TVOC 标准样品/物质。该 TVOC 标准样品/物质(不含甲醛)有九个组分：苯，甲苯，间、对、邻二甲苯，苯乙烯，乙苯，乙酸丁酯，正十一烷，各组分的质量浓度为 1000μg/ml。

由于用气相色谱法直接测试甲醛存在一定难度，并且对甲醛的分析有很多方法可供使用：乙酰丙酮分光光度法(GB/T15516—1995)、酚试剂分光光度法(推荐)、离子色谱法(试行)、AHMT 比色法、变色酸比色法、分子扩散采样−AHMT 比色法、盐酸副玫瑰苯胺比色法[2]和采样现场检测管法。即使用色谱法分析，也是先采用 2,4−二硝基苯肼衍生处理，再用气相色谱/ECD(FID)或液相色谱/紫外鉴定器分析。因此，在研制 TVOC 标准样品/物质时，并未将甲醛考虑进去。

图 2~5 是甲醇中 TVOC 标准物质/样品在 4 根不同型号毛细柱上的分析谱图，其共同的分析条件为：进样口温度：250℃，FID 鉴定器温度：270℃，柱流量(N_2)：0.8~1.2ml/min，分流比：1/40~1/60，进样方式：液体直接进样，走纸速度：即使在同一张图中可能也不相同。图 3 是在 TVOC 标准物质/样品中加入了正己烷和异丙苯的情况，同样图 5 是在 TVOC 标准物质/样品中加入了异丙苯。由此还可以看出，分析室内 TVOC 至少要使用

50m 的毛细柱;要想让对、间二甲苯得到良好分离,就得使用极性毛细柱。

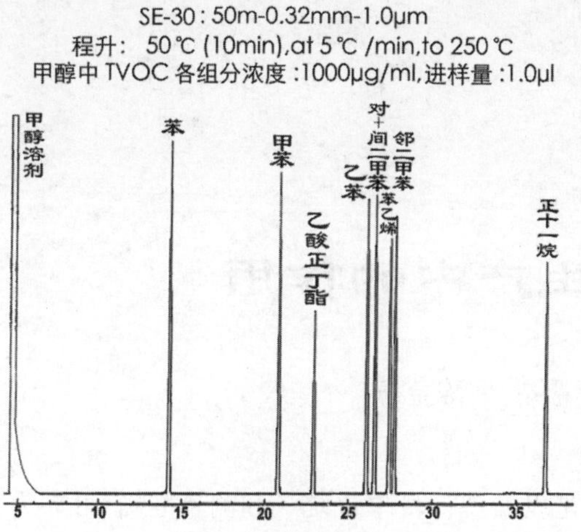

图 2 TVOC 标准样品 / 物质在 50m 柱上分析谱图

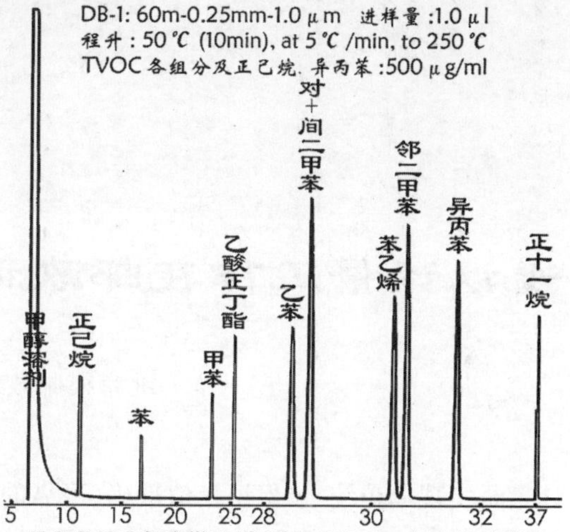

图 3 TVOC 标准样品 / 物质在 DB1 60m 柱上分析结果

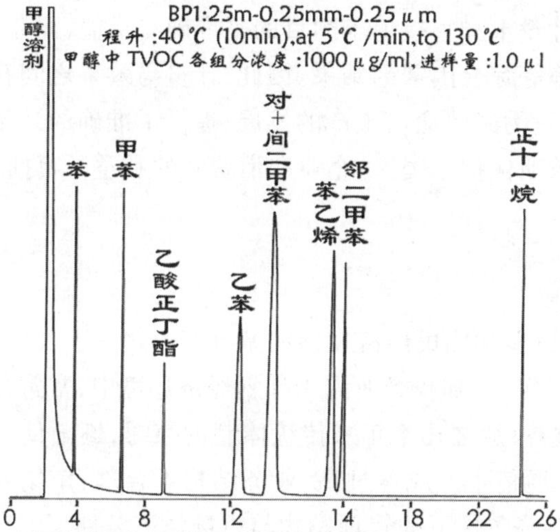

图 4 TVOC 标准样品 / 物质在 BP1 25m 柱上分析谱图

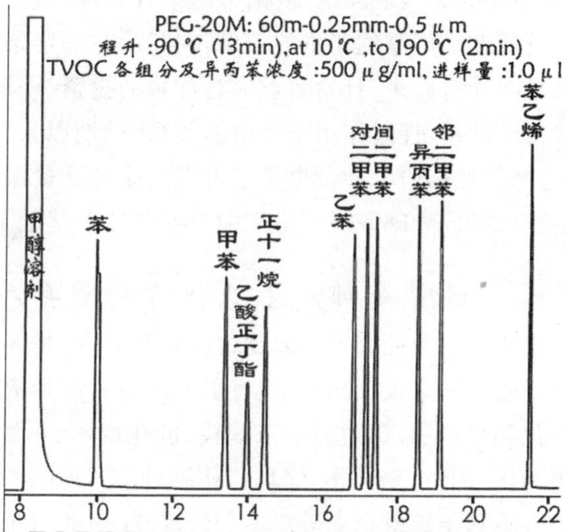

图 5 TVOC 标准样品及异丙苯在 PEG-20M 柱上分析谱图

四、结论

TVOC 是一项重要的空气污染物,主要来源于室内的建材、装饰材料、家具等。高浓度的 TVOC 会对人体产生危害,并导致 SBS 症状。与世界其它国家相比,目前我国的室内 TVOC 污染还比较严重。由于我国开展室内空气监测工作较晚,从而分析监测技术/方法也不尽完善,因而通过对 TVOC 分析监测技术的介绍、论述,并进行标准样品/物质等相关技术配套研究,可以有效地提高我国室内空气质量的分析监测水平。

五、参考文献

[1] Volatile Organic Compounds(including formaldehyde) in home. MRC Institute for Environment and Health, University of Leicester,2000,6

[2] 催九思,王钦源,王汉平编.大气污染监测方法.北京:化学工业出版社,1997

浅议计量工作在邮政通信生产中的作用

北京市邮政管理局计量站　　陈金海

计量是实现单位统一，保证量值准确、可靠的活动。凡是以实现计量单位统一和测量准确、可靠为目的的活动，包括技术活动、法制活动、管理活动，都属于计量的范畴。计量与人们的生活息息相关。他源于生活，服务生活。效益是效果与利益的统称，即由某种力量、做法或因素产生的结果与益处。计量效益是指归因于实现单位统一和量值准确可靠的测量的效果和利益。在一定条件下，计量本身直接追求的目的是准确与量值，而非效益。效益只是因计量而来。计量效益应是计量的投资、计量的实施等综合因素的结果。因此，计量与效果之间存在着因求效益而计量，计量作用于效益的关系。长期以来，邮政计量为邮政通信生产的发展，提供了准确的计量技术支持；为邮政通信服务质量提供了可靠的质量计量保证，有效地保护了国家、企业和消费者的利益。目前，邮政计量工作已经成为邮政通信生产中重要的技术基础工作。

一、计量是邮政企业扭亏的重要手段

邮政是当今社会不可缺少的信息服务业，是人类社会进步和国民经济发展的基础产业之一。长期以来，邮政企业依托国家政策扶持，具有很强的专营性和依赖性。多年来，邮政企业处于计划经济环境中，常常是不顾市场变化和用户需求，过分追求规模，淡化成本，不讲经济效益；加之几十年来传统体制的束缚，逐渐使邮政企业形成了投入和产出失衡、管理机构臃肿、劳动生产率低下；通信生产成本过高、业务结构不合理；市场开发乏力等诸多不利于邮政企业健康发展的现象。由此可见：计划经济条件下的管理模式与市场经济条件下的市场需求的不相适应；专业化经营、专业化管理的水平与目前全程全网、分散运营现状的不相适应。这种传统的思维方式、传统的运营模式严重制约了邮政企业的发展。随着国家经济体制改革的不断深入，市场已经成为企业立足的必争之地，过去具有垄断性行业的优势而今已经日趋淡化，竞争成为生存的手段。邮政企业要发展、要生存就必须以改革推动发展，通过思想观念创新、发展模式创新、体制制度创新，以科学的发展观努力做到速度、规模、结构、质量、效益的平衡统一。即增长要有速度，发展要有规模，结构优化要注重质量，业务发展要体现效益。因此，创新经营机制，开源节支增加效益已经成为邮政人的首要任务。其中，搞好成本控制，实施资本经营，是邮政企业扭亏的必要条件。计量工作的主要作用是为企业领导决策以及为企业经营提供准确的计量数据保证。同时，通过其准确的测量，杜绝或减少跑、冒、滴、漏给企业带来的经济损失。这无疑为企业减少了支出，赢得了效益。因此，客观上讲计量工作已经成为企业节能、降耗、增效的重要手段。但是，目前计量工作还没有完全被企业放置在应有的位置上，发挥其应有的作用。究其原因有三方面：一是受传统体制束缚多年，等、靠、要思想浓重。二是邮政人的计量意识薄弱，加之长期在国家优惠政策的扶持下行走，缺少过紧日子的经历，重规模不重效益，重投入不重产出。三是缺乏科学、合理的邮政业务成本核算方法。因此，要扭转邮政企业的亏损局面，就必须要充分发挥计量工作的作用。从大处着眼，从小处着手，用科学的、真实的、准确的计量数据，严格按照市场经济的运行规律组织生产、经营、服务。

二、计量为邮政企业增效

计量是企业进行生产和经营活动的一种潜在的能力，是企业提高经济效益的重要手段之一。计量效益不能简单理解为投入和产出之间的盈利收益，更重要的是保证企业生产和经营活动的正常进行和发展，避免因计量不准给企业和社会带来经济损失。在邮政通信生产中，由于使用了经过法定计量检定机构检定合格的计量器具，因此减少了许多欠资邮件事件的发生。实践证明：欠资邮件的发生与称量邮件的计量器具的准确度有直接的关系，而保证计量器具准确是邮政质量计量工作的重要内容之一。邮政企业收寄邮件的计费方法与普通商业流通领域中商品的计费方法不同，它是依据邮件所寄达的不同地区，所采用的不同运输方式，比如：航空、水路、陆路等因素，确定一个基本重量的价格，如果邮件重量超过这个基本重量，则按照每续重一个重量，则有一个价格与其对应。不同的业务类型其续重的重量值不同，收费不同。比如：发往美国的国际航空函件，是以 20g 为一个基本计价单位，20g 和 20g 以内的，收费 7 元；20g 以上每续重 10g 或其零数加收 1.8 元。如果是发往美国的小包(邮件的专用名词)，则以 100g 为一个基本计价单位，100g 和 100g 以内，收费 18 元；100g 以上每续重 100g 或其零数加收 15 元。从以上邮政业务处理规则中，不难看出：计量器具的准确度对企业和消费者来说，都是非常重要的。根据北京国际邮电局进口科提供的资料显示，每天可以从世界各地寄往北京的国际信函中查获欠资邮件 30 多封，如果按照国际邮件处理规则，平均每封函件欠资多达 3.8 元。这样，邮局每天就会损失 114 元，每年将损失 41610 元。从这些简单的数据中可以看出：准确的计量，不仅可以阻塞欠资邮件事件的发生，同时还为企业减少了因计量失准而产生的业务收入损失。计量不仅成为邮政通信生产的忠实卫士，同时还在企业管理中发挥着巨大的作用。西区邮电局是北京市邮政管理局所属二级单位，在企业自查中发现企业的用水指标严重超标，经过沿线查找发现，生产用水与生活用水不分，并有一外企业长期无偿接用本单位的生产用水。问题找到后，他们立即购置水表把生产用水与生活用水剥离，使生产与生活用水数量直接反映在各自的水表上。同时，为接用本单位用水的外企业安装了水表，杜绝了水源无偿外流。仅此一项，为企业挽回经济损失 15 万元。由此可见，计量能够直接为企业带来经济效益是不容置疑的。但这些可见的、直接的效益只是企业通过计量手段而获得效益的一小部分，大部分则是间接的、潜在的，是隐含在生产、管理过程中的。因此，考察计量在邮政通信生产中的作用，给企业带来的效益需要从整体效益出发。效益是由效果和利益组成，利益可以定量表示，效果则可以用一定格式或描述法表示。我们首先看计量效益引起的投资功利性。计量投资或称计量成本是一种生产性投资，它包括计量器具的投资、配套设施的投资以及人员经费、管理经费等。那么能够引起计量投资兴趣的应该是直接效益和间接效益中的正效益。正常情况下，计量投资应与计量效益成正比，即投资愈多，效益愈高。因此，计量效益应足以树立投资信心。北京邮局计量站是经北京市质量技术监督局考核授权的负责北京邮局系统内的强制检定工作计量器具的检定工作的计量检定机构。计量站的工作经费由北京市邮政管理局划拨，开展检定工作不收取任何费用，完全是一种服务性的。从表面上看，北京邮局对计量站的投入没有得到直接的经济回报，但是，从计量站建站至今，北京邮局没有发生一起计量纠纷。由此可见，计量为北京邮政赢得了良好的社会信誉，而由此产生的经济效益是巨大的，是不可估量的。下面我们再看看计量器具在邮政通信生产中的作用，邮用电子秤是邮政通信生产中质量计量不可缺少的计量器具。一般来讲，电子秤的使用寿命为五到八年，在这期间，电子秤的准确度等级决定了电子秤在一定范围内存在着称量误差，这个误差是国家检定规程允许的。由这个允许误差引起的利益损失对于邮政企业和消费者来说都是合法的利益损失，双方都是默许的，这个误差也叫允许误差利益冲突范围。但当邮用电子秤由于某种原因，比如器件老化、传感器因受外力作用而产生非正常变形等，使其误差超出了允许利益冲突范围。其正误差会引起消费者利益的损失；负误差会造成邮政企业的利益损失。这个利益损失对于双方来说都是不合法的利益损失，都是不能接受的，如果协议不成的还会发生计量纠纷，这个误差也叫做不允许利益冲突范围。法定计量检定机构定期对使用中的计量器具进行检定，其目的就是在一定时间内通过对量值进行计量校准，使其误差保持在国家规程允许的范围内，以此维护消费者和邮政企业的共同利益。

三、强化计量意识，让计量为邮政护航

作为国家重要基础设施的邮政企业，处理好经营与服务的关系，特别是处理好普遍服务于特殊服务；社会效益与企业效益的关系十分重要。在信息化高速发展的今天，拥有信息传递、物品运递、金融流通三大渠道的邮政企业无疑有着广阔的市场。开源固然重要，拓展邮政业务种类，增加邮政业务收入确实是邮政企业生存和发展的保证。但节能降耗同样也是邮政企业扭亏增效的良策，关键在于企业领导者的计量意识。传统的计划经济体制和粗放型的经营模式对我们的企业管理者影响很大，然而，观念的转变是需要时间的，决非易事。因此，要摆正计量在企业中位置，最大限度的发挥计量在企业中应有的作用，必须做好以下几方面的工作：(1) 要强化计量意识，树立法制观念，建立和完善企业计量管理制度，增强企业的自律意识；(2) 要学会用数据说话。计量数据是科学、准确的测量结果，它反映是事物的本来面目。要用数据来确定企业的经营策略，用数据去调整企业的生产组织结构。只有这样，我们的企业才能够面向市场，走向市场，争取更多市场份额，最终实现规模经营、效益经营；(3) 要把计量渗透到邮政生产、经营、管理、服务的每一个环节中去。邮政企业生产的特点是全程全网，通信质量是全网中每一道工序质量的综合反映。因此，从窗口收集、内部处理、中途传输一直到邮件交到用户手中应合理布局计量检测点位，配备计量器具，保证各个检测点位测试的数据准确。

综上所述，计量是维护市场经济秩序、促进生产发展的社会基础设施之一。计量要立足为整个国民经济服务；为社会市场服务；为企业服务。我们相信计量在企业中的作用会随着经济建设的发展逐渐显露出来。计量需要企业，企业更离不开计量。

培养计量人才，服务计量事业

中国计量学院

中国计量学院地处浙江省杭州市，始建于1978年，是我国质量监督检验检疫行业唯一的本科院校之一，拥有硕士学位授予权。中国科学院院士毋国光教授任名誉院长。现任院长林建忠教授。

学校面向全国28个省、市、自治区招生，生源一直十分充裕，为第一、二、三批录取院校。现建有14个硕士点，下设13个二级学院（教学部），建有八大学科门类38个本科专业，拥有全日制在校普通本科生15000余人，研究生200余人，各类在册成教生3400余人。

学校新建校区坐落在杭州市下沙高教科技园区，校园设计新颖、独特，建筑风格简洁、明快，校园环境幽静、优美，占地1800亩。拥有现代化的教学科研设施和完善的校园网络，实行自动化办公，教学科研仪器设备总值达1亿多元，馆藏图书150余万册，长期订阅中外文期刊2800余种。

学校坚持以学科建设为龙头，注重培育学科特色。现有国家局级重点建设学科4个、省级科技创新基地1个、省级重点学科5个、省级重点实验室1个、省级实验教学示范中心2个、省级文化素质教育基地1个、省级重点专业4个。学校还先后与美国、法国、德国、澳大利亚的科研院所及浙江大学、上海交通大学等建立了学术交流、师生互培关系。

学校牢固树立教学的中心地位，拥有计量、标准化、质量工程、质量管理、检验检疫、安全工程、质量监督检验检疫法律法规等方面的优质高等教育资源。

活水源流随处满，春风润物逐时新。2002年4月，李岚清副总理来学校视察，称赞中国计量学院"这是一所现代化的大学，一定要把它办好"。肩负着总理的嘱托与期望，与时俱进的中国计量学院正以其独特的风采，沿着跨越式发展的轨道，擂响着自主创新、追求卓越，实现新一轮跨越式发展的铿锵鼓点，向着把学校建设成为国内知名的教学研究型大学的目标，昂首阔步，奋勇前进。

一、一流的师资队伍

一位专家、一个好的学科带头人常常能带领整个学科达到国际领先水平，中国计量学院采用引进、交流、培养等办法，推动师资队伍人才高地的建设工作。

学校师资力量雄厚，拥有一支素质良好、结构合理、高水平的教学科研队伍。现有在编教职工1300余人，专任教师近900人。教师中有国家级有突出贡献的中青年专家及享有政府特殊津贴专家32人，具有博士、硕士学位的教师占教师总数的78%，具有教授、副教授职称的教师占教师总数的40.08%，近三年来，工作在教学第一线的广大教师和管理人员中的优秀者不断受到表彰，陈彭年教授荣获"全国五一劳动奖章"，李青教授获"浙江省教学名师"称号，宋明顺教授获"浙江省优秀教师"称号。学校还聘请两院资深院士王大珩，中国科学院院士陈星旦，中国工程院院士李同保、中国工程院院士邱爱慈等国内外知名专家、教授以及计量监督系统的资深计量专家担任客座教授、兼职教授、咨询专家，他们定期来校讲学和指导学科建设，为确保学校的教学质量和人才培养质量提供了强有力的支撑。

近年来，学校制定了中长期人才培养规划，采取了有效的激励政策，不断优化师资队伍的学历、职称、年龄等结构，并通过外引内培，造就了一批批治学严谨、学术造诣深厚、站在学科前沿的教授，不断充实中青年学科带头人队伍，形成了合理的学科梯队。

二、稳步提升的科研实力

创新是一所高校的灵魂和核心竞争力所在，创新是一所高校不断前进和发展的动力。目前，中国计量学院正紧紧围绕建设国内知名的教学研究型大学的奋斗目标，深入实施“质量立校”战略和“人才强校”战略，大力推进观念创新和机制创新，坚持走内涵发展、重点发展、协调发展、可持续发展之路，使学校成为高素质专门人才的培养基地、解决质量监督检验检疫及重大科学技术问题的研究基地、为区域经济增长和社会进步不懈奉献的服务基地。

近年来，学校加大科技投入，优化研究机构，加强重点学科、重点实验室的建设，积极进行科技交流、成果推广，科研到款逐年增长，学校呈现良好的科研氛围，科研工作取得了较大发展，科研工作日益上水平、出效益，在科技创新方面取得了不小的进步。近年来，学校共承担了科研项目1200余项，国家自然科学基金等国家级项目20项，省部级项目100多项；2003年，陈彭年教授的科研成果“非线性镇定和非线性逼近”获省科技进步一等奖。2006年，我校获百万元以上浙江省重大研究项目5项，其中李青教授的浙江省重大科技专项“浙江省地质灾害隐患监测网络系统”，项目经费500万；刘亚丕博士的科技厅重大科技项目“非晶-纳米晶软磁合金粉末及高性能磁粉芯的制备技术研究”，项目经费400万。学校一直坚持以学科建设为龙头，提升办学水平和层次。通过多年的学科建设，目前学校已发展成为拥有工、管、法、文、理、经、医等门类多学科综合性大学。现有国家局级重点建设学科4个、省级科技创新基地1个、省级重点学科5个、省级重点实验室1个，其中仪器科学与技术为浙江省重中之重学科（省属高校科技创新基地），测试计量技术及仪器、光学工程学科设有浙江省特聘教授岗位。

此外，学校非常重视以经济建设为主导，整合资源，构建科技平台，做好科技研发和成果转化服务工作。学校积极探索建立多种形式的研发机构和产学研基地，与横店集团东磁股份有限公司合作建立了“浙江省磁性材料试验基地”，为我省的磁性材料和器件的研究提供了知识和技术创新平台，该基地2006年被教育部评为全国最有影响的高校20所产学研基地之一。2005年，由学校参加，与浙江工业大学、浙江理工大学、江干区人民政府四方共建的浙江省大学科技园通过科技部、教育部评估，被认定为国家级大学科技园，成为全国51家经科技部、教育部联合批准建成和在建的国家大学科技园之一。国家大学科技园的建设，必将在促进学校与社会的结合，推进科技成果的转化、孵化工作，以及培养和造就出更多的优秀人才等方面发挥重要作用。

三、优化的人才培养方案

本着“以学生为本、以教学为本”的理念，学校努力构建人性化的管理方式，以培养具有创新精神和实践能力的高级专门人才为目标，不断优化和创新人才培养方案，坚持“厚基础、宽口径、强能力、高素质”的人才培养模式，特别强调培养“懂管理的工程技术人才”和“懂工程技术的管理人才”和具有质量意识的特色人才，人才培养质量不断提高。

为了发扬计量特色，紧扣行业发展，学校在专业设置方面，在加强传统计量特色专业方向--力学计量、温度计量、电磁测量、精密几何测量、光学测量、无线电测量、机械测量等的基础上，重点发展了一批国家质量监督、检验检疫技术发展紧缺的专业。几年来，逐步完善了以质量监督检验检疫所需的工、管、法等学科为支撑的专业体系，先后设立了培养食品质量与安全的检测、管理、认证的基本技能且能够在食品生产、流通和消费领域从事分析检验、质量控制管理、安全评价、质量认证以及熟悉国际食品质量安全体系和标准的人才的食品质量与安全专业；培养具备动植物检验检疫、基因产品检测能力且具有从事生物产制品方面的生物生产、加工、新产品开发、检测等工作能力和生命科学中基础理论研究能力专门人才的生物产制品监检专业；以光、机、电检测技术为理论基础，研究特种设备使用行业的人身健康安全和环保因素的安全监督与环保专业；培养以机电工程和质量工程为理论基础且能对产品质量尤其是对机械、电器产品质量进行分析、规划、设计、评价与创新的质量工程技术人才的产品质量工程专业；培养以法学理论和法学思维为基础且拥有系统的知识产权法学知识和较强知识产权法律实务能力的专业人才的知识产权专业等。与此同时，学校加强了课程建设，设立了如《精密测量技术》、《电学测量》、《技术监督法》、《机电产品质量检验技术》、《食品安全学》、《WTO与知识产权保护》等特色专业课程；每年定期为学生安排ISO9000、ISO14000、OHSMS18000的行业培训；不定期邀请省、市级检测机构的专家为学生开展讲座，帮助学生了解行业检测技术发展的最新动态和实际检测流程，全方位培养学生的检测、计量专业素质。

四、过硬的教学质量

教学质量是学校的生命线。2002 年以来，学校始终以迎接本科教学工作水平评估为动力和重要抓手，坚决贯彻本科教学评估“二十字方针”，积极整改和建设，确保了教学秩序和教学质量的稳定以及各项教学活动的顺利开展，学校的教学软件水平和社会声誉均有了显著的提升。截至目前，我校已经拥有 4 个省重点专业，7 门省精品课程，11 门校级精品课程，列入校重点建设课程 44 门；立项出版省重点教材 13 部，其他教材 22 部；确定并启动了 17 项“亮点工程”建设项目。

在教学基地建设方面，学校结合下沙新校区建设，重点建设了一批起点高、有特色的实验室，现已建成 2 个省级教学实验示范中心和 1 个省级素质教育基地。学校教学科研设施完备，建有先进的三坐标测量机实验室，其设施档次在省内同类实验室中居首位；学校还拥有可用于纳米线测量的原子力显微镜、机器视觉在线检测、原型机、计算中心等现代化实验室和多媒体教室；建有用于学校学生金工实习、电子实习、课外创新活动的工程训练中心和校外实习基地。另外，众多的校外实习基地和先进的多媒体教学设施为培养学生的创新精神和实践能力提供了良好的成长环境。

为适应高等教育的不断发展和深化，学校把深化教学改革，提高教学质量列为学校工作的重中之重。积极探索校院两级“试点班”、“3+1”培养模式、“学分制”、“选师制”、“校际联合选课制”、学生“三自管理”、“辅助导师制”等教育教学改革实践，实施了以优化培养方案和特色培育为目标的专项教学建设工程，培养专业知识扎实、质量意识强、具有工程开发能力的复合型人才。学校还建立了教学质量保证体系，依据自身优势与特色，在试点成功的基础上，正在全校范围内将 ISO9000 族标准引入教学质量管理，用国际标准和现代化管理方法保证教学质量并使之持续改进、不断提高。

学校的教学质量得到校外专家和主管部门的充分认可。1997 年我校通过国家教委本科教学工作合格评价，专家对我校的本科教学工作和教学质量给予充分肯定。同年，顺利通过省教委组织的金工实习教学评估，专家组对我校的实验室管理、实验队伍素质、实验教学和改革等予以很高评价。2004 年，学校以良好的成绩顺利通过浙江省教育厅本科教学工作水平评估，并及时启动了迎接 2006 年教育部本科教学工作水平评估工作，明确了迎评创优的目标。五年来，学校共获得省级教学成果二等奖 8 项，各类省级教改项目 30 余项，这些教改项目的研究实践以及获奖教改成果的广泛应用，有力地推动了人才培养质量的稳步提高。

2004 年，学校首届党代会明确了学校发展的奋斗目标和战略步骤，为我们共同的家园绘制了到 2018 年(建校 40 周年)的美好蓝图。目前，全校上下正以主人翁的精神，在党委和行政的领导下，按照“拓宽视野、自主创新、追求卓越，实现学校又快又好发展”的要求，以只争朝夕的紧迫感和使命感，共同谱写着一曲“为把中国计量学院建设成为国内知名的教学研究型大学而努力奋斗”的时代华章。

夯实基础 强化服务 持续发展

自贡市计量测试研究所　钟　红　张光鑑　李　庆

自贡市计量测试研究所是国家法定计量检定机构，是国家首批设立的28个中等城市计量测试中心之一(1986年),2003年9月被四川省质量技术监督局设立为川南计量测试中心。于2003年在全省范围内率先通过法定计量检定机构考核[(川)法计(2003)10301];2005年10月通过中国实验室国家认可委员会实验室认可现场评审,2006年1月16日获得正式批准(认可证书:No.L2503)。

目前,本所建有长度、温度、力学、电磁、理化等社会公用计量标准共93项,拥有一批大型、高准确度的测量仪器设备,可开展260余种测量设备的检定/校准和修理服务,其中通过CNAL认可的校准项目涉及长度、热工、力学、电学、医疗、理化和时间频率等7大类137项。建立了定量包装商品检验实验室。拥有机械加工能力较强的试验车间,主要从事长度、力学计量仪器的开发和中试生产,主要科研成果和计量产品中有6项获省、市科技进步奖,拥有6项专利。

近年来,我们在加强机构内部管理、抓好队伍建设、积极拓宽检定/校准/检测领域等方面都取得了明显的进步,我们将不断提升本所的科学管理水平、技术水平和服务水平,向着建设一流实验室的目标稳步前进。

一、夯实基础,抓好机构内部质量和技术管理,提高自身的检测能力和管理水平

建立、运行机构的质量管理体系。经过几年来的努力,我所按照JJF1069—2003《法定计量检定机构考核规范》和CNAL/AC01:2005《检测和校准实验室能力认可准则》(ISO/IEC17025:2005)建立起了一套较为完善、符合实际、运行良好的质量管理体系。在2003年全省范围内率先通过法定计量检定机构考核的基础上，又于2005年在西南地区市、州级的法定计量检定机构中首家通过国家实验室认可,使涉及长度、热工、力学、电学、医疗、理化和时间频率等7大类137项校准项目(共573个参数)予以一次性全部通过。

制定监督计划,定期对管理体系的各方面实施有效监督。由机构质量负责人在每年的年初下达年度监督任务书,质量管理办公室根据监督任务书的要求,按季度制定全所的季度监督计划,分别就监督类别、监督范围、监督量、监督实施人员、监督依据、方法以及采用的质量记录等做出明确规定,确保监督计划有效实施,促进了管理体系的正常运行。

开展检定/校准/检测过程和结果的质量监控活动。由监督员对相应测量过程所涉及的方法选择、环境条件、检定/校准/检测的操作过程等控制项目进行适时监督;采用一种或多种方法对检定/校准/检测的结果质量实施监控(如:相同的人员对已检测的物品作再次检定/校准/检测、不同的人员对已检测的物品作再次检定/校准/检测、对留样进行再次检定/校准/检测、用核查标准进行核查等)。

制定量值溯源计划并实施。依据我所《量值溯源管理程序》,按照量值溯源计划,定期对我所需溯源的测量设备进行溯源,确保量值的准确可靠。

积极参加实验室间比对或能力验证活动。定期在CNAL网站查询当前有无适合本所参加的实验室间比对或能力验证计划,根据查询结果编制本所参加实验室之间比对或能力验证的计划并按计划实施。2006年我所将参加涉及长度、温度和质量这三个领域共三个校准项目的能力验证活动。

制定期间核查计划,并按计划实施核查。经过标准器负责人等相关技术人员的努力，严格按制定的《期间核

查计划》对参考标准实施核查，以维护其检定或校准状态的可信度，开展了可疑测量结果的追溯，保证了我所的工作质量，降低了检测风险。

加强了证书/报告和记录的控制管理。证书/报告是实验室向客户提供的最终产品，原始记录是实验室开展检定/校准/检测工作的客观证据。我们在体系相关程序文件中对证书/报告和记录的格式制定、内容信息、数据采集、审核验证以及收集保存等方面进行了严格规定，并有效实施，获得客户和上级计量行政部门的一致好评。

开发并运行我所的"计量信息管理系统"。我所从1999年开始推行"计量检定信息管理系统"，并逐步改进、完善，大大提高了我所的科学管理水平和工作效率。

二、转变观念，树立市场意识、服务意识，通过服务满足社会对计量工作的需求

"以顾客为关注焦点"是ISO9000:2000标准提出的八项质量管理原则之一，是该八项质量管理原则的核心和灵魂。它强调组织应充分了解和掌握客户当前和未来的需求，满足客户要求并争取超越客户期望。只有树立这一观念，才有可能拥有数量可观的、相对稳定的客户群，组织才有可能获取丰厚利润。

我们的领导层及全体员工要更新服务理念，以顾客为关注焦点，使机构在竞争中持续稳步发展。检测质量是计量技术机构的生命，服务客户是计量技术机构生存和发展的基础，真诚、优质的服务是对客户最好的承诺。真诚、优质、高效的服务不仅反映一个计量技术机构是否具备检定、校准、检测的实力和水平，同时也是提高我们的信誉、取信客户的必要条件。

我们在管理体系运行过程中，从对客户的承诺、服务公示栏、对外窗口的整治、员工的对外服务态度改进、客户物品的管理等方面做了大量工作。通过开展客户满意度调查、客户回访等活动，加强与客户的联系，及时了解相关信息；定期开展现场检定/校准/检测工作的监督抽查活动，对各类人员的服务质量、服务态度和服务时效性等方面进行督促，杜绝不良现象发生，提高工作效率，提高我所的信誉。

三、加大技术装备资金投入，积极筹建新项目，努力提高市场竞争力，不断开拓检测市场

近两年来，我们在设施、设备方面投入了近200万元，大大加强了我所的技术装备水平，提高了检测能力。购置的检测设备具有起点高、科技含量高、进口设备多的特点，主要有粗糙度轮廓仪、CT机检测仪、多功能数字万用表、一等标准金属量器、精密数字高压表、温场测试仪、精密血压计、标准平板等标准计量仪器设备，省局还调拨给我所一台检衡车。这些装备的投入使用，极大地提高了计量所的综合检测能力。仅2005年，全所就完成了一等标准多刻线样板标准装置、CNG加气机检定装置、一等标准金属量器标准装置、扭力扳手标准装置、原子吸收分光光度计标准装置、CT检定标准装置、血细胞分析仪检定装置等19项新建项目，完成一等热电偶标准装置、标准血压计检定装置、线纹标准检定装置等3个扩建项目和1个恢复项目。这些项目的建成，增加了我所的检定、校准、检测项目，扩展了服务领域，增强了市场竞争力。

四、抓好人才队伍的建设

在已跨入21世纪的知识经济时代，我们意识到，机构实力强弱已不再仅仅取决于其拥有的物资资本，而首先在于知识的拥有和创新能力，高素质的员工和具有专业知识的人才将是一种战略资源。人力资源是机构最重要的无形资产，为了提升机构核心竞争力，获取独特的竞争优势，机构必须重视人力资源的开发和管理，抓好人才队伍的建设。

近年来，我们采用多种形式来加强员工文化知识和技能的培训，提高员工的整体素质和综合业务能力，提高管理的科学性、规范性和高效性。在人力资源方面除了新引进大学生6人、大专生1人外，更注重在职员工的培训工作。我们按照《人力资源控制程序》制定年度培训计划，加强员工专业知识、操作技能和测量不确定度理论及应用知识的培训。鼓励支持员工参加在职文化学习，现有12人正在攻读本、专科，这两年一共送培考证152人次，极大地提升了员工的专业技术能力。

五、完成法制计量任务，积极培育校准市场

建所以来，我所承担并较好地完成了法制计量任务，建立了本地区的社会公用计量标准93项，开展量值传递，进行检定、校准、检测，保证了社会量值的溯源性。

入世后，我国计量检测市场进一步放开，计量技术机构除完成法定检定任务外，更要面向市场求发展，大力培育和发展校准市场、开展公正计量、委托检验、技术开发等。校准是顾客自主选择的溯源方式，是国际通行的溯源方法，以校准的方式进行量值溯源是对现有量传体系的补充和完善。我所严格按照CNAL/AC01:2005《检测和校准实验室能力认可准则》(ISO/IEC17025:2005)的要求，结合实际情况，对部分非强制检定测量设备推行校准管理方式，积极引导、培育和发展校准市场，努力为企事业单位提供高质、方便、快捷的计量服务，进一步保证量值的有效溯源，促进生产、贸易的发展和计量技术的进步。

2005年，在全体员工共同努力下，我所取得了骄人的成绩，全所工作迈上了一个崭新的台阶。2006年是我国实施国民经济“十一五”规划的起步之年，是自贡市实施工业强市战略的开局之年，是全市质监系统抓住机遇、实现新发展的关键一年。我所将继续认真贯彻“科学公正、准确高效、真诚服务、持续发展”的质量方针，努力“夯实基础、强化服务、开拓市场”，充分发挥其管理优势和技术优势，为计量科技和地方经济的发展，做出应有的贡献。

生产企业计量检验检测工作的新思路

中国第一汽车集团检测中心　　孙大伟　曲　军　金振麟　张清岩

“十一五”期间是我国改革的攻坚阶段，经济结构也处于调整的关键时刻。生产企业产品的计量检验检测工作已经成了经济管理工作的重要组成部分，我们企业的计量检验检测工作怎样才能适应这种调整和变化呢？人们十分清楚，所有企业生产出来的产品，计量检验检测工作是十分重要的，因为它是关系到国民经济和社会发展的大事。目前，我国经济正处在一个大的调整、大的发展时期，计量检验检测工作在服务经济发展上也需要作出不断地改革和创新。这就要求我们企业计量检验检测工作在改革创新方面必须确立新的思路。

作为生产企业，计量检验检测工作是国民经济发展和科技进步的重要技术基础，经济要发展，科技要进步，都离不开计量检验检测工作的支撑。产品质量的优劣关系到整个社会的发展和进步，这就是企业计量检验检测工作的重要所在。

近年来，我们中国第一汽车集团公司的计量检验检测工作得到了快速发展，作为我国汽车生产基地，50多年来，我们一向重视产品质量，随着我们的产品在全国和世界各地的驰骋，我们检测中心已经形成了一整套相对比较成熟的检验检测工作网络和管理体系。但是，我们清楚地认识到：科学技术的飞速发展和我国市场经济的日益完善，对我们目前的检验检测工作提出了更高更新的要求。原来的一些工作方式已经无法满足新形势的要求，计量检验检测工作必须紧跟时代步伐，加大改革创新力度，贴近社会经济发展，满足科学技术和经济发展的需求。检验检测工作改革创新的目的就是要使计量检验检测工作更加贴近经济发展，更加贴近社会需要，更具有有效性，并得到用户、社会的认可。因此，我们认为下一步改革创新的方向，就是要以计量检验检测工作必须要从服务社会经济为切入点。紧紧围绕企业计量检验检测工作的重心，下大力气，狠抓质量，使我们企业生产的产品计量检验检测工作为国民经济发展的重要支撑。这就要求我们所有企业的计量检验检测工作做到：

一是要围绕构建节约型社会，抓好能源计量，大力开展计量检验检测服务工程；二是要围绕构建和谐社会抓好检验检测工作；三是大力推动计量检验检测放心工程，就是通过我们检验检测的任何一项必须做到准确无误；四是充分发挥计量检验检测工作在企业生产中的基础性作用，为我们企业生产出更多更好的名牌产品保驾护航。

年初，检测中心就召开了工作会议，通过广大员工的集思广益和反复讨论，一致认为，要进一步做好企业检验检测工作，必须首先要围绕开展节能降耗、建设节约型社会活动，大力开展能源计量和为企业解决计量检测方面的实际问题，特别是解决在线检测、实地监测、实际工况监测等难题，使计量检验检测工作在企业节能降耗、降低成本等工作中发挥作用，提高计量检验检测工作的有效性。

随着社会经济的发展和企业生产需要，外资企业、合资企业的不断增加，一些企业引进或进口了一定数量的国外检验检测仪器设备，进口仪器设备的维修问题，是目前我们面临的一个不可忽视的问题，一些仪器设备使用一段时间就出现了这样或那样的问题，高额的维修费几乎超出了仪器设备本身进价的几倍，使我们在经济上和效益上都受到了很大的损失。无可否认，中国还是一个发展中国家，有些仪器设备需要进口也无可非议，但外资企业、合资企业生产产品的检验检测和进口仪器设备的保养与维修，是关系到我们生产成本和经济效益的大事，比如近期，东机工一台自动洛氏硬度计示值出现严重超差，厂家的售后服务部门解决不了，建议更新，东机工向我室求助，在我室陈德理高级技师带领下，试验机组的同志，经过仔细分析原因，逐项解决，用了不到两天时间就解决了问题,挽救了一台重要检测设备,东机工的领导一再说没想到能够如此迅速的解决问题。再有,我们为一合作厂家进行数据监测时发现,他们半年前进口的一台西门子检测仪不能使用了,问其原因是此仪器已坏不能使用,厂家鉴定用户使用不当造成仪器元件损坏,须返回厂家修理大约要3个月的时间,而且费用要近十几万元。经过我们专业人员的检查修理用了不到2000元,使仪器恢复正常工作,经西门子厂家鉴定,完全符合要求,他们竖起大拇指说:中国工人真厉害!充分显示了我检测中心的技术实力,此举为检测中心赢得了良好的声誉。

目前,我们企业的计量工作中还存在着技术装备落后、检验检测能力薄弱、管理机制不活、缺乏市场竞争意识和服务意识等问题。长此以往,当校准市场放开,国内、国外的其他校准实验室参与竞争时,我们的法定计量检验检测技术机构就会失去优势,失去市场。因此,这就要求我们计量检验检测技术机构必须面对市场,不断完善和规范我们的工作机制,创新和加强服务体系,这样才能不断满足社会对计量检验检测工作的需求,才能使我们的计量检验检测工作得到真正的提高和发展。

企业计量检验检测工作的基本任务就是:统一国家计量单位制度,保证各行各业所使用的计量器具和仪器仪表的量值准确可靠,为经济建设服务。如果一个国家的计量单位制度不统一,各行各业使用的计量器具和仪器仪表不准确可靠,企业生产和各种经济活动就不能正常进行。在工业生产中,会直接影响产品质量、生产安全、协作配套,影响经济责任制的落实和经济效益的提高;在科学实验中,会直接影响对自然规律的认识和科研成果的正确评价。

企业的计量检验检测工作要紧紧围绕提高企业经济效益,为完善企业经济责任制、搞好质量管理、能源管理和经济核算提供可靠的计量保证。计量检验检测部门要根据自己企业的实际情况,把企业计量检验检测工作切实抓起来,要争取在重点项目上、计量检测手段上尽快成套配齐并管好,这才能使我们企业的计量检测工作都能得到根本的改善,使企业在生产中基本消灭因计量器具不准而造成的质量事故和安全事故;改变能源管理上因缺乏计量手段而出现的问题和现象。这是十分艰巨而紧迫的任务,目前许多企业的产品质量低劣,能源浪费大,原材料消耗多,经济效益差,原因当然是多方面的,但计量检验检测工作没有搞好,的确是一个重要原因,我们企业和主管部门必须重视这个问题。我们认为:

在企业全面整顿中,要按照国家计量局制定的《关于国营工业企业全面整顿中对计量工作的要求》,把计量工作做为一项重要内容切实抓好。

要把企业计量检测手段的配备和更新问题解决好。国务院《关于对现有企业有重点、有步骤地进行技术改造的决定》中指出:"计量测试手段的更新,是技术改造的一项重要内容。"各部门、各企业要把计量检测手段的配备和更新切实纳入技术改造的规划。

要认真解决计量仪器仪表的品种和质量问题。建议仪器仪表生产部门下力气抓新产品试制,抓性能试验,通过我们的检验检测之后,必须要保证产品的质量。这就要求我们计量检验检测机构,加强对计量仪器仪表产品质量的监督。

认识清楚了,思想统一了,所以我们中国第一汽车集团检测中心在工作中一贯坚持科学的发展观和正确的政绩观,以人为本,积极探索质监工作的新思路、新举措,全面履行综合管理,切实加强标准化,规范化、人性化服务,着力提升我们所生产的产品检验检测中的作用,进一步强化特种设备安全监察,不断提高监管与服务水平,努力使中心工作再上新台阶。

我们在工作中紧紧围绕一个中心、两大主题、三项基础、四个重点取得了一定的成绩:

一个中心

即紧紧围绕集团公司中心工作,深入贯彻实施"第一汽车、第一伙伴"发展战略,按照打造具有较强竞争力的汽车生产基地的目标要求,认真履行质监部门工作职责,服务与监管并举,推动集团公司的生产和发展。

以实验室认可为主线,建立系统创新机制,提升员工队伍素质,充分掌握和运用好现有的资源,建设符合"三化"要求的国内一流的检测基地,我们努力做到:

一个认可:拿到实验室认可资质,在1997年检测中心(原质量处)就通过了ISO9000质量管理体制认证,2005年12月26日,我们又通过了《中国实验室国家认可委员会的检测和校准实验室认证》。成为了我国汽车行业中首家上报审批检测/校准实验室并获得批准的实验室国家认可单位。

两个提升:提升系统体系能力、提升员工队伍素质

三个加强:加强基础管理工作、加强体系运行控制、加强对外合作。

两大主题

即强化监管、深化服务。强化监管就是全面落实国家总局关于“突出重点,监管下移”和“从源头抓质量,提高工作的有效性;从基层抓落实,提高检验检测工作水平”的工作要求,围绕与人民群众生命财产安全息息相关、切身利益息息相关的产品,根据集团公司的生产现状,进一步加大监管力度,通过强化生产和认真开展产品质量检验检测的监督检查工作,加大检测力度,促进生产规范生产,使产品质量得到有效保障。深化服务就是通过强化内部管理,提升服务效能,不断提高用户的满意度。进一步拓宽服务领域,加强中心内部的基础管理和专业岗位员工的培训工作,对生产上发生的质量、计量纠纷,发挥质监优势,搞好特色服务与应急服务。

三项基础

1. 质量工作。认真按国家的要求,向用户提供有一定水平的质量分析报告。加强日常监督检查工作,强化对检测仪器设备质量的监控,认真分析质量状况,撰写有一定价值的调研报告,加强企业质量档案建设工作,拓宽建档范围。认真搞好质量培训,抓好对监测人员的日常管理。

2. 标准化工作。创新标准化管理方式,工作内容由具体参与到制订标准化的工作思路转变。是我们的检验检测工作的标准与国内、国际先进标准接轨,引导和鼓励采用国际标准和国外先进标准,积极推行标准化体系,对涉及人体健康、人身和财产安全等国家有强制性标准要求的监测,加强监督检查。构建标准化工作网络,引进和培育一批标准化工作人才队伍,继续做好计量检测管理人员培训教育,加快标准化服务机构建设。

3. 计量工作。继续推进集团公司计量检测体系建设,认真开展计量水平确认工作。加强计量标准监督管理,确保辖区内主要标准器具及配套设备周检率和合格率均达到 100%。加大对关系社会公众利益的计量器具和计量监督抽查力度。

严格特种设备安全监察，开展特种设备电梯、厂内机动车辆检验，确保特种设备发证率 100%，定检率 100%,作业人员持证率 100%,加快技术机构建设。加快检测项目建设,有重点有选择地建设一批新的检测项目和参数加强技术机构专业队伍建设,加大专业检测人才培养和引进力度,增强技术机构实力。加强技术机构内部管理,创新技术机构发展机制,我们就此顺利通过国家级实验室认证。

在机关制度建设上,我们进一步完善机关效能、作风、考勤、用车等制度,切实加强制度落实,推进中心内部管理上新台阶,进一步提高工作效能。完善监督检查抽样检测制度,实行科学化管理,提高检测报告的科学性和公正性。完善机关考核奖惩措施,优化中心考核办法,进一步调动工作人员积极性、主动性和创造性。

我们在人才引进与培育上,通过公开招考方式,增添专业知识人才;针对部分老同志即将退休,及早考虑接班人选,实现工作顺利交接;再聘用一部分具备一定专业知识、熟悉检测业务、有实际动手能力的技术人员,加强检测中心技术力量。重视现有人才的培养与教育,鼓励参加各类继续教育和培训活动,提高工作人员素质和工作水平。

我们加强信息和宣传工作,正抓紧通过在集团公司局域网的基础上,加大计算机等硬件设备投入力度,实现每人配备一台电脑。加强工作人员计算机应用技能培训，通过举办专题培训班和参加计算机操作培训等形式,提高工作人员计算机应用技能。建立网上办公系统,逐步实现公文、通知、检测结果等事务网络化管理。加快业务管理软件建设,推进质量、计量、特种设备等监管工作的信息化管理,实现各部门之间信息共享共用。

2005 年一汽集团的产销已达到百万辆的水平,也是检测中心走向市场的推进年,今后我们的计量检验检测工作能否适应一汽生产的需要和发展,能否跟上,关键在于我们的行动,这就需要我们认真对待社会发展的现实,让我们携起手来,不断地学习和创新,扎实工作,共同走出企业计量检验检测的新路子。

TV二次压降改造与电能计量准确性的研究

呼和浩特供电局　　蒋　怡　　段志彦

一、概　述

(一) 计量改造的现实意义

呼和浩特供电局在建设全国一流供电企业的进程中,高度重视计量管理工作,将具体工作做到了实处。根据市场经济对电能计量装置高准确度和高可靠性的要求,本局电能计量测试中心对变电站电能计量装置的配置逐步进行了改造,减小了综合误差,保证了电能量值传递的准确、可靠和统一。

东郊变电站201、202是我局从网内购入电量的重要计量关口,也是电力总公司监督考核我局经济指标的具体依据。该变电站建设于1980年,投入运行的时间较早,设备比较陈旧。由于当时的电力负载情况和技术条件所限,电能计量装置的综合误差相对较大,尤其是关口电能表的计量误差一直是电力系统中问题存在的焦点。对发电企业来说,计量装置的负误差将影响到企业少计上网电量,的确是一笔不小的损失。按照电力部《电能计量装置检验规程》SD109—83的要求:Ⅰ类用户及变电站电能计量装置的综合误差不应超过±0.7。因此,如何减少或降低电能计量装置的综合误差,意义非常重大。为使我局重要关口计量符合规程要求,达到电网经营企业与供电企业关口电能计量的准确公正,计量测试中心与内蒙电科院多次研究磋商,确定了首先从东郊变220kV关口计量着手改造计量装置,减少综合误差造成的电能计量不准确的负面影响。

(二) 电能计量装置的综合误差

1. 电能表的误差 r_b。

2. 电流互感器的合成误差 r_{TA},电压互感器的合成误差 r_{TV}。

3. 电压互感器二次回路电压降引起的计量误差 r_d。

4. 电能计量装置的综合误差可表达为:$r=r_b+r_h+r_d$。

其中,r_h 为互感器的合成误差,即 $r_h=r_{TA}+r_{TV}$。

(三) 电能计量装置的综合误差分析

1. 感应式电能表精度较低,按规程要求计量关口有功电能表准确度等级一般是0.5级,配置有、无功正向和反向两套表计,加上电压断相监测仪,每一回路要安装5块表计,二次负载容量较大,接线复杂,容易出现故障。如果安装一块0.2S级多功能电子表那么就可以替代这个回路的所有表计,实现一表多用,大大减少了回路中的阻抗电流。

2. 互感器的合成误差正常情况下很稳定,而且误差也很小,其误差周期约每10年左右才测定一次,所以平时能做的工作也很少。在一定条件下,只要合理调配互感器,使得合成误差与电能表误差相互匹配使用,也可以适度降低综合误差。

3. 电压互感器二次回路电压降引起的误差是动态的,对关口电能计量装置的综合误差的影响起着主导作用。电压互感器的负荷电流通过二次导线时会产生压降,这样加在电能表电压线圈上的电压就不等于TV二次线圈的端电压,从而产生了电能测量误差。误差和所接的电能表电压回路的多少,回路的连接方式及功率因素等都有关系。运行中,这部分误差有时要比互感器本身的误差还要大。因此,在综合误差中能否降低TV二次压降误差是我们研究的关键所在。

二、变电站关口计量装置现状分析

(一)关口电能计量装置现状调查

1. 电能表情况调查:东郊变201、202两关口电能表属Ⅰ类计量装置,改造之前,有功表、无功表分别采用的是DS38型、DXL246型磁感应式电能表。依据《电能计量装置技术管理规程》DL/T448—2000规定,对电能表每季度应进行一次现场校验,基本能保证电能表的误差在合格的范围内。

2. 互感器情况调查:在这次改造的调查中,我们查阅了建站初期计量装置的一些原始档案资料,核实了互感器出厂时检验报告的数据角差和比差,掌握了当时互感器的匹配使用情况及合成误差。因为在互感器合成误差不太大的情况下,有时会用调整电能表的误差与互感器合成误差相抵消的办法来解决综合误差值过大问题,这是我们采取临时性调整误差的方法之一,但前提条件必须是根据现场设备运行的环境温度、负荷大小等情况适度调整,否则过量调整将使电能表本身误差特性变坏,适得其反。

3. 二次压降情况调查:内蒙电科院协同我局计量测试中心对东郊变201、202关口电能表TV二次回路电压降进行了现场测试。使用靖江电子仪器厂生产的电压互感器二次压降校验仪对220kV两段母线219、229TV的二次压降分别作了测试,测试结果表明220kVⅠ、Ⅱ段母线TV二次回路电压降较大,超过了二次回路电压降允许的范围0.2%。

以下是现场219TV和229TV两段母线二次压降实测得到的比差、角差的数据:(由于当时使用的是三相三线制感应式的电能表,因此测试的是二次线电压 U_{uv}、U_{wv} 的比差和角差)见表1。

表1 改造前TV二次压降误差值

根据测试数据,利用公式求得

$$\Delta U_{uv}=\sqrt{f^2_{uv}+(0.291\delta_{uv})^2}=0.527$$
$$\Delta U_{wv}=\sqrt{f^2_{wv}+(0.291\delta_{wv})^2}=0.467$$

219TV回路	比差 f(%)	角差 s(′)		229TV回路	比差 f(%)	角差 s(′)
U_{uv}	+0.42	+11		U_{uv}	−0.55	+12
U_{wv}	−0.23	+14		U_{wv}	−0.36	+17

219TV二次导线压降:ΔU_{uv}=0.53V; ΔU_{wv}=0.47V

同理得:

229TV二次导线压降:ΔU_{uv}=0.65V; ΔU_{uv}=0.61V

从以上数据看出,其二次压降大大超出TV二次导线压降的允许值0.2V,由此引起的计量附加误差为:

219TV:$\varepsilon_r=0.5(f_{uv}+f_{wv})+0.0084(\delta_{wv}-\delta_{uv})+0.289(f_{wv}-f_{uv})\tan\varphi-0.0145(\delta_{uv}+\delta_{wv})\tan\varphi\ (\%)=-1.629\%$

229TV:$\varepsilon_r=0.5(f_{uv}+f_{wv})+0.0084(\delta_{wv}-\delta_{uv})+0.289(f_{wv}-f_{uv})\tan\varphi-0.0145(\delta_{uv}+\delta_{wv})\tan\varphi\ (\%)=-1.573\%$

式中: f——比差; δ——角差

其中,$\tan\varphi$ 为根据现场实际选取功率因数 $\cos\phi=0.3$ 换算得 $\tan\phi=3.18$。

因为内相角是60°型的感应式三相电能表,其电压线圈的功率因数约为0.2~0.3,加上其他接入设备的感性负载,整个二次电压回路的功率因数约为0.3左右。

4. 综合误差统计: TV二次压降测试后,我们对201、202关口有功电能表进行了现场校验,并查证了201、202档案的原始记录资料,核实了TV、TA出厂的试验误差和计算后的合成误差数据,得到了关口计量装置的综合误差。见表2。

表2 改造前综合误差测试值

设备名称	电能表误差	互感器合成误差	PT二次压降误差	综合误差
201	−0.22	−0.097	−1.63	−1.95
202	−0.11	−0.117	−1.57	−1.80

由于综合误差值过大，不仅超出了规程要求，同时造成的计量误差也是相当严重的。我们以 2004 年关口电能表所计的电量作参考进行计算：

201 全年供电量为 42651.20 万 kWh，电能计量综合误差是−1.95，计量综合误差引起的少计电量：

$$\Delta W\text{a} = [(-\varepsilon_r)/(100+\varepsilon_r)]\times W\text{a} = 848.24 \text{ 万 kWh}$$

202 全年供电量为 43343.43 万 kWh，电能计量综合误差是−1.80，计量综合误差引起的少计电量：

$$\Delta W\text{a} = [(-\varepsilon_r)/(100+\varepsilon_r)]\times W\text{a} = 794.48 \text{ 万 kWh}$$

可见，由于 220kV 关口表的计量误差直接影响到了发电企业的经济效益。

（二）TV 二次压降产生的主要原因

根据对现场实际情况的勘察和分析，我局东郊变电站 201、202 关口计量 TV 二次回路阻抗大、压降大的具体原因如图 1 所示：

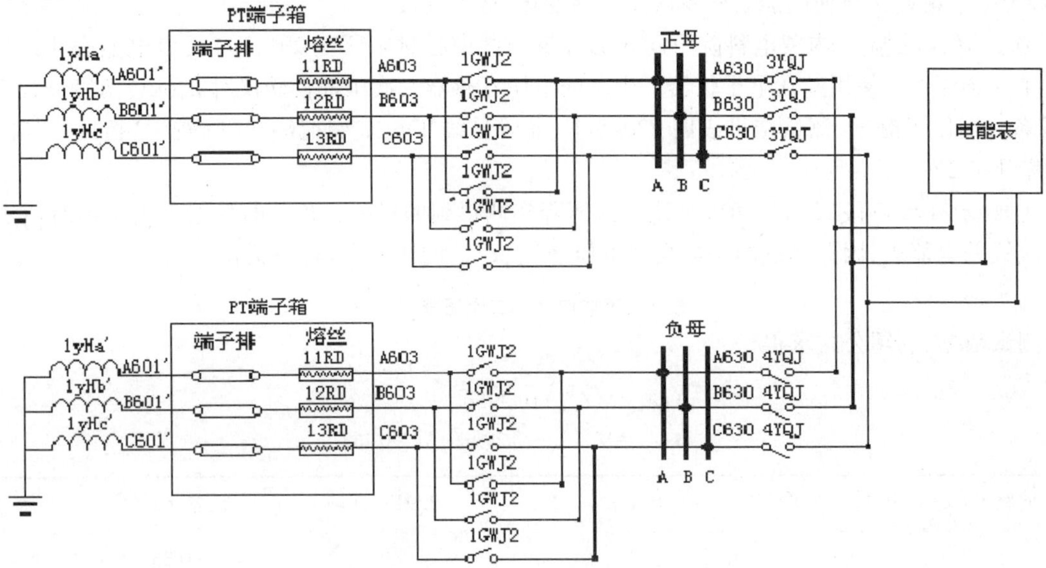

图 1　TV 二次接线图

1. 原铺设的 220kV 专用计量 TV 二次电缆过长（219TV 长约 240m、229TV 长约 200m）、截面过小，从端子箱到网控室的每相导线截面积为 3×2.5mm²。

2. 部分接点处电阻大。现场 220kV 变电站 TV 端子箱内的端子排及导线锈蚀严重，导致端子排和导线间的接触电阻增大。

3. 个别熔管的阻抗大，熔管与卡座的接触部分氧化锈蚀，造成接触电阻明显增大。TV 端子箱内的熔管与卡座之间的接触电阻及电压熔丝本身阻值增大，导致熔管卡座上下桩头电压降增大。

4. 计量回路与远动装置及其他仪表回路共用一个 TV 二次绕组，使额定二次容量超载，阻抗加大。同时，远动装置回路的负载变化也会对 TV 的比差、角差和二次回路的压降产生一些影响。

三、计量装置改进措施

（一）更换多功能全电子电能表

网控室 220kV 侧计量屏有功表、无功表、电压断相仪共计 38 块，其每块表的额定容量按 6VA 考虑，合计容量为 228VA。加上远动保护等装置的接入，型号为 JCCS−220（额定容量 150VA）的 TV 二次额定容量在单母运行时已不能满足负载的要求。因此，我们将东郊变 201、202 关口电能表计全部进行了更换。改造了电能表屏的二次接线，安装了西门子公司生产的兰吉尔 ZMU−205C 高精度电子表，此表具有高精度测量特性、可靠的运行性能和综合的功能配置，单台负载容量为 2.5VA，表屏的 8 个计量回路负载容量只有 20VA，，大大降低了二次负载阻抗。

（二）增大 TV 二次回路导线截面

经过前面的计算已知改造前二次压降已超过 0.5%以上。最突出的问题就是导线过长和线径细。东郊变 220kV 电压二次计量回路从端子箱到网控室的导线截面积为 $3\times2.5mm^2$，长度为 240m。根据 DL/T448—2000《电能计量装置技术管理规定》5.4(g)规定：互感器二次回路的连接导线应采用铜质单心绝缘线，对电压二次回路连接导线截面积应按允许的电压降计算确定。从《电能计量手册》中可查电压互感器二次回路导线截面选择公式。如果按压降值 ≤0.2%计算其二次导线横截面积，导线长为 240m 时，应配置的导线截面积不应小于 $16mm^2$(铜质电缆)。具体计算方法如下：

为保证二次导线 ΔU 小于规定值，要求二次导线电阻不大于容许值。二次回路导线允许截面值 S (mm^2) 可按下式计算：

容许电阻 $r \leqslant \Delta U_{max}/\sqrt{7}I=0.2U_{2l}/(100\times\sqrt{7}I)$

式中：I——电压互感器二次导线中电流；　U_{2l}——电压互感器二次线电压(V)

ΔU_{max}——容许的二次导线压降(V)；r——三相电路中每相电缆线的电阻值(Ω)

二次导线的所需截面可由 $r=\rho L/S$ 推导出来：

电阻值 $r=\rho L/S \leqslant \Delta U_{max}/\sqrt{7}I$

所需截面 $S \geqslant \sqrt{7}\rho L I/\Delta U_{max}$

如果二次导线为铜线，且要求 $\Delta U_{max} \leqslant 0.2U_{2l}/100=0.2(V)$，

上式可写成：$S \geqslant 0.23LI$

式中：I——电压互感器二次导线电流；　L——电压互感器二次电缆长度

ρ——铜质电阻率 $0.0175\Omega\cdot mm^2/m$

由于运行方式的变化，东郊变 220kV 两段母线所接出线不是固定的，连接出线越多(即负载越多)，则 TV 回路的负载电流就越大。因此，经过一段时间的测试，我们在所测试的数据中选择了数值较大且较为典型的负载电流作为计算值。

实测数据见表 3。

表 3　220kV TV 导线负荷电流

220KV 母线 TV 导线负荷电流			
设备名称	A 相电压	B 相电压	C 相电压
	负荷(mA)	负荷(mA)	负荷(mA)
219 Ⅰ母	120	89	275
229 Ⅱ母	98	175	103

当取计算值 $I\approx0.28A$，电缆长度为 240m 时，所需截面面积：$S=0.23\times240\times0.28=15.46mm^2$。

上述截面面积 S 仅作为我们施工的参考值，考虑到数据的测量误差及母线负荷的极端情况，我们在具体施工中所采用的 TV 二次电缆的截面积远大于该数值。我们将 A、B、C 每相增加为 $3\times10\ mm^2$，N 相增加为 $10\ mm^2$，使 220kV 电压互感器端子箱至网控室二次电缆的截面由原来每相 $3\times2.5mm^2$ 基础上又并接了 $3\times10mm^2$ 的铜质电缆。使每相导线横截面积达到 $37.5mm^2$。当然，从理论上讲，导线是越粗越好，但导线粗到一定的程度对 TV 二次回路导线电压降的影响也将不会有太大的变化(见图 2)。

图 2　TV 二次回路导线电压降与导线截面积的关系图

由电压降的计算公式可知，降低导线的电压降除了增大导线的截面积外，还应尽可能减少导线通过的负荷，与计量无关的负载不应接入。所以，我们与调度远动班及时取得联系，将计量电压二次回路中接入的远动装置进行了切改，使计量专用绕组作为专线专用。

（三）减少二次回路接触电阻

1. 端子排及导线锈蚀的原因：220kV 电缆沟较 110kV 电缆沟深，电缆沟上面的水泥盖板内侧积露严重。究其原因，在每年的冬季和初春，电缆沟内的暖气流不断上涌，与地面的冷气流相遇凝结成水蒸气，沟上面的水泥盖板间的缝隙都被用泥浆封死，暖气流就顺着电缆透过防火包在端子箱内与冷气流相遇凝结成水蒸气，导致端子排及导线常常积露而锈蚀。

2. 解决措施：将靠近端子箱的水泥盖板换成铁盖板，同时在铁盖板上打孔，保证电缆沟内的暖气流能及时散发；在 TV 端子箱上打孔，让进入端子箱的暖气流不停留，很快散发；再就是定期更换锈蚀的端子排，去除导线上的锈蚀。

3. 改造以后，通过目前运行的情况来看，水泥盖板内侧及端子箱内积露现象没有了，端子排及导线锈蚀得到缓解，改造后的效果很理想。

4. TV 端子箱内的熔丝与卡座阻值增大的原因：熔丝与卡座由于使用时间较长，部分熔丝与卡座接触端面锈蚀，即使没有锈蚀，但由于长时间使用，其表面被氧化而生成一层金属氧化膜，导致熔丝与卡座之间的接触电阻增大。同时，由于电压熔丝本身经过长时间的运行，熔丝逐渐挥发，线径变细，其阻值也会不断增大。

如：219TV 二次的 C 相熔丝经测量其阻值达到 2.43Ω，而通常一只新熔丝的阻值不会超过 0.2Ω。TV 端子箱内的熔丝与卡座之间的接触电阻及电压熔丝本身的阻值增大，必然导致熔丝上下桩头的电压降增大，经现场测定，部分熔丝上下桩头的电压降甚至达到 168.60mV，而整个二次回路电压降的允许值才 200mV（见表 4）。

表 4　220kV 电压端子箱熔丝上下桩头更换前后的电压降

219 TV 回路	比差 f(%)	角差 δ(′)	229 TV 回路	比差 f(%)	角差 δ(′)
U_{uv}	−0.073	+3.2	U_{uv}	−0.081	+1.8
U_{wv}	−0.042	+2.6	U_{wv}	−0.055	+4.2

5. 解决措施：二次保险由插式玻璃保险更换为圆筒帽型熔断器，熔断器接点隐藏在熔断器外壳内，以减缓保险接点处的氧化，熔断器选择接触性能良好、内阻较小的熔丝。每年要定期对熔断器电阻和电压熔丝的上下桩头的电压降进行测量，其阻值不得大于 0.2Ω，电压降不得超过 15mV。

四、改进后取得的效果

（一）TV 二次压降的测试计算

东郊变电站 220KV 关口计量经过几天的紧张施工，按计划顺利完成了改造任务。经过对 TV 二次压降的再次测试，结果见表 5。

表 5　改造后二次压降测试值

设备名称		A 相(mV)	B 相(mV)	C 相(mV)
更换前	220kV 219	12.24	14.56	168.60
	220kV 229	11.95	13.48	10.03
更换后	220kV 219	10.21	13.47	7.56
	220kV 229	10.86	12.13	11.25

根据测试数据，利用公式求得：

$$\Delta U_{uv}=\sqrt{f^2_{uv}+(0.0291\delta_{uv})^2}=0.118\ \text{V}$$

$$\Delta U_{wv}=\sqrt{f^2_{wv}+(0.0291\delta_{wv})^2}=0.086\ \text{V}$$

219TV 二次导线压降：ΔU_{UV}=0.118V; ΔU_{WV}=0.086V

同理得：

229TV 二次导线压降：ΔU_{UV}=0.096V; ΔU_{WV}=0.13V

从以上数据看出，其二次压降已降低到 TV 二次导线压降的允许值 0.2V 以内，由此引起的计量附加误差为：

219TV：$\varepsilon_r=0.5(f_{UV}+f_{WV})+0.0084(\delta_{WV}-\delta_{UV})+0.289(f_{WV}-f_{UV})\tan\varphi-0.0145(\delta_{UV}+\delta_{WV})\tan\varphi\ (\%)=-0.30\%$

229TV：$\varepsilon_r=0.5(f_{UV}+f_{WV})+0.0084(\delta_{WV}-\delta_{UV})+0.289(f_{WV}-f_{UV})\tan\varphi-0.0145(\delta_{UV}+\delta_{WV})\tan\varphi\ (\%)=-0.33\%$

（二）效果检查及取得的经济效益

通过以上的计算分析和对电能表的误差测试，改造以后的综合误差明显降低，实现了我们预期效果。如图图 3 所示。

东郊变 201、202 关口计量 2004 年的电量分析：201 改造前由压降引起的计量附加误差为-1.63%，改造后变为-0.29%，压降损失减少 1.34 个百分点。在第一章中曾计算过 201 关口表计 2004 年供电量为 42651.20 万 kWh，电能计量综合误差是-1.95，少计电量 848.24 万 kWh；改造后综合误差是-0.297，挽回电量 721.18 万 kWh；按上网电价 0.23 元/千瓦时计算，201 关口计量每年就可挽回经济收入 165.8 万元；同样，202 关口计量每年可挽回 150.9 万元。

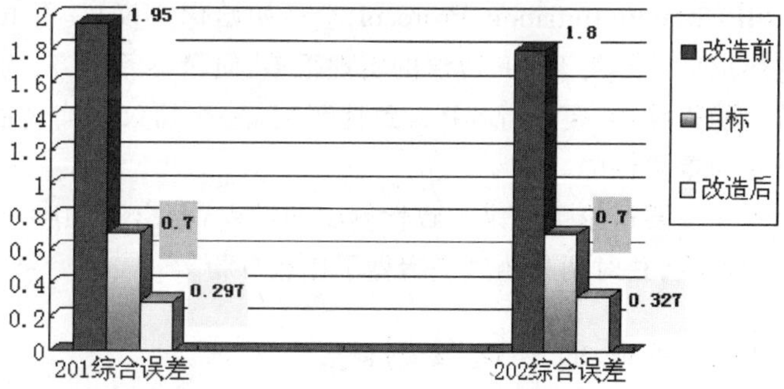

图 3　综合误差改造前后比较图

表 6　改造后综合误差统计表

名称	电能表误差	TV、TA 合成误差	TV 二次压降误差	综合误差
201	+0.10	−0.097	-0.30	−0.297
202	+0.12	−0.117	-0.33	−0.327

五、结　论

关口计量装置的升级改造目的在于降低综合误差，提高计量的准确度。这项工程由呼和浩特供电局电能计量测试中心牵头，在内蒙电科院的悉心指导和积极配合下，彻底解决了电压互感器二次压降超差问题。升级改造完成的关口计量装置，经内蒙电科院测试验收，各项指标均符合 DL/T448—2000《电能计量装置管理规程》的要求。

东郊变电站 TV 二次压降改造虽然避免了今后更多的电量和经济损失，但改造前由于压降所造成损失已无法追回。改造只是补救措施，对于今后新建、扩建、改建的变电和配电工程，必须从设计、施工、验收及运行的各个环节层层把关，采取措施避免 TV 二次压降超差，从源头上防止漏洞产生。实践表明，我们采取的减少压降损失的几项措施，是符合我局的实际情况并且行之有效的。在对超差的回路进行改造的同时，我们也应该认识到，采取有效措施防止 TV 二次压降超差，是我们今后必需长期重视的一项工作。

因此，要树立我局一流供电企业形象，拓展电力市场，增供扩销，摆在我们面前的一个重要问题就是必须加强内部监管力度，查漏补缺，降低损耗，力求达到电量"购"与"供"的平衡，让大家都认识到电能计量工作在市场经济中的地位和所起的重要作用。特别是计量部门应严格执行"计量法规"和"电能计量装置管理规程"。不断完善电能计量管理机制，努力提高设备、人员素质。 按照内蒙电力总公司文件精神，大力推广使用高精度的 S 级电流互感器和长寿命、宽负荷电能表，把好手中"秤杆"，保证计量的公正性、合理性。关口电能计量的升级改造，是我局进入电力市场加快电力事业发展的必然趋势，它标志着我局电能计量管理工作迈上了一个新的台阶。

SIP协议一致性测试研究

张琳琳　梁 冰　曲昭伟

一、引 言

SIP(Session Initiation Protocol 会话初始化协议)具有Internet协议简单灵活扩展性好的特点,是各厂商的研发热点。目前关于SIP协议的实现很多,质量参差不齐,为了测试SIP协议实现与RFC3261标准是否符合以及符合的程度,需要进行SIP一致性测试。一个协议的实现能否通过一致性测试是它能否与其他的实现成功进行交互的重要保障。

本文主要讨论了协议一致性测试的过程、给出了SIP一致性测试的理论依据,给出了关于SIP一致性测试的实现方法,并对两种测试平台做了比较分析。

二、协议的一致性测试

协议测试理论是协议工程学的一个分支,协议测试的目的是保证协议实现按照协议规范稳定可靠地运行,协议测试是一种黑盒测试。协议测试的种类很多,包括一致性测试、互操作测试、性能测试等。其中,一致性测试是依据一个协议的描述文本对协议的某个实现进行测试,检测协议实现是否符合协议标准的要求。协议一致性测试的发展相对来说最为成熟,是其他测试的基础。

ETSI的ISO/IEC9646定义的协议一致性测试的方法如图1所示:

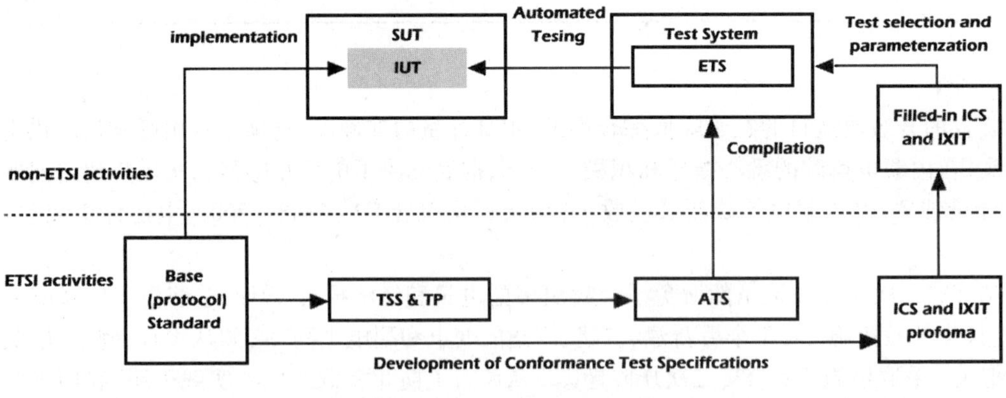

图1　协议一致性测试的方法[7]

从图中可以看到由两部分工作组成,一部分是ETSI的工作;另一部分是非ETSI的工作。其中ETSI的工作包括以下三项:

1. 根据基本协议提供以自然语言描述的TSS&TP(Test Suite Structure and Test Purpose 测试套结构和测试目的)。

2. 根据TSS&TP生成以TTCN3 (The Testing and Test Control Notation version 3 测试及测试控制记法第三版)语言描述的ATS(Abstract Test Suite 抽象测试套)。

3. 提供PICS(Protocol Implementation Conformance Statement 协议实现一致性说明)和PIXIT(Abstract Test

Suite and Protocol Implementation eXtra Information for Testing 抽象测试套和协议实现测试附加信息)的格式。

非 ETSI 的工作有：

1. 将 ATS 实现为 ETS(Executable Test Suite 可执行测试套)的工作将由测试工具的开发商来完成。

2. PICS 和 PIXIT 由被测提供商和测试实验室来填写。

3. 对测试环境的配置、对 IUT 进行测试，分析测试结果并最终生成 PTCR(Protocol Conformance Test Report 协议一致性测试报告)，这项工作由测试实验室来完成。

三、SIP 协议一致性测试规范

SIP 一致性测试需要依照测试规范来进行。目前 SIP 一致性测试规范主要有：ETSI(欧洲)的 SIP 一致性测试规范[1][2][3]。TAHI Project(日本)的 SIP 一致性测试规范[4][5]。UNH-IOL(美国)的 SIP 一致性测试规范(目前只有 UA 部分)[6]等。

每种测试规范的测试机制和 TP(Test Purpose 测试目的)的描述都不同，分别由以上单位或组织定义；但目的相同，都是测试 SIP 协议实现与标准 RFC3261 是否符合以及符合的程度。RFC3261 是 IETF 关于 SIP 的最新定义，它由 RFC2543 发展而来，具有对 RFC2543 的兼容性。

本文主要讨论应用 ETSI 的测试规范来进行 SIP 一致性测试。下面首先对 ETSI 的 SIP 一致性测试规范文件加以介绍：

1. 第一部分：PICS 文件格式[1]

协议中并不是所有功能都要求实现的，有一些功能是可选的，对于可选功能的 TC(Test Case 测试例)是否要进行测试就是以这份文件为依据的。该文件是表格形式，由 IUT(Implementation Under Test 被测协议实现)的提供商来填写，说明 IUT 实现了 RFC3261 中的那些功能，作为测试的依据。

2. 第二部分：TSS & TP[2]

这是最重要的一个文档。其中 TSS 将 TC 根据 Main Functionalities，Role，Functionalities subgroups，Test Group 层次分组。

例如，在 Role 层面分为六类：Registrant，Originating Endpoint，Terminating Endpoint，Registrar，Proxy，Redirect Server。其中前三类是 UA 的角色；后三类是 Server 的角色。根据角色，实验室将测试套分为：UA 测试套、Server 测试套，以便于测试的配置。在后面章节中会具体介绍。

TP 是用自然语言描述的 TC，下面举例说明 TP 的结构：

TPID:	**SIP_CC_OE_V_008**
Status:	**PICS:A.22/2.5**
Ref:	**RFC 3261[1]section 13.2.1**
Purpose:	**Ensure that the IUT, to establish a call sends an INVITR request including Allow and Supported headers.**

图 2 TP 举例[2]

(1) TPId 是 TP 的名称，CC 代表 Call Control；OE 代表 Originating Endpoint；CE 代表 Call Establishment；V 代表 Valid。SIP_CC_OE_CE_V_008 即是 Main Functionalities 为 Call Control；Role 为 Originating Endpoint；Functionalities subgroups 为 Call Establishment；Test Group 为 Valid 的第 8 个 TP。

(2) Status 为 TP 的状态，ETSI 将 TP 的状态分为 Mandatory，Recommended，Optional，Void 几种。Status 为 Mandatory 的 TP 为必测项；Recommended 则是 RFC3261 中描述为 SHOULD 的功能，不是必测但建议实现；像所举例子这样的 Status 为 PICS：A.22/2.5 说明这项功能是 Optional 的，意思是是否要进行测试要根据 PICS 文件中的表 A.22 Item2.5 的填写来决定；Status 为 Void 的 TP 没有任何内容，本实验室的在统计 TC 的时候，把 Status 为 Void 的项当作 Mandatory 来统计。

(3) Ref表示此 TP 引用 RFC3261 的章节。

(4) Purpose 是 TP 的具体内容,也就是 TC 的自然语言描述。

3. 第三部分:ATS & PIXIT[3]

为完成通信协议测试,根据 TP 实现的程序代码称为 ATS,ETSI 的 SIP 协议测试规范采用 TTCN-3 语言描述 ATS。PIXIT 被测提供商和测试实验室填写,提供测试产品时所需参数,也需要随测试环境不同而调整。

四、SIP 协议一致性测试的实现

下面两种测试平台依据 ETSI 的标准实现了 SIP 协议一致性的测试。

1. 测试工具

(1) 一种测试工具是 Testing Technologies[8]的 TTworkbenchBasic+TTsuite-SIP。TTworkbenchBasic 不但可以运行多种协议测试包,还提供了开发平台,用户可以修改代码,也可以自行开发 TC;TTsuite-SIP 则为 SIP 一致性测试包,可以测 UA 和 Server 端。TTworkbenchBasic 和 TTsuite-SIP 均遵照 ETSI 的标准。

(2) 另一种测试工具为 Spirent[9]的 SPT(Spirent Protocol Tester)+SIP 一致性测试包。遵照 ETSI 标准。SPT 目前只有 Server 端的测试包。

2. 测试套

根据被测角色的不同,把 ETSI 提供的测试套分为 UA 测试套和 Server 测试套,两个测试套结构如表 1,表 2 所示。

(1) UA 测试套结构

表 1 UA 测试套结构

Test Suite	Main Functionalities	Role	Functionalities subgroups	Test group
SIP UA	Registration	Registrant	--	V-Timers
	Call Control	Originating Endpoint	Call establishment	V-Timers
			Call release	V-I-Timers
			Session Modification	V
		Terminating Endpoint	Call establishment	V-I-Timers
			Call release	V-I-Timers
			Session Modification	V-I
	Querying for capabilities	Originating Endpoint	Asking for capabilities	V-Timers
		Terminating Endpoint	Responding for capabilities	V
	Messaging	Registrant	--	V-I
		Originating Endpoint	--	V-I
		Terminating Endpoint	--	V-I

(2)Server 测试套结构

测试套在 Test Group 层面分为四类, V(Valid behaviour 正常行为),I(Invalid behaviour 非正常行为),O(Inopportune behaviour 不合适行为),TI(Timers behaviour 计时器行为)。见表 2。

五、两种测试平台的比较

1. 依据的标准

表 2 Server 测试套结构

Test Suite	Main Functionalities	Role	Functionalities subgroups		Test group
SIP Server	Registration	Registrar	--		V-I-O
	Call Control	Proxy	Message processing	Request	V-I
				Response	V
			Transaction	Client	V-Timers
				Server	V-Timers
		Redirect server	Call establishment		V
			Call release		V
	Querying for capabilities	Proxy	Responding for capabilities		V
	Messaging	Registrar	--		V-I
		Proxy	--		V-I
		Redirect Server	--		V-I

两个测试平台都遵照 ETSI 标准。

2. 测试例(TC)

(1) TTworkbenchBasic 可以运行 ETSI 的规范中规定的全部 TC,共 610 个,包括 UA 端和 Server 端。

(2) SPT 只能运行 Server 端的 317 个 TC。

3. 测试工具的附加功能

(1) 在 TTworkbenchBasic 中,用户可以在现有的 TC 上进行修改或自行编写 TC,编译执行。

(2) 在 SPT 中,用户在现有的状态机上进行修改或者自行建立新的状态机。

4. 运行速度

(1) TTworkbenchBasic 运行速度比较快,可以根据 ETSI 的 PIXIT 文件规定的变量来设置各个 Timer,TC 根据用户设置的各种 Timer 来运行。

(2) SPT 的 TC 本身运行速度不慢,但是每一个 TC 都要下载到 SPT Server 上运行。而且因为 SPT Server 只能存储一个 TC,所以不能下载所有需要使用的 TC 到 Server 之后一起运行,只能下载一个运行一个。这样下载占据了大量的时间,运行速度相对就比较慢。

5. 结果信息

(1) TTworkbenchBasic 只是展示 TC 的运行情况。由用户自己来看是否符合 TP 的描述。

(2) 在 SPT 中,如果判断为 Fail 的话,SPT 直接给出自然语言描述的错误信息,但是有时不太准确。

6. 运行流程图

(1) TC 运行结束后,TTworkbenchBasic 给出整个运行流程图。

(2) TC 运行结束后,SPT 只给出每个状态机的运行流程图,用户要自己去拼接成完整的运行流程图。

7. 判断种类

(1) TTworkbenchBasic 的判断按照 ETSI 的标准,分为五种:Pass、Fail、Inconc、Error、None。并且在软件中可以根据用户的要求选择判断的种类。

(2) SPT 中的判断分为三种,Pass、Fail、N/A(Not Applicable)。

两种测试平台的比较汇总表整理如下:

表3　测试平台比较汇总

No.	对比项	TTworkbenchBasic	SPT
1	遵照的标准	ETSI	ETSI
2	TC 的数量	610,包括 UA 和 Server 端	317,只有 Server 端
3	测试工具的附加功能	用户可以编写或修改 TC	用户可以编写或修改状态机
4	运行速度	可以由用户调节,较快	较慢
5	结果信息	由用户自己来观察	直接给出自然语言描述
6	运行流程图	给出完整运行流程图	只给出完整流程图的每个小部分
7	判断种类	根据 ETSI 的标准,分为五种:Pass、Fail、Inconc、Error、None	分为三种:Pass、Fail、N/A

六、结　论

两种测试平台目前在测试的准确性和全面性方面都存在不同程度的不足,有待进一步改进和完善。

目前我们除已经搭建了基于 ETSI 标准的 SIP 一致性测试平台外，基于 TAHI Project 的 SIP 一致性测试平台也搭建完毕,可以进行 UA 和 Server 端的测试,经过初步研究,笔者发现 TAHI Project 的测试标准比 ETSI 的更为严格。将来会对这几种标准和测试平台做更进一步的比较分析。

参考文献:

[1] ETSI TS 102 027-1 V3.1.1 (2004-11) Methods for Testing and Specification (MTS); Conformance Test Specification for SIP IETF RFC 3261; Part 1: Protocol Implementation Conformance Statement (PICS) proforma

[2] ETSI TS 102 027-2 V3.1.1 (2004-11) Methods for Testing and Specification (MTS); Conformance Test Specification for SIP (IETF RFC 3261); Part 2: Test Suite Structure and Test Purposes (TSS&TP)

[3] ETSI TS 102 027-3 V3.2.1 (2005-07) Methods for Testing and Specification (MTS); Conformance Test Specification for SIP (IETF RFC 3261); Part 3: Abstract Test Suite (ATS) and partial Protocol Implementation eXtra Information for Testing (PIXIT) proforma

[4] NTT Advanced Technology Corporation, SIP Conformance Test Specification For SIP Server (IPv4) SIP Basic Operation (RFC specified) Revision 1.0

[5] NTT Advanced Technology Corporation, SIP Conformance Test Specification For UA (IPv4) SIP Basic Operation (RFC specified) Revision 1.0 NTT Advanced Technology Corporation

[6] University of New Hampshire Interoperability Laboratory, Voice over X Consortium, SIP Endpoint Conformance Test Suite (SIP) Version 1.1. Last Updated: March 24, 2006

[7] S. Moseley, S. Randall, and A. Wiles. Experience within ETSI of the Combined Roles of Conformance Testing and Interoperability Testing. The 3rd Conference on Standardization and Innovation in Information Technology, pages 177.189, Oct 2003.

[8] http://www.testingtech.de

[9] http://www.spirent.com

提升计量检测能力 促进企业快速发展

章燕秋

浙江三花控股集团从1984年开始创业，已走过二十二个春秋。前十年为基础期，后十年为提高期，现在为发展期。三花发展的每一步，都离不开计量的支撑，计量工作我们始终长抓不懈，不断提升计量管理水平和检测能力，确保企业持续快速发展。1987年通过三级计量考核，1992年升为二级计量单位，1998年通过ISO10012认证，2004年经复审符合“完善计量检测体系合格企业”，2006年按新的国际标准ISO10012:2003和JJF1112—2003《计量检测体系确认规范》要求，重新建立完善了计量检测体系，并通过了第三方认证。

一、企业计量工作，首先要得到领导的重视与支持

计量工作如何开展，计量工作放在什么位置，这主要取决于企业主要领导和核心层的计量意识与重视程度。本公司张总裁说过：“一个企业兴盛发展，在于她能否为社会提供所需要的大批量产品；是否能开发出含有高科技自主知识产权的产品；通过计量检测验证其技术参数是否能达到标准，满足和超越顾客的要求。”也就是说，经营是龙头、技术是关键、计量是保障。由于领导的重视，本公司计量工作始终与企业同步发展。因此完善计量检测体系、健全组织机构、增加计量人员、添置测量设备、改善测试环境、确定计量检测体系质量目标、组织体系内审与管理评审，均得到总经理的及时批准，由分管计量工作领导组织实施。如果没有领导的重视和支持，那么一个好的管理体系，就不可能有效运行，已取得的荣誉也只能成为对外的招牌而已。

二、建立计量管理制度，完善计量检测体系

按照ISO10012:2003标准，结合本公司实际情况编制“计量检测体系手册”、“计量检测体系程序”及“第三层次文件”。企业计量检测体系与质量管理体系、环境管理体系、财务管理体系一样。应做到：1. 制订可测量的质量目标，要层层分解；2. 规定落实职责、体现全员参与、而不只是计量部门的事情；3. 各个程序和管理办法都要有可操作性；4. 说了就要做，严格执法；如测量设备遗失、损坏要赔；受检率达不到与考核分挂钩等；5. 坚持现场检查、随时发现问题，采取纠正和预防措施、监督落实、形成闭环；6. 组织内审、管理评审达到持续改进与提高。

三、以顾客为关注焦点，不断提升检测能力

本公司以识别理解顾客的计量要求为出发点，以满足顾客的计量要求，包括测试方法、测量结果作为终点。公司投入大量资金配置进口设备，聘请、培养综合性技术人才，通过多种渠道培训操作能手，改造测试环境，使之符合测量条件，增强顾客的满意度。

与欧美、日韩工业先进国家打交道，对综合检测能力的要求越来越高，我们努力实现数字化、智能化、自动检测、在线检测。为使产品打入国际市场，达到欧盟“ROHS”指令。对主要涉及黄铜及塑料等高分子材料的6大有害物质进行控制，扩建了光谱分析室、配置了X荧光光谱仪70万元、ICP光谱仪130万元、GC-MS气相质谱联用分析仪150万元。用原传统异物含量分析与顾客相差一个数量级，从日本进口了测试含油量、水分、杂质、氯离子设备52万元。在产品泄漏测试方法上与美国开利进行探讨达成共识，由原来水检改为卤检最后选定

氡检、就此一项，氡检设备 14 台、价值 410 万元。根据外部顾客要求，我们还配置了三坐标仪、粗糙度轮廓仪 100 万元，电子振动试验设备 35 万元；噪音测试室 100 万元等等。总之公司得到顾客认可后，在测量设备、测量方法、计算程序、测量结果上高度统一，才能使顾客充分满意。

四、计量的首要任务是对测量设备进行确认和量值溯源

引入测量结果不准确的主要原因是由测量设备带来的误差，因此我们计量的首要任务是对企业内所有测量设备要进行计量确认和量值溯源。计量确认可理解为计量检定、校准、比对、定度。计量职能部门应编制《测量设备管理目录》，根据使用重要程度分 A、B、C、一次性四级管理；管理方式、周期长短有所区别；检定方式有送检、自检、自校、比对等；确认依据有检定规程、校对规范、自校办法；本公司量值溯源采取：1. 标准器及强检设备由法定机构检定、校准；2. 根据建立计量标准的投入与收益、合理建标、开展自检、公司共建标 19 项；3. 按国家计量校准规范编写规则要求，编写自校办法 36 个，进行校准；4. 用"黑匣子"比对方法：经我们计量测试的被测件再送高等级的研究院或国外顾客检测，最后以二组、三组数据的一致性、说明测量设备和测量过程满足计量要求。如对美国的 ICP 光谱仪的比对；5. 对许多进口测量设备采用等精度比对，并进行系统误差的修正；6. 光滑量规数量较多，我们分二级管理，一级由计量部门管理、二级由车间自我管理。校对仍由计量部门负责。

五、注重测量过程的控制与实现

计量工作由过去单一的测量设备管理、已不能适应现代企业发展的需要。对测量设备进行量值溯源的目的是为了实现测量过程满足顾客的计量要求。本公司产品种类繁多、原材料要求不同、工艺条件、技术指标不同，不同顾客对同一产品的参数要求也不尽相同。我们把测量过程控制划分为二类：一是关键测量过程，即检定、自校、关键工序、特殊工序、原材料指标、成品检验等；二是一般性测量过程。对关键测量过程予以特别注重，首先由技术、生产、质量、计量部门共同策划确定关键测量过程及连续监视和控制的方法、程序；其次是对关键测量过程进行设计，参数控制、记录、频次等；最终使测量过程在受控条件下实现：即使用经确认的测量设备、经确认有效的测量程序、保持所要求的环境条件、使用具有资格的员工、按规定频次进行记录、记录的数据真实可靠。如出现异常，则分析查找失控原因、采取相应措施。我们在注重测量过程控制后，使产品的一次装配合格率大幅度上升。

六、"以人为本"加强计量队伍建设

为确保计量检测体系有效运行，充分发挥技术窗口作用，必须"以人为本"，组建一支素质过硬，技术精良的专职计量队伍。进口加工设备和测量设备不断增加，自动化程序不断提高，配备与之相适应的复合型工程技术人才已成为企业提高自身竞争力的主要手段。计量管理员、计量检定员、校准员、精测人员、理化分析员、产品试验员、应具备一定的学历，有轧实的专业理论知识和较丰富的实践经验，才能发现问题、分析问题和解决问题。专业人才经培训后，取得相应的上岗证。为保持专业人才的相对稳定性，我们采取给予相应待遇，正面激励，并让其有一定的发展空间等措施，以防止专业人才的流失。

与计量检测体系相关人员，是计量队伍的主要组成部分：计量内审员，关键测量过程的操作人员、检验员、兼职计量员等都应进行计量知识的普及、测试技术的提高，对计量检测体系条款规定的理解等进行培训。体现全员参与，使之实现质量目标。

以上是我们搞好计量工作的点滴经验，但我们深知计量工作任重道远。让我们携手共进，为推动计量事业的蓬勃发展而努力。

数字化变电站的应用研究

云南电力试验研究院(集团)有限公司　曹　敏　熊志全　谭　旻　晋卫平　孙志强　梁仕斌

目前在我国变电站的管理和运行中广泛运用变电站综合自动化技术，并且在变电站已部分实现自动化和网络化，但在综合自动化系统的运行过程中，由于设备之间缺乏互操作性，不能够实现一体化。各厂家设备功能和接口的差异，导致设备维护和升级成本巨大。变电站自动化系统与互感器、开关等终端设备需要通过大量的电缆相连，模拟信号的传输存在电磁干扰及附加误差等。变电站内、变电站与控制中心之间没有完全实现信息共享，一次设备的状态信息无法接入等等缺点不断显现出来。采用数字化变电站技术能使变电站的所有信息采集、传输、处理、输出过程由过去的模拟信息全部转换为数字信息。建立与之相适应的通信网络和系统。能实现设备智能化、通信网络化、模型和通信协议统一化、运行管理自动化等。本文介绍了数字化变电站的基本特征，通过与传统变电站的比较，阐述了数字化变电站的优越性。

一、引言

我国变电站综合自动化技术经过十多年的发展已经达到一定的水平。并且在变电站已部分实现自动化和网络化，如今新建变电站，无论电压等级高低，基本采用综合变电站自动化系统，许多老变电站也通过改造实现变电站综合自动化。变电站综合自动化技术的广泛采用对提高电网建设的现代化水平，增强了输配电和电网调度的能力起到了积极的作用。但在综合自动化系统的运行过程中，由于设备之间缺乏互操作性，不能够实现一体化。各厂家设备功能和接口的差异，导致设备维护和升级成本巨大。变电站自动化系统与互感器、开关等终端设备需要通过大量的电缆相连，模拟信号的传输存在电磁干扰及附加误差等。变电站内、变电站与控制中心之间没有完全实现信息共享，一次设备的状态信息无法接入等等缺点不断显现出来。

近年来，随着变电站智能化开关、光电式互感器、一次运行设备在线状态检测、变电站运行操作培训仿真技术、计算机高速网络在实时系统中的开发应用等技术的日趋成熟，为变电站的信息采集、传输以及测量、计量、保护等方面实现数字化处理提供了理论和技术支撑。

国际上数字化变电站的建设思路已经得到了广泛的认可，包括 ABB、SIEMENS 在内的多家国际性大公司也都在变电站数字化领域进行着实验。国际电工委员会 IEC 通过多年的努力制定出整套数字化变电站的统一建模协议 IEC 61850。我国也在数字化变电站的发展领域内作出了很多努力与尝试，并做了大量实质性的工作，数字化变电站将是我国变电站技术的发展方向。

云南电网公司经过前期大量的调研、论证，以及与国内相关机构和制造商充分沟通，认为数字化技术已相对成熟，变电站全数字化是可行的，并在云南曲靖 110kV 翠峰变电站进行了数字化变电站技术的应用研究。于 2006 年 3 月 27 日顺利投运，目前运行良好。该变电站的信息，包括电流电压的实时状态，开关设备的实际状态，变压器等一次设备的信息以及控制过程的传输和处理完全数字化。可以说是我国第一个完整意义上的全数字化变电站。

二、数字化变电站的基本特征

数字化变电站就是使变电站的所有信息采集、传输、处理、输出过程由过去的模拟信息全部转换为数字信息，并建立与之相适应的通信网络和系统。它的基本特征体现在设备智能化、通信网络化、模型和通信协议统一化、运行管理自动化等方面。

数字化变电站包括变电站当地监控、继电保护、通信服务器、测控装置、五防、VQC 和小电流接地选线等二次设备，以及光电互感器等部分智能一次设备。采用分层分布结构，分为变电站层、间隔层和过程层。过程层包括光电互感器和智能开关设备等智能一次设备。智能一次设备和二次设备间用光纤以太网交换信息，具有节省控制和信号电缆、无电磁兼容问题、测量准确度高和可靠性高等优点。间隔层在站内按分布式配置。间隔层的设备根据需要采用集中布置或直接下放至开关场，各间隔设备相对独立，仅通过通讯网互联，并同变电站层的设备通信。变电站层设备也采用分布式、开放式设计，组态完成站内监控功能，全面提供设备状态监视与控制、保护信息记录与分析、站级五防、站级 VQC 等功能。变电站层采用此配置模式，一方面保证了系统整体的可靠性，另一方面，也使得功能选择、配置更灵活、更合理。

三、数字化变电站应用中的关键技术

变电站全数字化最大的障碍在于一次设备，特别是一次测量设备。目前我国电力系统中采用的一次测量设备即电流、电压互感器基本为传统的电磁感应式或电容分压式，输出模拟电流信号和模拟电压信号。且传统电流、电压互感器存在内部绝缘结构复杂、易饱和，暂态特性差，以及漏油、漏气，甚至存在爆炸等问题，导致其可靠性低，安全性能较差；准确性受二次负载影响、易受电磁干扰；且维修成本高。由于互感器对测量、计量以及保护系统有着重要的影响。用光电式互感器取代原有的电磁式互感器是数字变电站研究的突破口。由于光电式互感器是以数字信号输出，传输中又以光缆代替了电缆，因此数字式光电互感器运用于变电站则能克服以上缺点，实现变电站数字化，并从根本上解决了互感器在电流、电压信号在传输到二次设备和处理过程中所产生的附加误差，大大提高了保护系统、测量系统和计量系统的准确性，同时也充分体现出它在安全性能、维修成本方面的优势。

1. 光电式互感器技术特点

电子式互感器指输出为数字信号的电流、电压互感器。光电式互感器有绝缘结构简单、精度不受负载影响、无饱和、二次设备不产生附加误差和不易受电磁干扰等优点，而且信号输出采用比电缆廉价的光缆降低了综合成本。

由于光电式互感器的诸多优点。国际上，光电式互感器已逐步成熟，正已越来越快的速度推广运用。其中 ABB、西门子等公司生产的电子式互感器已有十几年的成功运行业绩。我国也积极进行光电式互感器的研制和运用，有 20 余家企业和高校涉足了光电式互感器的开发，经过多年的努力，已有若干套设备在现场试运行。

光电互感器是光电电压互感器(OVT)、光电电流互感器(OCT)、组合式光电互感器等各种光学互感器的通称，它是结合光电子技术、光纤传感技术实现电力系统电压、电流测量的一种新型互感器。根据传感机理可将 OCT 划分为多种不同的种类，从传感头有无供电电源的角度大致可分为有源型和无源型两种。

无源型以利用法拉第磁光效应的装置为主，当一束线性偏振光通过放置在磁场中的光纤或块状晶体玻璃时，如果光的传播方向与磁场方向相同，偏振平面将发生旋转，旋转角正比于磁场强度沿偏振光通过路径的线积分。电流传感的灵敏度正比于材料的费尔德常数，但通常费尔德常数越大，温度系数越大，故互感器灵敏度受到温度变化的影响。同时，光学元件内部的残余应力产生随温度变化的线性双折射，当光学玻璃和光纤受到振动和其他机械扰动时，等效于引入应力，同样引起线性双折射。线性双折射的存在降低了传感头的灵敏度，且使灵敏度随振动和温度而变化，影响了整个系统精度和稳定性。各国研究人员针对存在的这些问题做了大量深入的研究工作并多次挂网运行(如英国 D.A.Jackson、意大利 G.W.Day、美国 E.A.Ulmer 课题组以及美国 3M 公司等)，但设计与加工难度以及长期运行中的稳定性问题仍是阻碍无源型 OCT 商业化进程的主要障碍。图 1 所示为无源组合式电压、电流互感器的结构框图。光学电流传感器是利用 Faraday 磁光效应测量电流的，如图 2 所示。LED(发光二极管)发出的光经起偏器后为一线偏振光，线偏振光在磁光材料(如重火石玻璃)中绕载流导体一周后其偏振面将发生旋转。据法拉第磁光效应及安培环路定律可知，线偏振光旋转的角度 θ 与载流

导体中流过的电流 i 有如下关系： $\theta = V\int_{i} H \cdot di = V\oint H \cdot di = V \cdot i$ (1)

式中，V 为磁光材料的 Verdet 常数。角度 θ 与被测电流 i 成正比，利用检偏器将角度 θ 的变化转换为输出光强的变化，经光电变换及相应的信号处理便可求得被测电流 i。

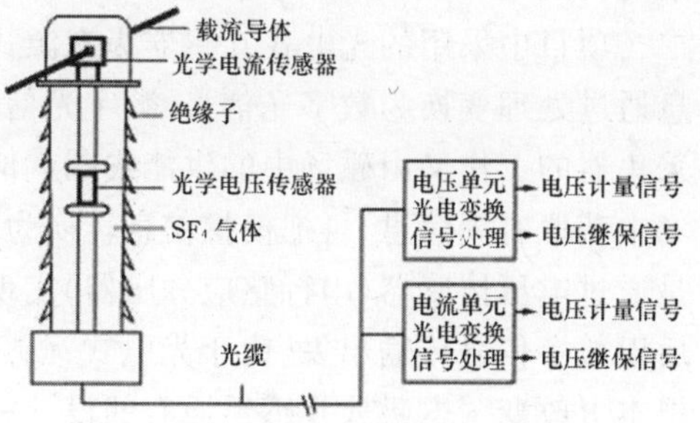

图 1 无源电流和电压组合式互感器框图

光学电压传感器是利用 Pockels 电光效应测量电压的，如图 2 所示。LED 发出的光经起偏器后为一线偏振光，在外加电压作用下，线偏振光经电光晶体(如 BGO 晶体)后发生双折射，双折射两光束的相位差 θ 与外加电压 V 有如下关系：

$$\delta = \frac{2\pi}{\lambda} n_0^3 \gamma_{41} \frac{l}{d} V = \frac{\pi}{V_\pi}, \left(V_\pi = \frac{\lambda}{2 n_0^3 \gamma_{41}} \frac{d}{l} \right) \quad (2)$$

式中，n_0 为 BGO 的折射率；γ_{41} 为 BGO 的电光系数；l 为 BGO 中光路长度；d 为施加电压方向的 BGO 厚度；λ 为入射光波长；V_π 为晶体的半波电压。相位差 δ 与外加电压 V 成正比，利用检偏器将相位差 δ 的变化转换为输出光强的变化，经光电变换及相应的信号处理便可求得被测电压。

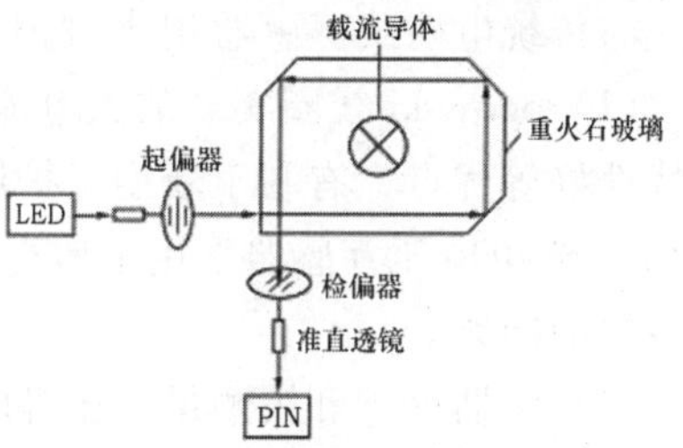

图 2 光学电流传感器原理图

有源型 OCT 在传感头部分没有使用特殊的功能性光纤或其它光学元件，而是采用了传统的电流传感器件如小型高精度电流互感器、霍尔电流传感器、电阻分流器或 Rogowski 线圈等，故实现起来比较容易，并具有良好的可靠性和长期的稳定性，有着广泛的应用前景。有源式的难点是提供高压端需要的工作电源，但随着激光供能和高压取能技术的突破，已得到根本上的解决。

图 3 所示为有源电子式 CT 的结构示意图。感应被测电流的线圈通常采用 Rogowski 线圈，Rogowski 线圈的骨架为非磁性材料，如图 4 所示。若线圈的匝数密度 n 及截面积 S 均匀，Rogowski 线圈输出的信号 e 与被测电流 i 有如下关系：$e(t) = -d\Phi/dt = -\mu_0 nS \cdot (di/dt)$ (3)

$e(t)$ 经积分变换及 A/D 转换后，由 LED 转换为数字光信号输出，控制室的 PIN 及信号处理电路对其进行光电变换及相应的信号处理，便可输出供微机保护和计量用的电信号。

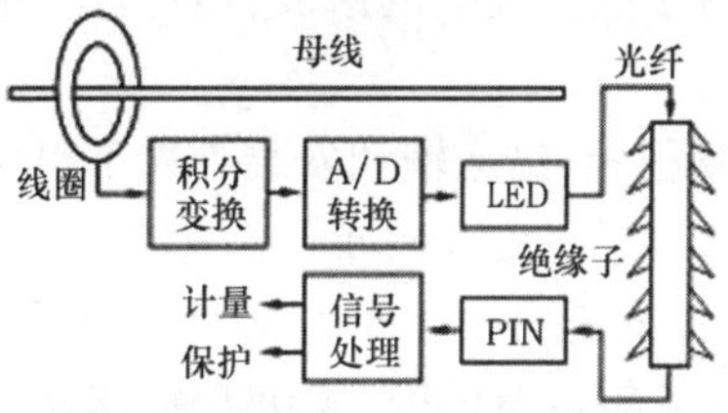

图 3 有源电子式 CT 结构示意图

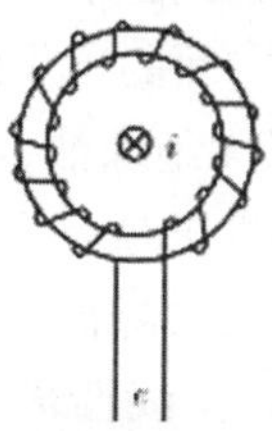

图 4 Rogowski 线圈

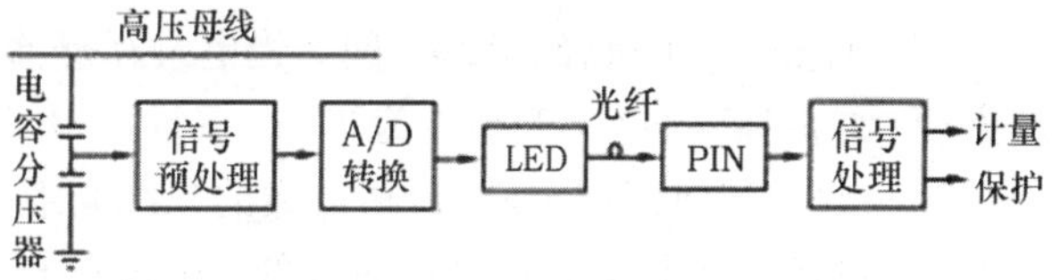

图 5 有源电子式 PT 的结构示意图

图 5 所示为有源电子式 PT 的结构示意图。被测高压经分压器分压后，经信号预处理、A/D 变换及 LED 转换，以数字光信号的形式送至控制室，控制室的 PIN 及信号处理电路对其进行光电变换及相应的信号处理，便可输出供微机保护和计量用的电信号。

有源电子式 CT、PT 的一次高压侧有电子电路，其电源的供给方式主要有两类，一类是光供电，即控制室内 LD 发出的光由光纤送至高压侧，再经光电变换转换为电能供电路工作；另一类是利用一小 CT 从高压线路上获取电能供电路工作。

综上可见，利用法拉第磁光效应的无源型光电电流互感器和利用 Rogowski 线圈的有源型光电电流互感器构成了 OCT 的两大主要方向，近些年来，国内外 OCT 研究有由无源型转为有源型的趋势。有源式 OCT 既发挥了光纤系统的绝缘性能好、抗干扰能力强的优点，明显的降低了高压大电流互感器的体积、重量和制造成本，又利用了传统电流传感原理技术成熟的优势，避开了纯光学电流互感器光路复杂、稳定性差等技术难点，它将电磁感应技术、集成电路技术、光电子技术和光纤传感技术综合运用到电力系统电流测量领域当中，是一种集光、机、电、算于一体的高科技产品。

项目中采用的光电式互感器为有源式光电式互感器，通过罗科夫斯基线圈从磁场中获取有关信息，这些信息通过处理变换为数字光信号，数字光信号通过光缆传输出去（到低压侧），而在高压侧的光电能量转换组件即采集器的工作又由磁场中的供能线圈就地和激光电源通过光缆提供动力。也就是说，通过罗科夫斯基线圈从磁场中获取有关信息，再把模拟信息转换为数字信息，最后以数字信号通过传输出去。同样，光电式电压互感器也是通过电压传感器（串行感应分压器）实现高压侧的电压转变来获取有关信息，把模拟信息转换为数字信息，最后以数字信号传输出去。由于光电式互感器的高低压部分通过光纤连接，没有电气联系，绝缘结构大为简单，从根本上改变了电磁式互感器原有的设计思路，因此，提高互感器的安全性能，降低了维修成本。

2. 光电式互感器的优点

与传统电磁式互感器相比，光电式互感器具有下述优点。

（1）ogowski线圈实现的大电流传变，使得光电电流互感器具有无磁饱和、频率响应范围宽、准确度高、暂态特性好等优点，有利于新型保护原理的实现及提高保护性能。电流互感器测量准确度达0.2级，保护优于5TPE。光电电压互感器采用了串行感应分压器，测量准确度达到0.2级，并解决了传统电压互感器可能出现铁磁谐振的问题。

（2）集器处于和被测量电压等电位的密闭屏蔽的传感头部件中，采集器和合并器通过光纤相连，数字信号在光缆中传输，增强了抗EMI性能，数据可靠性大大提高。

（3）光电互感器通过光纤连接互感器的高低压部分，绝缘结构大为简单。以绝缘脂替代了传统互感器的油或SF6，互感器性能更加稳定，同时避免了传统充油互感器渗漏油现象，也避免了SF6互感器的SF6气体对环境的影响。无需检压检漏，运行过程中能真正实现免维护。

（4）无油设计彻底避免了充油互感器可能出现的燃烧爆炸等事故；高低压部分的光电隔离，使得电流互感器二次开路、电压互感器二次短路可能导致危及设备或人身安全等问题不复存在。

（5）光电互感器完备的自检功能，若出现通讯故障或光电互感器故障，保护装置将会因收不到校样码正确的数据而可以直接判断出互感器异常并及时报警，可提高系统的可靠性和可用率。

（6）频率响应范围宽。光电式互感器传感部分的频率响应取决于信号在传感头上的渡越时间，系统实际能测量的频率范围主要决定于电子线路部分。电子式互感器已被证明可以测出高压电力线上的谐波，还可进行电网电流暂态、高频大电流的测量，而传统CT是难以胜任这方面的工作的。

（7）体积小、重量轻、节约空间。光电式互感器无铁心、无绝缘油，本身重量很轻，给运输和安装带来了很大的方便。如345kV的OCT高度为2.7m，重量为109kg，相同电压等级的油浸式CT高为5.3m，重量高达2300kg。

（8）制造和使用成本低。价格低廉的光纤光缆的应用，大大降低了电子式互感器的综合使用成本。另外，由于绝缘结构简单，电子式互感器的造价一般随电压等级升高呈线性增加，在高压和超高压中，光电互感器这一优点尤其显著。

3. 通信网络化技术

在通信网络化方面，由于采用了光纤传输，过程层和间隔层总线经过100M的以太网进行交换，建立了统一的信息平台使数据模型、功能模型、智能化设备方面实现了数据无缝连接，提高了信息的可靠性、完整性和实时性。同时大幅度减少了二次接线的数量和复杂程度，避免了电缆带来的电磁兼容、传输过电压和两点接地问题，有效解决了设备间的互操作问题，提高了测量准确性，避免了设备的重复投入。在管理自动化中，网络信息传输通道还可以在线检测和状态检修、故障自动分析和顺序控制。

曲靖110kV翠峰数字化变电站改造过程中，除了互感器外，通信网络的改变使监控、在线检测、五防、VQC和保护等信息传输方面也由原来的点对点的对接实现了信息共享；采用了把传统开关端子箱通过加装智能单元的形式，改造为智能开关下放到开关柜，这样既降低了造价又提高了安全性；变压器端子箱配置智能单元，各种信息通过光缆与控制室相连。光电式电压互感器、光电式电流互感器、保护和测控等设备的模拟接口由数字接口代替;加强了现有的监控、自动生成报表、自动生成操作票等功能;在软件开发中强调了对所有设备和软件进行一致性测试以保证设备间的互操作性,各系统均在获取变电站中任一设备的信息外,还可对任一设备发出控制命令。

四、数字化变电站的优势

数字化变电站的一次设备和二次设备均采用智能设备,二次只传送数字信号不传送能量,设备间交互的信息均按统一的模型数字化。数字化变电站较常规变电站由以下优势:

1. 提升测量的准确性

数字化变电站采用输出数字信号的光电式互感器,变电站所有的测量误差只取决于光电互感器,数字化的电流电压信号传输到二次设备上均不会产生测量误差和附加误差,大大提升了保护系统、测量系统和计量系统的系统准确性和一致性。且由于二次设备不产生测量误差,大大的简化了二次回路的运行维护和二次设备的试验。

传统变电站互感器输出的模拟信号通过电缆传输时和二次设备的数据采集过程中都将产生附件误差,系统精度难以提高。二次设备(包括保护装置、检测仪表和装置、计量表计等)均须定期进行准确性试验。

2. 提高信号传输的可靠性

数字化变电站的信号传输均用计算机通信技术实现。通信系统在传输有效信息的同时传输信息校验码和通道自检信息,杜绝误传信号和监视通信系统的完好性,PT 断线、CT 断线的判断将不再是问题。数字信号可以用光纤传输,从根本上解决抗干扰问题。

传统变电站一次设备和二次设备间直接通过电缆传输没有校验信息的信号,当信号出错或电缆断线、短路时都难以发现。而且传输模拟信号不能采用光纤技术,易受干扰。

3. 减少二次接线和提高二次回路的安全

数字化变电站的一次设备和二次设备间采用计算机通信技术,一条信道可传输多个通道的信息,加上使用网络技术,大幅度减少了二次接线的数量和复杂度。

由于二次是数字信号不带能量,使得电流互感器二次开路、电压互感器二次短路可能导致危及设备或人身安全等问题不复存在。

4. 解决设备间的互操作问题

数字化变电站的所有智能设备均按统一的标准建立信息模型和通信接口,设备间可实现无缝连接。

传统变电站的不同生产厂家二次设备之间的互操作性问题至今仍然没有得到很好地解决, 主要原因是二次设备缺乏统一的信息模型规范和通信标准。为实现不同厂家设备的互连,必须设置大量的规约转换器,增加了系统复杂度和设计、调试和维护的难度,降低了通信系统的性能。

5. 变电站的各种功能可共享统一的信息平台,避免设备重复

数字化变电站的所有信息采用统一的信息模型,按统一的通信标准接入变电站通信网络。变电站的保护、测控、计量、监控、远动、VQC 等系统均用同一个通信网络接收电流、电压和状态等信息以及发出控制命令,不需为不同功能建设各自的信息采集、传输和执行系统。

传统变电站由于各种功能采用的通信标准和信息模型不尽相同, 二次设备和一次设备间用电缆传输模拟信号和电平信号,各种功能需建设各自的信息采集、传输和执行系统,增加了变电站的复杂性和成本。

6. 自动化运行和管理水平的进一步提高

数字化变电站的采用智能一次设备,所有功能均可遥控实现。通信系统传输的信息更完整,通信的可靠性和实时性都大幅度提高。变电站因此可实现更多、更复杂的自动化功能,提高自动化水平。

传统变电站由于受一次设备和通信系统能力的限制,许多自动化技术只能停留在试验室里,难以工程应用。

7. 避免电缆带来的电磁兼容、传输过电压和两点接地等问题

数字化变电站二次设备和一次设备之间使用绝缘的光纤连接，电磁干扰和传输过电压没有影响到二次设备的途径,而且也没有二次回路两点接地的可能性。

传统变电站的二次设备与一次设备之间仍然采用电缆进行连接，电缆感应电磁干扰和一次设备传输过电压可能引起的二次设备运行异常,在二次电缆比较长的情况下由电容耦合的干扰可能造成继电保护误动作。尽管电力行业的有关规定中要求继电保护二次回路一点接地,但由于二次回路接地点的状态无法实时检测,二次回路两点接地的情况近期仍时有发生并对继电保护产生不良影响,甚至造成设备误动作。

综上所述,实现数字化变电对于我国变电站的自动化运行和管理将带来深远的影响和变革,具有非常重大的技术和经济意义。

在技术上,实现数字化变电站可以减少设备的退出次数和退出时间,提高设备的使用效率;避免信号传输和处理带来的附加误差,提高保护、测量和计量系统的准确性;减少自动化设备数量,简化二次接线,提高系统的可靠性;设备具有互操作性,方便了设备的维护和更新,减少投运时间,提高工作效率;方便变电站的扩建及自动化系统的扩充。

在经济上,可以实现信息在运行系统和其他支持系统之间的共享,减少重复建设和投资;减少站地面积,从而减少建设投资;减少变电站寿命周期内的总体成本,包括初期建设成本和运行维护成本。

五、翠峰变电站数字化应用研究的主要工作

目前,我国的光电式互感器和智能化开关设备已在高电压等级的变电站进入了应用研究阶段,并经过一定时间的挂网运行考验。国内电力设备制造行业(特别是二次设备)的数字化研制工作也进入了较成熟阶段,在国内已有部分间隔采用数字化技术。国际上数字化变电站的建设思路已经得到了广泛的认可，包括 ABB、SIEMENS 在内的多家国际性大公司也都在变电站数字化领域进行着实验。国际电工委员会 IEC 通过多年的努力制定出整套数字化变电站的统一建模协议 IEC 61850。因此,已有条件进行变电站综合自动化技术向全数字化变电站技术的转变。全数字化变电站研究项目于 2005 年 7 月在云南电网公司曲靖供电局翠峰变电站正式拉开帷幕。

云南电网公司经过前期大量的调研、论证,以及与国内相关机构和制造商充分沟通,认为数字化技术已相对成熟,变电站全数字化是可行的,从 2005 年 8 月到 2006 年 3 月,云南电网公司和国电南京自动化股份有限公司密切合作,从策划、设计、方案确定、制造、实施,历经 8 个多月,数字化变电站的研究是一个多学科的综合性科研项目,在整个研究过程中要不断的通过运行来检验整个数字化体系的运作状态。因此,为了确保研究项目在整个实施过程中的安全,调动有关各方面的科技力量。在 2006 年 3 月 27 日,全国第一座全数字化变电站,110kV 翠峰数字化变电站在云南曲靖顺利投运并进入试运行。110kV 翠峰数字化变电站的投运,对电网运行可以说是一次技术革命。

110kV 翠峰变电站规模为 2 台 110kV/10kV 双圈变压器，其 110kV 侧为内桥接线,10kV 侧为单母分段共 12 条出线,2 台电容器。3 只 110kV 开关,17 个低压开关柜,2 个 PT 柜。

在设计阶段总体方案如下:

(1) 监控、远动通信服务器、VQC 采用 PS6000 变电站自动化系统的软硬件,五防和直流系统通过规约转换器接入。

(2) 小电流接地选线功能分布实现,10kV 保护测控装置采集零序电流采样值,监控软件的小电流接地选线模块进行分析判断。

(3) 配置 110kV 进线备自投。

(4) 监控采用双主机,可同时工作并互为备用。

(5) 110kV 开关的端子箱配置智能终端,输入开关位置、低气压、刀闸位置等状态量,输出跳合闸命令,含三相操作回路。

(6) 变压器端子箱配置智能终端,输入非电量保护、中性点刀闸位置、档位等信号,输出档位控制、中性点刀闸控制和风扇控制等接点。

(7) 变压器的主、后和非电量保护独立配置,后备保护集成测控功能。

(8) 变压器温度测量用温度变送器实现(PT100)。

(9) 10kV 的保护测控装置集中组屏。

(10) 原 10kV 电流电压互感器均不拆除,供计量使用。

(11) 10kV 光电电流互感器因安装空间有限,采用穿芯式,孔径大于 50mm。原 10kVPT 油浸式 PT 改为干式 PT,并联光电电压互感器。

(12) 10kV 电压互感器的采集单元集成到合并器中。PT 合并器输出数字信号给各间隔的电流互感器的合并器。

(13) 10kV 电流互感器的采集单元和开关的智能终端集成到合并器中。合并器可采集保护电流、测量电流和零序电流传感器输出的小电压信号,输入开关位置、低气压、刀闸位置等状态量,输出跳合闸命令,并配置三相操作回路。电容器的合并器需增加一路传统 PT(100V)输入通道。

(14) PT 并列功能:电流互感器的合并器同时接收两个电压互感器的合并器输出的数字量,根据桥开关(或分段开关)位置和 PT 刀闸位置选择一路转发给二次设备。

根据设计方案 10 月中旬设计完成并展开研发生产,于 11 月底发货至现场,并于 2 月底开始整站的施工及设备安装。在设计设施过程中对方案进行了修改:

(1) 因为安装的原因将原来的 CT、PT 拆除不再保留。

(2) 取消原准备的高压 PT 切换,PT 直接接入间隔合并器。

(3) 增加网络柜,方便光纤熔接。

于 2006 年 3 月 27 日,按照实施方案整个变电站顺利投运。投运以来运行正常平稳。保护系统未发生误动和拒动,经实际考验,线路保护、过压保护等均能正确动作。

六、翠峰变电站数字化应用研究的成效

云南曲靖翠峰 110kV 数字化变电站在国内为第一个完整意义上的数字化变电站。整个变电站电缆沟里无控制电缆以及模拟量传输电缆,完全由光纤取代,整个变电站在抗干扰方面具有无比的优势。

(1) 110kV 的 CT、PT 采用光电互感器,该互感器与传统互感器相比具有频率响应好、线性度好、暂态特性好、无 CT 开路问题、安全性高、测量二次不引入误差等优点。如图 6、图 7 所示本站所录空冲主变励磁涌流波形与传统互感器所录空冲主变励磁涌流波形的比较可看出光电互感器所录的励磁涌流特征更加接近于主变励磁涌流的理论波形特征。

(2) 110kV 开关的端子箱配置智能终端,输入开关位置、低气压、刀闸位置等状态量,输出跳合闸命令以光缆与控制室相连,含三相操作回路。取消了原有回路中的电缆,利用光纤进行替代。解决原有电缆存在的断线不能自检的问题,并简化了回路。操作回路就地安装,更加有利于现场维护。

(3) 变压器端子箱配置智能终端,输入非电量保护、中性点刀闸位置、档位等信号,输出档位控制、中性点刀闸控制和风扇控制等接点以光缆与控制室相连。

(4) 变压器的主、后和非电量保护独立配置,后备保护集成开关测控功能。差动保护集成主变压器的遥信遥测。省去传统的综合测控装置。

(5) 10kV 开关柜装设光电电流、电压互感器。并配置就地智能终端 XA702 利用光纤传输向控制室传输模拟量、开关量。并接收控制室的跳合闸命令。并集成了开关操作回路。

(6) 10kV 电压互感器的采集单元集成到合并器中。PT 合并器软件并列后输出数字信号用光纤传送给各间隔的电流互感器的智能终端。PT 并列过程不用担心由于电压的的压差而造成器件的损坏。

(7) 使用数字输入电子式电能表。该电度表具有光纤的数字接口,直接接收互感器的数字信号,如不考虑计算误差,理论上电度表本身是无误差的。传统的计量设备在精度上先要计算上 CT、PT 的精度误差,再考虑线损带来的误差,然后才是表的误差,其综合误差会被逐步放大。而数字化以后所有的误差就是互感器的误差。

(8) 小电流接地选线功能分布实现,10kV 保护测控装置采集零序电流采样值,零序电流互感器采用电子

式互感器，监控软件的小电流接地选线模块进行分析判断。

(9) 110kV 进线备自投采用 FT3 传输技术，从各间隔合并器读取数据来进行逻辑判断。多间隔间的数据交换，使得备投装置复杂的接线变得清爽。

(10) 监控采用双主机，可同时工作并互为备用。数据可做双重备份。更加具有安全性。

(11) 二次间隔层设备全数字化，与过程层设备相连完全用光缆连接。各监测参数在后台读取，无需交流采样装置，且没有二次的测量误差。彻底解决了变电站的抗干扰问题。也使得二次设备的校验过程变得简单(无需进行准确性试验)。

(12) 二次设备的校验及实验方法均可完全数字化，可直接发送数字量来进行校验，(也依旧可以采取传统的校验方法)，省却了以后校验二次设备的复杂性，甚至于二次设备用软件直接可校验保护逻辑及功能的可信度大大提高。与传统保护设备校验方法相比，大大简化。

(13) 在桥开关与线路互感器交换数据以及间隔合并器与备自投设备间交换数据均采取高速串行光纤 FT3 传输技术。解决跨间隔间数据传输的问题。

14. 电流信号 CT 出来为微分信号采取软件积分的方式来解决暂态过程中的波形平滑问题。

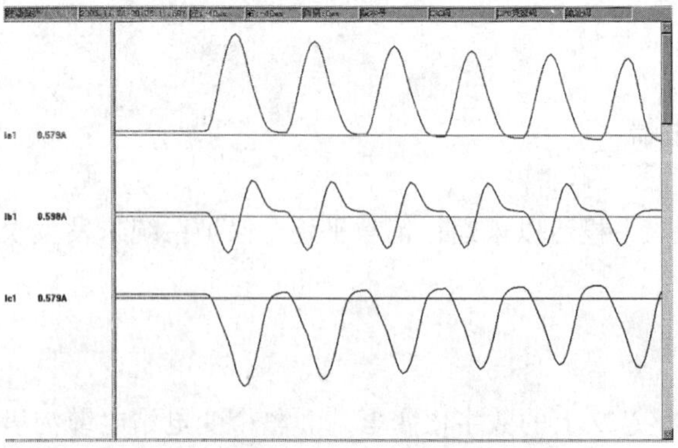

图 6　传统电流互感器的涌流波形

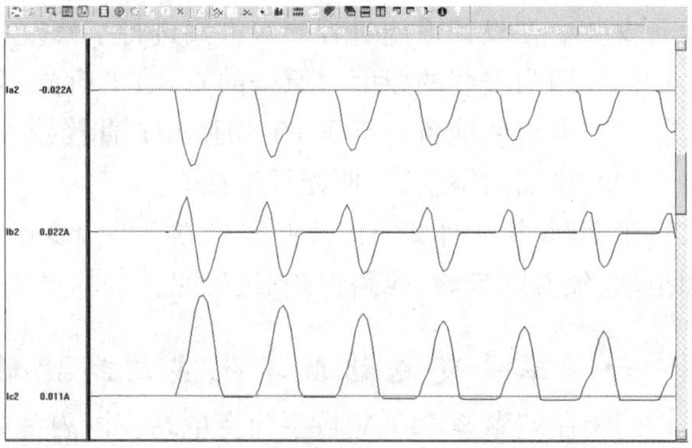

图 7　翠峰变空冲主变的录波波形

七、与理想数字化变电站间的差异

数字化变电站的基本概念为变电站的信息采集、传输、处理、输出过程全部数字化，基本特征为设备智能化、通信网络化、模型和通信协议统一化、运行管理自动化等。数字化变电站建设的关键是实现能满足上述特征的通信网络和系统。IEC61850 标准包括变电站通信网络和系统的总体要求、功能建模、数据建模、通信协议、项目管理和一致性检测等一系列标准。按照 IEC61850 标准建设通信网络和系统的变电站，可符合数字化变电站的要求。理想数字化变电站应具有：

智能化的一次设备

一次设备被检测的信号回路和被控制的操作驱动回路采用微处理器和光电技术设计，简化了常规机电式继电器及控制回路的结构，数字程控器及数字公共信号网络取代传统的导线连接。换言之，变电站二次回路中常规的继电器及其逻辑回路被可编程序代替，常规的强电模拟信号和控制电缆被光电数字信号和光纤代替。

网络化的二次设备

变电站内常规的二次设备，如继电保护装置、防误闭锁装置、测量控制装置、远动装置、故障录波装置、电压无功控制、同期操作装置以及正在发展中的在线状态检测装置等全部基于标准化、模块化的微处理机设计制造，设备之间的连接全部采用高速的网络通信，二次设备不再出现常规功能装置重复的 I/O 现场接口，通过网络真正实现数据共享、资源共享，常规的功能装置在这里变成了逻辑的功能模块。

自动化的运行管理系统

变电站运行管理自动化系统应包括电力生产运行数据、状态记录统计无纸化；数据信息分层、分流交换自动化；变电站运行发生故障时能即时提供故障分析报告，指出故障原因，提出故障处理意见；系统能自动发出变电站设备检修报告，即常规的变电站设备“定期检修”改变为“状态检修”。

数字化变电站自动化系统的结构

在变电站自动化领域中，智能化电气的发展，特别是智能开关、光电式互感器机电一体化设备的出现，变电站自动化技术进入了数字化的新阶段。在高压和超高压变电站中，保护装置、测控装置、故障录波及其他自动装置的I/O单元，如A/D变换、光隔离器件、控制操作回路等将割列出来作为智能化一次设备的一部分。反言之，智能化一次设备的数字化传感器、数字化控制回路代替了常规继电保护装置、测控等装置的I/O部分；而在中低压变电站则将保护、监控装置小型化、紧凑化，完整地安装在开关柜上，实现了变电站机电一体化设计。

数字化变电站自动化系统的结构在物理上可分为两类，即智能化的一次设备和网络化的二次设备；在逻辑结构上可分为三个层次，根据IEC61850通信协议草案定义，这三个层次分别称为“过程层”、“间隔层”、“站控层”。各层次内部及层次之间采用高速网络通信，三个层次的关系如图8所示。

本项目实施的曲靖翠峰110kV数字化变电站与理想的数字变电站还有很大的差距，距实现理想的数字化变电站还有较长的一段路要走。但就目前的技术水平，并考虑经济性、技术成熟性、工程进度、降低风险等因素，曲靖翠峰110kV数字化变电站建设与理想数字化变电站只有一些非原则性的差异，在表1中列出。

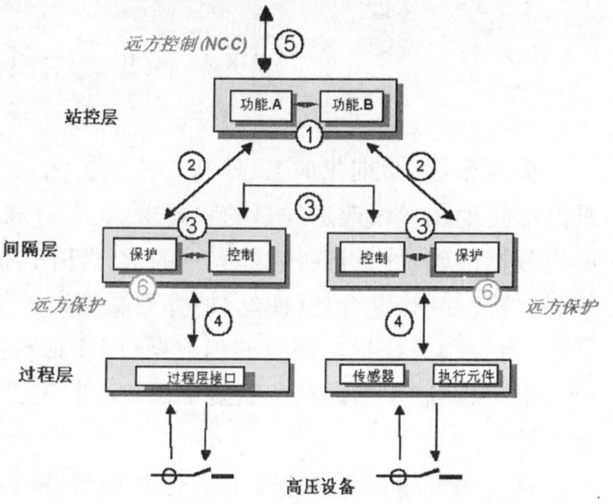

图8 变电站自动化系统通信接口

表1 与理想数字化变电站差异

本项目方案	理想数字式变电站方案	原因
中高压开关设备采用传统开关设备配置智能终端	开关设备选用智能开关设备	智能开关设备造价高昂，采购困难。配置智能终端的传统开关可基本替代智能开关
低压开关设备选用传统开关设备	开关设备选用智能开关设备	二次设备下放到开关柜，信号传输距离小，用智能开关造价高，但技术优势不大
低压互感器选用输出模拟信号的电子式互感器	互感器输出数字信号	二次设备下放到开关柜，信号传输距离小，用数字输出的电子式互感器造价高，但技术优势不大
中高压互感器与二次设备间用点到点通信，开关设备与二次设备间光纤以太网交换网	互感器和开关设备用同一过程层总线与二次设备交换信息	用点对点通信的传输延时稳定，在同步网故障时二次设备可用插值法实现同步

八、小结

曲靖翠峰110kV变电站可以说是我国第一个完整意义上的数字化变电站，该变电站的主要信息，包括电流电压的实时状态，开关设备的实际状态，变压器等一次设备的信息以及控制过程的传输和处理完全数字化。且该站在数字化建设的过程中所有设备均为国产化设备，也表明了我国在变电站数字化建设领域达到了先进水平。尽管该数字化变电站离理想数字化变电站还有一段距离，但是该变电站的实施将填补我国数字化变电站建设中的多项空白，并会在与二次设备的配合过程中积累了大量经验，为我国在以后的电力系统数字化进程起着里程碑式的作用。通过数字化变电站的应用研究和示范工程（110kV翠峰数字化变电站）的实施，积累各种经验，开发变电站所需的各种设备和软件，研究并制定数字化变电站设计、建设、运行、维护和管理的各种规范，为推广数字化变电站奠定基础。同时也为中国电力系统的数字化建设迈出重要的一步。

高精度流量计在烟草制丝加工中的应用

红塔烟草(集团)有限责任公司　李建兵 杨成波 杨明权

提质创新、精细化加工,提高工艺加工的稳定性和可控性,不断提高产品的质量,增强企业的核心竞争力,是红塔集团制丝线改造的目的和要求。设备计量科是保证烟草制丝生产过程中关键计量设备检测点器具可靠、所出数据准确、计量设备完好有效的责任部门。流量计作为关键计量设备检测点的重要设备,在超回加料、润叶加料、梗丝加料、混合丝(梗丝)加香等制丝生产关键控制过程中,流量计是否有较高的测量精度,处于良好运行状态,为控制系统提供测量准确数据,保证物料按控制系统所设定比例,准确均匀地将掺配料加到制丝各生产过程中,保证制丝的内在产品质量稳定起着关键的作用。因此,很有必要在制丝生产过程中采用高精度的质量流量计。

科氏力质量流量计由于有着能直接测量质量流量的优点,在 90 年代初进入工业测量领域以来,应用越来越广泛。集团在制丝线改造中采用的是 E+H 公司的 83F 系列质量流量计,其出厂精度可达 0.1%。它是运用流体质量流量对振动管振荡的调制作用即科里奥利力现象为原理,以质量流量测量为目的的质量流量计。一般由传感器和变送器组成。

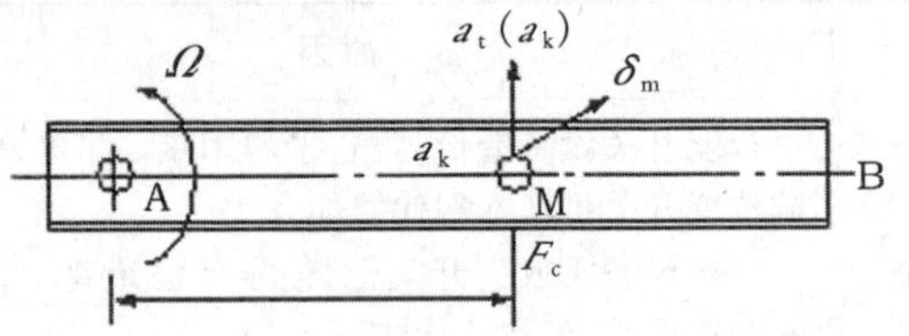

图 1

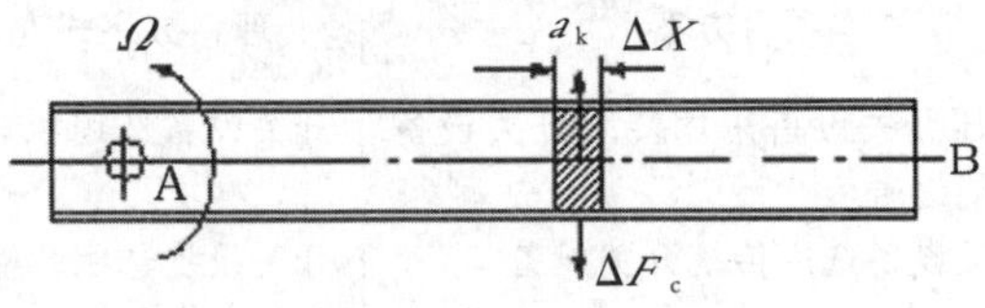

图 2

如图 1 所示:当质量为 δ_m 的流体质点,以速度 v 沿管道 AB 运动,同时,管道 AB 又以 A 点为圆心以角速度 Ω 转动,当该质点做上述复合运动时,在任意一点 M 处,质点具有两个加速度分量:向心加速度 a_r,方向指向 A 点;科氏加速度 a_k,方向向上,量值为 $2\Omega v$ 。为使流体质点具有科氏加速度,需要在 a_k 方向施加一个大小等于 $2\Omega v\delta_m$ 的力,这个力来自管道,而流体质点反作用于管道上的力就是科氏力 F_c,方向如图所示。

$$F_c=2\Omega v\delta_m \tag{1}$$

如图 2 所示,若流体密度为 ρ ,以速度 v 沿管道 AB 流动,设管道横截面积为 S ,则任一段长度为 ΔX 管道上的科氏力 ΔF_c 为:

$$F_c=-\Delta m a_k \tag{2}$$

式中,Δm 为长度 ΔX 管道中的流体质量　$\Delta m=\rho S\,\Delta X$

$$\Delta F_c=-2\rho S\,\Delta X\,(\Omega\times v) \tag{3}$$

由于上述管道中的流体,其 Ω 与 v 的夹角为 90°,质量流量 $q_m=\rho Sv$,有:

$$q_m=\Delta F_c/2\Omega\,\Delta X \tag{4}$$

从式(4)中可以看出,测量在旋转管道中流体的科氏力就可以直接测得质量流量。在实际应用中使测量管道做简谐振动,用振动的方式代替旋转的方式,利用电磁或光电的检测器检测科氏力对振动的影响从而测得管道中的质量流量。

按照传感器测量管的形状,质量流量计分为直管型和弯管型两大类。直管型一般尺寸较小,不易积气,易于清洗,但由于其振动系统刚度大,谐振频率高,相位差小,电信号处理较困难。为了降低谐振频率,管壁必须较薄,而较薄的管壁会使耐磨性和抗腐蚀性变差。弯管型的振动系统刚度较低,电信号容易处理,可选用较厚的测量管壁,其耐磨性和抗腐蚀性较好,但由于形状复杂,容易积存残渣和气体,引起误差,结构尺寸也较大。

从式(4)中还可以看出,质量流量并不受压力的影响,只同测量管的几何形状和测量系统的振荡特性有关。早期的质量流量计生产厂家都宣称其产品不受被测介质的密度、温度、压力、粘度等变化的影响,随着近几年的大量应用,发现测量介质的物理参量的变化对其测量精度是有影响的。如1、工作压力的变化会引起测量管几何尺寸的改变并对测量系统的振荡特性产生影响。有专门科研机构得出:在大流量测量过程中,工作介质压力变化0.2MPa,测量精度会有0.1%的测量误差。2、流量制造厂以"量程误差加零点不稳定性"的方式来表达基本误差,这是一种巧妙的表达方式,给用户产生一种精确度很高的印象。而实际上在低流量或接近下限流量时,误差较大,基本误差常超过量程误差一倍以上。3、介质温度或环境温度变化会改变测量振动管的模量和影响零漂的结构等各种因素。4、流量计生产厂家对温度变化变化采用系数经补偿以减少其影响量,但确实对测量有影响。有可能补偿不足或过渡,不可能全部补偿为零。制造厂所提供流体工作温度范围仅根据仪表材料结构等因素来确定的,并不意味着再次在此范围内保持常温下校准的性能。5、介质密度和介质黏度都会影响测量精度。

因此,在对流量计的计量标定时应采用仿真实际工况的实物检测检定,以避免测量误差。如在制丝线改造中加装变频器控制计量泵就能缓解压力、流量变化造成的测量误差,避免前面谈到的设备误差。

下面就以加香机的工作方式来说明流量计的工作原理:实际生产中,加香机是根据叶丝、膨胀丝、梗丝电子称按比例自动、均匀、准确把香料喷撒到烟丝中,所需加料量的多少通过控制管路计量泵转速来加香量。其中,管路中的变频控制计量泵在加料过程中有稳定介质的流量,保证物料在确定的流速范围内和稳定流量计管道系统压力的作用。在制丝的控制系统中,由制丝线的电子秤采集的物料信号,通过系统来确定所需物料的加入量。质量流量计、变频控制计量泵和控制系统的PID控制器组成控制回路,控制介质喷嘴的喷嘴量,准确、均匀地将香、糖料加到制丝各工艺点的烟丝上。

加香机在系统设置中存在六个工作状态:预填充状态、生产状态、尾料状态、准备状态、清洗状态、喷吹回料状态、基本状态,如图3所示。

在加香控制过程中,为保证料液的准确喷洒,正常生产时,烟丝未进入加香机前,加香系统处于预填充状态:加香电磁阀关闭,回料阀打开,料液由料桶到计量泵电机,经回料阀流回料桶,如此不断循环。料液流量控制(计量泵电机变频器频率)由系统直接设定(回路控制处于手动位置),直到烟叶进入加香机内料液喷射范围,系统启动自动加香程序(回路控制处于自动位置),关闭回料阀,打开加料阀,系统按设定的料液流量控制加料过程。

把经控制秤采集到的流量值,乘以设定的加香比例系数可计算出设定加香量。设烟叶流量为 F,加香比例为 K,设定加香量为 Q,得到下式:

$$Q=F\times K$$

该值与由质量流量计测得的实际流量反馈值,经PID运算和模拟输出模块D/A

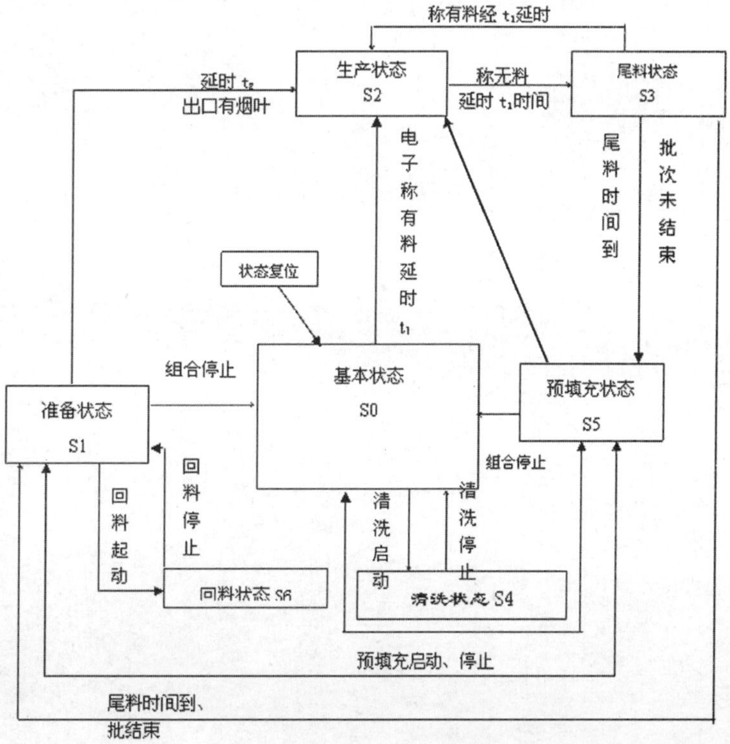

图3 加香状态转换图

转换,得到控制计量泵电机变频器的频率信号,进而实现加香流量的自动控制。

在生产过程中,主控 PLC 通过取得实时的烟叶累计流量和香精累计流量,进而算出实时的加香比例系数,并通过与设定比例比较,修正设定比例,从而保证了实时的加香精度。

结束语　流量计必须由专门的实验室进行标定,按《质量流量计检定规程》的方法和检定系统,建立流量计量的基、标准装置,以保证量值传递和流量测量的准确度。流量计在出厂前,都对其计量性能都进行了测试和检定,以保证产品质量和使用的准确度。作为使用部门,都以生产厂家的流量系数对流量计进行校准。在集团制丝线改造中采用的流量计是目前精度较高的,在对流量计校验中采用梅特勒托利多电子秤,精度为万分之二,作为流量标定的标准量传检定装置。校验装置的系统总体精度由检定方法、灵敏度、精确度、重复性、可靠性决定,是达不到对实际工作流量计的校验的,只能做比对校准。经过模拟现场实物校对,其结果完全满足国家《卷烟工艺规范》0.5%的精度要求。

白酒分析检测发展

贵州茅台酒厂有限责任公司贵州茅台(白酒)检测实验室　汪地强 严腊梅

白酒是我国独具特色的传统食品之一,与白兰地、威士忌、老姆酒等并为世界七大蒸馏酒。我国白酒之独特,不仅在于其品种繁多,香型各异,而且其工艺各不相同,物质组成各具特点,形成了组成复杂,口感多变的局面。

作为一类食品,白酒的分析检测具有其通用的要求,也有其内在的意义。首先,白酒的分析检测是食品安全的基本要求,甲醇含量的检测、重金属的监控、杂醇油的测定等,都是国家标准中明确规定必须要强制执行的项目;其次,对白酒进行分析检测,还可以对其质量进行初步判断,如总酸、总酯、乙醇浓度的测定等,另外,白酒中微量成分的分析也与质量的控制息息相关;第三,对白酒的分析检测,可以回溯到对生产的控制,如对发酵过程的监控、酒体的勾兑、新产品的开发等等;第四,白酒的分析检测,也是白酒行业科技发展的一个重要组成部分,他与其他科技进步力量一起构成了提升白酒行业自主创新能力框架。因此,白酒的分析检测具有重要的作用和意义。本文将从白酒分析检测的发展历程,典型的白酒分析检测技术,白酒分析检测的发展趋势等方面对该领域进行综论,并提出一些值得关注的问题,以期引起同行的关注。

一、白酒分析检测的发展历程

尽管建国以前就已经有白酒分析检测方面的相关研究,但真正现代意义的白酒分析检测还是起源于建国之后,尤其是20世纪60年代原轻工业部在贵州茅台酒厂和山西汾酒厂的科学试点工作。

根据白酒分析检测的发展历史和在各个历史时期的不同特点,可以将其划分为以下几个阶段:(1)发展初期(20世纪60~70年代末);(2)稳定发展期(20世纪70年代末到80年代末);(3)成熟期(20世纪90年代);(4)发展新阶段(21世纪)。必须加以说明的是,这个划分仅仅是为了方便对于该领域的描述与分析,并不具有绝对的意义,各个阶段也不能简单割裂开。

初期:具有里程碑式的意义,开创了白酒分析检测现代意义上的先河,其特点以定性和半定量为主,设备设施简陋,技术分析方法相对简单,操作繁琐复杂。科研与常规检测之间的界限不明确。尽管当时的科研条件还比较落后,但是却取得了巨大的成就,特别是60年代的科学试点,真正开创了白酒行业科技发展的新纪元。这一阶段出现了许多白酒行业的第一,第一次找出浓香型白酒的主体香、第一次使用气相色谱仪分析白酒成分、第一次使用DNP填充柱气相色谱法用于白酒成分监控、第一个蒸馏酒及配制酒卫生标准的出台等。可以说,白酒行业其后的一系列科技发展,均发轫于这一阶段的工作。

稳定发展期:这一阶段具有承前启后的意义,并开创了白酒分析检测的新局面。在此阶段,已经引进当时比较先进的仪器设备和方法,科研和常规的质量检测已经逐步分开,形成了系列化的白酒分析检测国家标准和行业标准。对白酒香气香味成分的研究已经逐步转向多组分定量分析的程度。在此阶段,取得了一系列的成果,主要包括气相色谱技术的普及并对生产监控、白酒勾兑、质量控制产生深远影响,大量国家标准和行业标准的出台。特别是有关白酒分析检测的国家标准和行业标准的陆续推出,为规范白酒生产和销售,加强监管提供了有力的保障措施。

成熟期:这一阶段的特点是基本的理化检测与科研并进,并通过基本的分析检测手段对质量进行监控,该阶段的重点集中于白酒成分的分析。国内白酒香味分析的方向已从以往偏重定性种类的发掘转入到高效分离结合准确定量的基点,研究工作在较多地融入国外新技术的同时,更多考虑的是如何把握定量的准确性和用作产品质量控制分析的实用性。在这一阶段,各种标准得以健全和完善,各种分析检测技术日趋完备,色谱、光谱技术等得到普及,上一阶段所取得的科研成果得到普及,为白酒行业分析检测领域的飞速发展做出了极大贡献。

发展新阶段:这一阶段与前面阶段最大的不同就是,随着白酒行业的发展,白酒检测分析也提出了新的课题。基于风味物质研究、饮酒与健康的研究、更加严格的食品安全控制的分析检测方法有待进一步加强,新技术、新方法的应用成为新的时代特征,新的变革正在酝酿中。

二、白酒分析技术概要

1. 传统理化分析技术

这里的传统理化分析技术,是指有别于运用现代分析仪器和手段进行分析检测的一类分析方法。如酸、碱滴定方法,电位滴定方法,pH 值滴定方法,比色法等,简言之,可认为是常规的分析方法。显然,这一分类方法并不尽科学,但对于描述清楚白酒分析技术的发展状况却是有效而且必要的。

传统理化检测方法虽然简单,其作用却不可小视。对于白酒中固形物及原料中水分含量的检测,一般采用烘干称重的方法进行,既简便又准确,比用现代仪器方法优越。国家相关标准明确规定,白酒必须要检测总酸、总酯、甲醇、杂醇油等指标。总酸的检测现在一般还是采用酸碱滴定的方法,方法简便,且准确度较高,是白酒分析检测的经典方法之一。总酯的检测也是通过皂化反应,再用滴定的方法确定。对于白酒中甲醇与杂醇油的检测,虽然现在仪器分析方法已经成为许多分析测试部门的首选方法,但对于很多条件稍差的检测单位来说,比色法仍不失为一种有效的方法。如张明在 1996 年应用简单的分光光度法,对安徽凤阳市场上白酒产品的卫生理化指标进行检测,得到了明确的结论,对于市场的监管提供了有力的依据。

事实上,除了作为独立的方法进行应用,传统理化分析技术在很多情况下与现代分析技术联合使用,发挥出了极大的作用。如色谱分析的前处理,原子吸收光谱分析的前处理,近红外分析的基础理化数据的储备等。可以说,在整个白酒的分析检测过程中,无处不现传统理化分析技术的影子。

2. 色谱分析及联用技术

色谱技术目前已经成为白酒分析检测行业应用最为广泛,作用最大的一种方法。根据其在白酒行业中的应用情况,主要包括气相色谱(联用)技术、液相色谱(联用)技术以及其他色谱技术。

采用色谱分析技术,可以用于卫生质量监控和产品质量的检测,用于白酒勾兑与成品的质量控制分析,用于不同香型白酒的特征组分剖析。

1964 年,早在原轻工业部组织专家在贵州茅台酒厂进行科学试点的时候,就已经采用了色谱分析的方法,不过当时使用的是比较原始的纸层析色谱法,定性分析出茅台酒中的香气成分 45 种,为白酒成分的分析奠定了基础。1969 年,原轻工业部食品发酵工业研究所(现改名为中国食品发酵工业研究院)与中科院大连化物所合作,对茅台酒香味组分进行了剖析研究,采用了包括填充柱、毛细管柱和制备色谱在内的系列分离方法以及红外、质谱等鉴定技术,从茅台酒中定性鉴定了 50 种组分,从而奠定了在我国采用现代色谱技术分析白酒的基础。1976 年,沈尧绅首次采用 DNP 填充柱检测白酒中的微量成分,开辟了单独使用填充柱分析白酒成分的先河。

20 世纪 90 年代,国内对白酒中的微量成分的研究达到了高潮。据不完全统计,由于色谱(联用)技术的进一步完善,至 1998 年,在中国白酒中能够分析分离的微量成分的种类已可达 340 多种,定量检测已可达 180 多种。目前,利用色谱分析技术,能够从白酒中检测出的微量成分更多,大连化学物理研究所利用全二维气相色谱技术,通过一次进样,就从茅台酒中鉴定出 472 种香味成分。

除了气相色谱(联用)技术在白酒行业的普及,液相色谱(联用)技术也在白酒行业具有重要的应用。液相色谱技术在白酒成分分析方面主要应用于白酒中不挥发有机成分的分析,氨基酸的分析,原料及大曲中组分的分析等。

3. 光谱分析及联用技术

白酒分析检测中的光谱分析技术包括紫外-可见光谱分析法,近红外光谱分析法,原子吸收光谱分析法等。

紫外-可见光谱分析多用于样品中单一成分或少数成分的分析。在酿酒原料的检测方面具有很大的优势。如贵州茅台酒厂技术中心开发出双波长法检测酿酒原料糯高粱中支链淀粉的含量，如今已成功应用于对原料的监控。对于高粱中单宁的检测,同样多用此类分析方法进行检测。

原子吸收光谱分析技术可以说是在白酒分析中应用仅次于气相色谱分析的一类分析技术。采用这类分析技术,可以快速、高效的鉴定出产品中的多种金属离子的含量。如采用石墨炉原子吸收分光光度法检测白酒中的铅含量,采用火焰原子吸收光谱法测定白酒中铁和锰的含量,采用平台石墨炉原子吸收光谱法测定酒中锰的含量等。

近红外光谱技术是近年才引起白酒行业关注的一类分析检测技术。它可以进行定量分析,也可以进行定性分析。由于其具备强大的化学计量学软件,因此对大量样品的光谱图进行数学的处理和分析,可以得到许多意想不到的结果。该类技术具有快速、灵敏、无损的特点,在新时期当是研究者们关注的对象。贵州茅台股份有限公司技术中心在此方面取得了一些初步的成果。

4. 其他分析测试技术

除了上述涉及的一些技术之外,目前应用于白酒行业的还有一些颇具特色的方法和技术。如利用原子力显微镜分析酒的胶体性质，可以从微观状态上直接对酒体形态进行研究；汤龙等人使用 LK98 微机电化学分析仪,采取所谓的方波溶出伏安法检测白酒中铅、锰含量,方法简便快速,灵敏度高,得到比较好的结果;另外应用氨基酸分析仪和凯氏定氮仪测定原料和大曲中的蛋白质,更是经典方法。

三、白酒分析检测的发展趋势

1. 食品安全将是白酒分析检测的重中之重

随着 QS 标志在白酒行业中的强制运行,对于食品安全的要求将越来越严格。实际上,对于食品安全的控制,并不是现在才显得严格的,从 20 世纪 70 年代有了第一个国家白酒卫生标准以来,相关监控的手段和体系越来越先进,越来越系统化。如到了 20 世纪 80 年代,在白酒卫生指标中就增加了对金属锰的检测要求。

首先,随着 HACCP 体系的越来越完善,以及更多白酒企业进行 HACCP 认证,需要进行安全控制的关键控制点将会增多,并且对危害的分析将会越来越深入,例如对于水质中的化学危害分析就有可能更加深入。实际上,从生活饮用水的国家标准于 2006 年重新修订已经初现端倪了。其次,在加入 WTO 之后,我国白酒行业所面临的一个考验就是与国际现行标准的接轨,而且随着中国白酒出口量的增加,所面临的考验也就越来越严峻。但遗憾的是,我国在相关方面的积累相对较弱,而且有的国际上通行的指标却并未进入我国现行的检测标准之中,如我国台湾地区就对白酒中铁和铝的含量进行了严格的控制,而我国现行白酒卫生标准之中却无相关规定。其三,随着白酒中检出成分的增多,对于未知成分的危害分析,或已知成分但以前未进入视野的成分的危害分析(如前面提到的铁和铝)等也成了摆在行业面前的一个重要问题。

所有上述问题,无不和分析检测息息相关,只有分析检测技术发展了,对于白酒食品安全的控制才能更细致,更系统,更有效,才能更好的保护消费者的利益,产品的质量才能得到更大的保证。因此,分析测试手段的提升是促进食品安全控制的重要方式,食品安全的高要求也将促进分析检测技术的进一步发展。

2. 风味物质研究及风味贡献力研究将是大势所趋

对于白酒中风味物质的研究并不是一个新的概念,也不是一个全新的课题。20 世纪 60 年代茅台的科技试点,寻找出已酸乙酯是浓香型白酒的主体香,应该是白酒风味物质研究的先河。后来,以此为契机,又相继探讨出清香型白酒、米香型白酒以及其他部分香型白酒的主体香或特征成分。由于有此成果,后来研究者们采用相似的研究思路,对白酒的成分进行了深入探讨,并逐渐提出白酒的骨架成分、协调成份和微量成份的概念,为白酒风味物质的研究起到了极大的推动作用。然而,至此之后很长一段时间,研究者们的目光仅仅停留在对成分的分析上,没有及时提出白酒风味物质以及风味贡献力的概念和更深入的研究思路。

如前所述，尽管已有了长足的进步，然而还远不能说目前的水平已经在白酒风味组成及风味贡献的研究方面有了突破性的进展。实际上，我国相对于国际同行业，在此方面已经远远落后。国际上啤酒、葡萄酒和蒸馏酒等酒类的芳香成分种类已发现超过1000 种，更为重要的是，国际上早就在关注不同的微量成分及其含量、组合对酒质量和口味的影响，并取得了重大的成就。目前国外研究者已经把目光转向了神秘的中国白酒，2005 年美国俄勒冈州立大学发表了关于新、老洋河大曲成分分析的文章，其中结合应用样品处理技术、分析技术、闻香技术等分析了主要风味物质的风味强度以及在新老酒中的差别。而国内的研究水平还仍然停留在依靠并不完全齐备的部分物质的闻香阈值上，并且该类数据几乎来源于国外早期的研究，其准确性尚待考证。

由此，对于白酒内在组成的深层次研究，因该是对白酒中风味物质的深入剖析，并对其在酒体中的风味贡献力进行探讨。目前的当务之急是要尽快建立中国名优白酒的风味物质数据库，并依据此数据库进行进一步的统计分析。显然，该领域的发展有赖于白酒分析检测技术的进一步完善和发展。

3. 新仪器、新技术、新方法应用已成为白酒分析检测领域的潮流

白酒行业每一次科技进步都离不开新仪器、新技术、新方法的应用。所以应该说这一潮流早就形成。进入21 世纪，许多新近推出的，在技术上已经成熟的仪器逐渐进入白酒行业的视野。全二维气相色谱尽管起源于普通气相色谱，其原理和分析方法也大同小异，但其具有高分辨率，高灵敏度及高峰容量的特点，在分析多组分系统时具有普通气相色谱仪所不具备的优势。原子力显微镜在分析白酒的胶体结构方面，具有强大的功能，也是目前所知能够直观解析白酒胶体性质的新型现代仪器。近红外光谱仪由于其强大的聚类分析功能，在白酒的模糊分析方面具有巨大的潜力，同时由于其快速高效的特点，又在定量分析方面具备其他定量分析方法所没有的优点。色谱型电子鼻，利用色谱分析技术和化学计量学方法结合，对白酒的感官模拟具有相当的先进性，也为白酒的分析检测开辟了一条新的途径。近红外光谱仪以其快速、无损、高效的特点，兼具定性定量的功能，将是今后白酒行业分析检测仪器的一个新宠。

在关注新仪器的同时，新技术和新方法的应用也成为白酒分析检测领域的一个聚焦点。在白酒的色谱分析中，近年来已经出现了白酒指纹图谱的新提法，该类方法大体是借鉴中药指纹图谱的研究成果，并将其转化为白酒检测的。目前，该方法的还处于发展初期，具备很大的发展空间，并且，可以肯定的说，该方法的成功开发，将会对白酒分析检测产生深远的影响。在色谱分析技术中，除了采用传统的直接进样技术，将样品浓缩后进样技术等技术外，顶空进样技术、固相微萃取技术、闻香识别技术等新技术也逐渐在白酒行业普及，并逐步显示出其强大的威力。在数据的分析处理方面，除了应用传统的数据处理方法之外，现在对于化学计量学和数理统计的方法越来越引起人们的兴趣，并使得研究者们将其引进到白酒的分析检测中来。另外，将多种仪器结合使用，并将各仪器所带分析软件移植使用，也将成为今后分析测试开发的一个新方向。

4. 白酒与健康的研究有赖于白酒分析检测技术的发展

饮酒与健康的关系问题是一个比较敏感的问题。根据一般的看法，适量饮用葡萄酒、啤酒和黄酒对身体健康是有好处的。然而适量饮用白酒是否对健康有益呢？这也是业界和科研机构比较感兴趣的问题。

根据程明亮等人的初步研究，适量的饮用茅台酒对人体健康有一定的好处。但是更多的证据还有待更进一步的研究。进入 21 世纪，人们对白酒与健康的关系以及白酒中成分与健康的关系的关注越来越多，并报道了相应的研究成果。尽管目前在白酒与健康的关系研究方面已经取得了长足的进展，但也应该看到，现在这一领域还缺乏系统形，完整性的研究，所取得的成果还比较零碎，因此，这一领域还有待进一步的增强。

进行白酒与健康的研究，首要的一点就是要解析出白酒中所含成分的生理作用，药理作用和营养保健作用，并深入探讨其含量、组合对人体健康的影响，这显然有赖于分析测试技术的发展。随着白酒分析检测技术的进一步发展，对于该领域的研究程度将会越来越深，相信在不久的将来，白酒与健康的关系将会得到一个相对明确的结论。

四、对于白酒分析检测的一些思考

1. 白酒分析检测的服务对象

白酒分析检测走到今天，可以说已经非常成熟，其技术完备，手段多样，成果颇丰。但是，现在摆在广大研究者面前的是，白酒的分析检测的服务对象是谁？实际上，归根结底，白酒分析测试只是一种监控手段，它是服务于消费者，服务于企业的。因此，白酒的分析检测不是与白酒行业中其他的领域孤立开的，而是相互结合，相互促进的，其目的都是为了更好的生产、实现对质量更好的控制、为消费者更好的服务。所以，一个长期存在的要求就是，白酒的分析检测必须要与生产过程结合起来，为生产发酵过程中的物量控制和质量监控贡献力量；要与上游技术和研究结合起来，为酿造微生物研究等上游研究技术提供有力的下游技术保证；要与产品质量检测结合起来，真正为优秀的产品提供科学的依据，保护优质产品，打击假冒伪劣；要与新产品开发结合起来，为新产品开发提供科学严谨的数据，使开发出来的新产品更符合市场、卫生和消费需求。

2. 白酒分析检测的发展方向

白酒分析检测还有一个发展方向的问题。从目前来看，似乎应该坚持两个方向的发展，一个是更加精准、快速、高效的检测技术和方法，使现有的质量监控体系（系统）更加完善、有效，更好的为企业和消费者服务；另一个是与现代科技发展结合，朝更加深入的方向发展。现代社会的竞争是科技发展的竞争，白酒分析检测不能停留在现有的基础上，而是应该有危机感，朝更加深入的方向发展。如对白酒风味物质的深入研究，对酿造有机废物的循环经济研究等，这将使该领域达到一个全新的高度。

3. 白酒分析检测新的使命

随着白酒行业的进一步发展，对于其相关领域也提出了新的使命要求。目前，白酒行业新方法、新品种越来越多，比如新工艺白酒的进一步发展，纯粮固态发酵白酒概念的提出，降度白酒和低度白酒的迅速发展，陈年酒的推出等，无不对白酒分析检测技术的发展提出了更高的要求。目前的当务之急是，对于行业一些标准的制定、修改、规范和完善，这需要分析检测技术的深层介入，同时也形成了该领域新的历史使命。

白酒分析检测技术是一种服务的手段，它是为了更好的提高产品质量，改进生产工艺，提出生产中存在的问题，更好的为消费者服务而存在并发展的。分析检测技术来源于近现代科技的发展，在很大程度上并不因行业的不同而有所差别。然而，它在不同行业中的应用使其具有了行业的特色，并且因为行业的发展而有新的发展和改进，同时又由于其的发展和改进，对各行业形成了新的促进作用。因此，这一领域值得关注，从事这一领域的研究者，理应获得尊重。

浅谈测量不确定度

本钢质量处驻特钢质检中心　　张丽丽

测量作为计量学中的核心及研究对象,确定被测量的量值是测量的根本目的。测量结果的质量是量度测量结果可信程度的最重要的依据,而测量不确定度则是对测量结果质量的定量表征。测量结果的可用性很大程度上取决于其不确定度的大小。近年来,随着人类社会进入信息化时代,国际交往和贸易的快速增长,特别是物理学等"精确科学"的发展,对测量值的范围及不确定度都有了更高的要求。故本文仅就测量不确定度及相关知识做一简要阐述。

一、基本概念

1. 测量不确定度是表征合理地赋予被测量之值的分散性,与测量结果相联系的参数。测量不确定度从广义上说就是对测量结果可信性,有效性的怀疑程度。它反映了人们在对被测量值准确认识方面的不足。通常用标准偏差来表示。在实际使用中也可用标准偏差的倍数或说明了置信水准的区间的半宽来表示,即分别用标准不确定度和扩展不确定度来表示。

2. 标准不确定度:以标准偏差表示的测量不确定度,记作 u_c 。由于测量结果的不确定度由许多原因引起,对每个不确定度来源评定的标准偏差为标准不确定度分量,其分量有两类评定方法,即 A 类评定和 B 类评定。此两种评定只是对标准差的估计方法不同,并无本质差异。

3. 扩展不确定度:用标准偏差的倍数或说明了置信水准的区间的半宽表示的测量不确定度,通常用符号 U 表示。

扩展不确定度确定的是测量结果的一个区间,合理地赋予被测量之值的分布的大部分可望包含于此区间。实际上,扩展不确定度是由合成不确定度的倍数表示的测量不确定度。即

$$U = ku_c$$（k－包含因子；u_c－合成标准不确定度）

二、测量不确定度的来源

在测量的过程中有许多因素都可能引起测量不确定度,大体可能有十个方面:

1. 对被测量的定义不完善或不完整。
2. 实现被测量的定义的方法不理想。
3. 取样的代表性不够,即被测量的样本不能代表所定义的被测量。
4. 对被测量过程受环境影响的人事部周全,或对环境条件的测量与控制不完善。
5. 对模拟仪器的读数存在人为偏差。
6. 对测量仪器的分辨力或鉴别力不够。
7. 赋予测量标准和标准物质的值不准。
8. 用于数据计算的常量和其他参量不准。
9. 测量方法和测量程序的近视性和假定性。
10. 在表面看来完全相同的条件下,被测量重复观测值的变化。

上述不确定的来源有时不一定是相互独立存在的，彼此之间有时也有一定的联系。

三、测量不确定度的分类

测量不确定度的分类大体可用如右图所示。

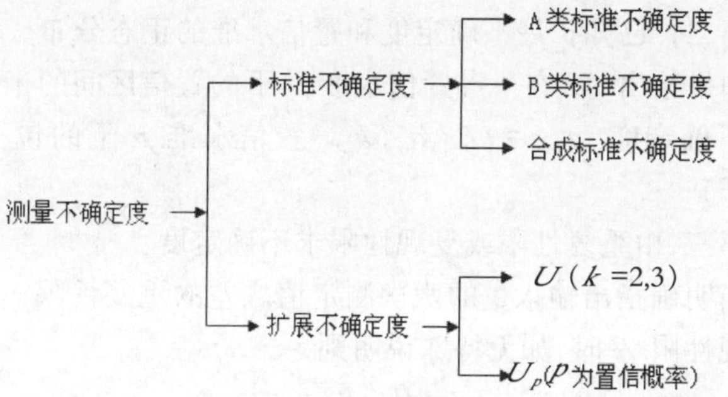

四、测量不确定度的评定

1. 测量不确定度的评定步骤：

测量模型的建立。

输入估计值测量不确定度的评定。

输出估计值测量不确定度的计算。

扩展不确定度的评定。

测量不确定度的报告。

以下就输入估计值测量不确定度的评定来简要介绍一下A类和B类不确定度的评定方式。

2. 标准不确定度的**A**类评定

标准不确定度的A类评定是通过对观测列的统计分析来确定不确定度的方法，通常通过求平均程序或适当的回归分析求得的平均值试验标准偏差表示。

当在相同的测试条件下，对某一输入量进行若干次独立观测时，可采用A类评定。

假定被测量 Q，做 n (n >1)次独立观测，各个独立观测值 q_j(j =1,2…，n)，其算术平均值为

$$q = \sum_{j=1}^{n} q_j / n$$

单次测量的标准不确定度：

$$s^2_{(j)} = \sum_{j=1}^{n} (q_j - q)^2 / (n-1)$$

平均值的实验方差：

$$u(q) = s^2(q)/n$$

所以由以上公式可知，测量次数越多，平均值越接近期望值，故通常以算术平均值的实验标准差作为测验结果的标准不确定度，即A类标准不确定度。

3. 标准不确定度的**B**类评定

B类标准不确定度是不同于观测列统计分析的方法，基于经验或其他信息的概率分布的估计来评定标准不确定度的一种方法，记作 u_b 。

A：用于不确定度B类评定的信息来源

以往的观测数据

对有关材料和仪器特性的了解和经验

生产部门提供的技术说明文件

校准证书、检定证书或其他文件提供的数据

手册或某些资料给出的参考数据及不确定度

规定实验方法的国家标准或类似技术文件中给出的重复性限或得现性限。

运用所掌握的信息进行测量不确定度的B类评定，要求有一定的经验、知识和技巧，适当评出的B类不确定度，可与A类不确定度一样可靠。

B：B类不确定度评定常用四种方法

第一，已知扩展不确定度和包含因子

扩展不确定度为 $U_{(xi)}$、包含因子大小为 k，则 $u_{b(xi)}=U_{(xi)}/k$ 。

第二，已知扩展不确定度和置信水准的正态分布

如果给出 Xi 在一定置信水准 p 下的置信区间的半宽，即扩展不确定度 U_P，则一般按正态分布来评定的标准不确定度 $u_{b(xi)}=U_p/k_p$（k_p－置信水准 p 下的包含因子）

第三，由重复性限或复现性限求不确定度

当明确指出输入量的两次测定值之差的重复性限 r 或复现性限 R 时，如无特殊说明则

$u_{b(xi)}=r/2.83$ 或 $u_{b(xi)}=R/2.83$

此时重复性限 r 或复现性限 R 的置信水准为 95% 并做正态分布处理。

第四，其他几种常见的分布

除正态分布外，其他常见的分布有 t 分布、均匀分布、反正弦分布、三角分布、梯形分布和两点分布等。若只知道输入方的估计值 x_i 分散区间的上、下限 $A+$ 和 $A-$，并假定输入量 X_i 为均匀分布，则

$$u_{(xi)}=A\sqrt{3}$$

综上所述，测量不确定度评定的总体流程图归纳如右图所示。

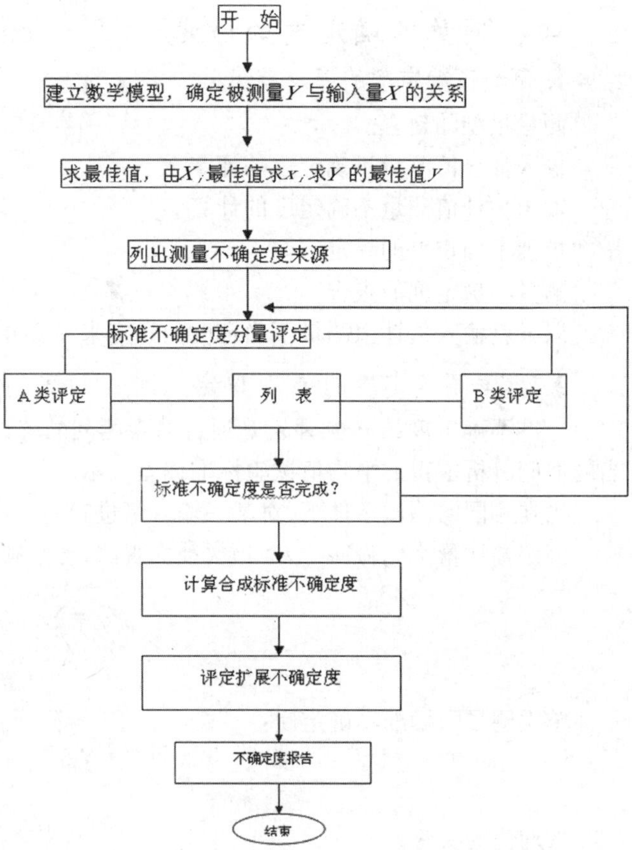

五、小 结

测量不确定度作为一门基础学科，合理而正确的评定尤为重要。相信随着时间的推移，人们认识的提高，对测量不确定度应用会越来越广泛。

铸造检测试验室专用仪器校准方法的研究

一汽铸造公司长春金鼎铸造检测中心　吴景峰

一汽铸造检测中心通过实验室计量认证和国家实验室认可时，对我们测量的溯源性提出了严格的要求。标准规定“用于检测和(或)校准的所有设备，包括对检测、校准和抽样结果的准确性或有效性有显著影响的辅助测量设备，在投入使用前应进行校准。”铸造检测实验室和其他实验室不同，在测量溯源性方面基础较差，计量部门对于很多实验室的设备，如造型材料试验室的液压强度机及杠杆式强度机，难以进行校准。为此，我们研究了一系列方法，有效地进行了这类设备的校准和溯源，在现场审核时得到了认可，成功的通过了评审。现将我们所采取的部分措施及经验介绍如下。

一、液压强度机的校准

液压强度机是型材实验室使用频率最高的计量设备之一。主要用于型砂及膨润土湿压强度的检验。准确与否，对检测结果的影响极大。过去，仅对其液压表进行校准。但在使用中发现，即使液压表都通过了校准，但仪器的误差还是很大。如仪器密封不好；两实验室室温差较大；液压油型号及设备的磨损等。

为了保证校准的有效性，我们设计了一个专用托架，采用我公司计量部门的300N三等标准测力计，对我室的该设备整机进行了测试。测试原理如图1所示。

测试时，先将原测液压强度的压头卸下，将托板和测力计装好。摇动手柄，将表头的值和低压表中的值记下。

估算准确性时，可按以下方法进行。如测试结果及对照标准如表1所示。

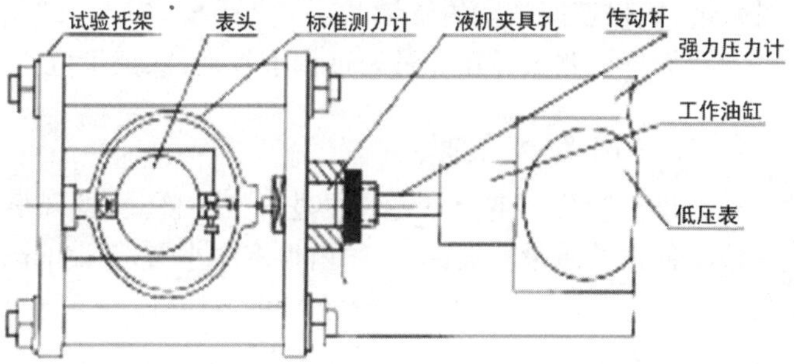

图1　液压强度机校准原理图

表1　液压强度机校准数据

测力计	50	100	150	200	250
低压表里圈读数	1.01	2.03	3.02	4.00	5.03
低压表里圈标准读数	1	2	3	4	5

可由表1计算出该表的最大误差(发生在低压表里圈读数“2”处)：

$$\delta_{最大}=(2.03-2)/2=1.5\%$$

根据厂家仪器说明书的要求，$\delta_{最大}$小于2.5%为合格。否则为不合格，仪器应进行调整或报废。

通过以上方法，我们对我公司的多台设备进行了检验，对误差超标的仪器进行了维修，对问题严重的设备进行了报废处理。从根本上解决过去经常发生的对检验结果有争议的现象。采用该方法进行校准，避免了整机问题产生的误差。

二、杠杆式强度机的校准

杠杆式强度机在我中心主要用于树脂砂强度的检验，也是一个非常重要的计量仪器。根据仪器说明书的要求，该仪器可用砝码校准。但校准时砝码重量太大（最大重量可达150kg），即不方便，又易损坏设备。因此，我们采用了一种弹性体测力计D21。较好地解决了上述问题。该仪器的原理如图2所示。

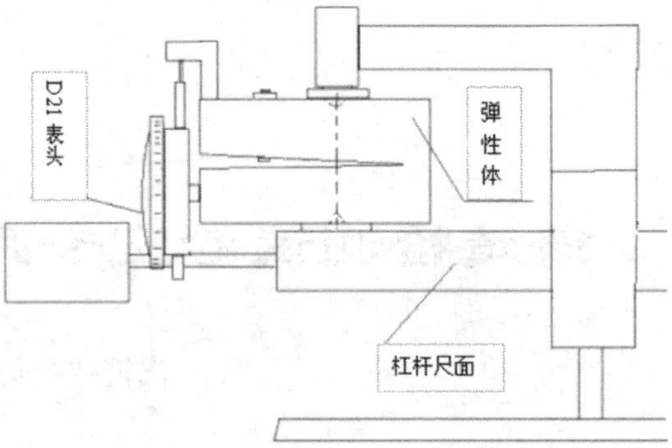

图2　杠杆式强度机测力计原理图

使用时，将该表装在测抗压强度的卡具内，下部用一锥形垫片将力施加到规定位置。摇动杠杆手柄，使标尺处于不同位置，从表头中读取数据。将标尺读数和表头中的读数对应记下。我们对技术中心，铸造一厂，铸造二厂的多台杠杆强度机进行了测试和校准，部分测试结果如表2所示。

表2　杠杆式强度机校准结果

抗剪读数(无砣)	0.1	0.2	0.3	0.4	0.5	0.6	0.7	0.8	0.9	1.0
D21 读数	0.05	0.10	0.15	0.20	0.25	0.30	0.35	0.40	0.45	0.50
抗剪读数(有砣)	1	2	3	4	5	6	7	8	9	10
D21 读数	0.5	1.0	1.5	2.0	2.5	3.0	3.5	4.0	4.5	5.0

该法较采用砝码简单适用，可随时进行设备校准。由于美国也采用同类方法进行校准，因此，采用该方法校准的强度机所出的数据可和美国等国际标准相对应，非常有利于数据的交流。当设备维修、更换备件时也可随时效准，确保期间核查的质量。

我们把该测力计在计量处进行了校准，保证了数据的溯源性。

三、问题及结论

通过对我公司多台上述仪器进行校准检验，发现很多仪器的误差很大，由于不能及时得到校准，严重影响了检测数据的质量。据调查，国内很多中小铸造厂由于缺乏这种有效的校准手段，这些仪器实际上处于非受控状态。长此下去，对型芯砂质量控制非常不利。采用上述校准方法，并和计量处相配合，是解决这些问题的一个较理想的方法。

中国外企计量工作实践

鹤山雅图仕印刷有限公司　邓国康

一、公司简介

鹤山雅图仕印刷有限公司成立于1991年,隶属于香港利奥纸品集团,公司位于广东省鹤山市古劳镇西江大堤工业开发区,在当地各级政府的大力支持下,经过十四年的稳健经营,已发展成为全球最大的印刷厂商之一。现拥有职工15000人,建筑面积320000m²,累计投资额达14.5亿港币,2004年出口额10.1亿元人民币。公司一贯以“远见”、“承诺”、“联盟”、“方案”、“团结”及“全员品质”作为企业的核心经营理念,秉持“以人为本,以策为上,以质为根,以果为宗”的经营宗旨,一直坚持职工素质、产品及服务质量、技术及生产能力的提升,为客户提供专业的全方位问题解决方案。

公司拥有先进的生产技术及强大的生产能力,能全方位地印刷、加工和制作各类型的纸产品,以满足不同客户的需求。主要产品包括精装书、儿童益智书、立体书、文具用品、贺卡、包装用品、礼盒、纸袋、游戏套装等。目前,公司的产品百分之百出口,远销欧、美、澳及亚洲等地。在激烈的市场竞争和生产成本持续上涨,售价则不断下降以及顾客要求越来越高的情况下,公司始终注重产品的品质、产品款式和产品的安全性,以满足顾客要求。公司守法循规,符合环保、道德、人权、信息安全保密及知识产权等标准和法律法规,以作为良好的企业典范。2001年公司获得ISO14001国际环境管理体系认证,承诺遵守迪斯尼供货商《行为守则》。由此,在印刷行业及当地政府也获得很高声誉。2003年12月公司再次获得ISO9001:2000国际质量管理体系认证。2004年公司在香港建立并运行OHSAS18001:1996职业安全健康管理体系的同时,于2004年7月,本公司通过广东省三级计量保证体系并获《计量保证体系确认合格证书》,同年8月开始建立公司计量检测体系,于2005年12月,本公司顺利通过中启计量认证中心到来的ISO10012:2003现场评审,2006年2月获得《测量管理体系认证证书》。

作为一家外资企业,公司管理层深知,计量工作在企业管理中的作用,计量是现代企业管理中一项不可缺少的技术基础,计量测试工作是工业企业素质和管理现代化最基本的条件。目前公司的计量工作尚处于起步阶段,各项工作仍在积极探索。

二、计量工作实践

1. 设备方面

在测量设备以及配备上全力投资,配备最高计量标准7项,计量标准器及辅助设备40多台(套),可以开展内部长度、力学、电学等专业计量检定/校准工作。计量检定/校准室环境条件根据实验室环境进行设置,符合各相应检定项目的要求。

为更有效地控制本公司品质及有重要影响的测量过程,选定适用的重要测量过程的设计和实现策划是关键。对这些重要的测量过程事先进行策划,通过对这些关键测量过程及其控制限的设计、试运行和计算,确定出其适用的测量过程参数及控制限,以实现测量过程的连续监控,确保关键、重要测量过程处于受控状态。

2. 制度方面

对各部门的计量职能进行分配,建立了完善的三级计量管理网络,并制定计量管理人员岗位责任制等一系列较完善的计量管理制度。公司计量工作不断自我完善、巩固、发展，引向深入，积极贯彻 GB/T19022—2003(ISO10012:2003)标准以及 JJF1112—2003 计量检测体系确认规范，编写适合本公司的《计量管理手册》:计量检测体系程序文件、各种管理制度，以及努力采用国际通行的做法，为公司各管理体系打下基础。使管理工作由分散管理变为集中统一管理，形成了合理的监督、检查、指导、考核机制，做到了责、权、利挂钩，使管理工作真正落到了实处。

3. 人员方面

加强计量人才队伍的建设，切实提高计量人员的素质，公司为提升计量专业人员的素质，多次举办计量培训活动以及派员外出深造、参与外间培训，进一步提高在职计量人员的技术能力和水平。在管理方面，探索培养新型管理人才的新路，我们的计量人员之间能做到相互学习，以老带新、新老结合，形成一支知识结构合理年轻化、充满生机的计量队伍。公司现有专职计量管理人员 6 人，均取得国家计量管理人员和计量检定人员资格证书；兼职计量员 70 人，均取得国家计量管理员资格证书；计量检测体系内审员 10 人，均取得计量检测体系内审员资格证书。

三、对企业计量工作的认识

在企业推行计量工作，真正使计量工作实现为公司创造效益，本人认为以下几方面尤其重要：

1. 领导的重视与支持是搞好计量工作的关键。领导的重视程度越高，计量工作就越有依靠，发挥、推动的作用也就越大。我们在认真做好工作的同时，注重上司、下属间的交流，不定期汇报工作情况，争取领导的信任，取得了领导对计量工作的高度重视和大力支持。集团董事局对计量工作倍加关注，对计量组织、人员的调配予以大力支持，对重大问题的定性与处理亲自过问，对报告认真批阅，及时提出整改和具体要求，为计量工作的顺利实施、完善计量检测体系的实施、持续、改进提供了有力的保证。

2. 健全计量机构，合理的人员结构及计量专业知识是做好计量工作的基本条件。在公司领导的高度重视和帮助下，计量组织机构不断得到完善，工作环境改善、工作效率明显提高。计量是一项政策性强、涉及面广、专业技术要求高、开展难度大的工作。合理的人员配置将有助于工作的顺利开展，加强人才队伍建设将为计量事业的长远发展打下了坚实的基础。

3. 坚持以顾客为关注焦点，树立服务意识。计量工作的性质决定了计量工作必须坚持监督与服务并重，计量工作归根结底是一种内部管理行为，它的目标是为了加强内部管理，为管理者服务。结合公司实际，计量工作的监督、评价、控制职能都必须为企业经营发展服务，把服务意识融于整个计量工作、各环节的控制过程中，在做好计量工作的同时为领导提供可靠的决策依据。

总之，经过全体计量组织成员的共同努力，在计量工作中将会取得一定的成绩，为自己赢得荣誉，计量工作受到领导的认可和支持，取得信任。但是，随着计量科学技术的日新月异以及计量事业的蓬勃发展，随着公司的发展，我们将会面临更多的新问题：计量工作需与国际接轨，计量检测体系有待进一步完善，工作方法需进一步改进，计量技术需进一步提高，管理力度需进一步加强。面对这些挑战。日后，我们将会更努力工作、抓住机遇、总结经验、查找不足，根据有关精神指导，寻求工作上的新突破，结合公司的实际情况，努力使工作再上新台阶。

EDXRF分析软件在RoHS有害物质测量中的应用

精工盈司电子科技有限公司

2003年2月欧盟公布了有害物质限制指令(Restriction of Hazardous Substance)简称RoHS法令,并于今年7月1日正式执行。法规规定了所有在欧盟电子、电器产品中都限制使用铅、镉、汞、六价铬、多溴联苯(PBBs)和多溴联苯醚(PBDEs)等6种有害物质。我国是机电产品出口大国,家电出口量有1/3销往欧盟,因此受到很大的影响。此外,中国信息产业部发布的《电子信息产品污染控制管理办法》也作了相似的规定,并将于明年3月1日正式实施,这也就意味着不仅出口欧盟的产品同时在国内销售的产品一样受到环保要求的限制。

广大的生产制造企业要生产符合环保要求的产品就必须改变生产原料和加工工艺等;同时需要建立完善的品质管理手段和体系,因此就有必要对原材料、生产加工过程以及最终的成品进行有害物质的有效监控。目前如果需要对这6项有害物质作精确分析的话,就需要使用多种分析仪器(如ICP-OES、GC-MS等),并且按照专门的样品预处理方法对样品进行拆解和制备;那样通常要建立一个专门的化学实验室以及建立专业的化学分析团队,所以这些分析仪器和分析方法主要被一些质量监督、检验检疫单位和专业第三方检测机构采用。而作为生产制造企业一般往往缺乏资金或者缺乏相关的技术人员;因此急需一种投资小、操作维护简便的实用仪器来控管有害物质。能量色散型X射线荧光仪(简称EDXRF)由于具有快速简便、不需破坏样品,使用成本低等优点,已经被许多电子行业的企业广泛使用;并且也成为国际电工委员会(IEC)和中国信息产业部的有害物质分析推荐方法。

那么首先我们先了解什么是X射线荧光,它是如何产生的。当高能量粒子与原子相互作用时,如果其能量大于等于原子某一轨道电子的结合能量,就会把该电子逐出,形成空穴,发生电离现象。这时电子的能量失去平衡,外层电子迅速向空穴跃迁,使原子恢复正常状态。这个过程中电子层之间的能量差就会以X射线的形式释放出来,这就是X射线荧光。由于不同元素原子外层电子轨道的不同,因此产生的X射线荧光的能量、波长就各不相同,是其特有的。我们可以对X射线荧光的能量、波长进行分析,来得到样品的信息。能量色散X射线荧光仪就是通过对样品产生的特征X射线荧光的能量以及它的强度的分析,对物质进行定性、定量分析的仪器。相对波长色散X射线荧光仪具有,体积小巧、制样简单、使用维护方便、辐射低的优点。能量色散型X射线荧光光谱仪测得的能谱基本都是由连续的谱背景、特征X射线能谱以及它们的逃逸峰、和峰等组成。因此就需要使用各种软硬件对能谱进行处理分析,以获得最真实的峰位和净强度,为定性定量提供可靠的信息。那么各个仪器厂商针对测量的要求都专门进行了设计;例如一次滤波器的使用,检测器的选择,软件对背景的扣除,干扰的消除以及各种基体的修正方式等等。

对于激发样品使用的X射线管,台式的EDXRF基本上都使用Rh作为靶材。为了消除原级X射线引起的背景干扰,大部分厂商选择使用一次滤波器的方式,也有一些使用偏振光等方法。偏振光的优点是更好地消除背景的干扰,而一次滤波器的使用可以在一定的条件下进行背景内标法有效地消除基体的干扰。在检测器的使用上,一些厂商仍然使用需要液氮冷却的Si(Li)半导体检测器;但是使用液氮对于很多用户来说必尽不是很方便,增加了成本的开支,而且添加液氮的过程也会存在一定的安全隐患,因此大多数的厂商更倾向于采用不需使用液氮的电制冷(帕尔帖冷却方式)Si-PIN半导体检测器。随着检测器分辨力的进一步提高,电制冷检测器的性能已经能够超越传统的Si(Li)半导体检测器(例如SII公司的Vortex检测器)。当然目前大量使用的Si-

PIN 检测器在分辨力上还是稍微落后于液氮制冷的 SSD 检测器,但是由于在实际测量中大多数的分析仪仅提高不是很多的分辨力并不会对测量结果有明显的改善，目前针对 RoHS 的应用的客户会面临每天有大量的样品需要进行分析,因此大幅提高检测器的灵敏度,提升仪器的分析效率才是仪器厂商应该首要考虑的,在遇到能量干扰的情况是可以利用软件的功能进行弥补的。

精工盈司电子科技有限公司就是基于这样的思路开发了使用 Si-PIN 检测器的 SEA1000A 型有害元素分析 X 射线荧光光谱仪。尽管与以往的 SEA2000 系列仪器相比分辨力有所下降,但是对于 Pb 等元素的灵敏度提高了近 5 倍。针对分辨力的方面则采用了精工公司开发的 DPD(Digital Peak Deconvolution)技术,主要利用波形拟和技术对一些能量非常接近的能谱进行模拟的背景扣除,以得到元素实际的强度。例如图 1 中,当样品中同时含有 Cu 和 Ni 的时候,Ni 的 Kβ 线会对 Cu 的 Kα 线的强度产生干扰。因此测量时就应当去除。但是 Ni 的 Kβ 线由于和 Cu 的 Kα 线完全和在一起了无法分辨。那么这时软件会通过对 Ni 的 Kα 线强度推算出 Ni 的 Kβ 线的理论强度,从而计算出 Cu 的 Kα 线强度。

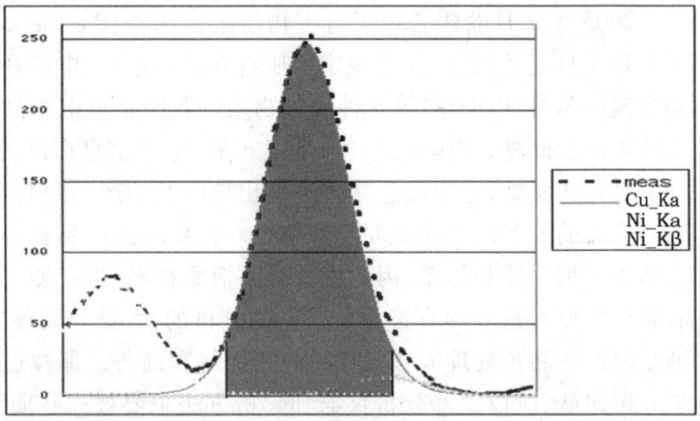

图 1

在对 RoHS 有害元素分析的应用中,很多情况也需要对相互有影响的波峰进行正确的分析。在图 2 中是含有 5%Br 的样品中分析含有 400ppm 的实例。当样品含有 As 的时候,As 的 K 线会对 Pb 的 Lα 产生几乎无法分离的强干扰，因此要对 Pb 进行分析就只能对 Lβ 线进行分析，而样品中含有的大量 Br 时,Br 的线和 Kβ 线形成的背景又会对 Pb 的 Lβ 产生干扰。这时就必须使用软件的方法来消除背景的干扰。

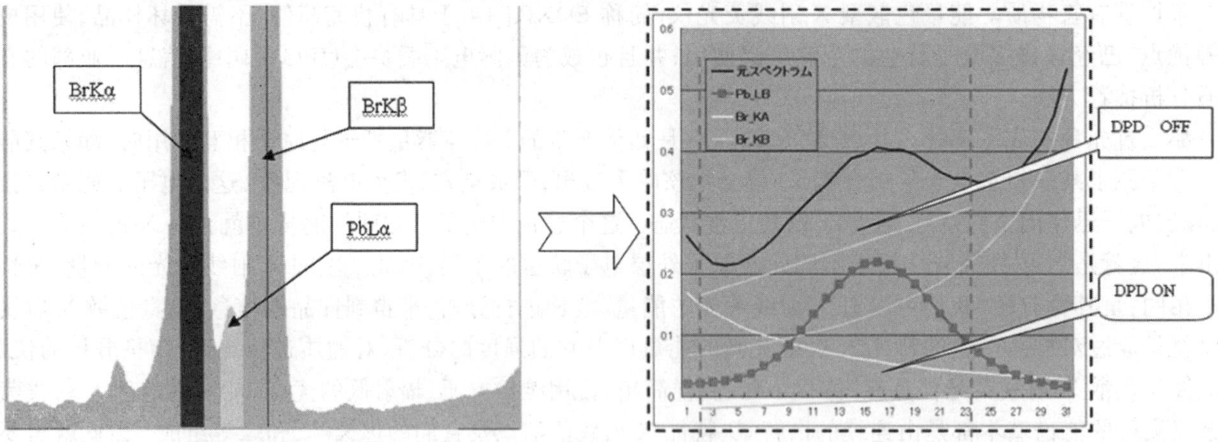

图 2

结果是采用 DPD 功能后测量结果为 418ppm,而如果不采用 DPD 功能的话测量结果仅为 11ppm。

再比如,Au 由于能量和 Hg 非常接近,对于测量含有大量金的样品时(镀金样品)就会在测量 Hg 时产生误差,如图 3 所示。精工盈司同样利用 DPD 的功能很好地把 Au 和 Hg 分离开。图中是一个铜上电镀镍再镀金的样品,因此样品表面的金能够被完全检测到。这时如果不使用 DPD 功能,Hg 的测量结果可达到 35000ppm,而使用 DPD 功能的结果就是 0ppm。完全反应出样品的真实情况。

另外,对于样品大小、厚度不足的情况,精工盈司公司也利用对样品测量的散乱线强度的计算来修正被测元素的强度;避免了由于样品大小造成测量元素强度变化造成的测量误差。还有各种基材对 X 射线的吸收不同造成测量上的误差也可以通过对主要吸收元素的测量得到相关的修正系数,并对标准曲线进行修正以得出最理想的标准曲线。使得在使用 XRF 测量的结果与 ICP-OES 分析结果非常接近。以下是精工盈司电子科技

(上海)有限公司的SEA-1000A与ICP对样品测量的一些对比结果。从下表中可以发现无论对于较高浓度的有害元素，还是较低浓度并有其他干扰元素的情况下,SEA-1000A的测量结果都非常令人满意。

样品情报	测量元素	ICP分析	SEA-1000A分析
BCR-680标样	Cd	140.8ppm	139.5ppm
含Pb铜合金	Pb	29870ppm	30320ppm
PVC塑胶样品	Pb	524ppm	538ppm
含有大量Br的ABS	Pb	61ppm	58ppm

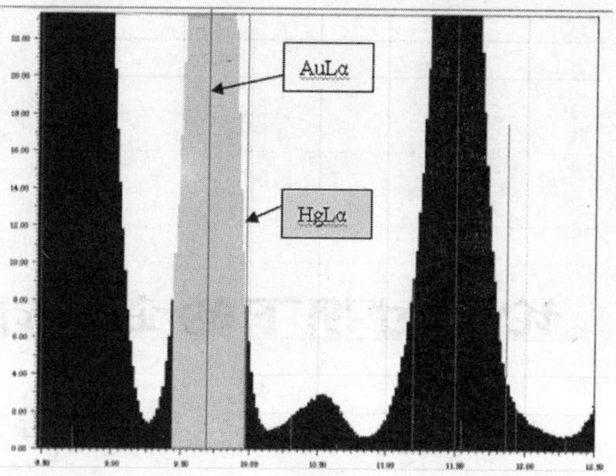

图3

因此针对RoHS中几种有害元素的测量,仪器厂商一方面要提高仪器的分辨力和灵敏度,同时还应该要根据实际应用的情况利用软件对能谱计算时进行必要的修正。那么对于那些对能谱辨别不是很熟悉的操作人员也能够利用简单的操作,并得到理想的测量结果。随着IEC(国际电工委员会)针对有害元素的检测标准的正式出台,EDXRF必将在RoHS测量领域发挥更大的作用。精工盈司电子科技(上海)有限公司也会更专注于电制冷检测器的研究与开发,同时进一步加强软件在RoHS测量方面的应用研究。

论新时期下的企业计量工作

烟台三环锁业有限公司计量处

在我国市场经济进一步开放与发展的今天,企业的经济体制已经开始由国有制向股份制转制,在这个新时期条件下,如何看待企业的计量与测试工作则显得更为重要。本文论述如下:

计量是一项古老而又新兴的事业,它随着社会生产和科学技术的发展而发展。同时它在一定意义上也标志着一个国家现代化水平的高低,由于我国现代生产和科学技术还不十分发达,全民族的科学文化水平还有待提高。随着社会的不断发展,计量越来越被人们所认识、所利用,特别是现代化社会它已远远超过了度量衡的范围。计量在工业企业生产中起着基础性作用。

计量工作是工业企业提高经济效益的重要手段。在大部分工业企业中把计量工作作为改善经营管理,提高产品质量,推动技术进步的基础工作来抓。完善计量检测手段,加强计量管理,使资源合理有效地配置,避免资源浪费,降低了原材料和能源的消耗,提高了企业的经济效益。也有一些企业由于产品开发制造管理等各个环节,计量检测手段和生产管理不配套,计量器具配备不齐全,量值不准确,使制造工艺失去控制,造成产品质量差,消耗高,效益低。

计量工作是提高产品质量的保证。产品质量是企业生存和发展的关键,而计量是产品质量最基本的保证,在工业企业的生产过程中,从原材料进厂的检测分析,到生产工艺流程中各工序的质量监测控制,直至成品、半成品检验,都必须有计量测试层层把关,严格控制。如果没有计量测试,监督保证,产品质量就无法得到保证。因为任何质量特性都以一定的计量特性为表征的。一切要用数据说话,而数据必须准确可靠,这就要依靠完善的计量检测来实现。假如企业使用的计量器具不合格,产品的几何尺寸就不可能合格,压力表不准就可能毁坏设备。分析天平失准,就会造成产品配料不准。控制仪表不准,从而影响产品质量,因此产品质量必须经过精密的测试来控制,要使企业的产品质量达到先进水平,在激烈的市场竞争中立于不败之地,就必须加强计量检测手段,没有计量检测,就没有产品质量。

所以,企业在进入股份制条件下,那种认为计量工作是可有可无的观点是极端狭义的,这种观点将对企业未来的发展产生严重阻碍,计量与测试在企业中的作用是:相当于人的眼睛的作用。由此可见,企业的决策者应当把计量与测试工作纳入重要地位,列为重要的基础工作来抓,它将会对企业产生长远的经济效益,对产品质量的提高,争创名牌产品打下良好的基础。

年鉴特邀编委、专家介绍

马相村

男，汉族，1963年4月16日出生，中共党员，研究生学历，现为西藏自治区质量技术监督局党委书记、局长。主要简历：1980年2月至1980年9月在西藏民族学院机训队二区队学习，任团支部副书记、班长。1980年9月至1982年10月，在区党委办公厅机要处工作。1982年10月至1984年9月，任黑脱县委办公室机要组组长。1984年9月至1985年7月，在西藏民族学院语文系文秘班进修，任院学生会副主席兼秘书长。1989年8月至1993年5月，任自治区政府办公厅副主任科员、主任科员、副县级秘书。1993年5月至1996年7月，任自治区政府主席秘书(正县)。1996年7月至1999年5月，任日喀则地区行署副专员。1999年5月至1999年11月，在国家开发银行挂职，任评审一局副局长。1999年11月至2005年7月，任日喀则地区行署副专员兼地委政法委第一副书记。2005年7月至今，任西藏自治区质量技术监督局党委书记、局长。

马相村同志尽管担负着大量的行政管理工作，但仍然利用点滴时间勤奋学习，笔耕不辍，有大量论文、诗歌等见于各类报刊。

李振韶

1950年10月生，研究生学历，经济师职称。1969年10月加入中国共产党，1968年9月参加工作。1969年2月至1986年3月分别在解放军十二军、安徽省军区、浙江省军区等部队服役，先后历任战士、文书、排长、干事、连队指导员、团部股长、军分区机关科长等职。1986年3月任浙江省丽水市人武部党委常务书记、政委、市人大常委(兼)。1994年9月任浙江省丽水地区工商局副局长。1997年2月任浙江省丽水市质量技术监督局党委书记、局长。2001年2月任浙江省质量技术监督局党委委员，副总工程师。2002年2月任浙江方圆检测集团股份有限公司党委书记、董事长、总裁。2006年3月任浙江省质量技术监督检测研究院党委书记、院长，浙江省方正校准集团有限公司党委书记、董事长。2006年9月任浙江省计量科学研究院院长至今。

林建忠

1958年生，中国计量学院院长，博士生导师。国家杰出青年基金获得者、入选“全国百千万人才工程”第一、二层次。

现任中国力学学会常务理事、全国多相流与非牛顿流专业组长、浙江省科协常委、浙江省力学学会理事长、北京大学湍流国家重点实验室学术委员会委员。

王大充

湖北省武汉市人，汉族，研究生学历，现任湖北省计量测试技术研究院院长、党委书记，中南国家计量测试中心办公室主任，国家光电子信息产品质量监督检验中心(筹)主任，正高职高工。

长期从事计量技术和计量管理工作。获国务院政府特殊津贴，湖北省有突出贡献中青年专家。兼任中国计量测试学会理事，湖北省计量协会副理事长，全国测力计量技术委员会副主任委员，全国法制计量技术委员会委员等职。

罗洪元

现任国家电子计算机质量监督检验中心(信息产业部IC卡质量监督检验中心、国家金卡工程IC卡及机具产品检验中心)主任，研究员级高工。

长期从事计算机软件开发、计算机技术服务、信息技术产品质量检验与质量管理工作。财政部和北京市政府采购机电设备招标评标专家，中国计算机行业协会第三届理事、第四届常务理事，中国计算机行业协会电脑系统分会副会长，中国名牌战略推进委员会电子信息专业委员会、中国实验室国家认可委员会技术委员会委员，中国实验室国家认可委员会技术委员会信息技术分委员会副主任委员兼秘书长。

先后在《光明日报》、《电子测试》、《中国消费者》等报刊杂志发表论文10多篇。其中《来自国内计算机行业的调查》在2000年“21世纪信息技术与产业发展趋势高级论坛”会上交流，曾编入《国内清样动态》，受到国务院和国家质量技术监督局有关领导的重视。

《中外IC卡产品检测技术及其发展趋势》、《指纹识别芯片和IC卡技术在信息安全中的应用》、《我国ITE产品EMC技术的现状与发展趋势》、《在建筑及住宅社区数字化工程中如何选用IC卡及机具产品》、《第二代居民身份证阅读(验证)机具市场有多大》、《信息技术设备整机及板卡产品的质量检验》、《我国如何推广应用税控收款机产品》等论文先后在中国智能卡技术与应用研讨会等会议上交流并收入会议论文集。

王海岭

男，1965年5月出生，学历：大学，高级工程师

工作经历：

1987年7月毕业于内蒙古大学物理系理论物理专业，被分配到内蒙古北方重工业集团有限公司中心理化室从事无损检测及物理试验工作。

1998年晋升为无损检测及金属物理测试专业高级工程师。

1996~1997年参加了国军标GJB2977—97“火炮静态检测方法”中无损检测部分中的“磁粉探伤方法”的编制，该标准已于1997年颁布实施，并荣获部级科技进步二等奖。

1997年~1999年，作为主笔人负责编制了部标准WJ2545—99“火炮身管接触法超声波探伤方法”，该标准1998年通过专家审定，1999年正式颁布实施。

2002~2003年经过培训考核取得了全国锅炉压力容器无损检测考委会颁发的超声探伤Ⅲ级、磁粉探伤Ⅲ级、渗透探伤Ⅲ级三个高级资格证书。

2003年国防科工委无损检测人员资格鉴定与认证委员会成立，被聘任为首届鉴认委委员，同时被聘任为超声专业组成员。

2005年经培训考核，被聘为国家实验室认可评审员、计量认证国家级评审员。

现任内蒙古北方重工业集团公司计量检测技术公司总经理、兵器工业447区域计量站站长、内蒙古第十二产品质量监督检验站站长，同时担任中国计量测试学会理事、《工业计量》杂志社理事、内蒙古计量测试学会副理事长。

郭昌弼

硕士，男，1944年8月生，澳门民政总署化验所所长

教育培训：

获得中国广州暨南大学生物系学士学位和水生生物学硕士学位。

1992年，在葡萄牙国家公共卫生部及里斯本市政化验所的微生物学实验室实习。在香港病理学研究所实习。

工作经历：

1996年起，于澳门市政厅（现改名为民政总署）担任所长

从1988年9月起，担任澳门市政厅微生物实验室分析员、实验室高级技术员、实验室承办人、微生物实验室主管。

于1998年9月以前，在私人临床化验所从事微生物学及生物化学分析超过10年以上。

发表作品

1. 郭昌弼，《铁，维他命B1、B12，氮和磷对Prorocentrrum micas生长的影响》OCEANOLOGIA ET LIMOLOGIA SINICA 25卷，编号2；1994年三月出版，国际标准期刊编号：0029-814X（由中国自然科学基金赞助，编号9389008）。

2. 郭昌弼，叶觉秋，陈恩海，罗雪花，《应用于饮用水质的微生物学检测方法的比较》。

3. 郭昌弼，叶觉秋，陈恩海，黄泳敏，李少容，《不确定度评估-应用PetrifilmTM大肠杆菌/大肠菌群计数测试片于绞肉类埃希氏大肠杆菌的定量分析》

陈世荣

男，1962年6月生，中共党员，硕士研究生，历任云南省大理州水泥厂党委委员、副厂长，大理州质量技术监督局党组书记、局长，现任云南省计量测试技术研究院院长。

陈世荣同志知识结构全面，工作经验丰富，学术水平较高，公开发表学术文章十余篇。长期从事质量技术监督工作。历任云南省硅酸盐学会会员，大理州标准化协会会员，大理白族自治州青年联合会第二届、第三届委员，大理州保护消费者权益委员会委员、副秘书长、副会长，第二届大理州质量技术监督协会理事、常务理事、理事长，第四届云南省标准化协会常务理事，《云南建材》杂志理事会理事，《建材发展导向》杂志理事会理事，大理州消费者协会常务理事、副会长。

武安明

教授级高工，计量测试技术专家。1963年毕业于北京航空学院，留校任科教工作多年，1986年创建民营科技企业，从事先进工业计量测试仪的研发工作至今，现任北京中航机电研究所、北京中航新科机电有限公司、北京新航科电软件技术公司等高科技企业集团董事长，兼任北京应用技术大学高级顾问，中国投资协会顾问，北京民营科技企业家协会理事等职。

武安明教授和他领导的企业，以发展民族仪表工业为己任，以创中国名牌仪表为目标，开发成功九大系列100多种高品位、高起点、高技术、准确实用的工业计量标准仪器。创造了近代中国工业计量标准化仪器发展史上的八个“第一”、“首创”，产品多次获市、部、国家级大奖，多项技术专利。产品行销全国和出口国外。企业多次被评为优秀企业、信用企业等。著有多篇专业技术论文、教材等数十万字专业著作，多次被市、区科委、科协、民营科技企业家协会、工商联等单位评为“优秀企业家”、“创业英才”、“中国民营企业家杰出代表”等称号。他和他领导的企业及其产品对于近20年来引领中国工业计量标准仪器的发展走向和中国民族仪表工业的发展起到历史性的推动作用。为建立中国工业计量体系贡献了力量。

张理中

1977届物理系金属物理专业，原物理系学生会体育部部长。

1982年1月毕业后，分配到韶关市标准局标准化科工作；

1983年~1990年，任韶关市产品质量监督检验所副所长、所长、韶关市质量技术监督局副局长兼所长；

1990年10月，任广东省质量技术监督局质监处处长兼省打假办副主任；

1995年12月~2000年2月，任广东省质量技术监督局副局长兼广东省政府打假办公室常务副主任；

2000年3月起，任国家质量技术监督局广州电气安全检验所所长/广东省产品质量监督检验中心主任、党委书记；

该同志长期从事质量技术监督系统工作。在九十年代广东假冒伪劣商品泛滥期间，在省政府、省质量技术监督局从事产品质量监督和打假管理工作，多次受全国打假办、广东省政府、省质量技术监督局的嘉奖。

张理中同志担任广安所/省质检中心主要负责人期间，将所(中心)建设成全国有名的重点所，在国际上也享有知名度；目前还兼任中国检验检疫协会IT产品工作委员会副主任、广东省科学技术实验室联合会会长、广东表面工程防腐学会会长以及有关学会、协会负责人职务。

李继东

高级工程师，1963年1月生，山东省昌邑市人，1994年加入中国共产党。

1985年毕业于哈尔滨工业大学电磁测量技术与仪表专业，获工学学士学位，同年分配到航天工业部五院五一四所工作。1997年在职攻读北京大学光华管理学院工商管理专业，2000年获MBA学位。1994年任电学室副主任，1996年任副所长。现任全国电磁计量技术委员会委员、中国宇航学会计量与测试专业委员会委员、国防军工计量标准化委员会委员等。为五院测试计量技术与仪器制造后备学科带头人。

多年来先后从事计量检定、计量课题研究和计量管理等工作。1992年被破格晋升为高级工程师(小高工)。承担建立了1欧姆工作基准等多项计量标准。承担的航天系统计量保证方案研究课题获航天部科技成果二等奖，为第五完成人。承担的交流标准电阻传递系统课题成果处于国内领先水平，达到国际先进水平。在国内外各种科技期刊上发表论文十几篇，其中《航天高科技与计量测试》编入《中华科技精典文库》，《AC standard resistance calibration system》被在荷兰举行的URSI第二十七次大会录用，参加了会议交流。参加了国防军工计量培训教材的编写，主编电磁卷《直流电阻计量检定》篇。编制了《模拟直流低电阻器检定规程》等多项国军标、部标和院标。

何安元

1957年11月出生，内蒙古土默特左旗人，1982年毕业于内蒙古大学化学专业，高级工程师。现任内蒙古第一机械制造(集团)有限公司计量检测中心主任。任兵器工业标准物质委员会委员，兵器工业理化考评委员会内蒙分会副主任委员。包头市气体分析学会理事。毕业以来一直从事计量检测技术工作，曾被内蒙古国防科工委授予“兵器理化先进工作者”称号。中国兵器工业总公司授予“理化先进工作者”称号。中国计量测试学会授予“计量测试先进个人”称号。多次参加国家和行业标准物质及标准分析方法的相关工作。在公司建立ISO9000质量管理体系、ISO10012计量检测体系、ISO/IES17025检测/校准实验室、ISO14000环境管理体系等与计量基础相关的四大体系的认可和认证工作上做出了重要贡献。

赵国泽

男，1946年出生，理学博士，研究员，博士生导师。现任中国地震局地质研究所地球电磁探测研究中心主任，中国地震局地质研究所学位评定委员会主任。中国地震学会理事，地震学会地震电磁专业委员会副主任。中国灾害防御协会火山专业委员会副会长，是日本地磁和地球、行星与空间科学学会和其他多个学术团体的成员。将是2008“第十九届国际地球电磁感应学术讨论会”组织委员会主席。1964~1970年就读于北京大学地球物理系，1978年考取中国科学院研究生院的研究生，1986年获得理学博士学位。1988~1989年赴日本东京大学进行博士后研究，并被聘为客座副教授。1991年被国家教育委员会和国务院学委员会评为“做出突出贡献的中国博士学位获得者”。2000年获得政府特殊津贴荣誉。2001年2月~5月做为东京大学访问教授前往东京大学讲学。20世纪80年代后期，作为第一个中国学者参加了地球电磁学界最大的国际合作计划——EMSLAB计划的研究，近年还参加了某国防重大工程，主持完成的其中地球物理工作成果在工程项目中发挥了决定性作用。曾经获得国家和省部级奖励8次。在国内外发表论文等70多篇，已培养博士2名、硕士5名、正指导博士研究生3名、硕士研究生2名。

杨成波

男，汉族，1970年11月生，工程师，中共党员，1993年7月毕业于西安电子科技大学电子设备工程专业，获学士学位，2001年6月取得西南财经大学工商管理硕士(MBA)学位。

主要从事设备管理、计量管理及技术改造工作。曾先后参与红塔集团新厂区建设、红塔集团ERP项目，集团第三轮技术改造等几十项工程项目建设，先后获云南省人民政府、云南中烟工业公司、红塔集团科技进步奖十多次。主要论文有《计算机监控系统在低压配电系统的应用》、《红塔集团扩张战略实证研究》、《红塔集团计量器具网络管理系统》等。

章燕秋

汉族，1959年10月出生，中共党员，大专学历，工程师，毕业于绍兴文理学院机制专业，现就读于新加坡物流管理学院EMBA，ISO9000国家注册审核员。1980年8月至2000年7月历任浙江新昌制冷配件总厂，浙江三花集团有限公司质检科长、全质办主任、计量处长、总师办主任、品质部长、电磁阀厂厂长、制冷阀件厂厂长、浙江三花科技有限公司副总经理；2000年8月担任三花不二工机有限公司副总经理、管理者代表；2001年12月至今担任三花股份有限公司、浙江三花制冷集团副总经理、管理者代表。

主要业绩：(1)主持完成企业标准化验收、TQC验收及三级、二级计量定升级验收等工作；(2)主持完成ISO10012计量检测体系的认证工作，成为省乡镇企业第一家国家一级计量认证单位，并负责主编企业《计量检测体系程序》，被列为浙江省“示范标准程序”在全省推广，并获公司“质量管理成果”一等奖。于1999年获全国计量先进单位、计量先进个人称号；(3)负责建立企业计量检测中心，面积达2700m^2，总投资1500万元，建立企业最高标准装置30项，解决企业在用计量器具3000台件，每年为公司节约检测费用800万元；(4)培养专业技术人才，如：计量检定人员、产品测试人员、质检人员、技术人员300多人；(5)主持完成ISO9000/QS9000质量体系和ISO14001环境体系认证，并负责主编《质量管理“程序”、“手册”》和《环境管理“体系”、“手册”》分别于1996年12月、1999年8月、2000年2月通过认证。(6)组织推进名牌、创质量管理奖工程，2003年、2004年分别获得省名牌产品和省质量管理奖称号，提高三花品牌的知名度和企业的核心竞争力；(7)组织新品开发、技术改造工作，以市场为导向，紧跟世界前沿科技与世界一流顾客和国内著名科研机构合作开发的技术方针，开发出技术含量高、盈利空间大、具有自主知识产权的新产品。

李华昌

研究员，博士，北京矿冶研究总院测试研究所所长，国家重有色金属质量监督检验中心常务副主任，1964年12月生，1991年硕士研究生毕业于中南工业大学分析化学专业，同年到北京矿冶研究总院工作，1997年被原中国有色金属工业总公司授予跨世纪学术与技术带头人称号，2002年博士研究生毕业于中南大学应用化学专业。主持并完成国家、省部级科技攻关项目10余项，国家自然科学基金项目2项，获部级科技进步二等奖3项、三等奖1项，获国家发明专利3项，参与国家和行业标准制、修订近20项，出版学术著作5册，发表论文81篇。现任《中国无机分析化学文摘》主编，《冶金分析》及《光谱实验室》期刊编委，国家“863”计划资源与环境领域专家，国家科技部科技评估中心专家，机电产品国际招标评审专家，中国金属学会分析测试分会委员，中国金属学会分析测试分会光谱分析技术委员会副主任委员，中国有色金属学会理化检测分会副主任委员，中国实验室国家认可委员会实验室技术评审员，国家计量认证/审查认可评审员，中国实验室国家认可委员会金属能力验证专家组成员，全国有色金属标准化技术委员会重金属分技术委员会委员，硕士研究生导师等职。

王 南

教授级高级工程师，研究生导师，1982年毕业于北京大学无线电系。国家通信计量站副站长，中国通信标准化协会(CCSA)“电磁辐射与信息安全工作组”(TC9 WG3)组长，中国电磁兼容认证委员会专家组成员，“中国电磁辐射国家标准”起草组成员。

多年来在微波衰减、数字传输抖动和漂移、ISDN、通信电磁兼容、无线通信系统的电磁辐射、无线宽带数据通信，及计量测试技术等领域均进行了深入研究和技术创新，在国内外多种学术刊物上发表论文数十篇，并先后取得信息产业部科技进步二等奖三项：微波衰减标准装置、PCM四次群相位抖动检定装置、通信电磁兼容实验室建设；信息产业部科技进步三等奖一项：低频平衡衰减标准装置；电信研究院科技进步奖一项：无线通信系统电磁辐射研究。

在其领导下，实验室先后成为了中国国家实验室认可委员会(CNAL)认可的实验室，CCC指定测试实验室，德国DAR认可实验室，美国FCC列表实验室，GCF、CTIA、PTCRB、WiFi和WiMAX授权测试实验室。

林奇艺

男，副主任药师。1986年7月毕业于南京药学院(现中国药科大学)药学系，1986年7月起先后在广东省医药管理局、广东省中药研究所、广东省医药学校、广东省药品监督管理局、广东省药品不良反应监测中心、广东药品检验所从事质量、技术管理与科研教学工作(期间于2002年4月~8月参加牛津大学-中山大学举办的首期广东省高级公务员公共行政管理知识专题研究班)。

现为国家、省级药品GMP检查员，广东省药学会药事管理分委员会副主任委员。

近年来主要作品：

1.《外界刺激檀香结香试验研究》(第一作者)2000年7月《中药材》第23卷第7期

2.《激素对檀香生长的影响》(第一作者)2000年8月《中草药》第23卷第8期

3.《广东实施药品GMP指南》(副主编、编委)2002年3月广东科技出版社

4.《英国药品安全监管体系的作用与启示》(独立作者)2004年7月《英国经验的中国启示》中央编译出版社

5.《美国药品监管体制及启示》(独立作者) 2006年4月、5月刊《广东药品监督》(总36/37期)

王 承

男，汉族，山东省昌邑县人，1964年6月出生，大学文化，工学学士，1985年9月参加工作，1998年6月加入中国共产党。重庆市计量质量检测研究院院长。

1981.09~1985.07　重庆大学冶金系金属材料专业学生

1985.09~1987.05　重庆标准件工具厂干部

1987.05~1989.05　重庆市计量局法制处干部

1989.05~1990.08　重庆市技术监督局综合计划处干部

1990.08~1993.03　重庆市技术监督局干部

1993.03~1995.05　重庆市技术监督局副主任科员

1995.05~1998.07　重庆市技术监督主任科员

1998.07~2000.09　重庆市技术监督质量监督处副处长

2000.09~2001.09　重庆市质量技术监督局质量监督处副处长

2001.09~2003.10　重庆市江北区质量技术监督局党组书记、局长

2003.10~2006.02　重庆市质量技术监督局质量监督处处长

2006.02至今　重庆市计量质量检测研究院院长

高富荣

男，中共党员，1961年出生，大学本科。

1982年7月华南工学院轻工机械专业毕业，1982年7月至1986年9月在惠阳地区标准计量管理所从事计量工作；1986年9月至1991年2月在广东省惠州市计量检定测试所任所长；1996年10月至2000年10月在广东省惠州市技术监督局任副局长主管标准化、计量、锅容管特；2000年10月至2004年1月任广东省惠州市质量技术监督局局长、党组书记，主管全面工作；2004年2月至今任广东省计量科学研究院院长，兼华南国家计量测试中心办公室主任和广东省计量测试学会理事长。

萧懿群

男，1964年1月24日出生，汉族，中共党员。现任甘肃省计量研究院院长、党总支书记。1984年7月毕业于陕西机械学院精密仪器工程系，获工学学士学位。1993年9月至1996年5月在西安理工大学精密仪器工程系攻读研究生，获工学硕士学位。2003年7月毕业于甘肃省委党校第23期中青班。1984年7月至1986年1月在甘肃省计量测试研究所工作，从事计量技术工作，1986年1月至1993年9月、1996年5月至2002年6月在甘肃省质量技术监督局工作，从事计量管理工作。1991年12月任副主任科员，1999年任主任科员，2001年6月任计量处副处长，主持全处工作，2002年6月至今在甘肃省计量研究院工作，任院长。

在甘肃省计量研究院工作期间，2004年完成省市计量技术机构的顺利整合成立甘肃省计量研究院，业务量从2002年的205万元增长为2005年的1100多万元，三年增长了近5倍，计量院步入了快速发展的良性轨道。在全国省级计量技术机构考核中取得全国第二、西北第一的好成绩。2002年至2005年连续四年被省质量技术监督局评为“完成目标责任先进单位”。

该同志从事计量工作20余年，在国家级学术刊物上发表有《测量不确定度的实际计算》、《WTO与我国计量立法》、《三角模糊数综合评价法》、《灰色预测超前质量控制》等多篇论文，其中《测量不确定度的实际计算》一文获2002年甘肃省质量技术监督系统优秀科技论文二等奖。主持并参与制定了甘肃省第一部地方计量检定规程《电话计时计费计量检定规程》，获得了2002年甘肃省质量技术监督系统优秀科技论文一等奖。在省局计量处工作期间，主管全省计量器具的强制检定工作成绩突出，在全国计量大会上介绍经验；主办全省计量管理函授工作，名列全国第二，受到国家总局表彰。2006年获得国家质检总局“学术技术骨干”称号。

韩 威

黑龙江省计量检定测试(计量科学研究)院院长、党委副书记,研究员级高级工程师,毕业于哈尔滨工业大学管理科学与工程专业,研究生学历。全国环境化学计量技术委员会委员,中国计量协会理事。

1982 年 1 月毕业于齐齐哈尔大学化工学院,1982 年 2 月~1983 年 10 月在黑龙江省食品工业学校任教。1983 年 10 月~1997 年 3 月在黑龙江省质量技术监督局工作,先后任副主任科员、主任科员、副处长、代处长。1997 年 3 月~1999 年 5 月任黑龙江省质量技术监督情报所所长、总支书记。1999 年 5 月~2000 年 6 月,在美国加州大学参加省委组织部高管人才培训班学习。2000 年 6 月至今,任黑龙江省计量院院长、党委副书记。

学习培训情况:

1.日本东京 AOTS 规格协会:质量管理与标准化;2. 美国加州大学(省委组织部首批高级管理人才赴美培训班)工商管理(MBA); 3.在职党政干部研究生班(经济管理); 4. 哈尔滨工业大学"管理工程与科学"研究生(硕士)。

主要著作、论文及重要技术报告:

课题:黑龙江省持续农业评价指标体系的研究

著作:《现代企业管理》 (黑龙江出版社)

论文: 黑龙江省产品可靠性研究的机构分布和发展规划

计量、应用物理和能源测量国际研讨会(论文集)

实验室自动标准 PH 仪表的测量与发展状况

获奖:省科技进步三等奖:物质含水智能分析装置的研究

省科技进步三等奖:房屋面积测量仪-激光测距及面积测量;省科技进步三等奖:电磁式指示仪表自动化校验装置

陈 兴

作为从事计量检测科学的高级工程师,从事专业技术工作 20 余年里,在技术研究与计量检测和科研开发工作中,解决了许多关键性技术难题并取得显著的经济效益和社会效益。在所完成的多个科研项目中,"金属管转子流量计"获得 1994 年度天津市科技进步二等奖和国家质量技术监督局科技进步二等奖。该科研成果采用变面积式磁传原理,把浮子位移量转变为角度变化量,再经微积分和数据处理程序,最终达到准确计量的目的。为我国石油行业解决三次采油向地下注重晶聚合物要求计量准确而又不破坏聚合物分子链的技术难题。应用广泛,并得到国内外同行专家的认可。

目前已完成的并获天津市科技进步三等奖的"天燃气自动计量系统"的应用得到了以叶声华院士为组长的鉴定小组的好评,解决了天津市燃气计量贸易结算误差大、纠纷多的供需矛盾,为市政府减少每年近千万的财政补贴。

在近 20 年的专业技术工作中,除完成相关科研项目和日常工作外,作为学科带头人培养了十余名专业技术人员,使之逐渐承担并完成了若干科研项目和重大测试技术工作。另外作为主要作者完成了天津市地方检定规程《档板流量计》,及"等精度传递理论在流量仪表检测中的应用"等多篇论文。

教 滨

1991 年 7 月毕业于东北师范大学化学系,同年 8 月到本钢质量处炼钢检验室从事炼钢原料和钢铁检验分析工作。1998 年担任车间技术组组长,2003 年晋升为化学分析高级工程师,2005 年任生产主任,2006 年调任质量处特钢质检中心生产主任。

多年来,主要从事光谱、红外、X-荧光在炼钢原料和钢铁行业的应用和研究工作,并积累了一定的实践经验,起草了《光谱、红外、X-荧光等多种进口检测仪器的检定方法》。参加了本钢质量体系的 94 版认证和 2000 版的换证工作,并在检化验技术改造和设施更新、引进方面积累了大量的工作经验。所撰写的《X-荧光光谱测定活性石灰分析方法的研究与应用》论文在《鞍钢技术》和《ARL 中国用户通讯》杂志发表,并有多篇论文在本钢科协和本溪金属学会获奖。

吕全华

1963 生，中共党员，硕士研究生，正高级工程师。现任内蒙古自治区计量测试研究院院长，内蒙古工业大学硕士研究生导师。1983 年 7 月毕业于内蒙古林学院机械设计与制造专业并参加工作，一直从事计量测试及科学研究和管理工作。担任内蒙古自治区计量测试学会副理事长，“鄂尔多斯市科技智囊团”成员和“鄂尔多斯市高新技术项目、高新技术企业专家初审小组”成员，鄂尔多斯市科协常委、国家质量监督检验检疫总局《中国计量》杂志编委。1995 年荣获内蒙古自治区技术监督系统先进工作者称号，2004、2005 年连续两年被评为内蒙古自治区质量技术监督系统优秀干部。

王 伟

电磁场与微波技术工学博士、研究员、航天二O三所所长、享受政府特殊津贴。在航天二院工作的二十多年时间里，从事各种天线、天线罩，特别是飞行器天线、天线罩的研究、研制工作，先后负责了许多项课题的研究、研制；近年还从事电磁兼容、无线电计量测试、综合保障技术研究工作；同时还从事多层级的科研管理及经营工作。

任中北大学兼职教授，培养了多名硕士研究生。先后在国内一级刊物及国际会议和国内会议上发表论文二十多篇；获得包括国家发明三等奖、国家科技进步二等奖在内的多项奖励；近年二次获航天二院优秀经营者称号。

目前是计量校准技术国防科技重点实验室（筹）负责人，中国宇航学会计量与测试分会主任，中国电子学会微波分会委员。

邵 力

男，1960 年 10 月生，汉族，大学学历，教授级高工。现任上海市计量测试技术研究院院长（副局级）、中国上海测试中心主任，兼任全国法制计量管理计量技术委员会委员、中国压力计量技术委员会主任委员、《上海计量测试》主编、上海计量测试学会副会长。

1983 年毕业于上海交通大学。主要经历：曾从事几何量的在线检测与控制的应用研究，并综合运用光机电控技术获得多项成果。负责《上海市在线检测与控制技术重点实验室》的筹建与管理。负责完成国家质监总局下达的软课题《关于在我国开展计量校准工作的研究》。主持完成《中华人民共和国强制检定工作计量器具目录》的编制。负责完成《出租汽车计价器强检 IC 卡管理系统》，使得上海市出租汽车计价器的强检管理更规范、更到位，达到国内先进水平。参与上海市重点工程“上海检测中心”的筹建等。

林尤钊

男，1952 年出生，1983~1984 年在海口市计量测试所工作；
1984~1986 年在海口市标准计量所工作；
1986~1988 年在海口市计量测试所担任副所长；
1988~1989 年任海口市产品质量监督检验所所长；
1989~2001 年任海口市计量测试所所长；
2001~2005 年任海南省计量测试所副所长；
2005 年 6 月至今任海南省计量测试所所长。

佟明星

男，1954年10月出生，辽宁省抚顺市人。现任国家大容量第一计量站站长，高级工程师，全国流量容量计量技术委员会委员。该同志集管理与科技于一身，坚持以人为本，勇于创新，从而使全站检定市场占有率逐年提高，经济效益显著。多次被评为省、市质监系统先进个人、辽宁省“雷锋奖章”、抚顺市“劳动模范”等荣誉称号。其主持研制开发的多个科研项目通过国家质检总局、辽宁省科技厅组织的科技成果鉴定；并先后荣获抚顺市“科技成果奖”二等奖、国家质检总局“科技兴检奖”三等奖等荣誉，多个科研项目获得国家实用新型专利。以上科研成果目前已在国内各石化炼厂、油港码头、油品销售供应等油库广泛使用，取得了较好的经济效益和社会效益。他还参与多个国家标准、国家计量检定规程的制修订以及审定工作，义务为全国培训大批油品计量人员。目前该站检定业务覆盖了全国近20个省市自治区，参与了国内大部分的重点工程项目建设的大容量计量检测工作。

李德辉

1959年8月出生，吉林省白城市人，1976年参加工作，1979年加入共产党。

1987年毕业于中国计量学院计量管理专业，曾任白城市质量技术监督局副局长，现任吉林省计量科学研究院院长，高级工程师。

任院长期间，他严于治院，求真务实，开拓创新，带领全院干部职工团结拼搏，知难而进，取得了良好的社会效益和经济效益，为计量院的建设和发展做出了贡献。

张国祥

中国电子科技集团公司第七研究所凯尔实验室主任，质量部主任，高级工程师。先后就读于华中科技大学、天津大学，毕业后曾从事电子工程的教学和科研工作，1995年起，从事通信技术特别是战术通信和移动通信的技术研究和设备研制工作，获得过多项省部级和国防奖励。近几年来，主要从事大型项目的技术总体、技术管理、标准化管理以及实验室管理和质量管理工作，目前的工作领域是计量、检测和质量管理。其中凯尔实验室拥有信息产业部广州移动通信产品质量监督检验中心、信息产业部电子603计量站、国防区域计量站5103校准实验室等资质。

高岛健一

精工盈司电子科技（上海）有限公司副总经理

日本横滨国立大学工学博士。

1999年进入精工电子株式会社科学仪器事业部，负责亚洲区域的分析仪器的市场开拓。

2002年参与世界首台双检测器X射线荧光镀层厚度测量仪SFT9455的研发。

2003年参与高精度非液氮型能量色散型X射线荧光分析仪SEA1000A的研发。

（SEA1000A到2006年8月止，全球销量最多能量色散型X射线荧光分析仪）

2003年起担任精工电子株式会社科学仪器事业部大中华地区区域总代表。

2003年促使精工电子科技有限公司科学仪器事业部独立成为精工电子纳米科技株式会社。

2004年9月在中国成立了独资现地法人“精工盈司电子科技(上海)有限公司”，担任副总经理。

2005年参与世界最高灵敏度，分辨率的能量色散型X射线荧光分析仪SEA1200VX的研发。

王劲松

男，1969年出生，高级工程师，1992年毕业于洛阳工学院自动化仪表专业，现任西气东输管道公司工程技术处高级主管。

1994年9月~1996年3月，秦皇岛输油公司自动化仪表站助理工程师（参加秦皇岛-北京输油管道自动化系统改造工程）。

1996年4月~2000年6月，西北石油管道建设指挥部生产处工程师（参加库尔勒-善鄯输油管道的建设，主要负责自动化控制系统的编程、调试、投产以及运行管理）。

2000年6月至今，参加西气东输工程建设，主要从事设计管理工作。

2004年12月获得国家西气东输工程建设领导小组“国家西气东输工程建设先进个人”。

2005年1月获得中国石油天然气集团公司“西气东输工程建设先进个人”。

主要著作：

2003.5《石油规划设计》“西气东输管道工程的流量计量和监督系统”，第一著作。

2003.5《石油规划设计》“动态模拟在西气东输气管道工艺设计中的应用”，合著。

张瑞林

1961年10月出生，本科学历，1982年毕业于天津纺织工学院自动化专业；中国共产党党员；高级工程师；现任河北省计量监督检测院院长兼河北省计量科学研究所所长。

张瑞林同志具有扎实的专业技术理论功底和丰富的行政管理工作经验，在充分发挥“班长”作用的基础上，团结带领领导班子成员，连续四年获得“先进领导集体”的荣誉；连续三年被评为河北省质量技术监督局“先进工作者”并两次荣立三等功；1999年被推举为河北省计量协会副理事长，2006年被评为“河北省有突出贡献中青年专家”，同年被河北大学技术监督学院聘为硕士生导师。

张瑞林同志在担任河北省计量院院长后，率先在全国质监系统中实现了省会城市技术机构的合并重组，开创了系统内部技术机构科学布局、优化资源配置的先河，为省级技术机构的合并重组做出了表率，多次受到国家总局领导的表扬。

张瑞林同志在担任河北省计量院院长期间，锐意进取、开拓创新，大刀阔斧地在内部实施三项制度改革，经过多年来的不懈努力，从根本上改变了过去全院观念陈旧、体制落后、设备老化、环境简陋的落后局面，年经济收入从2000年的几百万元跃升至2005年的3500万元，固定资产投入保持在年均1000万元以上，初步形成了一个班子团结协作、职工心情舒畅、经济收入快速稳定增长、检测装备水平与工作环境明显改善、整体实力大幅度提升、个人收入显著增加的可喜局面，河北省计量院开始跻身于全国省级计量技术机构的先进行列。

目前，张瑞林同志正在带领全院干部职工全面落实科学发展观，注意研究和不断探索新形势下省级计量技术机构多元化发展的新路子，在筹建和发展“国家热工流量仪表质检中心”、“河北省计量校准检测集团”以及“河北省标准计量技术发展中心”等方面做出了有益的尝试，迈出了可喜的步伐，同时也在不断实践的过程中，撰写出许多关于事业发展方面的理论文章，并主持了部分科研课题。

2005年计量测试专利

一、计量测试新型实用专利项目

(一) 计量新型实用专利项目

序号	专利名称	申请(专利权)人	申请(专利号)	备注
1	一种试验用浮选槽体积计量装置	陕西科技大学	CN200320109941.6	
2	精密计量比例泵	暨南大学	CN200320119423.2	
3	滴水计量水表	北京业诺科技有限公司	CN200420003353.9	
4	计量仪表用微差压控制器	武汉市江新仪表有限公司	CN200320115861.1	
5	液体石油化工产品罐舱底水计量仪	中华人民共和国辽宁出入境检验检疫局	CN200420030227.2	
6	防窃电开关计量柜	汕头市兆华电业有限公司	CN200420014962.4	
7	自计量户式供热机组	徐州万宙风云智能科技开发有限公司	CN200420024975.X	
8	称重式油井计量器	沈阳工业大学	CN03211957.7	
9	防窃电计量箱	江苏省电力公司镇江供电公司	CN200420024892.0	
10	试油抽吸深度自动计量装置	吉林石油集团有限责任公司、吉林石油集团有限责任公司试油测试公司	CN200320130661.3	
11	温度法采暖热计量装置	北京华德威尔机电技术有限公司	CN200320128143.8	
12	电业用低压综合计量柜	郑州祥和集团开关制造有限公司	CN200420010505.8	
13	电业用高压综合计量柜	郑州祥和集团开关制造有限公司	CN200420010506.2	
14	液体微流量计量装置	徐州万宙风云智能科技开发有限公司	CN200420049114.7	
15	一种新型的内燃机耗油计量装置	天津港第一港埠公司	CN200420028493.1	
16	油气加热、分离、计量、掺油调节集成装置	盘锦辽河油田巨洋钻采技术有限公司	CN200420030865.4	
17	一种用于粒子计数测量的计量管	天津大学精密仪器厂	CN03258275.7	
18	组合式轴计量汽车衡	上海陆杰电子科技有限公司	CN200420021732.0	
19	计量开关补偿箱	杭州群力电力设备制造有限公司	CN200420048053.2	
20	加油用计量漏斗	东莞市新航商贸有限公司	CN200420043381.3	
21	实时监控防窃电无线报警计量箱	黄石奥统电气有限公司	CN200420017608.7	
22	高压电机与电动潜油泵通用型宽电压电能计量装置	沧州市电气控制设备厂	CN200420016166.4	
23	一种用于高含水、低产油的微量计量器	大庆油田有限责任公司	CN200420049429.1	
24	一种螺旋计量装置	济南金钟电子衡器股份有限公司	CN200420038993.3	
25	流体计量器	新晨科技股份有限公司	CN200420005373.X	
26	磁性摇摆计量控制器	精博科技股份有限公司、精模电子科技(深圳)有限公司、蔡火炉	CN200420059247.2	
27	微功耗断续容积式计量仪	长沙超凡电脑系统有限公司	CN03248515.8	
28	用于油水气三相连续计量分离器的消能器	浙江大学、杭州创联电子技术有限公司	CN200420022703.6	
29	用于油水气三相连续计量分离器的油室	浙江大学、杭州创联电子技术有限公司	CN200420022704.0	
30	用于油水气三相计量分离器的旋流预脱气器	浙江大学、杭州创联电子技术有限公司	CN200420022706.X	

（续表）

序号	专利名称	申请(专利权)人	申请(专利号)	备注
31	用于油水气三相连续计量分离器的排沙系统	浙江大学、杭州创联电子技术有限公司	CN200420022705.5	
32	高精度水流计量装置	宁波水表股份有限公司	CN200420021905.9	
33	油气水三相流量连续计量系统	浙江大学、杭州创联电子技术有限公司	CN200420022701.7	
34	表铭牌外置的电力计量表	宁波三星科技股份有限公司	CN200420006627.X	
35	一种电力计量表的表封装置	宁波三星科技股份有限公司	CN200420006999.2	
36	电力计量表的接线端子	宁波三星科技股份有限公司	CN200420006964.9	
37	计量集输选通装置	克拉玛依金牛信泰工业控制有限公司	CN200420006528.1	
38	电能表计量箱	文登市中强玻璃钢有限公司	CN200420051896.8	
39	便携式电能计量装置现场校验仪	河南思达高科技股份有限公司	CN200420010107.6	
40	磁性计量控制器结构	精博科技股份有限公司、精模电子科技(深圳)有限公司、蔡火炉	CN200420073154.5	
41	标准计量节水阀	洛阳好利兰环保技术开发有限公司	CN200420011307.3	
42	一种旋翼式双流通路径计量水表	宁波东海集团有限公司	CN200420021994.7	
43	一种 LNG 加气机计量稳定装置	北京长空机械有限责任公司	CN200420003404.8	
44	长波授时的复费率电能计量装置	杭州士兰微电子股份有限公司	CN200420008410.2	
45	一种电能计量芯片内的防潜动电路	上海贝岭股份有限公司	CN200420023774.8	
46	一种电能计量芯片内的具有阀值的防潜动电路	上海贝岭股份有限公司	CN200420023775.2	
47	在停机时能制动的熔体物质计量泵	上海金纬化纤机械制造有限公司	CN200420082006.X	
48	等量积累集中释放微流计量水表	北京市顺天水益高新技术发展有限公司	CN200420050887.7	
49	数字式 PT 二次压降自动计量补偿器	成都正惠电气投资发展公司	CN03250175.7	
50	智能 IC 卡污水处理计量和控制装置	张清宇、杭州合一环境科技有限公司	CN200420049274.1	
51	一体化智能 IC 卡计量燃气调压柜	咸阳蓝天燃气设备有限公司	CN200320126315.8	
52	散热兼热计量装置	天津科技大学	CN200320130489.1	
53	钢丝绳长度计量装置	青岛港(集团)有限公司	CN200420096957.2	
54	采油计量站夜视仪表	中国石油天然气股份有限公司	CN200420096347.2	
55	一种散装水泥动态自动计量装置	山东方兴机械有限公司	CN200520081448.7	
56	一种可移开式计量手车	广州白云电器设备股份有限公司	CN200420046281.6	
57	适用于半连续离心纺丝机的一进三出计量泵	宜宾丝丽雅股份有限公司	CN200420033515.3	
58	集成关断阀一体的计量集输选通装置	克拉玛依市金牛信泰工业控制有限公司	CN200420073455.8	
59	汽囊式滴水计量水表	北京晨泰业诺科技有限公司	CN200420096297.8	
60	磁性摇摆计量控制器暨归位结构	精博科技股份有限公司	CN200420067215.7	
61	一种可调式计量器	山西省交通科学研究院	CN200420092083.3	
62	柔性配料计量控制系统装置	济南大学	CN200420097286.1	
63	粉煤定量给料计量控制装置	长沙超凡电脑系统有限公司	CN200420068862.X	
64	可倾斜安装的动静态轴计量汽车衡	郑州恒科实业有限公司	CN200420074432.9	
65	摇摆与旋转计量控制器	精博科技股份有限公司	CN200420084352.1	
66	试井机的计量及测试装置	大庆油田装备制造集团	CN200420063871.X	
67	光控式摇摆计量控制器	精博科技股份有限公司	CN200420084353.6	

（二）测试新型实用专利项目

序号	专利名称	申请(专利权)人	申请(专利号)	备注
1	导磁旋转轴温度、转速和振动非接触测试装置	洛阳轴研科技股份有限公司	CN200320113582.1	
2	可水平、上下移动的压缩压力测试仪	辽宁出入境检验检疫局检验检疫技术中心	CN200420030208.X	
3	组合式环境测试舱	河南省建筑科学研究院	CN200420010153.6	

（续表 1）

序号	专利名称	申请（专利权）人	申请（专利号）	备注
4	显示器探针测试中继板	胜华科技股份有限公司	CN200320101531.7	
5	测试按键接点跳动时间的装置	达方电子股份有限公司	CN03238502.1	
6	一种人体体成分测试仪	中体同方体育科技有限公司、清华大学	CN200420000103.X	
7	旋转式地层测试器	华北石油管理局油气井测试公司	CN200320127888.2	
8	一种土工合成材料摩擦性能测试机	陕西华斯特仪器有限责任公司	CN200420041401.3	
9	一种测试材料气蚀性能的试验装置	中国矿业大学	CN200420024463.3	
10	一种用于拆卸式针床的测试针板	上海新源变频电器股份有限公司	CN03210078.7	
11	雷电电涌测试仪	杭州雷盾电子设备有限公司	CN200320122374.8	
12	一种抗浪涌性能测试电路	华为技术有限公司	CN200320126088.9	
13	多工位无线传输短跑测试装置	中体同方体育科技有限公司	CN200320103031.7	
14	光电对射式纵跳测试仪	中体同方体育科技有限公司	CN200320124734.8	
15	强激光脉冲光强分布测试系统	中国科学院上海光学精密机械研究所	CN03209961.4	
16	一种气体传感器测试装置	中国科学院声学研究所	CN03209569.4	
17	环境测试舱	河南省建筑科学研究院	CN200420010154.0	
18	间接制冷环境测试舱	河南省建筑科学研究院	CN200420010155.5	
19	水域原位测试底吸式平台	中船勘察设计研究院	CN200420020202.4	
20	共用型手动电性的测试基座	胜华科技股份有限公司	CN03270699.5	
21	一种模拟地球磁场测试仪	南京聚诚科技有限公司	CN03278306.X	
22	光模块告警点和饱和点测试装置	武汉电信器件有限公司	CN200320116194.9	
23	板卡测试装置	联想（北京）有限公司	CN200320101280.2	
24	插拔力测试装置	联想（北京）有限公司	CN200420004656.2	
25	铝合金板温成形过程摩擦测试探针传感器	华中科技大学	CN200420017080.3	
26	一种电流变液静态剪切屈服强度测试装置	西北工业大学	CN200420041593.8	
27	用于嵌入式系统的系统启动和测试板	上海环达计算机科技有限公司	CN200420019698.3	
28	测试辅助装置	联想（北京）有限公司	CN200320126784.X	
29	一种无线通讯装置传输距离模拟测试设备	志合电脑股份有限公司	CN200320123788.2	
30	日光紫外线强度测试仪	明高五金制品（深圳）有限公司	CN200420000636.8	
31	光纤连接器端面参数测试仪	中国科学院上海光学精密机械研究所	CN03210385.9	
32	一体式数字化交直流两用弧焊电源测试系统	成都三方电气有限公司	CN03249638.9	
33	记忆卡中RTL级的实时硬件测试平台	上海华园微电子技术有限公司	CN03255248.3	
34	织物单面低张力压缩情况下压力测试装置	东华大学	CN200420019685.6	
35	一种涡状封底的在线分析仪精密测试容器	沈阳七彩科技工程有限公司	CN200420030689.4	
36	乙型肝炎抗原和梅毒抗体联合检测试剂盒	英科新创（厦门）科技有限公司	CN03206508.6	
37	电能表驱动力矩测试仪	陕西省计量测试研究所	CN200420041647.0	
38	手持液晶视力测试仪	熊猫电子集团有限公司、南京熊猫电子股份有限公司	CN200420024829.7	
39	液晶视力测试仪	熊猫电子集团有限公司、南京熊猫电子股份有限公司	CN200420024830.X	
40	无线通信式螺杆泵井测试仪	大庆油田有限责任公司	CN200320111403.0	
41	单向阀综合测试系统	浙江三花股份有限公司	CN03231070.6	
42	盾构隧道壁后注浆地质雷达探测用的测试装置	同济大学	CN200320122949.6	
43	急性心肌梗塞早期快速检测试纸	华中科技大学同济医学院附属同济医院	CN200320125452.X	
44	显示面板的测试薄膜探针	环园科技股份有限公司、旭贸股份有限公司	CN200320126826.X	
45	大功率变流器测试装置	上海理工大学	CN03255829.5	

（续表 2）

序号	专利名称	申请(专利权)人	申请(专利号)	备注
46	一种测试数字电路的装置	株洲时代电子技术有限公司	CN03248613.8	
47	多功能土工布测试强力机	山东省水利科学研究院	CN200320106599.4	
48	手写屏寿命测试仪	北京航空航天大学	CN03243046.9	
49	用图标显示测试点直流电压的装置	深圳创维-RGB 电子有限公司	CN200320119717.5	
50	转基因产品的荧光双链探针定量 PCR 检测试剂盒	中华人民共和国厦门出入境检验检疫局、厦门大学	CN200320124972.9	
51	材料样品库发光特性的快速分析测试装置	中国科学技术大学	CN03278307.8	
52	能迅速虹吸导入血滴的测试晶片装置	泓武精密工业股份有限公司	CN200420003817.6	
53	薄膜探针测试装置	旭贸股份有限公司	CN200420004955.6	
54	一种液晶器件测试系统中控制棱镜精确转角的定位装置	长春联城仪器有限公司	CN200420011737.5	
55	内嵌误码测试功能的光端机	北京格林威尔科技发展有限公司	CN200420007225.1	
56	注水井超声波流量测试仪	中国石油天然气股份有限公司	CN200420007710.9	
57	储气钢瓶水压试验自动测试系统	博益(天津)气动技术研究所有限公司	CN03257961.6	
58	动态法热释电系数测试装置	昆明物理研究所	CN200420033536.5	
59	连片测试装置	达方电子股份有限公司	CN200420006089.4	
60	蓄电池智能测试装置	合肥工业大学	CN200420026009.1	
61	电光源光电参数快速测试仪	杭州创惠仪器有限公司	CN200420021235.0	
62	无线电通讯模块测试系统	宏基股份有限公司	CN200420001274.4	
63	测试保护装置组合	番禺得意精密电子工业有限公司	CN200420043847.X	
64	一种稠油采油测试井口装置	辽河石油勘探局	CN200420030450.7	
65	焦炭反应性能测试用电加热炉	鞍山钢铁集团公司	CN200420030853.1	
66	涂层织物抗渗水测试仪	天津市纺织服装研究院	CN200420028430.6	
67	汽车制动性能检测试验台	四川工业学院	CN03232856.7	
68	一种显像管寿命试验测试装置	彩虹集团电子股份有限公司	CN200420041610.8	
69	USB 端口测试装置	联想(北京)有限公司	CN200420001469.9	
70	一种通用串行总线接口测试装置	联想(北京)有限公司	CN200420042433.5	
71	一种小灵通线路信令仿真测试仪	西安瑞吉通讯设备有限责任公司	CN200420041748.8	
72	环空测试旋转井口装置	华北石油廊坊华星能源设备厂、中国石油天然气股份有限公司吉林油田分公司英台采油厂	CN200420047696.5	
73	锅炉冷态试验自动测试系统	徐州发电厂	CN200420024360.7	
74	鞋类综合品质测试机	裕铭机械有限公司	CN200420008956.8	
75	沉淀池泥位观察测试器	北京城市排水集团有限责任公司	CN200420007766.4	
76	安全线测试仪	中国印钞造币总公司	CN03242302.0	
77	便携式高压相序测试仪	西安福润德电子科技有限公司	CN03262589.8	
78	组合式振动变流器测试装置	烟台首钢东星(集团)公司	CN200320121314.4	
79	电缆漏气多功能测试装置	重庆东电通信技术有限公司	CN200420033574.0	
80	链霉素 ELISA 检测试剂盒	北京望尔生物技术有限公司	CN03206171.4	
81	超声手术装置最大输出电功率测试装置	中国人民解放军南京军区南京总医院	CN200420026099.4	
82	蒸发自动测试仪	江西省水利科学研究所	CN200420022674.3	
83	电器产品门及门开关寿命测试装置	上海出入境检验检疫局机电产品检测中心	CN03229531.6	
84	一种研究液滴下大气腐蚀过程的原位测试电极	中国科学院海洋研究所	CN200420031215.1	
85	多个保安单元连续测试装置	杭州鸿雁电器有限公司	CN200420022046.5	

(续表 3)

序号	专利名称	申请(专利权)人	申请(专利号)	备注
86	一种平板显示屏的测试装置	清华大学、北京维信诺科技有限公司	CN200420059724.5	
87	基于IP模式的温室环境因子测试系统	华南理工大学	CN200320119126.8	
88	指脉测试装置	中体同方体育科技有限公司	CN200320103033.6	
89	学生体质健康标准坐位体前屈测试器	成都市温江区和盛镇小学校	CN200420034588.4	
90	井底流温流压测试装置	中国石化胜利油田有限公司采油工艺研究院	CN03216557.9	
91	USB光时域反射测试(OTDR)装置	捷耀光通讯股份有限公司	CN200320129833.5	
92	红外路面温度测试仪	河南省高远公路养护技术有限公司	CN200420041784.4	
93	电气化铁路接触网检测车的杆位测试装置	电气化铁路接触网检测车的杆位测试装置	CN200420034578.0	
94	抗溶剂测试仪	比亚迪股份有限公司	CN200420034657.1	
95	混凝土环境腐蚀和力学载荷共同作用的损伤测试装置	中国建筑材料科学研究院	CN200420096292.5	
96	载货台防坠测试装置	太原双塔刚玉股份有限公司	CN200420016331.6	
97	差厚激光拼焊板成形极限图测试模具	宝山钢铁股份有限公司	CN200420023237.3	
98	一种连续波磁控管电磁干扰性能测试装置	广东美的集团股份有限公司	CN200420045713.1	
99	CCD测试实验装置	合肥工业大学	CN03259997.8	
100	波纹管、伸缩节轴向、径向检测试验台	中国第一汽车集团公司	CN200420012062.6	
101	自聚焦透镜聚焦性能测试仪	西南师范大学	CN03249735.0	
102	表面贴装半导体器件测试座	上海新建仪器设备有限公司	CN200320122385.6	
103	汽车发动机冷却水泵性能测试系统	广西工学院	CN200420035093.3	
104	一种研究大气腐蚀过程的测试装置	中国科学院海洋研究所	CN200420032188.X	
105	多功能人体体质测试装置	中体同方体育科技有限公司	CN200420000722.9	
106	液力变矩器测试连接装置	吉林大学	CN200420012042.9	
107	热界面材料测试平台	鸿富锦精密工业(深圳)有限公司、鸿海精密工业股份有限公司	CN200420046530.1	
108	数控机床16通道交流输出接口模板仿真测试器	天津钢管有限责任公司	CN200420029002.5	
109	一种表面贴装电容器的测试装置	威宇科技测试封装有限公司	CN200420019700.7	
110	能测试电动自行车踏力和踏行速度的人力驱动系统	上海千鹤电动车有限公司	CN200420022078.5	
111	井下分层注水压力和流量测试仪	大庆油田有限责任公司	CN03260625.7	
112	一种油田分层注水用测试调节器	大庆油田有限责任公司	CN200420019197.5	
113	光纤光栅微振动传感测试仪	南开大学	CN200320112392.8	
114	具有辅助供电的USB光时域反射测试(OTDR)装置	捷耀光通讯股份有限公司	CN200420047854.7	
115	表面耐擦拭测试装置	联想(北京)有限公司	CN200320126722.9	
116	CCD测试装置	合肥工业大学	CN03259998.6	
117	闪烁探测器探头及其测试装置	中国科学院紫金山天文台	CN200320110873.5	
118	测试针	萨摩亚商质量管理有限公司	CN200420064778.0	
119	一种毛细管压力测试传压筒	中国石化胜利油田有限公司采油工艺研究院	CN200420051973.X	
120	自动测试车辆行驶海拔高度和坡度的组合表	成都航空仪表公司	CN200420034401.0	
121	多用途综合信号测试装置	陕西四海测控技术有限公司	CN200420042269.8	
122	分立通道电缆测试平台	上海电缆研究所、上海赛克力光电缆有限责任公司	CN200420037547.0	

（续表 4）

序号	专利名称	申请(专利权)人	申请(专利号)	备注
123	电缆测试平台	上海电缆研究所、上海赛克力光电缆有限责任公司	CN200420037545.1	
124	高温测试电缆	海安华达石油仪器有限公司	CN200420027930.8	
125	电磁阀压力调节特性曲线测试平台	浙江春晖智能控制股份有限公司	CN200420037110.7	
126	水下紫外辐射能测试仪	上海新纺织产业用品有限公司	CN200420023928.3	
127	一种嵌入式存储器的测试装置	北京中星微电子有限公司	CN200420002627.2	
128	超声手术装置驱动频率测试装置	中国人民解放军南京军区南京总医院	CN200420026100.3	
129	片式压电陶瓷及相关器件自动定位测试装置	南京熊猫仪器仪表有限公司	CN03278891.6	
130	音频轨道电路参数测试棒	铁道第四勘察设计院	CN200420018271.1	
131	压力调节器用电磁阀流量测试装置	浙江春晖智能控制股份有限公司	CN200420037111.1	
132	一种模拟煤炭自燃过程的绝热测试装置	中国矿业大学	CN200420062878.X	
133	用以测试待测机板的测试治具	英业达股份有限公司	CN200420084723.6	
134	铁电薄膜低压电阻率测试装置	昆明物理研究所	CN200420033537.X	
135	长定子直线电机硅钢叠片铁芯磁性能测试装置	上海磁浮交通发展有限公司、宝山钢铁股份有限公司、上海交通大学	CN200420023886.3	
136	万用散热模块测试装置	英业达股份有限公司	CN200420066320.9	
137	一种皮肤光敏感性测试装置	上海希格玛高技术有限公司	CN200420082343.9	
138	摩托车进气管负压测试仪	中国嘉陵工业股份有限公司(集团)	CN200420060710.5	
139	牺牲阳极阴极保护系统中使用的自供电式测试桩	大连理工大学	CN200420070538.1	
140	高压输电线路参数测试仪	江苏省电力公司南京供电公司、上海思源电气股份有限公司	CN200420079020.4	
141	红外遥控器测试仪	邹城市技工学校	CN200420052777.4	
142	半导体激光器测试装置	山东博特光电技术有限公司	CN200420052386.2	
143	半导体激光器特性参数测试装置	山东博特光电技术有限公司	CN200420052388.1	
144	数字显示深度知觉测试仪	天津师范大学	CN200420028950.7	
145	跑步测试仪	深圳市好家庭实业有限公司	CN200420083641.X	
146	油藏测试地面数据采集系统	中海油田服务股份有限公司	CN03275717.4	
147	耐热测试设备	顺光股份有限公司	CN200420088047.X	
148	基板检测的测试针体结构改良	昆翌电子(深圳)有限公司	CN200420012411.4	
149	高压输电线路工频参数测试仪	江苏省电力公司南京供电公司、上海思源电气股份有限公司	CN200420078965.4	
150	指针式蓄电池自动测试仪	南京刘俊仪表制造有限公司	CN200420078455.7	
151	全中文听力智能测试仪	山东省日照职业技术学院	CN03215962.5	
152	绝对法反射率测试装置	上海天美科学仪器有限公司	CN03210473.1	
153	检测与打印一体化的酒精气体测试仪	深圳市威尔电器有限公司	CN200420083238.7	
154	一种 PCB 板测试夹具	深圳麦逊电子有限公司	CN200420066296.9	
155	红外路面温度测试仪	河南省高远公路养护技术有限公司	CN200420041784.4	
156	光电对射式俯卧撑测试仪	中体同方体育科技有限公司	CN200320124735.2	
157	电气化铁路接触网检测车的杆位测试装置	成都唐源科技有限责任公司	CN200420034578.0	
158	抗溶剂测试仪	比亚迪股份有限公司	CN200420034657.1	
159	混凝土环境腐蚀和力学载荷共同作用的损伤测试装置	中国建筑材料科学研究院	CN200420096292.5	
160	载货台防坠测试装置	太原双塔刚玉股份有限公司	CN200420016331.6	
161	电动汽车电池测试设备	国家电动汽车试验示范区管理中心	CN200420072455.6	

（续表 5）

序号	专利名称	申请（专利权）人	申请（专利号）	备注
162	一种 PCB 板测试转换器	深圳麦逊电子有限公司	CN200420066297.3	
163	一种射频自动测试装置	中兴通讯股份有限公司	CN200420083194.8	
164	汽车变速箱加载检测试验台	天津市天派工业自动化技术有限公司	CN200420029309.5	
165	一种全储层取样测试器的数据采集电路	西安石油大学	CN200420085846.1	
166	电化学生物感测试纸	泰博科技股份有限公司	CN200420074080.7	
167	钢绞线伸长量测试装置	长安大学	CN200420086025.X	
168	一种用于检测大型光电跟踪仪器精度的装调与测试设备	长春奥普光电技术股份有限公司	CN200420012162.9	
169	测试同步辐射源空间相干性的 X 射线干涉仪	中国科学院上海光学精密机械研究所	CN200420082614.0	
170	隔热涂层温差快速测试装置	上海惠邦特种涂料有限公司	CN200420036948.4	
171	焦炭反应性及反应后热强度测试炉	武汉钢铁（集团）公司	CN200420017949.4	
172	一种容积法储放氢性能测试装置	中国科学院金属研究所	CN200420070419.6	
173	球型栅格阵列活动测试座	白锦添	CN200420088524.2	
174	启动电机测试装置	重庆宗申技术开发研究有限公司	CN200420061207.1	
175	磁电机转子测试装置	重庆宗申技术开发研究有限公司	CN200420061037.7	
176	一种利用压入方式对材料力学性能进行测试的装置	中国科学院力学研究所	CN200420093377.8	
177	模块化蓝光光存储性能测试装置	中国科学院上海光学精密机械研究所	CN200420090064.7	
178	氮气弹簧式板料冲压成形动态力测试装置	重庆工学院	CN200420061785.5	
179	红外 CO_2 测试仪	南京师范大学	CN200420080443.8	
180	过滤因子自动测试装置	大庆油田有限责任公司	CN200420088021.5	
181	自动络筒机络筒锭测试装置	上海二纺机股份有限公司	CN200420081814.4	
182	车辆行驶工况车载测试装置	天津汽车检测中心	CN200420029619.7	
183	开放式汽车故障测试诊断装置	深圳市元征科技股份有限公司	CN200420046250.0	
184	织物吸湿性能测试仪	中国石化仪征化纤股份有限公司	CN200420062946.2	
185	SARS 抗体筛选多肽芯片的制备与检测试剂盒	上海生物芯片有限公司	CN200320122840.2	
186	电路板辅助测试构件及设有此构件的电路板	上海环达计算机科技有限公司、神达电脑股份有限公司	CN200420090127.9	
187	电路板辅助测试构件及设有此构件的电路板	上海环达计算机科技有限公司、神达电脑股份有限公司	CN200420090128.3	
188	测试卡	上海环达计算机科技有限公司	CN200420036607.7	
189	主板 USB 接口测试装置	联想（北京）有限公司	CN200320127851.X	
190	隔离型炮膛压力测试装置	华北工学院	CN200420091946.5	
191	弯曲测试装置	精碟科技股份有限公司	CN200420104835.3	
192	绒面织物表面燃烧性能测试仪	中华人民共和国青岛出入境检验检疫局	CN200420041072.2	
193	球团抗压强度测试仪	中南大学	CN200420068335.9	
194	多波长旋光测试仪	山东大学	CN200420097472.5	
195	化学物品自热危害测试装置	中国石油化工股份有限公司	CN200420097541.2	
196	测试飞秒激光器空间相干性装置	中国科学院上海光学精密机械研究所	CN200420090985.3	
197	折叠寿命测试仪	北京航空航天大学	CN03243047.7	
198	改性沥青存储稳定性测试装置	长安大学	CN200420086109.3	
199	IC 测试转接板	追日润股份有限公司	CN200420118534.6	
200	硬盘机测试装置	英业达股份有限公司	CN200420066319.6	
201	螺杆泵工况综合诊断测试仪	中国石油天然气股份有限公司	CN200420112567.X	

（续表 6）

序号	专利名称	申请(专利权)人	申请(专利号)	备注
202	ABS 诊断测试仪	上海汽车制动系统有限公司	CN200320108481.5	
203	具有伸缩调整机构的印刷电路板测试治具	自然兴电通科技股份有限公司	CN200420117633.2	
204	印刷电路板测试装置讯号快速汇集机构	自然兴电通科技股份有限公司	CN200420117632.8	
205	汽车发动机水温水位报警器测试仪	东风汽车有限公司	CN200420017168.5	
206	测试船舶密封舱空气净化器排气净化效能的试验装置	上海交通大学	CN200420037785.1	
207	塑料容器压力测试装置	上海临光机械工程技术有限公司	CN200420023285.2	
208	一种分布式光度计测试转台	杭州远方光电信息有限公司	CN200420090615.X	
209	油田专用增氧型正压防爆测试拖撬	宝鸡宝石特种车辆有限责任公司	CN200420041870.5	
210	一种多相流测试浮子流量传感器	辽河石油勘探局	CN200420031551.6	
211	微电机寿命测试仪	比亚迪股份有限公司	CN200420095245.9	
212	二次电池开路及闭路电压测试电路系统	北京有色金属研究总院	CN200420115713.4	
213	进行多功能测试的测试卡	美国凹凸微系有限公司	CN200420036365.1	
214	一种用于测试焊料及焊接强度的拉压力测试仪	上海晨兴电子科技有限公司	CN200420110954.X	
215	内置式可控移动阳极场致电子发射测试装置	北京工业大学	CN200420084205.4	
216	铁电材料参数测试仪	深圳华中科技大学研究院	CN200420072099.8	
217	试井机的计量及测试装置	大庆油田装备制造集团	CN200420063871.X	
218	刀柄拉力测试装置	哈尔滨量具刃具集团有限责任公司	CN200420063709.8	
219	高温、高压井壁稳定性测试仪	湖北汉科新技术股份有限公司	CN200420096536.X	
220	一种用于集成电路芯片的测试工装	四川微迪数字技术有限公司	CN200420105306.5	
221	口服液自动检测机	长沙楚天包装机械有限公司	CN03248742.8	
222	液压设备检测实验台	中国铝业股份有限公司	CN200320104607.1	
223	车架直线度激光检测装置	中国重型汽车集团有限公司	CN200320107401.4	
224	车架固定弹簧钢板支架孔同轴度检测装置	中国重型汽车集团有限公司	CN200320107402.9	
225	感应式接近检测传感器	上海航星机械(集团)有限公司	CN200320123061.4	
226	屋面渗漏检测仪定位装置	河南省建筑科学研究院	CN200420010152.1	
227	ABO 血型检测卡	中国人民解放军总医院	CN200320121646.2	
228	带有检测装置的无刷励磁发电机	中国北车集团永济电机厂	CN200320129269.7	
229	便携式轧辊辊形检测机架	宝山钢铁股份有限公司、上海大学	CN200320108439.3	
230	窗口检测工具	中国石油天然气集团公司、吉林石油集团有限责任公司	CN200420000932.8	
231	离子导电火焰检测装置	上海酒店设备工程成套股份有限公司	CN200320108553.6	
232	回转运动角位移精度检测仪	西安理工大学	CN200320109938.4	
233	提高检测线圈周边构件的定位精度的接近传感器	欧姆龙株式会社	CN03272038.6	
234	冷库用温湿度检测控制装置	中国农业科学院农业气象研究所	CN200320126810.9	
235	电缆连接器检测装置	宝山钢铁股份有限公司	CN200320122800.8	
236	插卡连接器插卡检测装置	钜航科技股份有限公司	CN200320122800.8	
237	用于检测市话电缆工频入侵的采样电路	苏州工业园区新海宜电信发展有限公司	CN03279802.4	
238	一种具有双片极板粘贴面积检测电路的高频电刀	上海力申科学仪器有限公司	CN200320123657.4	
239	摩擦换向抽油机失载检测保护装置	中国石油化工股份有限公司江苏油田分公司石油工程技术研究院	CN200320122687.3 CN200320121839.8	
240	齿轮跨距值检测装置	重庆宗申技术开发研究有限公司	CN200320104680.9	

二、计量测试发明专利项目

(一) 计量发明专利项目

序号	专利名称	申请(专利权)人	申请(专利号)	备注
1	连续容积式计量阀	特拉华资本组成公司	CN01823712.6	国际申请
2	用于油水气三相计量的分离器	浙江大学、杭州创联电子技术有限公司	CN200410018336.7	
3	计量点到设计曲面距离的方法	中国海洋大学	CN200410023987.5	
4	油气水三相流量连续计量系统	浙江大学、杭州创联电子技术有限公司	CN200410018335.2	
5	MSP430FE42x单相多功能电能表及计量方法	杭州利尔达单片机技术有限公司	CN200410038181.3	
6	粉粒料计量装置	大和制衡株式会社	CN02820734.3	国际申请
7	计量加工件上圆孔的实际尺寸的方法	青岛海昊知识产权事务所有限公司	CN200410024353.1	
8	红外接口分体式预付费计量仪	辽宁丰源节水技术设备有限公司	CN03134113.6	
9	天然气汽车气瓶的存气量计算机计量方法及装置	上海市公用事业研究所	CN200410024832.3	
10	用于重量测重地计量散粒物料的方法和设备	菲斯特有限责任公司	CN02822226.1	
11	一种分配两种或多种材料的计量分配泵	荷兰联合利华有限公司	CN02822186.9	国际申请
12	使用表存储器以提供过渡计量计算再建构信号值的维特比均衡	因芬尼昂技术股份公司	CN02822089.7	国际申请
13	药品的自动分装与计量装置	四川绿色药业科技发展股份有限公司、四川大学	CN03135523.4	
14	带有称量或计量装置的真空输送设备	福尔克曼有限公司	CN200410056232.5	
15	计量站液量测量装置	东营市同德工贸有限责任公司	CN03138955.4	
16	内燃机燃油计量系的压电致动器的功能诊断方法和装置	罗伯特-博希股份公司	CN200410056505.6	
17	带计量器手柄型减压阀	SMC 株式会社	CN200410047360.3	
18	压差隔离式点滴流水计量水表	欧阳梦云、李铁强	CN200410034051.2	
19	一种精确计量封闭管道流量的方法	西北工业大学	CN200410073059.X	
20	大计量离子注入法制备磁体/半导体混杂结构的方法	中国科学院半导体研究所	CN03155722.8	
21	用于纺织厂的计量液体的装置	劳尔股份公司	CN200410049119.4	国际申请
22	计量加工件上圆孔的极限尺寸的方法	中国海洋大学	CN200410024437.5	
23	集中供暖分户计费集成方法及计量系统	西北工业大学	CN200410026273.X	
24	智能型热量计量与温度调节一体化装置	山东建筑工程学院	CN200410024357.X	
25	利用连续计量和校正的电子定量给料器	格雷索明尼苏达有限公司	CN02823545.2	国际申请
26	定形物计量装置	有限会社优尼泰科、株式会社川田	CN200410039441.9	国际申请
27	带计量装置的压出工具	希尔蒂股份公司	CN200410079148.5	国际申请
28	具有定量计量功能的泵	北村幸子	CN02823939.3	国际申请
29	流体流量计量仪	S.A.E.阿弗基姆自动化奶牛场管理系统	CN02826844.X	国际申请
30	计量抓斗	梅特勒-托利多(常州)称重设备系统公司	CN200410065500.X	
31	用于人工计量医用流体特别是骨胶接剂的装置	泰克里斯公司	CN03802225.7	国际申请
32	一种供给洗涤添加剂的计量阀装置的控制方法	海尔集团公司、青岛海尔洗衣机有限公司	CN200310113632.0	
33	使用抽样衍射信号选择一个假想剖面用于光学计量	翁维、包军巍、斯里尼瓦斯·多迪、伊曼纽尔·德勒热、温金、桑贾伊·耶杜尔、道瑞斯·钦、尼克黑尔·亚卡塔达尔、劳伦斯·雷恩	CN200410079171.4	

(续表 1)

序号	专利名称	申请(专利权)人	申请(专利号)	备注
34	适于在润滑剂被注入压射缸之前导致相变的带固体润滑剂计量器的压铸机	切姆-特伦德有限公司	CN02828271.X	国际申请
35	近化学计量比钽酸锂晶片的制备方法	中国科学院上海光学精密机械研究所	CN200410067130.3	
36	计量装置	杉冈幸男、野口勇夫、早川照生、岸村宏、地村和久、山中正行、胜见明义	CN200410095881.6	
37	电能计量设备的自动采集系统的专用语言实现方法	北京津诚信业技术有限公司	CN200310116837.4	
38	药物的计量、包装和输送	微量技术公司	CN200410085926.1	
39	门式起重机作业计量及超负荷报警保护装置	日照港(集团)有限公司	CN200410035428.6	
40	用于计量电功率的计量仪	阿克塔里斯英国有限公司	CN200410100321.5	
41	预计量无支撑多层微孔膜	库诺公司	CN03803459.X	国际申请
42	非化学计量的 NiO_x 陶瓷靶	法国圣戈班玻璃厂	CN03803405.0	国际申请
43	基于俄歇的薄膜计量	应用材料有限公司、应用材料以色列有限公司	CN03803199.X	国际申请
44	计量电流互感器故障或防窃电实时在线检测方法及装置	重庆龙源科技产业发展有限公司	CN200410081894.8	
45	液滴法电容式雨量计量方法及装置	上海大学	CN200410084747.6	
46	有机引发剂和保护胶体在聚合反应期间的共计量加入	阿克佐诺贝尔股份有限公司	CN03807990.9	国际申请
47	用于计量电功率的仪表	阿克塔里斯英国有限公司	CN200410095483.4	
48	含有β2-激动剂的溶液的加压计量吸入器	奇斯药制品公司	CN03804972.4	国际申请
49	用于药物传送装置的剂量计量机构的改进	DCA 设计国际有限公司	CN03805516.3	国际申请
50	用于沙美特罗羟萘甲酸盐的计量的定量吸入器	葛兰素集团有限公司	CN01822827.5	国际申请
51	用于定量输送颗粒状和粉末状材料、特别是用于分配所述材料的机器的体积计量装置	加斯帕尔多塞米纳特里奇有限公司	CN02829278.2	国际申请
52	医用半自动尿液计量储存器	常熟市神灵医用器材有限公司	CN200510038235.0	
53	一种粉状物料的动态计量装置	武汉科技大学	CN200510018216.1	
54	有机引发剂和保护胶体在聚合反应期间的共计量加入	阿克佐诺贝尔股份有限公司	CN03807990.9	国际申请
55	以计量的方式从一容器中分配浓缩物的定量给料装置	莎拉李/迪有限公司	CN00811848.5	国际申请
56	用于连续重量计量和气动输送散装物料的设备	菲斯特有限责任公司	CN03803588.X	国际申请
57	自计量分配装置	约翰逊迪瓦西公司	CN03807254.8	国际申请
58	压差分流式滴水计量水表	欧阳梦云	CN200410091401.9	
59	单相防窃电电能表及防窃电计量方法	杭州利尔达单片机技术有限公司	CN200510056497.X	
60	计量旋塞	莫利波莉创新股份公司	CN03805165.6	国际申请
61	适合于工具对工具匹配的计量衍射信号	音质技术公司	CN03809540.8	国际申请
62	全自动称重式气液两相油井计量装置	沈阳工业大学通益科技有限公司	CN200510045861.2	
63	体积管连续计量式输送泵装置	深圳市建恒工业自控系统有限公司	CN200410015301.8	
64	复合差动式体积管计量型定量输送方法及装置	深圳市建恒工业自控系统有限公司	CN200410015302.2	
65	开环供暖系统的热计量测定方法	西北工业大学	CN200510041711.4	
66	变压器损耗计量方法	西安瑞驰冶金设备有限责任公司	CN200510041720.3	

(续表2)

序号	专利名称	申请(专利权)人	申请(专利号)	备注
67	混凝土材料的计量装置	株式会社大林组	CN02812365.4	国际申请
68	利用生物计量数据鉴权	西门子公司	CN03810819.4	国际申请
69	一种用于近化学计量比铌酸锂晶体生长的悬挂坩埚及生长方法	山东大学、中电科技德清华莹电子有限公司	CN200410024543.3	
70	流体物质计量阀	佩可索有限公司	CN03812371.1	国际申请
71	电能计量仪表	上海金益计度器有限公司、上海先迪液晶显示器有限公司	CN200410016356.0	
72	具有双显示器的钳式计量器	理想工业公司	CN200510004348.9	
73	计量配料器	格哈德·布鲁格	CN03813155.2	国际申请
74	计量配料器	格哈德·布鲁格	CN03813156.0	国际申请
75	粉粒体的计量装置	株式会社松井制作所	CN03812628.1	国际申请
76	粉粒体的计量装置	株式会社松井制作所	CN03812636.2	国际申请
77	利用智能卡技术的可传送计量表许可证	伊特伦电学计量公司	CN03813314.8	国际申请
78	用于集成电路的光学计量的波长选择	音质技术公司	CN03812966.3	国际申请
79	使用快闪存储器存储计量数据的方法	伊特伦电学计量公司	CN03813384.9	国际申请
80	采用行星齿轮计量泵的熔料吹丝装置	3M创新有限公司	CN03814284.8	国际申请
81	外浮顶立式金属罐带液计量检定方法	国家大容量第一计量站	CN200510046109.X	
82	风机盘管换热量风侧焓差法计量方法	杭州家和智能控制有限公司	CN200510049484.X	
83	代码的计量执行	微软公司	CN200510053121.3	
84	计量系统	发那科株式会社	CN200510051599.2	
85	风机盘管冷热量智能计量装置	浙江大学	CN200510049456.8	
86	流量计量传感器	迅捷集团公司	CN03817189.9	国际申请
87	光计量术中模型和参数的选择	音质技术公司	CN03817778.1	国际申请
88	计量方法以及流量计量装置	高砂热学工业株式会社	CN200510062976.2	
89	将产品计量置入胶囊内的机器	MG2有限公司	CN200510063023.8	
90	计量装置	发那科株式会社	CN200510063320.2	
91	一种计量后交收费的方法及系统	北京纳思电器有限公司	CN200410100305.6	
92	电能量计量计费系统	南京迪玛斯电气有限公司	CN200510038291.4	
93	在井孔处对采收流体实现自动化或计量的系统和方法	迈克尔·L·谢尔登	CN03821308.7	国际申请
94	半自动尿计量储存器	中国人民武装警察部队总医院	CN200410033601.9	
95	带有气体去除装置的计量泵	脉动供料机股份有限公司	CN03823170.0	国际申请
96	液体营养补充剂计量用的方法和装置	雷明顿健康产品有限责任公司	CN03820095.3	国际申请
97	液体分配装置,适于置于液位变动的液体体积内,尤其适于将计量的化学制剂供到水箱	ADD系统股份有限公司	CN03824270.2	国际申请
98	对内容保护系统或其类似物中的内容访问等进行计量	微软公司	CN200510066707.3	
99	用于注塑装置的喷嘴的计量装置	标准模具有限公司	CN03825069.1	国际申请
100	用于计量仪器的评估和优化方法	国际商业机器公司	CN02829915.9	国际申请
101	贮存、均化和计量系统	CS自动化有限责任公司	CN200510065917.0	
102	生物体光计量装置、图象显示方法及程序	株式会社日立制作所	CN200510068086.2	
103	液体营养补充剂计量用的方法和装置	雷明顿健康产品有限责任公司	CN03820095.3	国际申请
104	液体分配装置,适于放置于液位变动的液体体积内,尤其适于将计量的化学制剂供到水箱	ADD系统股份有限公司	CN03824270.2	国际申请

(续表 3)

序号	专利名称	申请(专利权)人	申请(专利号)	备注
105	对内容保护系统或其类似物中的内容访问等进行计量	微软公司	CN200510066707.3	
106	用于注塑装置的喷嘴的计量装置	标准模具有限公司	CN03825069.1	国际申请
107	用于计量仪器的评估和优化方法	国际商业机器公司	CN02829915.9	国际申请
108	贮存、均化和计量系统	CS 自动化有限责任公司	CN200510065917.0	
109	生物体光计量装置、图像显示方法及程序	株式会社日立制作所	CN200510068086.2	
110	特别用于计量粒状材料的装置中的传动系统的齿轮箱	加斯帕尔多塞米纳特里奇有限公司	CN02829869.1	国际申请
111	一组计量活立木多元、序列、动态、适时应变价值的方法	辽宁铭威森林资源资产评估有限公司	CN200510046671.2	
112	带计量指示器的流体产品分配装置	瓦卢瓦有限合伙公司	CN200380101691.4	国际申请
113	生物计量私用密钥基础结构	富利科技有限公司	CN03820062.7	国际申请
114	用于显示和剂量计量产品的分配的方法和设备	特克法马许可公司	CN200380102501.0	国际申请
115	计量和控制分配速率的方法和设备	阿姆诺洼化学有限公司	CN200380102289.8	国际申请
116	全电流回路电阻取样的电能量计量装置及其计量方法	南京光露电子有限公司	CN02830001.7	
117	基于高阶统计量的图像隐藏盲检测系统	上海交通大学	CN200510026803.5	

(二) 测试发明专利项目

序号	专利名称	申请(专利权)人	申请(专利号)	备注
1	口蹄疫病毒荧光定量 RT-PCR 检测试剂及制备方法	云南出入境检验检疫局检验检疫技术中心	200410028546.4	
2	长焦距镜头的焦距精确测量装置及其测试方法	四川大学	200410021874.1	
3	测试散射体光学特性的飞秒干涉仪	中国科学院上海光学精密机械研究所	200410016480.7	
4	真假皮革快速鉴别测试剂及快速鉴别仪	西安理工大学	200410025935.1	
5	电流变液静态剪切屈服强度测试方法及测试仪	西北工业大学	200410025897.X	
6	基于非线性金属氧化物电阻片冲击电流测试装置	西安交通大学	200410025871.5	
7	基于压敏电阻片的半波冲击电流自动测试装置	西安交通大学	200410025887.6	
8	一种快速的集成电路测试流程优化方法	中国科学院计算技术研究所	200410006727.7	
9	非接触测试方法和装置	奥宝科技	200410035154.0	
10	一种即插即用片上测试向量生成电路及方法	中国科学院计算技术研究所	200410005454.4	
11	介质谐振器材料八毫米波段测试专用谐振腔及测试方法	惠州学院	200410026468.4	
12	卫星轨道模拟测试系统	中国科学院上海光学精密机械研究所	200410016349.0	
13	基于 TPC-W 基准的网站服务器性能测试系统	华中科技大学	200410012765.3	
14	纳米透明隔热复合涂料及其该涂料的隔热效果测试装置	南京工业大学	200410014672.4	
15	套管井电缆泵抽式地层测试器	北京中石吉通石油工程技术开发有限公司	200410008832.4	

(续表 1)

序号	专利名称	申请(专利权)人	申请(专利号)	备注
16	微电子用材料及钎焊接头高温蠕变应变测试装置	北京工业大学	200410029947.1	
17	胶体金和半导体荧光纳米粒子双标记快速免疫检测试纸	中国科学院长春应用化学研究所	200410010736.3	
18	数字显示收缩温度测定仪及其测试方法和用途	四川大学、成都迪澳胶原高技术公司	200410022182.9	
19	测试制冷剂管内流动沸腾换热特性的装置	上海交通大学	200410017005.1	
20	光电性能综合测试装置	东南大学	200410014325.1	
21	太阳能电池有效扩散长度的测试方法	上海交通大学	200410017861.7	
22	一种燃料电池质子交换膜横向导电率的测试方法与装置	北京科技大学	200410029759.9	
23	含有复杂计算过程协议的一致性测试框架及其方法	中国科学院计算技术研究所	200410031515.4	
24	光存储特性静态测试系统	中国科学院上海光学精密机械研究所	200410016971.1	
25	一种线间串扰减速效应的时延测试生成方法	中国科学院计算技术研究所	200410034865.6	
26	板对板连接器及其测试方法	友达光电股份有限公司	200410030254.4	
27	一种通信系统有限状态机的测试方法	中兴通讯股份有限公司	200410026932.X	
28	GGSN 设备的简单测试方法	北京北方烽火科技有限公司	200410013014.3	
29	一种测试交换芯片及相关高速链路的方法	中兴通讯股份有限公司	200410030885.6	
30	一种 H.248 自动模拟测试工具及方法	中兴通讯股份有限公司	200410034463.6	
31	实现 ATM 通用物理测试和操作接口流量整形的方法和装置	中兴通讯股份有限公司	200410006268.2	
32	资料传送装置、光电转换电路以及测试装置	株式会社爱德万测试	02819801.8	国际申请
33	测试数字解码设备的相符性的系统和方法	汤姆森许可贸易公司	02819639.2	
34	基于光栅条纹法的织物悬垂三维测试仪	浙江工程学院	03141555.5	
35	一种内置天线设备的射频测试装置及方法	联想(北京)有限公司	03148002.0	
36	电子装置的测试系统	宏达国际电子股份有限公司	03147252.4	
37	万用型半导体检测机的测试机构	台北歆科科技有限公司	03148270.8	
38	有机发光显示器像素测试方法及装置	统宝光电股份有限公司	03141128.2	
39	老化测试系统	统宝光电股份有限公司	03149060.3	
40	一种对单板时钟抖动进行实时测试的方法及电路	华为技术有限公司	03137792.0	
41	微处理器的随机测试方法	上海华园微电子技术有限公司	03129511.8	
42	网络产品测试系统及方法	鸿富锦精密工业(深圳)有限公司、鸿海精密工业股份有限公司	03139718.2	
43	指令高速缓存的测试方法	英业达股份有限公司	03148716.5	
44	一种对计算机关键部件测试的系统和方法	联想(北京)有限公司	03137017.9	
45	实时调整压力测试参数的测试系统及方法	英业达股份有限公司	03149143.X	
46	非接触式集成电路卡测试电路及其测试方法	上海华园微电子技术有限公司	03129680.7	
47	通用串行接口之测试系统及方法	顺德市顺达电脑厂有限公司	03126930.3	
48	触控面板测试装置	胜华科技股份有限公司	03148363.1	
49	DOS 模式下键盘的测试方法	英业达股份有限公司	03148712.2	
50	嵌入式系统的测试装置及测试方法	华为技术有限公司	03147351.2	
51	记忆卡测试流程及其测试机台	积智日通卡股份有限公司	03143160.7	
52	用来藉低速测试器以恢复写入的可变自动计时结构	钰创科技股份有限公司	03142980.7	
53	记忆卡中 RTL 级的实时硬件测试平台及其测试方法	上海华园微电子技术有限公司	03129679.3	

（续表 2）

序号	专利名称	申请(专利权)人	申请(专利号)	备注
54	测试载板	矽统科技股份有限公司	03141053.7	
55	堆栈测试方法	上海华虹集成电路有限责任公司	03141481.8	
56	测试高速资料传输率的方法	钰创科技股份有限公司	03145709.6	
57	通信设备的误码自动测试装置及测试方法	华为技术有限公司	03141258.0	
58	射频指标测试方法	华为技术有限公司	03149499.4	
59	数字式自动测试系统	上海电气(集团)总公司研究中心	03129225.9	
60	数字显示深度知觉测试仪	天津师范大学	200410019220.5	
61	婴幼儿汽车椅手把推拉试验机及其测试方法	明门实业股份有限公司	03178583.2	
62	金属薄膜微桥的制造方法及其力学特性测试方法	上海交通大学	200410018009.1	
63	一种有机涂层防护性能测试加速方法	湖南大学	200410023171.2	
64	一种测试橡胶中纳米材料分散性的方法	上海工程技术大学	200410018279.2	
65	轴向柱塞泵配流副润滑特性的测试装置	浙江大学	200410018436.X	
66	轿车座椅滑道推松测试机	上海大学	200410018322.5	
67	一种藻毒素金标检测试纸盒及其制备方法	江苏省微生物研究所有限责任公司	200410014840.X	
68	精液乳酸脱氢酶X同工酶活性定量检测试剂	深圳华康生物医学工程有限公司	200410022452.6	
69	测试桥接电路的方法与装置	威盛电子股份有限公司	200410078544.6	
70	电脑生产线的测试工具集成系统及方法	英业达股份有限公司	03133096.7	
71	测试液晶显示装置的驱动电路的测试卡	旺矽科技股份有限公司	03150273.3	
72	基于流量的通信性能测试方法	华为技术有限公司	03132975.6	
73	一种判断智能业务测试覆盖率高低的方法	华为技术有限公司	03132978.0	
74	一种网络信令测试的方法	华为技术有限公司	03146154.9	
75	一种性能呼叫测试方法	华为技术有限公司	03144003.7	
76	一种数字用户线路的测试系统及测试方法	华为技术有限公司	03147382.2	
77	装配及测试一种电子模块的方法	佛姆费克托公司	02817938.2	国际申请
78	番茄溃疡病菌的检测基因及其检测试剂盒	南京农业大学	200410041287.9	
79	基于PLC的汽车空调压缩机性能测试台及测试方法	浙江大学	200410024915.2	
80	用于分析暴露测试中涂层的方法和系统	罗姆和哈斯公司	200410057522.1	
81	精浆锌检测试剂	深圳华康生物医学工程有限公司	200410040035.4	
82	含水多孔介质材料的传热性质和孔隙流动性质的测试装置	上海交通大学	200410025038.0	
83	氨分解率自动测试装置	上海交通大学	200410024888.9	
84	猪圆环病毒2型抗原或抗体检测试纸条	浙江大学	200410025288.4	
85	半导体外延片性能自动测试装置及其测试方法	华南师范大学	200410027605.6	
86	一种应用于系统级芯片测试中的芯核并行包装电路和方法	中国科学院计算技术研究所	200410047572.1	
87	基于运动控制的三维空间磁力及磁场分布测试装置	南京工业大学	200410044918.2	
88	以讯号产生器测试显示器的架构	胜华科技股份有限公司	200410038354.1	
89	具有一液晶盒测试结构的液晶显示面板及其制作方法	友达光电股份有限公司	200410048445.3	
90	记录测试程序的方法	英业达股份有限公司	03155810.0	
91	通信网络中移动台的GPS接收机测试系统及其测试方法	海信集团有限公司；青岛海信通信有限公司	200410024152.1	
92	CDMA基站接收指标测试的方法和装置	华为技术有限公司	03154293.X	

(续表 3)

序号	专利名称	申请(专利权)人	申请(专利号)	备注
93	一种复合型开关阵列及采用该阵列的支路设备测试方法	中兴通讯股份有限公司	200410046012.4	
94	语音业务交换设备的防吊死存活性测试方法	中兴通讯股份有限公司	200410046245.4	
95	数字电视二维扫频测试图卡及其生成方法	天津大学	200410019444.6	
96	数字电视复合测试图及其生成方法	天津大学	200410019445.0	
97	数字电视隔行扫描测试图及其生成方法	天津大学	200410019447.X	
98	数字电视清晰度和过扫描测试图及其生成方法	天津大学	200410019448.4	
99	指状测试器及其测试探针	德商·Atg 测试系统股份有限公司	02822468.X	国际申请
100	存储器测试	西门子公司	02822437.X	国际申请
101	显示装置、接收机以及测试设备	松下电器产业株式会社	02822264.4	国际申请
102	测试流体特性的装置和方法	田纳西科学公司	02821589.3	国际申请
103	测试系统及其控制方法	日本贝乐思公司;藤森进	03801377.0	国际申请
104	一种时钟占空比的测试方法及测试电路	华为技术有限公司	03150015.3	
105	用于装有熔丝的电路的节约保险丝的测试器	斯耐普昂技术公司	03152357.9	
106	半导体集成电路及其静电耐压测试方法与装置	松下电器产业株式会社	200410063396.0	
107	测试半导体器件的装置和方法	三星电子株式会社	200410069841.4	
108	校准测试装置测试频道之校准装置及测试系统	因芬尼昂技术股份公司	200410071689.3	
109	一种边界扫描测试的实现方法及装置	华为技术有限公司	03143906.3	
110	一种计算机电压拉偏和环境测试系统	联想(北京)有限公司	03149909.0	
111	测试方法、测试系统、及其程序	恩益禧电子股份有限公司	200410063685.0	
112	测试加工信息的交换方法	株式会社迪思科	200410060050.5	
113	有机电致发光板驱动电路及其驱动电流的属性测试方法	罗姆股份有限公司	200410071359.4	
114	光盘片夹钳磁性测试的方法	建兴电子科技股份有限公司	03150340.3	
115	一种 FLASH 内部单元测试方法	华为技术有限公司	03150012.9	
116	半导体电路及测试、监控及接近应用设定半导体电路之方法	因芬尼昂技术股份公司	200410055952.X	
117	用于测试待测电路单元的方法及用于实现其的电路结构	印芬龙科技股份有限公司	200410063343.9	
118	支持写缓冲的 FLASH 内部单元测试方法	华为技术有限公司	03150016.1	
119	用于单端线测试的方法和单端线测试设备	阿尔卡特公司	200410062315.5	
120	手机功能测试的自动简讯报告系统及方法	华冠通讯股份有限公司	03152304.8	
121	单个可分式电极以及自带的垫片有效性测试器	皇家飞利浦电子股份有限公司	02821824.8	国际申请
122	集成电路测试的预处理集成电路	皇家飞利浦电子股份有限公司	02822201.6	国际申请
123	疏松砂岩气田采气井油套管分层测试工艺及其设备	中国石油天然气股份有限公司	03150096.X	
124	一种电路板的边界扫描测试方法	华为技术有限公司	03149702.0	
125	CPU 卡芯片的测试方法	上海华园微电子技术有限公司	03142020.6	
126	使用漏电流的半导体测试设备和漏电流的补偿系统	三星电子株式会社	200410055978.4	
127	一种对 VLAN 用户进行动态测试的装置和方法	华为技术有限公司	03143778.8	
128	一种单板时钟快速测试方法	中兴通讯股份有限公司	200410038242.6	
129	测试插件	日本电子材料株式会社	200410048729.2	
130	半导体集成电路的测试装置	松下电器产业株式会社	200410006806.8	
131	测试硬盘驱动器的方法	三星电子株式会社	200410055082.6	

（续表 4）

序号	专利名称	申请(专利权)人	申请(专利号)	备注
132	利用单个计算机测试多个硬盘驱动器的设备和方法	三星电子株式会社	200410055083.0	
133	用于测试存储器件的方法	海力士半导体有限公司	200410068416.3	
134	测试衬底的回收方法和装置	应用材料公司	200410038324.0	
135	半导体测试处理器中放置半导体器件的装置	未来产业株式会社	03153237.3	
136	半导体组件测试方法及测试半导体组件之系统	因芬尼昂技术股份公司	200410045278.7	
137	器件测试设备和测试方法	夏普株式会社	200410046435.6	
138	通信系统回波特性的在线测试方法及测试系统	华为技术有限公司	03147372.5	
139	操作和测试晶片的装置和方法	伊来克格拉斯有限公司	02820884.6	国际申请
140	测试基片上电路	伊来克格拉斯有限公司	02820892.7	国际申请
141	可视显示器的测试、优化及调谐的方法及系统	美国仪表盘公司	02821235.5	国际申请
142	质量测试设备和方法	欧迪奥德弗股份公司	02821088.3	国际申请
143	可靠性评估测试装置、可靠性评估测试系统、接触器以及可靠性评估测试方法	东京毅力科创株式会社、株式会社东芝、IBIDEN股份有限公司	02821110.3	国际申请
144	地铁列车主回路综合测试可视化方法	上海交通大学	200410066215.X	
145	地铁列车主回路综合测试可视化系统	上海交通大学	200410066216.4	
146	飞秒激光器空间相干性测试装置	中国科学院上海光学精密机械研究所	200410054072.0	
147	石油含水率测试仪	中国科学院力学研究所	200410080275.7	
148	原位微区结构分析与性质测试联合系统	中国科学院物理研究所	200410070112.0	
149	模块化蓝光光存储性能测试装置	中国科学院上海光学精密机械研究所	200410066389.6	
150	一种溶菌酶检测试剂及其制备方法	上海市胸科医院	200410053801.0	
151	傅立叶红外光谱测试用高速升温样品池成套件	上海涂料有限公司	200410053422.1	
152	蛇形光纤传感器埋入与测试方法及其蛇形光纤传感器	西安科技大学	200410073021.2	
153	一种对流换热系数的测试方法及其对流换热系数传感器	北京航空航天大学	200410074334.X	
154	多根不同电缆快速测试的方法	上海电缆研究所、上海赛克力光电缆有限责任公司	200410052839.6	
155	纳电子器件性能测试用的器件结构及制备方法	中科院上海微系统与信息技术研究所	200410053566.7	
156	CMOS电路的闩锁效应测试方法	信息产业部电子第五研究所	200410051149.9	
157	多个测试端口的快速校准方法	上海电缆研究所、上海赛克力光电缆有限责任公司	200410052838.1	
158	光收发模块的运动测试方法及其测试系统	致伸科技股份有限公司	200410068757.0	
159	鼠标测试装置及其同时移动轨迹测试及按键测试的方法	致伸科技股份有限公司	200410088137.3	国际申请
160	模拟电缆地层测试器测试的方法	中海油田服务股份有限公司、石油大学(北京)	200410070916.0	国际申请
161	有自动测试功能的嵌入式系统教学设备及其方法	北京晨风兴业电子科技有限公司	200410080180.5	
162	测试夹具及其上盖	威盛电子股份有限公司	200410082592.2	
163	半导体激光器参数测试用填充液态导热媒质控温装置	长春理工大学	200410074308.7	
164	集成电路远程测试系统及其测试方法	中国电子产品可靠性与环境试验研究所	200410051645.4	
165	存储服务器性能综合测试系统	华中科技大学	200410060873.8	

(续表 5)

序号	专利名称	申请(专利权)人	申请(专利号)	备注
166	网络化数字通信矢量信号测试分析服务器、客户端及系统	深圳市中实科技有限公司	200410074666.8	
167	ADSL 线路参数的测试方法	新太科技股份有限公司	200410080905.0	
168	用于插座的线路内测试的方法和装置	英特尔公司	02823275.5	
169	一种体质体能自动测试装置	清华大学	03123069.5	
170	碱性磷酸酶检测试剂	上海申能-德赛诊断技术有限公司	03150819.7	
171	用于确定从凝血酶原时间测试条采集来的信号数据的可接受性的方法和系统	生命扫描有限公司	03132761.3	
172	改进型电化学生物感受器测试条	罗奇诊断公司	200410083463.5	
173	甲型流感病毒胶体金快速检测试纸	北京阿斯可来生物工程有限公司	03156523.9	
174	乙型流感病毒胶体金快速检测试纸	北京阿斯可来生物工程有限公司	03156524.7	
175	印刷电路板的电容器测试方法及装置	系新科技股份有限公司	03156337.6	
176	用于选择测试模式输出通道的测试布置及方法	印芬龙科技股份有限公司	200410068342.3	
177	测试伺服机时令测试者轻易辨识出测试程序种类的方法	英业达股份有限公司	03155905.0	
178	串行端口与调制解调器的整合测试方法	英业达股份有限公司	03157940.X	
179	半导体集成电路装置及其测试方法	松下电器产业株式会社	200410074129.3	
180	用于测试半导体存储器件的装置和方法	三星电子株式会社	200410057582.3	
181	串行端口与调制解调器的整合测试方法	英业达股份有限公司	03157940.X	
182	测试伺服机时令测试者轻易辨识出测试程序种类的方法	英业达股份有限公司	03155905.0	
183	半导体集成电路装置及其测试方法	松下电器产业株式会社	200410074129.3	
184	用于测试半导体存储器件的装置和方法	三星电子株式会社	200410057582.3	
185	单边埋入带式 DRAM 存储单元数组测试结构	因芬尼昂技术股份公司	200410068664.8	
186	测试插件其使用的测头	日本电子材料株式会社	200410058179.2	
187	单板老化环节的测试方法	华为技术有限公司	03155473.3	
188	一种电信增值业务综合测试系统和测试方法	中兴通讯股份有限公司	03140456.1	
189	一种测试语音质量的方法及装置	华为技术有限公司	03156510.7	
190	诊断互联网络交换电路的测试系统及装置	宏三科技股份有限公司	03155685.X	
191	岩体工程模型体内超声测试换能器	中国科学院地质与地球物理研究所	200410049651.6	
192	汽车电动助力转向系统仿真测试装置	华中科技大学	200410013398.9	
193	电磁阀流量及压力调节特性曲线的测试方法	浙江春晖智能控制股份有限公司	200410025698.9	
194	一种模拟煤炭自燃过程的绝热测试方法及其装置	中国矿业大学	200410041427.2	
195	精浆果糖酶法定量检测试剂	深圳华康生物医学工程有限公司	200410040245.3	
196	精浆柠檬酸定量检测试剂	深圳华康生物医学工程有限公司	200410040246.8	
197	致病性鳗弧菌的 PCR 快速检测试剂盒及其检测方法	中国科学院海洋研究所	03133939.5	
198	一种养路机械电子插件自动测试系统	株洲时代电子技术有限公司	200410045014.1	
199	测试电路及其测试方法	华为技术有限公司	03156560.3	
200	可变密度印刷电路板测试装置	联能科技(深圳)有限公司	200310112493.X	
201	一种多芯电缆自动测试方法和装置	哈尔滨工业大学	200410043677.X	
202	半导体装置的测试方法	松下电器产业株式会社	200410073743.8	
203	具有电路连接测试设计的显示面板	友达光电股份有限公司	03158449.7	
204	一种现场测试宽带码分多址移动通信系统解调性能的方法	华为技术有限公司	03156792.4	

(续表 6)

序号	专利名称	申请(专利权)人	申请(专利号)	备注
205	用于过滤系统中的过滤器的清洗效率测试方法和设备	泰特勒拉瓦股权公司及金融股份有限公司	02823695.5	
206	弹性膜片测试装置及分选仪	华北工学院分院	200410012467.4	
207	改进型电化学生物感受器测试条	罗奇诊断公司	200410055724.2	
208	集成电路中测试电容数组之装置及方法	因芬尼昂技术股份公司	200410078565.8	
209	测试电气开关装置系统	通用电气公司	200410057039.3	
210	测试无线人机输入装置的测试方法及无线人机输入装置	英群企业股份有限公司	03157139.5	
211	用于预烧测试器的分类处理器	未来产业株式会社	200410000887.0	
212	数字-模拟转换器的内置自我测试装置及方法	蔚华科技股份有限公司	03158506.X	
213	移动通信设备的测试装置	西门子(中国)有限公司	03157194.8	
214	同时测试各类通信系统的多个无线通信终端的设备和方法	安立股份有限公司	200410090178.6	
215	一种油田分层注水流量测试与调整方法	大庆油田有限责任公司	200410081195.3	
216	减振皮带轮性能测试试验台	武汉理工大学	200410061002.8	
217	一种测试可加工陶瓷剪切强度的方法	中国科学院金属研究所	03134052.0	
218	一种煤中氢含量的测试方法	长沙开元仪器有限公司	200410046810.7	
219	平面显示器的测试装置及其操作方法	统宝光电股份有限公司	03159480.8	
220	构造无故障屏蔽奇偶测试的扫描链和扫描森林的方法	清华大学	200410009678.2	
221	直流永磁电机参数及性能无负载的测试方法	哈尔滨工业大学	200410043934.X	
222	时钟精度的测试方法	华为技术有限公司	03134885.8	
223	测试存储模块的装置	因芬尼昂技术股份公司	200410011986.9	
224	一种基于脚本解释工具的自动化软件测试系统	中国工商银行	200410086041.3	
225	吸盘式太阳能电池测试平台控制装置及方法	云南半导体器件厂	200410064379.9	
226	印刷电路板测试接入点结构及其制造方法	安捷伦科技有限公司	200410080089.3	
227	从患有类风湿性关节炎的患者中检测自身抗体的方法、肽和检测试剂盒	技术科学基金会	02824647.0	
228	半导体封装器件及其制造和测试方法	自由度半导体公司	02824529.6	
229	测定送入桩承载性能的方法与测试装置	包尔机械有限公司	200410085217.3	
230	激振式测量系统性能测试试验台架	上海交通大学	200410068032.1	
231	一种摩托车防抱死制动系统附着力利用率测试装置及方法	中国嘉陵工业股份有限公司(集团)	200410081216.1	
232	微尺度迷宫型单元流道的制造及水力性能测试方法和装置	西安交通大学	200410073262.7	
233	热塑性高分子材料的膜/片检测试样热压机	天津大学	200410072558.7	
234	路面层间粘结强度测试仪	河南省高远公路养护设备有限公司	200410073207.8	
235	活塞环-缸套材料摩擦磨损性能测试装置	上海交通大学	200410068042.5	
236	水质总碱度测试剂	江西瑞祺科技贸易有限公司	200410088547.8	
237	水质氯离子测试剂	江西瑞祺科技贸易有限公司	200410088548.2	
238	水质总硬度测试剂	江西瑞祺科技贸易有限公司	200410088549.7	
239	化学物品自热危害测试装置	中国石油化工股份有限公司	200410036212.1	
240	单根一维纳米材料的测试电极及其制作方法	中国科学院物理研究所	200410091457.4	
241	改进型电化学生物感受器测试条	罗奇诊断公司	200410083449.5	
242	桔霉素免疫层析检测试纸的制作方法与应用	江西中德生物工程有限公司	03135011.9	

(续表7)

序号	专利名称	申请(专利权)人	申请(专利号)	备注
243	展青霉素免疫层析检测试纸的制作方法与应用	江西中德生物工程有限公司	03160299.1	
244	电流互感器励磁特性测试系统	上海交通大学	200410067566.2	
245	构造具有低测试功耗的两级扫描测试结构的方法	清华大学	200410088881.3	
246	液晶显示面板及其测试方法	友达光电股份有限公司	200410094679.1	
247	具静电储存装置之测试装置及测试方法	因芬尼昂技术股份公司	200410085137.8	
248	模拟电路图形评估方法、半导体集成电路的制造方法、测试衬底以及测试衬底组	株式会社东芝	200410074199.9	
249	处理试样以提取用于基于液体和基于载片的测试的标本的自动系统和方法	蒙诺根有限公司	02825345.0	国际申请
250	用于集成电路测试的基于微处理器的探针	皇家飞利浦电子股份有限公司	02825266.7	国际申请
251	一种复合材料增强体浸润特性的测试方法及测试仪器	北京航空航天大学	200410096187.6	
252	荧光光谱仪外设组合试样库发光性能的测试方法及装置	北京大学	200410096495.9	
253	经过电路组件连接器的电学通路连续性的测试方法和装置	安捷伦科技有限公司	200410058467.8	
254	用于使测试器与被测试器件接口的适配器方法和装置	安捷伦科技有限公司	200410034788.4	
255	进行多功能测试的测试卡	美国凹凸微系有限公司	200410032812.0	
256	接收机模拟通道选择性性能的测试方法	华为技术有限公司	200310101901.1	
257	一种测试系统及方法	华为技术有限公司	200310101903.0	
258	端到端投入业务测试系统和方法	中国电信集团公司	200310100221.8	
259	用于测试书写工具的方法	比克公司	02825621.2	
260	测试光纤的方法	莫列斯公司	02825600.X	国际申请
261	用于变压器测试的自动测试序列编辑器和引擎	ABB公司	02825715.4	国际申请
262	脑电心理测试仪	北京新科永创科技有限公司、中国科学院自动化研究所	200310100622.3	
263	通用开放式电路板测试夹具	中国人民解放军总参谋部第54所	200310100278.8	
264	半导体组件测试方法及半导体组件测试系统	因芬尼昂技术股份公司	200410061687.6	
265	用于比较一测试指纹与一已储存参考指纹的装置和方法	因芬尼昂技术股份公司	200410076980.X	
266	设定集成内存测试模式电压供应之电路装置	因芬尼昂技术股份公司	200410085197.X	
267	宽带码分多址系统随机接入信道现场测试系统及其方法	华为技术有限公司	200310101111.3	
268	移动通信系统的现场测试装置及其方法	华为技术有限公司	200310104536.X	
269	用于多个元件之间通信的系统和方法以及用于配置和测试该系统的方法	维特赛半导体公司	02826088.0	
270	测试用插座	日本发条株式会社	02826259.X	国际申请
271	大型高速动平衡机摆架动刚度测试系统	上海交通大学	200410084549.X	
272	一种泥浆正脉冲发生器的测试设备	中国海洋石油总公司、中海油田服务股份有限公司	200410090874.7	
273	岩土体抗剪强度的现场测试方法及其装置	中国科学院力学研究所	200310102210.3	
274	化学纤维热收缩率的图像测试方法及其测试装置	上海利浦应用科学技术研究所	200410084408.8	
275	电磁阀响应时间和漏泄程度自动化测试方法及装置	深圳迈瑞生物医疗电子股份有限公司	200410051363.4	

(续表 8)

序号	专利名称	申请(专利权)人	申请(专利号)	备注
276	电磁继电器静态特性测试分析装置	哈尔滨工业大学	200410044043.6	
277	数据测试系统及方法	英业达股份有限公司	200310102332.2	
278	一种计算机外围设备接口的测试方法	英业达股份有限公司	200310102799.7	
279	隔离型炮膛压力测试系统及测试方法	华北工学院	200410012593.X	
280	隔离型炮膛压力测试装置	华北工学院	200410012594.4	
281	驱动器测试方法和驱动器测试程序	株式会社东芝	200410068628.1	
282	桥接与连续性测试的测试式样	上海宏力半导体制造有限公司	200310108059.4	
283	微机械芯片测试探卡及制造方法	中国科学院上海微系统与信息技术研究所	200410067931.X	
284	印刷电路板布局图出图前的测试点的检查方法	明基电通股份有限公司	200310104323.7	
285	用于测试片的光学测量装置	奎德尔股份有限公司	02826424.X	国际申请
286	用于电子电路的优化并行测试和访问的方法及设备	英特泰克公司	02802313.7	国际申请
287	响应加密请求消息向网络传递移动台操作和自我性能测试结果	诺基亚有限公司	02826476.2	国际申请
288	便携式制动性能测试仪	上海西派埃自动化仪表工程有限责任公司	200310108237.3	
289	PVX 云南分离物 TAS-ELISA 检测试剂盒及其制备方法	云南省农业科学院、红河卷烟厂;浙江大学	200410033666.3	
290	PVY 云南分离物 TAS-ELISA 检测试剂盒及其制备方法	云南省农业科学院、红河卷烟厂;浙江大学	200410033667.8	
291	CMV 云南分离物 TAS-ELISA 检测试剂盒及其制备方法	云南省农业科学院、红河卷烟厂;浙江大学	200410033664.4	
292	番茄花叶病毒云南分离物 TAS-ELISA 检测试剂盒及其制备方法	云南省农业科学院生物技术研究所	200410033665.9	
293	甘蔗花叶病毒云南分离物 TAS-ELISA 检测试剂盒及其制备方法	云南省农业科学院生物技术研究所	200410033668.2	
294	烟草花叶病毒云南分离物 TAS-ELISA 检测试剂盒及其制备方法	云南省农业科学院、红河卷烟厂、浙江大学	200410033669.7	
295	薄膜晶体管显示器数组的测试电路及方法	浩威科技有限公司	200310103118.9	
296	集成电路测试系统	柏晶科技股份有限公司	200310103910.4	
297	键控板测试装置	深圳创维-RGB 电子有限公司	200310110828.4	
298	用于在测试低压非易失性存储器时提高编程速度的双模式高压电	爱特梅尔股份有限公司	02826731.1	
299	膝关节交叉韧带张力测试仪	中国人民解放军第三军医大学第一附属医院	200410098575.8	
300	液环法节流机构制冷剂质量流量特性测试装置	上海交通大学	200410084560.6	
301	爆炸冲击波余压模拟测试方法及其装置	常州市汇丰船舶附件制造有限公司	200410065499.0	
302	电化学式感测试片的结构与制程	华广生技股份有限公司	200310114220.9	
303	电磁继电器动态特性的测试方法	哈尔滨工业大学	200410043965.5	
304	测试掩模结构	南亚科技股份有限公司	200310114868.6	
305	重启动卡及其决定测试重启动机制时机的方法	威盛电子股份有限公司	200410091091.0	
306	ADSL 线路横排、直排多线测试电缆	深圳市成博数码科技发展有限公司	200310112043.0	
307	一种时延测试的实现方法	华为技术有限公司	200310114019.0	
308	一种码分多址系统大话务量测试系统及方法	华为技术有限公司	200310114022.2	

(续表9)

序号	专利名称	申请(专利权)人	申请(专利号)	备注
309	扬声器单元测试方法和测试障板	南京大学	200410065508.6	
310	毒性测试	西英格兰布里斯脱大学	03802197.8	国际申请
311	柔性测试头接口	因泰斯特IP公司	02827417.2	
312	继电器自动测试系统	江西洪都航空工业集团有限责任公司	200410060893.5	
313	用于测试液晶显示器件的装置及其测试方法	LG.菲利浦LCD株式会社	200410088669.7	
314	自恢复保险丝动作时间测试器	浙江大学	200410084500.4	
315	单相交流串励整流子电机无耦合性能测试系统及其方法	哈尔滨工业大学	200410044092.X	
316	一种在Python中实现API钩子测试的方法	华为技术有限公司	200310113627.X	
317	一种对FLASH内部单元进行测试的方法	华为技术有限公司	200310113628.4	
318	浅沟槽填洞的测试图案层	台湾积体电路制造股份有限公司	200410088483.1	
319	模拟数字转换器的内建自我测试装置及方法	蔚华科技股份有限公司	200310114299.5	
320	用于无线通讯装置的批次测试系统及方法	智邦科技股份有限公司	200310116394.9	
321	隐藏带测试模式的图像传感器中的缺陷像素的方法	金显股、马格纳奇普半导体有限公司	200410074926.1	
322	具有多个时钟域的电路的测试	皇家飞利浦电子股份有限公司	02827594.2	国际申请
323	具有时间戳系统的紧凑的自动测试设备	泰拉丁公司	02828015.6	国际申请
324	测试电子装置用电接触元件的制造方法及所制得的电接触元件	飞而康公司	02827759.7	国际申请
325	连接和测试粗波分多路复用光纤系统接口的方法	模式转换系统有限公司	02827763.5	国际申请
326	测试包置于一数据通讯网路上的方法和装置	阿派伦特网络股份有限公司	02827972.7	国际申请
327	在无线数据通信系统内测试话务和辅助信道的方法和装置	高通股份有限公司	02827959.X	国际申请
328	全球定位系统与道路的试验测试装置	天津汽车检测中心;陈弘	200410020374.6	
329	块状高温超导体磁悬浮力测量装置及测试方法	北京有色金属研究总院	200310115111.9	
330	一种用于非金属材料拉伸力学性能测试的拉伸夹具	中国科学院理化技术研究所	200310113373.1	
331	用于楔块沉陷较浅或没有楔块沉陷的电气设备的测试探针	通用电气公司	200410095700.X	
332	具有透湿窗的铜互连线可靠性测量的测试图案及其制造方法	海力士半导体有限公司	200410090793.7	
333	一种边界扫描测试控制器及边界扫描测试方法	华为技术有限公司	200310115353.8	
334	一种外围互连线的测试方法	华为技术有限公司	200310115355.7	
335	一种用于测试芯片的虚级联延时对齐特性的系统及方法	华为技术有限公司	200310116724.4	
336	半导体装置以及半导体装置的测试方法	株式会社瑞萨科技	200410092253.2	
337	镭射测距装置的测试方法	亚洲光学股份有限公司	200310117909.7	
338	一种多端口存储器的测试方法	华为技术有限公司	200310115354.2	
339	存储单元信号窗测试设备	因芬奈昂技术股份有限公司	200410056336.6	
340	测试集成芯片之测试系统及测试系统之转接器组件	因芬尼昂技术股份公司	200410049051.X	
341	锡球剪力测试装置	台湾积体电路制造股份有限公司	200410091329.X	
342	一种单板测试方法	华为技术有限公司	200310116770.4	
343	无线电模块测试机及利用其进行无线电模块测试的方法	达方电子股份有限公司	200310118070.9	

（续表 10）

序号	专利名称	申请(专利权)人	申请(专利号)	备注
344	多模式同步存储器及其操作和测试方法	微米技术有限公司	02828299.X	国际申请
345	胆固醇脱氢酶的稳定方法、含胆固醇脱氢酶的组合物以及胆固醇检测试剂	希森美康株式会社	200410097302.1	
346	棉、毛纤维色度和长度的扫描式测试方法及系统	东华大学	200410093212.5	
347	测试光学模块的装置与方法	明基电通股份有限公司	200310117956.1	
348	天线测试方法	富士康（昆山）电脑接插件有限公司、鸿海精密工业股份有限公司	200310106494.3 200410090091.9	
349	扫描仪线性测试器	三星电子株式会社		
350	电脑装置之电源状态自动测试方法	顺德市顺达电脑厂有限公司、神基科技股份有限公司	200310112246.X	
351	一种测试数字视频编解码系统信噪比的方法	武汉大学	200410061321.9	
352	一种对视频编解码系统的视频帧率进行测试的方法	武汉大学	200410061323.8	
353	测试系统及其功能检验方法	约翰尼斯海登海恩博士股份有限公司	03802650.3	国际申请
354	在自—测试和扫描—测试期间检测或查找交叉时钟域故障的多—捕获为测试而设计的系统	美国华腾科技股份有限公司	02804826.1	
355	可变测试物体以及可变测试物体的保持架	美特诺姆股份公司	200410098342.8	
356	一种测试试验器件的方法	华为技术有限公司	200310120069.X	
357	鼻咽组织特异性基因编码蛋白的检测试剂盒、制备及其应用	中南大学肿瘤研究所	200410047032.3	
358	一种能测试各类电器遥控器功能的方法和装置	深圳创维-RGB 电子有限公司	200310111125.3	
359	半导体器件及其测试方法	株式会社瑞萨科技	200410098314.6	
360	语音质量测试方法及系统	华为技术有限公司	200310116929.2	
361	测试方法及系统	华为技术有限公司	200310116961.0	
362	设备间的互通性测试方法及系统	华为技术有限公司	200310117134.3	
363	一种用于数字用户线接入模块核心板的测试方法	中兴通讯股份有限公司	200310118887.6	
364	协议测试方法	华为技术有限公司	200310116928.8	
365	一种数字用户线设备单板测试装置	中兴通讯股份有限公司	200310116865.6	
366	具有存储器器件的集成电路及用于测试该集成电路的方法	因芬奈昂技术股份有限公司	02828961.7	国际申请
367	具有集成测试电路的数模转换器	奥地利微系统股份公司	02828954.4	国际申请
368	检测乙型肝炎病毒的 PCR 引物组，使用该引物组检测乙型肝炎的方法以及包含该引物组的乙肝病毒检测试剂盒	三星电子株式会社	200410056576.6	
369	梅毒抗体与乙型肝炎表面抗原胶体金法联合检测试剂	深圳益生堂生物企业有限公司	200310112559.5	
370	电路板测试机构	华硕电脑股份有限公司	200310122552.1	
371	高压分配器在真空状态下测试电阻值的方法	上海永新彩色显像管股份有限公司	200310109316.6	
372	半导体集成电路验证方法和测试模式准备方法	松下电器产业株式会社	200410098550.8	
373	用于测试具有 TMR 元件的磁头的方法和设备	株式会社东芝	200410095842.6	
374	一种芯片内建电可擦除存储器的测试模块及其测试方法	上海华虹 NEC 电子有限公司	200310109228.6	
375	网络通信中测试用户线路的系统及其方法	华为技术有限公司	200310123620.6	
376	无线电发射机测试方法、无线电发射机和基站	诺基亚公司	200410086115.3	
377	利用便携式信息终端测试其自身摄像装置的方法	上海迪比特实业有限公司	200310109244.5	

(续表 11)

序号	专利名称	申请(专利权)人	申请(专利号)	备注
278	用于测试具有辅助定位能力的装置的方法和设备	高通股份有限公司	03803291.0	国际申请
379	测试晶片和用于勘测静电放电感应的晶片缺陷的方法	杜邦光掩公司	03803435.2	
380	一种直接测试粉末压制过程中侧压力的方法及其装置	华南理工大学	200410077524.7	
381	用电子成像手段实现的稳像望远镜测试方法及装置	浙江大学	200410073515.0	
382	水泥基材料抗裂性能测试诱导开裂法及其装置	福州大学	200410061492.1	国际申请
383	毒品多合一联合检测试剂盒，其制备工艺,及其封闭试剂	上海美康生物工程有限公司	200410099301.0	
384	芯片管脚开/短路测试机及其方法	威宇科技测试封装有限公司	200310122632.7	
385	三维空间磁场与磁力测试装置	陕西师范大学	200410073501.9	
386	软件接口测试方法	联想(北京)有限公司	200310121900.3	
387	显示卡超频使用的测试方法及显示卡系统	大众电脑股份有限公司	200310123057.2	
388	一种接口测试响应设备	北京中星微电子有限公司	200410102977.0	
389	芯片同步时钟的测试方法及可同步测试时钟功能的芯片	威盛电子股份有限公司	200410090488.8	
390	一种时钟信号测试方法及装置	华为技术有限公司	200310121075.7	
391	可携式电子装置的测试系统与方法	广达电脑股份有限公司	200310123517.1	
392	一种非对称数字用户线测试系统	华为技术有限公司	200310121076.1	
393	一种用户识别模块工具套件卡的兼容性测试方法及系统	大唐微电子技术有限公司	200410103981.9	
394	半导体器件及其测试方法	株式会社日立制作所、日立超大规模集成电路系统株式会社	01822986.7	国际申请
395	金属中气体测试仪加热炉废气处理方法及其改进设备	北京有色金属研究总院	200310116075.8	
396	结核分枝杆菌耐药基因检测试剂盒及其制备方法	中国人民解放军第三0九医院	200410083826.5	
397	用于薄膜材料拉伸力学性能测试的拉伸夹具	中国科学院理化技术研究所	200310113091.1	
398	一种接地电阻的测试电路及测试方法	深圳市康普盾电子科技有限公司	200410077534.0	
399	双卢瑟福横向双扩散场效应晶体管导通电阻的测试电路	上海贝岭股份有限公司	200310122095.6	
400	中央处理器温度自动测试系统及方法	鸿富锦精密工业(深圳)有限公司、鸿海精密工业股份有限公司	200310117690.0	
401	跨平台的计算机测试系统及方法	英业达股份有限公司	200310124389.2	
402	基于硬件级的测试脚本自动生成系统及方法	英业达股份有限公司	200310124388.8	
403	测试品出货操作系统及方法	鸿富锦精密工业(深圳)有限公司、鸿海精密工业股份有限公司	200310117700.0	
404	测试一光盘片的临界写入功率的方法及相关光驱	明基电通股份有限公司	200310124729.1	
405	晶片金属互连线可靠性在线测试方法	中芯国际集成电路制造(上海)有限公司	200310121636.3	
406	用做测试装置的多金属层 SRAM 存储器	中芯国际集成电路制造(上海)有限公司	200310122972.X	
407	一种利用组合图像测试数字摄像设备的方法	上海迪比特实业有限公司	200310122936.3	
408	包括腭部测试器和鼻部测试器的装置	洛格米特里克斯公司	01803212.5	
409	细小病毒 B19 的诊断测试	希龙公司	02812816.8	
410	使用自相关的随机性测试	皇家飞利浦电子股份有限公司	03804263.0	国际申请
411	用于评价凹陷和/或空穴的产量影响的测试结构和模型	PDF 技术公司	02821482.X	国际申请

（续表 12）

序号	专利名称	申请(专利权)人	申请(专利号)	备注
412	用于确定妇产科并发症风险率的酶活性和pH测试方法	尤尼拜尔有限公司	200410080999.1	国际申请
413	用于检测副溶血弧菌的耐热性溶血素相关溶血素基因的检测试剂	东曹株式会社	200410090525.5	
414	用于检测副溶血弧菌的耐热性溶血素基因的检测试剂	东曹株式会社	200410090526.X	
415	光栅补丁装置、光刻设备、测试方法、器件制造方法	ASML 荷兰有限公司;ASML 控股有限公司	200410082146.1	国际申请
416	一种通用 FIFO 接口测试设备和系统	中国科学院空间科学与应用研究中心	200410071173.9	
417	使用存储器仿真模块的嵌入式微计算机单元及其测试方法	三星电子株式会社	200510003973.1	
418	具有高级测试模式的半导体存储装置	海力士半导体有限公司	200410088681.8	
419	摄像元件测试方法及装置	富士通株式会社	200410103607.9	
420	样品测试装置	迅捷医疗诊断公司	03804627.X	国际申请
421	测试装置	DSMIP 资产有限公司	02803703.0	国际申请
422	测试探针对准设备	电子科学工业公司	03804731.4	国际申请
423	用于创建并且测试具有内设的自测试的信道译码器的方法和设备	皇家菲利浦电子有限公司	01804570.7	国际申请
424	具有测试电路的集成电路	皇家飞利浦电子股份有限公司	03804878.7	国际申请
423	非易失存储器测试结构和方法	皇家飞利浦电子股份有限公司	03804606.7	国际申请
424	各种数字用户环路连接器的金属测试入口	泰科电子雷伊化学公司	03804459.5	国际申请
425	一种用短串联重复序列位点等位基因阶梯的个体识别 DNA 鉴定方法及其检测试剂盒	上海申友健海生物技术有限责任公司、司法部司法鉴定科学技术研究所	200410025157.6	
526	一种测试地埋管换热器换热能力的新方法及专用测试装置	天津中冷暖通洁净工程技术有限公司	200410072380.6	
427	一种高灵敏度水泥浆体流动性测试装置及方法	武汉理工大学	200510018168.6	
428	有机漆膜防蚀性能测试方法	湖南大学	200510031198.0	
429	快速检测镀铬层耐蚀性的测试液及其方法	浙江四方集团公司	200510048993.0	
430	微摩擦测试装置	上海交通大学	200510023642.4	
431	裂缝出现时间自动测试方法、装置及其应用	福州大学	200410061493.6	
432	一种水泥基材料开裂及收缩性能的测试装置和方法	武汉理工大学	200510018137.0	
433	用荧光稀土纳米颗粒作为标记物的免疫层析方法及其检测试纸条	厦门大学	200510052292.4	
434	蛋白质羰基含量检测试剂盒	华中师范大学	200510018152.5	
435	测试包含快速周边组件互连装置的主机板的方法及装置	威盛电子股份有限公司	200510009354.3	
436	半导体器件的测试图案及利用其的测试方法	三星电子株式会社	200510003873.9	
437	集成光电二极管的微波探针测试装置	东南大学	200510038213.4	
438	一种测试音视频编解码系统音视频失步的方法	武汉大学	200410061320.4	
439	用于证实遗传身份的方法和测试试剂盒	波里尔植物培育有限公司	03807665.9	国际申请
440	通过装入的散热片和测试层确定抽真空绝热板(真空板)内的气体压力	瓦克技术股份公司	03807821.X	国际申请
441	敏感性免疫色原图像测试	反应生物医学公司	03808096.6	国际申请
442	测试头定位器系统	因泰斯特 IP 公司	03808550.X	国际申请
443	具有易于更换的接口单元的半导体测试系统	泰拉丁公司	03808609.3	国际申请

(续表 13)

序号	专利名称	申请(专利权)人	申请(专利号)	备注
444	哈达玛特变换在线随机性测试	皇家飞利浦电子股份有限公司	03808451.1	国际申请
445	间隙直方图在线随机性测试	皇家飞利浦电子股份有限公司	03808907.6	国际申请
446	在条件性访问系统中测试内容	皇家飞利浦电子股份有限公司	03808492.9	国际申请
447	涂层与基体的高结合强度测试方法	北京有色金属研究总院	200310121122.8	
448	一种绝缘抗电测试方法	江西洪都航空工业集团有限责任公司	200410060896.9	
449	高压输电线路工频参数测试仪及测试方法	江苏省电力公司南京供电公司、上海思源电气股份有限公司	200410041783.4	
450	内存电源调节测试装置	联想(北京)有限公司	200310121218.4	
451	计算机稳定性测试系统及方法	联想(北京)有限公司	200310121408.6	
452	半导体装置测试装置、测试系统及测试方法	因芬尼昂技术股份公司	200310120686.X	
453	资料同步系统的验证与测试方法及装置	财团法人资讯工业策进会	200310123334.X	
454	用于在增值网业务中测试差别业务的系统和方法	国际商业机器公司	200410095011.9	
455	用于测试电子器件的方法和装置	英特尔公司	03803713.0	国际申请
456	用于测试分组交换蜂窝无线网络的设备	瓦利迪塔斯公司	03803600.2	国际申请
457	车辆稳定性控制系统及轮胎测试系统	米其林研究和技术股份有限公司、米其林技术公司	200510002353.6	
458	精浆中性α-葡糖苷酶定量检测试剂、试剂盒及制备方法	深圳华康生物医学工程有限公司	200410015199.1	
459	多媒体录放装置的测试方法	威盛电子股份有限公司	200410002809.4	
460	印刷电路板检修测试记忆装置	顺德市顺达电脑厂有限公司、神基科技股份有限公司	200410015047.1	
461	高压放电测试仪的控制方法及装置	深圳创维-RGB电子有限公司	200410015197.2	
462	半导体集成电路的测试方法和半导体集成电路	松下电器产业株式会社	200410102426.4	
463	一种整车控制器仿真测试系统	清华大学	200510011107.7	
464	一种对带键盘电子产品的功能测试方法及测试系统	北京北阳电子技术有限公司、凌阳科技股份有限公司	200410000336.4	
465	计算机接口测试工具及其测试方法	英业达股份有限公司	200410000658.9	
466	单机红外线自我测试的系统及其方法	英业达股份有限公司	200410001577.0	
467	键盘的测试方法	顺德市顺达电脑厂有限公司	200410015147.4	
468	一种软件的单元测试方法	华为技术有限公司	200410002352.7	
469	验证测试用ROM的方法	上海华虹集成电路有限责任公司	200410015919.4	
470	电子封装测试结果的标记方法	自由度半导体公司	200410001541.2	
471	一种调制解调器自动化测试方法及其测试系统	中兴通讯股份有限公司	200410000713.4	
472	用以测试红外线功能的治具及方法	英业达股份有限公司	200410000716.8	
473	异步传输模式反向复用的测试方法及设备	华为技术有限公司	200410002139.6	
474	具有自播种测试功能的多功能样式发生器和比较器	安捷伦科技有限公司	200510002061.2	
475	用于评估生物活性物质与共聚物的相容性的测试体系	阿伯特有限及两合公司	03807094.4	国际申请
476	测试图案、几何特性解析系统、几何特性解析方法、打印机、喷墨打印机	奥林巴斯株式会社	03807263.7	国际申请
477	用于清洗测试探针的设备和方法	佛姆费克托公司	03806365.4	国际申请
478	用于测量减重过程中脂肪损耗的方法和测试条	环球健康检查股份有限公司	03807223.8	国际申请
479	用于测试陶瓷表面贴装元件及其它电子元件的接触器组合装置	陶瓷元件技术公司	03805738.7	国际申请
480	受测试集成电路的预测性自适应电源	佛姆费克托公司	03806458.8	国际申请

(续表 14)

序号	专利名称	申请(专利权)人	申请(专利号)	备注
481	间隙平均在线随机性测试	皇家飞利浦电子股份有限公司	03806858.3	国际申请
482	单比特游程频率的在线随机性测试	皇家飞利浦电子股份有限公司	03806860.5	国际申请
483	函数间隙平均在线随机性测试	皇家飞利浦电子股份有限公司	03806861.3	国际申请
484	微型摄像模组光学测试方法及装置	沈阳敏像科技有限公司	200510045842.X	
485	一种钼酸根离子和亚硝酸根离子浓度测试卡及其制备方法	武汉科技大学	200510018214.2	
486	光点扫描式光盘存储材料动态测试系统	中国科学院上海光学精密机械研究所	200410099144.3	
487	器件封装及其制造和测试方法	罗姆和哈斯电子材料有限责任公司	200410082074.0	
488	用于自动测试设备的绝缘硅通道结构	泰拉丁公司	200510004262.6	
489	高频率多自由度振动测试机	团队有限公司	03809374.X	国际申请
490	用于测定复合生物介质中瞬时蛋白水解活性浓度的诊断测试	瑟纳普斯有限责任公司	03809938.1	国际申请
491	用于测试电路板的设备和方法以及用于该设备和方法的测试探头	德商·Atg 测试系统股份有限公司	03810114.9	国际申请
492	用于安全扫描测试的方法和装置	飞思卡尔半导体公司	03809935.7	国际申请
493	用于自动测试系统中的时钟编程技术	泰拉丁公司	03809349.9	国际申请
494	线复制测试设备的后端	PDF 技术公司	03809434.7	国际申请
495	用于仿真无线环境的测试系统及其使用方法	阿兹穆斯网络公司	03810123.8	
496	防护具高速粒子冲击测试仪检测装置	上海大学	200410093006.4	
497	具有全谱定标、监测和控制的加速老化测试设备	阿特拉斯材料测试技术有限责任公司	200510007816.8	
498	一种纤维织物面外渗透率的测试方法	天津工业大学	200510016231.2	
499	用于补偿测试温度偏差的方法	未来产业株式会社	200410095610.0	
500	半导体存储器件和半导体存储器件的测试方法	夏普株式会社	200510007874.0	
501	血样的测试	国际商业机器公司	01823418.6	国际申请
502	用于分析测试样本并且用于提供相应的分析数据的设备	恩德莱斯和豪瑟尔分析仪表两合公司	03810375.3	国际申请
503	半导体圆片测试用高性能探针系统	佛姆费克托公司	03810397.4	国际申请
504	测试系统及方法	克莱登斯系统公司	03810861.5	国际申请
505	测试数字模块系统	因芬尼昂技术股份公司	03810936.0	国际申请
506	有多个指令存储器的测试器系统	尼佩泰斯特公司	03810441.5	国际申请
507	有多用途存储器的测试器系统	尼佩泰斯特公司	03810443.1	国际申请
508	用图像匹配和相移干涉测试微结构三维运动的系统与方法	天津大学	200510016255.8	
509	采用加权扫描选通信号的基于扫描的自测试结构及方法	清华大学	200510011382.9	
510	器件封装及其制造和测试方法	罗姆和哈斯电子材料有限责任公司	200410082073.6	
511	用于经由单个测试访问端口访问多个测试访问端口的方法与控制电路	飞思卡尔半导体公司	03812402.5	国际申请
512	用于动态压力测试物体的设备和方法	通用电气公司	200510008305.8	国际申请
513	大型基材测试系统	应用材料股份有限公司	03811722.3	
514	汽车机油泵通用特性的自动测试方法	上海交通大学	200510024578.1	
515	一种水氧渗透率的测试方法及其测试设备	清华大学、北京维信诺科技有限公司	200510051425.6	
516	表面等离子体共振与表面增强拉曼联合光谱测试仪	吉林大学	200510016622.4	
517	制备测试拉曼光谱银溶胶的方法	南京师范大学	200510037832.1	
518	贮氢材料性能测试计算机控制设备	中国科学院金属研究所	200510045960.0	

（续表 15）

序号	专利名称	申请(专利权)人	申请(专利号)	备注
519	测试电子部件的装置和方法	皇家飞利浦电子股份有限公司	03812743.1	国际申请
520	连接器、电子零件安装装置以及测试装置	株式会社爱德万测试	03813583.3	国际申请
521	带有在 I/O 监视内部计时控制信号的测试模式的半导体存储器器件	株式会社东芝;英芬能技术公司	03813020.3	国际申请
522	一种绝缘脉冲耐电强度测试装置	西安交通大学	200410073133.8	国际申请
523	自动诊断听力测试	泰姆珀尼公司	03814628.2	国际申请
524	用于测定分析物的测试条及使用方法	艾康实验室公司	03813861.1	国际申请
525	用于生产良率晶粒的测试方法	佛姆费克托公司	03814103.5	国际申请
526	用于电子设备的预烧测试的系统	雅赫测试系统公司	03814732.7	国际申请
527	电致迁移测试装置及电致迁移测试方法	因芬尼昂技术股份公司	03814804.8	国际申请
528	用于盘驱动单元的安装设备、可释放紧固器和测试盘驱动单元的方法	克西拉特克斯技术有限公司	03814032.2	国际申请
529	由无线收发器发送的测试信号的传输精度的确定	皇家飞利浦电子股份有限公司	03814318.6	国际申请
530	遥控测试样本的方法和装置	西门子公司	03814941.9	国际申请
531	汽车机油泵压力波动的自动测试方法	上海交通大学	200510024577.7	
532	动态高温高压电化学测试实验装置	北京科技大学	200510011477.0	
533	基于二分法的电路连线导通测试方法	中国人民解放军国防科学技术大学	200510031392.9	
534	测试高强度放电灯电弧参数的方法	广东雪莱特光电科技股份有限公司	200510033472.8	
535	在基于分组的网络中测试传输质量	西门子公司	03815781.0	国际申请
536	具有测试单元的电子电路	皇家飞利浦电子股份有限公司	03815755.1	国际申请
537	MEMS 圆片或器件的动态测试加载装置	华中科技大学	200510018470.1	
538	一种测试真菌产孢培养条件的方法	中国科学院微生物研究所	200410008478.5	
539	主机板功能测试板	鸿富锦精密工业(深圳)有限公司、鸿海精密工业股份有限公司	200410026465.0	
540	芯片测试方法及相关装置	威盛电子股份有限公司	200510067248.0	
541	主机板功能测试板	鸿富锦精密工业(深圳)有限公司、鸿海精密工业股份有限公司	200410026517.4	
542	带有存储器的半导体器件和存储器测试的方法	株式会社东芝	200510062803.0	
543	植物核苷酸糖焦磷酸酶/磷酸二酯酶(NPP酶)、及其生产方法、在制造测试装置中的用途、和在生产转基因植物中的应用	纳瓦拉公立大学、科学研究高等机关	03817056.6	国际申请
544	测试腹膜功能的方法	株式会社 JMS	03816295.4	国际申请
545	一种将测试部件电连接到测试机以对测试部件上的电子线路进行测试的装置	雅赫测试系统公司	03816675.5	国际申请
546	用于测试集成电路的探测器板	赛普雷斯半导体公司	03816695.X	国际申请
547	用于测试具有智能卡阅读器的装置的方法和测试适配器	汤姆森特许公司	03817225.9	国际申请
548	地层测试器仿真装置	中海油田服务股份有限公司、石油大学(北京)	200410008759.0	
549	用于半导体器件测试处理器的传送器组件	未来产业株式会社	200410008934.6	
550	显示器自动化流程测试调整方法	巨博科技有限公司	200410039950.1	
551	测试装置、测试方法和计算机程序	索尼株式会社	200510059429.9	
552	冶金产品表面涂层特性的在线测试方法和设备	尤辛诺公司	03818492.3	国际申请
553	液晶显示面板测试装置及方法			
554	荧光标记细胞凝集素探针赤潮生物检测试剂盒及其检测方法	力特光电科技股份有限公司、厦门大学	200410006294.5 200510067183.X	

(续表16)

序号	专利名称	申请(专利权)人	申请(专利号)	备注
555	一种热防护服装或织物的热防护性能测试装置	东华大学	200510024922.7	
556	一种黄曲霉毒素B1金标检测试纸盒及其制备方法	江苏省微生物研究所有限责任公司	200510038864.3	
557	柔性测试电缆	摩托罗拉公司	200510055962.8	
558	多功能电缆测试仪	联想(北京)有限公司	200410031701.8	
559	操作测试振动液位开关传感器的方法和相应振动液位开关	VEGA格里沙贝两合公司	200510059168.0	
560	测试仪器的无线接口系统	哈尔滨工业大学	200510009884.8	
561	数字用户线路的测试方法及局端宽带设备	华为技术有限公司	200410039878.2	
562	用于发光面板中的微元件的设计、制造、测试和检验	科学应用国际公司	03819344.2	国际申请
563	一种定量PCR检测试剂盒及用于检测副溶血性弧菌的方法	南方医科大学	200410077367.X	
564	光电子快速诊断测试系统	安捷伦科技有限公司	200510059892.3	
565	测试终端否定电路	夏普株式会社	200510062467.X	
566	测试装置及测试方法	华硕电脑股份有限公司	200410032177.6	
567	电源负载模拟装置及测试方法	纬创资通股份有限公司	200410032396.4	
568	多电脑测试切换器	联想(北京)有限公司	200410030509.7	
569	一种分布式测试组件框架系统及测试组件透传方法	华为技术有限公司	200410030703.5	
570	测试执行器	华为技术有限公司	200410031615.7	
571	对代码覆盖使用硬件辅助的自主测试用例反馈的方法和设备	国际商业机器公司	200510054289.6	
572	通过属性控制的测试实例继承	微软公司	200510056259.9	
573	用于测试隧道磁电阻效应元件的方法和设备	TDK株式会社	200510054118.3	
574	半导体设备及其测试方法	尔必达存储器股份有限公司	200510062920.7	
575	带有差分信号测量的测试系统	泰瑞达公司	200510059371.8	
576	多状态测试光学头力矩器动态参数的方法	清华大学、江苏银河电子股份有限公司	200510066028.6	
577	光学头力矩器动态参数的测试方法	清华大学、江苏银河电子股份有限公司	200510066029.0	
578	在线测试装置及使用方法	艾康实验室公司	03823732.6	国际申请
579	用于测量、补偿和测试数控机床头和/或工作台的系统和方法	弗迪亚有限公司	03824089.0	国际申请
580	控制燃料电池测试设备的系统和方法	洁能氏公司	03822141.1	国际申请
581	自旋支架及磁头/磁盘测试装置	安捷伦科技有限公司	03822443.7	
582	测试装置	精碟科技股份有限公司	200410038655.4	
583	测试半导体器件的电路和方法	冲电气工业株式会社	200510059281.9	
584	测试装置及测试方法	华为技术有限公司	200410034722.5	
585	缩短设计建造测试周期	庄臣及庄臣视力保护公司	03813196.X	国际申请
586	重新配置集成电路芯片的器件引脚的测试模式控制电路	阿纳洛格装置公司	03824554.X	国际申请
587	深钻孔地应力测试高强水下胶及制备方法	中国科学院武汉岩土力学研究所	200510018622.8	
588	夹抱力测试装置	太原理工大学	200510012526.2	
589	完整性可测试的耐高压加热的无菌输送袋	米利波尔公司	03824816.6	国际申请
590	测试光盘表面机械耐性的设备和方法	LG电子株式会社	03824793.3	国际申请
591	在多字节测试编码中利用统计模型消除噪声	国际商业机器公司	02829961.2	国际申请

（续表 17）

序号	专利名称	申请（专利权）人	申请（专利号）	备注
592	分子生物学法三体检测试剂盒	上海鸿汇科技有限公司	200510025466.8	
593	双臂式抗剪强度测试仪	郑州大学	200510017598.6	
594	一种支持 Ipv6 的边界网关协议一致性测试的实现方法和系统	信息产业部电信传输研究所	200510080155.1	
595	一种锅炉水处理药剂及设备的阻垢缓蚀性能测试方法	天津化工研究设计院	200510013554.6	
596	地源热泵能源井温度变化及温度扩散半径测试	北京工业大学	200510084225.0	
597	装置与方法			
598	土体断裂参数的测试方法及其测试仪	河海大学	200510040014.7	
599	禽流感免疫胶体金诊断试纸条和测试卡	重庆工学院	200510057023.7	
600	一种高性能 PIV 测试用示踪粒子及其制备方法	北京航空航天大学	200510083980.7	
601	在电子测试仪器中用于将输入信道隔离的装置和方法	特克特朗尼克公司	200410095168.1	
602	一种自我测试电路	威盛电子股份有限公司	200510081007.1	
603	在焊盘内的测试电路	美国博通公司	200510070389.8	
604	油雾特性测试设备	中国石油化工股份有限公司	200510023975.7	
605	试样电气测试装置和制作测试装置的方法	精炼金属股份有限公司	200510051949.5	
606	控制燃料电池测试设备的系统和方法	洁能氏公司	200510079767.9	
607	带有扫描测试功能基于条件预充结构的 D 触发器	清华大学	200510011904.5	
608	包括测试条和盒子的刺血针系统	CSP 技术公司	200380101134.2	国际申请
609	用于检测不规则图形的在线随机性测试	皇家飞利浦电子股份有限公司	03804369.6	国际申请
610	半导体存储装置及其测试方法和测试电路	恩益禧电子股份有限公司	02828016.4	国际申请
611	具有测试电路之半导体晶圆及制造方法	台湾类比科技股份有限公司	200410046002.0	
612	刻痕硬度测试系统	莱克公司	200380101628.0	国际申请
613	一种测试摄像头分辨率的方法	上海迪比特实业有限公司	200410025056.9	
614	钢渣颗粒安定性测试方法	同济大学	200410024992.8	
615	自动连接测试装置	明基电通股份有限公司	200410046259.6	
616	闪烁探测器探头的测试方法及装置	中国科学院紫金山天文台	200310106323.0	
617	在非消声室环境下测试扬声器频率响应的方法及其装置	南京大学	200510039134.5	
618	测试头定位装置	因泰斯特 IP 公司	02829708.3	国际申请
619	在测试期间启动存储器冗余	国际商业机器公司	02830034.3	国际申请
620	汽车车门关闭力测试装置	上海交通大学	200510026821.3	
621	车辆内部电磁兼容性诊断测试的电磁探测器	湖南科技大学	200510031728.1	
622	甲胎蛋白(AFP)mRNA 荧光定量 RT-PCR 检测试剂盒	合肥中科大生物技术有限公司	200510037778.0	
623	玻璃中 Fe^{2+}和 Fe^{3+}含量的测试方法	中国洛阳浮法玻璃集团有限责任公司	200410010368.2	
624	薄/超薄玻璃中 Fe^{2+}和 Fe^{3+}含量的测试方法	中国洛阳浮法玻璃集团有限责任公司	200410010369.7	
625	测试一个和多个导体组件的适配器	德商·Atg 测试系统股份有限公司	200380103923.X	
626	集成电路接触缺陷的测试方法和测试装置	艾罗弗莱克斯国际有限公司	200380102564.6	国际申请
627	测试平板显示器的探针及其制造方法	飞而康公司	200380103797.8	国际申请
628	使用独立可控电压岛进行测试	国际商业机器公司	03825659.2	国际申请
629	无线电基站设备及其回送测试方法	日本电气株式会社、株式会社 NTT 都科摩	200380103656.6	国际申请

三、计量测试外观专利项目

(一) 计量外观专利项目

序号	专利名称	申请(专利权)人	申请(专利号)	备注
1	计量手车	广州白云电器设备有限公司	CN200430041418.4	
2	高压干式计量箱(JSLZ-35W)	河南信电电器有限公司	CN200430010306.2	
3	液压式隔膜计量泵	西安能泰高新技术总公司	CN200430078372.3	
4	机械式隔膜计量泵	西安能泰高新技术总公司	CN200430078373.8	
5	高压电力计量箱(组合互感器)	乐清市登峰高压电器有限公司	CN200430003070.X	
6	高压电力计量箱(组合互感器)	乐清市登峰高压电器有限公司	CN200430001617.2	
7	高压电力计量箱(组合互感器)	乐清市登峰高压电器有限公司	CN200430003071.4	
8	高压电力计量箱(组合互感器)	乐清市登峰高压电器有限公司	CN200430003072.9	
9	热计量表	沈阳航空工业学院	CN200430073512.8	
10	电能表计量箱(四户)	文登市中强玻璃钢有限公司	CN200430047159.6	
11	计量表(1)	河南新天科技有限公司	CN200430067191.0	
12	计量表(2)	河南新天科技有限公司	CN200430067192.5	
13	板材(用于计量器)	株式会社石田	CN200430109697.3	
14	板材(用于计量器)	株式会社石田	CN200430109698.8	
15	尿液计量储存器	常熟市神灵医用器材有限公司	CN200530080233.9	

(二) 测试外观专利项目

序号	专利名称	申请(专利权)人	申请(专利号)	备注
1	手臂稳定度测试康复仪(JNH)	上海天竹康复科技发展有限公司	CN200430022752.5	
2	环刚度检测试验机	深圳市瑞格尔仪器有限公司	CN200430043325.5	
3	飞针测试机	深圳市东方宇之光电子科技有限公司	CN200430045966.4	
4	电视清晰度测试卡(1920X1080i)	北京牡丹视源电子有限责任公司	CN200430065144.2	
5	电视清晰度测试卡(1280X720P)	北京牡丹视源电子有限责任公司	CN200430065145.7	
6	台阶指数测试仪	深圳市好家庭实业有限公司	CN200430062997.0	
7	耐压测试仪(04-1)	南京长盛仪器有限公司	CN200430016413.6	
8	耐压测试仪(04-2)	南京长盛仪器有限公司	CN200430016414.0	
9	数字显示电瓶测试仪(BT105)	上海广为电器工具厂	CN200430035405.6	
10	测试接线排(STO-103K)	宁波天韵通信设备有限公司	CN200430071900.2	
11	电瓶测试仪(BT501)	上海广为电器工具厂	CN200430035406.0	
12	电气安全测试仪壳体	南京长盛仪器有限公司	CN200430070009.7	
13	书籍封面(标准预测试卷)	北京北大燕园书店有限责任公司	CN200330129018.4	
14	油田专用测试拖撬	宝鸡宝石特种车辆有限责任公司	CN200430015467.0	
15	电化学测试条	因弗内斯医疗有限公司	CN200430059592.1	
16	浊度测试计外套	青岛隆盛希望电子有限公司、孙允浩	CN200430048170.4	
17	浊度测试计(3)	青岛隆盛希望电子有限公司、孙允浩	CN200430048169.1	
18	微型酒精测试器(XJ-18)	上海新技电子有限公司	CN200430083637.9	
20	跑步测试仪	深圳市好家庭实业有限公司	CN200430074366.0	
21	浊度测试计(4)	青岛隆盛希望电子有限公司、孙允浩	CN200430048168.7	
22	防爆膜用人体热感应测试隧道	美壳(新加坡)私人有限公司	CN200430008795.8	
23	电缆测试仪	上海电缆研究所、上海赛克力光电缆有限责任公司	CN200430035694.X	

（续表）

序号	专利名称	申请(专利权)人	申请(专利号)	备注
24	汽车氙气灯测试仪(A型)	镇江福来明电子科技有限公司	CN200430055133.6	
25	多导心理生理测试仪(CPS-2040)	深圳市思乐数据技术有限公司	CN200430110850.4	
26	测试端头	斯耐普昂技术公司	CN03301507.4	
27	酒精测试器(个人用品)	艺美达实业有限公司	CN200430123893.6	
28	待测物测试计	因弗内斯医疗有限公司	CN200430059589.X	
29	点对点网络线测试器	上海禾通电子科技有限公司	CN200530034542.2	
30	基因芯片检测试剂盒(二)	天津生物芯片技术有限责任公司	CN200430120341.X	
31	磁环测试专用夹具	上海辰恒电子科技有限公司	CN200530000321.3	
32	激光测试仪	上海朝华工具有限公司	CN200530035306.2	
33	体质测试仪(肺活量)	北京华夏汇海科技有限公司	CN200530015476.4	
34	人体脂肪水分检测仪(TH886)	深圳清华力合传感科技有限公司	CN200430040908.2	
35	量子共振分析检测仪(CQRSⅡ型)	上海陈慎任工业设计有限公司	CN200430024450.1	
36	红外人体脂肪检测仪(TH198)	深圳清华力合传感科技有限公司	CN200430040906.3	
37	血红蛋白含量检测瓶	北京市红十字血液中心	CN200430007326.4	
38	环刚度检测试验机	深圳市瑞格尔仪器有限公司	CN200430043325.5	
39	文字及痕迹检测仪	北京市海淀区科源仪器厂	CN200430049284.0	
40	接地检测井	成都桑莱特科技开发有限公司	CN200430051329.8	
41	紫外线检测装置	株式会社山武	CN200430066683.8	
42	样品检测装置	艾康生物技术(杭州)有限公司	CN200430035392.2	
43	电池性能检测柜(BK-6064A/3)	广州蓝奇电子实业有限公司	CN200430034707.1	
44	电池性能检测柜(BK-6016AR/2)	广州蓝奇电子实业有限公司	CN200430034711.8	
45	检测仪	浙大中控自动化仪表有限公司	CN200430083321.X	
46	心跳检测发送器	株式会社猫眼	CN200430004682.0	
47	人体脂肪水分检测仪	深圳清华力合传感科技有限公司	CN200430040907.8	
48	检测终端(台式)	深圳市好家庭实业有限公司	CN200430062999.X	
49	检测终端(便携式)	深圳市好家庭实业有限公司	CN200430063000.3	
50	放射性检测瓶开瓶器	上海同普放射防护设备有限公司	CN200430083904.2	
51	中央空调风管检测机器人	汇瀛环保科技有限公司	CN200430089094.1	
52	噪声检测控制器	天津市北海通信技术有限公司	CN200430057250.6	
53	甲醛快速检测计	上海碧华环保科技有限公司	CN200430084251.X	
54	检测装置(带有取样棒)	艾康生物技术(杭州)有限公司	CN200430105227.X	
55	检测容器	希森美康株式会社	CN200430066921.5	
56	空气质量检测仪(室内)	唐秋生	CN200430109903.0	
57	传感检测装置	泰格通讯国际公司	CN200430064953.1	
58	传感检测装置	泰格通讯国际公司	CN200430064954.6	
59	血细胞显微检测仪	深圳市天基权科技股份有限公司	CN200530000626.4	
60	数字式扭矩扳手检测仪	株式会社东日制作所	CN200530000824.0	
61	检测头	江苏圣蓝科技有限公司	CN200530089750.2	
62	电动车充电器检测装置	上海博杰科技有限公司	CN200430105097.X	
63	天津生物芯片技术有限责任公司	基因芯片检测试剂盒(二)	CN200430120341.X	
64	汉显检测仪(ECU)	东风电子科技股份有限公司	CN200530034736.2	
65	在线检测仪	株式会社东日制作所	CN200530000825.5	

质量检验检疫计量测试机构

一、国家专业计量站

国家纤维计量站
地址:北京市和平里东街20号
邮政编码:100013
电话:010-64204649

国家纺织计量站
地址:北京市朝阳延静里中街3号
邮政编码:100025
电话:010-65042279

国家高电压计量站
地址:湖北省武汉市珞瑜路143号
邮政编码:430074
电话:027-87445190

国家质量技术监督局深圳计量检定站
地址:广东省深圳市龙珠大道计量质量检测研究院
邮政编码:518055
电话:0755-6941688

国家气象计量站
地址:北京市白石桥路46号
邮政编码:100081
电话:010-68407915

国家原油大流量计量站
地址:黑龙江省大庆市让胡路区西康路31号
邮政编码:163712
电话:0459-5902562

国家船舶舱容积计量站
地址:北京市朝阳区惠新里
邮政编码:100029
电话:010-64956148

国家大容量第一计量站
地址:辽宁省抚顺市顺城区长春街2号
邮政编码:113126
电话:0413-7644189

国家水大流量计量站
地址:河南省开封市汴京路38号
邮政编码:475002
电话:0378-2950899

国家轨道衡计量站
地址:北京市海淀区西直门外大柳树路2号
邮政编码:1000081
电话:010-51849094

国家铁路罐车计量站
地址:北京市海淀区西直门外大柳树路2号
邮政编码:1000081
电话:010-63249254

国家海洋计量站
地址:天津市南开区芥园西道
邮政编码:300112
电话:022-27532971

国家大容量第二计量站
地址:山西省运城市建设北路
邮政编码:044000
电话:0359-2022218

国家矿山安全计量站
地址:重庆市沙坪坝区上桥
邮政编码:400037
电话:023-65206792

国家蒸汽流量烟台计量检定站
地址:山东省烟台市上夼西路101号
邮政编码:264001
电话:0535-6086149

国家家用电器计量站
地址:北京市宣武区下斜街29号
邮政编码:100053
电话:010-63043607

国家船舶舱大容积计量站
地址:上海市浦三路2327号
邮政编码:200124
电话:021-64040020

中国烟草标准化研究中心
地址:河南省郑州市二七路88号
邮政编码:450000
电话:0371-67672682

中国辐射防护研究院放射性计量站
地址:山西省太原市120信箱一所
邮政编码:030006
电话:0351-2203462

国防水声计量一级站
地址:浙江省富阳市桂花西路82号
邮政编码:311400
电话:0571-63332465

中国航空工业流量计量站
地址:河南省新乡市建设路168号
邮政编码:453049
电话:0373-3378879

中国烟草标准化研究中心
地址:河南省郑州市高新区枫杨街2号
邮政编码:450001
电话:0371-67672675

中国医学科学院医学生物学研究所
地址:云南省昆明市茭菱路379号
邮政编码:650118
电话:0871-8181483

国家光电测距仪检测中心
地址:北京市海淀区北太平路16号
邮政编码:100039
电话:68283547

二、国家计量测试中心

东北国家计量测试中心
地址:辽宁省沈阳市和平区文化路三巷9号
邮政编码:110006
电话:024-23243760
传真:024-23921796

西北国家计量测试中心
地址:陕西省西安市咸宁西路30号
邮政编码:710048
电话:029-87292234
传真:029-87292234

华北国家计量测试中心
地址:北京市朝阳区育慧路3号
邮政编码:100029
电话:010-64917352
传真:010-68154488-90319

西南国家计量测试中心
地址:四川省成都市东风路二段北二巷
邮政编码:610061
电话:028-84451417
传真:028-84451417

中南国家计量测试中心
地址:湖北省武汉市武昌东湖路1号
邮政编码:430071
电话:027-87811080
传真:027-87813411

华东国家计量测试中心
(中国上海测试中心)
地址:上海市长乐路1227号
邮政编码:200031
电话:021-64840335
传真:021-64514257
浦东基地:上海市浦东张江张衡路1500号
电话:021-38839800

华南国家计量测试中心
地址:广东省广州市广园中路松柏东街30号
邮政编码:510405
电话:020-85605476
传真:020-85605454

三、全国省级以上计量授权技术机构

北京市计量检测科学研究院
地址:北京市朝阳区安苑东里一区12号
邮政编码:100029
电话:010-64917349

广东省计量科学研究院
地址:广东省广州市广园中路松柏东街30号
邮政编码:510405
电话:020-86363239

甘肃省计量测试研究所
地址:甘肃省兰州市安宁东路400号
邮政编码:730070
电话:0931-7667503

江苏省计量测试技术研究所
地址:江苏省南京市光华东街3号
邮政编码:210007
电话:025-84482128

天津市计量技术研究所
地址:天津市南开区科研西路4号
邮政编码:300192
电话:022-23009311

黑龙江省计量测试院
地址:黑龙江省哈尔滨市司徒街99号
邮政编码:150036
电话:0451-82304368

内蒙古自治区计量测试研究院
地址:内蒙古自治区呼和浩特市新华大街
邮政编码:010030
电话:0471-6292357

上海市计量测试技术研究院
地址:上海市宜山路716号
邮政编码:200232
电话:021-64701390、64834449

重庆市流量检测技术研究所
地址:重庆市江北区建北三村17号
邮政编码:400020
电话:023-89232208

新疆计量测试研究所
地址:新疆乌鲁木齐市北京南路40号附9号
邮政编码:830011
电话:0991-3839447

青海省计量测试研究所
地址:青海省西宁市西关大街31号
邮政编码:810001
电话:0971-6150046

河北省计量科学研究院
地址:河北省石家庄市友谊南大街175号
邮政编码:050051
电话:0311-8606626

安徽省计量测试研究所
地址:安徽省合肥市耙场路15号
邮政编码:230022
电话:0551-3412487

重庆市计量技术研究院
地址:重庆市江北区建北三村17号
邮政编码:400020
电话:023-67515679

山东省计量科学研究院
地址:山东省济南市千佛山东路28号
邮政编码:250014
电话:0531-82964421

吉林省计量测试技术研究所
地址:吉林省长春市卫星路22号
邮政编码:130022
电话:0431-4661898

湖南省计量测试技术研究院
地址:湖南省长沙市雨花区香樟路55号
邮政编码:410004
电话:0731-5687618

湖北省计量测试技术研究院
地址:湖北省武汉市武昌区东湖路1号
邮政编码:430071
电话:027-87813411

宁夏计量研究所
地址:宁夏回族自治区银川市公园街8号
邮政编码:750011
电话:0951-5032891

海南省计量测试所
地址:海南省海口市海秀路34号工业大厦
邮政编码:570206
电话:0898-66515072

江西省计量测试研究院
地址:江西省南昌市站南街45号
邮政编码:330002
电话:0791-8623228

山西省计量监督检定测试所
地址:山西省太原市府西街131号
邮政编码:030002
电话:0351-3534183

广西计量检测研究院
地址:广西壮族自治区南宁市星湖南一路
邮政编码:530022
电话:0771-5334552

浙江省质量技术监督检测研究院
地址:浙江省杭州市天目山路222号2号楼
邮政编码:310013
电话:0571-85121983

陕西省计量测试研究所
地址:陕西省西安市咸宁西路30号
邮政编码:710048
电话:029-82214585

贵州省计量测试院
地址:贵州省贵阳市头桥海马冲街45号
邮政编码:550003
电话:0851-6517364

云南省计量测试研究所
地址:云南省昆明市东风东路唐家营
邮政编码:650041
电话:0871-3197367

辽宁省质量计量检测研究院
地址:辽宁省沈阳市和平区文化路三巷9号
邮政编码:110006
电话:024-23890662

福建省计量科学技术研究所
地址:福建省福州市华林路147号
邮政编码:350003
电话:0591-87818204

河南省计量科学研究院
地址:河南省郑州市花园路21号
邮政编码:450008
电话:0371-65976207

四、全国部分法定计量技术机构

1. 北京市技术机构

北京市计量检测科学研究院
地址:北京市朝阳区安外小关安苑东里
邮政编码:100029
电话:010-64917349

北京市海淀区计量检测所
地址:北京市海淀区双清路68号
邮政编码:100083
电话:010-62324427

北京城市排水集团水质检测中心
地址:北京市朝阳区高碑店村甲1号
邮政编码:100022
电话:010-87740078

中国航天科工集团二院二〇三所
地址:北京市海淀区永定路52号
邮政编码:100039
电话:010-68385464

交通部公路交通试验中心
地址:北京市海淀区西士路8号
邮政编码:100088
电话:010-62014121,62079579

中国疾病预防控制中心辐射防护与核安全医学所
地址:北京市西城区德胜门外新康街2号
邮政编码:100088
电话:010-62389691

北京铁路局化验所
地址:北京市铁路局机务处(院内)
邮政编码:100022
电话:010-51835763
传真:010-51832743

中国地震局地质研究所地球电磁探测研究中心
地址:北京德外祁家豁子地震局地质所
邮政编码:100029
电话:010-62009065
传真:010-62009011

中国医学科学院基础医学研究所
地址:北京市东单三条5号
邮政编码:100005
电话:010-65290951

北京机械工业中心计量站
地址:北京市丰台区造甲街南里5号
邮政编码:100070
电话:010-63740210
传真:010-63733319

北京矿冶研究总院测试研究所
地址:北京西直门外文兴街1号
邮政编码:100044
电话:010-88399622
传真:010-68342279

北京机械工业中心计量站
地址:北京市丰台区造甲街南里5号
邮政编码:100070
电话:010-63740210
传真:010-63733319

北京机械工业学院"测试计量技术及仪器"学科
地址:北京市海淀区清河小营东路12号
邮政编码:100085
电话:010-82426915
传真:010-82426915

2. 安徽省技术机构

合肥市计量测试研究所
地址:安徽省合肥市荣事达大道西陈小巷22号
邮政编码:230001
电话:0551-2654378

合肥市度量衡器所
地址:安徽省合肥市阜阳路174号
邮政编码:230001
电话:0551-2654016

芜湖市计量所
地址:安徽省芜湖市劳动路47号
邮政编码:241000
电话:0553-3830587

芜湖市度量衡管理所
地址:芜湖市劳动路47号
邮政编码:241000
电话:0553-3832861

蚌埠市计量所
地址:安徽省蚌埠市长征路431号
邮政编码:233000
电话:0552-4090408

蚌埠市度量衡管理所
地址:安徽省蚌埠市中平街58号
邮政编码:233000
电话:0552-2042386

淮南市计量所
地址:安徽省淮南市淮傧东路
邮政编码:232007
电话:0554-3622273

淮南市度量衡管理所
地址:安徽省淮南市淮傧东路
邮政编码:232007
电话:0554-3622273

马鞍山市计量所
地址:安徽省马鞍山市湖北路47号
邮政编码:243000
电话:0555-2355948

马鞍山市度量衡管理所
地址:安徽省马鞍山市湖北路47号
邮政编码:243000
电话:0555-2474751

淮北市计量测试研究所
地址:安徽省淮北市淮海西路
邮政编码:235000
电话:0561-3022272

淮北市衡器管理所
地址:安徽省淮北市淮海西路
邮政编码:235000
电话:0561-3022351

铜陵市计量所
地址:安徽省铜陵市淮河北路10号
邮政编码:244000
电话:0562-2861797

安庆市计量所
地址:安徽省安庆市市府路1号
邮政编码:246003
电话:0556-5365564

安庆市度量衡管理所
地址:安徽省安庆市市府路1号
邮政编码:246003
电话:0556-5514373

黄山市计量所
地址:安徽省黄山市屯溪滨江西路6号
邮政编码:245000
电话:0559-8532266

阜阳地区计量所
地址:安徽省阜阳市清河西路
邮政编码:236000
电话:0558-2264426

阜阳市计量所
地址:安徽省阜阳市人民西路
邮政编码:236000
电话:0558-2179205

阜阳市衡器所
地址:安徽省阜阳市文峰路
邮政编码:236000
电话:0558-2267713

亳州市计量所
地址:安徽省亳州市
邮政编码:236803
电话:0558-5522990

宿州市计量所
地址:安徽省宿州市计量所
邮政编码:234000
电话:0557-3027072

滁州市计量所
地址:安徽省滁州市
邮政编码:239000
电话:0550-3053925

滁州市度量衡管理所
地址:安徽省滁州市
邮政编码:239000
电话:0550-3022563

天长市计量所
地址:安徽省天长市
邮政编码:239300
电话:0550-7022920

天长市衡器管理所
地址:安徽省天长市
邮政编码:239300
电话:0550-7022920

明光市计量所
地址:安徽省明光市
邮政编码:239400
电话:0550-8022233

宣城市计量所
地址:安徽省宣城市锦城路
邮政编码:242000
电话:0563-3023463

巢湖地区计量所
地址:安徽省巢湖市长江路
邮政编码:238000
电话:0565-2314935

3. 河北省技术机构

石家庄市计量技术研究所
地址:河北省石家庄市友谊北大街 11 号
邮政编码:050051
电话:0311-3036626

石油物探专用计量检定中心
地址:河北省涿州市范阳路 65 号
邮政编码:072751
电话:0312-3822464
传真:0312-3825305

鹿泉市计量所
地址:河北省鹿泉市镇宁路
邮政编码:050200
电话:0311-2012900

辛集市计量检定测试所
地址:河北省辛集市西华路北段 46 号
邮政编码:052360
电话:0311-3221964

藁城市计量所
地址:河北省藁城市东街北头
邮政编码:052160
电话:0311-8042829

晋州市计量所
地址:河北省晋州市中兴街 135 号
邮政编码:052260
电话:0311-4322501

新乐市计量所
地址:河北省新乐市农贸市场北侧
邮政编码:050700
电话:0311-8581162

唐山市计量所
地址:河北省唐山市北新东道 23 号
邮政编码:063000
电话:0315-2825080

唐山市标准计量中心
地址:河北省唐山市北新东道 23 号
邮政编码:063001
电话:0315-2824194

秦皇岛市计量测试研究所
地址:河北省秦皇岛市海港区文化路 349 号
邮政编码:066000
电话:0335-3063543

邯郸市计量所
地址:河北省邯郸市丛台路 31 号
邮政编码:056002
电话:0310-3178952

邢台市计量所
地址:河北省邢台市中兴路 10 号
邮政编码:054000
电话:0319-2022890

保定市计量测试所
地址:河北省保定市新北街 65 号
邮政编码:071000
电话:0312-5034208

定州市计量所
地址:河北省定州市城内
邮政编码:073000
电话:0312-2313318

涿州市计量所
地址:河北省涿州市鼓楼大街 120 号
邮政编码:072750
电话:0312-3632707

宣化地区计量所
地址:河北省张家口市宣化区支家桥 2 号
邮政编码:075100
电话:0313-3013504

承德市计量所
地址:河北省承德市大庆路 18 号
邮政编码:067000
电话:0314-2034757

承德市计量研究所
地址:河北省承德市小南门
邮政编码:067000
电话:0314-2023634

沧州市计量所
地址:河北省沧州市河西北大街
邮政编码:061001
电话:0317-2186073

泊头市计量所
地址:河北省泊头市
邮政编码:062150
电话:0317-8223849

任丘市计量所
地址:河北省任丘市
邮政编码:062550
电话:0317-2222818

黄骅市计量所
地址:河北省黄骅市
邮政编码:061100
电话:0317-5220843

兵器工业一九七区域计量站
地址:河北省石家庄市和平西路 221 号
邮政编码:050000
电话:0311-87081174

廊坊市产品质量监督检验所
地址:廊坊市爱民东道 34 号
邮政编码:065000
电话:0316-2053528
传真:0316-2053528

核工业放射性勘查计量站
地址:河北省石家庄学府路 11 号
邮政编码:050002
电话:0311-86830924

三河市计量所
地址:河北省三河市建设东路 7 号
邮政编码:101600
电话:0316-3212351

霸州市计量所
地址:河北省霸州市城内
邮政编码:302750
电话:0316-7222999

衡水市计量所
地址:河北省衡水市人民东路 6 号
邮政编码:053000
电话:0318-2185956

石家庄铁路计量中心站
地址:河北省石家庄市新华路 100 号
邮政编码:050000
电话:0311-7925553
传真:0311-7924553

4. 河南省技术机构

河南省测绘产品质量监督站
地址:河南省郑州市黄河路8号
邮政编码:450003
传真:0371-5930692

郑州市计量检定测试所
地址:河南省郑州市中原区文化宫南路103号
邮政编码:450007
电话:0371-67631941

郑州市计量器具所
地址:河南省郑州市中原区文化宫南路103号
邮政编码:450007
电话:0371-7448941

荥阳市计量所
地址:河南省荥阳市索河路中段
邮政编码:450100
电话:0383-4662475

新密市计量所
地址:河南省新密市密新南路82号
邮政编码:452370
电话:0382-9822852

洛阳市计量所
地址:河南省洛阳市九都路49号
邮政编码:471000
电话:0379-64335769

平顶山市计量检定测试中心
地址:河南省平顶山市矿工路西段9号
邮政编码:467000
电话:0375-2960000

舞钢市计量所
地址:河南省舞钢市温州路中段
邮政编码:462500
电话:0375-8123105

安阳市计量测试中心
地址:河南省安阳市光辉路13号
邮政编码:455000
电话:0372-2276052

安阳市文峰区计量标准站
地址:河南省安阳市文峰区东环城路77号
邮政编码:455000
电话:0372-5917147

林州市计量所
地址:河南省林州市行政街
邮政编码:456550
电话:0372-6812997

鹤壁市计量所
地址:河南省鹤壁市山城路西巷5号
邮政编码:458000
电话:0392-2627948

新乡市计量所
地址:河南省新乡市北干道中段266号
邮政编码:453002
电话:0373-2014373

焦作市质量技术监督检验测试中心
地址:河南省焦作市塔南路33号
邮政编码:454002
电话:0391-3995708

沁阳市质量技术监督检验测试中心
地址:河南省沁阳市北门大街
邮政编码:454550
电话:0391-5690945

濮阳市质量技术监督检验测试中心
地址:河南省濮阳市昆吾路10号
邮政编码:457000
电话:0393-4434497

濮阳市计量器具站
地址:河南省濮阳市昆吾路
邮政编码:457000
电话:0393-4415679

许昌市计量所
地址:河南省许昌市向阳路4号
邮政编码:461000
电话:0374-2792001

长葛市计量所
地址:河南省长葛市新华路51号
邮政编码:461500
电话:0374-6122923

漯河市质量技术监督检验测试中心
地址:河南省漯河市沙北嵩山路565号
邮政编码:462000
电话:0395-3155310

三门峡市计量所
地址:河南省三门峡市文明路
邮政编码:472000
电话:0398-2822567

商丘市计量所
地址:河南省商丘市凯旋中路355号
邮政编码:476000
电话:0370-2212837

驻马店市计量所
地址:河南省驻马店市解放路231号
邮政编码:463000
电话:0396-2914730

南阳市质量技术监督检验测试中心
地址:河南省南阳市文化宫街52号
邮政编码:473000
电话:0377-3117778

信阳市质量技术监督检验测试中心
地址:河南省信阳市白坡路5号
邮政编码:464000
电话:0376-6352193

义马市计量所
地址:河南省义马市千秋路
邮政编码:472300
电话:0398-5832847

卫辉市计量所
地址:河南省卫辉市健康路42号
邮政编码:453100
电话:0373-4487617

煤炭工业郑州钢丝绳检验站
地址:河南省郑州市文化路82号
邮政编码:450002
电话:0371-63287269

河南红宇机械厂中心实验室
地址:河南省郑州市中牟建设南路30号
邮政编码:451450
电话:0371-62169992

河南省分析测试中心
地址:河南省郑州市红专路56号
邮政编码:450002
电话:0374-65511779
传真:0374-65727239

5. 湖南省技术机构

长沙市产品质量检验所
地址:湖南省长沙市人民路立交桥东广铁长建公司内
邮政编码:410001
电话:0731-4726836

长沙市计量测试检定所
地址:湖南省长沙市苏家巷27号
邮政编码:410002
电话:0731-5155245

长沙市计量研究所
地址:湖南省长沙市苏家巷27号
邮政编码:410002
电话:0731-2222191

株洲市计量测试研究所
地址:湖南省株洲市育才路5号
邮政编码:412008
电话:0733-8100418

株洲市度量衡器检定所
地址:湖南省株洲市新华西路
邮政编码:412008
电话:0733-8225813

株洲市计量仪器仪表所
地址:湖南省株洲市新华西路
邮政编码:412008
电话:0733-8225167

湘潭市计量测试所
地址:湖南省西四佛新建村1号
邮政编码:411100
电话:0732-8391856

湘潭市衡管所
地址:湖南省湘潭市建设北路359号
邮政编码:411100
电话:0732-8224425

衡阳市计量测试中心
地址:湖南省衡阳市南郊新村161号
邮政编码:421008
电话:0734-8403155

邵阳市计量测试所
地址:湖南省邵阳市红旗路322号
邮政编码:422000
电话:0739-5324313

邵阳市衡检所
地址:湖南省邵阳市红旗路322号
邮政编码:422000
电话:0739-5324481

岳阳市计量测试所
地址:湖南省岳阳市岳东路58号
邮政编码:414000
电话:0730-8209192

常德市计量测试所
地址:湖南省常德市朝阳路9号
邮政编码:415000
电话:0736-7207836

娄底市计量测试所
地址:湖南省娄底市乐平东街2号
邮政编码:417000
电话:0738-8323195

郴州市计量检定所
地址:湖南省郴州市燕泉路6号
邮政编码:432000
电话:0735-2246323

冷水滩市标准计量局
地址:湖南省冷水滩市河东沿江路
邮政编码:425002
电话:0746-8326307

怀化市计量测试所
地址:湖南省怀化市迎丰中路新建巷
邮政编码:418000
电话:0745-2712322

湘西土家族苗族自治州计量检验所
地址:湖南省吉首市环城路48号
邮政编码:416000
电话:0743-8221723

6. 江西省技术机构

南昌市产品质检所
地址:江西省南昌市青山南路106号
邮政编码:330006
电话:0791-6269694

南昌市计量测试所
地址:江西省南昌市青山南路106号
邮政编码:330006
电话:0791-8635582

景德镇市计量测试所
地址:江西省景德镇市工人新村西路
邮政编码:333000
电话:0798-8292947

九江市计量测试所
地址:江西省九江市老马渡6号
邮政编码:332000
电话:0792-8223636

九江市产品质检所
地址:江西省九江市三马路南端
邮政编码:332000
电话:0792-8360885

赣州市计量所
地址:江西省赣州市官园里6号
邮政编码:341000
电话:0797-8124379

吉安市检测中心
地址:江西省吉安市新村南路5号
邮政编码:343000
电话:0796-8322890

抚州市计量所
地址:江西省抚州市环城西路21号
邮政编码:344000
电话:0794-8283309

国家日用陶瓷质量监督检验中心
地址:江西省景德镇市新厂西路203号
邮政编码:333001
电话:0798-8442134

7. 江苏省技术机构

江苏省计量测试技术研究所
地址:江苏省南京市光华东街 3 号
邮政编码:210007
电话:025-84636901

南京市计量测试所
地址:江苏省南京市龙蟠路新庄村 57 号
邮政编码:210037
电话:025-85430177

徐州市计量测试技术研究所
地址:江苏省徐州市王陵路 72 号
邮政编码:221002
电话:0516-85803726

沛县计量技术测试中心
地址:江苏省沛县香城路中段
邮政编码:221600
电话:0516-4648648

睢宁县计量测试所
地址:江苏省睢宁县我来大道中段
邮政编码:221200
电话:0516-8322490

邳州市计量技术检测所
地址:江苏省邳州市运河镇青年东路
邮政编码:221300
电话:0516-6695906

铜山县计量测试所
地址:江苏省铜山县新区
邮政编码:221116
电话:0516-3405357

贾汪区计量综合所
地址:江苏省徐州贾汪区前委路东首
邮政编码:221011
电话:0516-87610225

新沂市计量测试所
地址:江苏省新沂市花厅路 100 号
邮政编码:221400
电话:0516-8921452

丰县计量测试所
地址:江苏省丰县向阳南路
邮政编码:221700
电话:0516-84259129

无锡市计量测试中心
地址:江苏省无锡市人民西路 154 号
邮政编码:214031
电话:0510-86822829

江阴市计量测试检定所
地址:江苏省江阴市澄江西路 155 号
邮政编码:214431
电话:0510-6822230

宜兴市计量检定测试所
地址:江苏省宜兴市宜城镇荆溪南路 36 号
邮政编码:214206
电话:0510-7994251

常州市计量测试技术研究所
地址:江苏省常州市劳动西路 47 号
邮政编码:213001
电话:0519-6640618

金坛市计量测试技术研究所
地址:江苏省金坛市南环二路 38 号
邮政编码:212300
电话:0519-2357620

溧阳市计量测试技术研究所
地址:江苏省溧阳市煤建路 37 号
邮政编码:213300
电话:0519-7222704

苏州市计量测试研究所
地址:江苏省苏州市民治路 5 号
邮政编码:215006
电话:0512-65230842

常熟市计量测试所
地址:江苏省常熟市外菱塘路 23 号
邮政编码:215500
电话:0512-52899723

张家港市计量测试所
地址:江苏省张家港市横河里
邮政编码:215600
电话:0512-58686915

昆山市计量测试所
地址:江苏省昆山市玉山镇昆北路 4 号
邮政编码:215316
电话:0512-57797030

吴江市计量测试所
地址:江苏省吴江市松陵镇江兴西路 115 号
邮政编码:215600
电话:0512-63148842

太仓市计量测试所
地址:江苏省太仓市人民北路 55 号
邮政编码:215400
电话:0512-53520063

南通市计量检定测试所
地址:江苏省南通市南园路 13 号
邮政编码:226001
电话:0513-5128102

海安县计量检定测试所
地址:江苏省海安县海安镇宁海南路 60 号
邮政编码:226600
电话:0513-8919061

海门市计量检定测试所
地址:江苏省海门市育才路 36 号
邮政编码:226100
电话:0513-2212017

启东市计量测试所
地址:江苏省启东市汇龙镇江海中路 824 号
邮政编码:226200
电话:0513-3351891

如东县计量检定测试所
地址:江苏省如东县掘港镇范堤南路 6 号
邮政编码:226400
电话:0513-4521449

如皋市计量检定测试所
地址:江苏省如皋市健康东路 1 号
邮政编码:226500
电话:0513-7524754

通州市计量检定测试所
地址:江苏省通州市金沙镇新金路 29 号
邮政编码:226300
电话:0513-6512262

连云港市计量测试所
地址:江苏省连云港市海连中路 155 号
邮政编码:222003
电话:0518-5414760

东海县计量测试所
地址:江苏省东海县城牛山镇海陵西路77#
邮政编码:222300
电话:0518-7223817

赣榆县计量测试所
地址:江苏省赣榆县青口镇东关路30号
邮政编码:222100
电话:0518-6226744

灌南县计量测试所
地址:江苏省灌南县人民东路11号
邮政编码:222500
电话:0518-3229019

灌云县标准计量管理所
地址:江苏省灌云县伊山镇新村南路
邮政编码:222200
电话:0518-8813480

淮安市计量测试所
地址:江苏省淮安市健康西路47号
邮政编码:223001
电话:0517-3336586

淮安市楚州区质量技术监督检测所
地址:江苏省淮安市楚州区西长街181号
邮政编码:223200
电话:0517-5939395

洪泽县计量测试所
地址:江苏省洪泽县人民路31号
邮政编码:223100
电话:0517-7266995

金湖县计量检测所
地址:江苏省金湖县健康路11号
邮政编码:211600
电话:0517-6882646

涟水县计量管理所
地址:江苏省涟水县涟城环城西路14号
邮政编码:223400
电话:0517-2312725

盱眙县计量检测所
地址:江苏省盱眙县金源南路
邮政编码:211700
电话:0517-8272925

盐城市计量测试所
地址:江苏省盐城市解放南路112号
邮政编码:224005
电话:0515-8184601

滨海县计量测试所
地址:江苏省滨海县东坎镇向阳路37号
邮政编码:224500
电话:0515-4238705

大丰市计量测试所
地址:江苏省大丰市健康东路32号
邮政编码:224100
电话:0515-3527592

东台市计量检定测试所
地址:江苏省东台市永康路65号
邮政编码:224200
电话:0515-5266855

阜宁县计量测试所
地址:江苏省阜宁县阜城射河南路
邮政编码:224400
电话:0515-7381689

建湖县计量测试所
地址:江苏省县城秀父南路511号
邮政编码:224700
电话:0515-6072311

射阳县计量测试所
地址:江苏省射阳县黄海路18号
邮政编码:224300
电话:0515-2318576

响水县技术监督检测所
地址:江苏省响水县双园东路
邮政编码:224600
电话:0515-6888801

扬州市计量测试技术研究所
地址:江苏省扬州市渡江西街21号
邮政编码:225009
电话:0514-7813722

宝应县计量测试检定所
地址:江苏省宝应县叶挺东路10号
邮政编码:225800
电话:0514-8223814

仪征市计量管理所
地址:江苏省仪征市解放东路247号
邮政编码:211400
电话:0514-3425129

江苏省高邮市计量测试技术研究所
地址:江苏省高邮市文化宫路
邮政编码:225600
电话:0514-4644769

江都市计量测试技术研究所
地址:江苏省江都市引江路
邮政编码:225200
电话:0514-6552535

镇江市计量测试技术研究所
地址:江苏省镇江市中山东路64号
邮政编码:212009
电话:0511-8895808

丹阳市计量所
地址:江苏省丹阳市新民东路54号
邮政编码:212300
电话:0511-6985218

句容市计量所
地址:江苏省句容市华阳镇人民路11号
邮政编码:212400
电话:0511-7234003

扬中市计量测试所
地址:江苏省扬中市港东南路33号
邮政编码:212200
电话:0511-8324178

泰州市计量测试技术研究所
地址:江苏省泰州市海陵南路315号
邮政编码:225300
电话:0523-6882135

姜堰市计量测试技术研究所
地址:江苏省姜堰市南内环西路
邮政编码:225500
电话:0523-8279586

靖江市计量测试技术研究所
地址:江苏省靖江市北城河沿36号
邮政编码:214500
电话:0523-4891665

泰兴市计量测试技术研究所
地址:江苏省泰兴市南二环中段
邮政编码:225400
电话:0523-7712810

兴化市计量测试技术研究所
地址:江苏省兴化市大教场巷50号

邮政编码:225700
电话:0523-3220700

宿迁市计量测试所
地址:江苏省宿迁市洪泽湖路110号
邮政编码:223800
电话:0527-4358638

沭阳县计量测试所
地址:江苏省沭阳县沭城南京东路8号
邮政编码:223600
电话:0527-5361570

泗洪县计量测试所
地址:江苏省泗洪县工业路
邮政编码:223900
电话:0527-6281455

泗阳县计量测试所
地址:江苏省泗阳县众兴镇淮海中路57号
邮政编码:223700
电话:0527-5216033

8. 海南省技术机构

海南省计量测试研究所
地址:海南省海口市义龙路
邮政编码:570102
电话:0890-66515052

海口市质检所
地址:海南省海口市义龙路
邮政编码:570102
电话:0890-6774069

琼山区计量所
地址:海南省海口市琼山区府城
邮政编码:751100
电话:0890-5883726

文昌市计量所
地址:海南省文昌市
邮政编码:571300
电话:0898-3222358

9. 广东省技术机构

广州市计量测试所
地址:广东省广州市广仁路11号
邮政编码:510030
电话:020-83362159

广州市分析测试中心
地址:广东省广州市先烈中路100号大院
邮政编码:510070
电话:020-37656880

广州市标准计量情报所
地址:广东省广州市八旗二马路38号
邮政编码:510110
电话:020-83333147

广州电气安全检验所
地址:广东省广州市新港东路海诚东街6号
邮政编码:510330
电话:020-89232806

粤北计量测试中心
地址:广东省韶关市西河惠民南路
邮政编码:512026
电话:0751-8760232

深圳市计量质量检测研究院
地址:广东省深圳市南山区龙珠大道中段
邮政编码:518055
电话:0755-26941502

珠海市计量与质量检验所
地址:广东省珠海市人民东路桃园新村
邮政编码:519000
电话:0756-2217935

华南农业大学测试中心
地址:广州市天河区五山街483号
邮政编码:510642
电话:020-85288355

汕头市计量所
地址:广东省汕头市长平路桂园东侧
邮政编码:515041
电话:0754-8547152

汕头市计量科学技术研究所
地址:广东省汕头市公园路
邮政编码:515031
电话:0754-8274091

深圳中航技术检测所
地址:广东省深圳市福田区车公庙泰然四路劲松大厦9A-B
邮政编码:518040
电话:0755-83890591

佛山市计量所
地址:广东省佛山市人民路76号
邮政编码:528000
电话:0757-82242674

顺德区计量所
地址:广东省顺德区大良镇县东路3巷2号
邮政编码:528300
电话:0765-22238375

韶关钢铁集团有限公司
地址:广东省韶关市南郊
邮政编码:512123
电话:0751-8784280

南海区计量所
地址:广东省南海区桂城镇南新一路
邮政编码:528200
电话:0757-86331941

茂名石油分公司生产监测中心计量所
地址:广东省茂名市厂前西路15号
邮政编码:525011
电话:0668-2248659

三水区计量所
地址:广东省三水区西南镇健力宝南路
邮政编码:528100
电话:0757-7731380

中国广州分析测试中心
地址:广东省广州市先烈中路100号大院
邮政编码:510070
电话:020-37656385

高明市计量所
地址:广东省高明市高明镇文昌路 79 号
邮政编码:528500
电话:0757-8826564

中国电子科技集团第七研究所凯尔实验室
地址:广东省广州市新港中路 381 号
邮政编码:510310
电话:020-84119411

江门市计量所
地址:广东省江门市白沙丰盛里 11 号
邮政编码:529000
电话:0750-3525817

广州赛宝计量检测中心
地址:广州市东莞庄路 110 号
邮政编码:510610
电话:020-87237632

恩平市计量所
地址:广东省恩平市恩城金融街 10 号
邮政编码:529400
电话:0750-7725945

新会区计量所
地址:广东省新会区会城百岁路 12 号
邮政编码:529100
电话:0750-6671300

开平市计量所
地址:广东省开平市沾江东路 145 号
邮政编码:529300
电话:0750-2215325

鹤山市计量所
地址:广东省鹤山市沙坪镇人民一巷 10 号
邮政编码:529700
电话:0750-8883126

湛江市计量所
地址:广东省湛江市横川大道北 9 号
邮政编码:5240044
电话:0759-3153210

湛江市衡管所
地址:广东省湛江市霞山海滨二路 13 号
邮政编码:524005
电话:0759-2220475

茂名市计量所
地址:广东省茂名市红旗中路 118 号
邮政编码:524000
电话:0668-2262366

茂名市质检所
地址:广东省茂名市迎宾四街一号大院
邮政编码:524000
电话:0668-2288884

肇庆市计量所
地址:广东省肇庆市芹田路 8 号
邮政编码:526040
电话:0758-2783311

惠州市计量所
地址:广东省惠州市下角元妙观 19 号
邮政编码:516001
电话:0752-2823681

惠阳市计量所
地址:广东省惠阳市淡水镇开城大北巷 1 号
邮政编码:516211
电话:0752-3364161

梅州市计量所
地址:广东省梅州市江南法政路 7 号
邮政编码:514021
电话:0753-2323812

梅州市质检所
地址:广东省梅州市江南一路 44 号
邮政编码:514021
电话:0753-2249157

兴宁市计量所
地址:广东省兴宁市环城东路 39 号
邮政编码:514500
电话:0753-3264398

汕尾市计量所
地址:广东省汕尾市盐町头中法公路东 9 巷
邮政编码:516611
电话:0660-33365109

河源市计量所
地址:广东省河源市新市区茶亭街 9 号
邮政编码:517000
电话:0762-3662609

阳春市计量所
地址:广东省阳春市城云路南云街 34 号
邮政编码:529600
电话:0662-7736205

清远市计量所
地址:广东省清远市清城石区灰塘十三座
邮政编码:511500
电话:0763-3377646

东莞市计量所
地址:广东省东莞市莞城镇向阳路 5 号
邮政编码:511700
电话:0769-2200760

中山市计量所
地址:广东省中山市中山三路下洋村
邮政编码:528403
电话:0760-8321709

中山市质检所
地址:广东省中山市中山三路下洋村
邮政编码:528403
电话:0760-8322795

潮州市计量所
地址:广东省潮州市城新路吉利街
邮政编码:521000
电话:0768-2683516

潮州市质检所
地址:广东省潮州市城新路吉利街
邮政编码:521000
电话:0768-2265971

揭阳市计量所
地址:广东省揭阳市榕城区新兴东路
邮政编码:522000
电话:0663-8629349

云浮市计量检定测试所
地址:广东省云浮市岩前路 30 号
邮政编码:527300
电话:0766-8839813

中山市质量计量监督检测所
地址:广东省中山市中山三路华夏街
邮政编码:528403
电话:0760-8309664
传真:0760-8322795

深圳市燃气设备检测有限公司
地址:广东省深圳市福田区白沙岭百花路 11 号
邮政编码:518028
电话:0755-83997211
传真:0755-83997211

广州市住宅建设发展有限公司试验室
地址:广东省广州市东风西路 126 号
邮政编码:510170
电话:020-80963530
传真:020-86524384

惠州台证仪器检测服务有限公司
地址:广东省东莞长安镇锦厦铜锣园工业区
邮政编码:5232852
电话:0769-5391707
传真:0769-5391709

10. 甘肃省技术机构

甘肃省计量研究院
地址:甘肃省兰州市安宁东路 400 号
邮政编码:730070
电话:0931-7756763

兰州市城关区质量技术监督检测所
地址:甘肃省兰州市雁滩路 3188 号
邮政编码:730000
电话:0931-8516921

兰州市七里河区质量技术监督检测所
地址:甘肃省兰州市七里河区下西园 2 号
邮政编码:730050
电话:0931-2657755

兰州市安宁区质量技术监督检测所
地址:甘肃省兰州市安宁区安宁东路
邮政编码:730070
电话:0931-4551458

兰州市西固区质量技术监督检测所
地址:甘肃省兰州市西固区公园路 60 号
邮政编码:730060
电话:0931-7563272

兰州市红古区质量技术监督检测所
地址:甘肃省兰州市红古区海石湾平安路
邮政编码:730084
电话:0931-6212127

兰州市榆中县质量技术监督检测所
地址:甘肃省兰州市榆中县兴隆路 275 号
邮政编码:730100
电话:0931-5238910

兰州市皋兰县质量技术监督检测所
地址:甘肃省兰州市皋兰县新兴路 1 号
邮政编码:730200
电话:0931-5726994

兰州市永登县质量技术监督检测所
地址:甘肃省兰州市永登县城关镇胜利街
邮政编码:730300
电话:0931-6422425

白银市计量监督检定所
地址:甘肃省白银市白银区纺织路 163 号
邮政编码:730900
电话:0943-8232166

白银市平川区质量技术监督检测所
地址:甘肃省白银市平川区兴平南路 98 号
邮政编码:730913
电话:0943-6622774

白银市靖远县质量技术监督检测所
地址:甘肃省白银市靖远县东大街 5 号
邮政编码:730600
电话:0943-6121215

白银市景泰县质量技术监督检测所
地址:甘肃省白银市景泰县振兴路 18 号
邮政编码:730400
电话:0943-5529364

白银市会宁县质量技术监督检测所
地址:甘肃省白银市会宁县会师镇教场路
邮政编码:730700
电话:0943-3221968

甘肃省计量测试检定西部分中心
地址:甘肃省武威市科技巷 117 号
邮政编码:733000
电话:0935-6119455

甘肃省古浪县质量技术监督检测所
地址:甘肃省武威市古浪县城建设路
邮政编码:733100
电话:0935-5121872

民勤县质量技术监督检测
地址:甘肃省武威市民勤县北关广场路 6 号
邮政编码:733300
电话:0935-4131609

天祝县质量技术监督检测所
地址:甘肃省武威市天祝藏族自治县
邮政编码:733200
电话:0935-3124315

金昌市质量技术监督检测所
地址:甘肃省金昌市延安路 103 号
邮政编码:737100
电话:0935-8319029

金昌市永昌县质量技术监督检测所
地址:甘肃省金昌市永昌县城关镇南大街
邮政编码:732000
电话:0935-7529077

张掖市计量测试检定所
地址:甘肃省张掖市甘州区张靖公路 100 米
邮政编码:734000
电话:0936-8212639

张掖市高台县质量技术监督检测所
地址:甘肃省张掖市高台县城关镇解放南路
邮政编码:734300
电话:0936-5521983

张掖市临泽县质量技术监督检测所
地址:甘肃省张掖市临泽县八一路
邮政编码:734200
电话:0936-5521983

张掖市民乐县质量技术监督检测所
地址:甘肃省张掖市民乐县南环路政府楼
邮政编码:734500
电话:0936-4422505

张掖市山丹县质量技术监督检测所
地址:甘肃省张掖市山丹县山红公路 28 号
邮政编码:734100
电话:0936-2726378

酒泉市计量检定测试所
地址:甘肃省酒泉市新城区光明大厦 6 楼
邮政编码:735000
电话:0937-2657499

玉门市质量技术监督检测所
地址:甘肃省玉门市南坪区民主西路
邮政编码:735200
电话:0937-3246528

肃北蒙古族自治县质监检测所
地址:甘肃省酒泉市肃北县政府综合楼2楼
邮政编码:736300
电话:0937-8121640

金塔县质量技术监督检测所
地址:甘肃省酒泉市金塔县金塔镇解放路
邮政编码:735300
电话:0937-4420706

敦煌市质量技术监督检测所
地址:甘肃省酒泉市敦煌市阳关中路23号
邮政编码:736200
电话:0937-8835131

安西县质量技术监督检测所
地址:甘肃省酒泉市安西县安敦路
邮政编码:736100
电话:0937-5522261

阿克塞哈萨克族自治县技术监督局
地址:甘肃省酒泉市阿克塞哈萨克族自治县三馆中心
邮政编码:736400
电话:0937-8322239

嘉峪关市质量技术监督检测所
地址:甘肃省嘉峪关市胜利北路7号
邮政编码:735100
电话:0937-6267172

定西市计量检定测试所
地址:甘肃省定西市城关镇公园路15号
邮政编码:743000
电话:0932-8214880

定西市临洮县质量技术监督检测所
地址:甘肃省定西市临洮县洮阳镇北大街
邮政编码:730500
电话:0932-2242180

定西市陇西县质量技术监督检测所
地址:甘肃省定西市陇西县东大街93号
邮政编码:748100
电话:0932-6622112

定西市岷县质量技术监督检测所
地址:甘肃省定西市岷县岷阳镇人民街88号
邮政编码:748400
电话:0932-7723632

定西市通渭县质量技术监督检测所
地址:甘肃省定西市通渭县平襄镇西小街
邮政编码:743300
电话:0932-5552523

定西市渭源县质量技术监督检测所
地址:甘肃省定西市渭源县清源镇新街
邮政编码:748200
电话:0932-4132273

定西市漳县质量技术监督检测所
地址:甘肃省定西市漳县武阳镇44号
邮政编码:748300
电话:0932-4861327

天水市计量测试检定所
地址:甘肃省天水市秦州区
邮政编码:741000
电话:0938-8623323

天水市麦积区质量技术监督检测所
地址:甘肃省天水市麦积区渭滨路39号
邮政编码:741020
电话:0938-2730681

天水市秦安县质量技术监督检测所
地址:甘肃省天水市秦安县青年西路43号
邮政编码:741600
电话:0938-6521370

天水市甘谷县质量技术监督检测所
地址:甘肃省天水市甘谷县城关二城子4号
邮政编码:741200
电话:0938-5622714

天水市清水县质量技术监督检测所
地址:甘肃省天水市清水县中山路11号
邮政编码:741400
电话:0938-7151359

天水市武山县质量技术监督检测所
地址:甘肃省天水市武山县城关镇富强路
邮政编码:741300
电话:0938-3421345

天水市张家川回族自治县质量技术监督检测所
地址:甘肃省天水市张家川县中城南路统办楼
邮政编码:741500
电话:0938-7881222

甘肃省计量测试检定东部分中心
地址:甘肃省平凉市西大街169号
邮政编码:744000
电话:0933-8217090

平凉市崇信县质量技术监督检测所
地址:甘肃省平凉市崇信县城西街2号
邮政编码:744200
电话:0933-6121199

平凉市华亭县质量技术监督检测所
地址:甘肃省平凉市华亭县城东关165号
邮政编码:744100
电话:0933-7721260

平凉市泾川县质量技术监督检测所
地址:甘肃省平凉市泾川县城青年路2号
邮政编码:744300
电话:0933-3321382

平凉市静宁县质量技术监督检测所
地址:甘肃省平凉市静宁县城中街95号
邮政编码:743400
电话:0933-2521277

平凉市灵台县质量技术监督检测所
地址:甘肃省平凉市灵台县城北环路
邮政编码:744400
电话:0933-3621166

平凉市庄浪县质量技术监督检测所
地址:甘肃省平凉市庄浪县水洛镇北城区邮政巷
邮政编码:744600
电话:0933-6821690

庆阳市计量测试检定所
地址:甘肃省庆阳市西峰区安定西路184号
邮政编码:745000
电话:0934-6468959

合水县质量技术监督检测所
地址:甘肃省庆阳市合水县城西华北街6号
邮政编码:745400
电话:0934-5521470

华池县质量技术监督检测所
地址:甘肃省庆阳市华池县城中街6号
邮政编码:745600
电话:0934-5121976

环县质量技术监督检测所
地址:甘肃省庆阳市环县环城镇陵园路
邮政编码:745700
电话:0934-4421144

宁县质量技术监督检测所
地址:甘肃省庆阳市宁县新宁镇人民路
邮政编码:745200
电话:0934-6622526

庆城县质量技术监督检测所
地址:甘肃省庆阳市庆城县庆城镇北大街
邮政编码:745100
电话:0934-3222198

镇原县质量技术监督检测所
地址:甘肃省庆阳市镇原县城中街21号
邮政编码:744500
电话:0934-7121824

正宁县质量技术监督检测所
地址:甘肃省庆阳市正宁县城东街05号
邮政编码:745200
电话:0934-6622526

甘肃省陇南市计量检定所
地址:甘肃省陇南市武都区东江镇
邮政编码:746005
电话:0939-8238361

甘肃省成县质量技术监督检测所
地址:甘肃省陇南市成县城关镇西大街
邮政编码:742500
电话:0939-3216885

宕昌县质量技术监督检测所
地址:甘肃省陇南市宕昌县城关镇滨河路
邮政编码:748500
电话:0939-6623223

徽县质量技术监督检测所
地址:甘肃省陇南市徽县城关镇东街33号
邮政编码:742300
电话:0939-7521220

康县质量技术监督检测所
地址:甘肃省陇南市康县城关南街
邮政编码:746500
电话:0939-5125868

礼县质量技术监督检测所
地址:甘肃省陇南市礼县城关镇西大街
邮政编码:742200
电话:0939-4421043

两当县质量技术监督检测所
地址:甘肃省陇南市两当县东街
邮政编码:742400
电话:0939-7122762

文县质量技术监督检测所
地址:甘肃省陇南市文县城关镇江南街
邮政编码:746400
电话:0939-5526283

西和县质量技术监督检测所
地址:甘肃省陇南市西和县汉源镇工人巷
邮政编码:742100
电话:0939-6628983

临夏回族自治州质量技术检测所
地址:甘肃省临夏市民主东路65号
邮政编码:731100
电话:0936-6219836

临夏州永靖县质量技术监督检测所
地址:甘肃省临夏市永靖县刘家峡镇
邮政编码:731600
电话:0930-8833537

康乐县质量技术监督检测所
地址:甘肃省临夏市康乐县东街8号
邮政编码:731500
电话:0930-4423601

甘南藏族自治州质量监督检测所
地址:甘肃省甘南藏族自治州合作市人民西街
邮政编码:747000
电话:0941-8212468

临潭县质量技术监督检测所
地址:甘肃省甘南藏族自治州临潭县城关镇
邮政编码:747500
电话:0941-3121812

甘肃省气相色谱计量检定站
地址:甘肃省兰州市天水路18号
邮政编码:730000
电话:0931-4968282

甘肃省气象计量检定站
地址:甘肃省兰州市东岗东路2070号
邮政编码:730020
电话:0931-4685812

甘肃省大容量计量检定站
地址:甘肃省兰州市西固区玉门街10号
邮政编码:730060
电话:0931-7933870

甘肃省油流量计量检定站
地址:甘肃省兰州市西固区玉门街10号
邮政编码:730060
电话:0931-7933870

11. 福建省技术机构

福建省计量科学技术研究所
地址:福建省福州市华林路147号
邮政编码:350003
电话:0591-87818204

福州市计量所
地址:福建省福州市湖滨路121号
邮政编码:350003
电话:0591-87813114

福州市开发区质量技术监督所
地址:福建省福州市马尾君竹路30号
邮政编码:350015
电话:0591-83684146

福清市计量所
地址:福建省福清市政府院内
邮政编码:350300
电话:0591-25257892

长乐市计量所
地址:福建省长乐市吴航镇新民路
邮政编码:350200
电话:0591-28922482

闽侯县计量所
地址:福建省闽侯县政府院内(主楼三层)
邮政编码:350100
电话:0591-22982883

永泰县计量所
地址:福建省永泰县樟城镇后埕路 5 号
邮政编码:350700
电话:0591-24839630

闽清县计量所
地址:福建省闽清县梅城镇西门街 43 号
邮政编码:350800
电话:0591-22371656

连江县计量所
地址:福建省连江县凤城镇
邮政编码:350500
电话:0591-26232910

罗源县计量所
地址:福建省罗源县城关莲花西区五座
邮政编码:350600
电话:0591-26851775

厦门市计量测试所
地址:福建省厦门市七星路 51 号 7 楼
邮政编码:361012
电话:0592-5360513

漳州市计量所
地址:福建省漳州市石龟头马鞍山路 1 号
邮政编码:363000
电话:0596-2526016

龙海市计量所
地址:福建省龙海市石码镇人民路 81 号
邮政编码:363100
电话:0596-6550399

漳浦县计量所
地址:福建省漳浦县政府大院内
邮政编码:363200
电话:0596-3222315

云霄县计量所
地址:福建省云霄县贝仔洋区
邮政编码:363300
电话:0596-8585788

东山县计量所
地址:福建省东山县西埔镇白石街育新路
邮政编码:363400
电话:0596-5889159

诏安县计量所
地址:福建省诏安县政府大楼
邮政编码:363500
电话:0596-3336555

南靖县计量所
地址:福建省南靖县人民广场 13 号
邮政编码:363600
电话:0596-7837028

平和县计量所
地址:福建省平和县小溪镇东大路 866 号
邮政编码:363700
电话:0596-5232713

华安县计量所
地址:福建省华安县城关大同路
邮政编码:363800
电话:0596-7365345

长泰县计量所
地址:福建省长泰县武安镇人民西路 79 号
邮政编码:363900
电话:0596-8332695

泉州市计量所
地址:福建省泉州市九一路
邮政编码:362000
电话:0595-22288104

晋江市计量所
地址:福建省晋江市政府大院
邮政编码:362200
电话:0595-85662525

南安市计量所
地址:福建省南安市政府大楼
邮政编码:362300
电话:0595-86390369

惠安县计量所
地址:福建省惠安县建设路
邮政编码:362100
电话:0595-87382387

安溪县计量所
地址:福建省安溪县解放路西门巷
邮政编码:362400
电话:0595-23282890

永春县计量所
地址:福建省永春县城 823 东路 182 号
邮政编码:362600
电话:0595-23873003

德化县计量所
地址:福建省德化县城风池街 28 号
邮政编码:362500
电话:0595-23558362

莆田市计量所
地址:福建省莆田市城厢区井头巷 1 号
邮政编码:351100
电话:0594-2290677

仙游县计量所
地址:福建省仙游县鲤城镇胜利北路
邮政编码:351200
电话:0594-8280759

三明市计量所
地址:福建省三明市东新二路杜鹃新村
邮政编码:365000
电话:0598-8242788

永安市计量所
地址:福建省永安市晏公街 47 号
邮政编码:366000
电话:0598-3606191

清流县计量所
地址:福建省清流县城关水东路 1 幢
邮政编码:365300
电话:0598-5325553

宁化县计量所
地址:福建省宁化县城关中山路 1 号
邮政编码:365400
电话:0598-6821451

建宁县计量所
地址:福建省建宁县民主街 29 号
邮政编码:354500
电话:0598-3982105

明溪县计量所
地址:福建省明溪县雪峰镇民主路 9 号
邮政编码:365200
电话:0598-2813484

将乐县计量所
地址:福建省将乐县城关新将北路 1 号
邮政编码:353300
电话:0598-2334367

沙县计量所
地址:福建省沙县政府大楼 1 楼 107 号
邮政编码:365500
电话:0598-5841220

尤溪县计量所
地址:福建省尤溪县计量所
邮政编码:365100
电话:0598-6337089

大田县计量所
地址:福建省大田县建山路 29 号
邮政编码:366100
电话:0598-7221986

南平市计量所
地址:福建省南平市文体路 203 号
邮政编码:353000
电话:0599-8822770

邵武市计量所
地址:福建省邵武市溪南路富屯小区 15 号
电话:0599-6237500
邮政编码:354000

武夷山市计量所
地址:福建省武夷山市宠安镇大楼五层
电话:0599-5310597
邮政编码:354300

建瓯市计量所
地址:福建省建瓯市朱家巷 30 号
电话:0599-3862751
邮政编码:353100

建阳市计量所
地址:福建省建阳市城关朱熹大道
电话:0599-5825966
邮政编码:354200

顺昌县计量所
地址:福建省顺昌县城中路 72 号
电话:0599-7822607
邮政编码:353200

浦城县计量所
地址:福建省浦城县城关兴浦路西 1 区
电话:0599-2820055
邮政编码:353400

光泽县计量所
地址:福建省光泽县武林路 22 号
电话:0599-7930022
邮政编码:354100

松溪县计量所
地址:福建省松溪县大街 68 号
电话:0599-2332029
邮政编码:353500

政和县计量所
地址:福建省政和县城关文明路
电话:0599-3321856
邮政编码:353600

龙岩市计量所
地址:福建省龙岩市新罗区溪南
电话:0597-2320147
邮政编码:364000

漳平市计量所
地址:福建省漳平市政府大楼
电话:0597-7530158
邮政编码:364400

永定县计量所
地址:福建省永定县政府大楼
电话:0597-5832436
邮政编码:364100

上杭县计量所
地址:福建省上杭县政府大楼
电话:0597-3832538
邮政编码:364200

武平县计量所
地址:福建省武平县政府大楼
电话:0597-4822198
邮政编码:364300

长汀县计量所
地址:福建省长汀县兆征路 99 号
电话:0597-6831709
邮政编码:366300

连城县计量所
地址:福建省连城县政府办公大楼四楼
电话:0597-8924228
邮政编码:366200

宁德市计量测试所
地址:福建省宁德市蕉城南路 59 号
电话:0593-2962156
邮政编码:352100

福安市计量所
地址:福建省福安市培训中心内
电话:0593-6309688
邮政编码:355000

福鼎市计量所
地址:福建省福鼎市中山南路 101-107 号
电话:0593-7812999
邮政编码:355200

古田县计量所
地址:福建省古田县政府大院
电话:0593-3882001
邮政编码:352200

12. 广西壮族自治区技术机构

广西壮族自治区计量测试研究院
地址:广西壮族自治区南宁市星湖路南
邮政编码:530022
电话:0771-5317471

广西壮族自治区质检所
地址:广西壮族自治区南宁市新竹路 12 号
邮政编码:530022
电话:0771-5860161

广西壮族自治区标准情报研究所
地址:广西壮族自治区南宁市新竹路 12 号
邮政编码:530022
电话:0771-5862414

南宁市计量测试所
地址:广西壮族自治区南宁市东葛路 20 号
邮政编码:530022
电话:0771-2807714

南宁市质检所
地址:广西壮族自治区南宁市五一东路 3 号
邮政编码:530031
电话:0771-4822675

柳州市计量测试所
地址:广西壮族自治区柳州市解放南路 174 号
邮政编码:545001
电话:0772-2822167

柳州市质检所
地址:广西壮族自治区柳州市广雅路 22 号
邮政编码:545001
电话:0772-2824980

桂林市计量测试研究所
地址:广西壮族自治区桂林市七星路 79 号
邮政编码:541004
电话:0773-2182256

桂林市质检所
地址:广西壮族自治区桂林市南环路 102 号
邮政编码:541002
电话:0773-2825466

梧州市计量测试所
地址:广西壮族自治区梧州市大中二路
邮政编码:543000
电话:0774-2824027

北海市计量测试研究研究所
地址:广西壮族自治区北海市北海大道东路
邮政编码:536000
电话:0779-2054030

北海市计量所
地址:广西壮族自治区北海市南海路23号
邮政编码:536000
电话:0779-2072461

南宁地区计量测试所
地址:广西壮族自治区南宁市衡阳东路西
邮政编码:530001
电话:0771-3133032

桂林地区计量所
地址:广西壮族自治区桂林市螺丝山
邮政编码:541001
电话:0773-2822269

玉林市计量测试所
地址:广西壮族自治区玉林市东门路274号
邮政编码:537000
电话:0775-2824492

柳州铁路工程质量检测中心
地址:广西柳州市和平路138号
邮政编码:545007
电话:0772-3692210

贵港市计量所
地址:广西壮族自治区贵港市人民东路541号
电话:0775-4221383
邮政编码:537100

北流市计量所
地址:广西壮族自治区北流市大兴路6号
邮政编码:537400
电话:0775-6222135

13. 内蒙古自治区技术机构

内蒙古自治区产检所
地址:内蒙古自治区呼和浩特市新城区乌兰察布东路
邮政编码:010010
电话:0471-4967252

内蒙古自治区计量研究院
地址:内蒙古自治区呼和浩特市新华大街
邮政编码:010030
电话:0471-6963408

呼和浩特市计量所
地址:内蒙古自治区呼和浩特市鄂尔多斯路
邮政编码:010030
电话:0471-3965104

呼和浩特供电局电能计量中心
地址:内蒙古自治区呼和浩特市通道北街
邮政编码:010050
电话:0471-6947532

包头市产品质量计量检测所
地址:内蒙古自治区包头市青山区钢铁大街
邮政编码:014030
电话:0472-5153289,5157986

内蒙古第一机械制造(集团)有限公司计量检测中心
地址:内蒙古自治区包头市二号信箱
邮政编码:014032
电话:0472-3116982

航天科工集团第六研究院计量中心
地址:内蒙古自治区呼和浩特市1084信箱
邮政编码:010026
电话:0471-4944644

赤峰市产品质量计量检测所
地址:内蒙古自治区赤峰市
邮政编码:024000
电话:0476-8337296

赤峰市计量所
地址:内蒙古自治区赤峰市
邮政编码:024000
电话:0476-8335935

赤峰市技术监督检查所
地址:内蒙古自治区赤峰市
邮政编码:024000
电话:0476-8330941

呼伦贝尔市产品质量监督检验所
地址:内蒙古自治区呼伦贝尔市
邮政编码:021008
电话:0470-8223541

呼伦贝尔市计量所
地址:内蒙古自治区呼伦贝尔市
邮政编码:021008
电话:0470-8221186

呼和浩特供电局电能计量中心
地址:内蒙古自治区呼和浩特市通道北街
邮政编码:010050
电话:0471-6947532

满洲里市计量所
地址:内蒙古自治区满洲里市
邮政编码:021400
电话:0470-6223124

兴安盟产检所
地址:内蒙古自治区乌兰浩特市
邮政编码:137400
电话:0482-8216532

乌兰浩特市计量所
地址:内蒙古自治区乌兰浩特市
邮政编码:137400
电话:0482-8214009

通辽市计量所
地址:内蒙古自治区通辽市
邮政编码:028000
电话:0475-8235212

锡林郭勒盟计量所
地址:内蒙古自治区锡林浩特市
邮政编码:026000
电话:0479-8227825

乌兰察布盟计量所
地址:内蒙古自治区集宁市
邮政编码:012000
电话:0474-8222512

东胜市计量所
地址:内蒙古自治区东胜市
邮政编码:017000
电话:0477-8323124

14. 新疆维吾尔自治区技术机构

新疆维吾尔自治区计量测试所
地址：新疆乌鲁木齐市北京南路40号附9号
邮政编码：830011
电话：0991-3836553

新疆维吾尔自治区计量情报所
地址：新疆乌鲁木齐市北京南路40号
邮政编码：830011
电话：0991-3835385

乌鲁木齐市计量测试所
地址：新疆维吾尔自治区乌鲁木齐市龙泉街
邮政编码：830001
电话：0991-2826085

乌鲁木齐市质检所
地址：新疆维吾尔自治区乌鲁木齐市龙泉街
邮政编码：830001
电话：0991-2828052

克拉玛依市计量所
地址：新疆维吾尔自治区克拉玛依市友谊路
邮政编码：834000
电话：0990-224079

吐鲁番地区质量与计量检测所
地址：新疆维吾尔自治区吐鲁番市老城路
邮政编码：838000
电话：0995-8523480

吐鲁番地区质检所
地址：新疆维吾尔自治区吐鲁番市西环路
邮政编码：838000
电话：0995-8523480

巴音郭楞蒙古自治州质检所
地址：新疆维吾尔自治区库尔勒市团结路8号
邮政编码：841000
电话：0996-2022346

巴音郭楞蒙古自治州纤检总站
地址：新疆维吾尔自治区库尔勒市团结路8号
邮政编码：841000
电话：0996-2022921

巴音郭楞蒙古自治州计量所
地址：新疆维吾尔自治区库尔勒市团结路8号
邮政编码：841000
电话：0996-2022579

阿克苏地区质量与计量测试所
地址：新疆维吾尔自治区阿克苏市东大街
邮政编码：843000
电话：0997-2125981

阿克苏地区纤检总站
地址：新疆维吾尔自治区阿克苏市东大街7号
邮政编码：843000
电话：0997-2123783

阿克陶县计量检测中心
地址：新疆维吾尔自治区阿克陶县
邮政编码：845550
电话：09081-722469

昌吉回族州计量测试所
地址：新疆维吾尔自治区昌吉市健康西路
邮政编码：831100
电话：0994-2329499

昌吉回族州纤检总站
地址：新疆维吾尔自治区昌吉市健康西路
邮政编码：831100
电话：0994-2345058

博尔塔拉蒙古自治州质检所
地址：新疆维吾尔自治区博乐市顾力木图路
邮政编码：833400
电话：0909-222752

博尔塔拉蒙古自治州计量测试所
地址：新疆维吾尔自治区博乐市顾力木图路
邮政编码：833400
电话：0909-228043

博尔塔拉蒙古自治州纤检总站
地址：新疆维吾尔自治区博乐市顾力木图路
邮政编码：833400
电话：0909-222126

伊犁地区计量所
地址：新疆维吾尔自治区伊宁市青年街15号
邮政编码：835000
电话：0999-8024225

伊犁地区质检所
地址：新疆维吾尔自治区伊宁市青年街15号
邮政编码：835000
电话：0999-8021026

塔城地区质量与计量检测所
地址：新疆维吾尔自治区塔城市
邮政编码：834700
电话：0901-6227331

阿勒泰地区质检所
地址：新疆维吾尔自治区阿勒泰市解放路
邮政编码：836500
电话：0909-223268

阿勒泰地区纤检总站
地址：新疆维吾尔自治区阿勒泰市解放路
邮政编码：836500
电话：0909-223893

阿勒泰地区质量与计量检测所
地址：新疆维吾尔自治区阿勒泰市解放路
邮政编码：836500
电话：0906-2128226

和田地区计量测试所
地址：新疆维吾尔自治区和田市古鲁巴克路
邮政编码：848000
电话：0903-222090

和田地区质检所
地址：新疆维吾尔自治区和田市古鲁巴克路
邮政编码：848000
电话：0903-222758

和田地区纤检总站
地址：新疆维吾尔自治区和田市古鲁巴克路
邮政编码：848000
电话：0903-222054

哈密地区质检所
地址：新疆维吾尔自治区哈密市建国南路
邮政编码：839000
电话：0902-2232024

哈密地区纤检所
地址：新疆维吾尔自治区哈密市建国南路
邮政编码：839000
电话：0902-2233634

昌吉回族州质检所
地址：新疆维吾尔自治区昌吉市健康西路
邮政编码：831100
电话：0994-2322602

15. 吉林省技术机构

吉林省计量测试研究所
地址:吉林省长春市卫星路10号
邮政编码:130022
电话:0431-4661898

国家汽车质量监督检验中心(长春)
地址:吉林省长春市创业大街35号
邮政编码:130011
电话:0431-5905151

长春市第一计量检定测试技术研究所
地址:吉林省长春市民康路595号
邮政编码:130041
电话:0431-8490391

长春市第二计量所
地址:吉林省长春市树勋街1-1号
邮政编码:130041
电话:0431-8972419

中国第一汽车集团公司检测服务中心
地址:吉林省长春市东风大街42号
邮政编码:130011
电话:0431-5974511

长春市粮食计量所
地址:吉林省长春市天宝街3号
邮政编码:130021
电话:0431-5672018-2331

德惠市计量所
地址:吉林省德惠市西五道街
邮政编码:130300
电话:0431-7222497

德惠市质检所
地址:吉林省德惠市西五道街
邮政编码:130300
电话:0431-7222497

九台市衡器所
地址:吉林省九台市人民政府
邮政编码:130500
电话:0431-2324939

九台市检测中心
地址:吉林省九台市人民政府
邮政编码:130500
电话:0431-2322411

榆树市计量检定测试所
地址:吉林省榆树市工农大街
邮政编码:130400
电话:0431-3616005

吉林市计量测试研究所
地址:吉林省吉林市吉林大街99号
邮政编码:132011
电话:0432-4661898

磐石市计量所
地址:吉林省磐石市福安路168号
邮政编码:132300
电话:0432-5222532

蛟河市技术监督局
地址:吉林省蛟河市蛟河大街68号
邮政编码:132500
电话:0432-7222235

蛟河市质量计量检测所
地址:吉林省蛟河市蛟河大街68号
邮政编码:132500
电话:0432-7249931

桦甸市计量所
地址:吉林省桦甸市振兴路194号
邮政编码:132400
电话:0432-6273180

桦甸市检验测试中心所
地址:吉林省桦甸市振兴路194号
邮政编码:132400
电话:0432-6272115

舒兰市计量所
地址:吉林省舒兰市民西街56号
邮政编码:132600
电话:0432-8223584

四平市计量所
地址:吉林省四平市海丰路38号
邮政编码:136000
电话:0434-3261174

四平市衡器所
地址:吉林省四平市海丰路38号
邮政编码:136000
电话:0434-3518192

公主岭市计量所
地址:吉林省公主岭市大马路2号
邮政编码:136100
电话:0434-6220217

辽源市计量所
地址:吉林省辽源市吉祥街20号
邮政编码:136200
电话:0437-3225303

通化市计量所
地址:吉林省通化市胜利路9号
邮政编码:134000
电话:0435-3616952

敦化市计量检定管理所
地址:吉林省敦化市计量检定管理所
邮政编码:133700
电话:0433-6222852,6226996

梅河口市计量所
地址:吉林省梅河口市中心街48号
电话:0448-4224281
邮政编码:135000

集安市技术监督检测中心
地址:吉林省集安市胜利西路63号
邮政编码:132400
电话:0435-6223410

集安市计量所
地址:吉林省集安市胜利西路63号
邮政编码:132400
电话:0435-6223753

白山市计量所
地址:吉林省白山市浑江大街122号
邮政编码:134300
电话:0439-3225024

白山市计量检定测试所
地址:吉林省白山市浑江大街122号
邮政编码:134300
电话:0439-3225024

临江市计量所
地址:吉林省临江市解放街59号
邮政编码:134600
电话:0439-5235465

松原市检测中心
地址:吉林省松原市宁江区新城东路 121 号
邮政编码:131200
电话:0438-3129940

白城市计量所
地址:吉林省白城市海明西路 75 号
邮政编码:137000
电话:0436-3334803

德惠市质量监督检验测试中心
地址:吉林省德惠市东一道街
邮政编码:130300
电话:0431-7222497
传真:0431-7218620

洮南市质检所
地址:吉林省洮南市光明南街 49 号
邮政编码:137100
电话:0436-6222739

洮南市计量所
地址:吉林省洮南市光明南街 49 号
邮政编码:137100
电话:0436-6323438

大安市质检所
地址:吉林省大安市锦华街长白路
邮政编码:131300
电话:0436-5222914

大安市计量所
地址:吉林省大安市锦华街
邮政编码:131300
电话:0436-5223645

延边州质检所
地址:吉林省延吉市友谊路 17 号
邮政编码:133000
电话:0433-2523159

延边州计量所
地址:吉林省延吉市友谊路 17 号
邮政编码:133000
电话:0433-2661232

16. 青海省技术机构

青海省计量测试研究所
地址:青海省西宁市西关大街 31 号
邮政编码:810001
电话:0971-8237579

青海省质检所
地址:青海省西宁市长江路 392-4 号
邮政编码:810000
电话:0971-6318018

西宁市技术监督局
地址:青海省西宁市同仁路 1 号
邮政编码:810001
电话:0971-8171234

李家峡技术监督所
地址:青海省黄南州李家峡
邮政编码:811900
电话:0983-42763

海南州技术监督局
地址:青海省共和县恰卜恰镇长风路 24-2 号
邮政编码:813000
电话:0974-8520102

果洛州技术监督局
地址:青海省果洛州大武镇
邮政编码:814000
电话:0975-8384296

玉树州技术监督局
地址:青海省玉树州结古镇
邮政编码:815000
电话:0976-8822372

海西州技术监督局
地址:青海省海西州德令哈市文化路
邮政编码:817000
电话:0977-8222996

格尔木市技术监督局
地址:青海省格尔木市江源路
邮政编码:816000
电话:0979-8412019

青海省节能技术中心
青海省节能监测中心
地址:青海省西宁市五四西路 18 号
邮政编码:810008
电话:0971-6300671

17. 辽宁省技术机构

辽宁省标准情报所
地址:辽宁省沈阳市和平区永安北路 8 号
邮政编码:110003
电话:024-3893151

沈阳市能源制用监测中心
地址:辽宁省沈阳市沈河区南一街 103-2 号
电话:024-22715606
传真:024-22823572

东北计量测试中心
地址:辽宁省沈阳市和平区文化路三巷 9 号
邮政编码:110006
电话:024-3892746

辽宁省计量测试研究所
地址:辽宁省沈阳市和平区文化路三巷 9 号
邮政编码:110006
电话:024-23890662

辽宁省计量仪器实验所
地址:辽宁省沈阳市和平区长兴街 5 号
邮政编码:110006
电话:024-3865184

辽宁省计量器材站
地址:辽宁省沈阳市和平区文化路三巷 9 号
邮政编码:110006
电话:024-3894082

沈阳市计量测试所
地址:辽宁省沈阳市铁西区滑翔路 26 号
邮政编码:110021
电话:024-25920513

沈阳市标准技术咨询中心
地址:辽宁省沈阳市和平区南八马路 90 号
邮政编码:110006
电话:024-3860973

大连海关化验中心
地址:辽宁省大连市中山区人民路 75 号
邮政编码:116001
电话:0411-82515055

大连计量检定测试所
地址:辽宁省大连市西岗区黄河路116号
邮政编码:116011
电话:0411-82893056

瓦房店市计量所
地址:辽宁省瓦房店市大宽街二段306号
邮政编码:116300
电话:0411-5613370

普兰店市计量检测所
地址:辽宁省普兰店市西工路21号
邮政编码:116200
电话:0411-9613368

庄河市衡器检定所
地址:辽宁省庄河市庄河镇工农街
邮政编码:116400
电话:0411-8612497

鞍山市计量测试所
地址:辽宁省鞍山市立山区深沟寺健身街8号
邮政编码:114034
电话:0412-6414845

鞍山市标准计量情报所
地址:辽宁省鞍山市立山区深沟寺东健身街
邮政编码:114034
电话:0412-5513504

海城市计量检定所
地址:辽宁省海城市北关街
邮政编码:114200
电话:0412-3224566

海城市衡器检定所
地址:辽宁省海城市北关街
邮政编码:114200
电话:0412-3222474

国家大容器计量抚顺站
地址:辽宁省抚顺市新抚区长春街16号
邮政编码:113006
电话:0413-7644189

抚顺市计量测试研究所
地址:辽宁省抚顺市新抚区新城路西段15号
邮政编码:113006
电话:0413-8218550

抚顺市衡器管理所
地址:辽宁省抚顺市新抚区新城路西段15号
邮政编码:113006
电话:0413-7674063

抚顺市技术监督局
地址:辽宁省抚顺市新抚区新城路西段15号
邮政编码:113006
电话:0413-8218521

本溪市计量测试所
地址:辽宁省本溪市平山区中心街
邮政编码:117000
电话:0414-2818953

本溪市计量技术实验所
地址:辽宁省本溪市明山区解放路
邮政编码:117000
电话:0414-2820426

本溪市衡器管理所
地址:辽宁省本溪市平山区中心街
电话:0414-2844152
邮政编码:117000

本溪县小市计量管理所
地址:辽宁省本溪县小市镇
邮政编码:117100
电话:0414-6822548

丹东市能源标准计量所
地址:辽宁省丹东市元宝区新华街394号
邮政编码:118000
电话:0415-2182941

丹东市计量测试技术研究所
地址:辽宁省丹东市元宝区新华街394号
电话:0415-2190242
邮政编码:118000

丹东市标准计量情报站
地址:辽宁省丹东市元宝区新华街394号
邮政编码:118000
电话:0415-2182426

丹东市衡器管理检定所
地址:辽宁省丹东市振兴区人民街1-6号
邮政编码:118002
电话:0415-3123777

东港市计量检定所
地址:辽宁省东港市新兴街12号
邮政编码:118300
电话:0415-7123798

东港市衡器检定所
地址:辽宁省东港市新兴街12号
邮政编码:118300
电话:0415-7125099

东港市孤山计量所
地址:辽宁省东港市孤山镇
邮政编码:118302
电话:0415-7512603

凤城市计量测试所
地址:辽宁省凤城市利民街4号
邮政编码:118100
电话:0415-8124829

锦州市产品质检所
地址:辽宁省锦州市凌河区吉庆里23号甲
邮政编码:121000
电话:0416-2125097

锦州市计量检定测试所
地址:辽宁省锦州市古塔区和平路三段17号
邮政编码:121001
电话:0416-2123093

锦州市衡器检定所
地址:辽宁省锦州市阜康里123号
邮政编码:121000
电话:0416-3138523

铁路罐车容积计量站
地址:辽宁省锦州市古塔区和平路三段17号
邮政编码:121000
电话:0416-2120756

凌海市计量测试所
地址:辽宁省凌海市锦凌大街
邮政编码:121200
电话:0416-8123835

凌海市衡器管理所
地址:辽宁省凌海市锦凌大街
邮政编码:121200
电话:0416-8122402

北宁市沟帮子衡器检定所
地址:辽宁省北宁市沟帮子镇
邮政编码:121308
电话:0416-6652245

北宁市计量检测所
地址:辽宁省北宁市皂君庙胡同1号

邮政编码:121300
电话:0416-6623428

营口市计量测试所
地址:辽宁省营口市主台前区中心街13号
邮政编码:115000
电话:0417-2818133

营口市计量测试研究所
地址:辽宁省营口市站前区健康街电台里3号
邮政编码:115000
电话:0417-2832503

营口市计量技术实验所
地址:辽宁省营口市站前区东双桥里6号
邮政编码:115000
电话:0417-2837289

营口市衡器检定所
地址:辽宁省营口市站前区健康里3号
邮政编码:115000
电话:0417-2834862

大石桥市计量测试所
地址:辽宁省大石桥市石桥街
邮政编码:115100
电话:0417-5812832

大石桥市衡器检定所
地址:辽宁省大石桥市石桥街
邮政编码:115100
电话:0417-5812832

盖州市产品质检所
地址:辽宁省盖州市新光街南段
邮政编码:115200
电话:0417-7813405

盖州市计量管理所
地址:辽宁省盖州市古楼区前进街
邮政编码:115200
电话:0417-7812324

盖州市计量测试所
地址:辽宁省盖州市民和街
邮政编码:115200
电话:0417-7812826

盖州市计量实验所
地址:辽宁省盖州市民和街
邮政编码:115200
电话:0417-7812272

盖州市熊岳计量所
地址:辽宁省盖州市熊岳镇站前街
邮政编码:115201
电话:0417-7842240

阜新市计量检测所
地址:辽宁省阜新市解放大街34号
邮政编码:123000
电话:0418-2825153

阜新市衡器检定所
地址:辽宁省阜新市解放大街34号
邮政编码:123000
电话:0418-2825902

阜新市标准计量情报所
地址:辽宁省阜新市海州区矿工大街21号
邮政编码:123000
电话:0418-2826271

辽阳市产品质检所
地址:辽宁省辽阳市青年大街63号
邮政编码:111000
电话:0419-4123229

辽阳市计量测试所
地址:辽宁省辽阳市民主路四段89号
邮政编码:111000
电话:0419-2146115

辽阳市衡器管理所
地址:辽宁省辽阳市新兴街121-1号
邮政编码:111000
电话:0419-2123317

盘锦市计量测试所
地址:辽宁省盘锦市兴隆台区兴一路
邮政编码:124010
电话:0427-6678999

盘锦市技术监督检查所
地址:辽宁省盘锦市兴隆台区兴一路
邮政编码:124010
电话:0427-2828644

盘锦市衡器检定所
地址:辽宁省盘锦市双台子区向阳街
邮政编码:124000
电话:0427-3835270

铁岭市第二计量测试所
地址:辽宁省铁岭市银州区汇工街161-4号
邮政编码:112000
电话:0428-4841131

铁法市计量检定所
地址:辽宁省铁法市调兵山镇
邮政编码:112700
电话:0428-6865259

开原市计量检定所
地址:辽宁省开原市开原镇胜利街
邮政编码:112300
电话:0428-3822577

朝阳市计量测试所
地址:辽宁省朝阳市长江路三段10号
邮政编码:122000
电话:0421-2813494

朝阳市衡器管理所
地址:辽宁省朝阳市双塔区长江路三段10号
邮政编码:122000
电话:0421-2814643

朝阳市标准计量情报所
地址:辽宁省朝阳市双塔区长江路三段10号
邮政编码:122000
电话:0421-2835133

北票市计量质量检验所
地址:辽宁省北票市振兴街66号
邮政编码:122100
电话:0421-5823334

凌源市计量质量检验所
地址:辽宁省凌源市大西街
邮政编码:122500
电话:0421-6822252

葫芦岛市计量检测所
地址:辽宁省葫芦岛市龙湾新区
邮政编码:125000
电话:0429-3116849

兴城市计量检测所
地址:辽宁省兴城市河东路69号
邮政编码:125100
电话:0429-5152736

兴城市计量监检所
地址:辽宁省兴城市河东路69号
邮政编码:125100
电话:0429-5152475

18. 宁夏回族自治区技术机构

宁夏回族自治区计量研究所
地址:宁夏回族自治区银川市公园街8号
邮政编码:750001
电话:0951-5032891

宁夏回族自治区产品质检所
地址:宁夏银川市凤凰南街3号甲
邮政编码:750001
电话:0951-4106871

宁夏回族自治区信息研究所
地址:宁夏回族自治区银川市凤凰南街
邮政编码:750001
电话:0951-4105740

银川市计量所
地址:宁夏回族自治区银川市西郊西环南路
邮政编码:750002
电话:0951-5043421

银川市产品质检所
地址:宁夏回族自治区银川市东郊掌政路
邮政编码:750006
电话:0951-6027543

贺兰县标准计量局
地址:宁夏回族自治区贺兰县县城西街
邮政编码:750200
电话:0951-8061900

永宁县标准计量局
地址:宁夏回族自治区永宁县县政府
邮政编码:750100
电话:0951-8012302

盐池县标准计量局
地址:宁夏回族自治区盐池县文化巷13号
邮政编码:751500
电话:0953-6012731

吴忠市技术监督局
地址:宁夏回族自治区吴忠市朝阳街
邮政编码:751100
电话:0953-2012416

石嘴山市标准计量局
地址:宁夏回族自治区石嘴山市大武口区贺兰山南路
邮政编码:753000
电话:0952-2013310

青铜峡市技术监督局
地址:宁夏回族自治区青铜峡市小坝西街
邮政编码:751600
电话:0953-3053700

固原市技术监督局
地址:宁夏回族自治区固原市政府街25号
邮政编码:756000
电话:0954-2032845

彭阳县标准计量局
地址:宁夏回族自治区彭阳县
邮政编码:756500
电话:0954-7012512

19. 上海市技术机构

上海市计量测试技术研究院
地址:上海市宜山路716号
邮政编码:200233
电话:021-64701810

上海市产品质量检验所
地址:上海市苍梧路381号
邮政编码:200233
电话:021-64850058

上海市检测技术所
地址:上海市苍梧路389号
邮政编码:200233
电话:021-64851399

上海市嘉定区计量质量检验所
地址:上海市嘉定镇博乐路89号
邮政编码:201800
电话:021-59913634

上海松江天然气有限公司
地址:上海市松江新城区江学路1号
邮政编码:201600
电话:021-67819607

航空工业华东电磁商业兼容监督检测中心
地址:上海市桂平路555号47号楼110室
邮政编码:200233
电话:021-64956799

上海金山自来水有限公司
地址:上海市金山区朱泾镇清泉路241号
邮政编码:201500
电话:021-57321156

上海崇明大众燃气有限公司
地址:上海市崇明县城桥镇人民路241号
邮政编码:202150
电话:021-59623283

中国石化上海石油化工股份有限公司
地址:上海市金山卫二路369号
邮政编码:200540
电话:021-57944006

上海市供水调度监测中心
地址:上海市许昌路280号
邮政编码:200082
电话:021-55212073

上海市燃气管理处
地址:上海市西藏中路656号
邮政编码:200001
电话:021-63611163

宝钢集团企业开发总公司
地址:上海市宝山区宝林二村12号
邮政编码:201900
电话:021-56121628

上海青浦煤气管理所
地址:上海市青浦区青安路 383 号
邮政编码:201700
电话:021-59705001

上海市松江自来水公司
地址:上海市松江镇中山中路 18 号
邮政编码:210600
电话:021-57705291

上海青浦自来水有限公司
地址:上海市青浦镇环城西路 10 号
邮政编码:201700
电话:021-59737964

奉贤区自来水公司
地址:上海市南桥镇育秀路 118 号
邮政编码:201400
电话:021-37100564

上海市嘉定自来水有限公司
地址:上海市嘉定镇环城路 2351 号
邮政编码:201800
电话:021-59552736

中国石油化工股份有限公司上海石油分公司
地址:上海市中山东一路 24 号甲
邮政编码:200002
电话:021-63219490-5060

上海市电力公司
地址:上海市天山路 1758 号
邮政编码:200051
电话:021-62591084

上海市机电工业技术监督所
地址:上海市育婴堂路 181 号
邮政编码:200070
电话:021-56622416

上海市纺织工业技术监督所
地址:上海市江宁路 931 号
邮政编码:200040
电话:021-52667856

上海市轻工技术监督所
地址:上海市延安中路 955 弄 12 号
邮政编码:200040
电话:021-62470247*3024

上海市化学工业技术监督所
地址:上海市思南路 30 号
邮政编码:200020
电话:021-53829129

上海市电力试验研究所
地址:上海市邯郸路 171 号
邮政编码:200437
电话:021-65557000*6628

上海铁路局技术监督所
地址:上海市民德路 45 号
邮政编码:200071
电话:021-51235091

江南造船(集团)有限责任公司
地址:上海市高雄路 2 号
邮政编码:200011
电话:021-63783228*843

宝山钢铁股份有限公司
地址:上海市宝山区果园
邮政编码:201900
电话:021-26645140

上海市邮政局
地址:上海市中山北二路 1621 号
邮政编码:200092
电话:021-55886669

上海精密科学仪器有限公司分析仪器总厂
地址:上海市苍梧路 8 号
邮政编码:200233
电话:021-64366632

上海市崇明电力公司
地址:上海市崇明县城桥镇北门路 235 号
邮政编码:202150
电话:021-69616528

20. 云南省技术机构

云南省产品质量检验所
地址:云南省昆明市教场东路 29 号
邮政编码:650223
电话:0871-5153192

云南省计量测试技术研究院
地址:昆明市东风东路唐家营 69 号
邮政编码:650041
电话:0871-3193367

云南省纤维检验所
地址:云南省昆明市教场东路 30 号
邮政编码:650223
电话:0871-5151011

中国医学科学院医学生物学研究所
地址:云南省昆明市茭菱路 397 号
邮政编码:650118
电话:0871-8334241

滇南检测中心
地址:云南省个旧市金湖西路 151 号
邮政编码:661400
电话:0873-2123620

滇东北检测中心
地址:云南省曲靖市麒麟西路
邮政编码:655000
电话:0874-3126017

昆明市计量测试研究所
地址:云南省昆明市东寺街昆福巷 7 号
邮政编码:650022
电话:0871-4160238

昆明市产品质量检验所
地址:云南省昆明市气象路刘家营 79 号
邮政编码:650034
电话:0871-4142911

玉溪市质检所
地址:云南省玉溪市东风中路 21 号
邮政编码:663100
电话:0887-2023567

思茅市测试所
地址:云南省思茅市思茅镇振兴中路 2 号
邮政编码:665000
电话:0879-2122269

大理市计量所
地址:云南省大理市下关幸福路 102 号
邮政编码:671000
电话:0872-2125998

保山市测试所
地址:云南省保山市永昌镇上巷街 61 号
邮政编码:678000
电话:0875-2120784

21. 天津市技术机构

国家摩托车质量监督检验中心(天津)
地址:天津市南开区卫津路 92 号
邮政编码:300072
电话:022-27404944
传真:022-27407628

天津市计量技术研究所
地址:天津市南开区红旗路南科研西路 4 号
邮政编码:300041
电话:022-26353790

天津市城市排水检测站
地址:天津市河亚区紫金山路南头纪庄子
邮政编码:300221
电话:022-23016972

天津市建筑节能监测站
地址:天津市河西区院北环湖西路 20 号
邮政编码:300060
电话:022-23383355
传真:022-23940578

天津市质量监督检验站第 38 站
邮政编码:300100
地址:天津市南开区五马路 27 号
电话:022-27373653

天津海关归类分中心
地址:天津港海保税区海滨五路 1 号
邮政编码:300461
电话:022-65205942
传真:022-25760026

22. 四川省技术机构

四川省测试技术研究院
地址:四川省成都市东门街 2 号
邮政编码:610031
电话:028-84403112

国家原油大流量计量站
成都天然气流量分站
地址:四川成都华阳天然气计量检测中心
邮政编码:610213
电话: 028-85605476

成都市计量测试研究所
地址:四川省成都市水碾河东风路北二巷 5 号
邮政编码:610061
电话:028-84442208

邛崃市计量测试所
地址:四川省邛崃市北环路 41 号
邮政编码:611530
电话:028-88791484

都江堰市计量测试所
地址:四川省都江堰市建设路 396 号
邮政编码:611830
电话:028-87135930

攀枝花市计量测试所
地址:四川省攀枝花市炳草岗人民街二村
邮政编码:617000
电话:0812-3332268

泸州市计量所
地址:四川省泸州市市中区堰塘湾
邮政编码:646000
电话:0830-3101546

四川省川南计量测试中心
自贡市计量测试研究所
地址:四川省自贡市三台手路 7 号
邮政编码:643000
电话:0813-2203121、2206156

广汉市计量所
地址:四川省广汉市雒城镇栖贤路东段
邮政编码:618300
电话:0838-5305390

绵阳市计量所
地址:四川省绵阳市绵州中路 177 号
邮政编码:621000
电话:0816-2336786

广元市计量所
地址:四川省广元市文化路 28 号
邮政编码:628017
电话:0839-3261034

遂宁市检测中心
地址:四川省遂宁市中区城关兴隆街 38 号
邮政编码:629000
电话:0825-233042

四川省烟草质量监督检验站
地址:四川省成都市桂王桥南街 26 号
邮政编码:600170
电话:028-86783115

简阳市计量所
地址:四川省简阳市简城镇新民街 185 号
邮政编码:641400
电话:028-8722836

乐山市计量所
地址:四川省乐山市新村街 50 号
邮政编码:614000
电话:0833-2110313

南充市计量所
地址:四川省南充市顺庆区府街 64 号
邮政编码:637000
电话:0817-2226294

达州市计量所
地址:四川省达州市朝阳东路文化巷 64 号
邮政编码:635000
电话:0818-2373917

成都市质检所
地址:四川省成都市水丰路 9 号
邮政编码:610041
电话:028-85180929

23. 浙江省技术机构

杭州市质量技术监督检测院
地址:杭州市德胜路 98 号
邮政编码:310007
电话:0571-85340946,85372618

宁波市计量测试所
地址:宁波市王隘路 12 号
邮政编码:315041
电话:0574-87835080,87835078

温州市质量技术监督检测院
地址:温州市汤家桥南路质检大楼
邮政编码:325000
电话:0577-88915876

嘉兴市计量检定测试所（嘉兴市度量衡管理所）
地址:嘉兴市洪兴路 88 号
邮政编码:3140001
电话:0573-2087124

湖州市质量技术监督检测院
地址:浙江省湖州市吉山中路 13 号
邮政编码:313000
电话:0572-2078648

绍兴市质量技术监督检测院
地址:浙江省绍兴市解放南路 85 号
邮政编码:312000
电话:0575-5130768

台州市质量技术监督检测研究院
地址:浙江省台州经济开发区纬二路 93 号
邮政编码:318000
电话:0576-8201929

金华市质量技术监督检测中心
地址:浙江省金华市明月街 108 号
邮政编码:321017
电话:0579-2338147

衢州市质量技术监督检测中心
地址:浙江省衢州市荷花中路 135 号
邮政编码:324002
电话:0570-3075271

丽水市质量技术监督检测院
地址:浙江省丽水市莲都区灯塔街 161 号
邮政编码:323000
电话:0578-2132543

舟山市质量技术监督检测中心
地址:浙江省舟山市定海区解放西路 348 号
邮政编码:316000
电话:0580-2360384

萧山区质量计量监测中心
地址:浙江省萧山区城厢街道洄澜路 59 号
邮政编码:311203
电话:0571-82752357

台州市质量技术监督检测研究院黄岩分院
地址:浙江省台州市黄岩区桔乡大道 419 号
邮政编码:318020
电话:0576-4280636

东阳市计量检定测试所
地址:浙江省东阳市吴宁西路 70 号
邮政编码:322100
电话:0579-6698229

永康市计量测试检定所
地址:浙江省永康市科技五金城五金西路
邮政编码:321300
电话:0579-7211617

常山县质量技术监督检测所
地址: 浙江省常山县天马镇清河街技术监督大楼四楼
邮政编码:324200
电话:0570-5026672

海宁市计量检定测试所
地址:浙江省海宁市长埭路 444 号
邮政编码:314400
电话:0573-7233750

桐乡市计量检定测试所
地址:浙江省桐乡市梧桐镇振兴中路 18 号
邮政编码:314500
电话:0573-8036078

乐清市质量技术监督检测院
地址:浙江省乐清市柳市长乐路 1 号
邮政编码:325600
电话:0577-62756850

瑞安市计量测试检定所
地址:浙江省瑞安市安阳沿江西路 163 号
邮政编码:325200
电话:0577-65668226

温岭市计量检定所
地址:浙江省温岭市太平街道镇安路 39 号
邮政编码:317500
电话:0576-6213141

绍兴县计量测试所
地址:浙江省绍兴市府山西路 333 号
邮政编码:312000
电话:0575-5154390

诸暨市产品质量监督检验所（诸暨市计量技术测试所）
地址:浙江省诸暨市城关镇暨阳北路 27 号
邮政编码:311800
电话:0575-7325009

余杭区质量计量监测中心
地址:浙江省余杭区临平镇龙皇塘路 23 号
邮政编码:311100
电话:0571-86230474

临海市计量检定测试所
地址:浙江省临海市柏叶西路 11 号
邮政编码:317000
电话:0576-5286151

宁海县计量技术测试所
地址:浙江省宁海县城关镇桃源南路 47 号
邮政编码:315600
电话:0574-65585040

宁波市鄞州区质量技术监督检测中心
地址:浙江省宁波市鄞州区钟公庙天童北路
邮政编码:315192
电话:0574-88206017

玉环县计量检定测试所
地址:浙江省玉环县珠港镇石井 1 号
邮政编码:317600
电话:0576-7233216

江山市质量技术监督测试所
地址:浙江省江山市江城北路 5 号
邮政编码:324100
电话:0570-4115767

长兴县质量技术监督检测中心
地址:浙江省长兴县雉城镇人民北路 3 号
邮政编码:313100
电话:0572-6022268

富阳市质量计量监测中心
地址:浙江省富阳市苋浦西路 44 号
邮政编码:311400
电话:0571-63327178

富阳市度量衡管理所
地址:浙江省富阳镇苋浦西路 44 号
邮政编码:311400
电话:0571-63324950

嵊州市计量测试所
地址:浙江省嵊州市城关镇西绣衣坊 5 号
邮政编码:312400
电话:0575-3018578,3023530

缙云县计量检定测试所
地址:浙江省缙云县五云镇东门小区 12 幢
邮政编码:321400
电话:0578-3130762,3123791

开化县质量技术监督检测所
地址:浙江省开化县芹北路 9 号
邮政编码:324300
电话:0570-6015272,6014971

永嘉县计量检定所
地址:浙江省永嘉县瓯北镇罗浮大街质检巷 1 号
邮政编码:325102
电话:0577-67332807

上虞市计量测试所
地址:浙江省上虞市百官街道新建路 11 号
邮政编码:312300
电话:0575-2117571,2126225

遂昌县计量检定测试所
地址:浙江省遂昌县妙高镇南门东路
电话:0578-8199225
邮政编码:323300

温州市瓯海区质量技术监督检测所
地址:浙江省温州市将军桥兴海路 13 号
邮政编码:325005
电话:0577-88521477,88915427

苍南县计量检定测试所
地址:浙江省苍南县龙港镇沿江路 381 号
邮政编码:325802
电话:0577-64203474,64225431

新昌县计量测试所
地址:浙江省新昌城关镇上三溪
邮政编码:312500
电话:0575-6240153

三门县计量检定测试所
地址:浙江省三门县城关人民路 90 号
邮政编码:317100
电话:0576-3334382

临安市质量计量监测中心
地址:浙江省临安市城中街 678 号
邮政编码:311300
电话:0576-63753976,63724849

嘉善县计量测试所
地址:浙江省嘉善县魏塘镇北新埭 16 号
邮政编码:314100
电话:0573-4029826,4023742

海盐县计量检定测试所
地址:浙江省海盐县武原镇梅园路 87 号
邮政编码:314300
电话:0573-6024443,6024486

德清县质量技术监督检测中心
地址:浙江省德清县武康镇中兴南路 194 号
邮政编码:313200
电话:0572-8074317,8075240

平湖市计量检定测试所
地址:浙江省平湖市城南新村 161 号
邮政编码:314200
电话:0573-5132328

建德市质量计量监测中心
地址:浙江省建德市新安东路 87 号
邮政编码:311600
电话:0571-64758890,64714965

淳安县质量计量监测中心
地址:浙江省淳安县千岛湖镇排岭南路
邮政编码:311700
电话:0576-64827435\64812299

龙游县质量技术监督检测所
地址:浙江省龙游镇柳村灵江工业园区
邮政编码:324400
电话:0570-7086477

奉化市计量测试所
地址:浙江省奉化市大桥镇岳林西路 32 号
邮政编码:315500
电话:0574-88523613,88529048

余姚市计量检定所
地址:浙江省余姚市玉立路 67 号玉立大厦
邮政编码:315400
电话:0574-62814624,62814621

平阳县质量检验检测所
地址:浙江省平阳县敖江镇经济开发区
邮政编码:325401
电话:0577-63611677

象山县计量技术测试所
地址:浙江省象山县丹城东谷路 117 号
邮政编码:315700
电话:0574-65739822

桐庐县质量计量监测中心
地址:浙江省桐庐县柚庐镇圆通路 6 号
邮政编码:311500
电话:0571-64600587,64601460

天台县计量检定测试所
地址:浙江省天台县城关利民路 6 号
邮政编码:317200
电话:0576-3807776,3888426

仙居县质量技术监督检测中心
地址:浙江省仙居县城关省耕路 219 号
邮政编码:317300
电话:0576-7757409,7757408

义乌市计量测试检定所
地址:浙江省义乌市稠城街道办事处香山路 235 号
邮政编码:322000
电话:0579-5314170,5325610

浦江县质量技术监督检测中心
地址:浙江省浦江县浦阳镇人民西路 39 号
邮政编码:322200
电话:0579-4125832

台州市路桥区标准计量检定所
地址:浙江省台州市路桥区西路桥大道 248 号
邮政编码:318050
电话:0576-2520501,2520520

慈溪市计量检定测试所
地址:浙江省慈溪市开发大道 198 号
邮政编码:315300
电话:0574-63029480,63023098

武义县质量技术监督检测中心
地址:浙江省武义县环城南路 229 号
邮政编码:321200
电话:0579-7640708,7643616

兰溪市质量技术监督检测中心计量检定测试所
地址:浙江省兰溪市星晨路 13 号
邮政编码:321100
电话:0579-8903466,8903288

24. 陕西省技术机构

陕西省计量测试研究所
地址:陕西省西安市咸宁西路 30 号
邮政编码:710048
电话:029-82227960

陕西省标准计量情报研究所
地址:陕西省西安市咸宁西路 30 号
邮政编码:710048
电话:029-82226061

陕西省产品质量检验所
地址:陕西省西安市雁塔路南段 15 号
邮政编码:710054
电话:029-85535401

国家测绘所第一大地测量队测绘仪器计量检定维修站
地址:西安市测绘路 4 号
邮政编码:710054
电话:029-82080393
传真:029-85535318

陕西省煤炭质量检验中心
地址:陕西省西安市雁塔路南段 15 号
邮政编码:710054
电话:029-85524880

西北地区计量中心
地址:陕西省西安市咸宁西路 30 号
邮政编码:710048
电话:029-82214619

西安市计量测试研究所
地址:陕西省西安市劳动南路 12 号
邮政编码:710068
电话:029-88484341

国家电力公司西北勘测设计研究院检验测试中心
地址:陕西省西安市西影路 88 号
邮政编码:710043
电话:029-82357656

铜川市计量所
地址:陕西省铜川市铜川宾馆南楼三楼
邮政编码:710061
电话:029-2182534

西安应用光学研究所校准检测实验室
地址:陕西省西安市电子城 123 信箱
邮政编码:710065
电话:029-88288059

宝鸡市计量测试所
地址:陕西省宝鸡市胜桥北
邮政编码:712000
电话:0917-3213565
传真:0917-8608168

咸阳市计量所
地址:陕西省咸阳市西兰路 6 号
邮政编码:712000
电话:0910-3213535

兴平市计量所
地址:陕西省兴平市南关煤建巷 15 号
邮政编码:713100
电话:0910-8822457

渭南市计量检定测试所
地址:陕西省渭南市人民街 43 号
邮政编码:714000
电话:0913-2073781

汉中市计量所
地址:陕西省汉中市南环路
邮政编码:723000
电话:0916-2519422

安康市计量所
地址:陕西省安康市金州南路 54 号
邮政编码:725000
电话:0915-3213103

商洛市计量所
地址:陕西省商洛市文卫路 1 号
邮政编码:726000
电话:0914-2312134

延安市计量测试所
地址:陕西省延安市宝塔区西沟
邮政编码:716000
电话:0911-2310722,2310935

榆林市计量所
地址:陕西省榆林市西人民路 15 号
邮政编码:719000
电话:0912-283462

国家非金属矿制品质量监督中心
地址:陕西省咸阳市滨河 5 号
邮政编码:712021
电话:0910-33245443,3313596
传真:0910-3374657

国家电力电子产品质量监督检验中心西安电力电子技术研究所电力电子实验室
地址:西安市朱雀大街 94 号
邮政编码:710061
电话:029-85219219

25. 山西省技术机构

山西省计量监督检定测试所
地址:山西省太原市府西街131号
邮政编码:030002
电话:0351-3531276

山西省产品质量检验所
地址:山西省太原市长治路76号
邮政编码:030012
电话:0351-7226107

太原市计量测试所
地址:山西省太原市并州北路286号
邮政编码:030012
电话:0351-2022979

太原市产品质量检验所
地址:山西省太原市并州北路286号
邮政编码:030012
电话:0351-2021100

阳泉市计量测试所
地址:山西省阳泉市南山南路6号
邮政编码:045000
电话:0353-2035337

阳泉市标准计量情报所
地址:山西省阳泉市南山南路6号
邮政编码:045000
电话:0353-2032107

阳泉市产品质量检验所
地址:山西省阳泉市南大街38号
邮政编码:045000
电话:0353-2033907

阳泉市衡器检定所
地址:山西省阳泉市桃园东路36号
邮政编码:045000
电话:0353-2038275

长治市计量测试所
地址:山西省长治市大庆路16号
邮政编码:046011
电话:0355-2023029

晋城市计量测试所
地址:山西省晋城市南环路西段
邮政编码:048000
电话:0356-2032390-544

晋城市产品质量检验所
地址:山西省晋城市南环路西段
邮政编码:048000
电话:0356-2032390-3746

忻州市计量测试所
地址:山西省忻州市健康西路14号
邮政编码:034000
电话:0350-2021667

忻州市产品质量检验所
地址:山西省忻州市健康西路14号
邮政编码:034000
电话:0350-2020693

忻州市标准计量局
地址:山西省忻州市七一南路
邮政编码:034000
电话:0350-2020073

吕梁市计量测试所
地址:山西省吕梁市城区八一街31号
邮政编码:033000
电话:0358-8223487

晋中市计量测试所
地址:山西省晋中市建东路1号
邮政编码:030600
电话:0354-3023343

晋中市产品质量检验所
地址:山西省晋中市建东路1号
邮政编码:030600
电话:0354-3024344

榆次区标准计量所
地址:山西省晋中市榆次区新华街25号
邮政编码:030600
电话:0354-2024129

介休市标准计量所
地址:山西省介休市城内
邮政编码:031200
电话:0354-7223816

临汾市计量测试所
地址:山西省临汾市解放路85号
邮政编码:041000
电话:0357-3017130

临汾市产品质量检验所
地址:山西省临汾市解放路85号
邮政编码:041000
电话:0357-3016454

霍州市标准计量局
地址:山西省霍州市东大街
邮政编码:031400
电话:0357-5623513

运城市计量测试所
地址:山西省运城市建设北路104号
邮政编码:044000
电话:0359-2023093

国家大容量检定站
地址:山西省运城市建设北路
邮政编码:044000
电话:0359-2022218

26. 西藏自治区技术机构

西藏自治区计量测试所
地址:西藏自治区拉萨市北京东路155号
邮政编码:850000
电话:0891-6832095

西藏自治区质检所
地址:西藏自治区拉萨市北京东路155号
邮政编码:850000
电话:0891-6324832

27. 黑龙江省技术机构

黑龙江省计量所
地址:黑龙江省哈尔滨市香坊区司徒街 99 号
邮政编码:150036
电话:0451-2306178

哈尔滨铁路局节能监测中心
地址:黑龙江省哈尔滨市南岗区西大直街 119 号
邮政编码:150006
电话:0451-86426371

哈尔滨市计量所
地址:黑龙江省哈尔滨市香坊区珠江路 5 号
邮政编码:150036
电话:0451-2318951

哈尔滨市质检所
地址:黑龙江省哈尔滨市香坊区珠江路 5 号
邮政编码:150036
电话:0451-2318953

哈尔滨市标准情报研究所
地址:黑龙江省哈尔滨市南岗区国民街 65 号
邮政编码:150001
电话:0451-3659240

齐齐哈尔市计量所
地址:黑龙江省齐齐哈尔市龙沙区东祥胡同
邮政编码:161005
电话:0452-2425644

齐齐哈尔市质检所
地址:黑龙江省齐齐哈尔市龙沙区新福街
邮政编码:161005
电话:0452-2474900

鸡西市衡器所
地址:黑龙江省鸡西市鸡冠区西山路 21 号
邮政编码:158100
电话:0453-2353486

鸡西市质检所
地址:黑龙江省鸡西市鸡冠区西山路 21 号
邮政编码:158100
电话:0453-2353509

鸡西市计量所
地址:黑龙江省鸡西市鸡冠区西山路 21 号
邮政编码:158100
电话:0453-2357067

鹤岗市计量所
地址:黑龙江省鹤岗市工农区育才路 11 号
邮政编码:154101
电话:0454-3222612

牡丹江市衡器所
地址:黑龙江省牡丹江市东长安街 162 号
邮政编码:157005
电话:0453-6616348

鹤岗市衡器所
地址:黑龙江省鹤岗市工农区西解放路
邮政编码:154101
电话:0454-3224620

双鸭山市质检所
地址:黑龙江省双鸭山市尖山区八马路 3 号
邮政编码:155100
电话:0454-4274624

双鸭山市计量所
地址:黑龙江省双鸭山市尖山区八马路 3 号
邮政编码:155100
电话:0454-4274624

双鸭山市衡器所
地址:黑龙江省双鸭山市尖山区八马路 3 号
邮政编码:155100
电话:0454-4274624

大庆市质检所
地址:黑龙江省大庆市让胡路区西宾路
邮政编码:163453
电话:0459-5392199

绥化市计量所
地址:黑龙江省绥化市绥兰路 187 号
邮政编码:152054
电话:0455-8225898

佳木斯市计量所
地址:黑龙江省佳木斯市光复路 611 号
邮政编码:154002
电话:0454-8223458

佳木斯市质检所
地址:黑龙江省佳木斯市光复路 611 号
邮政编码:154002
电话:0454-8223204

佳木斯市衡器检定所
地址:黑龙江省佳木斯市光复路 611 号
邮政编码:154002
电话:0454-8222256

黑龙江省烟花爆竹火柴产品质量监督检验站
地址:黑龙江省哈尔滨市南岗区宣庆小区 4 号
邮政编码:150008
电话:0451-82307336

七台河市计量所
地址:黑龙江省七台河市桃山区大同路 16 号
邮政编码:154600
电话:0453-8261436

牡丹江市计量检定测试所
地址:黑龙江省牡丹江市东圣林街 101-24 号
邮政编码:157009
电话:0453-6824410

28. 山东省技术机构

山东省计量科学研究院
地址:山东省济南市千佛山东路 28 号
邮政编码:250014
电话:0531-82964401

济南市计量检定所
地址:山东省济南市魏家庄 65 号
邮政编码:250001
电话:0531-6084132

山东铁正工程试验检测中心
地址:山东省济南市和平路 16 号
邮政编码:250014
电话:0531-83864722

济南市衡器管理站
地址:山东省济南市东工商河路 48 号
邮政编码:250031
电话:0531-5930574

山东煤矿机电装备安全检测中心
地址:山东枣庄仙名西路 124 号
邮政编码:277101
电话:0632-3055826
传真:0632-3392942

国家海洋局北海监测中心
地址:山东省青岛市抚顺路 22 号
邮政编码:266033
电话:0532-5628344
传真:0532-5628344

青岛市衡器测试中心
地址:山东省青岛市延安三路 123 号
邮政编码:266071
电话:0532-3866951

青岛市衡器所
地址:山东省青岛市东海路 7 号
邮政编码:266071
电话:0532-3871305

山东煤矿机电装备安全检测中心
地址:山东省枣庄市仙台西路 126 号
邮政编码:277101
电话:0632-3396380

青岛市计量测试所
地址:山东省青岛市市南区东海西路 9 号
邮政编码:266071
电话:0532-3871763
传真:0532-3866071

青岛市电子仪表计量检测站
地址:山东省青岛市江西路 11 号
邮政编码:266071
电话:0532-6016016-2838

淄博市计量测试所
地址:山东省淄博市张店区共青团西路 98 号
邮政编码:255033
电话:0533-2315962

中国石化集团公司沥青产品质量监督检验中心
地址:山东省淄博区齐鲁石化公司胜利炼油厂研究所
邮政编码:255434
电话:0533-7571214
传真:0533-7571954

枣庄市质检所
地址:山东省枣庄市中龙庭路 9 号
邮政编码:277102
电话:0632-3322548

枣庄市计量测试所
地址:山东省枣庄市解放中路 15 号
邮政编码:277100
电话:0632-3319151

东营市质检所
地址:山东省东营市东城府前街
邮政编码:257091
电话:0546-8331382

东营市计量测试所
地址:山东省东营市东城府前街
邮政编码:257091
电话:0546-8331366

烟台市计量所
地址:山东省烟台市芝罘区上夼西路 101 号
邮政编码:266401
电话:0535-6223327

烟台市产品质量监督检验所
地址:山东省烟台市芝罘区上夼西路 101 号
邮政编码:264001
电话:0535-6085417

烟台市计量所
地址:山东省烟台市芝罘区毓璜顶东路 53 号
邮政编码:264000
电话:0535-6085627

烟台海军航空工程学院科研部
地址:山东省烟台二马路 188 号科研部
邮政编码:264001
电话:0535-6635911
传真:0535-6628481

国家蒸气流量站
地址:山东省烟台市芝罘区上夼西路 108 号
邮政编码:264001
电话:0535-6226603

潍坊市计量测试所
地址:山东省潍坊市奎文区福寿东街 7 号
邮政编码:261041
电话:0536-8237347

潍坊市衡器所
地址:山东省潍坊市潍城区东风西街
邮政编码:261021
电话:0536-8323748

济宁市计量测试所
地址:山东省济宁市石门口街 1 号
邮政编码:272100
电话:0537-2885046

济宁市衡器所
地址:山东省济宁市建设北路 50 号
邮政编码:272125
电话:0537-2314447

泰安市计量测试所
地址:山东省泰安市红门路 70 号
邮政编码:271000
电话:0538-6217394

泰安市质检所
地址:山东省泰安市岱宗大街 395 号
邮政编码:271000
电话:0538-8334282

泰安市纤检所
地址:山东省泰安市岱宗大街 395 号
邮政编码:271000
电话:0538-8226519

泰安市衡管所
地址:山东省泰安市奈河东路 20 号
邮政编码:271000
电话:0538-8229973

威海市计量所
地址:山东省威海市文化东路 4 号
邮政编码:264200
电话:0896-5285781

日照市计量测试所
地址:山东省日照市海安路 62 号
邮政编码:276800
电话:0633-8722707

莱芜市计量测试所
地址:山东省莱芜市花园路 8 号
邮政编码:271100
电话:0634-6212257

德州市计测所
地址:山东省德州市湖滨北路 22 号
邮政编码:253014
电话:0534-2680317

德州市质检所
地址:山东省德州市东风西路 1 号
邮政编码:253005
电话:0534-2623735

临沂市计量测试所
地址:山东省临沂市启阳路 10 号
邮政编码:276001
电话:0539-8314093

临沂市衡器所
地址:山东省临沂市临西一路 74 号
邮政编码:276005
电话:0539-8291179

菏泽市计测所
地址:山东省菏泽市道碑西街 15 号
邮政编码:274014
电话:0530-5624015

滨州市计量测试检定所
地址:山东省滨州市黄河四路 520 号
邮政编码:256618
电话:0543-3321564

29. 贵州省技术机构

贵州省计量测试院
地址:贵州省贵阳市头桥海马冲街 45 号
邮政编码:550003
电话:0851-6517364、8631557
传真:0851-6517364

贵阳市质量技术监督检测所
地址:贵州省贵阳市青云路 277 号
邮政编码:550002
电话:0851-5815085

贵阳市小河区质量技术监督检测所
地址:贵州省贵阳市小河黄河路 443 号
邮政编码:550006
电话:0851-3847440

贵阳市白云区质量技术监督检测所
地址:贵州省贵阳市白云区同心路 10 号
邮政编码:550014
电话:0851-4835190

贵阳市乌当区质量技术监督检测所
地址:贵州省贵阳市乌当区新添寨镇环西路财政局一楼
邮政编码:550018
电话:0851-6846366

贵阳市修文县质量技术监督检测所
地址:贵州省贵阳市修文县龙场镇宾阳路
邮政编码:550200
电话:0851-2326006

贵阳市息峰县质量技术监督检测所
地址:贵州省息峰县永靖镇东门小区
邮政编码:551100
电话:0851-7728586

贵阳市花溪区质量技术监督检测所
地址:贵州省贵阳市花溪区贵筑路 88 号
邮政编码:550025
电话:0851-3857945

贵阳清镇市质量技术监督检测所
地址:贵州省清镇市红枫大街 33 号
邮政编码:551400
电话:0851-2522536

贵阳市开阳县质量技术监督检测所
地址:贵州省贵阳市开阳县
邮政编码:550300
电话:0851-7223742

遵义市质量技术监督检测所
地址:贵州省遵义市宁波路质检大楼
邮政编码:563000
电话:0852-8647055

遵义县质量技术监督检测所
地址:贵州省遵义县万寿街南段 16 号
邮政编码:563100
电话:0852-7250190

赤水县质量技术监督检测所
地址:贵州省赤水市校园街
邮政编码:564700
电话:0852-2821713

仁怀县质量技术监督检测所
地址:贵州省仁怀市白酒交易中心
邮政编码:564500
电话:0852-2224652

务川自治县质量技术监督检测所
地址:贵州省务川县都濡镇南门
邮政编码:564300
电话:0852-5624420

道真仡佬族苗族县质量技术监督检测所
地址:贵州省道真县政府大楼五楼
邮政编码:563500
电话:0852-5821680

绥阳县质量技术监督检测所
地址：贵州省绥阳县洋川镇
邮政编码：563300
电话：0852-6221140

正安县质量技术监督检测所
地址：贵州省正安县凤仪镇县政府七楼
邮政编码：563400
电话：0852-6421213

六盘水市质量技术监督检测所
地址：贵州省六盘水市八一路
邮政编码：553000
电话：0858-8602092

六枝特区质量技术监督检测所
地址：贵州省六枝特区平寨镇团结路 34 号
邮政编码：553400
电话：0858-5322793

江口县质量技术监督检测所
地址：贵州省江口县双江镇三星东路
邮政编码：554400
电话：0856-6623723

石阡县质量技术监督检测所
地址：贵州省石阡县汤山镇醒狮街
邮政编码：555100
电话：0856-7652155

盘县质量技术监督检测所
地址：贵州省盘县红果镇
邮政编码：553537
电话：0858-3632941

铜仁地区质量技术监督检测所
地址：贵州省铜仁市东太大道
邮政编码：554300
电话：0856-5280308

玉屏侗族自治县质量技术监督检测所
地址：贵州省玉屏侗族自治县平溪镇人民路 213 号
邮政编码：554000
电话：0856-3221123

思南县质量技术监督检测所
地址：贵州省思南县思塘镇北街 189 号
邮政编码：565100
电话：0856-7226884

印江土家族苗族自治县质量技术监督检测所
地址：贵州省印江蛾岭镇梵净山路 15 号
邮政编码：554000
电话：0856-6231161

松桃苗族自治县质量技术监督检测所
地址：贵州省松桃县蓼皋镇人民路物业大厦
邮政编码：554100
电话：0856-2833159

德江县质量技术监督检测所
地址：贵州省德江县青龙镇中心街
邮政编码：565200
电话：0856-8520766

安顺地区质量技术监督检测所
地址：贵州省安顺市金钟西路 3 号
邮政编码：561000
电话：0853-3281827

毕节地区质量技术监督检测所
地址：贵州省毕节市生活路
邮政编码：551700
电话：0857-8238716

黔南州质量技术监督检测所
地址：贵州省都匀市文化路 27 号
邮政编码：558000
电话：0854-8248731

福泉市质量技术监督检测所
地址：贵州省福泉市县府路 2 号
邮政编码： 550500
电话：0854-2222262

独山县质量技术监督检测所
地址：贵州省独山县城关镇朝阳路 2 号
邮政编码：558200
电话：0854-3222705

贵定县质量技术监督检测所
地址：贵州省贵定县城关镇红旗路工伤大楼
邮政编码：551300
电话：0854-5231043

龙里县质量技术监督检测所
地址：贵州省龙里县龙山镇太平寺县政府楼
邮政编码： 551200
电话：0854-5632301

黔东南州质量技术监督检测所
地址：贵州省凯里市
邮政编码：556000
电话：0855-8363068

黔西南州质量技术监督检测所
地址：贵州省兴义市向阳路 97 号
邮政编码：562400
电话：0859-3234366

镇远县质量技术监督检测所
地址：贵州省镇远县舞阳镇兴隆街 15 号
邮政编码： 557700
电话：0855-5722418

水城县质量技术监督检测所
地址：贵州省六盘水市钟山区明湖路 12 号
邮政编码：553001
电话：0858-8239610

30. 重庆市技术机构

重庆市计量质量检测研究院
地址：重庆市江北区建新北路三村 17 号
邮政编码：400020
电话：023-67511214

重庆市流量检测技术研究所
地址：重庆市江北区建新北路三村 17 号
邮政编码：400020
电话：023-67513533

重庆市机械工业理化计量中心
地址：重庆市江北 S 区建东一村 29 号
邮政编码：400020
电话：023-67853135

31. 湖北省技术机构

中南测试中心
地址:湖北省武汉市武昌区东湖路3号
邮政编码:430071
电话:027-87810946

湖北省测试技术研究所
地址:湖北省武汉市武昌区东湖路3号
邮政编码:430071
电话:027-87813411

省农科院农业测试与科技信息中心
地址:湖北省武汉市武昌南湖瑶苑3号
邮政编码:430064
电话:027-87389465
传真:027-87389482

湖北省标准化情报中心
地址:湖北省武汉市武昌区中山路361号
邮政编码:430061
电话:027-8873746

武汉市计量测试检定(研究)所
地址:湖北省武汉市汉口区洞庭街135号
邮政编码:430014
电话:027-84843950

武汉市度量衡管理所
地址:湖北省武汉市汉口区洞庭街135号
邮政编码:430014
电话:027-82833713

武汉市计量测试检定研究所
地址:湖北省武汉市汉口区汉阳大道119号
邮政编码:430050
电话:027-84843950

湖北省大地测量仪器检定维修中心
地址:湖北省武汉市武昌洪山侧路40号
邮政编码:430071
电话:027-87863954

武汉后方基地油料技术监督室计量站
地址:湖北省武汉市汉口永清路20号
邮政编码:430010
电话:027-82461490

武汉市称重计数研究所
地址:湖北省武汉市汉阳大道119号
邮政编码:430050
电话:027-4834128

黄石市计量检定测试所
地址:湖北省黄石市公园路40号
邮政编码:435002
电话:0714-6512252

黄石市产品质检所
地址:湖北省黄石市公园路16号
邮政编码:435000
电话:0714-6224309

黄石市度量衡管理所
地址:湖北省黄石市武汉路186号
邮政编码:435000
电话:0714-6225155

黄石市技术监督情报所
地址:湖北省黄石市花园路
邮政编码:435000
电话:0714-6242761

宜昌市计量测试所
地址:湖北省宜昌市珍珠路134号
邮政编码:443000
电话:0717-6333190

襄樊市计量所
地址:湖北省襄樊市建设路7号
邮政编码:441000
电话:0710-3255782

湖北孝威市计量检定测试所
地址:湖北省孝威市仙女路38号
邮政编码:441000
电话:0712-2049355
传真:0712-2823384

荆门市计量所
地址:湖北省荆门市象山大道
邮政编码:434500
电话:0724-2332499

黄州市计量所
地址:湖北省黄州市体育路27号
邮政编码:438000
电话:0713-52080

麻城市计量所
地址:湖北省麻城市古楼街道办事处
邮政编码:431600
电话:0713-412658

孝感市计量所
地址:湖北省孝感市园林路2号
邮政编码:432100
电话:0712-222543

孝南区计量所
地址:湖北省孝感市仙女路1号
邮政编码:432100
电话:0712-2823384

十堰市测试所
地址:湖北省十堰市公园路105号
邮政编码:442001
电话:0719-666619

丹江口市计量所
地址:湖北省丹江口市港口路
邮政编码:441900
电话:0719-23549

随州市计量所
地址:湖北省随州市舜井道47号
邮政编码:441300
电话:0722-3222605

天门市度量衡检定所
地址:湖北省天门市城北技术监督测试中心
邮政编码:431700
电话:0728-223752

仙桃市计量所
地址:湖北省仙桃市干河办事处大洪材一组
邮政编码:433000
电话:0728-222282

潜江市计量所
地址:湖北省潜江市园林南路
邮政编码:433100
电话:0728-245176

汉川市计量所
地址:湖北省汉川市城关镇仙女北路14号
邮政编码:432300
电话:0712-282073

中启计量体系认证中心

中启计量体系认证中心统一实施全国的测量管理体系认证工作。该认证中心接受国家质检总局和国家认证认可监督管理委员会的管理和监督，是由中国计量测试学会设立的，具有独立法人的全民所有制企业。中启计量体系认证中心经营范围：对全国实施测量管理体系的认证工作，颁发认证证书；承担审核员、内审员及其师资的培训、考核、发证工作；组织中外经验交流及学术活动。认证中心下设 30 个分支机构。

在批准的范围内按规定开展测量管理体系的认证工作。该中心在河北、福建、江西、青海、新疆、山东、四川、宁夏、天津、广东、湖北、辽宁、内蒙古、甘肃、吉林、湖南、贵州、江苏、安徽、广西、陕西、北京、云南、山西、黑龙江以及化工、石化、建材、石油、电子行业设立了分中心，共 30 个分中心。基本形成了覆盖全国的测量管理体系认证网络。认证中心总部有专职审核员 40 名。

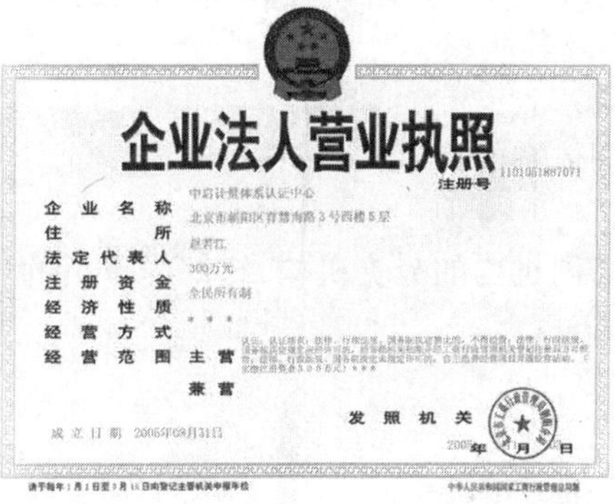

组织章程

第一章　总则

第一条　本章程中的各项条款与法律、法规、规章不符的，以法律、法规、规章的规定为准。

第二条　本企业（以下简称认证中心）依法开展经营活动，法律、行政法规、国务院决定禁止的不经营；需要前置许可的项目，报审批机关批准，并经工商行政管理机关核准注册后，方开展经营活动；不属于前置许可项目，法律、法规规定需要专项审批的，经工商管理机关登记注册，并经审批机关批准后，方开展经营活动；其它经营项目，本企业领取《营业执照》后自主选择经营项目，开展经营活动。

第二章　名称和住所

第三条　企业名称：中启计量体系认证中心

第四条　住　所：北京市朝阳区育慧南路 3 号西单元 5 层 501、502、503、504、510 室

邮政编码：100029

第三章　经济性质

第五条　本认证中心经济性质为全民所有制。

第四章　注册资金数额及其来源

第六条　本认证中心注册资金 300 万。由中国计量测试学会拨款。

第七条　缴资方式和缴资期限:设立时缴付全部注册资金。

第五章　经营范围

第八条　本认证中心在核准登记的经营范围内从事生产经营活动。经营范围包括:实施测量管理体系认证;培训测量管理审核员、内审员及其师资;组织国内外经验交流学术活动等。

第九条　经营范围:法律、行政法规、国务院决定禁止的不得经营;法律、行政法规、国务院决定规定应经许可的,经审批机关批准并经工商行政管理机关登记注册后方可经营;法律、行政法规、国务院决定未规定许可的,自主选择经营项目开展经营活动。

第六章　组织机构及其职权

第十条　认证中心总部及其职权

认证中心总部内设机构有:质量监督部、机构管理部、认证部、培训部、技术交流部和财务部等。

1. 组织建立认证分支机构;指导和帮助分支机构对企业开展认证工作;

2. 国家质检总局和国家认监委制定测量管理体系认证实施规则,确定认证标准、技术规范和认证程序。认证中心总部制定内部相关规范、规则,报国家认监委备案后实施;

3. 组织审核员进行测量管理体系的认证;

4. 组织审定委员会对测量管理体系认证结果进行审定;

5. 颁发测量管理体系认证证书;

6. 设立中启计量体系认证中心培训机构,承担测量管理审核员、内审员及其师资的培训;组织制定培训课程;将审核员报"国家认可委员会中国认证人员与培训机构"进行注册。

第十一条　非法人认证分支机构及其职权

1. 接受测量管理体系认证的申请;

2. 组织注册审核员进行测量管理体系的认证;

3. 将认证结果报认证中心总部;

4. 设立中启计量体系认证中心培训机构的分支机构,组织内审员的培训。

第十二条　审定委员会及其职权

审定委员会由专家组成。

1. 对上报的认证报告进行审定;

2. 对审核员和审核组的工作质量提出意见;

3. 对认证中心总部及其分支机构的工作提出意见。

第七章　法定代表人产生程序和职权范围

第十三条　认证中心设管理委员会。管理委员会设会长1人,成员9人。会长由中国计量测试学会理事长担任。委员由国家质检总局、中国计量测试学会、分支机构及其被认证单位的代表组成。任期三年,任期届满可连选连任。在任期届满前,不得无故解除其职务。管理委员会负责批准认证中心的基本管理制度,监督认证中心的工作,接受对认证中心负责人的投诉等。

第十四条　本认证中心设总经理1人,副总经理2人。总经理为法定代表人,由中国计量测试学会理事长任命。

第十五条　本认证中心实行总经理负责制,总经理依法行使职权。总经理职权:

1. 依照法律和国家的规定,决定或报请审查批准认证中心的各项计划;

2. 对认证中心经营管理有决策权和指挥权;

3. 决定认证中心行政机构设置;

4. 提请任免或聘任副总经理级领导干部;

5. 任免或聘任、解聘认证中心中层行政领导干部;

6. 提出工资调整方案,资金分配方案和重要规章制度;提出福利基金使用方案和其他有关职工生活福利的重大事项的建议;报认证中心管理委员会批准。

7. 奖惩职工及领导干部。

第八章　财务管理制度和利润分配形式

第十六条　认真搞好财务管理制度，遵守国家财务制度，加强财经纪律。

1. 严格执行财政部门有关固定资产的物价标准。

2. 按照国家财务制度的规定，组织好专项基金管理。

第十七条　按照规定，进行税务登记，照章缴纳各种税款。

第十八条　税后利润分配形式：税后利润33%作为发展基金；33%作为职工福利基金；33%作为职工奖励基金。

第九章　劳动用工制度

第十九条　认真贯彻按劳分配原则，在法律规定的范围内，结合本认证中心的实际情况制定相应的劳动用工制度。

1. 用工制度：解聘、辞退职工应提前30天通知被解聘人；请求解聘、自动辞职的职工也应提前30天通知总经理，待总经理做出决定后。再办理解聘或辞职手续。

2. 工资制度：聘用合同制。

3. 劳动保险制度：按国家对企业劳动保险制度执行。

第十章　章程修改程序

第二十条　当本章程不适合国家颁发的法律、法规和规定，不适合认证中心发展时，可以进行修改。

第十一章　终止程序

第二十一条　由于各种原因使认证中心终止经营时。由认证中心管理委员会组成清算小组制定清算方案，负责对认证中心财产、债权债务进行全面清算，编制资产，负债表和财产目录，清算结束后，向原登记机关办理企业法人营业执照注销登记手续。

第十二章　其他事项

第二十二条　本章程经中国计量测试学会批准。工商行政管理机关核发企业法人营业执照之日起生效。

中启计量体系认证中心管理委员会

主任委员：王秦平　中国计量测试学会理事长

委　　员：宣　湘　国家质检总局计量司司长

刘卓慧　国家认监委副主任

杨毓模　原江西省质量技术监督局局长

赵若江　中国计量测试学会秘书长

宋　伟　国家质检总局计量司副司长

黄耀文　江苏省质量技术监督局总工

杨　果　中国石油天然气集团公司质量局局长

企业委员1名（待定）

中启计量体系认证中心审定委员会

主　任：赵若江　中启计量体系认证中心总经理

委　员：王顺安　国家质检总局计量司处长

叶德培　原203所总工

王啓华　中启计量体系认证中心部门主任

黄耀文　江苏省质量技术监督局总工

戴润生　原国家质检总局计量司处长

中启计量体系认证中心专职审核员

杜文德 男	马超群 男	魏宋扬 女	高铁强 男	王安吉 男	张景扬 男	关丕昌 男
贺　萍 女	韩　卫 男	刘景玉 男	何瑞龄 男	徐汝康 男	祝冰龙 男	尉忠友 男
楼洪才 男	董桂珍 女	姬全周 男	沈来发 男	倪明杰 男	曲桂珍 女	范惠莲 女
杨俊涛 男	卢　锋 男	丁似春 女	刘桦林 女	邹新洲 男	李　浩 男	王启华 男
赵晓娜 女	马　欣 女	马建国 男	李爱伟 男	韩友道 男	石金成 男	龙包庚 男
金美峰 女	张则钦 男	苏义德 男	张振军 男	张育卓 男		

中启计量体系认证中心—分支机构登记总表

分支机构	主任 代表人	联系电话	传真	地址
河北省	米淑静	0311-83032306	0311-83032901	河北省石家庄市中华南大街 491 号
福建省	苏义德、杨　崎	0591-87842200	0591-87803070	福建省福州市华林路 147 号省技术监督局 709 室
江西省	杨毓模、胡九根	0791-6266562	0791-6253504	江西省南昌市省府大院西二路 4 号
青海省	孙宝利、杨　笠	0971-8230642	0971-8237172	青海省西宁市南大街 17 号
新疆自治区	朱光艺、赵庚卯	0991-2841351	0991-2841396	新疆自治区乌鲁木齐市文化路五巷 4 号
山东省	江义仙	0531-88021798	0531-88020986	山东省济南市历城区华能路西首
四川省	何瑞龄、吴季刚	028-84403181	028-84403181	四川省成都市东风路二段北二巷四号
宁夏自治区	赵德林、张亚萍	0951-6038036	0951-6038036	宁夏自治区银川市解放西街 361 号
天津市	郎家红、刘海平	022-27021035	022-27021040	天津市南开区二马路 265 号 6 号
广东省	高富荣、陈兴南、钟志军	020-26297168	020-86596502	广东省广州市广园中路松柏东街 30 号
湖北省	潘兆友	027-87366981	027-87810889	湖北省武汉市武昌东湖路 1 号
辽宁省	曹君林、王书琴、刘连军	024-23243734	024-23243711	辽宁省沈阳市和平区长兴街 5 号
内蒙古自治区	马俊英、赵　丽	0471-6945051	0471-6916351	内蒙古呼和浩特市新华大街 1 号内蒙政府院 6 号
甘肃省	秦　戈、王文戈	0931-8411705	0931-8411705	甘肃省兰州市金昌南路 208 号
吉林省	徐维洪、红大为	0431-8938710	0431-8938710	吉林省长春市民康路 522 号
湖南省	杨　敏、王　浩	0731-5506440	0731-5506441	湖南省长沙市雨花亭新建西路 41 号
贵州省	韩　卫、贺　萍	0851-8631589	0851-8631589	贵州省贵阳市海马冲街 45 号
江苏省	章兆和、韩有道	025-83203804	025-83206239	江苏省南京市云南北路 83 号
安徽省	刘心德、陈建文	0551-2861700	0551-2861700	安徽省合肥市宣城路 103 号
广西自治区	宁辉政、廖明晖	0771-5319352	0771-5319352	广西自治区南宁市星湖路 22 号
陕西省	郑西省、董云峰	029-87292101	029-87292101	陕西省西安市新城省政府大楼 8 楼
北京市	王锐平、李　英	010-84972843	010-84972957	北京汇园国际大厦 D 座 2104 号
云南省	杨光宗	0871-3168976	0871-3168976	云南省昆明市东风东路 76 号 1011 办公室
山西省	李培业、闫红俊	0351-3531401	0351-3531401	山西省太原市府西街 29 号
黑龙江省	聂英华、张应瑞	0451-82315197	0451-82315197	黑龙江省哈尔滨市香坊区珠江路 100 号
化　工	李世昌、高　健、王克先	010-67700517	010-67700517	北京市大郊亭普莱克斯公司 2 号楼
石　化	孙晓锋、楼洪才	010-64998386	010-69342314	北京市房山区燕山岗东路 12 号
建　材	祝冰龙、廖薇华	010-63582310	010-63582310	北京市宣武区白广路枣林前街 37 号裕隆苑宾馆南写字楼 228 号
石　油	蒋怀远	010-62098656	010-62093444	北京市学院路 20 号 910 信箱
电　子	朱　平、王　勇	020-87237107	020-87237828	广东省广州市天河区东莞庄路 110 号
电子(北京)	陈大为	010-84029125	010-64052131	北京市安定门东大街 1 号

认证审核程序

1. 申请认证

组织可根据有关法律法规或行政管理的要求，或者根据组织自身的需要建立测量管理体系，并向认证中心分支机构或总部提出体系审核的申请（格式见附件一）。认证中心分支机构在对申请材料进行审核后，签署意见并上报认证中心总部。

2. 审核方案

认证中心总部根据申请情况，制定审核方案。审核方案的制定应考虑下列因素：

（1）审核的范围、目的和期限；

（2）受审核活动的重要性、复杂性、相似性和位置；

（3）规范、标准和法律法规要求及其他审核准则；

（4）审核的要求。

3. 制定审核计划

认证中心分支机构或总部，与受认证方研究制定审核计划，并按计划组织实施。

审核计划应当包括下列内容及其时间：

(1) 指定审核组长；

(2) 选择审核员，并由审核组长分配其任务和职责；

(3) 策划和安排审核日程；

(4) 实施审核；

(5) 实施审核的后续活动；

(6) 保持审核的记录；

(7) 向认证中心总部递交审核报告。

4. 管理记录

应保持记录以证实审核管理的实施，记录应包括：

(1) 与每次审核有关的记录，如：

—审核方案；

—审核实施计划；

—审核报告；

—不符合项报告；

—审核的后续活动的记录。

(2) 审核人员的记录，如：

—审核员能力和业绩的评价等。

记录应当以适宜的方式予以保存。

5. 审核报告的审定

认证中心总部成立审定委员会对审核报告进行审定，以评定其是否已满足目标，并识别改进的机会。审定委员会可利用业绩指标审定以下特性，如：

—审核组实施审核的能力；

—从受认证方和审核员获得的反馈信息。

审核管理的审定应考虑以下内容，如：

(1) 与规范的符合性；

(2) 相关方进一步的需求和期望；

(3) 审核管理的记录；

(4) 在相似条件下，审核组之间表现的一致性。

审核管理审定的结果可以导致采取纠正和预防措施以及改进审核管理工作。

6. 审核活动

(1) 总则

测量管理体系审核是一项系统的活动，通常包括审核的启动、文件评审、现场审核准备、实施现场审核、编制审核报告以及必要的后续活动等过程。图1提供了审核活动的流程。

(2) 审核的启动

① 指定审核组长

审核实施组织应当指定审核组组长。

② 审核目的、范围和准则

应根据审核方案的要求，制定具体的审核目的、范围和准则。

审核目的应当规定审核应完成的任务。审核目的可包括：

a. 评价受审核方测量管理体系与审核准则的符合程度；

b. 评价测量管理体系的技术能力和水平以确保与顾客、组织和法律法规要求的一致性；

c. 评价测量管理体系实现特定目的的有效性；

d. 识别测量管理体系潜在的改进方面。

审核范围描述审核的内容和界限，例如：实际位置，组织单元，受审核的活动和过程以及审核所覆盖的时间段。

审核准则用作确定符合性的依据，包括所适用的审核规范、标准、法律法规；

组织的方针、目标、程序、管理体系要求以及顾客要求或行业管理的规定。

审核的目的应当由审核实施组织确定，审核的范围和准则应当由审核实施组织、受审核方和审核组组长共同确定。目的、范围和准则的任何变化应经原各方同意。

③ 确定审核的可行性

在确定审核的可行性时，应当考虑下列因素：

—策划审核所需要的充分和适当的信息；

—受审核方的充分合作；

—充分的时间和资源。

当审核不可行时，应当在与受审核方协商后向审核实施组织提出替代方案的建议。

审核活动流程如下：

审核的启动

——指定审核组组长

——确定审核目标、范围和准则

——确定审核的可行性

——选择审核员

——与受审核方初始接触

↓

文件评审

——评审相关管理体系文件，包括记录，并确定其针对审核准则的充分性

↓

（转下页）

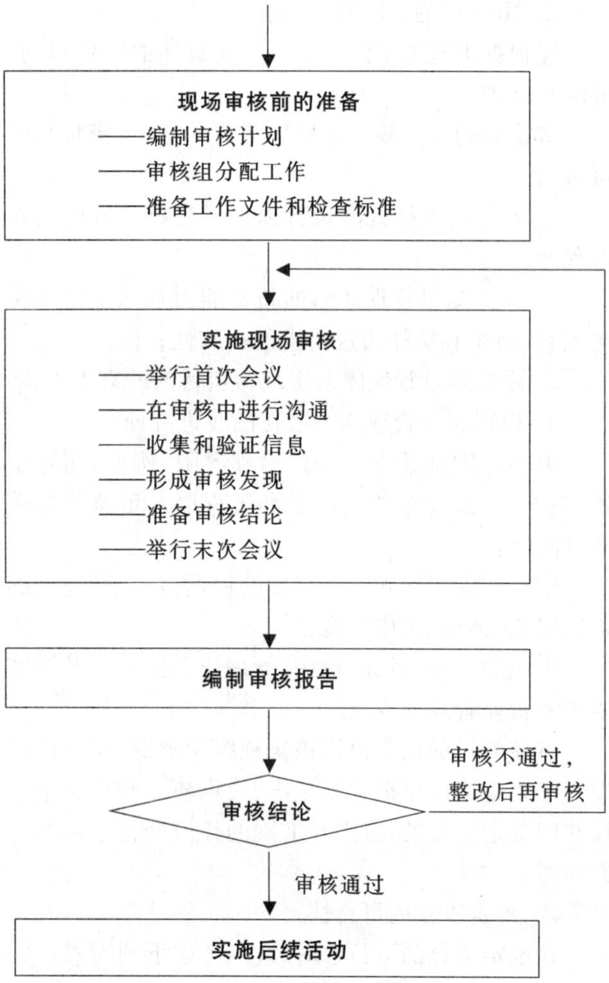

④ 组织审核组

当确定审核可行时，审核员的选择应当考虑实现审核目的所需要的能力。本文件第七章明确了审核所需要的能力指南，并描述了对审核员的评价过程。

当决定审核组的规模和组成时，应当考虑下列因素：

a. 审核目的、范围、准则以及预计的审核时间；

b. 为达到审核目的，考评组需要的整体能力；

c. 适用时，法律法规、合同和审核的要求；

d. 确保审核组独立于受审核的活动并避免利益上的冲突；

e. 审核组成员与受审核方的有效合作以及审核组成员之间共同工作的能力；

确保审核组整体能力的过程应当包括下列步骤：

——识别为达到审核目的所需要的知识和技能；

——选择审核员以确保审核组具备相应的知识和技能。

若审核组中的考评员没有完全具备审核所需要的知识和技能，必要的知识和技能可通过技术专家提供，但技术专家应在审核员的指导下进行工作。

在第四章所描述的审核原则的基础上，审核实施组织和受审核方均可根据合理的理由申请更换审核员。合理的理由包括相关利益的冲突和以前缺乏职业道德的行为等。这些理由应当由审核组组长和审核实施组织沟通，并由他们在决定更换审核员之前通过与审核实施组织和受审核方之间协商解决有关问题。

⑤ 与受审核方的初步接触

与受审核方的初步接触应当由审核实施组织的人员或审核组组长进行，初始接触的目的是：

a. 与受审核方的代表建立沟通的渠道；

b. 对现场审核的时间和审核组的组成提供信息；

c. 获得相关文件(包括记录)的途径；

d. 确定适用的现场安全规则；

e. 双方应就审核组的观察员或向导的需求达成一致意见。

(3) 文件评审

在进行现场审核前应当评审受审核方的文件，以确定文件所描述的体系与审核准则的符合性。文件可包括测量管理体系的相关文件(如管理手册、程序文件、技术文件等)和记录。评审应当考虑组织的规模、性质和复杂程度以及确认的目的和范围。在有些情况下，为了对总体情况有适当了解，可以进行现场初访。

如果发现文件是不充分的，审核组组长应当通知审核实施组织和受审核方，决定审核是否继续进行或暂停直至有关文件的问题得到解决。

(4) 现场审核前准备

① 编制现场审核计划

审核组组长应当编制现场审核计划，就现场审核的实施为审核组、受审核方和审核实施组织之间达成一致提供依据，计划应当便于审核活动的日程安排和协调。

现场审核计划中提供的详细内容应反映审核的范围和复杂程度。现场审核计划应当包括以下内容：

a. 审核目的；

b. 审核准则和任何引用的文件；

c. 审核范围，包括识别组织和职能单元以及受审核的过程；

d. 进行现场审核活动的日期和地点；

e. 现场审核活动所需要的时间和期限，包括与受审核方管理者的会议以及审核组会议；

f. 向审核的关键区域配置适当的资源；

g. 保密事宜；

h. 审核的后续活动。

现场审核计划应当经审核实施组织同意，并在现场审核活动开始前提交给受审核方。

受审核方的意见应当通过审核组组长、受审核方和审核实施组织之间协商予以解决。任何经过修改的现场审核计划应当征得各方同意后方可实施。

② 分配审核任务

审核组组长应与考评员协商，将受确认的特定过程、职能、场所或活动的职责分配给考评员。分配任务时应当考虑对审核员的独立性和能力的要求、资源的充分利用以及审核员和技术专家的不同作用和职责。为确保实现审核的目的,可随着现场审核的进展更改所分配的任务。

③ 准备工作文件

审核组成员应当评审与其分配的审核任务相关的信息,并准备必要的工作文件,用于现场审核过程的记录和参考,这些文件可以包括：

——检查表和现场审核抽样计划；

——记录信息的表格(例如:支持性证据、现场试验记录、审核发现和会议的记录)；

——现场试验的技术方案。

检查表和有关表格的使用不应限制审核活动的内容，审核活动的内容可随着现场审核中收集信息的结果而发生变化。

工作文件包括经使用而形成的结果记录，应当至少保存到审核结束。第(6)条描述了审核完成后文件的保存要求。任何时候,审核组成员应当妥善保管涉及保密或知识产权信息的工作文件。

④ 准备检查标准

审核组应当分析确认范围内的测量过程和测量设备,并准备必要的计量标准器具或核查标准,用于检查测量过程控制和测量设备计量确认的准确性和有效性,这些计量标准或核查标准可以包括：

—受审核方开展的检定、校准项目的计量标准器具；

—受审核方开展的测量过程控制的核查标准。

对受审核方进行现场抽样试验的项目由审核实施组织与受审核方共同商量确定。

(5) 实施现场审核

① 举行首次会议

首次会议应当由审核组长主持，参加首次会议的人员包括受审核方管理层、职能层以及过程负责人。首次会议的目的是：

a. 确定现场审核计划；

b. 简要介绍现场确认活动实施过程；

c. 确认沟通渠道;向受审核方提供询问的机会。

② 现场审核中的沟通

根据审核的范围和复杂程度，在现场审核过程中，对审核组内部以及审核组与受审核方之间的沟通作出正式安排是必要的。

审核组内部应当定期交换信息，评定审核进展情况,需要时,重新分配审核员的工作。

在审核中,适当时,审核组组长应向受审核方和审核实施组织通报现场审核进展及相关情况，在审核中收集的证据显示有随时发生重大危险情况（如安全、环境、质量方面)的可能时,应当及时报告受审核方,必要时向审核实施组织报告。对于超出审核范围之外的引起关注的问题，审核员应当向审核组组长报告,可能时,向审核实施组织和受审核方通报。

当获得的审核证据表明不能达到审核目的时，审核组组长应当向审核实施组织和受审核方报告理由以采取适当的措施。这样的措施可以包括重新确定或修订审核计划、改变审核目的、审核范围或终止审核。

在现场审核中，若出现任何明显需要改变审核范围的情况,应当经审核实施组织批准。

③ 向导和观察员的作用和职责

由审核的组织指派的观察员可以与审核组随行,但不应当影响或干涉审核的实施。

由受审核方指派的向导应当协助审核组并且根据审核组组长的要求行动。他们的职责包括：

a. 建立联系并安排面谈时间；

b. 安排对场所或组织的特定部门的访问；

c. 确保审核组成员了解和遵守有关场所的安全规则和安全程序；

d. 代表受审核方对审核进行见证；

e. 在收集信息的过程中,做出说明或提供帮助。

④ 信息的收集和验证

与审核的目的、范围和准则有关的信息,包括职能、活动和过程间相关的信息,应当通过适当的抽样和现场试验予以收集并验证。只有可验证的信息可以作为审核证据,审核证据应当予以记录。

审核证据是基于可获得的抽样信息和现场试验的结果。因此,在审核中存在不确定因素,依据审核结论采取的措施的人员应意识到这种不确定性。

从收集信息到得出审核结论的过程如下：

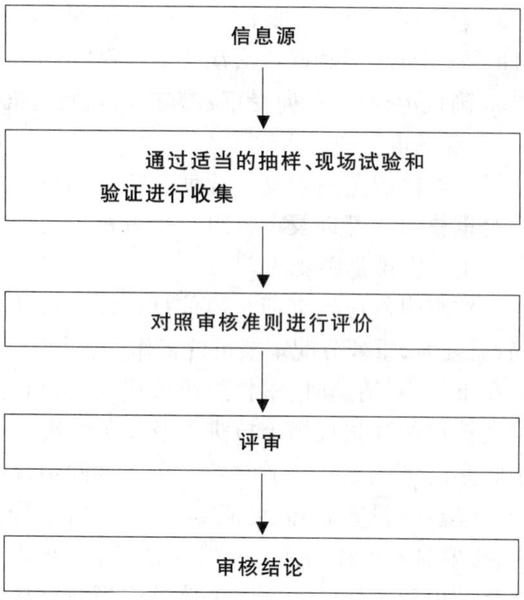

收集信息的方法包括：

a. 面谈；

b. 对活动的观察；

c. 文件评审；

d. 现场试验。

文件评审按附录二《审核规范要求与体系文件对照检查表》的要求进行。

现场试验按附录三《检定、校准项目检查表》和附录四《测量过程控制项目检查表》的要求进行。

⑤ 形成审核发现

应对照审核准则评价审核证据以形成审核发现。审核发现能表明与审核准则的符合或不符合。当审核目的有规定时，审核发现能够识别改进的机会。

审核组应当在审核的适当阶段共同评审审核发现。

与审核准则的符合情况应当予以归纳，以表明对场所、能力和过程进行了审核，如果包括在现场审核计划中，应记录每个符合的审核发现及其支持证据。

应记录不符合以及支持的审核证据（格式见附录五《不符合项报告》）。应划分不符合类型和不符合程度。按不符合类型分为：文件不符合；实施不符合和效果不符合三种。按不符合程度分为：主要不符合和次要不符合两种情况。主要不符合是指受审核方测量管理体系的运行与本规范的要求不符合，或造成系统性、区域性严重失效的不符合，以及造成严重后果的不符合。次要不符合是指孤立的人为错误，体系文件偶尔未被遵守，造成的后果不严重，以及对系统不会产生较大影响的不符合。应当与受审核方一起评审不符合，以承认审核证据的准确性，并使受审核方理解。应当努力解决对审核证据和（或）审核发现有分歧的问题，并记录没有解决的问题。

⑥ 准备审核结论

末次会议以前，审核组应当讨论以下内容，以便：

a. 评审审核发现及在审核过程中针对审核目的所收集的其他适当信息；

b. 考虑审核过程中固有的不确定因素，对审核结论达成一致；

c. 准备建议意见；

d. 讨论审核的后续活动。

作出审核结论的基本原则是：审核中如果发现一项主要不符合项，则不能通过审核；如在同一项要求上发现三个或三个以上次要不符合项则构成一个主要不符合项，不能通过审核；此外，对在不同要求上发现次要不符合项十五个或超过十五个，则也不能通过审核。不能通过审核的，需要整改后再次审核，整改期一般不超过3个月。

作出审核结论后，审核组长应与受审核方管理层沟通情况，争取对审核结论达成共识，以保证末次会议的顺利进行。

⑦ 末次会议

末次会议应由审核组组长主持，并以受审核方能够理解和承认的方式提出审核发现和结论，适当时，双方就受审核方提出的纠正和预防措施计划的时间表达成共识。参加末次会议的人员应当包括受审核方，也包括审核实施组织和其他有关方面人员。必要时，审核组应当告知受审核方在确认过程中遇到的可能导致降低审核结论可信性的情况。

会议应当是正式的并保持记录，包括出席人员记录。

审核组和受审核方应就有关审核发现和结论的不同意见进行讨论，并尽可能通过协商予以解决。如果未能解决，应当记录所有的意见。

应当提出改进的建议，并强调建议没有约束性。

（6）审核报告的编制、批准和分发

① 审核报告的编制

审核组组长应当对审核报告的编制和内容负责。

审核报告应当提供完整、准确和清晰的确认记录，并包括或引用以下内容：

a. 审核范围，特别是受审核方的组织、职能单元、过程以及确认所覆盖的时间段；

b. 审核实施组织；

c. 审核组组长和成员；

d. 现场审核活动实施日期和地点；

e. 审核准则；

f. 审核发现；

g. 审核的结论；

适当时，确认报告可包括或引用以下内容：

h. 现场审核计划；

i. 受审核方人员名单；

j. 现场审核过程综述，包括所遇到的降低审核结论可靠性的不确定因素和(或)障碍；

k. 确定在审核范围内，根据现场审核计划达到的目的；

l. 尽管在审核范围内，但是没有覆盖的区域；

m. 审核组和受审核方之间没有解决的分歧意见；

n. 改进的建议；

o. 商定的审核后续活动计划；

p. 关于内容保密的陈述；

q. 审核报告的分发清单。

② 审核报告的批准和分发

审核报告应在商定的时间期限内完成。如果不能完成，应当向审核实施组织报告延误的理由，并就新的完成日期达成一致。

审核报告应当经确认实施组织审核后报认证中心总部批准。

经批准的审核报告发给受审核方。

审核组成员和所有报告接受者应当妥善保管并予以保密。

(7) 实施审核后续活动

审核结论可以指出采取纠正、预防和改进措施的需要。此类措施通常由受审核方确定并在商定的时间内实施。受审核方应当将这些措施的实施情况告知审核实施组织。

应当对纠正措施的完成情况及效果进行验证。此验证过程是后续活动的一部分。

一般情况下，由审核组成员进行审核的后续活动。审核后续活动可能通过使用审核组成员的特长带来增值。应注意保持后续审核活动的独立性。

(8) 审核后的监督

通过测量管理体系审核的组织由认证中心总部颁发测量管理体系证书。证书的有效期为5年。在证书有效期内，由认证中心总部负责安排年度的监督检查。年度的监督检查以与审核类似的方式简化进行，一般只派一名审核员即可。在有效期内的监督检查应覆盖审核规范的全部要素和测量管理体系涉及的全部范围。对检查中发现的问题要求受审核方限期整改。整改期一般不得超过三个月。对整改后仍然达不到要求的组织，收回测量管理体系证书。

测量管理体系认证标志使用规定

1. 目 的

本文件为获得中启计量体系认证中心认证的组织使用测量管理体系认证标志做出的规定。

2. 测量管理体系认证标志

测量管理体系认证标志1(见图1)明示一个组织所运行的测量管理体系经中启计量体系认证中心认证符合ISO10012测量管理体系标准的全部要求。

测量管理体系认证标志2(见图2)明示一个组织所运行的测量管理体系经中启计量体系认证中心认证符合ISO10012测量管理体系标准的大部分要求。

测量管理体系认证标志3(见图3)明示一个组织所运行的测量管理体系经中启计量体系认证中心认证符合ISO10012测量管理体系标准的小部分要求。

3. 测量管理体系认证标志使用规定

(1) 测量管理体系认证标志的产权属于中启计量体系认证中心，已经在国家工商局注册，并向国家认监委备案。测量管理体系认证标志的硬拷贝或电子版由中启计量体系认证中心统一管理。获得测量管理体系认证的组织可以复制使用。

图1

图2

图3

(2) 使用测量管理体系认证标志时可以根据使用环境选用单一色调；可以按比例放大或缩小，图形必须完整、字迹清晰、不得变形使用；

(3) 根据测量管理体系认证方案的规定，测量管理体系认证标志的使用不可使人误认为产品也获得认证。在任何情况下测量管理体系认证标志不能使用在产品上及其可能到最终用户手中的包装上。当认证证书被暂停、注销、撤销时，应立即停止使用认证标志。

(4) 本规定列举了使用标志的示例。测量管理体系认证在标志下方注明认证依据的标准代号。在产品的外包装(不能到最终用户)上使用应按图示要求进行文字注明而不得只注明标准代号。

(5) 根据国家认证认可管理条例规定，认证标志的误用可能导致政府有关管理部门的查处和/或中启计量体系认证中心对认证的暂停和撤销。

4. 测量管理体系认证标志使用示例

计量管理体系认证标志在中文宣传中的应用：

示例 1　　　　示例 2

GB/T19022
(IS010012)

组织的测量管理体系通过 GB/T19022(ISO10012)标准认证

注：1. 标注为“1”标注的示例用于产品的外包装和宣传资料；
2. 标注为“2”的示例只能用于宣传资料。

计量管理体系认证标志在中文宣传中的应用：

示例 1　　　　示例 2

GB/T19022
(IS010012)

组织的测量管理体系通过 GB/T19022(ISO10012)标准认证

注：1. 标注为“1”标注的示例用于产品的外包装和宣传资料；
2. 标注为“2”的示例只能用于宣传资料

中启计量体系认证中心 CMS 关于申诉/投诉和争议的处理规定

为了保护计量体系认证各相关方的合法权益，维护测量体系认证的公正性，中启计量体系认证中心(以下简称 CMS 认证中心)接受申请方、获证方和社会各界的监督。对 CMS 认证中心或审核人员违反国家认证法律、法规、认可机构有关规定、缺乏公正性及对认证的评价结果有异议时，可以提出申诉、投诉和争议。

一、CMS 认证中心质量管理部负责收集申诉/投诉和争议的信息并根据申诉、投诉及争议处理程序进行处理。

二、对分支机构的投诉由中心总部处理。

三、对 CMS 认证中心领导的投诉可向中心管理委员会提出。

四、对 CMS 认证中心认证决定有异议时可向中心管理委员会提出申诉，争议由中心总部做出处理。

五、CMS 认证中心将在 30 日内将处理情况以书面的方式给予答复。

六、对 CMS 认证中心申诉/投诉和争议的处理有异议时可向国家质检总局、国家认证、认可监督管理委员会等有关部门进一步申诉/投诉。

七、申诉/投诉渠道：

1. 联系部门：质量管理部 吴晓敏
2. 联系电话：010-84639822
3. 传　真：010-84639822

中启计量体系认证中心总部机构

法人代表　总经理：赵若江　010-84639752
质量监督部　主任：吴晓敏　010-84639822
认　证　部　主任：王啓华　010-84639735
技术交流部　主任：吴晓敏　010-84639822
办　公　室　高工：何　毅　010-84639521
机构管理部　主任：王啓华　010-84639735
培　训　部　主任：王啓华　010-84639735
财　务　部　主任：仵淑华　010-84639732
出纳：郭继荣　010-84639733

单位名称：中启计量体系认证中心
单位账号：0200004209200080791
开户银行：工商银行和平里支行营业室
地　　址：北京市朝阳区育慧南路 3 号西单元 5 层
邮政编码：100029

重点计量测试单位专题

中国船舶工业集团公司第六三五四研究所

该所是中国船舶工业集团公司成员单位，是船舶系统从事精密测试、精密加工和精密测量的综合科研机构，担负国防科研生产所属的技术专业分类是:“舰船精密测试”。全所的资产总值8106万元，置有1600余台计量、测试、加工、计算机等设备(其中进口设备100余台)，具备了扩大再生产的实力。该所建所40多年来形成了机、光、电、计算机为主的多种专业的科技队伍，在惯导测试技术研究及设备制造、振动与平衡技术研究及设备制造、精密加工工艺研究、精密测量和测试技术研究、精密元器件设计制造和环保设备技术开发研究等方面发挥了重要作用，累计完成科研项目140余项，获得重大科研成果奖50余项，这批高新科技成果已逐步转化为商品，广泛用于我国航海、航空、航天、兵器等行业的科研院所、院校和工矿企业，尤其是该所独立研制开发的精密多齿分度台系列、精密数显自准直仪、精密电子(CCD)自准直仪等产品属国内领先水平的计量仪器设备。

该所被认定为中国船舶工业精密机械产品检验中心，江西省高新技术企业和江西省环保产品认定检验中心，江西省国防区域计量站第3303校准实验室。并且是中国环境保护产业协会水污染治理委员会单位委员和常务委员。

主要业务范围:惯导测试设备(转台)研制、运动仿真设备研制、振动与动平衡设备研制、精密测试和测量非标设备研制、精密导电滑环系列、精密圆感应同步器系列、精密多齿分度台系列、精密数显自准直仪(单双轴)、金属多面棱体系列、高精度经纬仪水准仪检定装置、红外测油仪(在线全自动)等环保产品。

法人代表:李树林

地址:江西省九江市九瑞大道83号

邮编:332000

联系人:江虹

电话/传真:0792-8369671

http://www.ins6354.com

中国储备粮管理总公司河南分公司粮油质量监督检测中心

该中心隶属于中储粮河南分公司管理。拥有:高效液相色谱仪、气相色谱仪、原子吸收分光光度计、紫外——可见分光光度计、近红外品质分析仪、布拉本德粉质仪及拉伸仪、质构仪、博通降落数值仪及面筋测定仪、烘焙设备等进口和国产大中型仪器设备60多台，具备了对粮油等品种的全方位检测分析和研究能力。2006年2月通过中国国家实验室认可。

法人代表:李长轩

地址:郑州市化工路西段

邮编:450066

电话:0371-67837118

传真:0371-67837118

E-mail:zclzhijianzhongxin@126.com

实验室类别:检测实验室

认可依据:CNAL/AC01:2005

证书号:No.L2554

认可范围:粮油及其产品

发证日期:2006.2.22

有效期:2011.2.21

中国烟草标准化研究中心

该中心是国家烟草专卖局批准建立的行业标准化、计量专业机构。业务上受国家烟草专卖局和郑州烟草研究院领导，以及国家质检总局、全国标准化管理委员会的指导。

主要任务是:负责全国烟草标准化技术委员会的日常工作，专门从事烟草标准化的研究及推广，组织重大标准的制修订，为行业提供标准体系框架，引导行业科学地制(修)订标准、积极地采用国际标准;作为ISO/TC126烟草和烟草制品技术委员会在国内的技术归口单位，承担了国际标准日常投票工作，为行业及时提供国际标准最新信息，组织专家对国际标准项目进行试验验证，积极开展我国烟草标准向国际标准上升的提案、制定工作；负责烟草行业计量基准的建立，专用检测仪器的量值溯源以及标准物质的制定，负责行业计量体系和计量网络的建立；负责烟草行业卷烟条码的审查、备案工作；国内一流的、行业权威的标准化研究和推广机构；国内一流的国际标准化研究机构；国内一流的专用计量器具检定机构和标准物质的研究机构；国内一流的卷烟类代码的技术服务机构。

计量基准	授权号	检定项目
烟草专用气体流量标准装置	(2002)国量标烟证字第001号	通风率标准棒 CFO恒流孔 纸张透气度流量盘
烟草专用气体压力标准装置	(2002)国量标烟证字第002号	吸阻标准棒
烟草专用气体吸烟机风速仪检定装置	(2002)国量标烟证字第003号	吸烟机风速仪
烟草专用实验室大气环境检定装置	即将开展的计量检定项目	实验室大气环境
烟草专用卷烟/滤棒硬度仪检定装置	即将开展的计量检定项目	卷烟/滤棒硬度仪
烟草专用吸烟机检定装置	即将开展的计量检定项目	吸烟机

地址：河南省郑州市高新区枫杨街2号
邮编：450001
电话：0371-67672675
传真：0371-67672682

中国地震局地质研究所
地球电磁探测研究中心

中国地震局地质研究所“地球电磁探测研究中心”是国内从事地球电磁探测研究最早的单位之一。自1966年邢台地震以来，先后开展MT、CSAMT、TEM、Network-MT、SLF/ELF等电磁方法的理论、技术和应用研究，承担过“六五”至“十五”的国家重点项目、国家自然科学重点基金、地学断面计划、“973”、“305”等多项科研任务及重大工程项目。研制的我国第一套数字大地电磁仪及其软件系统获国家科技进步二等奖，发展了MT二维、三维正反演技术，在华北、西藏、新疆等地区以及强震区、火山区等开展了地壳上地幔电性结构研究，通过国际合作首次获得东太平洋板块俯冲带最年轻的板块的二维电性结构探测研究结果，在许多地区开展了油气、金属矿等资源探测研究，在国内开创了利用极低频/超低频地球电磁技术进行地震预测及地下资源探测的研究，对利用卫星技术进行地震监测进行研究。培养博士、硕士研究生20余名，从1984年到2005年，共主办了5届中国国际地球电磁学术会议。

地址：北京市德外祁家豁子地震局地质所
邮编：100029
电话：010-62009065
传真：010-62009011

中国建材地勘中心江西测试研究所

该所2004年通过国家认证认可监督管理委员会认可，证书编号为：(2004)量认(国)字(F0959)号。

该所现有人员17人，仪器设备20台(套)，包括原子吸收、火焰光度计、分光光度计、精密分析天平、三联固结仪、剪力仪等仪器。全所人员均经过严格培训上岗，仪器全部检定合格，且制定了严格检测流程，以保证测试结果的准确性、公正性。现主要承接各类矿石化学成分分析、水质分析、物性测定，岩石矿物鉴定、土工试验等。本着认真负责，高效服务的态度，热忱欢迎社会各界朋友前来联系业务。

地址：江西省上绕市河中巷28号
邮编：334000
电话：0793-8220474
传真：0793-8234398
负责人：林超
联系人：李春

中国水电顾问集团贵阳勘测设计研究院
工程科研院

中国水电顾问集团贵阳勘测设计研究院工程科研院是综合性的科研试验单位，拥有水工模型、建筑材料、岩土工程、岩石力学、化学分析等十多个专业和从事原型观测的“岩土工程及大坝安全监测中心”及生产各种砼外加剂的“新型建筑材料厂”。该院专业配套、技术力量雄厚、设备先进，经过多年的工程实践，积累了丰富的经验。成立以来，承担并完成了贵州乌江渡、普定、东风、洪家渡、思林、索风营、光照、甘肃龙首、新疆石门子、广西天生桥一级、二级水电站等多个大、中型水电工程的科研和试验工作。其中还参加了国家“七·五”、“八·五”、“九·五”科技攻关项目的工作，并获得了水利电力部、原电力工业部、原国家电力公司以及贵州省科技进步奖等六项。

工程科研院组建了岩土工程及大坝安全监测中心，主要从事原型监测工作，先后主要进行了天生桥二级水电站厂房结构、厂房高边坡、调压井及Ⅱ#、Ⅲ#引水隧洞、东风水电站水力学、普定碾压混凝土重力拱坝、云南江川海棠水库双曲拱坝、天生桥一级面板堆石坝坝体、溢洪道、导流洞内部与外部变形以及换流站基础变形、引子渡、洪家渡等一系列大型水电站安全监测工作，普遍获得建设、设计、管理、监理等单位以及国内、外咨询专家的一致好评，特别是对200m级面板堆石坝监测技术，多项达到世界领先水平。

该院还是贵州省一级建筑试验科研单位，在开展水利水电科研主业的同时，可承担油毯、沥青、玛蒂脂的理化性能检验；水泥、砂浆、砼、钢材等原材料的物理性能检验；岩土常规、岩石原位试验，空间地应力测试技术处于国内先进水平。另外，“高拱坝裂缝及其防治”、“坝高100m级碾压砼拱坝研究” 成果达到了世界先进水平。

该院于1999年7月30日通过北京中设质量体系认证中心ISO9001质量体系认证；2000年7月3日通过了贵州省质量技术监督局CMA计量认证。

地址：贵州省贵阳市白云大道347号
邮编：510656
电话：0851-4706040
传真：0851-4706040

云南电力试验研究院(集团)有限公司计量所

该所是云南省电力行业电力计量技术检测、校准服务、技术监督和试验研究机构，具备法定计量资格承担云南省电力行业计量标准校准与检测工作。

作为电力工业云南计量测试中心，拥有云南省电力系统电测、热工、振动、高压计量最高计量标准。下设高压计量、电能表及互感器、电测仪表和热工计量四个大的专业，承担着全省发、供电单位电测、热工、振动、高压计量标准器的量值传递和重要关口计量装置的现场校验工作，建有电能表、互感器、电磁兼容、交直流仪表、直流仪器、振动、温度、压力、高压计量等17个标准实验室，具备一流的校验装置及检测设备。其中高压计量站是云南省技术监督局授权进行全省高压计量检定的法定计量机构，承担全省高压计量传递工作，现已建有高压电桥、高压静电电压表、交流及直流分压器、数字高压表、高压直流试验器、变压器直阻仪、回路电阻测试仪、高压开关综合参数测试仪、氧化锌避雷器阻性电流测试仪、绝缘油耐压测试仪等仪器的检定及测试标准装置。

计量所凭借一流的设备和技术人才，可为顾客提供以下优质现场服务：

1. 电厂、变电站500kV以下现场互感器、在线关口电能表现场校验服务。

2. 电能计量装置、电能集中抄表系统改造技术咨询、设计、安装调试。

3. 电能计量装置误差分析及优化、综合厂用电率及线损分析服务。

4. 电厂发电机组、线路在线热工、电测监测仪表装置现场校验服务。

5. 电厂计算机监控系统测量通道、分散测控单元(RTU/LCU)、变送器、测量元件现场校验服务。

6. 水电厂水机摆振监测系统及传感器现场校验服务。

7. 火电厂汽机监测系统、辅机监测装置及传感器现场校验服务。

8. 火电厂煤秤、流量计量装置改造技术咨询、设计、安装调试及现场校验服务。

9. 变电站在线热工、电测监测仪表装置现场校验服务。

10. 变电站综合自动化系统测量通道、分散测控单元(RTU)、变送器、测量元件现场校验服务。

11. 发电厂、变电站监测系统/装置改造技术咨询、设计、安装调试。

12. 企业计量标准建标技术咨询、实验室设计、设备成套、安装调试、人员培训。

13. 企业计量管理、监测设备运行情况评价及建议咨询。

计量所以“顾客至上、服务真诚、数据准确、结果公正”为宗旨，愿竭诚为电力行业及其它企业提供优质、公正服务。

地址：昆明市东风东路东风巷14号
邮编：650051
电话：0871-3018420，3018422
传真：0871-3164759
联系人：曹敏、杨晴

中铝洛阳铜业有限公司检测中心

该公司是我国规模最大的铜加工企业之一，其检测中心是集理化检验、计量检定和环境监测等为一体的综合性实验室，配备了性能先进、齐全的检测仪器，主要从事有色金属材料及矿冶产品的化学成分、组织结构、力学性能、无损探伤等检测。

检测中心以及挂靠的中国有色金属工业重金属加工材质检站是经国家实验室认可委认可的实验室，具有良好的社会信誉。

检测中心（暨质检站）配备了性能先进、齐全的质量检测仪器，主要有：X射线荧光光谱仪（日本岛津VXQ-150A和MXF-2100各一台）；光电直读光谱仪（德国SPECTRO Lab S和M7各一台）；电感耦合等离子体发射光谱仪（美国热电Trace 61E和IRIS全谱各一台）；红外定氧仪（美国力可RO-416）；红外碳硫仪（美国力可CS-444）；微波消解器（美国CEM MARS）；立式显微镜（日本OLYMPUS PMG3型）及其图像系统；电子拉力试验机（日本岛津DCS-10T和德国Zwick 100）等，均为进口先进检测仪器，认可项目达132项 。

自1984年9月原国家商检局认可该机构为“进出口金属材料认可检验单位”以来，先后通过了多次复评审和监督审核，目前是国家认监委按ISO/IEC17025认可的实验室。

1987年7月，原中国有色金属工业总公司批准组建“中国有色金属工业总公司重金属加工材质检站”（1999年更名为“中国有色金属工业重金属加工材质检站”）。先后通过了多次计量认证/审查认可复评审和2005年5月的监督评审。

检测中心主持或参与了《铜及铜合金化学分析方法》等数十项国家标准检验方法的起草和验证工作，中心编写的《铜及铜合金金相图谱》等七本专著出版发行。

检测中心（暨质检站）以“科学公正、准确及时”作为宗旨，竭诚为社会各界提供优质的服务！

地址：河南省洛阳市建设路50号
中铝洛阳铜业有限公司检测中心
邮编：471039
http://www.ly-copper.cn
E-mail：wqy463@163.com
电话：0379-64948131，64939237，64948214
传真：0379-64948280

海南汽车试验研究所

该所前身是创建于1958年11月的海南汽车热带试验站，是中国建设最早的汽车试验研究机构之一。现已形成试验道路齐全，以湿热带地区的耐候性、耐腐蚀试验项目为特点的综合性试验研究基地，是1995年以来经过国家计量认证和实验室认可的汽车质检及鉴定的试验机构（现有效证书号：No.L2492）。

法人代表：付文池
地址：海南省琼海市加积镇富海路横南13号
邮编：571400
电话：0898-62923841，62923570
传真：0898-62923673
http://www.hnpg.net
E-mail：hns@vip.163.com
实验市类别：检测实验室
证书号：No.L2492

浙江三花股份有限公司

公司前身为三花不二工机有限公司，为三花控股集团有限公司和日本国株式会社不二工机、日本国三菱商事株式会社、日本国东方贸易株式会社共同出资组建的中外合资企业。2001年12月公司整体变更设立为三花控股集团有限公司控股、浙江中大集团股份有限公司和日本东方贸易株式会社等参股的中外合资股份有限公司。

公司是一家生产经营家用和商用空调自动控制元器件的专业化公司，现已形成截止阀、电子膨胀阀、电磁阀、单向阀、球阀、排水泵、方体阀等七大系列家用和商用空调配套产品。公司在国内同行业中，率先通过了ISO9001质量体系、QS9000质量体系和ISO14001环境体系的认证。凭借优良的品质和诚信的服务，“三花”牌产品远销韩国、日本、东南亚、美洲、欧洲，以及中国香港、台湾等几十个国家和地区，与国际家电制造商LG、三星、松下、开利、三菱重工、富士通、日立、大金、夏普、三洋、美国艾默生、约克、ALCO、意大利OPDELONGHI、土耳其VESTEL、以色列TADIRN、MV、德国LAUDA等建立了长期配套关系，多次被空调主机厂评为优秀供应商/最佳分供方，是全球产量最大、品种最齐全的截止阀生产基地。

经过十年发展，公司现拥有总资产3.5亿元。2002年~2004年分别实现主营业务收入13352万元、21314万元、36413万元，环比增长率为60%和71%。

公司以“精益求精、追求卓越”的三花精神和“迅速反应、立即行动”的三花作风，不断适应市场环境的变化，积极参与国际市场竞争。公司立足企业长久的增长点，厚积薄发，以人为本，汇聚涌动的合力，推动企业持续、快速发展。

地址：浙江省新昌县下礼泉
邮编：312500
电话：0575-6255058
传真：0575-6225005

北京机械工业学院 “测试计量技术及仪器”学科

北京机械工业学院拥有“仪器科学与技术”(一级学科)和“测试计量技术及仪器”(二级学科，北京市重点建设学科)硕士点。研究基地包括北京市重点实验室(机电系统测控)，以及光信息技术、电子测量技术、精密测量三个研究室。

视觉测量方向：重点研究大尺寸三维视觉测量技术，如汽车、飞机、轮船的外形测量，大型汽轮机叶片形貌测量、各种大型焊接件尺寸检测，重型机电设备安装测量、卫星天线测量等。研究成果已用于测量了小卫星轻型可展开微波天线几何精度。目前承担国家自然科学基金项目“基于数字近景摄影测量的大尺寸三维测量的理论和方法研究”，以及北京市自然科学基金项目“大型曲面三维摄影测量方法和技术研究”。同时研究 PVC 或铝合金异型材料复杂断面尺寸的快速非接触测量，可在建材、异型钢管等生产企业推广应用。

激光和光电精密测试技术方向：研究大型工件的尺寸、形位误差检测。完成国家“八五”科技攻关项目“大轴同轴度测量”和原机械部基金项目“大型机械零部件同轴度测量技术研究”研究大型孔径的同轴度测量，鉴定专家均评价为达到国际先进水平。科研项目还包括：“光纤光栅色散测量技术研究”和“光纤光栅传感技术研究”。光纤光栅是近年来倍受重视的新型光通信器件。光纤光栅传感器由于其具有优良性能，可用于桥梁、建筑及工业各个领域的温度和应力的测量。

电子测量技术方向：研制了多种用于石英晶体谐振器参数测量的仪器，主要包括：晶体测试仪、石英晶体自动测试系统等，研制了基于 网络测试方法的石英晶体频率微调机和石英晶片自动频率分选机。所研制的系列石英晶体测试设备在国内几十家石英晶体生产企业得到广泛应用。完成科技部专项项目“仪器仪表安全性能测试技术的研究”，所研制的样机具有测试方法符合国际标准，可实现多项电气安全性能参数的自动综合测试和测试精度高等特点。

远程监测技术方向：完成市教委项目“环境水质远程监测系统研究”，与企业合作成果已应用于对全国多个重点水域水质的监测，极大改善了国家环保部门对全国水流域水质状况的监测和管理。与北京市企业合作，研制开发用于无人值守水质自动监测站的“嵌入式水质自动监测系统”，成果正应用于北京市多家污水处理厂。完成市教委项目“智能化社区医疗监护网络系统”利用嵌入式模块构成远程医疗监护网络。

地址：北京市海淀区清河小营东路 12 号
邮编：100085
电话：010-82426915
传真：010-82426915
E-mail：dxx@bim.edu.cn

国家重有色金属质量监督检验中心 北京矿冶研究总院测试研究所

该所 1985 年起承担产品质量国家监督抽查与评优任务，1990 年首批通过国家的审查认可和计量认证，2001 年通过中国实验室国家认可委员会审查认可。具备高水平的无机、有机、环境、食品等分析测试研究开发能力，建立有完善的与国际接轨的质量管理体系(GB/T15481 idt ISO/IEC17025)，其检验数据在亚太地区、欧洲等已得到互认。其研究与服务领域主要为矿石、精矿、有色金属及合金、有色金属选矿和冶金中间产品、矿山药剂以及土壤、水样、固体废弃物、食品分析等。

研究所同时为国家重有色金属质量监督检验中心、国家进出口商品检验有色金属认可实验室、科技成果检测鉴定国家级检测机构，在国内有色金属分析领域具有权威地位，在国际上享有一定声誉。

研究所拥有 73 台套现代先进的大中型仪器设备，设备原值 1600 余万元。如 ICP 质谱仪，ICP 光谱仪，X 射线荧光光谱仪，原子吸收光谱仪，紫外-可见分光光度计，碳/硫分析仪，碳/氢/氮分析仪，高效液相色谱仪，GC-质谱仪，红外与拉曼光谱仪等。

研究所的技术与学术成果显著。完成国家、行业及企业科技攻关项目百余项，获省部级科技成果数十项，出版学术著作十余部，还出版《中国无机分析化学文摘》季刊。参与国际标准化组织 ISO/TC26，ISO/TC155 及 ISO/TC183 三个技术委员会的工作，代表中国提交提案；参与了高纯阴极铜、铜及铜合金、镍、铅精矿、锌精矿、镍精矿等数十项国家、行业标准分析方法的制修订工作。多次参与了国际与国内实验室能力验证活动，每次均取得了满意结果。

研究所的技术服务范围包括：有色金属矿产品、冶炼产品、选矿药剂、环境样品、食品等的质量检测、技术鉴定检验、质量评价、认证检验、仲裁检验、委托检验；研究开发新的检测技术和方法；对地方同类产品质量检验机构进行技术指导，培训检验人员与筹建实验室，并可提供成套检测技术与设备；承担或参与国际、国家及行业标准的制定、修订；开展相关的国际合作与技术交流。

此外还与 Sino-gold，MINCO，HP-Billiton，Griffin，SGS-CSTC，Asia mineral，Glencore International 等国际矿业公司开展了成功的检测技术合作，为哈萨克斯坦、赞比亚、尼日利亚、蒙古国等提供实验室建设和人员培训服务。

地址：北京西直门外文兴街 1 号（国家重有色金属质量监督检验中心）

邮编：100044

E-mail：li_hc@bgrimm.com

http://www.analysis-bgrimm.com

中心主任：张立诚（北京矿冶研究总院副院长）

联系人：李华昌（中心常务副主任，所长/博士）

李万春（研究员，中心副主任/副所长）

电话：010-88399622

传真：010-68342279

广州铁路（集团）公司怀化计量技术检测中心

该中心成立于 2003 年 8 月 14 日，负责湘黔线娄底至玉屏间、焦柳线枝城至融安间、渝怀线秀山至怀化间约 1250km（营业长度）铁路运输计量检测和监控设备的选型、购置、检定、测试及统一监督管理。

中心规模：占地面积 5900m²，房屋建筑面积 1848m²，其中恒温室面积 200m²，拥有计量检定、检测设备 168 台（套），固定资产 878 万元。

机构设置：中心设技术室、办公室两个职能部门与铁专室、力学室、电学室、综合室、张家界计量站、新化计量站和特检站七个检测部门。

开展项目：建有企业最高计量标准 41 项，其中 12 项强检项目经湖南省质量技术监督局考核授权（[湘]法计[2003]12001 号），其余项目经广州铁路集团公司考核发证。可开展检定项目包括，精密压力表、水表、轨距尺、兆欧表和游标卡尺等。

人员结构：员工总数 72 名，其中具备本科学历的有 7 名，大专学历的有 43 名，中专学历的有 6 名。

地址：湖南省怀化市城北区宝家山铁路计量中心

邮编：418000

电话：0745-2184743

上海市青浦区计量质量检测所

上海市青浦区计量质量检测所是上海市青浦区质量技术监督局依法设置的区级法定计量技术机构。于 1998 年 9 月经青浦区编制委员会批准属全民事业单位。能独立承担法律和民事责任的法人组织。经上海市技术监督局考核分别通过了法定计量检定机构认可，产品质量监督检验机构认可和计量认证，可开展授权范围内的计量检定、检测和产品质量检验工作。

该所拥有用于计量检定以及产品质量检验的计量器具及有关设备共 180 多台件，固定资产原值约 160 万元，现已建立 13 项计量标准装置并经考核合格，取得计量标准合格证书和社会公用计量标准证书，其中最高计量标准 10 项，次级计量标准 2 项。可对长度、力学、电磁、热工、化学等专业的计量器具开展计量检定检测工作。经计量认证的产品质检项目有普通水泥、烧结多孔砖、带肋钢筋、铝合金型材、天然花岗石材和室内空气检测六大项，建立了校准实验室，开展了材料试验机、交直流电流电压表和游标类量具、指示类量具、测微类量具的校准项目，为适应该地区经济发展的需要和法定技术机构改革的要求，该所不断扩大检定和质检项目范围，2006 年内开展涂料检测项目。

该所将继续加强自身的建设，严格按照《检测和校准实验室的通用要求》加强管理，不断完善质量管理体系，提高检测水平和检测能力，成为一个真正能适应市场需要的，具有科学、公正、高效的检测机构。

地址：上海市青浦区盈贺路 115 号

邮编：201700

电话：021-59204869

传真：021-59206242

上海标正计量校准技术检测站有限公司

上海标正计量校准技术检测站有限公司，隶属上海市黄浦区标准计量技术检测站。经上海市黄浦区质量技术监督局批准，于1988年11月建立，是对社会开展计量校准、检定和修理的服务机构。建站十多年来，全面推行质量保证体系，对校准、检测工作一丝不苟，确保质量、讲究效率、重视信誉、优质服务。1998年在全市区惟一一家通过上海市技术监督局法定机构的考核，获得上海市技术监督局颁发的国家法定机构《计量授权证书》。2001年经上海市计量校准实验室评审委员会评定，符合GB/T15481—1995《校准和检验实验室能力的通用要求》的规定要求，获得上海市质量技术监督局颁发编号为SJ020的《上海市计量校准实验室认可证书》，2004年经中国实验室认可委员会评定，符合CNAL/AC01:2003《检测和校准实验室认可准则》和GB/T15481—2000《检测和校准实验室能力的通用要求》的规定要求，获得编号为CNAL-No.1117的《中国实验室认可委员会认可证书》。目前可对外开展长度类（三大类量具、钢卷尺、角尺、水平仪等）、力学类（压力表、天平、砝码、衡器、材料试验机等）、电磁类（交直流电流表、交直流电压表、绝缘电阻表、接地电阻表等）、热工类（数显温控仪、各类温度计等）的校准、检测工作。

该公司的宗旨是：出具数据准确可靠、提供服务优质高效、收取费用价格低廉。面向全社会、服务全社会。

地址：上海市黄浦区陆家浜路1219号
邮编：200011
法人代表：汪悦璋
电话：021-63454331
传真：021-63450867

广东省地质勘查局七O四地质大队实验室

七O四地质大队实验室是广东省地勘局属下的专业测试机构，1958年成立，主要任务是承担地质矿产资源勘查、水文及工程地质勘察、环境地质、农业地质、水质、化工产品等各类样品的分析测试工作。

该室于1990年10月通过广东省质量技术监督局的计量认证，1995年8月复查合格，2003年计量认证转版通过评审，2005年10月通过监督评审考核，获得CMA合格证书。

该室拥配备仪器设备119台(套)，其中有原子吸收分光光度计、发射光谱仪、示波极谱仪、分光光度计、离子计、数字白度仪、压力试验机、中-低压固结仪、剪力仪、测汞仪、三轴剪切仪等。

40多年来，除完成七O四地质大队地质调查、矿产勘探、水文工程地质、环境地质等大量测试任务外，还为湛江地区及全国各地厂、矿、企业、外贸等承担了许多样品（包括矿产品和原材料）的分析测试。例如粤西著名的石碌铜矿、阳春小南山钨矿、新兴天堂铜矿、信宜银岩锡矿、廉江庞西垌银金矿、廉江高村金矿等矿区的地质勘探基本测试任务都是由该室测试完成。近年来，该室完成测试任务的项目还有地矿部一级项目——湛江高岭土普查、茂名上垌高岭土勘探、全国第一个国际标准石英砂矿床——电白县国际标准石英砂勘探、高州石龙金矿普查及勘探、粤西地区1:5万化探扫面等等。其中，茂名上垌高岭土勘探项目获全国资源委员会1997年优秀成果二等奖。

该室完成岩土工程地质样品测试任务并获省、部、市奖的工程项目有：遂溪糖厂扩建工程、阳西县政府办公大楼、湛江申美化学工业公司厂区、湛江市银海高级公寓、湛江市电大综合楼、湛江市人防办、湛江火车站地下商场、广东医学院附属医院门诊大楼、湛江海洋大学学生宿舍楼等工程地质勘察。

该室目前是粤西地区知名度较高的综合实验室。从1988年开始至今，该室受湛江出入境检验检疫局委托，承担部分进出口矿产品检验任务。并于1999年11月通过CIQ注册实验室中南大区考核领导小组实验室水平测试，获广东省出入境检验检疫局认可。近年来，该室还承接了国内外的一些检测机构的检测业务：如通过标准技术服务有限公司(S.G.S)、华和海事检定有限公司(C-NKKK)、英国安世（中国）检验公司、上海英斯贝克商品检定有限公司、香港利是公证行(A.H.K)、中国矿产进出口有限责任公司、法国B.V国际检验公司等的矿产品检测工作；还成为美国MI公司指定重晶石检验实验室。

该室经历了长期的测试实践，积累了丰富的技术管理经验。目前，该室能对数十种元素进行从常量、痕量以及到纯物质的定量分析；建立了完整的质量保证体系并执行严格的操作规程和质量监控检查制度，因而能保证测试质量的可靠和公正，在社会上享有较好的信誉。

地址：广东省湛江市椹川大道中81号
邮编：524018
法人代表：苟忠勤
电话：0759-3285224
传真：0759-3285336

西安兰华传感器有限责任公司

该公司(原西安市阎良区兰华传感器厂)创建于1988年,是研制、生产传感器及其配套测控仪器的专业企业,位于中国航空工业产业基地(西安市阎良区)。

该公司充分依托飞机城高新技术优势,采用先进的航空工业工艺,贯彻航空产品生产管理模式,在先进的科研成果基础上,深化开发、研制、生产各种传感器及其配套仪表。

主要产品有:电感调频式位移、机电式千分表、百分表、防水位移传感器(变送器);流体压力、土压力、差压、孔隙水压力传感器(变送器);液位、水深传感器(变送器);混凝土应变、钢筋应力、锚杆应力、锚索力传感器(变送器);温度传感器(变送器);转速传感器;流量传感器系列产品及其配套仪表等,各种复合(带常温)传感器。广泛用于工业、国防、岩土工程、交通运输、建筑、科学研究、教育、农业等领域,产品遍布全国。

兰华产品1990年被北京传感器协会评为优秀产品,1994年在成都全国星火科技展示会上获精品奖。

企业已通过ISO9001:2000质量管理体系认证。

地址:西安市阎良区人民西路227号
邮编:710089
电话:029-86855216、86855219
http://www.lhsensor.com

武汉市东西湖机动车安全技术检测站

恢复后的武汉市东西湖机动车安全技术检测站,由注册的独立法人武汉市东星交通发展有限公司于2005年6月投资成立,位于武汉市东西湖区金山大道1355号海口电力工业园区内,在金山大道与张柏公路的交汇处,是依法进行常规检测工作、面向社会提供公正数据的第三方检测机构,主要负责8吨以上双桥车及东西湖地区机动车辆安全技术检测工作,并依据国家标准对受检客户车辆安全技术检测项目作出公正、科学、准确的评价。

检测站拥有高素质专业技术人员12人,其中工程师1人,助工1人,技术员10人。员工全部通过湖北省质量技术监督局培训中心举办的《机动车安全技术检测》培训班培训,并获得合格证书,持证上岗。按大、小车型分线检测原则,投资200万元新建的两条车辆安全技术检测线,拥有最先进的专业检测仪器和齐全先进的检测各类车辆侧滑、制动、灯光、轮重、车速、排放、噪声、底盘等必要的检测设备,所有设备均经省计量测试技术研究院检定合格,并颁发《检定证书》。两条检测线运用电子、光学、理化、机械相结合的机电光一体检测技术,实现数据采集处理自动化,检测结果计算机联网打印,可实行信息联网实时监控;检测厂房2776m^2,宽24m,长96m,高大宽敞,明亮通风,其中照明、排水、防雨、防火和安全防护等设施良好,检测工艺布置合理,便于流水作业,检测项目结果自动显示醒目;四周进出通道宽阔方便,不受其他公共交通影响,具有相应的预检场地,停车场地标志线明显,互不干扰。该检测站已通过省质量技术监督局计量认证,并颁发《计量认证合格证》,具有良好的工作环境和条件,具有健全的管理机构和管理制度,具有完善的标准体系和服务体系,能为客户提供规范化、标准化、精密化、自动化、综合化的服务。该检测站能确保检测工作高水平高质量,是武汉市目前最好最大最强的机动车安全技术检测站之一。

地址:武汉市东西湖区金山大道1355号
邮编:430040
电话:027-83899901
传真:027-83899901
E-mail:yin83899901@163.com
法人代表:张武
计量认证证书编号:(2005)量认(鄂)字(A1738)号
发证日期:2003.12.29
有效期:2010.12.28
认可依据:GB7258—2004
认可范围:机动车安全技术检测

长沙高新开发区湘仪天平仪器设备有限公司

该公司是集研发、生产、销售为一体的高科技股份制企业。公司已通过ISO9001:2000质量管理体系认证和中国质量认证中心的3C认证。公司始终奉行“诚信人和、用户至上、精益求精、争创一流”的企业精神,竭诚为顾客服务。

公司是国内历史悠久且有实力的专业生产经营精密天平仪器、低压成套开关设备、自动化系统工程的企业。主要产品有:各类单盘、双盘精密分析天平、快速水份测定仪、颗粒计数分析仪、精密电子分析天平、公斤电子天平、电子密度分析天平和界面张力仪等七大类二百余个品种。以及GCSY、GGDY低压开关柜、ZKXR组合式开关柜、QJY系列的软启动柜、GSY 型自动恒压变频供水系统、RWQY 型双电源切换柜（箱）、GZDWY 系列直流电源和工业自动控制系统等系列产品。

公司与国内知名大学、设计、研究院所和国外知名公司有长期友好横向合作关系。主导产品已有近 30 年的生产经验和技术积累。"湘仪"产品质量可靠、技术先进，售后服务完善迅速，在国内外久享盛誉，产品历次被评为部优、省优产品、省市科学进步二(三)等奖。

公司产品广泛应用于石油、冶金、轻工、农林、医药、大专院校、科研、工民建筑、环保和国防等领域，产品畅销国内外 30 多个国家和地区。公司将继续以科学的管理、精湛的技术、真诚的态度、优质的服务、可靠的信誉，向客户奉献更完善的产品。

总公司地址：长沙高新区麓谷麓景路 2 号
长沙国家示范生产力促进中心
邮编：410205
电话：0731－2842226，2842228
传真：0731－2842007
销售公司：长沙市解放西路 136 号蓝色地标 10 楼 23 号
电话：0731－2835078，2835256，2835257
传真：0731－2835077
http：//www.xytp.com
E－mail：xy@xytp.com

广东省韶关钢铁集团有限公司

1991 年，广东省韶关钢铁集团有限公司荣获"国家一级计量合格企业"称号，当年被授予"国家计量先进单位"；1996 年，韶钢在全省大中型企业中率先通过国家技术监督局的"完善计量检测体系"(ISO10012)确认，并通过"国家一级计量合格企业"的复查，成为广东省惟一保持"一级计量企业"合格证书连续有效的企业；2005 年通过了中企测量管理体系认证(GB/T19022—2003/ISO10012：2003)；韶钢对行业部门挂靠在韶钢的广东省冶金粤北质量检测中心、广东省冶金环境检测中心和韶钢卫生防疫站这些为社会提供公证数据的检测机构，依法申请计量认证，经考核合格才开展检测工作，且依时申请复查换证。多年来，计量为企业的生产经营、节能降耗和提高产品质量提供了计量保证。

韶钢建立了完善计量检测体系，多年来，坚持"以数据管理为中心，以计量器具管理为基础，以计量体系为保证"，倡导"科技要发展，计量需先行"，把计量工作和企业的改革和发展紧密结合在一起，使韶钢的计量工作在改革中不断发展壮大，为生产经营、工艺过程控制、产品质量、节能降耗、安全、环境检测等方面提供了计量保证，取得了良好的业绩。计量工作逐步走向科学化、制度化、程序化、高效化，为韶钢在激烈的市场竞争中站稳脚跟、求得发展打下了坚实基础，为提高企业综合经营效益，提升企业竞争力做出了积极的贡献。

韶钢一直保持健全的三级计量网络，确保计量管理的组织落实：一直坚持抓好计量器具的台帐管理、ABC 分类管理、标记管理和计算机管理；一直坚持计量器具采购、入库、使用、维护、流转、降级、报废的全过程管理，确保了计量器具的溯源准确。现已建立经省质量技术监督局考核合格的企业计量最高标准达 36 项。

1996 年韶钢通过了国家完善计量检测体系确认后，健全了计量检测体系的运行机制，每年按计划开展计量体系内部审核，发现问题及时整改，对难点问题组织攻关，不断完善计量检测体系，使企业计量工作迈上了一个新台阶。2000 年通过国家完善计量检测体系确认复查审核。2005 年按新标准(GB/T19022—2003/ISO10012：2003)开展测量管理体系认证，并获得测量管理体系认证证书（证书编号 No：CMS[2005]1 号)。

韶钢通过建立计量数据采集系统实现了各类物料及能源的最快速、最有效、最可靠、最全面的数据支持，实现了数据自动采集和生成，确保数据的真实性、准确性、一致性和适时性。使公司定额、计量、标准、统计和录入建立了严格的责任制度，将企业的三大流：物流、资金流、信息流的基础数据实现自动采集、应用和管理。所有数据全部自动采集，实施处理，集中存储，统一发布。

随着企业技术装备水平的提高，形成了规模性生产，企业内部进行模拟核算，经营销售完全融入市场，企业对计量管理也提出更高更严的要求。为满足企业的生产经营发展和市场的需要，韶钢计量事业也与生产经营同步发展，建立了完善的先进的计量运行体制。

地址：广东省韶关市曲江区韶关钢铁集团有限公司
邮编：512123
电话：0751－8785481
传真：0751－8784280
E－mail：hhzhbt@163.com

河北省气象计量站

河北省气象计量站是河北省质量技术监督局授权的法定计量检定机构，由河北省气象局组建，隶属于河北省气象技术装备中心。经过几十年的建设，现具有完善的质量管理体系、先进的检定服务设施、精良的计量标准设备、良好的工作环境、严格的管理制度和经过考核持有有效计量检定证件、理论扎实、技术过硬的高素质计量检定人员。全站人员均具备大专以上文化程度，其中1人拥有理学硕士学位，2人拥有高级工程师专业技术职称。

拥有多种计量检定设备，可以对外开展大气压力、空气温度、空气湿度、空气流速等计量器具的计量检定公益服务及自动气象站和大气环境监测设备现场校准科技服务。

本着公正、准确、科学、高效的质量方针，坚持依法计量、精益求精、确保量值传递准确一致的原则，依据JJF1069—2003《法定计量检定机构考核规范》及本机构的计量管理体系，竭诚为社会提供公正、真实、准确、可靠的计量检定、校准和检测服务，同时，愿与社会各界开展技术合作。

河北省气象技术装备中心除开展气象计量器具的检定检修及校准服务外，还面向社会承接气象计量器具的采购、供应、销售服务及电子仪器设备的维修保障服务。同时，还以“研究应用新技术，提升技术保障能力”为目标，不断进行科研开发，研发的加密自动气象站(自动雨量站)及温度梯度监测系统，已经在石家庄、廊坊等数百个站点发挥着良好的经济效益和社会效益。

地址：河北省石家庄体育南大街178号
邮编：050021
电话：0311-85812783
传真：0311-85812783

天水长城电器试验研究所

天水长城电器试验研究所坐落于丝绸之路上的历史文化名城——天水，是由原第一机械工业部于1981年投资建设的我国西北地区惟一的高低压电器产品检测和研究的专业所，是具有独立法人资格的第三方检测机构。1986年通过了由机械工业部电工局、上海电器科学研究所、机械部第七设计院、甘肃省机械工业总公司组成的技术鉴定验收组的验收。1989年被机械部、能源部批准为低压成套开关设备试验检测单位。1993年被国家技术监督局批准为全国低压电器生产许可证产品检测单位。1997年通过了中国国家进出口商品检验实验室认可委员会(CC1BLAC)认可。1999年取得中国实验室国家认可委员会(CNAL)认可实验室证书。2003年2月经国家认证认可监督管理委员会确认，成为承担强制性产品认证(CCC)检测工作的检测机构，并且经中国质量认证中心(CQC)授权成为其签约实验室，具备了低压电器元件和低压电器成套设备的3C检测资格。

实验室采用计算机数据采集和处理系统，而且在全国检测行业率先使用了检测信息系统软件，从而实现了检测过程的计算机化管理。

检测能力：交流短路试验能力最大电流为130kA/1S，50kA/4S。可进行AC1~4交流电寿命试验。温升试验：长期三相电流10kA，单相短时48kA。具有-5℃~+60℃恒温小室和(20℃±5℃)恒温室。高压试验：600kV 1.2/50μs雷电冲击耐压试验，0~5kV，50kV和150kV工频耐压试验等。

试验所将一如既往地为我国电器行业发展服务，为我国电器产品质量的提高尽心尽力。天水长城电器试验研究所热忱欢迎各界朋友来所参观指导。

天水长城电器试验研究所的质量方针是：

科学　公正　准确　高效

地址：甘肃省天水市长开路6-6号
邮编：741018
所长电话：0938-8383165
总机号码：0938-8381214，8381413，8383343
传真：0938-8383344
E-mail：dqsysuo@public.lz.gs.cn
联系人：孙文宝(总机转801)

广州市城市排水监测站
(中国城市排水监测网广州站)

该站成立于1996年10月。于1996年12月通过国家计量认证，2001年12月通过国家计量认证换证复查，2004年12月通过国家实验室认可。目前，广州市城市排水监测站有职工50多人，其中高级职称4人，中级职称11人，初级职称29人，其他6人。实验室使用面积800多平方米，拥有如ICP-AES、GS-MS、TOC、气相色谱仪、原子吸收分光光度计、紫外分光光度计、原子荧光光度计、红外测油仪、流量计、噪声、气体监测仪等多种先进检测仪器。认证认可通过的项目包括：生活污水、工业废水；生活杂用水及污水回用灌溉水；地表水；污泥；易燃易爆有害气体；声环境等共140项。可接受各行业委托，提供相应的技术支持服务。

法人代表：李明
地址：广州市站南路15号
邮编：510010
联系人：郭彦娟
电话：020-86671751
传真：020-86671959
E-mail：sunlei19742@163.com
实验室类别：检测实验室
认可依据：(2001)量认(国)字(U1569)号
证书号：No.L1843
认可范围：污水，废水，地表水，污泥，气体
发证日期：2001.12.5
有效期：5年

哈尔滨兽医研究所动物生物安全三级实验室

中国农业科学院哈尔滨兽医研究所动物生物安全三级实验室2001年建成后，主要开展高致病性禽流感病毒的分离鉴定工作。2003年SARS爆发后，全国防治非典型肺炎指挥部科技攻关组指示哈尔滨兽医研究所在最短的时间内将动物生物安全三级实验室改造装备成可以开展SARS灵长类动物模型研究工作的动物生物安全三级实验室，经考核后批准从事SARS动物实验研究工作。2003年6月至2004年3月在哈尔滨兽医研究所动物生物安全三级实验室先后应用食蟹猴、恒河猴、果子狸、褐家鼠和灰鼠蛇进行了多次SARS动物感染实验和灭活疫苗评价实验。2004年我国发生高致病性禽流感后，该实验室承担着我国高致病性禽流感病毒的分离、鉴定和诊断工作。

该实验室于2005年11月5日通过中国实验室国家认可委员会的生物安全实验室验收，获得生物安全实验室认可证书，同时获农业部颁发的《高致病性动物病原微生物实验室资格证书》。获得认证的哈尔滨兽医研究所动物生物安全三级实验室目前主要用于开展高致病性禽流感病毒的病毒分离鉴定、血清流行病学、病原流行病学和分子流行病学的研究工作。

地址：哈尔滨市南岗区马端街427号
邮编：150001
法人代表：孔宪刚
联系人：关云涛
电话：0451-85935095
传真：0451-82701562
E-mail：yuntaoguan@vip.163.com
实验室类别：生物安全实验室
认可依据：CNAL/AC《实验室生物安全认可准则》
证书号：BL0002
认可范围：高致病性禽流感病毒操作
发证日期：2005年11月7日
有效期：2010年11月6日

核工业放射性勘查计量站

该站是我国从事放射性勘查仪器检定、校准的最高计量技术机构，是国内负责铀资源勘查、核应急航空监测、放射性环境评价、航空军控核查和航空核反恐专业技术领域计量保障和应用基础研究的综合性实验室。拥有专门的实验楼和专业校准实验场，大型放射性勘查计量标准设施10余套。能够为铀资源勘查从空中到地面放射性普查、地表放射性异常揭露，再到地下矿体勘探全过程的辐射测量仪器提供检定/校准服务，能为核应急航空和车载监测提供计量支撑，形成了我国一个独特的计量体系。1991年通过国防计量认证，成为国防计量二级技术机构。2004年1月、9月先后获得中国国家实验室认可(CNAL)和国防科技工业实验室认可(DILAC)，认可的校准、检测能力范围包括电离辐射、非金属材料、建筑、食品、环保、化学化工、地矿产品等7个领域的18个项目。

近10年来，承担来自国防科工委、总装备部、核工业集团公司、河北省等重要计量科研项目30余项，获2项国家科技进步二等奖，2项部科技进步一等奖，3项部科技进步三等奖，9项达到国际先进水平，其中6项填补了国内空白。该站自主研制开发的"HDC型高灵敏度测氡仪"，在测量方法上有重要创新并获得科技发明专利，产品供不应求。

1. 放射性勘查和环境电离辐射仪的校准/检定：

·测氡仪　·测井仪(伽玛、密度、中子)
·环境电离辐射仪　·地面放射性勘查仪
·固体镭点源　·航空、汽车放射性测量仪

2. 各种材料、矿物及环境等的放射性核素检测：

·建材、矿石与矿物　·居室氡、土壤氡、环境氡
·核环境监测　·水、食品、生物样品

3. 地球物理测井与放射性环境评价

地址：石家庄市学府路11号(石家庄市183信箱)
邮编：050002
站长：张积运
电话：0311-86830924
传真：0311-86830924

湖南大学汽车实验室
湖南省汽车摩托车(整车)产品质量监督检测中心

汽车实验室隶属于湖南大学机械与汽车工程学院。学院的车辆工程学科是国家211、863、985项目建设单位,国家科技部已立项在湖南大学建设"汽车车身先进设计制造国家重点试验室"。

湖南省汽车摩托车(整车)产品质检中心是湖南省质监局授权的检验机构,挂靠在汽车实验室,根据国家认可范围,可承担汽车摩托车及总成零部件19类产品检测工作。

地址:湖南省长沙河西湖南大学汽车学院
邮编:410082
法人代表:李孟仁
电话:0371-8822776
传真:0371-8822776
E-mail:ywq2001cs@163.com
实验室类别:检测实验室
认可依据:ISO17025-2005
证书号:No.L2547
认可范围:汽车,摩托车,电动自行车及总成零部件
发证日期:2006.2.22
有效期:2011.2.22

荆门市中辰工贸有限公司机动车检测站

该站成立于2002年10月,2005年10月顺利通过国家计量认证。检测站位于荆门市新老城区结合部的白云大道111号,现配有国内较先进的平板式机动车安全检测线一套,能检测15吨以下的各类机动车,年检测能力达2.8万台,享有独立检测及报告权,经当地交警及运管部门批准,现已全面开展对社会车辆的安全性和二级维护检测的服务。检测站正在积极申报,计划再建一条综合性能检测线,以更优良的设备和技术服务于地方经济。

法人代表:陈卫平
地址:荆门市白云大道111号
邮编:448000
电话:0724-2332123
传真:0724-2335318
E-mail:svw1722@sohu.com
计量认证证书编号:(2005)量认(鄂)字(A1717)号
发证日期:2005.11.7
有效期:2010.11.6

油气藏改造实验中心

中国石油勘探开发研究院廊坊分院油气藏改造实验中心(以下简称"油气藏改造实验中心")成立于2004年7月,由中国石油勘探开发研究院廊坊分院压裂酸化技术服务中心下属的压裂酸化流体实验室、压裂支撑剂评价实验室和岩石力学实验室三个专业实验室组成。实验中心通过了符合ISO/IEC17025:2005"检测和校准实验室能力的通用要求"的国家实验室认可和计量认证的二合一评审,中国实验室国家认可委员会颁发的认可证书号为L2587,中国国家认证认可监督管理委员会颁发的计量认证证书号为(2004)量认(国)字(J1219)号。

油气藏改造实验中心作为石油天然气油气藏改造技术方面的专业实验室,其实验设备、技术能力、实验理论和方法等综合水平均处于国内领先地位。参加了中国石油天然气集团公司和中国石油天然气股份有限公司的多项重大技术支撑和决策参谋研究中的实验工作。其中牵头负责的"压裂液与支撑剂质量控制研究"、"压裂支撑剂的质量管理规定"和"压裂酸化关键添加剂质量控制"等实验课题对相关产品的质量控制和政策制定提供了坚实的技术基础。曾分别为中国科学院力学所、中国计量科学研究院等国家权威计量部门,为大庆、胜利、辽河、中原、华北、河南、新疆等油田,为山东金岭集团、安徽泗县植物胶厂、北京矿冶学院植物胶厂、江苏无锡金鑫科技、中国石油昆山物资、科麦氏石油科技、贝德石油科技、超新石油科技等油田化学试剂厂家,为东方宜兴、贵阳林海、山西阳泉、承德等大小支撑剂厂商等单位,为中石油储气储油库项目部、美国柏灵顿、Stimlab等公司进行过样品性能检测和评价工作。

主要仪器设备100台(套),具有与其业务范围相适应的人力资源、技术资源和物质资源。该中心将依靠科技进步,依靠先进的仪器、严谨的科研态度和作风,进一步提高实验室的质量管理水平,为方方面面的"用户"提供良好的服务,建立完善的质量管理体系,形成准确、有效、可靠的技术检测能力,出具质量合格(无使用风险)的检测报告。

地址:河北省廊坊44号信箱
邮编:065007
电话:010-69213535
传真:010-69213535
法人代表:雷群

洛阳市立业建筑质量检测有限公司

洛阳市立业建筑质量检测有限公司，其前身是中国有色金属工业六冶洛阳公司试验室，该试验室组建于1981年3月，1990年被河南省建设厅审定为河南省建筑工程一级试验室，1998年通过河南省质量技术监督局的计量认证，2003年5月又通过了计量认证的复审。

公司按ISO/IEC17025：2005建立了质量管理体系，于2006年2月获得了河南省质量技术监督局颁发的计量认证合格证书，[证书号(2006)量认(豫)字(E0335)号]，并于2006年3月获得了中国实验室国家认可委员会颁发的认可证书(证书号：No.L2577)。被批准的检测能力范围有水泥，建筑用砂、石，砂浆及砼外加剂，砂浆及砼配合比设计，砖及砌块，陶瓷砖，防水涂料及防水卷材，土工，砼结构及构件质量，砌体型式检验等16个项目共169参数。

公司奉行的质量方针是公正、廉洁、科学、高效，全体员工竭诚为所有客户服务。

法人代表：韩忠山
地址：河南省洛阳市涧西区浅井头六冶办公楼
邮编：471003
电话：0379-64952016
传真：0379-62926111
认可依据：ISO/IEC17025：2005
证书号：No.L2577
认可范围：建筑材料及建筑工程结构检测
发证日期：2006年3月2日
有效期：2011年3月1日

南通醋酸纤维有限公司

该公司成立于1987年3月，由中国烟草总公司与美国塞拉尼斯公司合资经营，是集化工、化纤、热电为一体的大型工业企业。主要产品为烟用醋酸纤维丝束及其配套原料二醋酸纤维素片。其中，醋纤丝束产品销售范围达全国40多家卷烟生产企业。二醋酸纤维素片作为醋纤丝束的生产原料，除公司自用外，同时供应昆明和珠海两家醋酸纤维有限公司。

作为一家年轻的中外合资企业，初步建立了较为完善的法人治理结构，企业在生产经营中具有四个特点：

第一，两权分离比较清晰。所谓两权分离，一是企业的所有权与经营权分离，所有权归中国烟草总公司和美国塞拉尼斯公司所有，由董事会委托总经理及其总经理室成员行使日常的经营权力。二是企业的决策权与组织管理权分离。涉及到公司的发展大计，由总经理提出建议，经董事会决策，有总经理在公司组织实施。

第二，权责比较明确。南纤公司实行董事会领导下的总经理负责制，总经理对董事会负责，副总经理对总经理负责，中层干部对他所分管的副总经理负责，班组长对中层干部负责，一级对一级负责、一级对一级负好责，全公司有208个岗位，从总经理到每位员工，都有明确的岗位职责要求。在南纤公司办事效率比较高，基本上不存在扯皮推诿现象。

第三，基础管理比较规范。公司于1993年开始引进克劳斯比理论，克劳斯比理论的核心是要求所做工作的标准缺陷为零，尽管做不到零，但要求向趋向于零的方向发展；建立了一整套各个层次的管理考核体系，实施所有的工作文件化、程序化、规范化，较好地坚持了PDCA的闭环管理。

第四，消化、吸收工作比较成功。国家大型基建项目——南纤一期工程主要工艺装置的国产化率只有9.1%，到了二期工程，主要工艺装置的国产化率达到58.5%，到了三期工程，主要工艺装置的国产化率已达到91%，目前，主要工艺装置均采用了自动化控制，自动化率达到27%以上。

2003年3月18日，中国烟草总公司与美国塞拉尼斯公司在北京签订了南纤公司四期扩建项目《合资修改合同》，项目总投资21.58亿元人民币。该项目计划于2007年竣工。2005年6月，丝束扩建装置已经全面投产成功，丝束年生产能力翻一番达到6.4万吨；2007年，二醋片年生产能力也将由现在的5.5万吨翻一番以上达到12万吨。

1987年至今，南纤资产得到了有效增值，发展后劲不断增强，管理水平有了长足进步。美国哥伦比亚大学教授威廉在南纤调研后，在其撰写的书中写到：“南纤是一家世界级的工厂，一个成功的合资企业典范”。

目前，公司总经理室已经制定了企业发展规划，制定了“发展规模、做精做强”的发展战略，持续改进、追求卓越，不断提高企业核心竞争能力。

发展目标：“综合实力进入醋纤行业世界前三位”，确保醋纤丝束质量世界第一。

地址：江苏省南通市钟秀东路27号
邮编：226008
电话：0513-3560512

攀枝花市计量测试研究所

攀枝花市计量测试研究所成立于1978年，是攀枝花质量技术监督局依法设置的国家法定计量检定机构，2003年经四川省质量技术监督局批准在此基础上成立四川省攀西计量测试研究中心，成为覆盖攀西地区跨行政区域的区域性计量测试研究中心，该所也是经四川省人民法院批准成为攀枝花市中级人民法院司法鉴定单位。该所现依据JJF1069—2003《法定计量检定机构考核规范》和CNAL/AC01:2005(ISO/IEC17025:2005)《检测和校准实验室能力认可准则》，建立了质量体系，不断提高工作质量和服务水平，保证检测工作的科学、公正及结果的准确可靠，按“科学、准确、优质、高效”的质量方针运行。2003年顺利通过四川省质量技术监督局组织的法定计量检定机构考核和计量产品质量检验国家计量认证评审认可，2004年被评为四川省法定计量检定机构先进单位。

该所（中心）建立了包括长度、温度、力学、电磁、无线电、时间频率、光学、化学、声学、电离辐射在内的十大类60余项社会公用计量标准，可开展200余项计量器具和计量参数的检定、校准、检测、计量产品质量检验工作。

所长：罗云川

地址：四川省攀枝花市炳草岗人民街112号

邮编：617000

电话：0812-3336173

传真：0812-3334855

E-mail：pzhjls@sina.com

天津经济技术开发区卫生防病站

该站是疾病预防与控制、卫生检测与服务的专业机构，同时又是开发区社会发展局的委托执法机构。全站有36名职工，具有高级职称7人；中级专业技术职称14人；本科以上学历占80%，技术力量雄厚。近年来在全国各类杂志发表论文40多篇，有三项科研课题分别被天津科委、天津市卫生局评为“国内先进”、“填补天津市空白”的科研成果。天津经济技术开发区是一个外向型经济地区，有多家大型跨国公司，食品生产企业，其中有雀巢公司、可口可乐公司、百事食品公司、顶新集团十余家公司、保健然奶酪公司等，从业人员2万余人，所生产的各类食品100余种，每年有几万份理化和细菌检验报告，由防病站检验室检测。开发区卫生防病站国家实验室的认可通过，极大地方便了食品企业产品出口远销外地的途径。

地址：天津开发区第一大街10号

邮编：300457

电话：022-25204955

传真：022-25204136

法人代表：王克力

联系人：徐冲

实验室类别：检测实验室

认可范围：食品、水、卫生、医学等

认可依据：17025：2005

证书号：L2579

发证日期：2006.03.02

有效期：2011.03.02

深圳锦天乐防雷技术有限公司中心实验室

公司中心实验室筹建于2002年8月，2003年6月正式按照国家实验室质量体系要求试运行，其中心任务是对深圳锦天乐防雷技术有限公司生产的防雷产品进行耐雷击能力、安全性能、保护水平、热稳定性、信号防雷器的传输性能提供检测服务，该实验室隶属于深圳锦天乐防雷技术有限公司，建筑面积为285m^2，固定资产约210万元人民币（其中仪器设备160万元，不动资产50万元）。

主要的检测设备有：

1. 冲击电流发生器CI-200，冲击电流最大可达200kA。
2. 冲击电流发生器CI-80，冲击电流最大可达60kA。
3. 热稳定性试验台检测SPD脱扣性能。
4. 网络分析仪HP8714ET，能测试300kHZ-3GHZ内的信号传输性能。
5. 脉冲分流器、分压器各种量级。
6. 高温湿热环境试验柜。
7. TEK数字环境采样示波器2台。

法人代表：江雪芬

地址：深圳市科技工业园科苑北路华瀚创新园D座二楼

邮编：518057

电话：0755-86016329

传真：0755-86016319

http://www.jtlsas.com

E-mail：jtl2000@126.com

认可依据：CNAL/AC01：2003

证书号：No.L2584

认可范围：防雷产品性能检测

发证日期：2006.3.17

有效期：2011.3.16

山西省阳泉市药品检验所

山西省阳泉市药品检验所成立于1975年8月，现隶属于山西省阳泉市食品药品监督管理局。承担辖区内药品质量监督检查所需的药品检验工作。1992年第一次通过省级计量认证，并于1999年、2005年通过计量认证复评审。具有对乙胺嘧啶片等2171种产品1111个参数按相应标准开展检验工作的能力。

山西省阳泉市药检所位于阳泉市新华西街16号，占地面积4600m²，实验大楼建筑面积1640m²，所内下设行政办公室、业务室技术室、中药室、化学室、生测室5个科室。现有职工22人，其中高级职称3人，中级职称7人，初级职称3人。全所目前拥有固定资产240余万元，其中检验仪器设备100余万元，基本满足该辖区内药品检验工作的需要，年检验药品500~750批次。

经过30年的不断发展，山西省阳泉市药检所已成为省内检验设备齐全，技术水平较高的市级药检所。

地址：山西省阳泉市新华西街16号
邮编：045000
法人代表：李庚寅
电话：0353-3307502
传真：0353-3307502
E-mail：shxyqyjs@tom.com
计量认证证书编号：(2005)量认(晋)字(50168)号
发证日期：2005年1月10日
有效期：2010年1月9日

中国医学科学院基础医学研究所

该实验室属于中国医学科学院基础医学研究所，即中国协和医大基础医学院，是其重要的技术平台。现有大型仪器、电镜和同位素等三部分，以从事蛋白质等大分子分离分析鉴定为主要工作内容，还有LSCM和FACS进行细胞水平研究，并面对社会开展相应科技服务。

法人代表：沈岩
地址：北京市东单三条5号
邮编：100005
电话：010-65290951
传真：010-65290951
E-mail：cif@pumc.edu.en
实验室类别：基础医学
证书号：No.L2469
有效期：2010.12.30
联系人：赵方萄

中国辐射防护研究院放射性计量站

法人代表：宣义仁
联系人：黄亚雯
地址：太原市120信箱一所
邮编：030006
电话：0351-2203462
传真：0351-2203461
实验室类别：校准实验室
认可依据：CNAL/AC01：2005
证书号：L1966
认可范围：电离辐射(1620)
发证日期：2005年3月18日
有效期：5年

中港第一航务工程局第三工程公司试验室

法人代表：马宝承
地址：辽宁省大连市老甘井子街463号
邮编：116031
电话：0411-82626546
传真：0411-86672587
E-mail：hssys@yhjsgs.com.cn
实验室类别：检测实验室
认可依据：CNAL/AC01：2005
证书号：No.L2590
认可范围：建筑材料，水运材料
发证日期：2006.3.17
有效期：2011.3.16

北京机械工业中心计量站

法人代表：吴文增
地址：北京市丰台区造甲街南里5号
邮编：100070
E-mail：jgjlz2005@163.com
http：//www.jgjlz.com
电话：010-63740210
传真：010-63733319
实验室类别：校准实验室
证书号：No.L2265
发证日期：2005.11.2
有效期：2010.11.1

上海煤气表强制检定站

地址:上海市虹口区水电路 1229 号主楼 2 楼
邮编:200434
电话:021-65440906
传真:021-65440906
联系人:朱彦华
E-mai:qiangjianzhan@126.com

上海市电能表强制检定站

地址:上海市天山路 1758 号
邮编:200051
法人代表:王宏毅
电话:021-62336908
传真:021-62336908

上海市水表强制检定站

地址:上海市许昌路 280 号
邮编:200082
法人代表:孟明群
电话:021-55212073
传真:021-55212073
E-mail:sbqjz@126.com

上海华东电器(集团)有限公司

地址:上海市虎丘路 27 号
邮编:200002
电话:021-63390618、63390628
传真:021-63390698
E-mail:sales@kirtun-it3.com

国家水大流量计量站

国家水大流量计量站位于举世闻名的七朝古都——河南开封。国家水大流量计量站是由国家质量监督检验检疫总局授权建立的国家级法定计量检定机构。经过长期的工作与锻炼,培养出了一支作风严谨,技术过硬的流量仪表检定、校准和检验专业队伍,使该站于 2006 年 4 月顺利通过机构考核复查验收,新的计量授权证书号为:(国)法计(2006)00010 号,有效期 5 年;其授权区域范围为全国;专业范围为 DN500~DN1600 的水大流量计的检定、校准和检验。

国家水大流量计量站流量试验室拥有世界最大的恒水头(溢流水塔式)静态容积法水流量标准装置,流量范围:(200~16000)m³/h;准确度等级为 0.1 级。该站同时拥有对流量仪表及配套设备进行全性能测试的整套型式试验设备。 与国家水大流量计量站同一套机构,部分设备共用的单位还有:机械工业第十三计量测试中心站、机械工业流量仪表产品质量检测中心。其情况如下表:

单位名称	授权单位	区域范围	主要任务	业务范围
国家水大流量计量站	国家质量监督检验检疫总局	全国	检定、校准、计量仲裁、测试、型式评价	水流量标准装置(准确度:0.1%) 口径:DN500~DN1600 流量:(200~16000)m³/h
机械工业第十三计量测试中心站	中国机械工业联合会(原机械工业部)	机械行业	检定、测试	水流量标准装置(准确度:0.1%) 口径:DN15~DN1600 流量:(0.1~16000)m³/h 油流量标准装置(准确度:0.03%) 口径:DN15~DN100 流量:(3~180)m³/h 气体流量标准装置(两套) 钟罩式(准确度:0.5%) 口径:DN15~DN50 流量:(0.5~360)m³/h 临界流喷嘴法(准确度:0.32%) 口径:DN50~DN100 流量:(30~1050)m³/h
机械工业流量仪表产品质量检测中心			产品质量检验	
地址:河南省开封市汴京路 38 号	邮编:475002		电话:0378-2950899	传真:0378-2950899

南昌标准硬度块制造公司

南昌标准硬度块制造公司(前身为南昌市青云谱标准硬度块厂),系目前国内惟一以研究、制造、生产各种标准硬度块专业生产者,并承接各客户单位特种要求的硬块研制任务。

公司技术力量雄厚,生产工装齐全,检测手段先进。也是目前国内硬度块品种最全的供货商之一,在研究、制造、销售服务全过程中,守信用、重声誉、保质、保量以维护企业形象。

公司曾配合中国计量测试技术研究院完成肖氏块研制任务,配合国防科学技术工业委员会第一计量测度研究中心,研制成功了努普氏硬度块任务(该项目填补了国内空白)。

公司在2000年5月重组后相继研制生产了批量供应市场急需, 洛氏 HBR60~70、70~90、HRF70~90、90~100 等 4 个品种,而且受到广大客户的称赞。

产品名称	规格
标准洛氏硬度块	55~66HRC 40~50HRC 25~35HRC 20~25HRC 70~85HRA 60~70HRA 86~95HRB 60~70HRB 50~60HRB 70~90HRF 90~100HRF
标准布氏硬度块	150~250HBS10/3000 150~250HBS5/750 150~250HBS2.5/187.5 500~600HBW10/3000 500~600HBW5/750 500~600HBW2.5/187.5 75~125HBS10/1000 75~125HBS5/250 75~125HBS2.5/62.5
标准显微硬度块	700~800HV1 700~800HV0.5 700~800HV0.2 400~500HV0.2 400~500HV0.1 200~300HV0.1 200~300HV0.05

产品名称	规格
标准表面洛氏硬度块	88~92HR15N 74~82HR30N 45~55HR30N 45~55HR45N 85~91HR15T 70~80HR30T 54~72HBS5/750
锤击布氏条	150~250HBS5/750
标准肖氏硬度块	91~99HSD 56~64HSD 26~34HSD
标准维氏硬度块	650~750HV5 650~750HV10 400~500HV5 400~500HV10 400~500HV30 150~250HV5
标准努普(氏)硬度块	800~900HK1 800~900HK0.5 800~900HK0.2 400~500HK0.2 400~500HK0.1 200~300HK0.1 200~300HK0.05
标准里氏硬度块	750~850HLD 590~670HLD 490~570HLD

该公司备有下列硬度检定主要备件:天然金刚石洛氏压头;标准洛氏压头和工作洛氏压头(有 304 所检定合格证书);出厂洛氏压头;φ10、φ5、φ2.5、炭化钨钢球以供客户需求。

地址:江西省南昌市井冈山大道三店西路 12 号(老门牌)
公司经理:李志成
电话:0791-5212624
E-mail:bzydk@bzydk.cn　　邮政编码:330001

长沙高新开发区湘仪天平仪器设备有限公司

长沙高新开发区湘仪天平仪器设备有限公司是集开发、生产、销售为一体的高新技术型企业。公司始终奉行“诚信人和、用户唯上、精益求精、争创一流”的企业精神，竭诚为客户服务。

公司是精密天平仪器，低压成套开关设备，自动化系统工程，专业生产企业，生产天平已有30多年历史，专业生产各类单盘、双盘精密分析天平、快速水份测定仪、颗粒计数分析仪、精密电子分析天平、公斤电子天平和电子密度天平等七大类二百余个品种，中国第一台带微处理器的电子天平，就诞生于湘仪。湘仪产品质量可靠，技术先进，售后服务完善迅速，在国内久享盛誉，产品历次被评为部优、省优产品，出口东南亚，美洲及中东市场。公司已通过ISO9001:2000质理管理体系认证，低压成套开关设备已通过中国质量认证中心的3C认证。

公司将继续以科学的管理、精湛的技术、真诚的态度、优质的服务、可靠的信誉，向客户奉献更完善的产品，客户的需求就是我们的追求。

诚信人和　用户唯上　精益求精　争创一流

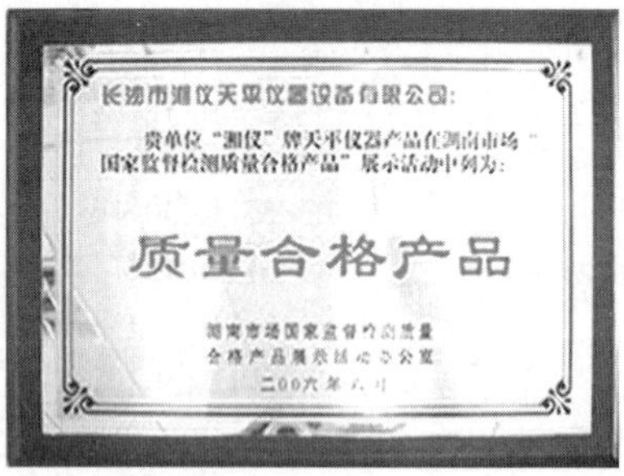

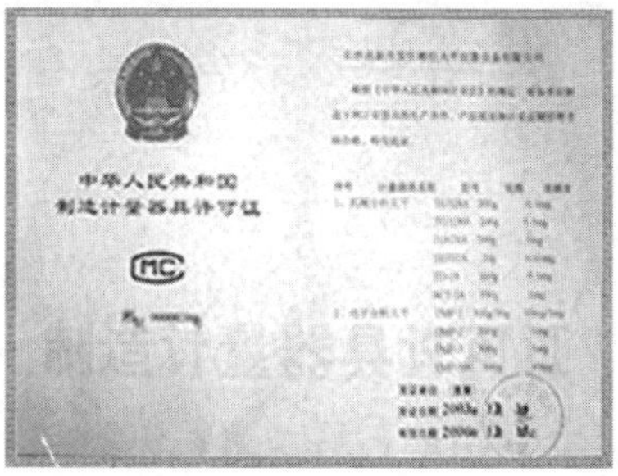

电话：0731-2835078、2835256、2835257　　E-mail:xytp888@126.com，xy@xytp.com
传真：0731-2835077　　http://www.xytp.com
销售公司：湖南省长沙市解放西路136号蓝色地标10楼23号　　邮编：430001

南昌水业集团南昌工贸有限公司

南昌水业集团南昌工贸有限公司，始建于1969年，系南昌市自来水配件厂、南昌市自来水公司水表厂、南昌市昌陵净水剂实业有限公司三个企业合并组成。现下设水表厂、赣江净水剂有限公司、安装公司、派力水业设备有限公司、中意实业有限公司等五个分支机构，是专业生产水表、水表试验装置、水表试压机、高楼供水设备、高效净水剂、自来水管道安装及商业贸易于一体的经济实体；是中国技术监督情报协会会员；是中国计量协会水表工作委员会会员；是计量合格认证单位。公司厂区综合占地面积25000平方米，员工300余人，公司拥有雄厚的技术力量、先进的生产设备和完善的检测手段，本着“以质量求生存，向市场要效益”的宗旨，全力推进科学技术进步，不断引进吸收先进技术，致力于新产品的研制与开发。

公司生产的水表、水表试验装置曾多次荣获江西省新产品证书，在全国同行业中，率先取得中国机械电子工业部颁发的水表生产许可证，国家技术监督局颁发的制造计量器具许可证、计量合格证、计量授权证书。公司生产的PAC高效净水剂，荣获江西省优秀新产品二等奖，江西省新产品证书，南昌市科技进步三等奖。企业通过了国际ISO9001质量体系认证，产品销往全国各地，深受用户好评。

真诚希望与国内外各界朋友进行广泛的技术合作、交流洽谈。

以质量求生存，向市场要效益

地址：南昌市北京东路696号　邮编：330029　电话：0791-8322836　8325659
传真：0791-8322836　　联系人：朱钢平　李玉兰

青海省电能计量检定中心

计量中心主任艾绍军

计量授权证书

青海省电能计量检定中心，是根据国家电网公司和省公司的有关精神，通过相关考核，并取得青海省质量技术监督局颁发的“法定计量机构授权”证书后，于2005年12月19日正式挂牌运行的计量机构。

计量中心下设综合事务部、检定检测部、计量管理部、计量信息部四个部门，现有人员28人，大专及以上学历22人，高级职称3人，中级职称9人。业务上归口管理西宁、海东、海西、海南、海北、黄化6个计量所，公司系统计量检定人员共有164人。

计量中心是青海省电力公司新组建的具有相对独立建制的公司所属二级机构，按分公司管理和运作，独立公正的开展工作，业务受省公司计量办的管理。同时又是青海省质量技术监督局授权的最高法定电能计量检定机构，并接受省质量技术监督局的监督和指导。单位名称为“青海省电能计量检定中心”和“青海省电力公司电能计量检定中心”（实行两块牌子）。根据青海省电力公司对计量中心的职责定位，其主要职责如下：

负责贯彻执行国家电能计量方针、政策、法规、规程及行业有关规定；负责省公司最高电能计量标准器具的建设、维护、使用和保管；负责对地区供电企业计量机构的日常业务进行监督、指导；负责公司系统（含计量中心、计量所、县级电力公司）电能计量标准装置的量值传递/溯源及资产管理工作；负责青海电网内110kV及以上发电企业上网关口、省公司对供电企业的转供电关口（网供关口）、网内Ⅰ类客户计量方式审定及电能计量装置的安装、运行、故障处理等管理工作；负责330kV及以上电流、电压互感器误差测试工作，承担计量纠纷仲裁工作；负责西北电网公司委托管理的电能计量装置的日常管理工作；负责电能量计费系统电能表计部分的运行管理及关口电量统计工作；负责电能计量设备的选型和新产品、新技术研究推广工作；承担省质量技术监督局有关电能计量监督的技术性工作，依法开展法定计量检定机构的强制检定工作；承担输变电工程中电能计量的技术服务工作；负责公司系统内电能计量的技术监督工作。

目前，计量中心拥有各类电能表、互感器等标准装置224台，各类走字、耐压、故障模拟等装置114台，并拥有2台万分之一的电能计量标准装置。为保证检定、测试工作的科学公正及结果的准确可靠，计量中心按照国家《法定计量检定机构考核规范》（JJF1069-2003）的要求建立了完善的质量管理体系，并在日常工作中严格实施和持续改进。

作为青海省最高的法定电能计量检定机构，计量中心按照电能计量授权的要求，本着“科学准确、诚信服务、公平公正、追求卓越”的质量方针，依法开展电能计量检定工作，并确保其工作的公平、公正、准确，以此服务于社会。

团结奋进的领导班子

标准表检定

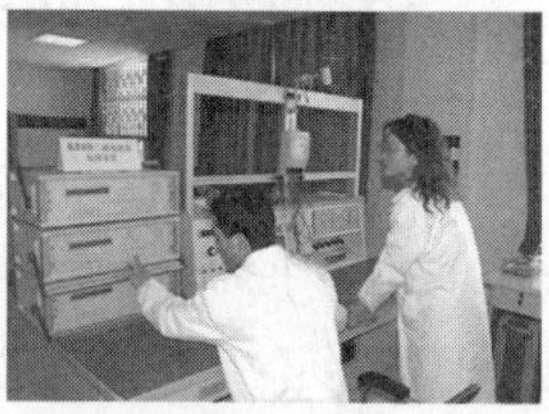
电能表检定

互感器检定

“5.20 ”世界计量日宣传活动

地址：青海省西宁市城北生物科技产业园经四路
邮编：810003
电话：0971-6176837
传真：0971-6176838
E-mail：wllin@qhpower.com.cn

北京市无线电监测站

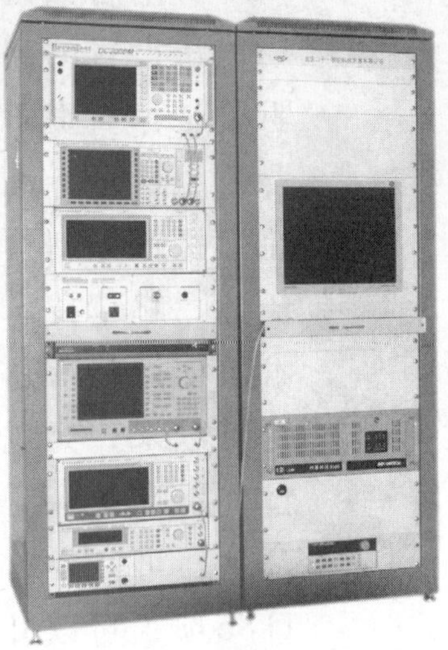

北京市无线电监测站（北京市无线电设备检测中心）是北京市无线电管理局的技术支持机构，其主要职责是维护首都空中电波秩序，保证各种无线电业务的正常进行。担负北京市无线电信号监测和空中纠察，监测无线电台（站）是否按照规定程序和核定的项目工作；查找无线电干扰源和未经批准使用的无线电台（站）；测定无线电设备的主要技术指标；检测工业、科学、医疗等非无线电设备的无线电波辐射；提供无线电技术咨询与服务。

随着无线电通信事业的飞速发展，新技术、新体制、新设备不断涌现，越来越多的无线电通信技术在我国得以应用。为使有限的频谱资源能够科学地、有效地开发和利用，防止无线电设备本身产品质量不合格产生的各种有害干扰，从源头上减少无线电干扰，维护空中电波秩序，确保各种无线电业务正常运行，依据国家标准和行业标准，加强对各类无线电设备的检测，是无线电监测站的主要任务之一。北京市无线电监测站是北京市质量技术监督局中国计量认证（CMA）单位，承担北京市无线电发射设备检测工作。

近年来，无线电台（站）数量急剧增加，部分单位和个人违章设台和使用不符合国家技术标准的无线电发射设备，无线电干扰现象日趋严重，特别是对广播电视的干扰，对民用航空通信、水上通信等重要部门和单位的干扰，直接威胁到国家安全，社会稳定和人民生命财产的安全。面对无线电干扰查找工作的艰巨性和复杂性，北京市无线电监测站加强了对新设置无线电台（站）设备指标测试；在用无线电发射设备的周期检测，及无线电干扰处理过程中的设备质量分析与检验。无线电发射设备指标是否符合技术标准，涉及到分配给无线电通信单位的无线电频谱资源是否得到充分、合理、有效的利用；涉及到无线电通信网运营单位和用户，在使用无线电频谱资源时的合法权益是否得到保护；涉及到通信基站可能造成的干扰频段，影响其他无线电业务能否正常进行。因此，对无线发射设备性能指标进行检测是一项重要的工作内容。

通过几年的无线电管理技术设施建设，监测站建成了一个技术先进，自动化程度高，各类仪器、仪表配套齐全的无线电设备检测中心，包括：常规检测实验室、手机检测实验室、基站检测实验室、常规移动检测车。测试项目主要有：GSM900/1800双频段数字蜂窝移动台，GSM900/1800双频段数字蜂窝基站，GSM 直放机，800MHzCDMA数字蜂窝移动台、CDMA数字蜂窝基站、CDMA直放机，调频收发信机，无线寻呼发射机，数字集群基站和移动台，数传电台、PHS无线接入系统等。根据计量认证的要求配备资料档案室、接样室、样品库、仪表维护校准室、业务洽谈室。在引进了大量国外最先进的无线电检测设备的同时，注重人才队伍的建设，定期送技术人员到国内外学习，技术力量不断加强，使无线电监测、检测能力得到不断地提高。

贵州省计量测试院

贵州省计量测试院是贵州省质量技术监督局直属的省级法定计量检定机构。1978年底在贵州省标准计量管理局各专业计量实验室及实验工厂的基础上建立发展起来的。全院拥有6760平方米的工作用房，其中4940平方米的恒温实验室，固定资产1304.6万元。该院设有院办(党办)、财务科、业务科、行政科以及长度、热工、流量、力学一室、力学二室、电磁、化学、检测中心、医疗设备检测室九个专业实验室，技术开发部、实验工厂两个二级法人单位。贵州省光学产品质量监督检验站、贵州省办公用机电产品和体育用品质量监督检验站、贵州省通风及空调设备质量监督检验站三个质检站挂靠在该院。

贵州省计量测试院的主要任务是：负责复现和建立省级各专业领域的最高和次级社会公用计量标准，进行量值传递；执行强制检定，开展计量校准和检测、测试工作；负责辖区内的仲裁检定工作；承担国家和省下达的计量技术规程、规范起草、计量标准的技术考核、计量技术培训；承担计量新产品开发，开展计量技术咨询以及其他计量技术服务，承担全省光学产品、办公用机电产品和体育用品、通风及空调设备的质量检验任务，仲裁及委托检验；按时完成省质量技术监督局下达的各种技术监督任务。

该院拥有一套较完善的质量管理和监督体系。2002年8月通过了国家质检总局考核组进行的法定计量检定机构授权考核。2002年12月国家质检总局考核组以国质检量［2002］349号文对该院所申报的检定／校准和检测项目给予授权(证书编号：国法计［2002］01034号，有效期至2007年11月30日)。2004年4月通过了国家质检总局考核组进行的监督（扩项）评审。2005年通过了省局计量认证复查考核，证书号：（2005）量认（黔）字（Z0235）号。

该院有在职职工77人，离退休62人。其中专业技术人员56人，正教授高工1人，高级技术人员21人，中级技术人员21人。到目前为止，共建立了106项全省社会公用计量最高和次级标准，涵盖了几何量、温度、光学、力学、电学、时间、频率、理化、电离辐射、声学十类专业。《工频相位标准》属于国家标准，可面向全国进行量值传递。

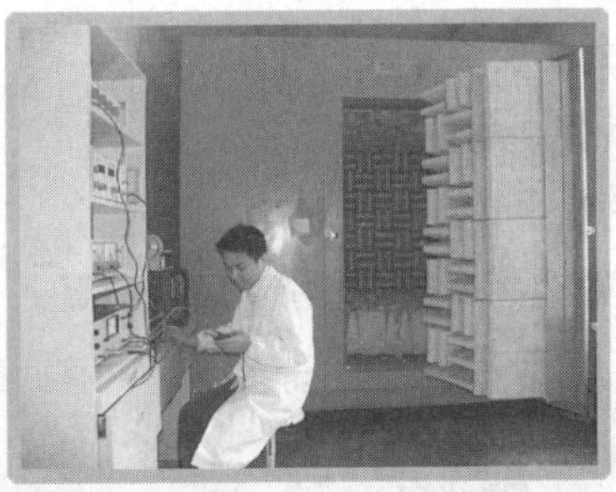

科学、公正、诚信、满意

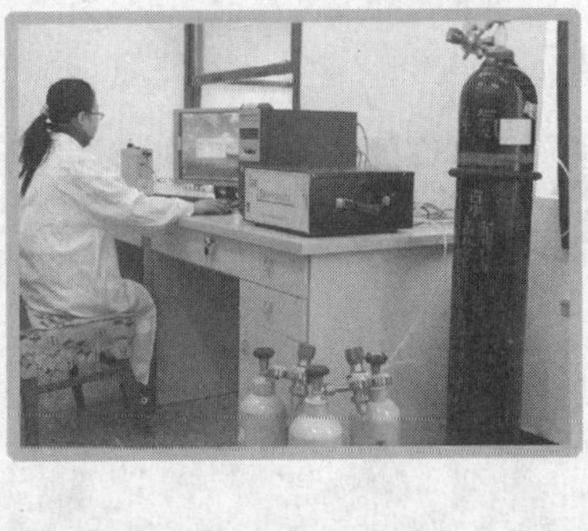

地址：贵州省贵阳市头桥海马冲45号
邮编：550003
电话：0851-6517364
传真：0851-6517268　　8631557
法人代表：李林筑
机构代码　　9529130
机构法人代码　　49110138-2

华南国家计量测试中心

2006中国（广州）"计量与发展"华南大论坛

PRISMO

宁夏计量测试院

宁夏回族自治区计量测试院成立于1974年（原为宁夏计量测试所），是宁夏回族自治区人民政府依法设置的国家法定计量检定机构，隶属于宁夏回族自治区质量技术监督局，是为全区质量技术监督执法提供技术保证，为全区国民经济建设和社会生活提供技术服务的计量技术机构。

该院现有职工64人，退休人员49人。高级职称16人，占总人数的25%；中级职称20人，占总人数的31%；初级职称19人，占总人数的30%。大专以上学历人员50人，占总人数的78%。总资产1007万元，现有实验室总面积6000m^2，已建长度、力学、热工、化学、电学、无线电、光学等各类计量标准71项，可开展200多种计量器具的检定、校准和检测工作。2005年检定收入近500万元，检定总台件6万余台件数。

该院注重加强基础设施建设。2005年，投资38万元新增了热能表检定装置，2006年又投资58万元，购置了万能数字电流等设备。新开展了温湿度计、天然气机、医疗器械、汽车安全检测线、大气采样器、氧气吸入器、二等金属量器（检定加油机专用）、扭矩扳手、抗折实验机等一批检定项目，并对一些原有项目进行了填平补齐，直接用于设备、技术改造资金近百万元，有力地提高了计量检定的能力。2005年9月顺利通过了国家计量授权考评组及督导组对该院进行的监督考核。专家组认为，该院2002年考核复查以来，在计量检定及质量体系建设等方面做了大量工作，为推进全区经济的可持续发展做出了重要贡献，同时也为今后的工作打下了坚实基础。

该院还不断强化自身建设，落实监管机制，积极推行网络化管理，认真贯彻执行党和国家党风廉政法规制度，公布举报电话，建立举报箱，随时接受群众监督。加强服务能力建设，树立科学的发展观和正确的业绩观，努力加强党员干部的思想道德和纪律教育，并具体落实到工作责任目标上。要求以“三个代表”重要思想为指导，以提高队伍素质为核心，以为人民服务、树行业新风、建设“形象工程”为主题，及时总结行风建设的经验和做法，切实纠正用户反映强烈的行业不正之风，努力建设一支“科学、公正、廉洁、高效”的技术队伍，促进该院两个文明建设再上新台阶。2005年，宁夏计量测试院被评为自治区局系统先进单位，宁夏计量测试院党支部被授予“五个好支部”，一人获得全国质检系统先进个人，一人获得全国质检系统“科技兴检”先进个人。

地址：银川市兴庆区公园街24号
邮编：750001
法定代表人：靳尚刚
电话：0951-5032559

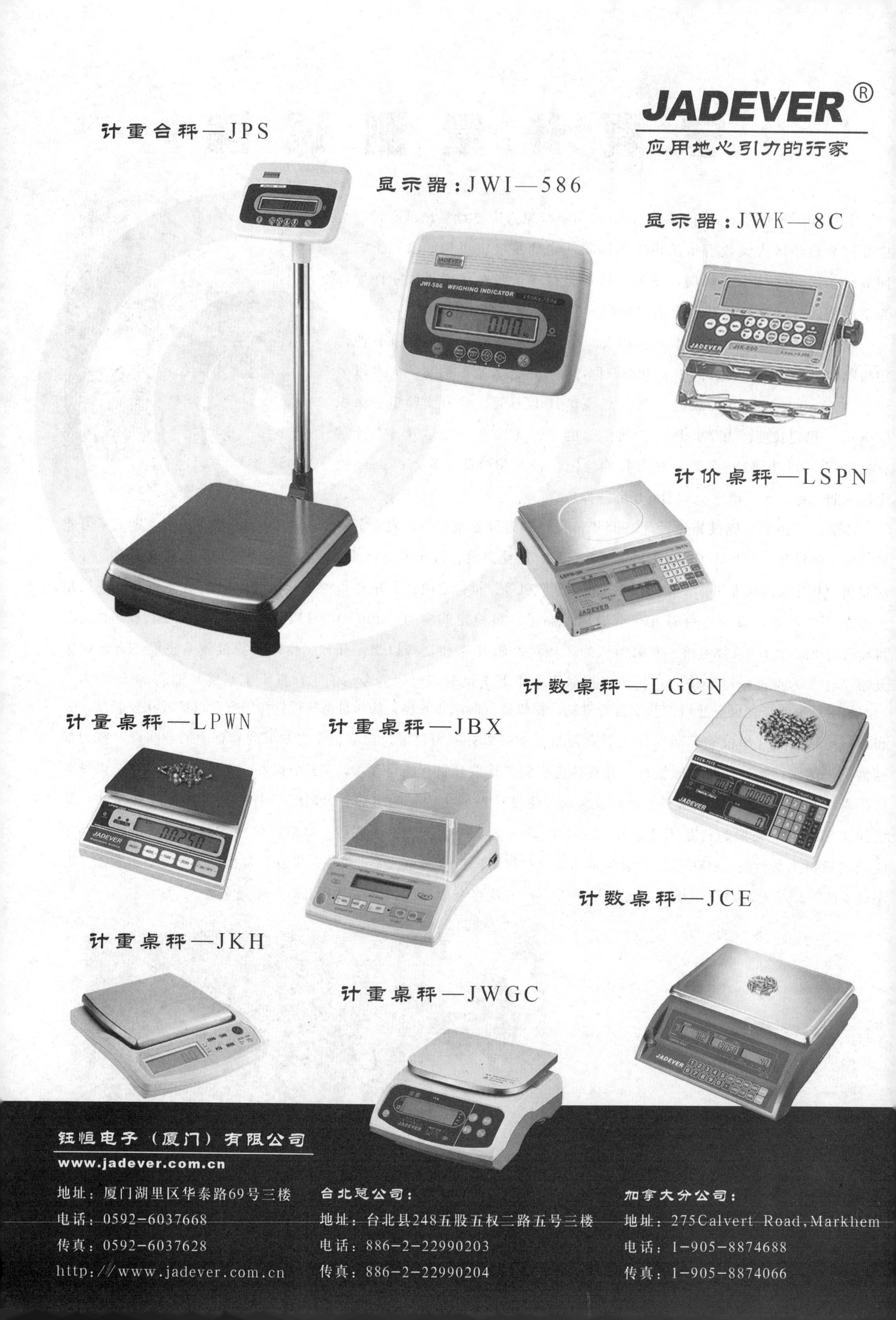
JADEVER®
应用地心引力的行家
计重台秤—JPS
显示器：JWI—586
显示器：JWK—8C
计价桌秤—LSPN
计数桌秤—LGCN
计量桌秤—LPWN
计重桌秤—JBX
计数桌秤—JCE
计重桌秤—JKH
计重桌秤—JWGC
钰恒电子（厦门）有限公司
www.jadever.com.cn
地址：厦门湖里区华泰路69号三楼
电话：0592-6037668
传真：0592-6037628
http://www.jadever.com.cn
台北总公司：
地址：台北县248五股五权二路五号三楼
电话：886-2-22990203
传真：886-2-22990204
加拿大分公司：
地址：275Calvert Road,Markhem
电话：1-905-8874688
传真：1-905-8874066

上海同大科技测绘服务有限公司

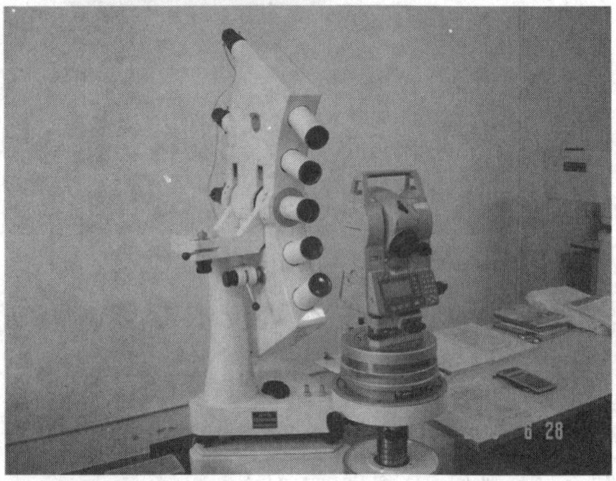

上海同大科技测绘服务有限公司是具有法人资格的、能够承担法律责任的实体，测绘仪器计量校准实验室为其一个部门，由公司法人代表委托其代理人担任实验室的最高管理者。

实验室拥有20名测绘仪器校准专业人员，其中高级职称9名，中级职称6名，另外还聘请精通测绘仪器的专家作为顾问。拥有200m²的配有各种校准设备（水平测角校准设备；竖直角校准设备；多齿分度台、测距仪或全站仪频率自动测试系统等）的室内校准室，室外校准测距仪或全站仪的周期误差60m长的周期平台和校准加乘常数及测距标准差的基线场；一个全天候的GPS基站和同济大学文远楼上的用于校准GPS（全球定位系统接收机）仪器的超短基线及学校附近1km长的空中基线网。在2006年内将再建一条1km长的比长基线。

计量校准实验室自1999年通过上海市计量校准管理办公室的实验室认可开展测绘仪器的校准至今已有6年，在仪器计量校准方面积累了丰富的经验与资料。为保证校准工作及服务质量，计量校准实验室于2005年6月依据GB/T15481-2000idt ISO/IEC 17025:1999和《上海市计量校准实验室评审准则》、《溯源政策》、《测量结果的不确定度评定》和该计量校准实验室的实际情况修订了质量手册、程序文件、技术校准规范，具有了一套高效的管理体系和精湛的校准技术，以客户为主的态度对社会开展测绘仪器校准服务工作。并于2006年3月再次通过了实验室复评审。

实验室将一如既往地为广大客户提供更优质的服务，热忱欢迎各行各业的用户和同仁来校准实验室参观、访问、交流，共同提高校准实验室的校准水平。

质量方针：技术技能　精益求精　校准证书　准确可靠　校准服务　热情周到

校准范围：经纬仪、水准仪、测距仪、垂准仪、电子速测仪、全站仪及全球定位系统(GPS)接收机。

地址：上海市杨浦区四平路1239号　同济大学测量与国土信息工程系

邮编：200092

电话：86-021-65982285、65981287、65984593（GPS）

传真：86-021-65981287

实验室场所：同济大学一二九大楼测量馆底楼

联系人：朱红燕　　陈士连　　陈义（GPS）

上海市农机具产品质量检测站

上海市农机具产品质量检测站是由上海市农业委员会主办、上海市农业机械化管理办公室主管的全民事业单位。是上海市惟一从事农业机械试验鉴定的部门，经上海市农业机械化管理办公室组织专家考评通过，具备了承担省市级农业机械试验鉴定的能力。专门从事农业机械先进性、适用性、安全性、经济性和可靠性的试验鉴定、农业机械及其零配件的技术性能检测；农机具产品质量监督管理；农机具产品质量投诉处理；农机试验鉴定体系指导和人员培训；农机检测信息收集以及农机检测技术方法、手段的研究，参与农机产品质量标准、维修标准、作业标准的研究与制定。

仪器室

资料室

检测大楼

测试现场

上海市农机具产品质量检测站是由上海市农业机械研究所测试仪器室组建而来，已有四十多年历史。通过上海市技术质量监督局的计量认证审核，具有对收获机械、耕整地机械、种子播种机械、种子处理机械、植保机械、温室设施、滴灌、牧草机械、农用挂车等多种农业机械和设施的试验鉴定能力。

该站设有综合检测室、仪器室、信息和标准室以及行政业务办公室等机构。人员编制15名。现有推广研究员1名、高级工程师3名、中级职称人员4名。拥有各类仪器设备120余台（套）。

上海市农机具产品质量检测站将竭尽全力，按照“科学、公正、高效、敬业、廉洁、合作”质量方针，为广大农民和社会各界提供高质量的检测服务。

地址：上海市松江区泗泾镇鼓浪路38号
电话：021－57614925
邮编：201601
E-mail：jczhsh@shac.gov.cn

SHANGHAIJIADINGQUJILIANGZHILIANGJIANCESUO

上海市嘉定区计量质量检测所

上海市嘉定区计量质量检测所是上海市嘉定区质量技术监督局依法设置的国家法定计量检定质量检验机构，主要任务是根据《中华人民共和国计量法》、《产品质量法》、《标准化法》的要求和嘉定区工农业生产机构的特点，建立和保存嘉定地区相应的最高社会公用计量标准，负责嘉定区的量值传递和溯源，以及计量器具、仪器设备的检定、校准、测试和产品质量的检验工作，是嘉定区惟一的综合性检测机构。

该所技术力量雄厚，大专以上文化人员占总数的71%，工程师职称以上人员占总数的40%。技术人员先后荣获全国星火杯3等奖2项、上海市技监局科技成果1项；在国内外公开发行的计量杂志上发表科技论文三十余篇，并有1人获国务院特殊津贴殊荣。

通过多年来的不懈努力，该所已通过上海市计量质量行政管理部门考核的最高计量标准的35个项目，产品质量检验5个大类。为了适应我国加入WTO后国内计量市场同国际的接轨，2000年起该所依靠自身的努力按国际通行的ISO/IEC标准进一步规范运作，经上海市质量技术监督局计量校准管理办公室评审考核合格，率先成为上海市校准实验室之一。该所使用的计量均能溯源到国家标准，并与国际计量局具有的量值基准保持一致。

该所现有建筑面积1500平方米，其中恒温室800平方米；固定资产390万元，其中检测仪器、设备206万元。现有七辆交通工具，为上门服务提供了很大的方便。

上海市嘉定区计量质量检测所将以准确、可靠的检测数据，热情、公正、合理的收费标准服务于嘉定区。

濮阳市龙祥技术检测有限公司

濮阳市龙祥技术检测有限公司即原中原石油勘探局工程建设总公司试验室，于1982年成立。1989年经河南省城乡建设环境保护厅、建设管理处、工程质量监督站共同审查验收为省一级试验室资质。1999年又经河南省技术监督局依据国家计量技术规范JJF1021—1990《产品质量检验机构计量认证技术考核规范》进行评审后，颁发了“计量认证合格证书”。2004年“计量认证合格证书”重新复审换证，新增室内环境检测、电器设备检测项目，复审后，计量认证证书编号为[2004量认(豫)字(J0543)号]。2005年，为提高该单位管理水平及社会化服务，实验室进行了改制，改制后的企业名称为“濮阳市龙祥技术检测有限公司”，并于2005年4月19日通过河南省质量技术监督局计量认证的监督评审，换发了“计量认证合格证书”。又于2006年经中国实验认可委员会评审，通过了实验室认可，机构注册号：No.L2689。

该公司现有职工23名，其中，技术职称检测人员10名，高、中、初技术工人9人。公司总建筑面积1610m^2，检验室工作面积1059m^2，其中，空调恒温面积达900m^2。目前，公司共有仪器、设备99台（套），原资产总值150万元。计量设备实行定期维护和检定，并能满足现有产品检验项目和计量器具检定的资源配置要求。

公司为一个独立法人单位，设有1个综合业务室、5个检测室，分为化学分析室、环境检测室、土建室、机械室和电气仪表室。其认可的能力范围为：建材工程产品和材料，包括金属材料（包括化学分析、力学性能、冲击）、水泥、骨料、砖、砌块、防水卷材、砂浆、普通混凝土、现场土工、砼强度检测；室内环境质量检测；电气设备检测等。认可的项目分为钢材试验、建筑材料试验、室内环境检测及电器设备检测项目十五项。

公司的质量方针：准确、及时、公正、合法。公司竭诚为社会各界提高工程质量和提供优质服务，携手并进，共创佳绩。

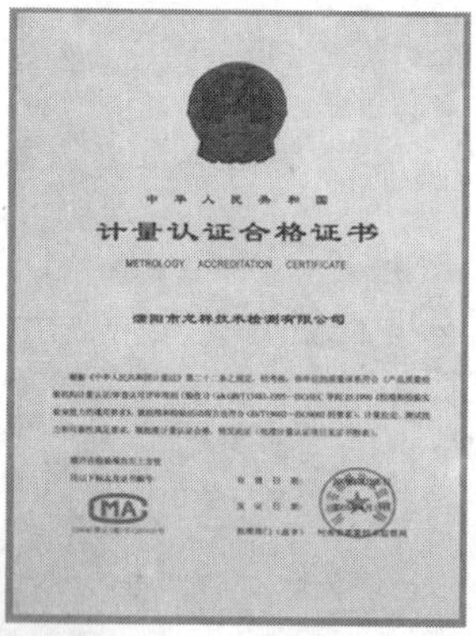

地址：河南省濮阳市大庆路122号中原油田工程建设总公司
邮编：457001
电话：0393-4818033

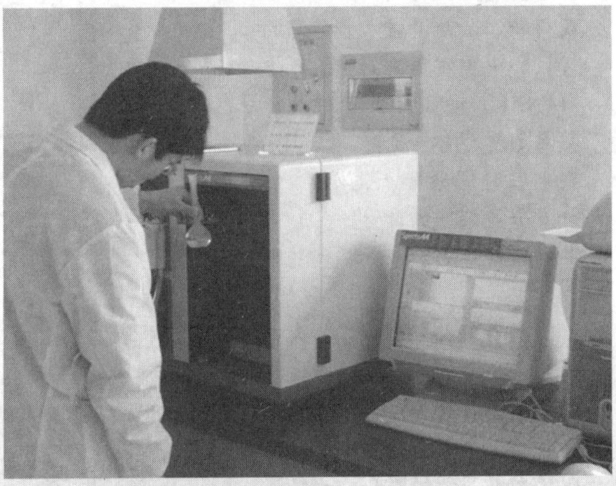

长庆油田公司天然气计量站

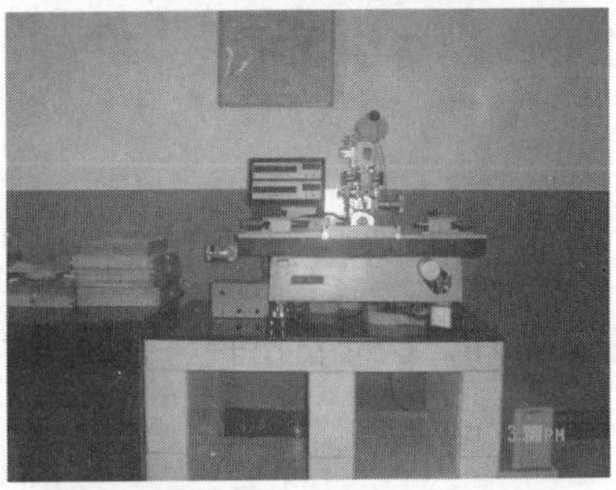

长庆油田公司天然气计量站位于陕西省靖边县，为长庆油田公司下属的专业计量检测技术机构，下设计量监督室、计量检测室、量值传递室、安全阀检验室等四个业务室，承担着鄂尔多斯盆地所辖的靖边、乌审旗、榆林、苏里格等四大气田的计量检测、计量管理和安全阀校验等工作。

长庆气田为计量站的快速发展注入了新的活力，逐步形成了“立足气田生产，着眼水平提高；强化软硬件建设，突出专业化发展”的发展方向和以流量、压力、温度等9大重点项目为核心的建设框架。该计量站注重人才的培养和管理的规范化，于2003年成功引入了ISO10012国际计量检测管理体系并顺利通过了国家级认证，并于同年荣获“陕西省计量工作先进企业”称号。

计量站注重与省市计量管理部门以及中国计量科学研究院、中国锅炉压力容器协会、陕西省计量测试所等十余家专业技术机构的交流与协作，以取长补短促进自身的不断完善。2005年，先后完成了压力、温度、质量等9个标准实验室的建设改造，顺利通过了压力、温度、质量等23项建标和11个强检授权压力表资质授权等项目现场考核，健全完善了计量业务项目和能力，确保了相关工作的合法、规范开展。目前，0.5级移动式天然气在线检定装置、0.35级腰轮小流量检定装置、0.005级DH5303、DH5111活塞压力计等标准设备都具备国际较高的技术水平。其中移动式天然气在线检定标准装置作为国内首套大流量高压力在线检定装置的成功建标，填补了国内天然气计量仪表在线检定的空白。

天然气计量站截至目前共取得各种资质证书230项，其中取得了中国石油天然气股份公司颁发的计量主考员证3个，陕西省政府颁发的ISO10012计量检测体系内审员证6个，满足了计量人员持证上岗和压力、温度、质量等量传检定业务开展的实际需要。

随着国家能源结构的不断优化调整，未来几年必将迎来中国天然气工业发展的黄金季节。作为长庆气田的计量管理部门，长庆天然气计量站将乘势而上，不断充实、不断提高，努力为长庆气田乃至中国的天然气计量事业做出应有的贡献。

地址：陕西省靖边县长庆基地天然气计量站
邮编：718500
电话：029-86502848
传真：029-86502848

沈阳供电公司电能计量所简介

沈阳供电公司电能计量所（沈阳市电能计量器具检定站）成立于1985年，是沈阳供电公司所属二级法人单位。该所主要负责沈阳供电公司供电范围内10kV及以上系统及客户新建、扩建、改建工程中有关电能计量装置的验收；负责验收、修理、检定、校准、安装、更换计量用电能表的工作；负责系统内电气测量仪表及热工仪表的维护和定检工作。

该所现有人员180人，固定资产1654万元，使用面积7115m^2，计量标准装置40台（套）。该所还建立了国内首创的自动化表库，拥有计算机109台，共管理电能表总数169万只，运行总数165万只。具有完善的检定、校准机构、精良的检定、校准设备以及先进的检定、校准手段。

电能计量所于1997年首批进入东北电力公司一级标准化单位行列，1998年获“国家计量先进单位称号”，1999年通过国家技术监督局ISO10012计量检测体系确认，获“完善计量检测体系合格企业”称号。2001年通过中国实验室国家认可委员会评审，并于2003年通过了中国实验室国家认可委员会的换版监督评审，2004年通过中国实验室国家认可委员会的监督评审。2005年经辽宁省质量技术监督局考核合格由沈阳市质量技术监督局授权为法定计量检定机构。

随着市场经济的不断深化，电力市场的逐步完善，电能计量所全体员工正以“团结自强、敬业爱岗、依法计量、树立形象”的计量精神鼓舞自己，不断开拓进取，努力为客户提供更高标准的服务，提供公正、公平、可靠的计量保证。

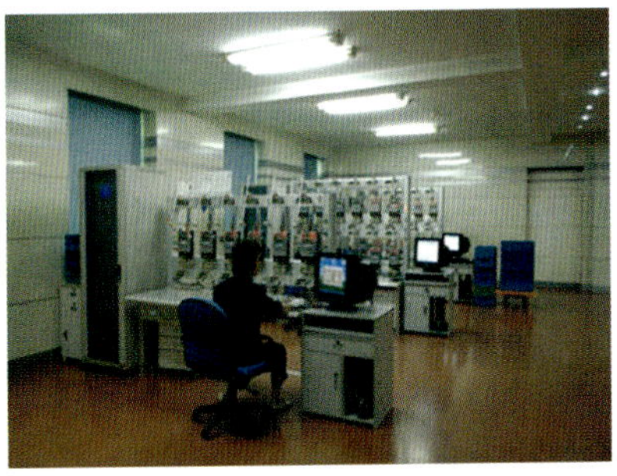

地址：沈阳市和平区八经街94号

邮编：110003

电话：024-23122223

传真：024-23122223

富港电子(东莞)有限公司Foxlink实验室

实验室主管：刘宗翰

办 公 楼

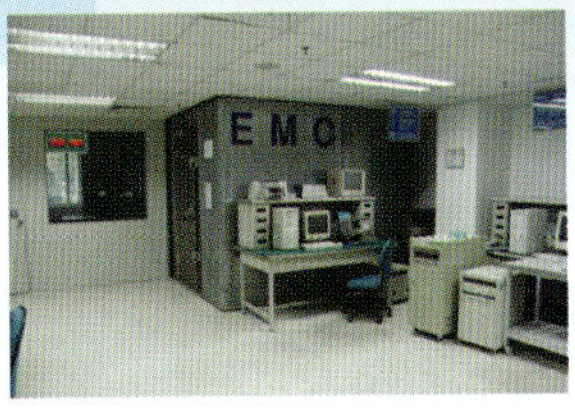
电气实验室

样品消化室

Foxlink实验室是隶属于正崴集团的公司内部检测实验室，2001年成立于广东东莞。试验场地达1000多平方米，现拥有工程技术人员52人，其中工程师31人，主要仪器设备共180多台/套。

实验室拥有原子吸收光谱仪、电感耦合等离子体–原子发射光谱仪、气相色谱质谱联用仪、紫外可见分光光度计、微波消化仪、振动机、机械冲击机、恒温恒湿机、冷热冲击机、盐雾试验机、插拔机、耐光机、弯曲试验机、落下试验机、材料试验机、网络分析仪、时域反射仪、膜厚测试仪、分光仪等120多台/套先进仪器设备，且大部分设备均为国际国内知名设备品牌产品，如HP、Agilent、PerkinElmer、Nikon、King Design等。2005年根据公司的发展、新型高科技产品的开发，实验室新购置了一批先进检测设备，其中包括：傅立叶变换红外光谱仪、离子色谱仪、两台掌上型XRF、频谱分析仪、眼图测试仪、氙弧灯耐光测试仪以及多台环境测试Chamber，大大增强了实验室的检测能力。

实验室是一个检测设备比较齐全、室内环境条件较好、检测人员组成结构合理、管理制度健全的检测机构，主要依据IEC、EIA、GB、MIL–STD、JIS、EPA、EN、BS等国际国内标准进行各类测试作业。实验室设立了四个试验室——环境试验室、机械试验室、化学试验室和电气试验室，主要执行对电子产品、连接器及线材进行机械、化学、环境等方面的检测作业。在禁用物质检测方面可以达到RoHS测试要求。

实验室经CNAL认可的检测范围包括：塑料、废弃物、有机材料、样品溶液之铅、镉、汞、铬、砷、硒、钡、锑等重金属含量、浓度测试，电子电器类产品的环境测试，连接器产品的机械测试。

2004年3月，经中国国家实验室认可委员会的评审，符合CNAL/AC01:2002《检测和校准实验室认可准则》(等同ISO/IEC 17025:1999《检测和校准实验室能力的通用要求》)的要求，予以认可，获得了中国实验室国家认可证书(证书号L1115)，并被Microsoft收入其认可实验室名录。2005年5月，该实验室顺利通过了中国实验室国家认可委员会的监督、扩项评审。增加了电气测试四个项目(低阶接触阻抗、耐压、绝缘阻抗、电容)的认可。

实验室秉承科学、公正、准确、可靠、快捷的服务方针，以技术领先为宗旨，为广大客户提供精确、可靠的测试报告及服务，并由其严谨性、权威性与公正性赢得了客户的极高评价与信赖。

光谱分析室

环境实验室

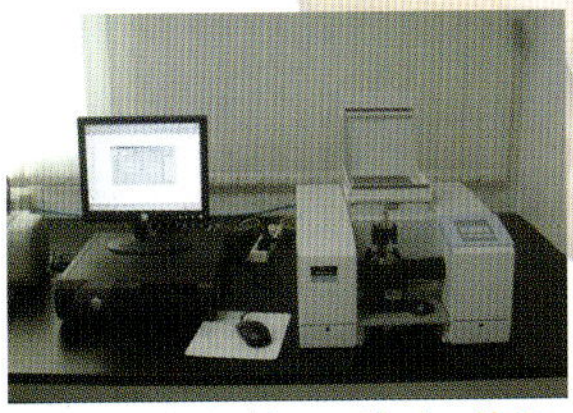
傅立叶变换红外光谱仪

离子色谱仪

FOXLINK

- 地址：广东省东莞市东坑镇骏达工业区
- 电话：0769–83882225–8292/8290
- 传真：0769–83882225–8294
- 邮编：523455
- 网址：www.foxlink.com

山东省计量科学研究院

SDIM

SHANDONG INSTITUTE OF METROLOGY

山东省计量科学研究院是山东省质量技术监督局依法设置的法定计量检定机构，是山东省计量技术研究及检定、校准和检测中心。主要承担建立计量工作基准、计量标准、进行量值传递、计量检定、产品检验、制修订技术法规、计量标准考核、计量认证评审，经国家质量监督检验检疫总局授权承担电能表、衡器、煤气表热能表、水表等计量器具的型式评价等法定任务，同时开展校准、计量技术咨询与产品开发研究、ISO9000质量管理体系认证咨询等服务。

计量院设有7个职能部门，11个专业室、3个质检部门及3个科研开发部门。现有在职职工188人，专业技术人员148人。占地面积20000平方米，仪器设备资产原值5000万元。建立社会公用计量标准199项，其中最高计量标准102项(含工作基准级5项)，已开展长度、力学、温度、电磁、无线电、时间频率、化学、光学、声学、电离辐射、电磁兼容、安全试验、计算机检验、计算机网络检测和黄金珠宝玉器检验等检测项目1000多项。

1995年被国家科委认定为第一批科技成果检测鉴定国家级检测机构；1997年通过国家法定计量检定机构考核和国家实验室认可；1998年被批准为山东省计量检测重点实验室；2000年成为中国电磁兼容认证中心第一批签约检验机构；2001年衡器等三种重点管理计量器具通过国家质量监督检验检疫总局的考核和授权；2002年通过JJF1069国家法定计量检定机构考核，成为国家认证认可监督管理委员会指定承担强制性产品认证（CCC）检测工作及室内装饰材料强制性标准中建材放射性的检测工作的检测机构。2003年通过实验室认可复评审，同年成为中国校准服务联合体（CUC）理事单位和山东省人民法院对外委托司法鉴定机构。

计量院还设有山东省黄金珠宝玉器产品质量监督检验中心、山东省计算机质量监督检验站、山东省计算机网络质量监督检测中心。山东省社会公正计量行和山东省计量检测中心是山东省计量科学研究院依法注册的，并通过山东省质量技术监督局的计量认证，为社会提供计量数据并具有法律效力。国家黄金钻石制品质量监督检验中心也挂靠在山东省计量科学研究院。经国家质检总局批准，国家衡器产品质量监督检验中心正在积极筹建中。

“十五”期间，该院完成科技项目20项、制定国家标准2项、地方标准2项、国家计量检定规程6项、地方计量检定规程4项，研究、建立计量标准50项，发表论文33篇。“城市居民住宅四表管理系统”获国家局科技进步三等奖，“热量表检定装置”、“车辆超限监控装置”2项获省科技成果二等奖，“黄金珠宝检测系统”获省科技成果三等奖，“计量检定校准证书管理系统”、“基于LAN和GPIB的电磁仪表自动检/校系统”等3项获省计算机应用优秀成果三等奖。

地址：山东省济南市千佛山东路
邮编：250014
电话：0531-82962451
传真：0531-82962451
http://www.sdim.cn

天津市计量监督检测科学研究院

科学　公正　准确
可靠　优质　高效

地址：天津市南开区科研西路4号
邮编：300192
电话：022-23009311
传真：022-23009311

天津市计量监督检测科学研究院的前身是始建于1930年4月15日的天津市度量衡检定所，1949年4月28日成立天津市人民政府工商局度量衡检定所，经五十余年演变至今成为天津市计量监督检测科学研究院。该院是天津市质量技术监督局直属的、依法设置的省级法定计量检定机构和计量技术研究机构，具有第三方公正地位，集社会公益性、基础性、服务性为一体的研究单位。

天津市计量监督检测科学研究院坐落在天津市新技术产业园区内，占地面积35000平方米，建筑面积19000平方米，其中恒温实验室面积4000平方米。仪器设备固定资产4000万元。在职职工212名，其中专业技术人员192名（正高级工程师6名，高级工程师74名，中级职称64名）。该院建立社会公用标准218项，已开展十大专业计量、电磁兼容、环境试验、煤炭检验、家具检验、定量包装商品计量等检定、校准、检测项目超过1000项。主要承担建立计量工作基准、社会公用计量标准，进行量值传递，检定、校准、检测、计量技术咨询和新产品开发研究，制修订技术法规、计量标准考核、制造修理计量器具许可证条件考核、法定机构考核、计量认证评审、计量检定人员考核，以及定型鉴定、样机试验、仲裁检定、节能监测、科研成果鉴定等任务。

该院还设有：国家电能表质量监督检验中心、国家轻工业家具质量监督检测天津站（天津市家具产品质量监督检验一站）、天津市电磁兼容检测中心、天津市能源测试服务中心、天津市产品质量监督检验站第26站、天津市煤炭质量监督检验中心、天津市定量包装商品计量检测中心、天津市节能检测六站、天津市社会称重计量站、天津市房屋面积公正计量站。

自1990年以来，该院在科研方面荣获国家局科技奖二等奖1项、四等奖2项，天津市科技进步奖二等奖5项、三等奖14项，市局奖33项。

该院坚持“科学、公正、准确、可靠、优质、高效”的质量方针，竭诚为社会在检定、校准、检测方面提供优质服务。

国家环境保护总局标准样品研究所

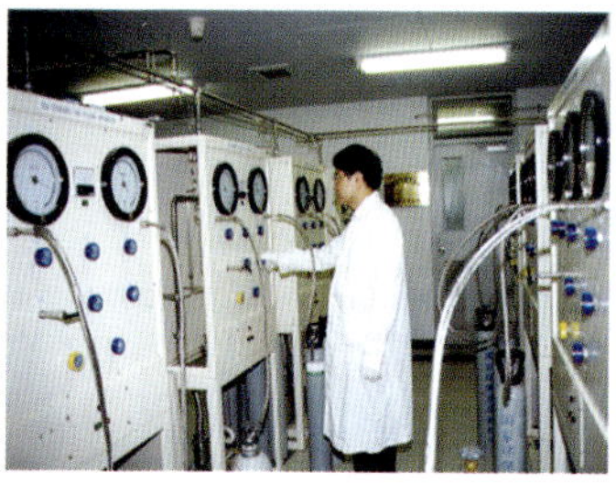

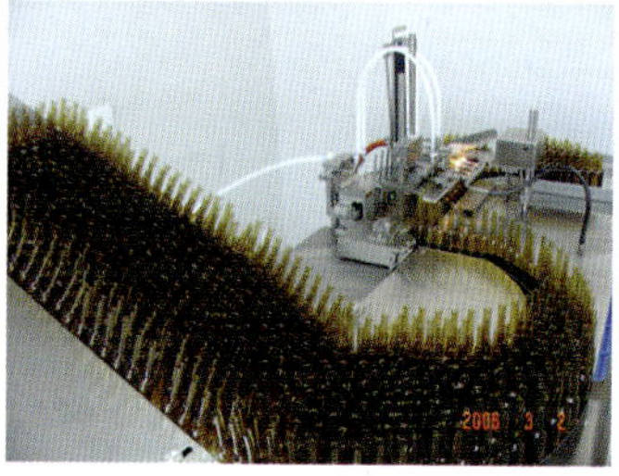

中国实验室国家认可委员会

认 可 证 书

(No.RM0001)

兹证明:

国家环境保护总局标准样品研究所

北京市朝阳区育慧南路1号, 100029

符合 CNAL/AC 22: 2004《标准物质/标准样品生产者能力认可准则》的要求，予以认可。

获认可的技术能力范围见附件。

发证日期: 2005.12.26

有效期至: 2010.12.25

(初次认可: 2005.12.26)

中国实验室国家认可委员会秘书长 魏昊

(主任委员授权签字人)

(CNAL经国家认证认可监督管理委员会授权)

中国实验室国家认可委员会

认 可 证 书

(No.P0007)

兹证明:

国家环境保护总局标准样品研究所

北京市朝阳区育慧南路1号, 100029

经评审符合 CNAL/AC04: 2003《能力验证计划提供者认可准则》(等同采用 ILAC-G13: 2000《能力验证计划提供者能力的要求》)的要求，予以认可。

获认可的技术能力范围见附件。

发证日期: 2005.12.26

有效期至: 2010.12.25

中国实验室国家认可委员会秘书长 魏昊

(主任委员授权签字人)

(CNAL经国家认证认可监督管理委员会授权)

国家环境保护总局标准样品研究所（简称：标样所）是国家环境保护总局指定研究和制备国家环境标准样品的专业机构，负责完成国家环境保护标准制修订项目计划任务，承担全国标准样品技术委员会环境标准样品分技术委员会的技术管理工作。标样所是第一家通过中国实验室国家认可委员会（CNAL）标准物质/标准样品生产者能力认证的机构（证书编号：RM0001），同时也是能力验证计划提供者（证书编号：P0007）。标样所下设综合业务室、气体标样研制室、无机标样研制室和有机标样研制室；有一批多年从事环境标准样品研制和管理的专业技术人员；拥有国内先进的液体、气体和固体环境标准样品成套生产设备、先进的各类分析测量仪器和优良的工作环境条件；是我国国家环境标准样品研制、生产、销售和服务的主要基地；现可对外提供气体、水质、土壤、生物和工业固体废弃物等各类环境标准样品和各种标准溶液及配套试剂共270多项380多种，其中已有251项被批准为中华人民共和国国家标准，并先后荣获国家环保科技进步（部级）“一等奖”、“三等奖”、中华绿色科技“银奖”及2003年度“环境保护科学技术奖三等奖”等。

标准样品是指具有足够均匀的一种或多种特性量值经过充分确定了的材料与物质，主要用于评价测量方法、校准测量仪器或确定其他材料与物质的特性量值。有证标准样品是经权威部门认证的标准样品，其一种或多种特性量值是通过建立了溯源性的程序确定，并可溯源到准确复现表示该特性量值的计量单位，且每个标准值都附有不确定度。我国有证标准样品现由国家质量监督检验检疫总局批准、颁布和授权生产，并称之为国家标准样品，以“GSB”进行编号。为了保证全国环境监测数据的量值可溯源性和准确可比性，国家环境保护总局一直非常重视国家环境标准样品的推广应用，如在《环境标准管理办法》中明确要求：“在对各级环境监测分析实验室及分析人员进行质量控制考核；校准、检验分析仪器；制备标准溶液；进行分析方法验证以及其他环境监测工作活动中，都应使用国家环境标准样品”。我国国家环境标准样品现已广泛应用于全国环境保护系统及其他各行业的实验室认可、计量认证、质控考核、方法验证、技术仲裁等日常工作中。

地址：北京市朝阳区育慧南路一号8#信箱

邮编：100029

电话：010-84634279

84637722-2819

传真：010-84628431

E-Mail：erminfo@sohu.com

联系人：邱争

福建省计量科学技术研究所

福建省计量科学技术研究所始建于1960年，是国家法定计量检定机构，同时也是中国计量校准联盟成员单位。2002年通过国家实验室认可。该所是福建省量值溯源中心，负责建立福建省社会公用计量标准，组织全省的量值溯源，执行强制检定和其他检定、校准和检测任务，起草技术规范，为政府实施计量法、加强计量监督管理提供计量技术保证，是福建省权威的计量检定、校准、检测机构。

该所拥有一支技术素质高、专业齐全的计量检测队伍，中、高级职称的技术人员占全所人员的70%以上；拥有检测、科研用房14000m²，其中恒温恒湿实验室面积达5500m²。

该所拥有计量标准器及检测设备近2000台件，经国家质量监督检验检疫总局和福建省质量技术监督局考核并批准建立的社会公用计量标准118项，其中：最高标准57项，次级标准61项；经中国实验室国家认可委员会认可的校准能力173项，检测能力14项；经国家法定计量检定机构考核并计量授权的检定能力232项，校准能力214项，检测能力（定量包装）1项，业务已涉及到社会各个领域。该所还依法组建了福建省眼镜质量、福建省眼镜验光准确度公正计量行、福建省煤气表检测中心以及福建省大容量检定站等。

该所坚持“顾客至上、技术精湛、依法检测、服务规范、体系完善、确保质量”的质量方针。始终秉承客户至上的理念，朝着“掌握一流技术、提供一流服务、实现一流管理、追求一流质量、创建一流实验室”的目标快速前进。

福建计量
Fujian Metrology

电话：0591—87841036
传真：0591—87818204
http://www.fjjl.net

江苏省计量科学研究院

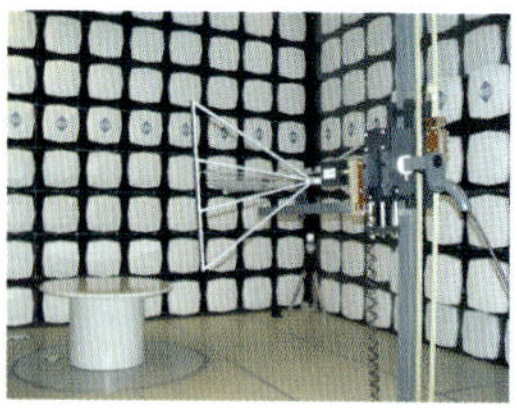

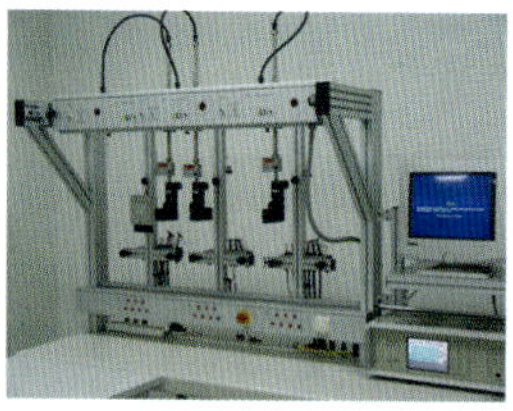

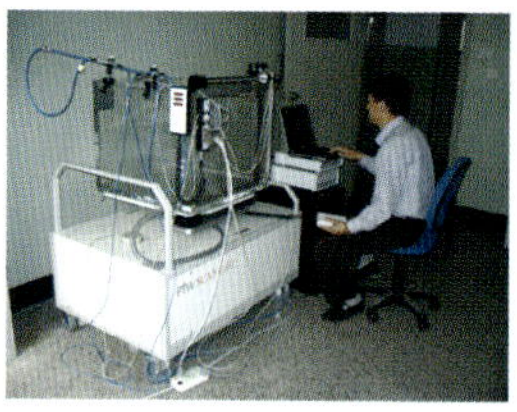

江苏省计量科学研究院是依法设置的国家法定计量检定机构、计量产品和计算机产品质量监督检验机构，是江苏省质量技术监督局的直属事业单位。该院负责研究和建立全省最高社会公用计量标准，进行量值传递，执行强制检定和法律规定的其他检定、校准、测试任务。提供公正计量、委托检验、工程测试、技术开发和计量校准咨询服务。起草技术规范，为实施计量监督提供技术保证，并承办有关计量监督工作。

该院建立和完善了包括长度、热学、力学、电磁学、无线电、时间频率、光学、物理化学、声学、电离辐射在内的十大类179项计量工作基准和社会公用计量标准，其中全省最高标准86项；可开展305个项目计量检定，274项校准项目工作。同时，能开展4种国家重点管理的计量器具新产品定型鉴定，13种国家级科技成果检测鉴定，140种省级科技成果检测鉴定，承担全省微机产品质量监督检验、信息及系统工程检测任务。

该院拥有一支业务能力强、素质高、经验丰富、训练有素的专业技术队伍，现有员工159人，其中高级工程师、工程师80人。现有检测用房面积9000平方米，其中恒温恒湿实验室面积1600平方米。

该院依据CNAL/AC01:2005（idtISO/IEC17025:2005）《检测和校准实验室能力的认可准则》和JJF1069—2003《法定计量检定机构考核规范》的要求，建立了比较完善的质量管理体系，实验室的管理、技术能力、人员素质和工作质量均上了一个新的台阶。长期以来，该院为国家计量事业进步和地区国民经济建设发展起到了强有力的保障支撑作用，赢得社会广泛的信任和赞誉。

地址:江苏省南京市白下区光华东街3号
邮编:210007
电话:025-84636901
传真:025-84482128
E-mail:xingke5856@163.com

JIANGSU INSTITUTE OF MEASUREMENT & TESTING TECHNOLOGY